全本点校

太平御覽

（四）

〔北宋〕李昉　等编著
谦德书院　点校

團结出版社

图书在版编目（CIP）数据

太平御览 /（北宋）李昉等编著；谦德书院点校
. -- 北京：团结出版社，2024.3

ISBN 978-7-5234-0257-3

Ⅰ. ①太… Ⅱ. ①李… ②谦… Ⅲ. ①百科全书－中国－北宋 Ⅳ. ① Z222

中国国家版本馆 CIP 数据核字 (2023) 第 135958 号

出版: 团结出版社
（北京市东城区东皇城根南街 84 号 邮编: 100006）
电话:（010）65228880 65244790 （传真）
网址: www.tjpress.com
Email: zb65244790@vip.163.com
经销: 全国新华书店
印刷: 易阳印刷河北有限公司

开本: 145×210 1/32
印张: 238
字数: 5883 千字
版次: 2024 年 3 月 第 1 版
印次: 2025 年 5 月 第 2 次印刷

书号: 978-7-5234-0257-3
定价: 980.00 元（全九册）

目录

卷第三百六十九 人事部十

卷第三百七十 人事部十一

卷第三百七十一 人事部十二

卷第三百七十二 人事部十三

卷第三百七十三 人事部十四

卷第三百七十四 人事部十五

卷第三百七十五 人事部十六

卷第三百七十六 人事部十七

卷第三百七十七 人事部十八

卷第三百七十八 人事部十九

卷第三百七十九 人事部二十

卷第三百八十 人事部二十一

卷第三百八十一 人事部二十二

卷第三百八十二 人事部二十三

卷第三百八十三 人事部二十四

卷第三百八十四 人事部二十五

卷第三百八十五 人事部二十六

卷第三百八十六 人事部二十七

太平御览卷第三百十九　兵部五十

拒守上

《孙子》曰：昔之善战者，先为不可胜，先谘之庙堂，虑其危难，然后高垒深沟，使兵士练习，故敌不得胜。以待敌之可胜，以此守备之固，待敌之阙，则可胜也。不可胜在己，言守备之固，制敌在外也。可胜在敌。守备之固，自修理以待敌之虚懈，已见敌有阙漏之形，然后可胜也。故善战者能为不可胜，不能使敌必不可胜已。若敌晓练兵事，策与道合，深为己备者，亦不可强胜。故曰胜可知，见成形也。而不可为也。敌有备也，已料见形者则胜负可知。若敌密而无形，亦不可强使为败。故范蠡曰：时不至不可强生，事不究不可强成。不可胜者，守也；形藏也，若未见其形，彼众我寡，则自守也。可胜者，攻也。敌攻已，乃可胜也。已见其形，彼寡我众，则可攻。故善守者藏于九地之下。善守备者，务因其山川之阻、丘陵之固，使不知所攻，言其深密藏于九地之下。

又曰：城有所不攻。固而多重。

《易》曰：利用御寇，不利为寇。

《左传》曰：晋侯伐齐，齐侯御诸平阴，堑防门而守之，广里。夙沙卫曰："不能战，莫如守险。"弗听。晋将范宣子告齐大夫析文子曰："吾知子，敢匿情乎？鲁人、莒人皆请以车千乘自其乡入，既许之矣。若入，君必失国。子盍图之？"子家以告公，公恐。晏婴闻之曰："君固无勇，而又闻是，弗能久矣。"不能久敌。齐师夜遁。

又曰：倍则攻，敌则战，少则守。

《后汉书》曰：凉州贼王国围陈仓，左将军皇甫嵩督前将军董卓救之，卓欲进赴陈仓，嵩不听。卓曰："知者不后时，勇者不留决。速救则城全，不救则城灭，全、灭之势，在于此也。"嵩曰："不然。百战百胜，不如不战而屈人之兵。是以先为不可胜，以待敌之可胜。不可胜在我，可胜在彼。彼守不足，我攻有余。有余者动于九天之上，不足者陷于九地之下。今陈仓虽小，城守固备，非九地之陷也。王国虽强，而攻我之所不救，非九天之势。夫势非九天，攻者受害；陷非九地，守者不拔。国今已陷害受之地，而陈仓保不捐之地，我可不烦兵动众，而取全胜之功，将何救焉？”遂不听。王国围陈仓，自冬讫春，八十余日，城坚守固，竟不能拔。贼众疲弊，果自解去。

又曰：来歙与征虏将军祭遵袭略阳，遵道病还，分遣精兵随歙，合二千余人，伐山开道，从番须、回中斩隗嚣守将金梁，番须、回中，并地名也。番，音盘。武帝元封四年，幸雍，通回中道。前书音义曰：回中在汧，汧今陇州汧元县也。径至略阳，径，直也。因其保城。嚣大惊曰：“何其神也！”《东观汉记》曰：上闻得略阳，甚悦，左右怪。上数破大敌，今得小城，何足以喜？然上以略阳嚣所依阻，心腹已坏制则其支体易也。乃悉兵数万人围略阳，斩山筑堤，激水灌城。歙与将士固死坚守，矢尽，乃发屋断木以为兵。嚣尽锐攻之，自春至秋，其士卒疲弊。帝乃大发关东兵，自将上陇，嚣众溃走，围解。于是置酒高会，劳赐歙，班坐绝席，在诸将之右，赐歙妻缣千匹。诏使留屯长安，悉监护诸将。

又曰：大司徒邓禹西征，定河东，张宗诣禹自归。禹闻宗素多权谋，乃表为偏将军。禹军至栒邑，赤眉大众且至，禹以栒邑不足守，欲引师进就坚城，而众人多畏贼追，惮为后拒。禹乃书诸将名于竹简，署其前后，乱著笥中，令各探之。笥以竹为之。郑玄注：《礼记》云：圆曰箪，方曰笥。宗独不肯探，曰：“死生有命，张宗岂辞难就逸乎！”禹叹息谓曰：“将军有亲弱在营，奈何不顾？”宗曰：“愚闻一卒毕力，百人不当；万夫致死，可以横行。宗今拥兵数千，以承大威，何遽其必败乎！”遂留为后拒。诸营既引兵，宗方勒厉军士，坚垒壁，以死当之。禹到前县，议曰：“以张将军之众，当百万之师，犹以小雪投沸汤，虽欲戮力，其势不全也。”乃遣步骑二千人反还迎宗。宗引兵始发，而赤眉至，宗与战，却之，乃得归营，于是诸将服其勇。

又曰：隗嚣大将王捷别在戎丘，登城呼汉军曰：“为隗王城守者，皆必死无二心！愿诸军亟罢。亟，纪力切。请自杀以明之。”遂自刎颈死。

又曰：世祖即位，遣宗正刘延攻天井关，与田邑连战十余合，延不得进，邑迎母弟妻子，为延所获。《东观汉记》曰：邓禹使积弩将军冯愔将兵击邑，愔悉得邑母弟妻子。后邑闻更始败，乃遣使诣洛阳献璧、马，因拜为上党太守。

《晋书》曰：陶侃使桓宣、李阳平襄阳。侃使宣镇之，以其淮南部曲立义成郡。宣招怀初附，劝课农桑，简刑罚，略威仪，或载锄耒于轺轩，或亲芸获于垅亩。十余年间，石季龙再遣骑攻之，宣能得众心，以寡弱拒守，议者以为次于祖逖、周访。

又曰：吴彦为吴建平太守。时王濬将伐吴，造船于蜀，彦觉之，请增兵为备，皓不从，彦乃辄为铁锁，横断江路。及师临境，缘江诸城皆望风降附，或见攻而拔。唯彦坚守，大众攻之不能克，退舍礼之。

《梁书》曰：侯景反，兵逼建业，众皆凶惧，梁将羊侃为守城督，侃伪称得外射书，云"邵陵王、西昌侯兵已至路。"众乃少安。贼为尖头木驴攻城，矢石所不能制，侃作雉尾炬，施铁镞，以油灌之，掷驴上烧之，俄尽。贼又东西两面起土山，以临城，城中震骇，侃命为地道，潜引其土，山不能立。贼又作登城楼车，高十余丈，欲临射城内，侃曰："车高堑虚，彼来必倒，可卧而观之，不劳设备。"及车动，果倒，众皆服焉。贼频攻不捷，会侃病死，城方陷。

《南史》曰：蔡道恭为司州刺史，魏围司州。时城中众不满五千人，食裁半岁，魏军攻之，昼夜不息，乃作大车载土，四面俱前，欲以填堑。刺史蔡道恭堑内作蒙艟斗舰以待之，魏人不得进。又潜作伏道以决堑水，道恭载土填塞之。相持百余日，前后斩获不可胜计。魏大造梯冲，攻围日急。道恭用四石乌漆大弓射，所中皆洞甲饮羽，一发或贯两人，敌人望弓皆靡。又于城内作土山，多作大矟，长二丈五尺，施长刃，使壮士执以刺魏人登城者。魏军甚惮之。

《陈书》曰：宜黄侯慧纪镇荆州。隋师济江，慧纪率将士三万人，船舰千余乘，沿江而下，欲趣台城。遣南康太守吕肃将兵据巫峡，以五条铁锁横江。肃竭其私财以充军用。隋将杨素奋兵击之，四十余战，争马鞍山及磨刀涧守险，隋军死者五千人。陈人尽取其鼻，以求功赏。既而隋军屡捷，获陈之士，三纵之。肃乃遁。

《后周书》曰：李迁哲，天和三年，进位大将军。召迁哲率金、上等诸州兵镇襄阳。五年，陈将章昭达攻逼江陵。梁主萧岿告急于襄州，卫公直令迁哲往救焉。迁哲率其所部守江陵外城，与陈将程文季交战，兵稍却，迁哲乃亲自陷阵，手杀数人。会江陵总管陆腾出兵助之，陈人又因水汛长，坏龙川宁朔堤，引水灌城。城中惊扰。迁哲乃先塞水，又募骁勇出击之，频有斩获，众心稍定。俄而敌入郭内，焚烧人家。迁哲自率骑出南门，又令步兵自北门出，两军合势，首尾邀之，陈人复败，多投水而死。是夜，陈人又窃于城西堞以梯登城，登者已百数人。迁哲又率骁勇捍之，陈人复溃。俄而大风暴起，迁哲乘暗出兵击其营，陈人大乱，杀伤甚众。陆腾复破之于西堤，陈人乃遁。

又曰：太祖以王罴为荆州刺史，进号抚军将军。梁复遣曹义宗众数万围荆州，堰水灌城，不没者数板。时既内外多虞，未遑救援，乃遗罴铁券，云城全当授本州刺史。城中粮尽，罴煮粥，与将士均分而食之。每出战，尝不擐甲胄，大呼曰："荆州城，孝文皇帝所置。天若不祐国家，使贼箭中王罴；不尔，王罴须破贼。"屡经战阵，亦不被伤。弥历三年，义宗方退，进封霸城县公。寻迁车骑大将军。

又曰：王罴华州刺史，沙苑之役，齐神武士马甚盛。太祖以华州冲要，遣使劳罴，令加守备。罴语使人曰："老罴当道卧，貆子安得过！"太祖闻而壮之。及齐神武至城下，谓罴曰："何不早降？"罴乃大呼曰："此城是王罴家，生死在此，欲死者来。"齐神武遂不敢攻。

又曰：王思政守颍川兼河南诸军事，东魏太尉高岳、行台慕容绍宗、仪同刘丰生等，率骑十万来攻颍川。城内卧鼓偃旗，若无人者。岳恃其众，谓一战可屠，乃四面鼓噪而上。思政选城中骁勇，开门出入。岳众不能当，引军乱退。思政登城遥见岳阵不整，乃率步骑三千出邀击之，杀伤甚众，然后还城设守御之备。岳知不可卒攻，乃多修营垒。又随地势高处，筑土山以临城中。飞梯火车，昼夜尽攻击之法。思政亦作火钻，子算切。因迅风便投之土山。又以火箭射之，烧其攻具。仍募勇士，缒而出战，岳众披靡，其守土山人亦弃山而走。思政即命据其两土山，置折堞以助防守。岳等于是夺气，不敢复攻。齐文襄更益岳兵，堰，于建反。洧水以灌城。城中水泉涌溢，不可防止。悬釜更炊，粮力俱竭。慕容绍宗、刘丰生及其将慕容永珍共乘楼船以望城内，令善射者俯射城中。俄而大风暴起，船乃飘至城下。城上人以长钩牵船，弓弩乱发。绍宗穷急，投水而死。丰生浮向土山，复中矢而毙。生擒永珍。思政谓之曰："仆之破亡，在于晷漏。诚知杀卿无益，然人臣之节，守之以死。"乃流涕斩之。并收绍宗等尸，以礼埋瘗。

又曰：将贺若敦率步骑六千渡江取陈湘州，陈将侯瑱御之，江路遂断。粮援既绝，人怀危惧。敦于是分兵抄掠，以充资费。恐瑱等知其粮少，乃于营内聚土，覆之以米。集诸营军士，人各持囊，遣官司部分，若给粮者。因召侧近村民，佯有所访问，令于营外遥见，随即遣之。瑱等闻知，良以为实。乃据守要险，欲旷日老敦师，敦又增修营垒，造庐舍，示以持久。敦军数有叛人乘马投瑱者，遂纳之。敦又别取一马，趣船，令船中逆以鞭鞭之。如是者再三，马便畏船不上。后伏兵于江岸，遣人乘畏船马以招瑱军，诈称降附。瑱遣兵迎接，竟来牵马。马既畏船不上，敦发伏掩之，尽殪。又湘之人乘轻船，载米粟及笼鸡鸭以饷瑱军。敦患之，乃为土人装船，伏甲士于中，瑱兵见之，谓饷舡至，逆来争之，敦甲士出而擒之。此后实有馈饷及亡命奔瑱者，犹谓敦之设诈逆遣押击，并不敢受。相持岁余，瑱不能制。

《北史》曰：西魏将韦孝宽守玉璧，东魏大将齐神武命攻之。连营数十里，至于城下，乃于城南起土山，欲乘之以入。当其山处，城上先有两高楼。孝宽更缚木接之，令极高峻，多积战具以御之。敌人以楼高不得入，遂于城南凿地道。又于城北起土山，且作且攻，昼夜不息。孝宽复掘长堑，截其地道，仍置战士屯于堑上，城外每穿至堑，战士即擒杀之。又于堑外积柴贮火，敌人有在地道内者，便下柴火，以皮鞴吹之。鞴，蒲拜切。火气一冲，咸即灼烂。城外又作攻车，车之所及，莫不摧毁。虽有排楯，莫之能抗。孝宽乃缝布为幔，随其所向则张设之。布既悬于空中，其车竟不能坏。城外又缚松麻于竿，灌油加火，规以烧布，并欲焚楼。孝宽复作长铁钩，利其锋刃，火竿一来，以钩遥割之，松麻俱落城外。又于城四面穿地作二十一道，分为四路，于其中各施梁柱，以油灌柱，放火烧之，柱折，城并崩坏。孝宽又随坏处竖木栅以捍之，敌不得入。城外尽其攻击之术，孝宽咸拒破之。竟以全。

《隋书》曰：梁士彦迁熊州刺史。后从武帝拔晋州，进位柱国，除使持节、晋绛二州诸军事、晋州刺史。及帝还后，齐后主亲总六军而围之。独守孤城，外无声援，众皆震惧，士彦慷慨自若。贼尽锐攻之，楼堞皆尽，城雉所存，寻仞而已。或短兵相接，或交马出入。士彦谓将士曰："死在今日，吾为尔先！"于是勇烈齐奋，呼声动地，无不一当百。齐师少却，乃令妻妾军民子女，昼夜修城，三日而就。帝率六军亦至，齐师解围，营于城东十余里。士彦见帝，持帝须而泣曰："臣几不见陛下！"帝亦为之流涕。时帝以将士疲倦，意欲班师。士彦叩马而谏曰："今齐师遁，众心皆动，因其惧也而攻之，其势必举。"帝从之，大军遂进。帝执其手曰："余之有晋州，为平齐之基。若不固守，则事不谐矣。朕无前虑，惟恐后变，善为我守之。"

又曰：郭荣，宇文护擢中外府水曹参军。时齐寇屡侵，护令荣于汾州观贼形势。时汾州与姚襄镇相去悬远，荣以为二城孤迥，势不相救，请于州镇之间更筑一城，以相控摄。护从之。俄而齐将段孝先攻陷姚襄、汾州二城，唯荣所立者独能自守。护作浮桥，出兵渡河，与孝先战。孝先于上流纵火筏以击浮桥，护令荣督便水者引取其筏。以功授大都督护。

又曰：刘宏，字仲远，拜泉州刺史。会高智慧作乱，以兵攻州，宏城中守百余日，救兵不至。前后出战，死亡太半，粮尽无所食，与士卒数百人煮犀角腰带，及剥树皮而食之，一无离叛。贼知其饥饿，欲降之，宏抗节弥厉。贼悉众来攻，城陷，为贼所害。上闻而嘉叹者久之，赐物二千段。

又曰：李景检校代州总管。汉王谅作乱并州，景发兵拒之。谅遣刘嵩袭景，战于东城。升楼射之，皆应弦而倒。选壮士击之，斩获略尽。谅复遣岚州刺史乔锺葵率劲勇三万攻之。景战士不过数千，加以城池不固，为贼冲击，崩毁相继。景且战且筑，士卒皆殊死斗，屡挫贼锋。司马冯孝慈、司法参军吕玉并骁勇善战，仪同三司侯莫陈乂多谋画，工拒守之术。景知将士可用，其后推诚于此三人，无所关预，唯在阁持重，时出抚循而已。月余，朔州总管杨义臣以兵来援，合击，大破之。

太平御览卷第三百二十 兵部五十一

拒守下

《唐书》曰：乾符中，元万顷从李勣征高丽，勣尝令万顷作文檄高丽，其语有讥高丽“不知守鸭绿之险”，莫离支报云“谨闻命矣”，遂移兵固守鸭绿，官军不得入，万顷坐是流于岭外。

又曰：李光弼守太原。自贼围城，城中张一小幕止宿。有急，即自往救之。行至府门，未尝回头，不复省视妻子。贼退后，收拾器械，处置公事，经三日，然后归家。

又曰：史思明围光弼于太原。四面重围，十日不解。每日使贼于阵前嫚骂光弼，并戏弄城上人。光弼使人穿地道，以木撑之。贼明日还于旧处，立将戏之。地道透陷，遂把贼脚曳入地道中。光弼得而对众戮之，城中大喜。思明知事不集，遂退归河北。

又曰：薛愿为颍川太守、本郡防御使。时贼已陷陈留、荥阳、汝南等郡，方围南阳。颍川当其来往之路，愿与防御副使庞坚同力固守，城中储蓄无素，兵卒单寡。自至德元年正月至十一月，贼昼夜攻之不息，距城百里。庐舍坟墓林树开发斩彻殆尽，而外救不至。贼将阿史那承庆悉以锐卒并攻，为木驴木鹅，云梯冲棚，四面云合，鼓噪如雷，矢石如雨，力攻十余日，城中守备皆竭，贼夜半乘梯而入。而愿、坚俱被执，送于东都，将支解之。或说禄山曰：“薛愿、庞坚，义士也。人各为其主，屠之不祥。”乃系于洛水之滨，属苦寒，一夕冻死。

又曰：张巡守睢阳，在城中每战，登陴大呼以助威，皆眦裂血流面，牙齿皆碎。城将陷，西向再拜，曰：“为救不至，臣智勇俱竭，不能全一城。今使逆贼见逼，臣死之后，愿为鬼与贼为厉，以答国恩。”及城陷，尹子奇见巡问之曰：“闻公每督战，皆裂齿碎，实有之否？”巡应之曰：“然。”子奇曰：“何以至此？”曰：“欲得杀逆贼，遂至于此。”子奇以大刀剔其口，视其齿，见其存者不过三数。巡因大诟骂子奇，责以悖逆，损害平人。子奇义其言，欲存之。左右曰：“此人守义，必不为我用，又得众死心，不可留。”故害之。

又曰：史朝义围宋州，刘昌在围中，连月不解，城中食尽，贼垂将陷之。刺史李岑计蹙，昌为之谋曰：“今河阳有光弼制胜，且江、淮足兵，此廪中有数千斤曲，可屑以食众。计援兵不二十日当至。东南隅之敌，众以为危，昌请守之。”昌遂被铠持盾登之，陈逆顺以告谕贼，贼之众甚畏之。后十五日，副元帅李光弼救军至，贼乃宵溃。光弼闻其谋，召置军中，超授试左金吾卫郎将。

又曰：元和中，鄂岳都围练使李道古攻申州，克其罗城，乃进围逼其中城。城中守卒夜帅妇人登城而呼，悬门窃发，分出其众，道古众惊乱，多为虏杀。

又曰：王凝为宣州刺史。黄巢自岭表北归，大掠淮南，攻围和州。凝令牙将樊俦舟师据采石以援之。俦违令，凝即斩之以徇，命别将马颖代俦赴援，竟解历阳之围。贼怒，引众攻宣城。大将王涓请出军逆战，凝曰：“贼忿而来，宜持重待之。彼众我寡，万一不捷，则州城危矣！”涓锐意请行，凝即阅集丁壮，分守要害，登陴设备，涓果战死。贼乘胜而来，则守有备矣。贼为梯冲之具，急攻数月，御备力殚，吏民请曰：“贼之凶势不可当，愿尚书归款退之，惧覆尚书家族。”凝曰：“人皆有族，予岂独全？誓与此城同存亡也。”既而贼已退去，时乾符五年也。

又曰：王栖曜为常州别驾，时江左兵荒，诏内常侍马日新领汴滑五千人镇之。日新贪暴，贼萧庭兰乘人怨诉，逐之而劫其众。时栖曜游弈远郊，遂为贼所胁，进围苏州。栖曜因其懈怠，挺身登城，率城中出攻，贼众大溃。

又曰：张伾，建中初，以泽潞将镇临洺。田悦攻之，伾度兵力不能出战，严设守备，婴城拒守，贼不能拔。累月，攻之益急，士多死伤，粮储渐乏，救兵未至。伾知事不济，无以激士心，乃悉召将卒于军门，命其女出拜之，谓曰："将士辛苦守战，伾之家无尺寸之物与公等为赏，独有此女，幸未嫁人，愿出卖之，为将士一日费。"众皆大哭，曰："誓与将军死战，幸无虑也。"会马燧以太原之师至，与军众合击悦于城下，大败之。伾乘势出战，士卒无不一当百。围解，以功迁泗州刺史。

《三国典略》曰：周独孤永业恐洛州刺史段思文不能自固，驰入金墉助守。尉迟迥为土山地道，晓夕攻战，永业选其三百人为爪牙，每先锋死战，迥不能克。

又曰：台城未陷，侯景又烧大司马门，后阁舍人高善宝以私金千两赏其战士，直阁将军宗思领将士数人逾城出外洒水，久之火灭。景又遣持长柯斧入斫门，将开，善宝促凿扇为孔，以槊刺倒二人，斫者乃退。

又曰：陈人侵齐北，徐州刺史祖班令不闭城门，守陴者皆下，街巷禁断人行，鸡犬不许鸣吠。陈人莫测所以，疑人走城空，不设警备。中夜，班忽令鼓噪，陈人惊散。晓复结陈向城，班自临战。陈人先闻其盲，谓不能抗拒，忽见亲在戎行，弯弧纵镝，怪之，遂退。时穆提婆憾之不已，欲令城陷，不遣救援，班军守百日，城竟保全。

《北史》曰：梁将吴明彻攻围海西，齐将郎基固守，乃至削木为箭，剪纸为羽。围解还朝，仆射杨愔迎劳之，曰："卿本文吏，遂有武略，削木剪纸，皆无故事，班、墨之思，何以相过！"

《墨子》曰：禽滑厘问曰："云梯施，攻备已具，武力又多，争上吾城，为之奈何？"墨子曰："多下矢、石、灰以雨，薪火、水汤以济之。若城外穿地来攻者，宜城中掘于井，以薄瓾内井中，使听聪者伏瓾听之，审知穴处，凿内而迎之。"

《吕氏春秋》曰：公输般为高云梯，欲以攻宋。墨子闻之，自鲁而往，裂裳裹足，日夜不休，十日十夜而至于郢，见荆王曰："臣北方之鄙人也，闻大王将攻宋，信有之乎？"王曰："然。"墨子曰："臣以宋必不可得。"王曰："公输般，天下之攻工也，已为攻宋之械矣。"墨子曰："请公输般试攻之，臣请试守之。"于是公输般设攻宋之械，墨子设守宋之备。公输般九攻之，墨子九却之，不能入。故荆辍不攻宋，墨子也，能以术御之荆而存乎宋矣。

《博物志》曰：处士东里魂责禹乱天下事，禹退作三城，强者攻，弱者守，敌者战。城廓，盖禹始也。

贾谊《过秦论》曰：有囊括四海之意，并吞八荒之心。当是时，商君佐之，命内立法度，务耕织，修守战之备，外连衡而斗诸侯。

又曰：然后践华为城，因河为池，据亿丈之城，临不测之溪以为固。良将劲弩守要害之处，信臣精卒陈利兵而谁奈何。

《任彦升奏弹曹景宗》曰：故司州刺史蔡道恭率厉义勇，奋不顾命，全城守死，自冬徂秋犹转战，战穷极，摧丑虏。

危急

《韩子》曰：智伯围襄子于襄阳，决水以灌之，城中巢处悬釜而炊，易子食，析骨炊。

《史记》曰：楚庄王围宋，五月不解，宋城中食尽，易子而食，析骸而炊。宋华元出告以情，庄王曰："君子哉！"遂罢兵去。

又曰：齐田单攻聊城，岁余不下。鲁连乃为书继之矢射城中，遗燕将书曰："今公以弊聊之人距全齐之兵，是墨翟之守也；食人炊骨，士无反心，是孙膑之兵也。"

又曰：赵襄子保晋阳，三国攻晋阳。岁余，引汾水灌其城，不没者三板。城中悬釜而炊，易子而食。

《汉记》曰：段颎破羌胡。明年，羌复寇张掖，颎下马大战，弓刀折尽，虏亦引退。追之。昼夜攻击，割肉食雪四十余日。

《后汉书》曰：车师王与匈奴共攻耿恭于疏勒中。恭食尽，乃煮铠弩，食其筋革。

又曰：臧洪为东郡太守，为袁绍所围。初，尚掘鼠煮筋角，后无所食，取草实而食之。

《魏志》曰：太祖围张超于雍丘，超言："唯臧洪，当来救吾。"众人以为袁、曹方睦，洪为绍所表用，必不败好招祸。洪闻之，果徒跣号泣，勒所镇。又从绍请兵马，求欲救超，绍不听许。遂为太祖所灭。洪由是怨绍，绝不与通。绍兴兵围之，历年不下。绍忿洪无降意，增兵急攻。洪自度不得免，呼吏士谓曰："袁氏无道，所图不轨，且不救洪郡，洪于大义不得不死。念诸君无事空兴此祸耳，可将妻子去。"吏士皆垂泣。掘鼠煮筋角，后无所食，主簿启内厨米三斗，洪使作薄粥，众分歠之，杀其爱妾以食士。城中男女七八千人相枕而死，莫有离叛。城陷，绍生执洪。

徐广《晋记》曰：霍彪为贼贵黑所隔，积百日，杀马烧皮铠食之。

又曰：韩晃、苏硕等攻苑，城中饥，米一斗万钱。

《晋书》：刘琨赴并州上表曰："臣自涉州疆，目睹困乏，流移四散，十不得存二，携老扶弱，不绝于路。及其在者，鬻卖妻子，生相捐弃，死亡委厄，白骨横野，哀呼之声，感伤和气。群胡数万，周匝四山，动足遇掠，开目睹寇。唯有壶关，可得告籴。而此二道，九州之险，数人当路，则百夫不敢进，公私往反，没丧者多。婴守穷城，不得薪菜，耕牛既尽，又乏田器。以臣愚短，当此至难，忧如循环，不遑寝食。"

《晋中兴书》曰：中宗初镇江左，假郗鉴龙骧将军、兖州刺史。徐龛、石勒，左右交侵。鉴收合荒散，保固一山，随宜抗对，百姓饥馑，掘野鼠蛰燕而食之。

又《十六国春秋》曰：蜀王李雄攻谯登于涪城，无救援。登固守不下，士卒皆熏鼠食之，一无叛者。

《宋书》曰：朱修之留府滑台，乃为索虏所攻围。修之粮尽，救兵不至，将士熏鼠食之，城陷，为虏所执。上嘉其节。

萧子显《齐书》曰：魏遣魏郡王元英围南郑，退入斜谷，天大雨，军士乃截竹炊米于马上，持炬炊而食之。

《隋书》曰：李密间行入关，被囚于京兆，与王仲伯亡抵平原，贼帅郝孝德。不甚礼之，备遭饥馑，至削树皮食之矣。

太平御览卷第三百二十一　兵部五十二

火攻

《孙子》曰：火攻有五。一曰火人，与敌陈师，敌傍近草，因风烧之，战之助也。二曰火积，烧其积蓄。三曰火辎，烧其辎重。四曰火库，当使奸人入敌营，烧其兵库。五曰火坠。坠，堕也，以火堕敌营中也。尖头之法以铁笼火着箭头，强弩射敌营中。一曰火道，烧绝其粮道。行火必有因，因奸人也。又因风燥而焚之。烟火必素具。烧烟具也。先具烧燧之属。发火有时，起火有日。时者，天之燥也。日者，宿在戊箕、东壁、翼、轸也。戊翼参日宿，此宿之日风起。凡此四宿者，风起之日也。萧世诚云：春景丁，夏戊己，秋壬癸，冬甲乙，此日有疾风猛雨也。吾勘太乙中有飞鸟、十精，知风雨期，五子六运式也。各候其时，可用火也。凡火攻，必因五火之变而应之。火发于内，即早应之于外。以兵应之，使奸人纵火于敌营内，当速进以攻攻其外。火发而兵静者，待而勿攻。极其火力，可从而从之，不可从则止。见利则进，知难则止，极尽火力，可则进，不可则止，无使敌知吾为。火可发于外，无待于内，以时发之。火发于上风，无攻于下风。下风不便也，烧之必退，退而逆攻之，则必为所害也。昼风久，夜风止。数常也，阳风也，昼风则火气相动，夜也风卒欲纵火，亦当知风之长短也。凡军必知五火之变，以数守之。既知起五火之变，当复以数理消息其可否也。故以火佐攻者明。取胜明也。

《史记》曰：田单，齐人也。燕将乐毅攻齐，单保即墨不下。燕兵围之，单乃收城中牛千余头，画以五采，束刃于角，缚苇于尾。凿城下数穴，牵牛诣穴，以烧其尾端，牛尾热，奔燕军，燕军大乱，所触皆死。大克燕军。

《汉书》曰：李陵征匈奴，战败班师，为单于所逐，及于大泽葭苇中。匈奴于上风纵火，陵亦先放火烧断葭苇，用绝火势。萧代诚曰：敌用火焚吾门，思火减败，吾当更积薪助火，使火势盛，敌不得入，亦拒火之方也。

《后汉书》曰：奉车都尉窦固出击匈奴，以班超为假司马，将兵别击伊吾，战于蒲类海，多斩首虏而还。伊吾，匈奴中地名，在伊州纳职县界。前书音义曰：蒲类，匈奴中海名，在敦煌北也。固以为能，遣与从事郭恂俱使西域。超到鄯善，鄯善本西域楼兰国也。昭帝元凤四年，改为鄯善。去阳关一千六百里，去长安六千一百里。鄯善王广奉超礼敬甚备，后忽更疏懈。超谓其官属曰："觉广礼意薄乎！此必有北虏使来，狐疑未知所从故也。明者睹于未萌，况已着耶。"乃召侍胡诈之曰："匈奴使来数日，今安在乎？"侍胡惶恐，具服其状。超乃闭侍胡，悉会其吏士三十六人，与共饮，酒酣，因激怒之曰："卿曹与我俱在绝域，曹辈欲立大功，以求富贵。今贼使到裁数日，而王广礼敬即废；如今鄯善收吾属送匈奴，骸骨长为豺狼食矣。为之奈何？"官属皆曰："今在危亡之地，死生从司马。"超曰："不入虎穴，不得虎子。当今之计，独有因夜以火攻虏，使彼不知我多少，必大震怖，可殄尽也。灭此虏，则鄯善破胆，功成事立矣。"众曰："当与从事议之。"超怒曰："吉凶决于今日。从事又俗吏，闻此必恐而谋泄，死无所名，非壮士也！"众曰："善。"于夜，遂将吏士往奔虏营。会天大风，超令十人持鼓藏虏舍后，约曰："见火燃，皆当鸣鼓大呼。"余人悉持兵弩夹门而伏。超乃顺风纵火，前后鼓噪。虏众惊乱，超手格杀三人，吏兵斩其使及从士三十余级，余众百许人悉烧死。《东观记》曰：斩得匈奴节使屋赖带、副使比离支首及节也。明日乃还告郭恂，恂大惊，既而色动。超知其意，举手曰："掾虽不行，班超何心独擅之乎？"恂乃说。

又曰：杨璇字机平，为零陵太守。是时苍梧、桂阳猾贼相聚，攻郡县，贼众多而璇力弱，吏民忧恐。璇乃特制马车数十乘，以排囊盛石灰于车上，排囊，即今排袋也。排，蒲拜切。系布索于马尾，又为兵车，专彀弓弩，克期会战。乃令马车居前，顺风鼓灰，贼不得视，因以火烧布，布燃马惊，奔突贼阵，因使后车弓弩乱发，钲鼓鸣震。群盗波骇破散，追逐伤斩无数，枭其渠帅，郡境以清。

又曰：皇甫嵩讨黄巾贼张角，嵩保长社。贼来围城，嵩兵少，军中皆恐，乃召军吏谓曰："兵有奇变，不在众寡。今贼依草结营，易为风火。若因夜纵火，必大惊乱。吾出兵击之，其功可成。"其夕遂大风，嵩乃约勒军士皆束炬乘城，使锐士间出围外，纵火大呼，城上举燎应之，嵩因鼓而奔其阵，贼惊乱奔走。嵩进兵讨之，与角弟梁战于广宗。梁众精勇，嵩不能克。明日，乃闭营休士，以观其变。知贼意稍懈，乃潜夜勒兵，鸡鸣驰赴其阵，战至晡时，大破之。

《吴志》：刘表死，曹公克荆州，得刘琮水军，沿流东下。吴主孙权遣周瑜领兵逆曹公，遇于赤壁。初一交战，曹公军败退，引次江北。瑜等在南岸。瑜部将黄盖曰："今寇众我寡，难与持久。然观军方连船舰，首尾相接，可烧而走。"乃取蒙冲斗舰数十艘，实以薪草，膏灌其中，裹以帷幕，上建牙旗，先书报曹公，欺以欲降。又先备走舸，各系大船后，因风相次俱进。曹公军吏士皆延颈遥观，指言盖降。盖放诸船，同时发火。时风盛猛，悉延烧岸上营落。顷之，熛焰涨天，熛，音标。火飞也。人马烧溺死者甚众，遂败退。

《魏志·诸葛诞传》曰：太傅司马宣王潜军东伐，以诞为镇东将军。后毋丘俭反，大为攻具，昼夜五六日攻南围，欲决围荡出。围上诸军，临高以发石车火箭，逆烧破其攻具。

《晋书》：王浚伐吴。吴人于江险碛要害之处皆以铁锁横截之。又作铁锥长丈余，暗置江中以逆拒船。先是羊祐获吴间谍，具知情状。浚乃作大筏数十方，百余步，缚草为人，被甲持杖。令善水者以筏先行，筏遇铁锥，辄着筏去。又作火炬长十余丈，大数十围，灌以麻油。在船前遇锁燃炬烧之。须臾，融液断绝，于是船无所碍。

《晋中兴书》曰：殷浩北伐，江逌为长史。及丁零反叛，浩军震惧。姚襄去军十里结草为营，方欲击浩，浩甚怀忧。令逌伐之，逌曰："今兵非不精，而众少于羌，且堑栅甚固，难与校力。"乃取数百鸡以长绳连之，脚皆系火，一时驱放，以兵遏后，群鸡骇散，一时飞过堑并集羌营，皆燃。因其惊乱，纵兵击之，襄遂摧退。

《宋书》：王玄谟围滑台，城内多茅屋。众皆曰："宜以火箭烧之。”

又《殷琰传》曰：琰与刘勔相持，勔用茅苞土掷以塞堑，掷者如云，城内乃以火箭射之。

又曰《宋·良吏·杜慧度传》曰：慧度为交州刺史。卢循袭破合浦，径向交州。慧度自登高舰，合战，放火箭雉尾炬，循众舰俱然，一时溃散。

《齐书·宗室》：始安王遥光反，诏太子右卫率左兴盛屯东府东离门。众军围东城台军，射火箭烧东北角楼，至夜城溃。

《陈书》曰：武帝时，江东梁将王琳率兵东下，陈遣大将侯瑱等拒之。瑱以琳军威方盛，乃引军入芜湖，避之，是时西南风至急，琳谓得天时，将取杨州，侯瑱等徐出芜湖以蹑其后。比及兵交，放火，西南风翻为瑱用。琳兵放火燧以掷瑱船者，返烧其船，琳兵溃乱，投水死者十二三，其余皆弃船上岸，为陈军所杀殆尽。

《北史》曰：李询仕周，迁司卫上士。武帝幸云阳宫，委以留府事，卫王直作乱，焚肃章门，询于内益火，故贼不得入。武帝善之。

《北齐书》曰：二月，周师来寇，遣段韶与大尉兰陵王长恭同往捍御。至西境。有柏谷城者，乃敌之绝险，石城千仞，诸将莫肯攻围。韶曰：“分北、河东，势为国家之有，若不去柏谷，事同痼疾。计彼援兵，会在南道，今断其要路，救不能来。且城势虽高，其中甚狭，火弩射之，一朝可尽。”诸将称善，遂鸣鼓而攻之，城溃，获仪同薛敬礼，大斩获首虏，仍城华谷，置戍而还。

《隋书》曰：文帝时，高颎献取陈之策曰：“江南土薄，舍多竹茅，所有储积，皆非地窖。密遣行人，因风纵火，待彼修立，复更烧之。不出数年，自可财力俱尽。”帝行其策，由是陈人益弊。

《通典》曰：火兵：以骁骑夜衔枚，缚马口，人负束薪、麻蕴，怀火直抵敌营，一时举火，营中惊乱，急而乘之，静而勿攻。凡火攻，皆因天时燥旱，营舍茅竹积穗粮军营于稿草宿莽之中，因风而焚也。

又曰：火兽：以艾熅火熅，于问切。置瓢中，瓢开四孔，系瓢于野猪、獐鹿项下，针其尾端，向敌营而纵之，奔入草中，瓢败火发。

又曰：火禽，以胡桃剖分，空中，实艾火，开两孔，复合系野鸡项下，针其尾而纵之，奔入草中，器败火发。

又曰：火盗，遣人暗、服与敌人同者，夜窃号逐便怀火偷入营，焚其积聚，火发，必乱而出。

又曰：火弩：以擘张弩射及三百步者，以瓢盛火，符矢端，以数百张中夜齐射敌营中刍草、积聚。

又曰：以小瓢盛油，冠矢端，射城楼橹版木上，瓢败油散，因烧矢镞内中，射油散处，火立燃。复以油瓢续之，则楼橹尽焚。谓之"火箭。"

又曰：磨杏子中空，以艾实之，系雀足上，加火，薄暮群放，飞入城垒中栖宿，其积聚庐舍，须臾火发，谓之"火杏"矣。

水攻

《孙子》曰：以水佐攻者强。水以为卫，故强也。水可以绝而不可以夺。水但以绝其敌道，分敌军，不以夺敌畜积。

《史记》曰：汉王遣韩信已定齐临淄，遂东追齐王田广至高密。项羽使龙且将二十万救齐，田广、龙且并军且，子余切。与信战，未合。人或说龙且曰："汉兵远斗，穷寇力战，其锋不可当。齐、楚自居其地战，兵易败散。不如深壁，令齐王使臣招所亡城，亡城闻其王在，楚来救，必反汉。汉兵二千里客居齐，齐城皆反之，其势无所得食，可无战而降也。"龙且曰："吾救齐不战而降之，吾何功？今战而胜之，齐之半可得，何为止！"遂战，与信夹潍水阵。潍，音唯。韩信乃夜令人为万余囊盛沙，壅水上流，引军半度，击龙且，佯不胜，还走，龙且果喜曰："固知信怯也。"遂追信度水，信使人决壅囊，水大至，龙且军大半不得渡。即急击之，杀龙且。龙且水东军遂败走。

《后汉书》曰：董卓将兵三万讨先零羌，为羌胡所围，粮食乏绝，进退逼急。乃于所度水中伪立鄢以捕鱼，鄢，音偃。而潜从鄢下过军，比贼追之，决水，深不得度。时众军败退，唯董卓全师而还也。

又曰：曹操围吕布于下邳，引沂、泗二水灌城，克之。

又曰：光武至邯郸，故赵缪王子林缪王景七代孙，名元。前书曰：元坐杀人，为大鸿胪所奏，谥曰：缪。音谬。《东观记》曰：林作临字。说光武曰："赤眉今在河东，但决水灌之，百万之众可使为鱼。"

《南史》曰：齐高帝新践祚，恐魏致讨，以送刘昶为辞，以为军冲必在寿春，非垣，崇祖莫可为捍。徙为豫州刺史，监二州诸军事，封望蔡侯。建元二年，魏遣刘昶攻寿春，崇祖乃于城西北立堰，塞肥水，起小城，使数千人守之，谓长史封伯曰："虏必悉力攻小城，若破此堰，放水一激，急逾三峡，自然沉溺。岂非小劳而大利耶？"及魏军由西道集堰南，分军东路内肉薄攻小城。崇祖着白纱帽，肩舆上城，手自转式。日晡时，决小埭，水势奔下，魏攻城之众，溺死千数，大众退走。

《梁书》曰：魏降人王足陈计，求堰淮水以灌寿阳。足引北方童谣曰："荆山为上格，浮山为下格，潼江为激沟，并灌钜野泽。"帝以为然，使水工陈承伯、材官将军祖暅视地形。咸谓"淮内沙土漂轻，不坚实，其功不可就。"帝弗纳，发徐、杨人，率二十户取五丁以筑之。假康绚节，督淮上诸军事，并护堰作，役人及战士有众二十万。于钟离南起浮山，北抵巉石，依岸筑土，合脊于中流。十四年四月，堰将合，淮水漂没，复决溃，众患之。或谓江、淮多有蛟，能乘风雨，决坏岸崖，其性恶铁，因是引东西二冶铁器，大则釜鬲，小则鑁锄，数千万沉于堰所。犹不能合，乃伐树为干，填以巨石加土其上。缘淮百里内，岗陵木石，无巨细必尽，负担者肩穿，夏日疾疫，死者相枕，蝇虫昼夜声相合。武帝愍之，遣尚书右仆射袁昂、侍中谢举假节慰劳，并加蠲复。是冬寒甚，淮、泗尽冻，士卒死者十有七八。帝遣赐以衣裤。十二月，魏遣杨大眼扬声决堰，绚命诸军撤营，露次以待之。遣其子悦挑战，斩魏咸阳王府司马徐方兴，军小却。十五年四月，堰成。其长九里，下阔一百四十丈，上广三十五丈，高二十丈，深十九丈五尺。夹之以堤，并树杞、柳、军人安堵，列居其上。其水清洁，俯视居人、坟墓，了然皆在其下。或谓绚曰："四渎，天所以节宣其气，不可久塞。若凿湫东注，则游波宽缓，堰得不坏。"绚然之，开湫东注，又纵反间于魏曰："梁所惧开湫"。魏人信之，果凿山深五丈，开湫北注，水日夜分流，湫犹不减。其月，魏军竟溃而归。水之所及，夹淮方数百里地。魏寿阳城戍稍徙，顿八公山，北南居人散就冈垄。初，堰起徐州界，刺史张豹子，谓己必尸其事。既而绚以他官来监作，豹子甚惭。由是谮绚与魏交通，帝虽不纳，犹以军事毕征绚。寻除司州刺史，领安陆太守。绚还后，豹子不修堰，至其秋淮水暴涨，堰坏，奔流于海，杀数万人。其声若雷，闻三百里，水中怪物，随流而下，或人头鱼身，或龙形马首，殊类诡状，不可胜名。

《陈书》曰：闽中守陈宝应举兵反，据建安、晋安二郡界，水陆为栅。将军章昭达讨之，据其上流，命军士伐木带枝叶为筏，施拍拍，普伯切。于其上，缀以大索，相次列营，带夹两岸。宝应数挑战，昭达按甲不动。俄而暴雨，江水大涨，昭达放筏冲突，水栅尽破。又出兵攻其步军。宝应大溃，遂克定闽中。

又曰：欧阳纥据岭南反，遣将章昭达督众军讨之。纥乃出，栅涯口，涯，音崖。多聚沙石，盛以竹笼，置于木栅之外，用遏舟舰。昭达居其上流，装舰造舟，以临贼栅。又令军人衔刀，潜行水中，斫竹笼，篾皆解。因纵大舰随流突之，贼众大败，因擒纥。

《三国典略》曰：东魏慕容绍宗、高岳等堰洧水以灌颍川。时有怪兽每冲坏其堰，岳等悉众苦攻，分休迭进，王思政身当矢石，与士卒同其劳苦。属以大雪，岳众多死，岳等乃作铁笼杂兽，用压水神。

《后周书》曰：太祖遣大将军赵贵帅军至穰，兼督诸州兵以援王思政。高岳起堰引洧水以灌城，自颍川以北皆为陂泽，救兵不得至。

《唐书》曰：武德中，刘黑闼据河北反，太宗率兵讨之。先遣堰洺水，上流浅，令黑闼得渡。及战，遽合决堰，水至深丈余。贼徒既败，争渡水，溺死者数千人，咸以为神。黑闼与二百余骑奔于突厥，悉虏其兵众，河北复平。

又曰：武德中，李靖随河间王孝恭讨萧铣，属江水泛涨，诸将皆请停兵以待水退。靖谓孝恭曰："以速为神机者，时不可失。今若乘水涨之势，倏忽至其城下，可谓疾雷不及掩耳，兵家上策也。"孝恭从之，进兵次夷陵。铣将文士弘屯清江，靖与之决战，大破贼军。仍率所部星驰进发，营于荆州城下。弘既败，铣众莫不震詟。靖又破其将杨君茂、郑秀等，遂围城数重。其夜，铣遣使请降，靖即入据其城，号令严肃，军无私焉。

《淮南子》曰：始智伯率韩、魏二国伐赵，围晋阳，决晋水而灌之。城中缘木而处，悬釜而炊。襄子谓张孟谈曰："城中力已尽。粮食匮，武夫病，为之奈何？"张孟谈曰："亡不能存，危不能安，无为贵智。臣请试潜行，伏行也。见韩、魏之君而约之。"乃见韩、魏之君说曰："臣闻之：唇亡则齿寒。今智伯率二君而伐赵，赵将亡矣，则二君为之次矣，今而不图之，祸将及二君。"二君曰："智伯之为人，粗中而少亲。我谋而泄，事必败，为之奈何？"张孟谈曰："言出二君之口，入臣之耳，人孰知之者乎？且同情相成，同利相死，二君亦图之！"二君乃与孟谈谋，阴与之盟。张孟谈乃报襄子，至期日之夜，赵民煞守堤之吏，决水灌智伯军。智伯军救水而乱，韩、魏翼而击之，襄子卒犯其前，大败智伯军，杀其身而三分其国。

《太白阴经·水攻具》篇曰：以水佐攻者强，水因地而成势，为源高于城，本大于末，可以遏而止，可以决而流。故晋水可以灌安邑，汾水可以浸平阳。先设水平，测其高下，可以漂城、灌军、沉营、杀将。

又曰：水平槽长二尺四寸，两头及中间凿为三池。池横阔一寸八分，长一尺，深一寸二分，分间相去一寸五分。中间有通水渠，阔二分，深一寸三分。池各置浮木，木阔狭微小施池，厓厚二分，上建立齿，高八分，阔一寸七分，厚一分。槽下置转关，脚高下与眼等。以水注之，三池浮木齐起，眇目视之，齿齐平，则为天下准式。十步，一里，乃至数十里，目力所及，置照版度竿，亦以白绳计其尺寸，则高下、丈尺、分寸可知。

又曰：照板，形如方扇，长四尺，下二尺黑，上二尺白，阔三尺，柄长二丈，刻作二百寸，二千分，每寸内小刻其分。随向远近高下立竿，以照板映之，眇目视，三浮木齿及照板，又以度竿上尺寸为高下，递而往视，尺寸相承，则山岗、沟涧、水源高下深浅，可以分寸而度。

太平御览卷第三百二十二 兵部五十三

胜

《孙子》曰：夫未战而庙算胜者，得算多也；未战而庙算不胜者，得算少也。多算胜，少算不胜，而况无算乎？吾以此观之，胜势负见也。吾以此道观之，是兵无成势，无常形，临时变化，不可预传，故曰：料敌在心，察机在目也。

又曰：昔之善战者，先为不可胜，以待敌之可胜。不可胜在己，守备也。可胜在敌。自循理以备敌之虚懈。故战者能为不可胜，不能使敌之必可胜也。

又曰：见胜不过众人之所知，非善之善也。战胜而天下曰善，非善之善也。交争胜也。太公曰：争胜白刃之中，非良将也。故举秋毫不为多力，见日月不为明目，闻雷霆不为聪耳。见易闻也。古之所谓善战者，胜胜易胜者也。原微易胜，攻其可胜，不攻其不可胜也。故善战者之胜也，无智名，无勇攻。敌兵形未成，胜之无赫赫之功也。

又曰：善战者立于不败之地，而不失敌之败也。故胜兵先胜而后求战，败兵先战而后求胜。善用兵者修道而保法，故能为胜败之政。善胜兵者，先自修理，为可胜之道，保法度，不失敌之乱败也。

又曰：胜可知而不可为也。敌虽众可使无斗，故策之而知得失之计，候之而知动静之理，形之而知死生之地，角之而知有余不足之处。角，量之也。故兵形之极至于无形，无形则深渊不能窥也，而智者不能谋也。因形而作胜于众，众不能知也。因地形而立胜。人皆知我所以胜之形，而莫知吾所以制胜之形也。人皆知吾所以胜，莫知吾因敌形制此胜也。故兵战胜不复，不量重复。而应形无穷。动而应也。

又曰：知胜有五：知可战与不可以战者胜；能料知敌情，审其虚实者胜。知众寡之用者胜；言兵之形，有众而不可击寡，或可以弱制强而能变之者胜也。《春秋传》曰：师克在和不在众。上下同欲者胜；言君臣和同、勇而欲战者，胜也。故孟子曰：天时不如地利，地利不如人和。以虞待不虞者胜；虞，度也。以我有法度之师，击彼无法度之兵。故《春秋传》曰：不备不虞，不可以出师。将能而君不御者胜。《司马法》曰：进退唯时，无曰寡人。将既精能，晓练兵势，君能专任，事不从中御也。此五者，知胜之道。故曰：知己知彼，百战不殆。审知彼己强弱之势，虽不至百战，实无危殆也。不知彼而知己，一胜一负；虽不知敌之形势，恃己能克之者，胜负各半也。不知彼，不知己，每战必殆。外不料敌，内不知己，用战必危也。知地知天，胜乃可全。知地形之便，知天时孤虚向背晦暝风云之谲诡也。

《左传》曰：楚屈瑕将盟贰、轸。贰、轸，二国名也。郧人军于蒲骚，楚莫敖曰：莫敖，官名。"盍请济师？"盍，何也。何不济益师？对曰："师克在和，不在众也。商、周之不敌，君之所闻也。"武王有乱臣十人，纣有亿兆之众。莫敖曰："卜之。"对曰："卜以决疑，不疑何卜？"遂败郧师于蒲骚。

又曰：秦伯以璧祈战于河。注：祷河求胜也。

《战国策》曰：魏武侯问吴起曰："兵以何胜？"曰："以理为胜。"曰："不在众乎？"起曰："法令不明，赏罚不信，闻鼓不进，闻金不止，虽有百万之师，何益于用？所为理者，居则有礼，动则有威，进不可当，退不可追，前却如节，左右应麾。虽绝成阵，虽散成行，投之无所往，天下莫敢当。"

又曰：韩、魏之君不朝于齐。邹忌为齐相，田忌为将，使田忌伐魏，三战三胜。

又曰：或说齐闵王曰："臣之所闻战攻之道于师者，虽有百万之军北之堂上，虽孙吴之将擒之户内，千丈之城拔之樽俎之间，百尺之冲折之衽席之上。"

《史记》曰：张仪东说齐闵王曰："臣闻之，齐与鲁三战而鲁三胜，国以危亡随其后，虽有胜之名，而有危之实，是何也？齐大而鲁小也。"

又曰：魏以太子申为上将军伐齐，过外黄，徐子谓太子曰："自将攻齐。"太子曰："胜则富不过有魏。贵不益为王。若战不胜齐，则万世无魏矣。此臣之百战百胜之术也。"

《汉书》曰：广武君谓韩信曰："成安君有百战百胜之计，一日而失之，军败鄗下，身死泜水上。"

又曰：高祖置酒洛阳南宫。上曰："吾所以有天下者何？项氏之所以失天下者何？"王陵对曰："陛下嫚而侮人，项羽仁而敬人。然陛下使人攻城略地，所降下者因以与之，天下与同利也。项羽妒贤疾能，有功者害之，贤者疑之，战胜而不与人功，得地而不与人利，此则所以失天下也。"上曰："公知其一未知其二，夫运筹策于帷幄之中，决胜于千里之外，吾不如子房；镇国家，抚百姓，给馈饷，不绝粮道，吾不如萧何；连百万之军，战必胜，攻必取，吾不如韩信。三者皆人杰也，吾能用之，此吾所以取天下也。"

《后汉书》曰：河南尹朱儁为董卓陈军事。卓折儁曰："我百战百胜决于心，卿勿妄说且污我刀。"儁曰："昔武丁之明犹求箴谏，况如卿者？而欲杜人之口乎？"卓曰："戏之耳。"儁曰："不闻怒言，可以为戏？"卓谢儁。

又曰：吴汉与公孙术战于广都、成都之间，八战八克，遂军其郭中。又《光武诏》曰：将军邓禹与朕谋谟帷幄，决胜千里。

《魏志》曰：锺会为镇西将军，假节都督关中诸军事。诏曰："会所向摧弊，前无强敌，缄制众城，纲运罗送。蜀之豪帅，面缚归命，谋无遗策，举无废攻。凡所降诛，动以万计，全胜独克，有征无战，拓平西夏，方隅清晏。以会为司徒。"会喜之。

又曰：魏国初建，荀攸为尚书令。攸深密有智防，自从太祖征伐，常谋谟帷幄，时人及子弟莫知其所言。

《吴志》曰：魏使司马曹仁将步骑数万向濡须，仁伪欲东攻羡溪；朱桓分兵赴羡溪，仁进军拒濡须，桓闻遣使追羡溪兵，兵未到而仁兵奄至。诸将各惧，桓喻之曰："凡两军相对，胜负在将，不在众寡。困与诸军共据高城，南临大江，北背山陵，以逸待劳，为主制客。此百战百胜之势。”桓因偃旗鼓，外示虚弱以诱仁。仁果分遣将军王双等乘油船袭中洲。桓身自距之，生获双等送武昌。

《晋书》曰：王浚为平东将军，假节，都督梁、益诸军事，率兵伐吴。浚兵不血刃，攻无坚城，夏口、武昌无相支抗。

又曰：征西将军庾亮以石勒新死，欲移镇石城，为灭贼之渐。事下公卿，蔡谟议曰：“自石勒初起，则季龙为牙爪，百战百胜，遂定中国。”

又曰：嵇绍，字延祖。初为侍中，从驾至汤阴。绍之行也，侍中秦准谓曰：“今日向难，卿有佳马否？”嵇正容曰：“大驾亲征，以正伐邪，理必有征无战。若皇舆失守，臣节有在，骏马何为！”闻者莫不叹息。

《汉晋春秋》曰：诸葛亮至南中，所在战捷。闻孟获者，为胡、汉所服，募生致之。既得，使观于营阵之间。问曰：“此军何如？”获曰：“向者不知虚实，故败。知定易胜耳。”亮纵使更战，七纵七擒。

《傅巽别传》曰：卫臻领举傅巽为冀州刺史。文帝曰：“巽，吾腹心臣也，不妨与其筹算帷幄之中，决胜千里之外。不可授以远任。”

萧方等《三十六国春秋》曰：西凉从事中郎将张显言于凉王曰：“太祖以天挺神姿，应桓文之运，流漂万里，于西夏所推平索嗣，兵不血刃，取酒泉有易俯拾，为殿下开创崇规，贻厥孙谋者也。”

又曰：秦王坚下书曰：“吴人敢恃江山，僭称大号，轻率犬羊，屡窥王境，朕将巡狩省方，登会稽而朝诸侯，复禹绩而定九州。今王师所拟，必有征无战，伐国存主，义同一体。”

又曰：夏王勃勃，自号贞兴元年。夏，刻石都南，颂其功曰：“我皇诞命世之期，应天纵之德，仰协时来，俯从民望。属奸豪鼎峙之际，群凶岳立之秋，故运筹命将，举无遗策，亲御六戎，即有征无战，五稔之间而治风宏阐矣。”

《春秋齐后语》曰：邹忌与田忌不相善，公孙阅谓邹忌曰：“何不令人操十金卜于市？曰：‘我田忌之人也，三战三胜，声威天下，欲为大事亦吉乎？'卜者出，因令人捕之，验其辞于王之所。"邹忌从之，田忌惧，无以自白。遂以其徒袭攻临淄，欲杀邹忌，不胜而奔。

《梁后略》曰：君子普通之末，边疆告惊，寇虏烽煽，击柝相闻，上皇乃运筹帷中，迈曹王之远略，决胜千里，超光武之悬谋。故能师不疲劳，献捷相系。

《老子》曰：善胜敌者不争。

又曰：战胜则以丧礼处之。

《管子》曰：天时地利，其数多少，其要必出于计数。故凡攻伐之为道也，计必先定于内，然后兵出乎境。计未定内而出兵，是则战之自毁也。故不明敌人之政不能加也，不能加兵。不明敌人之积不能约也，不能约誓。不明敌人之士不先阵也。是故以众击寡，以理击乱，以富击贫，以能击不能，以教卒练士击欧众白徒，故百战百胜也。

《孙卿子》曰：舜伐有苗，禹伐共工，汤伐有夏，文王伐崇，武王伐纣，远方慕义，兵不血刃。

《墨子》曰：墨子为守，使公输般服而不肯以兵知，墨子虽善为兵，而不肯以知兵闻也。善持胜者，以强为弱。故老子曰："道冲而用之，有弗盈也。"

邓析子曰：百战百胜，黄帝之师也。

《韩诗外传》曰：孔子叹平仲，云："身不出樽俎之门，而折冲千里之外。"注云：冲，冲车也。谓敌人设此以临城，大臣谋于庙堂，遥以折之。

《古司马兵法》曰：大捷不赏，上下皆不伐善，捷，胜也。一军皆胜上下均不取功也。上苟不伐善，则不骄矣；下苟不伐善，则不差矣！上下不伐善若此，让之至也。大败不诛，上下皆以不善在已也。败者，负也。一军奔北，人皆有罪，故不诛上下俱过。上苟以不善在己，必悔其上过；下苟以不善在己，必远其罪。上下分恶若此，让之至也。

又曰：凡战，以力久，以气胜；有力者，任重则可久，可久即可怠。以固久，以危胜；营垒次舍器械具备，行阵坚守可以久也，乘危乃以死易生，战攻之心定矣。本心固，新气胜。无畏疑，心本坚固，养而不劳，故能制胜。以甲固，以兵胜。甲以卫刀矢，兵以斩获敌，甲坚则固，兵利则胜也。凡车以密固，徒以坐固，车卒众则密阵，步卒众则坐阵。兼以重固，以轻胜。车步兼也，以重卒持竖，以轻卒攻取，故胜也。

《吕氏春秋》曰：凡兵也者，贵其因也。因也者，因敌之险以为己固，因敌之谋以为己事，能审因而加胜，则不可穷矣。不可穷之谓神，神则能而不可胜矣。夫兵不贵胜而贵不可胜。不可胜在己，可胜在彼。圣人必在己者不在彼。故执不可胜之术以遇不胜之敌，若此者则兵无失矣。

又曰：赵襄子攻翟，胜。左人、中人，使者使谒之。下左人、中人城。今卢奴西山中有二城也。襄子方食抟饭，有忧色。左右曰："一朝而下两城，此人之所喜，今君有忧色，何也？"襄子曰："江河之大也，大，长也。不过三日，猋风暴雨，日中不须臾。今赵氏之德行无所积，又一朝而两城下，亡其及我乎？"孔子闻之，曰："赵氏其昌乎？"夫忧所以为昌也，喜所以为亡也；胜非其难者也，持之其难。昔贤主以此持胜，故其福及后世。齐、荆、吴、越皆尝胜矣，而卒取亡，不达乎持胜也。唯有道之主能持胜。

《淮南子》曰：文王知而好问，故圣；武王勇而好问，故胜。夫乘众人之智则无不任也，用众人之力则无不胜也。

《三辅故事》云：娄敬为陇西太守，过洛阳见刘晔曰："臣之策，能不血刃，坐羁匈奴头着陛下前。"

《卫公兵法》曰：夫决胜之策者，在乎察将之才能，审敌之强弱，料地之形势，观时之宜利。先胜而后战，守地不失，是谓必胜之道也。若上骄下怨，可离而间；营久卒疲，可掩而袭；昧去迷就，士众猜嫌，可振而走；重进轻退，遇逢险阻，可邀而取。若敌人旌旗屡动，士马数顾，其卒或纵或横，其吏或行或止，追北恐不利，见利恐不获，涉长途而未息，入险地而不疑，劲风剧寒，剖冰济水，烈景炎热，倍道兼行，阵而未定，舍而未毕，若此之势，乘而击之，此所谓天赞我也，岂有不胜乎？

《张协诗》曰：畴昔怀微志，帷幕窃所经。何必操干戈，堂上有奇兵。陆士衡《辩正论》曰：攻无坚城之将，战无交锋之虏。

又曰：由是二邦之将，丧气挫锋，势衄财匮，而吴宛然坐乘其弊。

太平御览卷第三百二十三 兵部五十四

败

《易》曰：投戈散地，六亲不相能保。

《礼记》曰：谋人之军，败则死之。

又曰：鲁庄公及宋人战于乘丘，马惊败绩。

《左传》曰：凡师，敌未阵曰败某师，皆阵曰战，大崩曰败绩，得俊曰克，覆而败之曰取某师，京师败绩曰王师败绩于某。

又曰：夫其败也，如日月之蚀，何损于明？

又曰：及齐师战于乾时，我师败绩。

又曰：公及邾师战于升陉，我师败绩。

又曰：郑伯侵陈，大获。往岁，郑伯请成于陈，五父谏曰："亲仁善邻，国之宝也。"陈侯不从，故败。

又曰：晋侯及秦师战于彭衙，秦师败绩。

又曰：宋师与齐师战于献，齐师败绩。

又曰：息侯伐郑。郑伯与战于境，息师大败而还。君子是以知息之将亡也。不度德，郑庄贤也。不量力，息国弱也。不亲亲，郑息同姓之国。不征辞，不察有罪，言语相恨，当明征其辞，以审曲直，不宜轻斗。犯五不韪，是也。而以伐人，其丧师也，不亦宜乎！

又曰：郑师伐宋，将战，华元杀羊食士，食，音嗣。其御羊斟不与。及战，斟曰："畴昔之羊，子为政，畴昔，犹前日也。今日之事，我为政。"与入郑师，故败。

又曰：狄人伐卫，战于荥泽，卫师败绩，卫侯不去其旗，是以甚败。遂灭卫。

《史记》曰：管仲曰："吾尝三战三北，鲍叔不以我为怯，知我有老母也。"

又曰：曹沫者，鲁人也。以勇力事鲁庄公，为鲁将。与齐战，败，三北，鲁庄公犹复以为将。

又曰：齐桓公许与鲁会于柯，而盟于坛上。曹沫执匕首劫齐桓公，问曰："子将何欲？"曹沫曰："齐强鲁弱，大国侵鲁，亦以甚矣！今鲁城坏即压齐境，君其图之？"桓公乃许尽还鲁之侵地。曹沫三战所亡，尽复于鲁。案《鲁连与燕将书》曰：曹子为将，三败三北，亡地五百里。向使曹子计不及顾，义不旋踵，刎颈而死，则亦不免为败军擒将矣。曹子弃三北之耻而退与鲁君讨桓公，朝天下，会诸侯，三战之所亡，一朝而复之，天下震动，诸侯惊骇，威加吴越。

又《晋世家》曰：襄公墨衰绖。四月，败秦师于殽，虏秦王将孟明视、西乞术、白乙丙以归。遂墨以葬文公。夫人秦女，谓襄公曰："秦欲得其三将戮之。"公许，遣之。先轸闻之，谓襄公曰："患生矣！"轸乃追秦将。秦将渡河，已在船中，顿首谢，卒不及。后三年，秦果使孟明等伐晋，报殽之败也。

《后汉书》曰：建武三年春正月甲子，以偏将军冯异为征西大将军，杜茂为骠骑大将军，大司徒邓禹及冯异与赤眉战于回谿，禹败绩。后闰九月乙巳，冯异与赤眉战于崤底，大破之。

又曰：邓禹与赤眉战败，帝征禹还。敕曰："赤眉无谷，自当来东，吾折捶笞之，非诸将忧也。无得进兵。"禹惭于受任而功不遂，数以饥卒徼战，辄不利。徼，古尧切。

又曰：邓禹与车骑将军邓弘击赤眉，遂为所败，众皆死散。禹独与二十四骑还诣宜阳，谢上大司徒、梁侯印绶。有诏归侯印绶。数月，拜为右将军。

又曰：邓弘与赤眉大战移日，赤眉佯败，弃辎重走。车皆载土，以豆覆其上，兵士饥，争取之。赤眉引兵还击弘，弘军溃乱，冯异与禹合兵救之，赤眉小却。异以士卒饿倦，可且休，禹不听，复战，大为所败。

又曰：庞萌反，攻杀楚郡太守，引军袭败盖延，盖延走，北渡泗水，破舟楫，坏津梁，仅而得免。

又曰：公孙瓒为袁绍所围，遣子续求救于黑山贼帅张燕，燕卒兵十万，三道来救瓒。未及至，瓒乃密使行人赍书告续曰："昔周末丧乱，僵尸蔽地，以意而推，犹为否也。不图今日亲当其锋。袁氏之攻，状若鬼神，梯冲舞于楼上，鼓角鸣于地中，日穷月急，不遑启处。汝当碎首于张燕，驰以告急。父子天性，不言而动。言相感也。且厉五千铁骑于北隰之中，湿曰隰。起火为应，吾当自内出，奋扬威武，决命于斯。不然，吾亡之后，天下虽广，汝欲求安足之地，其可得乎？"绍候得其书，《献帝春秋》候者得书，绍使陈琳易其辞，即此书。如期举火，瓒以为救至，遂便出战。绍设伏，瓒遂大败，复还保小城。自计必无全，乃悉缢其姊妹妻子，然后引火自焚。

《魏志》曰：太祖在长安，使曹仁讨关羽于樊，又遣于禁助仁。秋大霖雨，汉水溢，平地水数丈，禁等七军皆没。禁与诸将登高望水，无所回避。羽乘大舟就攻，禁遂降。会孙权擒羽，获其众，禁复在吴。文帝践祚，权称藩，遣之，帝引见，禁须发皓白，形容憔悴。涕泣顿首。帝慰喻以荀林父孟明视之事。《魏书》《诏》曰：昔荀林父败绩于邲，孟明丧师于淆，晋秦不替，使复其位。后晋获狄土，秦霸西戎，区区小国，犹尚若斯，而况万乘乎！樊城之败，水灾暴至，非战之咎也，其复禁等官。拜安远将军。

《晋书》曰：陆机河桥之战，始临戎而牙旗折，意甚恶之。列军自朝歌至于河桥，鼓声闻数百里，汉魏以来，出师之盛未尝有也。长沙王乂奉天子与机战于鹿苑，机军大败，赴七里涧而死者如积焉。

又曰：张骏为凉州牧。西域长史李柏请讨叛将赵真，为真所败。议者以柏造谋致败，请诛之。骏曰："吾每念汉世宗之杀王恢，不如秦穆之赦孟明。"竟以减死论，群心咸悦。

又曰：孙恩为刘裕所击，穷蹙，乃赴海自沉，妖党及妓妾谓之水仙，投水从死者百数。余众以恩妹夫卢循为主。

又曰：卢循既败走，召妓妾问曰："我今将自杀，谁能同者？"多云："雀鼠贪生，就死实难。"有云："官尚当死，某岂愿生！"于是悉配诸辞死者，因自投于外。同党尽诛。

又曰：符坚败走，刘牢之进屯鄄城，讨诸未服，河南诸城堡承风归顺者甚众。符坚子丕据邺，为慕容垂所逼，请降，牢之引兵救之。垂闻军至，出新城北走。牢之与沛郡太守田次追之，行二百里，至五桥泽中，争取辎重，军稍乱，为垂所击，牢之败绩，士卒歼焉。牢之策马跳五丈涧，得脱。会丕救至，因入临济，集亡散，兵复少振。牢之以军败征而还。

又曰：符坚败寿春，单骑遁还于淮北，饥甚。人有进壶飧豚髀者，坚食之大悦，曰："昔公孙豆粥，何以加也？"命赐帛十匹。

又曰：毋丘俭、文钦反。司马景王遣邓艾督太山诸军屯乐嘉。钦将攻艾，景王衔枚径造乐嘉。钦子鸯，年十八，勇冠三军，谓钦曰："及其未定，请登城鼓噪，击之可破也。"既谋而行，三噪而钦不能应，鸯退，相与引而东。景王谓诸将曰："钦走矣。"发锐军以追之。诸将曰："钦旧将，鸯小而锐，引军内入，未有失利，必不走也。"王曰："一鼓作气，再而衰，三而竭。鸯三鼓而钦不应，其势已屈，不走何待？"钦将遁，谓鸯曰："不先折其势，不得去也。"乃与骑十余摧锋陷阵，所向皆披靡，遂引去。王遣骁骑八千翼而追之。钦父子与麾下走保项。俭闻钦败，弃众宵遁淮南。安风津都尉追俭，斩之。

又曰：符坚率众百万屯寿阳，列阵淝水。谢玄谓苻融曰："临水为阵，是不欲速战。请君稍却。"坚遂麾使阵退，众因乱不能止。玄以精锐决战。坚众崩溃。闻风声鹤唳，皆以为王师至，草行露宿，饥冻以死。获坚乘舆云母车，军资山积。

又曰：符坚望八公山上草木皆类人形，又见王师部阵，谓融曰："此亦勍敌也。"怃然有惧色。及败，单骑遁于淮北，饥甚，人有进壶飧者，曰："臣闻白龙厌天池之乐而见困豫且。今蒙尘之难，岂自天乎！"

《晋中兴书》曰：谢琰为会稽内史，督五部事。隆安四年，孙恩攻上虞，进及邢浦。上党太守张虔硕战败于邢浦，人情震惧，群贼锐进，咸以宜持重严备，且列水军于南湖，又应分军设伏以待之。琰不听。外白贼至，时尚未食。琰曰："要先灭此寇而后食耳。"跨马而出。广武将军桓宝为前锋，果敢能战。杀贼甚多，而塘路迮狭，鱼贯不聚，贼于舰中傍射，前后断绝。琰至千秋亭，与二子肇、峻俱被害，宝亦死之。

又曰：刘道规及下邳太守孟怀玉等与桓玄战于峥嵘洲。义军乘风纵火，尽锐争先，玄众大溃，烧辎重夜遁。玄故将刘统、冯雅等聚党四百人，掩没浔阳城，建威将军刘怀肃讨平之。其党自相斩以降。玄入江陵，太守冯谈劝使更下战，玄不从，欲步出汉川，投梁州刺史桓希，而人情崩阻，不可复合。益州刺史毛璩弟璠卒，璩使其从孙祐之、参军费恬送璠丧，葬于江陵。璩弟子修之为玄屯骑校尉，玄计穷欲走汉中，修之诱以入蜀，遂与石康等乘舰溯江数十里，恬与祐之迎击玄。益州督护冯迁斫玄，玄曰："是何人耶？敢杀天子！"迁曰："欲杀天子之贼耳。"斩玄首并石康等五级，庾颐之及殿中监万盖、丁仙期皆死之。玄年六十，息升六岁，云："我是豫章王，诸军勿见杀。"遂送至江陵，市斩之。

《三十国春秋》曰：后燕慕容垂遣其子宝步骑七万伐后魏，战于参合陂，大败。宝以数千骑奔免，士众还者十一二。宝恨参合之败，屡言魏有可乘之机，由是自率大众伐魏。至参合，见往年战处，积骸如山，设吊祭之礼，死者父兄一时号哭，军中皆恸。垂惭愤呕血，因而寝疾，却还，道卒。

《宋书》曰：晋安王子勋举兵浔阳，宋将殷孝祖讨之。时贼据赭析。赭，音者。孝祖将进攻之，与贼合战，常以鼓盖自随，军中人相谓曰："殷统军可谓死将矣。今与贼交锋，而以羽仪自标显若此，射者十手攒射，欲不毙，得乎？"是日，于阵中流矢死。

又曰：王玄谟北围滑台，为魏军所追，大破之，流矢中臂。二十八年正月，还至历城，义恭与玄谟书曰："闻因败为成臂上疮，将非金印之征邪。"

《梁后略》曰：丙午，军帅萧方等至于长沙，河东王誉率左右七千人，置阵登高以御之。方等兵精众盛，暗江水满，争来赴战。俄尔之间，方等众溃，誉军以骑汨之，悉皆透水。方等与左右二百余人，驰往赴舟，舟中之指可掬，方等溺于江中。

《通典》曰：东魏大将齐神武与西魏大将周文帝战邙山。时周文见齐神武出旗鼓，识之，乃募敢勇士三千，令贺拔胜总之，犯其军。适与齐神武相遇，时募士皆用短兵接战，胜，逐齐神武数里，刃垂及之。会胜马为流矢所中，死，比副骑至，齐神武已逸去。

《隋书》曰：高丽之役，炀帝使宇文述将兵东济萨水，去平壤三十里，因山为营。乙支文德复遣使伪降，请述曰："若旋师者，当奉高元朝行在所。"述见士卒疲弊，不可复战，又平壤险固，卒难致力，遂因其诈而还。众半济，贼击后军，于是大溃不可禁止，九军败绩，一日一夜，还至鸭渌水，行四百五十里。初，渡辽九军三十万五千人，及还至辽东城，唯二千七百人。帝怒，以述等属吏，至东都，除名为民。

《唐书》曰：屈突通将自武关趋蓝田以赴长安。军过潼关，为刘文静所遏，不得进，相持月余，通又令显和以步骑万人夜袭文静，诘朝大战，义军不利。显和纵兵入我二栅而战者，往复数焉。文静为流矢所中，义军气夺，垂至于败。而文静游军数百骑自南山而来击其背，显和大败，匹马而归。通势弥蹙，自摩其颈曰："要当为国家受人一刀耳！"劳勉将士，未尝不流涕，人亦以此怀之。

又曰：安禄山之乱，哥舒翰领兵马步十五万，贼将崔乾祐会战。初，哥舒翰造毡车，以毡蒙其车，以马驾之。画以龙虎之状，五色相宣，以金银饰其画兽之目及爪，将冲战焉。因其惊骇，拟从而掎角，攒戈矢而逐之。贼知其计，积薪刍于隘路，候毡车至，顺风纵火焚之，驾马奔骇，烧毡车，薪刍烟焰昏黑，两军不相辨。我师谓贼军在烟焰中，遂集弓弩并力射之。贼军抽退，尽日矢尽，方觉无贼。我师众从关门六七十里，路狭，北抵黄河，南是古岸排，蹴进不得。贼抽军从南山设疑，曳柴扬尘，以伺罗诣，直习险，直透黄河古岸横截我师，我师败绩，沉河而死十有二三。

又曰：潼关之战，哥舒翰在河北高阜上观军阵进退之势。于时有般粮船在河北岸，左右言取船渡兵可得，遂令将船百余只，到南岸渡人，舟中之指可掬。登船争渡者不可胜数，每满即沉。如是登船沉者数十渡，余军尽散走，还入关。

《三国典略》曰：齐师既败，军士奔至江者，缚荻为筏，多被没溺，浮尸翳江，至于京。先是，童谣曰："虏马万匹入南湖，城南酒家使虏奴。"至是，梁军士以齐兵质酒，一人才得一醉。

又曰：周武伐齐，齐主亦于堑北列阵，谓高阿那肱曰："战是耶，不战是耶？"那肱曰："不如勿战，却守高梁桥。"安吐根曰："一把子贼，马上刺取掷着汾阳中。"诸内参曰："彼亦天子，我亦天子，彼能悬军远来，我何为守堑示弱？"齐主曰："此言是也。"使让那肱曰："尔富贵足，惜性命耶？"乃填堑南引。帝大喜。齐主亲战，东偏颇有退者，淑妃怖曰："军败矣！"穆提婆进曰："大家去，大家去！"齐主以淑妃奔高梁关。奚长乐谏曰："半进半退，战家常体，今兵众全整，未有伤败，陛下舍此安之？御马一动，人情惊扰，愿速还安抚。"齐主将从之，穆提婆引其肘曰："长乐言，何可信？"齐众大溃。军资甲仗数百里间，委弃山积，在阵死者八千余人。齐主夜走至洪洞戍。

又曰：周遣大将军王轨破陈于吕梁，擒其司空南平郡公吴明彻、徐州刺史董安公、程文季等，俘斩三万余人。初，轨潜于清水入淮口，多竖大木以铁锁贯车轮，横截水流，遏断船只。萧摩诃谓明彻曰："闻王轨锁下流，其两边筑城。今尚未立，若见遣击之，彼必不敢相拒。彼城若立，则吾属且为虏矣。"明彻乃奋髯曰："搴旗陷阵，将军事也；长算远略，老夫事也！"摩诃失色而退。一旬之间，我兵益至。摩诃又请明彻曰："今求战不得，进退无路，若潜军突围，未足为耻。愿公率步乘车舆徐行，摩诃领铁骑数千，驱驰前后，必当使公安达京邑。"明彻曰："弟之此计，乃良图也。然老夫受脤专征，不能战胜攻取，今被围逼，惭无地。且步军既多，吾为总督，必须身居其后，相率兼行。"遂欲破堰。大军以舫载马，北谯州刺史裴子烈议曰："若决堰下船，船必倾倒，不如前遣马出，于事为允。"会明彻疾笃，知事不济，遂从之。乃遣摩诃率马军数千前还。明彻决堰，乘水而退。至清口，水势渐微，船碍车轮，并不得渡。轨围而蹙之，明彻力穷就执。陈之锐卒，于是歼焉。

《卫公兵法》曰：或若军有贤智而不能用者，败；上下相亲而各述己长者，败；赏罚不当而众多怨言者，败；知而不敢击，不知而击之者，败；利地利不得而卒多战厄者，败；劳逸无别，不晓车骑之用者，败；觇候不审而轻敌懈怠者，败；行于险道而不知深沟绝涧者，败；阵无选锋而奇正不分者，败。凡此十败，非天之殃，将之过也。夫兵者，宁可千日而不使，不可一时而不胜。故白起对秦王曰："明王爱其国，忠臣爱其名。宁伏其重诛，不忍为辱军之将。"又严颜谓张飞曰："卿等无状，侵夺我州，有断头将军，无降将军也。"故二将咸重其名节，宁就死而不求生者，盖知败衄之耻，斯诚甚矣。

《说苑》曰：晋、荆战于邲，晋师败绩，荀林父将归请死。景公将许之，士贞伯曰："不可，城濮之役，晋胜于荆，夫文公犹有忧色。曰：子玉犹存，忧未歇也，困兽犹斗，况国相乎？及荆杀子玉，乃喜。今天或者大警晋也，林父之事君，进思尽忠，退思补过，社稷之卫也。今杀之，是重荆胜也。"景公曰："善。"乃使复将。

潘安仁《马汧督诔·序》曰：昔乘丘之战，县贲父御鲁庄公，马惊败绩。贲父曰："他日未尝败绩，今而败绩，是无勇也。"遂死之。

又曰：偏师裨将殒首覆军者，盖以十数。

太平御览卷第三百二十四　兵部五十五

招

《左传》曰：鲁叔弓帅师围费，弗克，败焉。为费所败。平子怒，令见费人执之以为囚俘。冶区夫曰："非也。区夫，鲁大夫也。若见费人，寒者衣之，饥者食之。为之令主，而供其困乏。费来如归，南氏亡矣。人将叛之，谁与居邑？若惮之以威，惧之以怒，人疾而叛，为之聚也。若诸侯皆然，费人无归，不亲南氏，将焉入矣？"平子从之，费人叛南氏。

《史记》曰：汉高帝初，陈豨反于代，豨，虚岂切。帝自往击之。至邯郸，喜曰："豨不南据漳水，北守邯郸，知其无能为也。"因问周昌曰："赵亦有壮士可令将者乎？"对曰："有。"见四人，四人谒，帝慢骂曰："竖子能为将乎？"四人惭伏。帝封之各千户，以为将。左右谏曰："从入蜀、汉，伐楚，功未遍行，今此何功而封？"帝曰："非汝所知。陈豨反，邯郸以北皆豨有，吾以羽檄征天下兵，未有至者，今唯独邯郸中有此耳。吾胡爱四千户，封此四人，以慰赵子弟！"皆曰："善。"

《汉书·西南夷传》曰：陆贾至南越，越王恐，顿首谢罪，愿奉明诏，长为藩臣，奉贡职。于是下令国中曰："吾闻两雄不俱立，两贤不并世。汉皇帝贤天子。自令以去帝制黄屋左纛。"因为之称蛮夷。

《后汉书》曰：岑彭与大司马吴汉等围洛阳数月。朱鲔等坚守不肯下。帝以彭尝为校尉，令往说之。鲔在城上，彭在城下，相劳苦欢语如平生。彭因曰："彭往者得执鞭侍从，蒙荐举拔擢，常思有以报恩。今赤眉已得长安，更始为三王所反，皇帝受命，平定燕、赵，尽有幽、冀之地，百姓归心，贤俊云集，亲率大兵，来攻洛阳。天下之士，逝其去矣。公虽婴城固守，将何待乎？"婴，绕也。谓以城自婴绕而守之。鲔曰："大司徒被害时，鲔与其谋。与，音预。又谏更始无遣萧王北伐，自知罪深。"彭还，具言于帝。帝曰："夫建大事者，不忌小怨。鲔今若降，官爵可保，况诛罚乎？河水在北，吾不食言。”指河水为信，言其明白也。彭复往告鲔，鲔从城上下云索曰：“必信，可乘此上。”彭趣索欲上。趣，向也。鲔见其诚，即许降。后五日，鲔将轻骑诣彭。顾敕谓部将曰：“坚守待我。我若不还，诸君径将大兵上轘辕，归郾王。”《更始传》，尹尊为郾王。乃面缚，与彭俱诣河阳。《东观记》曰：诸行在所河津亭。帝即解其缚，召见之，复令彭夜与鲔归城。明旦，悉其众出降，拜鲔为平狄将军，封扶沟侯。

《蜀志》曰：关羽围魏氏之樊，留兵将备公安及南郡。吴将吕蒙袭之，兵到南郡，羽下守将糜芳降。蒙入据城，尽得羽及将士家属，蒙皆抚慰，约令军中不得干历人家有求取。军中震慄，道不拾遗，蒙朝暮使亲近存恤耆老，问所不足，病疾者给医药，饥寒者赐衣粮。羽府藏财宝，皆封闭以待吴主孙权至。羽还路，数使人与蒙相闻，蒙辄厚遇其使，周旋城中，家家致问，或手书示信。羽人还，私相参讯，咸知家问无恙，见待过于平时，羽吏士无斗心。会权至，羽自知孤穷，乃走麦城，西至漳乡，众皆委羽而降。

《三国典略》曰：梁萧乾，字思惕，梁秘书监子范之子。容止雅正，志性恬简。善隶书，得叔父子云之法。闽中豪帅反叛，陈武谓乾曰：“陆贾南征，赵佗归顺，随何奉使，黥布来臣，追想清风，仿佛在目。”乃令乾往使谕以逆顺，渠帅并即款附。

《北史》曰：魏可朱浑元归齐。神武闻其来，遣平阳太守高崇持金环一枚赐元，并运资粮候接。

《隋书》曰：刘权为南海太守。行至鄱阳，会群盗起，不得进，诏令权召募讨之。权率兵与贼相遇，不与战，先乘单舸诣贼营，说以利害。而群贼感悦，一时降附。帝闻而嘉之。

又曰：开皇末，桂州俚李光仕聚众为乱，诏何稠召募讨之。师次衡岭，遣使者谕其渠帅洞主莫崇解兵降款。桂州长史王文周锁崇以诣稠所。稠诈宣言曰：“州县不能绥养，致使边民扰叛，非崇之罪也。”乃命释之，引崇共坐，并从者四人，为设酒食遣之。崇大悦，归洞不设备。稠至五更，掩入其洞，悉散俚兵，以临余贼。象州逆帅杜条辽、罗州逆帅庞靖等相继降款。

又曰：仁寿初，山獠作乱，出卫玄为资州刺史以镇抚之。玄既到官，时獠攻围大牢镇，玄单骑造其营，谓群獠曰："我是刺史，衔天子诏安养汝等，勿惊惧也。"诸贼莫敢动。于是说以利害，渠帅感悦，解兵而去，前后归附者十余万口。高祖大悦，赐缣二千匹，除遂州总管，仍令剑南安抚。

《唐书》曰：马燧讨李怀光，自京师与浑瑊、骆元光、韩游瓌合军，次于长春宫。怀光遣骁将徐廷光以精卒六千守城，兵械甚严。燧度长春不下，则怀光自固，攻之则旷日持久，死伤必甚，乃挺身至城下呼廷光。廷光素惧燧威名，则拜于城上。燧度廷光心已屈，乃谓曰："我来自朝廷，可西面受命。"廷光复西拜。

又曰："公等皆朔方将士，禄山已来，首立大勋，四十余年，功伐最高，奈何弃祖父之勋力，为灭族之计耶！从吾言，非止免罪，富贵可图也。"贼徒皆不对。燧又曰："尔以吾言不诚，今相去数步，尔当射我！"乃披襟示之。廷光感泣俯伏，军士亦泣。先一日，贼将尉珪率兵二千以焦离堡降燧。廷光道既绝，乃因率其下出降。燧乃以数骑径入城，处之不疑，莫不畏服，众大呼曰："吾复得为王人矣！"浑瑊私叹谓参佐曰："瑊谓马公用兵与仆不相远，但怪累败田悦；今睹其行师料敌，仆不逮远矣。

又曰：曹王皋为衡州刺史。初，湖南团练使辛京杲遣将军王国良镇武冈。京杲侵刻之，又虐其士卒，国良以兵叛，因据山河守险，劫行旅以自给。诏征荆南、江西、黔桂兵诛之，二岁不下。乃以皋为潭州刺史、湖南都团练使。皋率诸军至武冈，国良阻险，兵不得进。皋乃谓诸军曰："国良怨京杲刻害，本非反也。其情易，不如降之。"乃三遗之书，国良因谓降，未得其情。皋曰："其心屈矣。"乃舍军自称使者，乘扁舟直造其垒，曰："曹王也。"国良遂出降。

又曰：于邵为巴州刺史，时岁俭，夷獠相聚山泽为盗。数千百人来围州城，邵抚励州兵与之拒战。凡旬有二日，间遣使说喻，示以善恶。山盗邀邵出，乃以儒服出城，致之不疑，因皆降之。

又曰：范希朝为朔方节度使。至灵武，突厥别部有沙陀者，北方推其勇劲，希朝诱致之，自甘州举族来归，众且万人。其后以之讨贼，所至有功。

降

《左传》曰：蔡穆侯将许僖公以见楚子于武城，许男面缚衔璧，大夫衰绖，士舆榇。楚子问诸逢伯，对曰："昔武王克殷，微子启如是。武王亲释其缚，受其璧，焚其榇，礼而命之，使复其所。"楚子从之。

《史记》曰：楚庄王围郑，三月，克之。入自皇门，郑伯肉袒牵羊以迎，曰："孤实不天，不能事君，使君怀怒以及敝邑，孤之罪也。敢不唯命是听！"

又曰：周武王伐纣，克殷。微子乃持其祭器于军门，肉袒面缚，左牵羊，右把茅，膝行而前以告。于是武王乃释微子，复其位。

《后汉书》曰：武都参狼羌为寇，杀长史。马援将四千余人往击之，不与战。羌遂穷困，悉降。

又曰：陈宫降，曹操曰："奈卿老母何？"宫曰："老母在公，不在宫也。夫以孝治天下者，不害人之亲。"操复曰："奈卿妻子何？"宫曰："闻霸王之主，不绝人之嗣。"因请就刑，遂出不顾。操为之涕泣，遂杀之，传首许市。

又曰：耿秉与窦固至车师后，王安得震怖，从数百骑出迎秉。而固司马苏安欲全功归固，即驰谓安得曰："汉贵将独有奉车都尉，天子姊婿，固尚光武女沮阳公主，明帝姊也。爵为通侯，当先降之。"安得乃还，更令其诸将迎秉。秉大怒，被甲上马，麾其精骑径造固壁。言曰："车师王降，讫今不至，请往枭其首。"固大惊曰："且止，将败事！"秉厉声曰："受降如受敌。"遂驰赴之。安得惶恐，走出门，脱帽抱马足降。《东观记》曰：脱帽，趋鸣马蹄也。秉将以诣固。其前，王亦归命，遂定车师而还。

又曰：太山贼叔孙无忌等暴横一境，州郡不能讨。卫羽说第五种曰：“中国安宁，忘战日久，而太山险阻，寇猾不制。今虽有精兵，难以赴敌，羽请譬降之。”种敬诺。羽乃往，备说祸福，无忌即帅其党与三千余人降。

又曰：刘盆子遣刘恭乞降，曰：“盆子将百万众降，陛下何以待之？”帝曰：“待汝以不死耳。”樊崇乃将盆子及丞相徐宣以下三十余人肉袒降。上得所传国玺绶、更始七尺宝剑及玉璧各一。积兵甲宜阳城西，与熊耳山齐。

又曰：庞雄与梁慬及耿种步骑万六千余人攻虎泽。连营稍前，单于惶怖，遣左奥鞬曰逐王诣慬乞降。慬乃大阵兵受之。单于脱，帽徒跣，面缚稽颡，纳质。

又曰：岑彭与严说共守宛。汉兵攻之数月，城中粮尽，人相食，彭乃与说举城降。诸将欲斩之，大司徒伯升曰：“彭，郡之大吏，执心坚守，是其节也。今举大事，当表义士，不如封之，以劝其后。”更始乃封彭为归德侯。

又曰：班超复使西域。是时，于阗王广德新攻破莎车，逐雄张南，于阗国去长安九千七百七十里，南与婼羌，西与始墨接，莎车国去长安九千九百五十里。西域南北有大山，中央有河，东西六千余里。东至玉门、阳关有两道，从鄯善傍南山北波河西行，至莎车为南道。雄张犹炽盛也。张，音丁亮反。波，傍也。波音诐。而匈奴遣使监护其国。超既西，先至于阗。广德礼意甚疏。且俗信巫。巫言：“神怒何故欲向汉？汉使有騧马，急求取以祠我。”广德乃遣使就超请马。《续汉书》及《华桥书》，騧字并作騩。《说文》：马浅墨色也。音京媚反。超密知其状，报许之，而令巫自来取马。有顷，巫至，超斩其首以送广德，因辞让之。广德素闻超在鄯善诛灭虏使，大惶恐，即攻杀匈奴使者而降。超重赐其王以下，因镇抚焉。

又曰：张步战败，退保平寿，今青州北海县。苏茂将万余人来救之。茂让步曰：“以南阳兵精，延岑善战，而耿弇走之。奈何就攻其营？既呼茂，不能待耶？”步曰：“负，无可言者。”负，愧也。再言之者，愧之甚。帝乃遣使告步、茂，能相斩降者，封为列侯。步遂斩茂，使奉其首降。

又曰：田戎闻秦丰被围，惧，大兵方至，欲降，而妻兄辛臣谏戎曰：“今四方豪杰，各据郡国，洛阳地如掌耳，《续汉书》曰：辛臣为戎作地国，图彭宠、张步。董宪、公孙述等所得郡国，云洛阳所得如掌耳。不如按甲以观其变。”戎曰：“以秦王之强犹为征南所围，岂况吾耶？降计决矣。”四年春，戎乃留辛臣守夷陵，自将兵沿江泝沔，止黎丘，刻期曰当降。而辛臣于后盗戎珍宝从间道先降于彭，而以书招戎。戎疑必卖己，遂不敢降，《东观记》云：戎至期日，灼龟卜降兆，不中，折，遂止不降。而反与秦丰合，彭出兵攻戎，数月，大破之。

《吴书》曰：壬申，王濬受皓之降，命解缚焚榇，延请相见。

《晋阳秋》曰：濬平吴，濬收其图籍，领州四，郡三十三，县三百二十三，户五十二万三千，男女口二百三十万，后宫五千余人。

《晋书》曰：樊雅据谯郡，祖逖使桓宣说之。雅与宣置酒结友，遣子随宣诣逖。少日，雅便自诣逖，逖遣雅还抚其众。佥谓前数骂辱逖，惧罪不敢降。雅复闭城自守。逖往攻之，复遣宣入说雅。雅即斩异己者，遂出降。

又曰：建兴中，陈声聚诸无赖二千余家断江抄掠，陶侃遣朱伺为督护讨声。声众虽少，伺容之不击，声求遣弟诣侃降，伺外许之。及声去，伺仍遣劲勇要声弟斩之，潜军袭声。声正旦并出祭祀饮食，伺军入其门，方觉。声将阎晋、郑进皆死战，伺军人多伤，乃还营。声东走，保董城。伺又率诸军围守之，遂重柴绕城，作高橹，以劲弩下射之，又断其水道。城中无水，杀牛饮血。阎晋，声妇弟也，乃斩声首出降。

又曰：桓温伐蜀，军次彭模，乃命参军周楚、孙盛守辎重，自将步卒直指成都。李势使其叔父福及从兄权等攻彭模，楚等御之，福退走。温又击权等，三战三捷，贼众散，自间道归成都。势于是悉众与温战于笮桥，参军龚护战没，众惧欲退。而鼓吏误鸣进鼓，于是攻之，势众大溃。温乘胜直进，焚其小城，势遂夜遁九十里，至晋寿葭萌城。

其将军邓嵩、昝坚观势降，乃面缚舆榇请命。温解缚焚榇，送于京师。温停蜀三旬，举贤旌善，百姓大悦。

《齐书》曰：始兴王鉴镇益州，益州劫帅韩武、方棠聚党千余人，断流为暴，郡县不禁，行旅断绝。鉴行至上明，武、方乃出降。长史虞悰等咸请杀之，鉴曰："武、方为暴，积年所不能制。今降而被杀，失信，且无以劝善。"于是启台，果被宥。自巴西蛮夷、凶恶皆望风降附。

《三国典略》曰：侯景党仪同司马世云率其所领降于慕容绍宗，仍以铁骑五千夹而击景。景谓其众曰："汝辈家口，高澄悉已杀之，努力何虑无妻子？待向江东，当还入邺，用汝辈悉作本州刺史。"众信之。绍宗遥呼曰："尔居家悉在，但能归来，官勋如旧。"乃被发向北斗以誓之，于是景众大溃，争赴涡水，涡水为之不流。

《后周书》曰：武帝平齐。齐王至，帝降自阼阶，以宾主之礼相见。高湝在冀州拥兵未下，遣上柱国、齐王宪与柱国、随公杨坚率军讨平之。齐定州刺史、范阳王高绍义叛入突厥。齐诸行台州镇悉降，关东平。合州五十，郡一百六十二，县三百八十五，户三百三十万二千五百二十八，口二千万六千八百八十六。

《唐书》曰：王行本仕隋，以军功为朝散大夫。尧君素之镇河东也，令行本统精甲七百人。及君素被诛于东楼，行本率兵赴之，不及，因捕杀君素者，党属与数百人皆诛之。后兵出战官军。高祖更令将军秦武通击之，武通令军中无得泄其谋，于是掘长围以逼之，武通谓掘围者："若见贼，但疾走以避之。"行本果出兵，掘围者走，行本奔数里，通率骑横出击之，贼众溃，因纵兵乘之，杀七百余人，自此兵势渐弱。太宗求得其所亲妇人遣入城喻意，行本曰："罪戾既深，自知不免止，当逃窜山谷耳。"因潜引武周，又求援于窦建德，武周遣其将寻相以兵援之。太宗邀击，大破之。行本穷急粮尽，谋欲突围而出，人无从者，遂面缚请降。

又曰：刘闼亡将张君立，奔于高开道，因与其将张金树潜相连结。时开道亲兵数百人，皆勇敢士也，号为"义儿"。恒在阁内。金树每督兵于阁下。及将为变，谮令其党数人入其阁内，与诸义儿阳为游戏，至日将夕，阴断其弓弦，又藏其刀杖，聚其矟于床下。合暝，金树以其徒大呼来屯阁下，向所遣人抱义儿矟一时而出，诸义儿遽将出战，而弓弦皆绝，刀杖已失。张君立于外城举火相应，表里惊扰。义儿穷蹙，争归金树。开道知不免死，于是擐甲持兵坐于堂上，与妻妾奏妓乐酣宴。金树之党惮其勇，不敢逼之。天将晓，开道先缢其妻及子而后自杀。金树陈兵大集，执其义儿皆斩之。又杀张君立，死者五百余人，于是来降。

诈降

《史记》曰：楚汉相持，项羽围汉王于荥阳，汉王请和，割荥阳以西者为汉。亚父劝项王急攻荥阳，汉王患之，陈平反间。既行，羽果疑亚父，亚父大怒而去，发病死。汉将纪信曰："事急矣！臣请诳楚，可以间出。"于是陈平夜出女子东门三千余人，楚因击之。纪信乃乘王车黄屋左纛，曰："食尽，汉王降楚。"楚军皆呼万岁。之城东观之，上以故与数十骑出西门遁走。

《后汉书》曰：时汉中贼延岑出散关，及更始将军李宝合兵数万人，与逢安战于杜陵，岑等大败，死者万余人，宝遂降安，而延岑收散卒走。宝乃密使人谓岑曰："子努力还战，吾当于内反之，表里合势，可大破也。"岑即还，挑战。安等空营击之。宝从后悉拔赤眉旌帜，更立己幡旗。安等战疲还营，见旗帜皆白，大惊，乱走，自投川谷死者十余万。

《后魏书》曰：万俟丑奴、万，音墨。俟，音其。宿勤明达等反叛，寇掠泾川。魏将崔延伯率众军将出营讨贼。未战之间，有贼数百骑诈持文书，云是降簿，乞且缓师。延伯谓其事实，逡巡未阅。俄而，宿勤明达率众自东北而至，乞降贼从西竞下，诸军前后受敌。延伯上马突阵，贼势摧挫，便尔逐北，遥造其营。贼本轻骑，延伯军兼步卒，兵力疲怠，贼乃乘间得入城。延伯军遂大败，伤死者二万人。

《通典》曰：西魏大将周文帝征东魏，战于邙山。裨将于谨率其麾下伪降，立于路左。东魏大将齐神武军乘胜逐北，不以为虞。追骑过尽，谨乃自后击之，敌人大骇。独孤信又收集兵士，于后奋击，齐神武军遂乱。以此西魏军得全而返之。

又曰：隋炀帝征高丽，九军已度鸭绿水，粮尽，议欲班师。诸将多异同，又不测帝意。会高丽国相乙亥文德来，诣其营，都将宇文述不能执，文德逃归。述内不自安，遂与诸将更进追击。时文德见军中多饥色，欲疲述众，每斗便北，述一日之中七战皆捷。既恃骤胜，又内逼群议，于是，遂进逼平壤城。文德伪降，述料攻之未可卒拔，因而班师。文德随击之，大败。文德之战之北，迁延令敌饥瘦，亦同持久之义。

太平御览卷第三百二十五 兵部五十六

乞师

《左传》曰：卫人伐齐，公子遂如楚乞师。公子遂，鲁卿。

又曰：东门襄仲、臧文如楚乞师。襄仲居东门，故以为氏。臧文为襄仲副使，故不书。

又曰：夏公使如楚乞师，以伐齐。公不事齐，与晋盟，故惧而乞师于楚。

又曰：晋侯使荀罃来乞师。

又曰：十三年，晋侯使郄锜来乞师，将事不敬。将事，敬君命也。孟献子曰："郄氏亡乎？礼，身之干也；敬，身之阶也。郄子无阶，且先君之嗣卿，受命以求师，将社稷是卫，而惰弃君命也，不亡何为？"郄锜，郄克子，故曰嗣卿。为十七年春杀郄锜传也。

又曰：晋侯使士鲂来乞师。

又曰：郄犨如卫，遂如齐，皆乞师焉。栾黡来乞师，孟献子曰："晋有胜矣。"卑让有礼，故知其将胜楚矣。

又曰：秋，齐侯闻将有晋师，使陈无宇从薳启强如楚，辞且乞师。辞有晋师，未得相见也。

《谷梁传》曰：师出不必反，战不必胜，故言乞也。

《战国策》曰：楚围雍氏，韩使求于秦，秦师不下。殽令靳尚使谓秦王曰："今韩已病矣。秦师不下，唇竭齿寒，愿大王熟计之。"宣太后召尚曰："妾事先王也，先王以髀加妾身，妾困弗支也。尽身妾上而弗重也，何也？以其少有利焉。夫救韩日费千金，独不使妾少有利耶。"靳尚归。韩襄王赂于太后，复使张翠至。甘茂曰："韩急。"翠曰："未也。"茂曰："先生言不急可乎？"翠曰："韩急则折而入楚矣，臣安敢来？"茂曰："先生勿复言也。"乃言于秦王曰："今雍氏围而秦兵不下，是无韩也。楚韩为一，魏不敢不听，是楚以三国谋秦也。"秦王乃下师于殽以救韩。

《后汉书》曰：曹操与袁绍相持于官渡，绍遣人求救，刘表许之而不至，亦不援曹操，且欲观天下之变。从事中郎南阳韩嵩、别驾刘先说表曰："今豪杰并起，两雄相持，天下之重在于将军。将军若欲有为，起乘其弊，可也。"

救援

《春秋后齐语》曰：秦攻赵长平，齐楚救之。赵人无食，请粟于齐，齐欲勿与。周子曰："不如与之，以退秦兵；不与，则秦兵不却。是秦之计中，而齐楚之计过也。且赵之于齐楚，捍蔽也，犹齿之于唇，唇亡则齿寒。今日亡赵，明日患及齐楚。是故赵之务宜若奉漏瓮沃燋釜也。夫救赵，高义也。却秦兵，显名也。义救亡国，威却强秦之兵，不务为此而务爱粟，为国计者，过矣。"齐王不听，秦破赵于长平。遂围邯郸焉。

又《韩语》曰：襄王十二年，楚围雍氏，韩令使者求救于秦。冠盖相望，秦师不出。使靳尚如秦谓秦王曰："韩之于秦，居为隐蔽，出为雁行，今韩病矣。秦师不出，唇亡齿寒，愿大王计之也。"

《史记》曰：赵平原君使者冠盖相属，让信陵君以请救。曰："胜所以结为婚姻者，以公子高义。今纵轻胜，独不怜公子之姊耶？"公子说："王不可。"乃将车骑欲与赵俱死。行过夷门，见侯嬴坐而去。公子曰："侯生无一言半辞送我哉？"乃复见之。生曰："知公子之必来！"乃谓曰："嬴闻晋鄙之兵符常在王卧内，而如姬最幸。可为如姬复父之仇，求其虎符，夺晋鄙军，此五霸之伐也。然恐鄙有所疑，臣客朱亥可与俱行。"至军，亥以四十斤铁椎杀晋鄙，引兵救赵却秦军。赵王再拜曰："自古贤人未有及公子！"公子惧，不归。赵以五城封之。

《魏志》曰：太祖征张绣，荀攸言于太祖曰："绣与刘表相恃为强，然绣以远军仰食于表，表不能供，势必离。不如缓军以待之。若急之，其势必相救。"太祖不从，遂进军至襄。绣战急，表果救之，军不利。太祖谓攸曰："不用君言，至是矣。"

《魏略》曰：曹洪为太祖族弟。兴平末，太祖尝与洪出，为寇劫失马，追者在后，洪下马与太祖。太祖辞曰："各自急。"洪言曰："天下诸将可无洪，不可无君也。"太祖乃乘之，遂相扶佐得济。《魏志》曰：太祖为卓败，失马。

《晋书》曰：桓宣屯马头山，为祖焕、桓抚所攻，求援于庐江太守毛宝。宣遣子戎重请，宝即随戎赴之。未至，而贼已与宣战。宝军缘兵少器仗滥恶，大为焕、抚所破。宝中箭，贯髀、彻鞍，使人蹋鞍拔箭，血流满鞾。去船所百余里，望星而行。到，先哭战亡将士，洗疮讫，夜还救宣。宝至宣营而焕、抚亦退。

又曰：淮南妖贼张昌，旬月之间，众三万皆绛绩，科头，攒面以毛。王歆上言："妖贼张昌、刘尼称神圣，犬羊万计，绛头毛面挑刀走戟，其锋不可当。请诸军以助。"

《三十六国春秋》曰：姚襄南至荥阳，与高昌李历战于麻田，马中流矢死。弟苌下马授襄曰："汝何以自免？"苌曰："但令兄济此，竖子何敢害苌？"会救至，俱不死。

《北史》曰：齐兰陵武王长恭一名孝瓘，文襄第四子。累迁并州刺史。突厥入晋阳，长恭尽力击之。芒山之败，长恭为中军，五百骑再入周军，遂至金墉之下，被围甚急。城上人不识长恭，免胄示之面，乃下弩手杀之，于是大捷。武士共歌谣之，为《兰陵王入阵曲》是也。

《后魏书》曰：齐将陈伯之进逼寿春沿淮为寇。时司徒彭城王勰、广陵侯衍同镇寿春，以九江初附，人情未洽，兼台援不至，深以为忧。诏遣傅永为统军，领汝阴之兵三千人援。永总勒士卒，水陆俱下，而淮水口伯之防甚固，永去二千余里，牵船上汝南岸，以水牛挽之，直南趣淮下船便渡。适上岸贼军追及，会时已夜，永乃潜进。时晓，达寿春城下。勰、衍闻外有军，共上门楼观望，然不意永至，永免胄，乃信之，遂引永上。勰谓永曰："北望已久，恐洛阳难复再见，不意卿能至也。"勰令永引军入城。永曰："执兵被甲，固敌是求，若如教旨，便共殿下同被围守，岂是救援之意？”遂孤军城外与勰并势，以击伯之，频有克捷。

又曰：辛渊私署凉王李暠骑将军。暠子钦亦厚遇之。钦与沮渠蒙逊战于蓼泉，军败失马。渊以所乘马授钦，而身死于难，以义烈见称西土。

又曰：裴骏盖吴作乱于关中，汾阴人薛永宗聚众应之。残破诸县，来袭闻喜。县中先无兵杖，人情骇动，县令忧惶，计无所出。骏在家闻之，便率厉乡豪曰：“在礼，君父危，臣子致命。府君今为贼所逼，是吾等徇节之秋，诸君可不勉乎？”诸豪皆奋激请行。骏乃简骑骁勇数百人奔赴。贼闻救至，引兵退走。刺史嘉之以状表闻。会世祖亲讨盖吴，引见骏，骏陈叙事宜甚会机理。世祖大悦，顾谓崔浩曰：“裴骏有当世才，是且忠义可嘉。”补中书博士。浩亦深器骏，目为三河领袖。转中书侍郎。

《后周书》曰：萧詧。大统十五年，乃遣使称藩，请为附庸。太祖令丞相东阁祭酒荣权使焉。詧大悦。是岁梁元帝令柳仲礼率众进图襄阳，詧惧，乃遣其妻王氏及世子寮为质以请救。太祖又令荣权报命，仍遣开府杨忠率兵援之。十六年，杨忠擒仲礼，平汉东，詧乃获安。

又曰：李贤时，有贼师达符显围逼州城，昼夜攻战，屡被摧衄。贤间赴雍州，诣天光请援。天光许之，贤乃返。而贼营垒四合，无因入城。候日向夕，乃伪负薪与贼樵采者俱得至城下，城中垂布引之，贼众方觉，乃弓弩乱发，射之不中，遂得入城。告以大军将至，贼闻之，便即散走。

又曰：邵惠公颢，太祖长兄。德皇帝娶乐浪王氏为德皇后，生颢及连次。太祖德皇帝与卫可孤战于武川，临阵坠马，颢奔救，击杀数十人，贼众披靡，德皇帝乃得上马引去。俄而，贼追骑大至，颢遂战殁。保定初，追赠太师，寻追封邵公。

又曰：太祖率轻骑追侯景于河上。景等北据河桥、南属邙山为阵，与诸军合战。太祖马中流矢，惊逸，遂失之。因此军中扰乱。都督李穆下马援太祖，军以复振。于是大捷，斩高敖曹及其仪同李猛。

《隋书》曰：张须陀为齐郡丞，贼裴长才、石子河等众二万奄至城下，纵兵大掠。须陀未暇集兵，亲率五骑与贼竞赴之，围百余重，身中数疮，勇气弥厉。会城中兵至，贼稍却。须陀督军复战，长才败走。后数旬，贼帅秦君弘、郭方预等合军围北海，兵锋甚锐，须陀谓官属曰："贼自恃强，谓我不能救，吾今速去，破之必矣。"于是简精兵倍道而进，贼果无备，击，大破之，斩数万级，获辎重三千两。

《唐书》曰：李晟兼左金吾大将军、泾原四镇都知兵马使并总游兵。无何，节度使马璘与吐蕃战于监仓，兵败。晟率所部横击之，拔璘出于乱兵，以功封合川郡王。璘忌晟威名，又遇之不以礼，令朝京师。代宗知之，留宿卫。上即位，吐蕃寇剑南，时节度使崔宁在京师，三川皆恐。诏晟将神策兵五百救援。晟乃逾漏天攻拔飞越，廓清肃宁三城，绝大渡河。获虏首千余级，虏乃引去。因留成都，数月而还。

又曰：裴度征蔡州，计筑赫连城于池口。未毕役，度领师及宾从往观之。导骑将及城门，左右曰："五沟贼至。"言未毕，贼以突来，哮呼争进，城震坏者十余板，注弩挺刃，势将及度。赖李光颜决战于前以却之。时光颜先虑其来，使田希以二百骑伏于沟中。出贼不意，交击之，方得入城。希又先扼其沟中归路，贼多弃骑越沟，相牵堕压而死者千余人。是日非光颜救，度几陷。

又曰：辛谠性慷慨，重然诺，专务赈人之急。年五十，不求苟进，有济时匡难之志。咸通十年，庞勋乱徐、泗，时杜慆守泗州。贼以郡当江淮要害，极力攻之。时两淮郡县皆陷，独慆守临淮。久之，援军虽集，贼未解围。时谠寓居广陵，乃仗剑挐小艇趋泗口，贯贼栅入城见慆。慆素闻有义而不相面，喜谠至，握手谢曰："判官李延枢方话子为人，何遽至耶？吾无忧矣！"时贼三面攻城，王师结垒于洪源驿，相顾不前。谠夜以小舟穿贼垒至洪源驿，见监军郭厚本，论泗州危急，且宜速救，厚本然之。淮南都将王公弁谓厚本曰："贼军众我寡，无宜轻举，当俟可行。"谠坐中拔剑瞋目谓公弁曰："贼百道攻城，陷在旦夕。公等奉诏赴援，而逗留不进，心欲何为？不唯有负国恩，丈夫气义亦宜感发，假如临淮陷贼，淮南即是寇场，公何独存耶？”即欲挥刃向公弁，厚本持之。说望泗州大哭者经日，帐下为之流涕。厚本义其心，选甲士三百随说入泗州。夜半斩贼栅，大呼由水门而入，贼军大骇。既知援兵入城，贼乃退舍，人心遂固。浙西观察使杜审权遣大将翟行约率军三千赴援，屯莲塘驿。慆欲遣人劳之，将吏皆惮其行。说曰：“杜相公以大夫宗盟，急难相赴，安得令使者无言而还。”即赍慆书币犒其使。淮南大将李湘率师五千来援，受贼诈降，败于淮口。湘与郭厚本皆为贼所执，自是无援。贼并兵急攻，以铁索断淮流，梯衡云合，凡周七月，昼夜不息。乘城之士，不遑寝寐，面目疮生，军储渐少，分食稀粥。赖说犯难仗义求救于淮北诸军。既而，马举以大军至，贼解围而去。说无子，犹子山僧、元老等寄在广陵，每出城则书二侄名谓慆曰：“志之，得嗣为幸。”慆益感之。贼平。授说泗州团练判官、侍御史。

繁钦《丘隽碑》曰：故右扶风都尉主簿，有丘隽者，从都尉讨叛胡，官兵败绩，卒伍奔散，都尉临阵坠马，隽于是下马援甲，以身御寇，遂致死战场。都尉乘隽马得免。

擒获上

《左传》曰：郑将公子归生伐宋，战于大棘，宋师败绩。宋将狂狡辂郑人，郑人入于井，辂，迎也。五驾切。倒戟而出，获狂狡。君子曰：“失礼，违命，宜其擒也。”戎昭果毅以听之谓礼，听，谓常在放闻，身着于心，想闻其政令。杀敌为果，致果为毅。

《谷梁》曰：宋华元帅师及郑公子归生，战于大棘，宋师败绩，获宋华元。获者，不与之辞也。

《史记》曰：汉六年，人有告楚王韩信反，高帝以陈平计，发使告诸侯会陈，伪游云梦，实欲袭信。信不知，谒高祖于陈。上令武士缚信，载后车。信曰：“狡兔死，良狗烹。天下已定，我固当烹。”遂械系信至洛阳，赦信罪，以为淮阴侯。

《后汉书》曰：龟兹王攻破疏勒，杀其王而立龟兹人兜题为疏勒王。明年春，班超从间道至疏勒，去兜题所居槃橐城九十里，逆遣吏田虑光往降之。敕虑曰："兜题本非疏勒种，国人必不用命，若不即降，便可执之。"虑既到，兜题见虑轻弱，殊无降意。虑因其无备，遂前劫缚兜题。左右出其不意，皆惊而立定。虑驰报超，超即赴之，悉召疏勒将吏说以龟兹无道之状，因立其故王兄子忠为王。《续汉书》曰：求得故王兄子榆勒立之，更名曰忠也。国人大悦。

《蜀志》曰：先主入益州，还攻刘璋。张飞等泝流而上，分定郡县，破璋将巴郡严颜，先获颜。飞呵颜曰："大军至，何以不降而敢拒战？"颜曰："卿等无状，侵夺我州，我州有断头将军，无降将军也。"飞怒，令斫头。颜曰："斫头便斫，何为怒耶？"飞壮而释之，引为宾客。

《晋书·载记》曰：慕容皝将乘海讨慕容仁，群下咸谏以海道危阻，宜从陆路。皝曰："旧海水无凌，自仁反以来，冻合者三矣。昔汉光武因滹沱之冰，以济大业，天其或者欲吾乘此而克之乎？吾计决矣！有沮谋者，斩！"乃率三军从昌黎践凌而进。仁不虞皝之至也，军去平郭七里，候骑乃告，仁狼狈出战，为皝所擒。杀仁而还。

又曰：王浚遣督护王昌等率疾陆眷及弟文鸯、从弟末杯攻石勒于襄国。勒败还垒，末杯追入垒门，为勒所获。勒质末杯遣使求和于疾陆眷，疾陆眷将许之，文鸯谏曰："受命讨勒，宁以末杯一人故纵成擒之寇，既失浚意，且有后忧，必不可许。"疾陆眷不听，以铠马二百五十匹，金银各一簏赎末杯，勒归之。

《吕氏春秋》曰：汤以良车七十乘，必死六十人，戊子战于郕，遂擒推移大牺。桀多力，能推移大牺，因以为号。

太平御览卷第三百二十六 兵部五十七

擒获下

《晋书·载记》曰：刘曜光禄大夫游子远与氐羌伊馀战。伊馀有骄色，子远候其无备，夜誓众，蓐食，晨大风、震雾。子远曰："天赞我也。"躬先士卒，扫壁而出，迟明覆之，生擒伊馀，悉俘其众。

《二石伪事》曰：刘曜躬领将士二十七万众，大举征勒。勒养子生为卫将军，领三千人镇洛金墉城。曜攻生城不能下，不觉勒军卒至。天晓，曜军当攻金城，勒军入，正与曜军相遇，即交战，曜军大破，登时先擒曜身。

《三十国春秋》曰：丁亥，中军刘裕悉众攻燕。众咸谏曰："今往亡日，兵家所忌。"裕曰："我往，彼亡，吉孰大焉。"乃命悉登，遂克之。燕王慕容超走，追获焉。裕责其不降之罪，超神色自若，无余言。唯以母托刘敬宣而已。萧方等曰："美哉，其言也。以言必已亲，终不忘孝，可谓人之将死，其言也善，信乎！"

《三国典略》曰：侯景昼息夜行，追军渐逼。使谓慕容绍宗曰："景若被擒，公复何所用？"绍宗乃缓之。

又曰：北齐平，任城王湝音谐据冀州，与广宁王孝珩召募得四万余人，以拒我军。齐王宪率众讨之，仍令太上主手书与湝曰："朝廷遇纬甚厚，诸王无恙，叔若释甲，则无所忧。"湝不纳及。大开赏募，多出金帛。沙门求为战者，亦数千人。候骑执湝间谍二人以白于宪，乃集齐之旧将，遍示之曰："吾所争者大，不在汝等，今放还，可即充我使。"乃与湝书曰："一木不维大厦，三谏可以逃身。微子去商，侯服周代，项伯背楚，赐姓汉朝，兵交命使，古今通典，不俟终日，所望知机！"湝得书沉之于井。宪至信都，湝阵于城南。宪登张耳冢以望之，俄而，湝领军尉相顾，遂以众降。湝大怒，杀其妻子。明日复战，宪遂破之，俘斩三万人，潸被擒，见宪不拜，呼之为弟。

《北史》曰：后魏元遥迁左光禄大夫，仍领护军。时冀州沙门法庆既为妖幻，遂说渤海人李归伯合家从之。归伯招率乡人，推法庆为王。法庆以归伯为十住菩萨、平魔军司、定汉王，自号大乘。杀一人者为一住菩萨，杀十人者为十住菩萨。又合狂药令人服之，父子兄弟不相知识，唯以杀害为事。于是聚众杀阜城令，破渤海郡，杀害吏人。刺史萧宝京遣兼长史崔伯驎讨之，败于煮枣城。伯驎战没，凶众遂盛，所在屠灭寺舍，斩戮尼僧，焚烧经像。云新佛出世，除去众魔。诏以遥为使持节督北征诸军事，率步骑十万以讨之。法庆相率攻遥，遥并击破之。遥遣辅国将军张虬等擒法庆并尼惠晖等斩之，传首京师。后擒归伯，戮于都市。

《后周书》曰：裴宽与东魏将彭乐恂战于新城，因伤被擒至河阴见齐文襄。宽举止详于占对，文襄甚赏异之，谓宽曰："卿三河冠盖，材识如此，我必使卿富贵。关中贫狭，何足可依，勿怀异图也。"因解锁付馆，厚加其礼。宽乃裁所卧之毡夜纵缒而出，因得遁还见于太祖。太祖顾谓诸公曰："被坚执锐，或有其人，疾风劲草，岁寒方验。裴宽为高澄如此厚遇，乃能冒死归我，虽古之竹帛所载，何以加之。"

又曰：太祖时，梁元帝遣使请旧图以定疆界。又连结于齐，言辞悖慢。太祖曰："古人有言，天之所弃，谁能兴之？其萧绎之谓乎。"冬十月壬戌，遣柱国于谨、中山公护、大将军杨忠、韦孝宽等步骑五万讨之。十一月癸未，师济于汉，中山公护与杨忠率锐骑先屯其城下，据江津以备其逸。甲申，谨至江陵列营围守。辛亥，进攻城，其日克之。擒梁元帝，杀之，并虏其百官及士民以归。没为奴婢者十余万，其免者二百余家。立萧詧为梁主，居江陵为魏附庸。

又曰：侯莫陈崇随贺拔岳征讨，以功除建威将军。从岳入关，破万俟丑奴。崇与轻骑逐北，至泾长坑及之。贼未成列，崇单骑入贼中，于马上生擒丑奴。于是大呼，众悉披靡，莫敢当之。后骑集，遂破之。岳以丑奴所乘马及宝剑金带赏之。

又曰：李广，会稽人。早事詧，以敢勇闻。汒口之役，先詧力战，及华皎军败，为吴明彻所擒，将降之，广辞色不屈，遂被害。

又曰：柳桧除魏兴、华阳二郡守，安康人黄众宝谋反，连结党与，将围州城，乃相谓曰："常闻柳君勇悍，其锋不可当。今既在外，方为吾徒腹心之病也，不如先击之。"遂围桧郡。郡城卑下，士众寡弱，人无守御之备，连战积十余日，士卒仅有存者，于是力屈城陷，身被十数疮，遂为贼所获。既而众宝等进围东梁州，乃缚桧置城下，欲令诱说城中。桧乃大呼曰："群贼乌合，粮食已罄，行即退散，各宜勉之。"众宝大怒，乃临桧以兵曰："速更汝辞，不尔便就戮矣。"桧守节不变，遂害之。弃尸水中，人皆为之流涕。

《隋书》曰：汉王谅之作乱也，炀帝将发幽州兵以讨之。时窦抗为幽州总管，帝怒其有贰心，问可任者于杨素。素进李子雄，授上大将军，拜广州刺史，驰至幽州，止传舍，召募得千余人。抗恃素贵不与相见，子雄遣人谕之。后二日，抗从铁骑二千来诣子雄所，子雄伏甲请与相见，因擒抗。遂发幽州兵步骑三万自陉以讨谅。时谅遣大将军刘建略地燕赵，正攻井陉，相遇于抱犊山下，力战破之，迁幽州总管。

又曰：独孤楷字修则，不知何许人也。本姓李氏，父屯从齐神武帝与周师战于沙苑，齐师败绩，因为柱国独孤信所擒。配为士伍，给使信家，渐得亲近，因赐姓独孤氏。楷少谨厚，便弄马槊，为宇文护执刀，累转车骑将军。其后数从征伐，赐爵广阿县公，邑千户。

《唐书》曰：长平王叔良遣骠骑刘感击薛仁果，却为所败。感殁于贼。感不知何许人，初以本官镇泾州，为仁果所围。感拒战，久之，城中粮尽无可食，感杀马以分士卒。感一无所啖，唯煮马骨取汁和木屑而自食之。城垂陷者数矣。会长平王叔良援兵至，仁果解去。感与叔良复出战，因为贼所擒。

又曰：王行敏镇潞州，刘黑闼来攻，行敏自历亭出兵拒战击贼，破之。既而憩于野，不设备，贼知而掩之，左右皆遁，因为黑闼所擒，竟不拜，黑闼怒斩之。临死西向而言曰："行敏大唐忠臣也，愿陛下知之。”高祖闻而痛惜焉。

又曰：刘世让检校并州总管时，突汗厥可汗遣俱检特勒以所部千人居我并州，甚为民患。前总管李仲文不能制，世让到官，以计擒之。驰使以闻，高祖大悦，嘉叹久之。

又曰：姜宝谊，武德初拜武卫大将军，寻为井钺将军。刘武周将黄子英往来雀鼠谷，高祖令宝谊击之。子英数以轻兵挑战，宝谊兵才接，子英轻遁。如此者再三，宝谊悉众以遂之，伏兵发，军遂大败。宝谊为贼所擒，后得逃归。至是与裴寂拒宋金，对战始合，寂弃军而走，兵遂大溃。宝谊复为贼所擒。高祖初闻其没也，泣曰：“宝谊烈士，必不生降。”赐其家物千段，米三百石。宝谊后谋背贼，事泄遇害。临死西向大言曰：“臣无状负陛下，被屠溃，是所甘心。但败军丧师，九泉所恨。”及贼退，高祖遣使迎其柩，谥曰：“刚”。

又曰：恒州节度使李宝臣使人谓朱滔曰：“吾闻朱公貌如神，安得而识之？愿因缋事以观，可乎？”滔乃图其形以示之，锦衣金钩甚伟。宝臣悬于射堂，命诸将熟视之，曰：“朱公，信神人也。”他日滔出猎，宝臣密选精卒劫之，戒其将曰：“取彼貌如射堂所悬者。”是时二军方共事，不相虞，而卒变暴至，滔骇然，与战于瓦桥。适衣他服，以不识免。

又曰：蔡州贼将吴秀琳，以文城栅兵三千降李愬。愬从秀琳于新兴栅，遂以琳之众攻吴房。夏四月庚寅朔辛卯，李愬奏师至嵖岈山，擒贼将柳世干、李凑等二人。李光颜败元济之众三万于偃城，其将张伯良奔于蔡州，杀其卒十二三，获马千余匹，器甲三万。其甲上悉画作雷公符北斗星文，又云“速破城北军，急急如律令”。

《周史》曰：皇甫晖正阳败入保滁州，太祖皇帝麾兵涉水逾城而入，尽戮其党，生擒晖及其伪命都监姚凤等，送于行在。世宗召见之，晖曰：“臣力备矣，欲暂坐。”及坐，又曰：“臣欲暂卧。”不俟命而卧，神色自若。世宗亦复容之。乃言曰：“臣非不尽忠于本国，实以甲兵勇怯不敌。臣早事晋朝，屡将兵与契丹相持，未如天朝此日甲马之盛。昨者退守滁州，不谓天兵便能逾城攻取，如履平地。臣力所不加，故就擒耳。”因盛称太祖之武勇。世宗命释之，赐衣服带鞍马。后数日，晖以金疮寻卒于洛阳。晖本骁将，唐庄宗之基业因晖而败焉。故晖有名于天下。

虏掠

《左传》曰：郑祭足帅师取温之麦。秋，又取成周之禾。

《后汉书》曰：冯异谓苗萌曰：“今诸将皆壮士，屈起多暴横。独有刘将军所到不虏掠，观其言语举止，非庸人也，可以归身。”苗萌曰：“死生同命，敬从子计。”

又曰：郅恽至庐江，因遇积弩将军傅俊东徇扬州。俊素闻恽名，乃礼请上之，上为将兵长史，授以军政。恽乃誓众曰：“无掩人不备，穷人于厄；不得断人肢体，裸人形骸，放淫妇女。”俊军士犹发冢陈尸，掠夺百姓。恽谏俊曰：“昔文王不忍露白骨，武王不以天下易一人之命。《吕氏春秋》曰：武王伐纣至鲔水，纣使胶鬲候周，问武王曰：“何日至？”武王曰：“将以甲子日至。”胶鬲行。天大雨，日夜不休。武王疾行不辍，军吏谏之，武王曰：“吾疾行以救胶鬲之死也。”故能获天地之应，克商如林之旅。天地之应，谓夜雨止、毕陈、白鱼入舟之类。克，胜也。商，殷号也。旅，众也。如林，言众多。《尚书》曰：武王伐纣，纣率其旅若林，会于牧野。将军如何不师法文王而犯逆天地之禁，多伤人害物，虐及枯尸，取罪神明？今不谢天改政，无以全命。愿将军亲率士卒，收伤葬死，哭所残暴，以明非将军本意也。”从之，百姓悦服，所向皆下。

《晋书》曰：宫人孟玖弟超并为成都王颖所嬖宠。超领万人为小都督，未战，纵兵大掠。陆机录其主者。超将铁骑百余人直入机麾下夺之，顾谓机曰：“貉奴能作督不？”机司马孙极劝机杀之，机不能用。超宣言于众曰：“陆机将反。”

又曰：惠帝末，妖贼刘柏根起于东莱，王弥率家僮从之。柏根死，亡入长广山为群盗。弥多权略，凡有所掠必预图成败，举无遗策，弓马迅捷，膂力过人，青土号为“飞豹。”

《十六国春秋》曰：南凉秃发傉檀伐北凉沮渠蒙逊于姑臧，至番禾苕藋，苕，徒聊切。藋，徒吊切。掠五千余户。其将窟古进曰："陛下转战千里，前无完阵。徙户资财盈溢衢路，宜倍道游师，早度峻崄。蒙逊善于用兵，士众习战，若轻军卒至，出吾不虑，大敌外逼，徙户内攻，危道也。"卫尉伊力延曰："我军势方盛，将士勇气自倍，彼徒我骑，势不相及。若倍道游师，必捐弃资财，示人以弱，非计也。"俄而昏雾风雨，蒙逊军大至，傉檀大败而还。

《三国典略》曰：齐主以契丹犯塞，亲征至于平州，取其西道，直指长渐。司徒潘相乐率精骑五千自东道趣青山，向白狼城。安德王韩轨，率精骑四千断其走路，追奔至于辽水。齐主露发袒身，昼夜不息，行千余里。唯食肉饮水，壮气弥厉，亲逾山岭为士卒先，指挥奋击，大破之。虏获十万余口。

《后魏书》曰：济阴王新城颇有武略。库莫奚侵扰，诏新城率众讨之。新城乃多为毒酒。贼渐逼，使弃营而去。贼至喜而竞饮，聊无所备。遂简轻骑，因醉纵击，俘馘甚多。

又曰：天水梁会守东城，谋欲逃遁。先是封敕文掘重堑于东城之外，断贼走路。夜中会乃陈飞梯腾堑而走。敕文先严兵于堑外，拒斗，从夜至旦。敕文谋于众曰："困兽犹斗，而况于人。贼众知无生路，人自致死，必伤士众，未易可平。若开其生路，贼必上下离心，克之易矣。"众咸以为然。敕文以白虎幡宣告贼众曰："若能归降，原其生命。"应时降者六百余人。会知人心沮坏，于是分遁。敕文纵骑腾蹑，死者太半。俘获四千五百余口。

《后周书》曰：贺拔岳副尔朱天光讨万俟丑奴。时丑奴自率大众围岐州，遣行台尉迟菩萨等向武功南渡渭水，天光望岳率骑赴之。岳身先率击之，退走。岳号令部："贼下马者，皆不听杀。"贼顾见之，便悉投马。俄而虏获三千余人。人马无遗，遂擒菩萨，降卒万余，并收其辎重。丑奴弃岐州，走安定平亭。

《隋书》曰：南宁夷爨玩来降，拜昆州刺史。既而复叛，遂以史万岁为行军总管，率众击之。入自蜻蛉音精灵川，经弄拣，次小勃弄、大勃弄，至于南中。贼前猿屯据要害，万岁皆击破之。行数百里，见诸葛亮纪功碑铭，其背曰："万岁之后，胜我者过此。"万岁令左右倒其碑而进，渡西二河入渠滥川，行千余里，破其三十余部，虏获男女二万余口。诸夷大惧，遣使请降，献明珠径寸。于是勒美隋德。万岁遣使驰奏，请将玩入朝，诏许之。

又曰：达奚长儒与乌丸轨围陈将吴明彻于吕梁，陈遣骁将刘景率劲勇七千来为声援，轨令长儒逆拒之。长儒于是取车轮数百系以大石，沉之清水，连毂相次以待。景军至，船舰碍轮不得进，长儒乃纵奇兵，水陆俱发，大败之，俘数千人。

又曰：周法尚初仕陈，背陈归周，陈将樊猛济江讨之。法尚遣部曲督韩郎诈为背己，奔于陈，伪告猛曰："法尚部兵不愿降，人皆窃议尽欲叛还。若得军来，必无斗者，自当于阵倒戈耳。"猛以为然，引师急进。法尚乃佯为畏惧，自保于江曲。猛陈兵挑战，法尚先伏轻舸于浦中，又伏精锐于古村之北，自张旗帜迎流拒之。战数合，伪退登岸投古村，猛舍舟逐之，法尚又疾走，行数里与村北军合，复前击猛，猛退走船。既而浦中伏舸取其舟楫，建周旗帜。猛于是大败，仅以身免。虏八千人。

太平御览卷第三百二十七　兵部五十八

献俘

《诗》曰：一月三捷。

《左传》曰：秋七月丙申，振旅凯以入于晋，凯，乐也。献俘授馘，饮至大赏，授，数也。献楚俘于庙。征会讨贰，征会诸侯，将冬会于温。杀舟之侨以徇于国，民于是大服。

又曰：晋侯使赵同献狄俘于周，不敬。刘康公曰："不及十年，原叔必有大咎，刘康公，元孝原叔赵同也。天夺之魄也。"

又曰：春士会帅师灭赤狄甲氏及留吁铎辰，铎辰，留吁之属也。三月献狄俘于庙。

《晋书·载记》曰：石季龙攻陷徐龛，送之襄国，勒囊盛于百尺楼，自上摞杀之。令步都等妻子刳而食之，坑龛降卒三千。

又曰：杜预平吴，王濬先列上得孙歆头。预后至送歆，洛中以为大笑。

《梁书》曰：沈林子献捷书，每以实闻。武帝问其故，林子曰："夫王者之师，本有征无战，岂可复增张虏获以示夸诞？昔魏尚以盈级致罚，此后乘之良辙也。"武帝曰："乃所望于卿也。"

《后魏书》曰：裴叔业率王茂先、李定等来侵楚王戍，傅永适还州。王肃复令傅永讨之。永将心腹一人驰诣楚王，至即令填塞外堑，夜伏战士一千人于城外，晓而叔业等至，顿于城东，列阵置长围。永所伏兵于道左击其后军，破之。叔业乃令将佐守所列之阵，自率精甲数千救之。永上门楼观叔业南行五六里许，便开门奋击，遂摧破之。叔业进退失图，于是奔走。左右欲追之，永曰："弱卒不满三千，彼精甲犹盛，非力屈而败，直堕吾计中耳。既不测我之虚实，足丧其胆，俘此足矣，何假逐之。"获叔业伞扇鼓幕甲仗万余。两月之中，遂献再捷，高祖嘉之。

《后周书》曰：武帝平齐。夏四月；至自东伐，列齐主于前，其王公等并从，车舆、旗帜及器物以次陈于其后。大驾布六军，备凯乐，献俘于太庙，京邑观者皆称万岁。戊申，封齐主为温国公。

《唐书》曰：武德中，西突厥叶护可汗遣使请婚，又入寇边上。高祖谓群臣曰："突厥入寇而复请和，和之与战，其策安在？"太常卿郑元璹对曰："若击之则怨深，难以和缉。"中书令封德彝进曰："若不战而和亲，夷狄必谓中国畏惧。"未若击之，克捷而和亲，此则为威恩兼举。"高祖然之。戊辰，西突厥遣使献名马。己巳，并州大总管襄邑王神符击突厥于汾东，斩首五百级，虏其马二千匹。汾州刺史萧颢斩突厥五千余级。

又曰：太宗平东都凯旋，亲被黄金甲，陈铁马一万骑，甲士三万人，前后部鼓吹，俘二伪主及随神器辇辂献捷于太庙。高祖大悦，行饮至礼以享焉。

又曰：张瑾初仕隋，历职显贵。炀帝被围于雁门也，瑾以骁果出城击战；一日九捷。炀帝登城望之，大悦。赐物二千段。

又曰：元和中，忠武军节度使李光颜奏破吴元济之众，上大悦，赐其告捷使奴婢银锦。

又曰：元和十二年十月，唐、邓、隋节度使李愬帅师入蔡州，执贼帅吴元济以闻，淮西平。辛巳，上御宣政殿受朝贺，九品已上及宗子、四夷之使皆会。

又曰：元和十四年，魏博节度使田弘正遣使献逆臣李师道，命左右军兵卫之。先献于太庙郊社，上御兴安门，百僚于门下列位称贺。

又曰：元和中，昭义节度郗士美以贼首三百来献，诏枭于通化门外。

班师

《尔雅》曰：出曰治兵，尚武也；入曰振旅，反尊卑也。郭璞曰：幼贱在前，贵勇也；尊老在后，尚仪也。

《诗》曰：出车，劳还率也。"赫赫南仲，薄伐西戎。昔我往矣，黍稷方华。”“春日迟迟，卉木萋萋。”“执讯获丑，薄言还归。”

又曰：杕杜，劳还役也，“有杕之杜，其叶萋萋”。

《周礼》曰：若师有功，左执律，右秉钺，以先凯乐献于社。

《左传》曰：三年而治兵，入而振旅，归而饮至，以数军实。饮至于庙以数车徒所获也。

又曰：楚子败晋师于邲，潘党曰：“君盍筑武军而收晋尸以为京观。”楚子曰：“夫文止戈为武，武有七德：禁暴、戢兵、保大、定功，安人、和众、丰财者也。我无一焉；何以示子孙。”祀于河，作先君宫，告成事而还。

《后汉书》曰：曹操讨刘备，出教曰：“鸡肋”。外曹莫晓，杨德祖曰：“夫鸡肋，食之则无所得，弃则我惜。公归计决矣。”操乃还军。

又曰：马援自南方振旅还京师，军吏经瘴疫死者十四五，赐援兵车一乘。

《晋书》曰：王濬平吴，上表云：“间在秣陵，诸军凡二十万众，臣军先至，为土地之主。百姓之心皆归仰臣，臣切敕所领，秋毫不犯。诸有市易皆明破券契，有违犯者凡斩十三人，皆是人所知也。余军纵横，诈称臣军，而军类皆蜀人，幸以此自别耳。”

又曰：贾充为伐吴大都督。孙皓降于王濬，充未之知，方以吴未可平，抗表请班师。充表与告捷表同至。朝野以充位居人上，智出人下。

《宋书》曰：十二月丙申，大军次左里，将战。帝麾之，麾竿折，幡沉于水，众咸惧。帝笑曰：“昔覆舟之役亦如此，今胜必矣。”遂攻其栅。卢循单舸走，众军皆旋。晋帝遣侍中黄门，劳师于行所。

《三国典略》曰：齐公宪夜收军，欲待明更战。达奚武谓之曰：“洛阳军散，人情骇动，若不因夜速还，明日欲归不得。武在军旅久矣，备见形状，岂可将数营大众一朝而弃之。”宪从其谏，遂全军而反。

《后魏书》曰：萧衍寇徐、兖州，邢峦大破之，旋师。世宗临东堂劳之曰：“卿役不逾时克清妖丑，鸿勋硕美，可谓不愧古人。”峦曰：“此自陛下威略圣灵，加以将士之力，臣何功之有？”

《白虎通》曰：古者师出不逾时者为怨思也。天道一时生物养人者，天之贵物也。逾时即内有怨女，外有旷夫。《诗》曰："昔我往矣，杨柳依依。今我来思，雨雪霏霏。"

《春秋》曰：宋人取长葛。传曰："外取邑此不书，此何谓以书？久也。"

《六韬》曰：武王平殷还，问太公曰："今民吏未安，贤者未定，何以安之？"太公曰："无故，如天如地。"

《说苑》曰：魏文侯攻中山，乐羊将，已得中山。还反报文侯，文侯命主书曰："群臣宾客所献书，操以进。"主书者举两箧以进，令将军视之，尽难攻中山之事也。将军还，北面而再拜曰："中山之举也，非臣之力，君之功也。"

《韩子》曰：晋文公将与楚战，召舅犯问曰："吾将与楚战，彼众我寡，为之奈何？"对曰："臣闻之，君子不厌忠信，战阵不厌诈伪，君其诈之而已。"又问雍季，对曰："焚林而田，后必无兽。以诈遇民，后必无民。"公曰："善！"以舅犯谋与楚战，大败之。归行爵，先雍季而后舅犯。群臣曰："城濮之事舅犯之谋，夫用其言而后其身，可乎？"公曰："此非若所知。夫舅犯之言，权也；雍季之言，万世之利也。"

罢兵

《史记》曰：汉武帝患匈奴屡为边患，雁门马邑豪聂一因大将军王恢言"匈奴初和亲亲信，边可诱以利致之，伏兵袭击，必破之道也。"帝召问公卿曰："今欲举兵攻之，何如？"韩安国曰："臣闻高皇帝围于平城，匈奴至者投鞍，高如城者数所。平城之饥，七日不食，天下歌之。及解围反位而无忿怒之心。夫圣人以天下为度者，不以己私怒伤天下之政。故乃遣刘敬奉金千斤以结和亲，至今为五代利。孝文皇帝又尝一拥天下之精兵聚之广武常谿，终无尺寸之功，而天下黔首无不忧，孝文悟于兵之不可宿，故复合和亲之约。此二圣之迹足以为效矣。窃以为勿击便。"

《汉书》曰：元帝时，朱厓、儋耳二郡夷数反，贾捐之上书请不击。其略曰："臣闻尧、舜、禹三圣之德，地方不过千里，西被流沙，东渐于海。朔南暨声教，欲与声教则理之，不欲与者不强理也。是以颂声并作，视听之类，咸乐其生。秦氏兴兵远攻，贪外虚内，务欲广地，而天下溃叛。赖圣汉为百姓请命，平定天下。至孝武皇帝以国富人逸，攘却匈奴，西连诸国，至于安息，东过碣石。造盐铁酒榷之利，以佐用度，犹不能足。当此之时，寇贼并起，征伐不休之故也。今陛下不忍悁悁之忿，欲驱士众挤之大海之中，悁，居缘切。挤，祖奚切。快心幽冥之地，非所以保全元元也。诗云："蠢尔蛮荆，大邦为仇。"自古患之久矣，何况万里之蛮乎？臣窃以往者羌军言之，暴师曾未一年，兵出不逾千里，费四十余万。大司农钱尽，乃以少府禁钱续之。夫一隅为不善，费尚如此，况于劳师远攻，亡士无功乎！臣愚以为非冠带之国，禹贡所不及，皆可且无以为于是。"遂罢其郡。

《后汉书》曰：光武建武中，北匈奴衰弱。臧宫、马武上书请临塞厚悬购赏，喻告高勾骊、乌桓、鲜卑攻其左，发河西四郡及天水、陇西羌胡击其右，如此北虏之灭，不过数年矣。帝曰："舍近谋远者，劳而无功；舍远谋近者，逸而有终。故曰：务广地者荒，务广德者强。有其有者安，贪人有者残。残灭之政，虽成必败。今国无善政，灾变不息，百姓惊惶，人不自保，而复远事边外乎？孔子曰：吾恐季孙之忧，不在颛臾。"自是诸将莫敢复言兵事。

《魏志》曰：诸葛诞据寿春反，魏将王基讨之。司马文王欲遣诸将轻兵深入，招迎吴将唐咨等子弟因衅有荡覆吴之势。基谏曰："昔吴将诸葛恪乘东关之胜，竭江表兵以围新城，城既不拔，而众死者太半。蜀将姜维因洮上之利，轻军深入，粮饷不继，军覆上邽音圭。夫既胜之后必轻敌，则虑难不深。今贼新败于外，又内患未弭，是其修政设虑之时也。且兵出逾年，人有归志，俘馘十万，罪人斯得。自历代征伐未有全兵独克如今之盛者也。武皇帝破袁绍于官度，自以所获已多，不复追奔，惧挫威也。"从之。

《尸子》曰：公输般为蒙天之阶。阶成，将以攻宋。墨子闻之，赴于宋，至于郢，见般曰："闻子为阶将以攻宋，宋何罪之有？无罪而攻之，不可谓仁。胡不已也？"公输般曰："不可。吾既以言之王矣。"墨子曰："胡不见我于王？"公输般曰："诺。"墨子见楚王曰："今有人于此，舍其文轩，邻有弊舆而欲窃之；舍其锦绣，邻有短褐而欲窃之；舍其粱肉，邻有糠糟而欲窃之；此为何若人？"王曰："此为窃疾耳。"墨子曰："荆之地方五千里，宋之地方五百里，此犹文轩之与弊舆也，荆有云梦，犀、兕、麋、鹿盈之，以江汉鱼、鳖、鼋、鼍为天下饶，宋无雉兔鲋鱼者也，犹粱肉之与糠糟也；荆有长松、文梓、楩楠、豫章，宋无长木，此犹锦绣之与短褐也。臣以王之攻宋也，为与此同类。"王曰："善！请无攻宋。"

《吕氏春秋》曰：秦兴兵欲攻魏。司马唐谏秦君曰："段干木贤者也，而魏礼之，天下莫不闻，无乃不可加兵乎？"秦君乃按兵而辍，不攻魏。文侯可谓善用兵矣。闻君子之用兵也，莫见其形，其功已成。此之谓也。

偃武

《易》曰："泽上于地，萃。君子以除戎器，戒不虞。"

《书》曰：武王伐殷，乃偃武修文。倒载干戈，包以虎皮，示不用也。行礼射，设庠序，修文教也。归马于华山之阳，放牛于桃林之野，示天下弗服。山南曰阳。桃林在华山东北，皆非长养牛马之地，欲使自生死，示天下不复乘用也，修文教也。

《礼记》曰："武王克商后，散军而郊，左射狸首，右射驺虞，而贯革之射息矣。归马于华山之阳，放牛于桃林之野。干戈弓矢包之以虎皮，示天下不复用兵也。

《左传》曰：宋向戌欲弭诸侯之兵以为名。子罕曰："天生五材，民并用之，废一不可，谁能去兵？兵之设久矣。所以威不轨而昭文德也。圣人以兴，乱人以废，兴废存亡，昏明之术皆由兵也。而子求去之，不亦诬乎！"

又曰:“武王克商,作颂曰:“载戢干戈,载櫜弓矢。”

又曰:夫文止戈为武。

《家语》曰:孔子北游,登于农山,曰:“二三子各言其志,吾将择焉。”子路进曰:“由愿白羽若月,赤羽若日,攘地千里,搴旗折馘,唯由能之。”子贡进曰:“赐愿旗鼓相望,缟衣白冠陈说其间,二国释怨,唯赐能之。”颜回曰:“回闻薰莸不同器而治,回愿得明王圣主而相之,铸剑戟为农器,放牛马于原薮,则由无所施其勇,赐无所用其辩矣。”孔子曰:“美哉,德也。”

《史记》曰:始皇曰:“寡人赖宗庙之灵,六王咸服其辜,天下大定,收天下兵器销以为钟鐻金人十二,重各千斤,置咸阳廷宫中。”

《汉书》文帝诏曰:“朕能任衣冠,念不到征讨,故鸡鸣狗吠,烟火万里也。”

又《食货志》曰:武帝末年,悔征伐之事,乃封丞相为富民侯。颜师古曰:“欲百姓之殷实,故取其嘉名也。”

《庄子》曰:孔子谓盗跖曰:“将军有意听臣,臣请南使吴越,北使齐鲁,东使宋卫,西使晋楚,使为将军造大城数百里,立数十万户之邑,使尊将军为诸侯,与天下更始罢兵休卒,收养昆弟,共祭先祖,此圣人才士之行而天下之愿。”

又曰:见侮不辱,救民之斗;禁攻寝兵,救世之战。

《古司马法》曰:古者,武军三年不与民,睹之劳也,上下相报,和之至也。还师罢兵,复戎卒,三年不徭役以答人劳。得意则凯乐,歌示喜也。圣主诛不义,百姓皆得其所喜乐,各安其居,乐其常。偃伯灵台,答民之劳,告不兴也。偃,休息也。伯,主兵也。灵台颂德美之,喜以祭天,示不复用兵也。

《吕氏春秋》曰:武王以武得之,以文持之。倒戈弛矢,示天下不用兵。

《尸子》曰:武王已战之后,三革不累,五刃不砋,牛马放之历山,终身弗乘也。

《淮南子》曰:秦之时,高为台榭,大为苑囿,远为驰道。铸金人,秦始皇二十六年,初兼天下,有长人见于临洮,其高五丈,足迹六尺,因写其形,铸金人以像之。翁仲君何是也。发谪戍入刍槁，戍守长城也，入刍槁之税以供国用也。头会箕赋于少府。头会，随民口数人责其税，箕赋，似箕敛民财，多取意也。少府，官名，如今司农。丁壮人夫西至临洮狄道。临洮，陇西之县，洮水北。狄道，汉阳之县是也。东至会稽浮石，会稽，山名。浮石，随水高下，言不没，皆在辽西界。一说会稽山在泰山下，封于泰山，禅于会稽是也。南至豫章桂林，豫章郡，桂林郁林也。北至飞狄阳原。飞狄在代郡南飞狄山也。阳原在太原。道路死人以沟量。言满沟也。当此之时，忠谏者谓之不祥，而道仁义者谓之狂逮。至高皇帝存亡继绝，汉高祖也。举天下之大义，躬自奋袂执锐以为百姓请命于皇天。执利兵，伐无道，以求百姓之命，祈之皇天也。当此之时，天下雄俊豪英暴露于野泽。才过千人为俊，百人为豪，万人为英。前蒙矢石而后堕沟壑，出百死而绍一生，以争天下之权，堕，入也。绍，至也。奋武励威，以决一旦之命。当此之时，丰衣博带而道儒墨者以为不肖。言尚武也。逮至累乱以胜，胜暴乱也。海内大定，继文之业，立武之功。继文王受命之业、武王诛无道之功。履天子之图籍，造刘氏之貌冠。高祖于新农所作竹冠，一曰季貌冠也。总邹鲁之儒墨，通先圣之遗教，载天子之旗，乘泰辂，建九旒，撞大钟，击鸣鼓，奏咸池，持干戚。《周礼》：天子五辂，泰辂，上辂也。王者功成作乐，故撞钟击鼓。《咸池》，黄帝乐也。干，楯也。戚，斧也。春夏舞者所执。当此之时，有立武者见疑一世之间，而文武代为，雌雄有时而用也。今世之为武也。则非文也；为文者，则非武。更相非，而不知时世之用也。

《说苑》曰：魏文侯与田子方语，有两童子衣青白衣而侍于君前。子方曰："此君子之宠子乎？"文侯曰："非也。其父死于战，此其幼也。寡人收之。"子方曰："臣以君之贼心为足，今滋甚。君之宠此子也，又且以谁之父杀之乎？"文侯愍然曰："寡人受命矣。"自是已后，兵革不用。

左太冲《魏都赋》曰：丧乱既弭而能宴武，人归兽以去战，萧斧戢柯以押刃，虹旌摄麾以就卷。

沈休文诗曰：丹浦非乐战，负重切君临。

太平御览卷第三百二十八　兵部五十九

从军

《诗》曰：伯也执殳，为王前驱。自伯之东，首如飞蓬。岂无膏沐，谁适为容。

又曰：鸨羽，刺君子下从征役，不得养父母也。肃肃鸨羽，集于苞栩。王事靡盬，不能艺稷黍。

《汉书·张良传》曰：良性多病，未尝持兵将，常为画策臣时从行。

《后汉书》曰：周嘉字惠文，仕郡为主簿。王莽末，群盗入汝阳，嘉从太守何敞讨贼，为流矢所中。贼围十重，白刃交集，嘉以身捍之，曰："嘉请以死赎君命。"后太守寇恂举为孝廉，拜侍郎。引见，问遭难之事，诏嘉尚公主，嘉称疾不肯当。

《梁书》曰：曹景宗为竟陵太守，及帝起兵，景宗聚族并率五服内子弟三百人从军。

《后魏书》曰：张衮字洪龙，上谷沮阳人也。好学有文才。太祖为代王选为左长史，决策帏幄，太祖器之，礼遇优厚。

又曰：韩茂从讨平凉，当茂所冲，莫不应弦而殪。由是世祖壮之。

又曰：张衮从太祖破贺讷，登勿居山，聚石为峰，以记功德，命衮为文。

又曰：窦代田从讨平凉，击破赫连定、得奚斤等。世祖以定妻赐之，诏斤膝行授酒于代田，敕斤曰："全尔命者代田功也。"进爵长广公。

《隋书》曰：郭荣，辽东之役以功进位左光禄大夫。明年，帝复事辽东，荣以为中国疲敝，万乘不宜屡动。乃言于帝曰："戎狄失礼，臣下之事。臣闻千钧之弩不为鼷鼠发机，岂有亲辱大驾以临小寇！"帝不纳，复从军攻辽东城，荣亲蒙矢石，昼夜不释甲胄。

王粲《从军诗》曰：下船登高防，草露沾我衣。回身赴床寝，此愁当告谁。身服干戈事，岂得念所私。

又曰：从军有苦乐，但问所从谁。所从神且武，焉得久劳师。

鲍明远《代东武吟》曰：始随张校尉，召募到河源；后逐李轻车，追虏穷塞垣。

曹子建诗曰：从军度函谷，驰马过西京。

嵇叔夜《赠秀才入军》诗曰：良马既闲，丽服有辉。风驰霓逝，蹑景追飞。凌厉中原，顾盼生姿。

陆机《从军行》曰：朝食不免胄，夕息常负戈。苦哉远征人，附心悲如何？

薛莹《答华永先诗》曰：桴鼓常在侧，笔研永欲捐。卷衮不复开，干戈以为权。

刘义恭《拟古》诗曰：束甲辞京洛，负戈事乌孙。后军济太河，筑垒黎阳屯。旦闻羽檄飞，夕见边驿奔。

羽书

《史记》曰：齐使鲁连为书，以箭射之遗燕将曰："吾闻之，知者不背时而弃利，勇士不怯死而灭名，忠臣不先身而后君。忠废名灭，后代无称，非智也。且吾闻效小节者不能行大威，恶小耻者不能立荣名。昔管仲、曹沫二公者非不能效小节、死小耻也，以为杀身绝代，功名不立，非智也。故业与王霸争流，名与天壤相獘，公其图之。"燕将自杀。

《汉书·高祖纪》曰：武臣自立为赵王，沛令欲以沛应之。恐有变，欲诛萧、曹。萧、曹恐，逾城保高祖，乃书帛射城中与沛父老。父老乃杀沛令，开门迎高祖。

《后汉书》曰：隗嚣檄告州郡，言王莽之罪，越楚之竹不足以书其恶。

《魏志》曰：关羽围行征南将军曹仁于樊。赵俨以议郎参仁军事。俨谓军将曰："今贼独盛，我徒卒单少，而仁隔绝，不得同力。前军逼围，遣谋通仁，使知外救，以励将士，然后表里俱发，破楚必矣。"诸将皆喜，便作地道，射箭飞书，与仁消息。

《晋书》曰：初，安南将军甘卓与左将军隋王承书，劝使固守，当以兵出沔口，断王敦归路，则湘围自解。承答其书，略曰："足下若能卷甲电赴，犹或有济，若其狐疑，求我枯鱼之肆矣。"

《梁后略》曰：己酉，上自长沙寺移住天居寺。是日，北军射书城内："今者行兵，不贪城隍土地，不贪子女玉帛，志存救弊，济此生民，广访民人，择善而立。梁朝士庶尚未相领解，蚁聚穷城，寂无求问，寻此异卜，良用疑惑。"

又曰：褚萝率其下五百人，乘大舰于鹿头后湖，以备水战。北军聚而观。萝乃掉舰向岸，北军引去，萝亦回归。上乃射书北军，大开赏募，有能斩送贼帅者封五千户侯，赐绢万匹。

占候

《孙子》曰：天者，阴阳、寒暑、节制也。谓顺天行诛，因阴阳四时、刚柔之制。故《司马法》曰："冬夏不兴师，所以兼受爱吾人。"若细雨沐军，临机必有捷；回风相触，道远而无功。云类羊群，必走之道；气如惊鹿，必败之势。黑云出垒，赤气临军，皆败之兆。若烟非烟，此庆云也，必胜。若雾非雾，是泣军也，必败。是知风云之占，其来久矣。

《孙子占》曰：三军将行，其旌旗从容以向前，是为天送，必亟击之，得其大将。三军将行，其旍旗埑音店然若雨，是为天沾，其师失。三军将行，旍旗乱于上，东西南北无所主方，其军不还。三军将阵，雨甚，是为浴师，勿用阵战。三军将战，有云其上而赤，勿用阵，先阵战者莫复其迹。三军方行，大风飘起于军前，右周绝军，其将亡。右周中，其师得粮。

《左传·僖公五年》曰：晋侯围上阳，问于卜偃曰："何时克之？"对曰："童谣云：丙子之辰，龙尾伏辰，均服振振，取虢之旗。鹑之贲贲，天策焞焞，火中成军，虢公其奔。其九月、十月之交乎？”

《韩诗外传》曰：武王伐纣，到于邢丘，轭折为三，天雨三日不休。武王惧，召太公而问之曰：“纣未可伐乎？”太公曰：“不然。轭折为三者，军当分为三也。天雨三日者，欲洒吾兵也。”

《后汉书》曰：韩遂屯美阳，董卓与战，辄不利。十一月夜，有流星如火光，长十余丈，照遂营中，驴马尽鸣，贼以为不祥，欲归金城。卓闻之，喜。明日乃与右扶风鲍鸿等并兵俱攻，大破之，斩首数千级。

又曰：王寻、王邑攻南阳，积弩乱发，矢下如雨，城中负户而汲。王凤等乞降，不许。寻、邑自以为功在漏刻，意气甚逸。夜有流星坠营中，昼有云气如坏山，当营而陨，不及尺而散，吏士皆厌伏。《续汉志》曰：云如坏山所谓营头之星也。占曰：营头之所坠，其下覆军杀将，血流千里。厌音一叶反。

《晋书·载记》曰：刘曜。咸和三年，曜梦三人金面丹唇东向逡巡，不言而退，曜拜而履其迹。旦，召公卿以下议之。朝臣咸贺以为吉祥，唯太史令任义进曰：“三者，历运统之极也；人为震位，王者之始，次也；金为兑位，物衰落也；唇丹不言，事之毕也；逡巡揖让，退舍之道也；为拜者，屈伏于人；履迹而行，慎勿出疆也。东井，秦分也，五车，赵分也，秦兵必暴起亡主，众师留败赵地。远至三年，近至七百日，应不远。愿陛下思而防之。”曜大惧。

又曰：石季龙攻张重华，谢艾拒之。艾建牙旗盟将士，有西北风吹旌东南指，曰：“风为令，今旗指之，天所赞也，破之必矣。”军次神鸟，王擢与前锋战，败遁，还河南，还讨叛虏斯骨贞万余落破之。

又《天文志》曰：水与金合为变，谋为兵。夏入太白中上出，破军杀将。

又曰：元兴二年八月庚子，太白犯岁星在上将。

又曰：永兴二年四月丙子，太白犯狼星。占曰：“大兵起。”九月，岁星守东井。占曰：“有兵。”井又秦分野，是年，苟师破公师，蕃张方破苑阳，王虓关西诸将攻河间王，颙奔走，东海王迎杀之。永和十四年十二月，慕容儁遂据临漳，尽有幽、并、青、冀之地，缘河诸将奔散，河津隔绝。

又曰：戊子，月犯牵牛大星。占曰："牵牛，天将也。"

又曰：义熙十四年十月癸巳，荧惑入太微，犯西蕃上将，乃顺行至左掖门。

又曰：辰星当出不出，是谓击卒，兵大起。在于房心间，地动。

又曰：凡有蚀五星，其国皆主岁以饥，荧惑以乱，镇以弑太白以强国，战辰星以女乱。

又曰：辰星不出，太白为客，其出，太白为主。出而与太白不相从，乃各出一方为格野，虽有军，不战。

《隋书》曰：长孙晟以边功授上开府仪同三司，复遣还大利，安抚新附。仁寿元年，晟表奏曰："臣夜登城楼，望见碛北有赤气长百余里，皆如雨足下垂被地。谨验兵书，此名洒血，其下之国，必且破亡。欲灭匈奴，宜在今日。"诏杨素为行军元帅、晟为受降使者北伐。二年，军次北河，值贼帅思力俟斤等领兵拒战，与大将军梁默击走之。转战六十余里，贼众多降。

《唐书》曰：武德中，淮南道行台仆射辅公祏据丹阳反。遣赵郡王恭为行军元帅讨之。将发，与诸将宴集，命取水，忽变为血。在座中皆失色。恭举止自若，谕之曰："祸福无门，唯人自召，自顾无负于物，诸君何忧惧之深？公祏恶积祸盈，今承庙算以致讨，盆中之血，乃公祏授首之征。"遂尽欢而罢。时人服其识度而能安众，竟平公祏焉。

又曰：李晟之将复京师也，时荧惑守岁，久之方退。宾介或劝晟曰："今荧惑已退，皇家之利也，可速出兵。"晟曰："天子外次，人臣当死节，垂象玄远，吾安知天道"。至是，谓参佐曰："前者公劝晟出兵，非敢拒也。且军士可用之，不可使知之。尝闻五纬盈缩无准，惧复来守岁，则我军不战而自溃矣。"参佐叹服，皆曰："非所及也。"寻拜晟为司徒兼中书令。

《三国典略》曰：十一月癸未，梁主阅戎，于津阳门外立二城，南为吴地，北为虏城。西北风甚急，溥天昏暗，幡旗南靡，乃移虏军度南城，吴军度北城，以顺风也。俄而骤雨暴降，梁主轻辇还宫，至城而霁，观者怪之。

又曰：太原郡王高洋督兵攻王思政，陷于颍州，遂入东魏。先是，长社夜声如车骑从西北向城，居二日，黑风起于乾地，吹水入城，城坏，风羊角而上。

又曰：侯瑱败王琳于梁山，琳及萧庄并奔于齐。初东关水舟舰得通，琳引合肥之众相次而下。瑱与琳合战，琳军少却，退保西岸。及夕，东北风大起，吹其舟舰没于沙中。夜有流星坠于琳营。及旦风静，琳入浦修船，以鹿角绕岸，不敢复出。

《六韬》曰：周武王伐纣，师至汜水牛头山，风雨甚疾，鼓旗毁折。王之骖乘惶震而死。

太公曰：用兵者，顺天道未必吉，逆之未必凶。若失人事，三军败亡。且天道鬼神，视之不见，听之不闻。智将不发而愚将拘之。若乃好贤而能用，举事而得，此则不看时日而事利，不假卜筮而事吉，不祷祝而福从。"遂命驱之前进。周公曰："今时逆太岁，龟灼凶，卜筮不吉，星变为灾，请还师。"太公怒曰："今纣刳比干、囚箕子，以飞廉为政，伐之有何不可？枯草朽骨，安可知乎？"乃焚龟折蓍，援枹而鼓，率从先涉河。武王从之，遂灭纣。

又曰：从孤击虚，高人无徐，一女子当百夫。风鸣气者贼存在十里，鸣条百里，摇枝四百里。雨沾衣裳者谓润兵，不霑者谓泣兵。金气自鸣及焦气者，军疲也。

又曰：武王使散宜生卜伐殷，钻龟，龟不兆。下占于地，数蓍，蓍交而折。祖行之日，雨辎车至轸。行至之日，帜折为三。宜生曰："四凶不祥，不可举事。"太公进曰："退，非子之所及也。圣人生天地之间，承衰乱而起，龟者枯骨，蓍者折草，何足以辨吉凶。祖行之日雨辎车至轸，是洗濯甲兵也。行之日帜折为三，是军分为三，如此斩纣之首，吉也。"

《抱朴子》曰：晋太康二年，京邑始乱，三国举兵攻长沙，王人小民张昌反于荆州，奉刘尼为汉主。乃遣石冰击定扬州，屯于建业。宋道冲说冰求为丹阳太守，到郡发兵以攻冰召余为贮兵都尉。余年二十一，见军旅不得已而就之。宋侯不用吾计，数败。吾令宋侯从月建住华盖下，遂收合余烬，从吾计，破石冰焉。

又曰：凡战，观云如走鹿形者，败军之气也。

《兵法秘诀》曰：镇星所在之宿，其国不可伐。又彗星见大明，臣下纵横，民流亡无所食，父子坐离，夫妇不相得。四维有流星，前如瓮，后如火光，竟天如雷声，名曰"天狗"。其下饥荒，民疾疫，群臣死。流星东北行，名天冈，天海之口，必有大水土功。又四维有流星，入以后有白气如云状，似车轮，是谓啮食，其下大兵，中国多盗贼。又有星如斗，见北斗，名为旬始，天下大乱，诸侯争雄。

《玄女兵法》曰：凡行兵之道，天地大宝得者全胜，失者必负。北斗之中，禽有旬始，状像雄鸡，制百兵之母。能得其术，何神不使。九地九天，各有表里，三奇六合主威军事。

又曰：黄帝攻蚩尤，三年城不下。募求术士，乃得伍胥。与之言曰："今日余攻蚩尤，三年城不下，其咎安在？"伍胥曰："此城中之将，为人必白色、商音，帝始攻时，得无以秋之东方行乎？今黄帝为人苍色、角音，此雄军也。以战为之。"黄帝曰："善！为之若何？"伍胥曰："臣请攻蚩尤，三日城必下。"黄帝大喜。其中黄直曰："帝积三年攻蚩尤而城不下，今子欲以三日下之，何以为明？"伍胥曰："不如臣言，请以军法论。"黄帝曰："子欲以何时？""臣请朱雀之日日正中时，立赤色征音绛衣之军于南方，以辅角军；臣请以青龙之日平旦时，立青色角音青衣之军于东方，以辅羽军；臣请以玄武之日人定时，立黑色羽音黑衣之将于北方，以辅商军；臣请以白虎之日日入时，立白色商音白衣之将于西方，以辅宫军。四将以立，臣请为帝以黄龙之日日中，建黄旗于中央，以制四方。"五军已具，四面攻蚩尤，三日其城果下，黄帝即封胥世世不绝。

又曰：战斗不法，当从九天之上击九地之下，众士默默，人无见者。九天者，春在青龙，夏在朱雀，秋在白虎，冬在玄武。四神为九天，其冲为九地。

《星占》曰：太白出高，用兵深入敢战者，吉。星出东方，中国大利，蛮夷大败。

《兵书》曰：气聚如龙、如鹄尾者，其下兵军破败也。

太平御览卷第三百二十九　兵部六十

征应

《汉书》曰：贰师将军李广利被围水绝，广利拔刀刺山，飞泉涌出。

又曰：王莽出军，祖都门外，天雨沾衣，长老叹曰："是谓泣军。"

王隐《晋书》曰：咸康元年，督护王随领三千人讨宁州贼，三角皆裂，军人恶之。随曰："裂者破也，当破贼而不得土地也。"到西平郡界，两道讨贼，贼守马羡奔走，民皆归降。

《晋书·桓温传》云：郭璞为谶曰："有人姓李，儿专征战。譬如车轴，脱作在一面。"儿者，子也。李去子木存，车去轴为亘，合成桓字也。

又曰：成都王颖师次朝歌，每夜矛戟有光若火，其垒井中皆有龙象，前军大败。

又曰：时有童谣云："阿童复阿童，衔刀浮渡江。不畏岸上虎，但畏水中龙。"会益州刺史王濬，小字阿童，表请加龙骧将军，令造舟楫。

又曰：谢艾出师振武，夜有二枭鸣于牙。艾曰："六博得枭者胜，今枭鸣牙中，克敌之兆。"果胜之。

又曰：王澄为荆州，时京师危逼，澄率众军将赴国难，而飘风折其节柱。会王如寇襄阳，澄前锋至宜城，为如党严嶷所获。

又《载记》曰：吕光伐西域，进及流沙三百余里，无水，将士失色。光曰："吾闻李广利精诚玄感，飞泉涌出，吾等岂独无感致乎！皇天必有济，诸君不足忧也。"俄而大雨，平地三尺。

又曰：石勒拒刘曜，勒统步骑四万赴金墉，济自大堨。先是流澌风猛，军至水泮清和，济毕，流澌大至，勒以为神灵之助也。命曰："灵昌津。"

《宋书》曰：王仲德初欲南归奔太山，追骑急夜行，忽见前有猛炬导之，乘火行百许里，以免。

又曰：元凶弑逆，孝武率众入讨。荆州刺史南谯王义宣、雍州刺史臧质并举义兵。三月乙未，建牙军门。是时多不悉旧仪，有一翁斑白，自称少从武帝征伐，颇悉其事。因使指麾，事毕忽失所在。自冬至春常东北风，连阴不霁，其日牙立之后，风转西南，景色开霁，有紫云阴于牙上。

《北齐书》曰：侯景遣将任约伐湘东王于江陵，陆法和自请征之，至赤沙湖与任约相对，纵大舫于前而逆风不便，法和执白羽以麾，风即返。于是大溃，约逃窜不知所之。

《后周书》曰：太祖既继贺拔岳起事，将刑牲盟誓同奖王室。初，贺拔岳营于河曲，有军吏独行，忽见一老翁鬓眉皓素，谓之曰："贺拔岳虽复据有此众，然无所成，当有一宇文家从东北来，后必大盛。"言讫不见。此吏恒与所亲言之，至是方验。

《隋书》曰：张祥开皇中，累迁并州司马。仁寿末，汉王谅举兵反，遣其将刘建略地燕赵，至井陉，祥勒兵拒守，建攻之。后纵火烧其郭下。祥见百姓惊骇，其城侧有西王母庙，祥登城望之，再拜涕泣而言曰："百姓何罪，致此焚烧，神有灵可降雨相救。"言讫，庙上云起，须臾骤雨，其火遂灭。士卒感其至诚，莫不用心。城围月余，李雄援军至，贼遂退走。

又曰：窦荣定以佐命功拜上柱国、宁州刺史，朱几复为武安侯大将军，寻除泰州总管，赐吴乐一部。突厥沙钵寇边，以为行军元帅。率九总管步骑三万出源州，与虏战于高越原，两相持。其地无水，士卒渴甚，至刺马血而饮，死者十二三。荣定仰天太息。俄而澍雨，军乃复振。于是进击，数挫其

锋。沙钵突厥惮之，请盟而去。

《唐书》曰：开元中，降胡叛，敕王晙帅并州兵济河以讨之。晙乃间行倍道，以夜继昼，卷甲舍幕而往。会夜于山中忽遇风雪甚盛，晙恐失期，仰天誓曰："晙若事君不忠，天讨有罪，明灵所殛，固自当之。而士众何辜，令此艰苦，诚心忠烈，天鉴孔明，当止雪回风，以济

戎事。”言讫，风回雪止。时叛者分为两道，晙追及之，杀一千五百余人，生获一千四百余人，驼马牛羊甚众。

又曰：初肃宗行至丰宁，南见河天堑之固，欲整军北渡。将诣丰宁，忽大风飞沙砾，数步之间不辨人马。由是回军东趋灵武，风沙顿止，天地廓清。

又曰：肃宗至平源郡，路傍遇一伏兔，命左右索弓箭。因谓左右曰：“吾若破贼，射则中之；不然则否。”一发而毙，左右咸称万岁。

又曰：建中三年，哥舒曜欲攻李希烈于许州，师次颍桥，大电雷而雨，营中震不能言者三四十人。驴马死者有七。曜恶之，乃退。

又曰：田悦为魏王受册之日，其军上有云物稍异。马燧等望而笑曰：“此云无知，乃为贼瑞。”

又曰：田悦称魏王，其营地前二年土长高三尺余。魏州户曹韦稔为土长颂曰：公益土之兆也。

《管子》曰：桓公北征孤竹，未至卑耳溪，十里阘然，止瞠然视，援弓将射，引而未敢发也。谓左右曰：“见前人乎？”对曰：“不见。”公曰：“寡人见人长尺而人形具焉，冠右，祛衣，马前疾走。寡人其不济乎？”管仲曰：“祛衣，示前有水也；右，示涉也，至卑耳之溪，从左涉深及冠，从右方深至膝。”已涉，大济。公拜曰：“仲父之圣若此也。”

《山海经》曰：鹿台之山有鸟焉，如雄鸡而人面，名曰：“岛溪”。其鸣自呼，见则有兵。小决之山有兽焉，如猿，白首赤足，见则有兵。能山之穴恒出神人，夏启而冬闭。是穴也，冬启乃必有兵。郭璞注曰：今邺西北有石鼓鸣乃有兵，即此类。

《淮南子》曰：人主有伐国之志，邑犬群嗥，雄鸡夜鸣，库兵动而戎马惊。戎马，兵马也。鸡夜鸣而兵马起，气之感动也。

《六韬》曰：三军无故，旌旗皆前指，金铎之声扬以清，鞞鼓之音宛而鸣，此得神明之助，大胜之征也。

又曰：纣为无道，武王于是东伐纣。至于河上，雨甚雷疾，王之乘黄振而死，旗旌折阳侯波。周公进曰：“天不祐周矣。意者，君德行未尽，而百姓疾怨，故天降吾祸。”于是太公援罪人而戮之于河，三鼓之，率众而先，以造于殷，天下从之。甲子之日，至于牧野，举师而讨之。纣城备设而不守，亲擒纣，悬其首于白旗。

又曰：武王伐纣，诸侯已至，未知士民何如。太公曰：“天道无亲，今海内陆沉于殷久矣，百姓可与乐成，难与虑始。”伯夷、叔齐曰：“杀一人而有天下，圣人不为。”太公曰：“师渡孟津，六马仰流，赤乌降，白鱼外入，此岂非天所命也？师到坶音牧野，天暴风电，前后不相见，车盖发越，辕衡摧折，旌旄三折，旗帜飞扬者精锐感天也。雨以洗吾兵，雷电应天也。”

《吴越春秋》曰：越王追攻吴兵，欲入胥门。未至六里，望吴南城，见伍子头眉若车轮，目垂光烈，发鬓四张，耀于十数里。大惧，留兵。即日夜半，暴风疾雨，雷电鸣，沙石飞射，疾于弓弩。越军坏败。

桓谭《新论》曰：维四月，太子发上祭于毕下，至孟津之上。此武王已毕三年之丧，欲卒父业。升舟而得鱼，则地应也。燔祭降乌，天应也。二年，闻纣杀比干、囚箕子，太师、少师抱乐器奔周。甲子，日月若连璧，五星若连珠。昧爽，武王朝至于南郊牧野，从天以讨纣，故兵不血刃而定天下。

《三国典略》曰：东魏以平鉴为怀州刺史。鉴乃于轵开道筑城，以防于我。寻而，太祖遣骠骑将军杨檦、仪同长孙庆明率兵东伐。是时，新筑之城少粮乏水，众情大惧。南门内有一土井，随汲即竭。鉴乃具衣冠俯井而祝，俄而泉涌，城内皆足。扬水示檦，檦无功而还。檦，匹眇切。

又曰：周帝问齐王延宗曰：“邺城若为可取？”延宗辞曰：“亡国之大夫不可与图存。”强问之，乃曰：“若任城据邺，臣不能知，若今主自守，陛下兵不血刃。”时好事者以为延宗年号德昌，得二日也。及即位至败，果二日。

神兵

《梁书》曰：先是，旱甚，诏祈蒋帝神求雨，十旬不降。帝怒，命载获欲焚蒋庙并神影。尔日开朗，欲起火，当神上忽有云如伞，倏忽骤雨如泻，台中宫殿皆自振动。帝惧，驰诏追停，少时还静。自此，帝畏信遂深。自践祚已来，未尝躬自到庙，于是，乃法驾将朝臣修谒。是时，魏军攻围锺离，蒋帝神报敕必许扶助，既而无雨水长，遂挫敌人，亦神之力焉。凯旋 之后，庙中人马脚尽有泥湿，当时并目睹焉。

又曰：王僧辩平郢州，进师寻阳，军人多梦周何二庙神兵曰："吾已助天子讨贼。"自称征讨大将军，并乘朱航。俄而反曰："已杀竟。"同梦者数十百焉。

《陈书》曰：高祖讨侯景，军次大雷。军人杜稜梦雷池君周何神，自称征讨大将军，乘朱航，陈甲仗，称下征侯景，须臾便还，云已杀景。

《隋书》曰：汉王谅余党据晋、绛等三州未下，诏罗睺行绛、晋、吕三州诸军事，进兵围之，为流矢所中，卒于师，时年六十四。送柩还京，行数里，无故舆马自止，策之不动。有飘风旋绕焉。绛州长史郭雅稽颡祝之曰："公恨小寇未平耶？寻即除殄，无为恋恨。"于是风静马行，见者莫不悲叹。其年秋七月，子仲隐梦见罗睺曰："我明日当战。"其灵座所有弓箭刀剑无故自动，若人带持之状。绛州城陷，是其日也。

《唐书》曰：高祖初起，师次霍邑。隋武牙郎将宋老生陈兵拒险，义师不得进，屯军于贾胡堡。会霖雨积旬，馈运不给，高祖患之。忽有白衣人诣军门见曰："霍山神遣语大唐皇帝，若向霍山邑，当东南傍山取路。八月雨止，我当助尔破之。"高祖初哂之，遣人东南视地，果有微道。高祖笑曰："此神不欺赵襄子，岂负吾耶？"时有讹言云突厥将袭太原，又军粮且尽，高祖命旋师，太宗切谏乃止。八月己卯，雨果霁。高祖大悦，以太牢祭霍山。辛巳，引师从傍山道趋霍邑，去城十余里，有阵云起军北，东西竟天。高祖谓裴寂曰："云色如此，必当有庆。"

又曰：贞元初，江西都团练使李廉奏，建中四年，鄂州刺史逆贼李希烈之将董侍召率众袭鄂州，顺风纵火，邑屋将焚。臣乃祷于城隍神，倏忽风回火烈，贼溃，遂击破之。连状黄沔三州。请付史官，以答神意。从之。

《三国典略》曰：齐高纬发晋阳，开府薛荣宗尝云能使鬼兵，言于齐主曰："臣已发遣斛律明月将大兵往。"齐主信之。经介休，见一古冢，荣宗谓舍人元行恭曰："是谁冢也？"行恭戏之曰："郭林宗。""是谁？"曰："郭元真父。"荣宗即启云："臣向见郭林宗从冢出，着大帽，吉莫鞾，摇马鞭问臣：我阿贞来否？"

又曰：侯景西逼，陆法和率白服子弟顿于安南，乞征任氏，湘东许之。乃召诸蛮子弟八百人，在江津二日，便登舰，大笑曰："无量兵马。"江陵旧多神祠，俗恒祈祷，自法和军出，无复一验，人以诸神皆行从故也。

又曰：梁临汝侯萧猷尝为吴郡太守，与楚庙神交饮至一石，而神亦有酒色，所祷必从。后迁益州刺史，江阳人齐苟儿反，率众攻城，猷乃遥祷请救。将战之日，有田老逢一骑，络铁从东来，问去城几里。曰："四十。"时已晡，骑举矟曰："后人来，可令人疾马，欲及日破贼。"俄有数百骑如风，一骑请饮，田老问为谁，曰："吴兴楚王来救临汝侯。"此时庙中祈祷，无复有验。十余日后，乃见侍卫土偶泥湿如汗。于是苟儿乃平。

太平御览卷第三百三十 兵部六十一

警备

《孙子》曰：用兵之法，无恃其不来也，恃吾有能以待之也；无恃其不攻吾也，恃吾不可攻也。安则思危，存则思亡，常有备也。

《左传》曰：不备不虞，不可以师。

又曰：诸侯相见，军卫不撤，警也。

又曰：晋栾书伐楚，将战，楚晨压晋军而阵，压，窄其未备也。军吏患之。晋将范丏趋进曰："塞井夷灶，阵于军中，而疏行首，疏行，有当阵前户决开垒战道。行，部郎切。晋楚唯天所授，何患焉？楚师轻窕，固垒而待之，三日必退，退而击之，必获胜焉。"终败楚师。

《战国策》曰：苏秦将合从说燕文侯曰："燕地方二千里，带甲十万，车七百，骑六千，粟支十年。南有碣石雁门之饶，北有枣粟之利。"

又曰：张仪为秦连横，说韩王曰："秦带甲百余万，虎贲之士不胜计，秦卒犹孟贲之与怯夫。"

又曰：江乙对宣王曰："今王之地方五千里，带甲百万而专属之于昭奚恤，故北方之畏昭奚恤也。"

《春秋后语》曰：苏秦南说楚威王曰："楚天下之强国也；王，天下之贤主也。西有黔中、巫郡，东有夏州，海阳，南有洞庭、苍梧，北有汾阴。地方五千里，带甲百万，车千乘，骑万匹，粟支十年。此霸王之质也。"

《史记》曰：周末荆人伐陈，吴救之，军行三十里，雨十日，夜见星。左史倚相谓荆大将子期曰："雨十日，甲辑兵聚，吴人必至，不如备之。"乃为阵，而吴人至，见荆有备而反。史曰："其反覆六十里，其君子休小人为食，我行三十里击之，必克。"从之，遂破吴军。

又曰：秦将王翦率兵六十万伐楚，楚王悉国中兵以拒之。王翦至，坚壁而守之，不肯战。楚兵数挑战，终不出。王翦曰："休士洗沐而善饮食拊循之。"亲与士卒同食。久之，王翦使人问"军中戏乎？"曰"方投石超距。"于是王翦曰："士卒可用矣。"楚又数挑战，而秦不出，乃引而东。翦因举兵追之，大破楚军蕲南，因灭其国。

又曰：汉景帝初，吴王濞反。总兵度淮与楚王战，遂败棘壁，乘胜前，锐甚。梁孝王恐，大将军击吴，又败，梁将士卒皆还走。梁数使使报汉大将周亚夫求救，亚夫不许。又使使恶亚夫于上，恶，乌路切。上使人告之救梁。亚夫复守，便宜不行。梁使韩安国及楚死事相弟张羽为将军，楚相张尚谏吴王而死。乃得颇败吴兵。西梁城守坚，不敢西，即走，亚夫军会下邑矣。师欲战，亚夫壁不肯战，吴粮绝卒饥，数挑战。遂夜奔亚夫壁，亚夫终不出。中夜惊，内相扰乱，至帐下，亚夫卧不起，顷之复定。吴士卒多饥死，遂以叛散。

《汉书》曰：傅喜以光禄大夫养病。大司空何武、尚书唐林皆上书言喜行义，曰："忠臣社稷之卫，鲁以季友治乱，师古曰：谓季氏亡则鲁不昌。楚以子玉轻重，师古曰：谓楚杀子玉而晋侯喜，可知也。魏以无知忌折衡，师古曰：信陵君也。项以范增存亡。故楚跨有南土，带甲百万，邻国不以为难。子玉为将则文公侧席而坐，及其老也，君臣相庆，百万之众不如一贤也。"

《后汉书》曰：更始初，光武在河北击铜马贼于鄡；吴汉将突骑来会清阳城，贼挑战，卤武坚营自守，有出扌卤掠者，辄击取之。卤与虏同。掠，夺取之也。绝其粮道，积月余日，贼食尽，夜遁去。追至馆陶，大破之。受降未尽而高湖重连贼从东南来，与铜马余众合，光武复与大战于蒲阳，悉破降也。

又曰：王霸、马武既破周建、苏茂营，贼复聚挑战，霸坚卧不出。军吏皆曰："茂前日已破，今易击也。"霸曰："不然。苏茂客兵远来，粮食不足，故数挑战，以徼一切之胜。徼，要也。一切，犹权时也。徼，古尧切。今闭营休士，所谓不战而屈人之兵，善之善者也。"茂、建既不得战，乃引还营。其夜，建兄子诵反，闭城拒之。茂、建遁去，诵以城降。

又曰：公孙瓒既为鲜于辅所败，虑有非常，乃告于高京，以铁为门，斥去左右。男人七岁以上不得入门，专侍姬妾。其文簿书皆及而上之，令妇人习为大言声，使闻数百步以传宣教令。疏远宾客，无所亲信，故谋臣猛将稍有乖散，自此之后，希复攻战。

《九州春秋》曰：公孙瓒曰："始天下兵起，我谓唾掌而决。至于今日，兵革方始，观此非我所决，不如休兵力耕，以救凶年。兵法百楼不攻，今吾诸营楼樐千里，樐，即橹字，见《说文》。《释名》曰：橹，露也，上无屋覆也。积谷三百万斛，食此足以待天下庆也。"

《魏志》曰：冀州牧韩馥。长史耿武、别驾闵纯、治中李历谏馥曰："冀州虽鄙，带甲百万，谷支十年。"

又曰：大军南征吴到积湖，大将满宠帅诸军在前，与贼隔水相对。令诸将曰："今夕风甚猛，贼必来烧营，宜为之备。"诸军皆惊。夜半，贼果遣十部来烧营，宠掩击破之。

又曰：吴将诸葛恪围新城，司马景王使镇东将军毌丘俭、扬州刺史文钦等拒之。俭、钦请战，景王曰："恪卷甲深入，投兵死地，其锋未易当，且新城小而固，攻之未可拔。"遂命诸将高垒以弊之。相持数月，恪攻城力屈，死伤太半。景王乃令钦督锐卒趣合，偷断要其归路，俭帅诸军以为后继，恪惧而遁。钦逆击，大破之。斩首万余级。

《吴书》曰：赵咨字德度，南阳人。博学多智，应对辩捷。孙权为吴王，擢至太中大夫使。魏文帝嘲咨曰："吴王颇知学乎？"咨曰："浮江万艘，带甲百万，任贤使能，志在经略。虽有余闲，博览书传，历史籍，采奇异，不效书生寻章摘句而已。"又曰："吴难魏不"？咨曰："带甲百万，江汉为池，何难之有！"

《蜀志》曰：先主率大众东伐吴，吴将陆逊拒之。蜀主从建平连围至夷陵界，立数十屯。以金帛爵赏诱动诸夷。先遣将吴班以数千人于平地立营，欲以挑战。诸将皆欲击之，逊曰："备举军东下，锐气始盛，且乘高阻守险，难可卒攻。攻之纵下，犹难尽克。若有不利，损我大势，非小故也。今但奖励将士，广施方略，以观其变。若此间是平原广野，当恐有猋沛交驰之忧。猋，音标。今缘山行军，势不得展，自当疲于木石之间，徐制其弊耳。”备知其计不行，乃引伏兵八千人从谷口中出。逊曰：“所以不听诸君击班者，揣之必有巧故也。”诸将并曰：“攻备当在初，今乃令入五六百里，相衔持经七八月，其诸要害皆已固守，击之必无利矣。”逊曰：“备是猾虏，更尝事多，其军始集，思虑精专，未可干也。今住已久，不得我便，兵疲意沮，计不复生，掎角此寇，正在今日。”乃先攻一营，不利。逊曰：“已晓破之术。”乃令各持一把茅，以火攻拔之。俄而成势，遂率诸军同时俱攻，破四十余营。备升马鞍山陈兵自绕。逊督促诸军四面蹙之，土崩瓦解，死者万数。备因夜遁。

《晋书》曰：王戎谓齐王冏曰：“公首举众，匡定大业，开辟已来，未始有也。然论功报赏，不及有劳，朝野失望，人怀二志。今二王带甲百万，其锋不可当。若以王就弟不失，故委此求安之计也。”

又曰：大将罗尚遣广汉都尉曾元、牙门张显等潜率步骑三万袭蜀贼李特营，特素知之，乃缮甲厉兵，戒严以待之。元等至，特安卧不起，待其众半入，发伏击之，杀伤者甚众。遂害曾元、张显等。

又曰：安平王孚初为魏度支尚书，以为禽敌制胜，宜有备预。每诸葛亮入寇关中，边兵不能制敌，中军奔赴，辄不及事机，宜预选步骑二万以为二部，为贼之备。又以关中连贼寇，谷帛不足，遣冀州农丁五千屯于上邽。秋冬习战，春夏修田桑。由是关中军国有备矣。

崔鸿《十六国春秋》曰：前赵刘曜遣将讨氐羌，大酋权渠率众保险阻。曜将游子远频败之。权渠欲降，其子伊余大言于众中：“往日刘曜自来，犹无若我何，况此偏师，自欲降乎？”遂率劲卒五万人，晨压子远垒门。左右劝出战，子远曰：“吾闻伊余有专诸之勇、庆忌之捷、士马之强，人百匪敌。其父新败，怒气甚盛，且西戎劲捍，其锋不可拟也。不如缓之，使气竭而击之，此曹刿之胜也。”乃坚壁不战，伊余有强骄色。子远候其无备，夜分誓众，秣马蓐食，先晨，具甲扫垒而出。迟明，设覆而战，迟，直吏切。生擒伊余于阵，尽俘其众。

又曰：北燕冯跋据辽东，其弟万泥阻兵以叛。跋遣将冯弘与将军张兴讨之。弘遣使谕之曰："昔者兄弟乘风云之运，抚翼而起，群公天意所钟，逼奉主上先践宝位，裂土疏爵，当与兄弟共之。奈何欲寻干戈于萧墙，弃友于而为阋伯。过贵能改，善莫大焉。宜舍兹嫌，同奖王室。"万泥不从，克期出战。兴谓弘曰："贼明日出战，今夜必来惊营，宜备不虞。"弘乃各严备，仍人课草十束，束火伏兵以待之。是夜万泥果遣壮士十余人斫营，众火俱起，伏兵邀击，俘斩无遗。遂平万泥等。

《宋书》曰：桂阳王休范举兵于寻阳，已发，东下，朝廷惶骇。宋相齐高祖议曰："昔上流谋逆，皆因淹缓至于覆败。休范必远惩前失，轻兵急下，乘我无备。今应变之术不宜在远，若偏师失律，则大沮众心。请顿新亭，坚守宫掖东府石头，以待贼至。千里孤军，后无委积，求战不得，自然瓦解。请顿新亭以当其锋。休范果败。

又《高祖纪》曰：时议者欲分兵屯守诸津。帝曰："贼众我寡，分兵测人虚实，一处失利则沮三军之心。若聚众石头，则力不分也。"

《三国典略》曰：梁武陆王萧纪在蜀一十七年，开拓土宇，器甲殷积，有马八千匹，既便骑射，尤工舞矟。

《后魏书》曰：任城王澄时，四中郎将兵数寡弱，不足以襟带京师，澄奏宜以东中带荥阳郡，南中带鲁阳郡，西中带恒农郡，北中带河内郡，选二品三品亲贤兼称者居之，省非急之作，配以强兵。如此，则深根固本、强干弱枝之义也。灵太后初将从之，后议者不得，乃止。

《唐书》曰：武德中，太宗领兵征薛仁果于析摭城。析，音昔，思历切。摭，音炙，之石切。贼有十余万，兵锋甚锐，数来挑战。诸将咸请战，太宗曰："我士卒新经挫衄，锐气犹少。贼骤胜，必轻进好斗。我且闭壁以待其气衰而后击，可一战而破，此万全计也。"因令军中曰："敢言战者斩。"相持者久之。贼粮尽，军中颇携其将翟长孙、梁胡郎率所部相继来降。太宗知仁果心腹内离，谓诸将曰："可以战矣。"因令行军总管梁实营于浅水原以诱之。贼大将宗罗侯日恃骁悍，求战不得，气愤者久之。及是，尽锐攻梁实，冀逞其志。梁实固险下以挫其锋，罗侯攻之愈急。太宗度贼已疲，复谓诸将曰："彼气将衰，吾当取之，必矣。"申令诸军迟明合战，复令将军庞玉阵于浅水原南，出贼之右，以先拒之。罗侯并军共战，玉军几败。太宗亲御大军，奄自原北，出其不意。罗侯回师相拒，我师表里齐奋，呼声动天，罗侯气夺。于是大溃。

又曰：武德中，太宗率师往河东讨刘武周，江夏王道宗时年十七从军，太宗登玉壁城睹贼，顾谓道宗曰："贼恃其众来邀我战，汝谓何如？"对曰："群贼锋不可当，易以计屈，难与力竞。令深壁高垒，以挫其锋。乌合之徒，莫能持久，粮运致竭，自当离散，可不战而擒。"太宗曰："汝意暗与我合。"贼果食尽，夜遁。追及介州，一战破之。

又曰：薛万均从李靖等击吐谷浑，军次青海。与弟万彻率军先路，道遇虏于赤海，万均将十数骑击走之，追奔至积石山南道，大风折旗拔木，万均谓左右曰："虏将至矣，宜各设备。"俄而虏至，万均直前斩一贼将。于是大溃，杀伤略尽。

又曰：广德中，安史故将分据河北，吐蕃数犯京畿。故郭子仪、鱼朝恩常统重兵守河中，以备仓卒。欲兵权在京师，乃以鱼朝恩、元载、王缙建议，请于河中府置中都，创置积兵五万以为禁旅，取关辅、河东等十州税物以奉京师。车驾常以秋杪行幸，春首还京，即河北西蕃无忧越轶。代宗以为然。载已潜遣人于河中料度创造宫殿及营私第。既而言事者以为无故示贼以怯，国计非便，事竟不行。

又曰：李晟讨朱泚，德宗幸奉天日，诏以晟为左仆射平章事。晟拜哭受命，且曰："长安宗庙所在，为天下本。若皆扈跸，谁复京师。"乃浚隍壁、缮兵粟马，以诛泚、兴复为己任。初军无刍藁，乃令检校户部郎中张彧假京兆少尹，择官吏以赋渭北畿县，不数日，刍粮皆足。乃陈说三军曰："今国步多艰，乱逆继兴，属车西幸，关中无主。吾等皆受国恩，见危死节，臣子之分。况当此时不能清寇以取富贵，非士也。渭桥跨大川，吾与公等戮力一心，择利而进，复大业建不世之功，能从我乎？"军士皆泣下曰："唯公所命。"晟亦嘘欷流涕。是时朱泚盗天邑，怀光反咸阳，河北伪称国者三，希烈、李纳交逼陈宋。晟内无货财，外无疆土，以孤军守危城，为秉节向义者所归。于是戴休颜举奉天之兵，韩游瓌悉邠宁之师，尚可孤守蓝田，骆元光固华州皆归款。于是晟军大振。

又曰：李元谅，贞元初将本军与侍中浑瑊会吐蕃，盟于平源，元谅谓瑊曰："戎狄多诈，不可无备。公奉国命轻重，宜有以防之。"瑊不从，且不设备。及会，元谅命军中皆衣甲持兵，整部队以俟变。去坛十里，虏果衷甲，乘瑊无备，伏精骑以围瑊。士大夫皆衣朝服就执，及军士死者不可胜数，所脱者百无一二。瑊挺身走，虏骑逐。瑊至元谅，军士皆坚阵持满，虏骑望见之，乃引去。是日无元谅军，瑊几不免。元谅乃徐引军而归。

太平御览卷第三百三十一　兵部六十二

斥候

《后周书》曰：韩果性强记，兼有权略，所行之处，山川形势辄能记忆。兼善伺敌虚实，揣知情状。有潜匿溪谷欲为间侦者，果登高望之，所疑处往必有获。太祖由是以果为虞候都督。每从征行，常领候骑昼夜巡察，略不眠寝。

又曰：达奚武大统初为秦州刺史。齐神武趣沙苑，太祖复遣武觇之。武从三骑皆衣敌人衣服，至日暮去营数百步，下马潜听得其军号，因上马历营若警夜者，不如法者往往挞之，具知敌之情状，以告太祖。太祖深嘉焉，遂破之。

诸葛亮《兵要》曰：军已近敌，罗落常平明以先发，绝军前十里内，各案左右下道，亦十里之内。数里之外，五人为部，人持一白幡，登高外向，明隐蔽之处。军至，转寻高而前。第一见贼，转语后第二，第三诣主者白之。凡候见贼百人以下，但举幡指；百人以上，便举幡大呼。主者遣疾马往视察之。

又曰：凡军行营垒，先使腹心及乡导前觇审知，各令候吏先行，定得营地，壁立军分数，立四表候视，然后移营。又先使候骑前行，持五色旗，见沟坑揭黄，揭，去列切。衢路揭白，水涧揭黑，林薮揭青，野火揭赤，以本鼓应之。立旗鼓，令相闻见。若渡水逾山，深邃林薮，精骁勇骑搜索数里无声，四周绝迹，高山树顶，令人远视，精兵四向要处防御。然后分兵前后，以为镇拓。乃令辎重老小，次步后马，切在整肃，防敌至，人马无声，不失行列。险地狭径，亦以部曲鳞次，或须环回旋转，以后为前，以左为右，行则鱼贯，立则雁行。到前止处，候骑精锐，四向散列而立，各依本方下营。一人一步，随师多少，咸表十二辰，竖六旑，长二丈八尺，审子午卯酉地，勿令邪僻，以朱雀旑竖午地，白兽旍竖酉地，玄武旍竖子地，青龙旍竖卯地，招摇旍竖中央。其樵牧饮，不得出表外也。

《卫公兵法》曰：诸营下定，事须防御。于营外二十步，列队仗，如临阵对寇法，昼夜严警。纵逢雨雪，并押队官并不得离队。每营留五匹马，并鞍辔放饲，防有警急，即令驰告。至夜，每阵前百步外，着听子二人，一更一替，以听不虞。仍令探更人探听子细，勿令眠睡。其昼日，诸军前各亦逐高要处，安置斥候，以视动静。

又曰：诸军营队伍，每夜分更，令人巡探。人不得高声唱号，巡者敲弓一下，坐者扣矟三下，方掷军号，以相应会。当营界探，周而复始。掷号错失，便即决罚。当军折冲、果毅，并押铺宿，尽更巡探，递相分付；虞候及中军官人，通探都巡。

又曰：诸军下定，每营夜别置外探。每营折冲、果毅相知作次，每夜别四人，各领五骑马，于营四面去营十里外游弈，以备非常。如有警急，奔驰报军。

又曰：令人枕空胡禄卧，有人马行三十里外，东西南北响见于胡禄中，名曰："地听"，则先防备。

又曰：诸兵马既逼贼庭，探候事须明审。诸营住及营行，前后及左右厢助上，五里着马两骑，十里更加两骑。十五里更加两骑，至三十里，一道用人马十二骑。若兵多，发引稍长，助上即更量加一两道，使令相见。其乘马人，每令遥相见，常接高行，各执一方面异旗，无贼此旗常卷，见贼即速展。军营见旗展，即知贼至，须觅稳处。既知贼来，得设机伏，整齐部伍，迎前出战。其最远及次远人，须与好马乘骑，不然被贼捉将。

备边

《汉书》曰：晁错上言守边备塞曰："胡人衣食之业不着于地，其势易以扰乱边境。何以明之？胡人食肉饮酪衣皮毛，非有城郭田宅之归居，如飞鸟走兽于旷野，美草甘水则止，草尽水竭则移。以是观之，往来转徙，时至时去，此胡人之生业，而中国所以离南亩也。今使胡人数处转牧行猎于塞下，或当燕、代，或当上郡、北地、陇西以候备塞之卒，卒少则入。陛下不救，则边民绝望而有降敌之心；如救之，少发则不足，多发远县才至，则胡人已去。聚而不罢，为费甚大；罢之，则胡复入。如此连年，则中国贫苦而民不安矣。陛下幸忧边境，遣将吏发卒以治塞，甚大惠也。然今远方之卒，守塞一岁而更，不知胡人之态。不如选常居者，家室田作，且以备之。其要害之处，通川之道，调立城邑，无下千家为居中周虎落。先为室屋、具田器，乃募罪人及免徒复作令居之，不足，募以丁奴婢赎罪及输奴婢欲以拜爵者，不足，乃募民之欲往者。皆赐高爵复其家，与冬夏衣，廪食能自给而止。其亡夫苦妻者，县官买与之。人情非有匹敌不能久安，其处塞下之民，禄利不厚不可使久居。危难之地，胡人入驱而能止，其所驱者，以其半与之，县官为赎其民。如是则邑里相救，赴胡不避死，非以德上也，欲全亲戚而利其财也。此与东方之戍卒不习地势而心畏胡者，功相万也。以陛下之时徙民实边，使远方亡屯戍之忧。塞下之民，父子相保，亡系虏之患。利施后世，名称圣明，其与秦之行怨民，相去远矣。”上从其言，募民徙实塞下。错复言：“陛下幸募人以实塞下，使屯戍之事益省，输将之费益寡，甚大惠也。下吏诚能称厚惠，奉明诏存恤所徙之老弱，善遇其壮士，和辑其心而勿侵刻，使先至者安乐而不思故乡，则贫民相慕而劝往矣。臣闻古之徙远方以实广虚也，相其阴阳之和，尝其水泉之味，审其土地之宜，观其草木之饶，然后营邑立城，制里割宅，通田作之道，正阡陌之界。先为立室，家有一堂二内门户之闭，置器物焉。民有所居，作有所用，此民所以轻去故乡而劝之新邑也。为置医巫以救疾病，以修祭祀，男女有昏生死相恤，坟墓相从，种树畜家，室屋完安，此所以使民乐其乐处，而有长居之心也。臣又闻，古之制边县以备敌也，使五家为伍，伍有长；十长一里，里有假士；四里一连，连有假五百；十连一邑，邑有假候，皆择其邑之贤才有礼让、习地形、悉知民心者。居则习民以射法，出则教民于应敌。故卒伍成于内则军政定于外，服习已成，勿令迁徙。幼则同游，长则共事。夜战声相知则足以相救，昼战目相见则足以相识。欢爱之心足以相死。如此而劝以厚赏，威以重罚，则前死不还踵矣。所徙之民非壮有材力，但费衣粮，不可用也。虽有材力不得良吏，犹亡功也。”

又曰：王莽将严尤上言曰：“匈奴为害久矣。周秦汉征之，然皆未有得上策者也。周得中策，汉得下策，秦无策焉。当周宣王时，猃狁内侵至于泾阳，命将征之，尽境而还。其视戎狄之内侵，譬蚊虻之螫，驱之而已。故天下称明，是为中策。汉武帝选将练兵，约赍粮深入远戍，每有克获之功，胡辄报之。兵连祸结三十余年，中国罢耗，匈奴亦衄，而天下称武，是为下策。秦始皇不忍小耻而轻民力，筑长城之固，延袤万里，转输之行起于负海，疆境既完，中国内竭，以丧社稷，是为无策。今天下遭阳九之厄；比年饥馑，西北边尤甚。发三十万众，具三百日粮，东援海岱，南取江淮，然后能备。计其道里，二年尚未集合。兵先至者聚居暴露，师老械弊，势不可用，此一难也。边既空虚，不能奉军粮，内调郡国，不相及属，此二难也。计一人三百日粮用备十八斛，非牛力不能胜也。牛又当赍食加二十斛重地。胡沙卤多乏水草，以往事揆之，军出未满百日，牛必物故，且尽其余粮，人不胜，此三难也。胡地秋冬甚寒，春夏甚风，釜鍑音富薪炭重，不可炊食糒音备、饮水以历四时，师有疾病之忧，势不能久，此四难也。辎重自随，则轻锐者少，不得疾行，虏徐遁不能及，幸而逢虏，要遮前后，危殆不测，此五难也。大用民力，功不可必，臣伏忧之。

又《班固论》曰：书云：“蛮夷猾夏”，诗称“戎狄是膺”，春秋有道“守在四夷”久矣。夷狄之为患也！故自汉兴，忠信嘉谋之臣，曷尝不运筹策，相与争于庙堂之上乎！高祖时刘敬，吕后时樊哙、季布，孝文时贾谊、晁错，孝武时王恢、韩安国、朱买臣、公孙弘、董仲舒，人持所见各有同异，然总其要归，两科而已。缙绅之儒则守和亲，介胄之士则言征伐。皆偏见一时之利害，而未究匈奴之终始。自汉兴以至于今，旷世历年诎伸异变，强弱相反，是故其详可得而言也。昔和亲之论发于刘敬，是时天下初定，新遭平城之难，故从其言，约法和亲，赂遗单于，冀以救安边境。孝惠高后遵而不违，匈奴寇盗不为衰止，而单于反以骄倨。逮至孝文与通关市，妻以汉女，增厚其赂，岁以千金，而匈奴数背约束，边境屡被其害。是以文帝中年赫然发愤，遂贮戎服，亲御鞍马，徙六郡良家材力之士，驰射上林，讲习战阵，聚天下精兵军于广武。顾问冯唐与论将帅，喟然叹息，思古名臣，此则和亲无益已然之明效矣。仲舒亲见四世之事，犹复欲守旧文，颇增其约。以为义动君子，利动贪人，如匈奴者非可以仁义说也，独可说以厚利，结之于天耳。故与之厚利以说其意，与盟于天以牢其约，质其爱子以累其心。匈奴虽欲展转，奈失重利何，奈杀爱子何。夫赋敛行赂不足以当三军之费，城郭之固，无异于贞士之约，而使边城守境之民父兄缓带，稚子咽哺，胡马不窥于长城，而羽檄不行于中国，不亦便于天下乎。察仲舒之论，考诸行事，乃知未合于当时而有阙于后世也。当孝武时，虽征伐克获，而士马亦略相当。虽开河南之野，建朔方之郡，亦弃造阳之北九百余里。匈奴人民每来降汉，单于亦辄拘留汉使以相报复，其桀骜尚如斯，安肯以爱子为质乎？此不合当时之言也。若不置质定约和亲，是虽袭孝文既往之悔而长匈奴无已之诈也。夫边城不选守境武略之臣，修障队备塞之具，厉长戟劲弩之械，恃吾所以待边寇而务赋敛于民，远行货赂，割剥百姓以奉寇仇，信甘言，守空约而冀胡马之不窥，不已过乎？至孝宣之世，承武帝奋击之威，值匈奴百年之运，因其坏乱几亡之厄，权时施宜，覆以威德，然后单于稽首臣服，遣子入侍，三世称蕃，宾于汉廷。是时边城晏闭，牛马布野，三世无犬吠之惊，黎庶忘干戈之役。后六十余载之间，遭王莽篡位，始开边隙。单于由是归怨自绝，莽遂斩其侍子，边境之祸构矣。故呼韩耶始朝于汉，汉议其礼，萧望之曰："戎狄荒服。言其慌忽无常，至亦宜待以客礼，让而不臣，如后嗣遁逃窜伏，使于中国不为叛臣。"及孝元时，议罢守塞之备，应以为不可。云盛不忘衰，安必思危，远见识微之明矣。单于咸弃其爱子，昧利不顾，侵掠所获，岁巨计。而和亲，赂遗不过千金。

安在其不弃质而失重利也。仲舒之言漏于是矣。夫规视建议不图万世之固，而偏恃一时之事者，未可以经远。若乃征伐之功，秦汉行事，严尤论之当矣。故先王度中土，立封畿，分九州，列五服，物土贡，制外内，或修刑政，或修文德，远近之势异也。是以春秋内诸夏而外夷狄，夷狄之人贪而好利，被发左衽，人面兽心，其与中国殊章服异习，饮食不同，言语不通，僻居北垂寒露之野，逐草随畜，射猎为生。隔以山川，拥以沙漠，天地之所以绝内外也。是故圣王禽兽畜之，不与约誓，不就攻伐，约之以费赂而见欺，攻之则劳师而招寇，其土地不可耕而食也，其民不可臣而畜也。是以外而不内，疏而不戚，政教不及其人，正朔不加其国，来则惩而御之，去则备而守之。其慕义而贡献则接之以礼让，羁縻不绝，使曲在彼。盖圣人制御蛮夷之常道也。

《后汉书》曰：马援奏言："西干县户有三万二千，西干县，交趾郡，故城在今交州龙编县东。远界去庭千余里，庭，县庭也。请分为封溪、望海二县。"许之。

又曰：马援在陇西，帝诏武威太守，《东观汉记》曰：梁统也。令悉还金城客民，金城人客在武威者。归者三千余口，使各反旧邑。援奏为置长吏，缮城郭，起坞候，《字林》曰：坞，小障，一曰小城，字或作坞。开导水田，劝以耕牧，郡中乐业。

又曰：杜茂引兵屯晋阳，上遣谒者段忠将众配茂镇守北边。因发边卒筑亭候，修烽火。又发委输金帛缯弩供给军士，并赐边民。冠盖相望，茂亦建屯田驴车转运也。

《晋书·杜预传》曰：匈奴帅刘猛举兵反，自并州西及河东平阳。诏预以散侯定计省闼，俄拜度支尚书。预乃奏立籍田，建安边论，处军国之要，又作人排新器，兴常平仓，定谷价，较盐运，制课调，内以利国，外以救边者五十余条，皆纳焉。

《宋书》曰：文帝元嘉中，每岁为后魏侵境，令朝臣博议。何承天陈备边之要，其大略一曰移远就近，以实内地；二曰浚复城隍，以增岨防；三曰纂偶车牛，以饬戎械；四曰计丁课役，勿使有阙。

《唐书》曰：高祖与群臣言备边之事，将作大匠于筠进曰："未若多造船舰于五原灵武，置舟师于黄河之中，足以断其入寇之中路。”中书侍郎温彦博又进曰：“昔魏文帝掘长堑以遏匈奴，亦由因循其事。”高祖并从之。于是遣将军桑显和堑断北边要路，又征江南习水之士，更发卒于灵州造战船。

塞险

《左传》曰：蔡侯、吴子、唐侯伐楚，舍舟于淮汭，自豫章与楚夹汉。豫章、汉东、江北、地名楚左司马沈尹戍谓楚将子常曰：“子沿汉而与之上下，沿，缘也。缘汉上下，遮使勿度也。我悉方城外以毁其舟，以方城外人毁吴所舍舟也。还塞大隧、直辕、冥厄，三者，汉东三隘路。厄、乌革切。子济汉而伐之，我自后击之，必大败之。”既谋而行。楚大夫武成黑谓子常曰：“吴用木也，我用革也，用，军器也。不可久也，不如速战。”大夫史皇谓子常曰：“楚人恶子而好司马，若司马毁吴舟于淮，塞城口而入，城口，三隘道之总名。是独克也。子必速战，不然不免。”乃济汉而陈，自小别至于大别，《禹贡》汉水至大别南入江。然则此二别在江夏界也。三战，子常知不可，欲奔。知吴不可胜也。史皇曰：“安求其事，求知政事。难而逃之，将何所入，必死之。”子常违左司马戍之言，故败也。

《战国策》曰：吴子问孙武曰：“敌人保山据险，擅利而处，粮食又足，挑之则不出，乘间则侵掠，为之奈何？”武曰：“分兵守要，谨备勿懈，潜探其情，密候其怠，以利诱之，禁其牧采。久无所得，自然变改，待离其故，夺其所爱。”

《汉书》曰：匈奴呼韩耶单于来朝，元帝以后宫良家子王嫱字昭君，赐单于。单于欢喜，上书愿保塞上谷以西至敦煌。请罢边备，以休天子人民。帝下有司议。郎中侯应上言以为不可，其略曰：“自周秦兴以来，匈奴寇侵甚矣，其北边有阴山，东西千余里，本冒顿单于依阻其中。至孝武帝出师征伐，斥夺此地，攘之于漠北，建塞徼，起停隧，筑外城，设屯戍以守之，然后边境少安。夫夷狄之情困则卑顺，强则骄逆，天性也。前已罢外城，省亭隧，今才足以候视通烽火而已。安不忘危，不可复罢。且中国尚建关梁以制诸侯，所以绝臣下之觊欲。起塞以来，百有余年，非皆以土垣，或因山岩石木柴疆落溪水，卒徒筑理，功费久远，不可胜计。今欲以一切省徭戍。十年之外，卒有他变。障塞破坏，亭隧灭绝，当更发屯缮理。累代之功不可卒复，非所以永持至安，威制百蛮之长策也。”帝纳之。

《蜀志》曰：曹公使夏侯妙才、张郃屯汉中。蜀先主进兵汉中，次于阳平关，南渡沔水，缘山稍前，于是定军势作营。妙才兵来争其地，先主命黄忠乘高鼓噪攻之，大破妙才军，斩妙才。曹公自长安南征，先主遥策之曰：“曹公虽来，无能为也。我必有汉川矣。”及公至，先主敛众拒险，终不交锋。积日不拔，士亡者多，曹公果引军还。先主遂有汉中。

《魏志》曰：曹爽伐蜀，司马景王同行，出洛次于兴势。蜀将王林夜袭，景王营坚卧不动，林退。景王谓诸将曰：“费祎已据险拒守，进不获战，攻之不可，宜亟军，亟，纪力切。以为图。”爽等引还。祎果驰兵赴三岭争险，乃得过也。

《晋书》曰：刘裕讨南燕慕容超，超召群臣议拒晋师，大将公孙五楼曰：“吴兵轻剽，所利在速战，初锋勇锐不可争也，宜据大岘使不得入，旷日延时，沮其锐气。徐简精骑二千，循海而南，绝其粮运。别敕段晖率兖州之军缘山东下，腹背击之，上策也。各命守宰，依险自校，其资储之外余悉焚荡，芟除粟苗，使敌无所资，坚壁清野，以待其衅，中策也。纵贼入岘，出城逆战，下策也。”超曰：“吾京都殷盛，户口众多，非可一时入守。青苗布野，非可卒芟，设使芟苗，城守以全性命，朕所不能。今据五州之强，带河山之固，战车万乘，铁马万群。纵令过岘至于平地，徐以精骑践之。此成擒也。”其将慕容镇曰：“若如圣旨，必须平原用马，便宜出岘逆战，战而不胜，犹可退守，不宜纵敌入岘，自贻窘迫。昔成安君不守井陉之险，终屈于韩信。诸葛瞻不据束马之崄，卒擒于邓艾。臣以为天时不如地利，阻守大岘，策之上也。”超不从，乃令摄莒、梁父二戍修城隍，简士马，蓄锐以待之。其夏晋师次东莞，超遣其左军段晖等步骑五万进据临朐。俄而晋师度岘，慕容超惧，率四万骑就段晖等于临朐，战败，超奔还广固，宋武围广固，数月而破，燕地悉平。

《后魏书》曰：遣将伐后燕慕容宝，已平并州，潞川频胜。宝在中山引群臣议之。中尹符谟曰："魏军强盛，千里转斗，乘胜而来，勇气兼倍，若逸骑平原，形势弥盛，殆难为敌。宜杜崄拒之。"中书令眭邃曰："魏军多骑师剽锐，眭，息为切。马上赍粮，不过旬月，宜令郡县聚千为一堡，深沟高垒，清野待之。至无所掠，资食既罄，不过六旬，自然穷退。"尚书封懿曰："今魏师十万，天下之勍敌也。百姓虽欲营聚，不足自固。是则聚粮集兵以资强寇，且动众心示之以弱。岨阙拒战，计之上也。"慕容麟曰："魏今乘胜气锐，其锋不可当。宜谨守设备，待其弊而乘之。"于是修城积粟，为持久之备。魏攻中山不克，进据博陵鲁口，诸将睹风而奔，郡县悉降于魏。

《唐书》曰：武德中，太宗围王世充于东都，世充势穷，窦建德自北来救。诸将及萧瑀等咸请且退师避之，太宗不许，曰："世充粮尽，内外离心，我当不劳攻击，坐收其弊耳。建德新破海公，将骄卒惰。今我据武牢，厄其襟要，若贼恃胜冒险争锋，吾当破贼。若不战，旬月之间世充自溃，彼败我振，足以临之。一行两定，在于斯举。若不速进，贼入武牢，诸城新附，必不能守。二贼并力，将若之何？"秦府记室薛收进曰："世充据东都，府库填积，所患者在于乏食，是以为我所持。建德亲总十余万众来拒王师，亦当尽彼骁雄，期于速战。若纵其两寇相连，转河北之积以相资给，则伊洛间战斗不已。大王今欲亲率猛锐，先据成皋之险，训兵坐甲，当彼疲弊之众，一战必克。建德破，则世充自下，不过数旬，二国之君可面缚麾下。萧瑀等奈何遂请退兵？"太宗曰："善！"而从之，留齐王元吉围世充，亲率三千五百人趣虎牢守之，与战相持二十余日。五月，建德谋伺官军刍尽，牧马于河北，必将袭武牢。太宗闻之，遂牧马千余匹于河渚间以诱之。诘朝，建德果悉众而至，阵于汜水东。太宗候阵久，卒饥，令宇文士及率骑经贼阵之西，驰而南上，贼阵动，因而诸军奋击之，大溃。竟如太宗本策。

太平御览卷第三百三十二　兵部六十三

据要

《吴子》曰：凡行师越境必审地形，审知主客之向背。地形若不悉知，往必败矣。故军有所至，先五十里内山川形势，使军士伺其伏兵。将必自行视地之势，因而图之，知其险易也。

《战国策》曰：秦师伐韩，围阏与。赵遣将赵奢救之。军士许历曰："秦人不意赵师至，此其来气盛，将军必厚集其阵以待之，不然必败。"

又曰："先据北山上者胜，后至者败。"赵奢即发万人趋之。秦兵后至，争山不得上，赵奢纵兵击之，大破秦军，遂解阏与之围。与，音余。

《后汉书》曰：诸将征隗嚣，为所败，光武令悉军栒邑。栒，音询。未及至，隗嚣乘胜使其将王元行巡，将二万余人下陇。因分遣巡取栒邑。汉将冯异即驰兵欲先据之。诸将皆曰："虏兵盛而新乘胜，不可与争。宜止军便地，徐思方略。"异曰："虏兵临境，忸忕小利，忸忕，犹惯习也。谓惯习前事而复为之也。忸，音尼丑切。忕音游也。遂欲深入，若得栒邑，三辅动摇，是吾忧也。夫攻者不足，守者有余，今先据城以逸待劳，非所以争也。"遂潜往阏城，偃旗鼓行巡，不知驰赴之。异乘其不意，卒击鼓建旗而出，巡军惊乱奔走，追击数十里，大破之。

《蜀志》曰：诸葛亮出斜谷。是时魏将司马宣王屯渭南，郭淮策亮必争北原。若亮跨渭登原，连兵北山，隔绝陇道，摇荡人夷，非国之利也。宣王善之，淮遂屯北原，堑垒未成，蜀兵大至，淮遂击走之。

《吴志》曰：诸葛诞、胡遵等伐吴攻东兴。吴将诸葛恪率军拒之。及恪上岸，部将丁奉与唐咨、吕据、留赞俱从山西上，奉曰："今军行迟，若敌据便地，则难与争锋矣。"乃令诸使下道，率麾下三千人径进。时风便，奉举帆二日至，遂据塘。天寒雪，时魏诸将置酒高会，奉见其前部兵少，相谓曰："取封侯爵赏正在今日。"乃使兵解铠着胄持短兵，敌人从而笑焉，不为设备。奉纵兵斫之，大破敌前屯，会据等至，魏军遂溃。

《晋书》曰：刘裕率师伐南燕慕容超。晋师渡岘，慕容超惧，率卒四万就其将段晖等于临朐其俱切，谓其将公孙五楼曰："宜进据川源，晋军至而失水，亦不能战矣。以临朐有巨蔑水，去城四十里。"五楼驰据之。龙骧将军孟龙符领骑居前，奔往争之，五楼乃退，因而大败。

崔鸿《十六国春秋》曰：后秦姚兴与前秦苻登相持，登自六陌向废桥，兴乃自将精骑以拒登，使将尹纬领步军据废桥以抗。登困急攻纬，纬将出战，兴遣使谓纬曰："兵法不战而制人者，盖谓此也。苻登穷寇，特宜持重，不可轻战。"纬曰："先帝登遐，人情尚扰，不因思奋之力枭殄逆竖，大事去失矣。"遂与登战，大破之。登众渴死者十二三，其夜大溃。

又曰：夏赫连勃勃屯依力川，后秦姚兴将王奚聚羌胡二千余户于敕奇堡。勃勃进攻之，奚骁悍有膂力，短兵接战，勃勃之众多为所伤。于是揠断其水，堡人窘迫，执奚出降。

《宋史》曰：宋武帝伐姚泓，沈林子参征西军事，加建武将军，统军为前锋，从汴入河。伪并州刺史河东太守尹昭据蒲坂，林子于陕城与冠军檀道济同攻蒲坂。龙骧王镇恶攻潼关，姚泓闻大军至，遣伪平公姚绍争据潼关。林子谓道济曰："潼关天岨，所谓形胜之地，镇恶孤军势危力屈，若使姚绍据之，则难围也。及其未至当并力争之，若潼关事捷，尹昭可不战而服。"道济从之。

《后周书》曰：东魏将齐神武伐西魏，军过蒲津，涉洛至许源。西魏将周文帝军至沙宛，齐神武闻周文帝至，引军来会。诘朝，候骑告齐神武军且至，周文帝部将李弼曰："彼众我寡，不可平地置阵，此东十里有渭曲，可先据以待之。"遂进军至渭曲，背水东西为阵，合战，大破之。

《北史》曰：安同从道武征姚平于紫壁，姚兴悉众救平。同进计曰："汾东有蒙坑，东西三百余里，径路不通，姚兴来必定汾西，乘高临下直至紫壁。如此，则寇内外势接，宜截汾为南北浮桥，乘西岸筑围。既固，贼至无所施其智力矣。”从之，兴果视平屠灭而不能救。

《隋书》曰：文帝初，突厥寇兰州，隋将贺娄子幹率众拒之。至可洛垓音哀山与贼相遇，贼众甚盛。子幹阻川为营，贼军不得水数日，人马甚弊，纵击，大败之。

《唐书》曰：盛彦师镇宜阳，会李密叛。彦师率兵邀之，令其众曰：“唯我马首是瞻。”遂逾洛水入南山，令持弓弩者乘高挟路，持刀盾者伏于溪谷之间。又令曰：“待贼半渡而击之。”所部皆笑曰：“贼向洛州，何为守此？”彦师曰：“吾筹之熟矣。李密声往洛州，其实欲南走襄城就张善相耳，若贼先入谷口，我自后追之，路险难以展力。吾今先据要害，此贼乃成擒也。”密果至，知有伏，乃逾山南上，彦师邀击之。封葛国公。

漕运

《孙子》曰：不尽知用兵之害，则不得尽知用兵之利。故善用兵之者，役不再籍，粮不再载，取用于国，因粮于敌，故军食可足。兵甲战具取用国中，粮因敌也。故国之贫于师者远师输也。远输则百姓贫，兵事转运千里之外，财费于道路，人有困穷者也。近师则贵卖，贵卖则百姓虚，虚则竭，近军师市多非常之卖，当时贫费以趋末利，然后财货殚尽国家虚也。竭则急于丘役。力屈中原，内虚于家，丘，十六井也，百姓财皆尽，兵不解，运粮尽力于原野。百姓之费，十去其七。所破费也。公家之用，破车疲马，甲胄弓矢，戟楯矛橹，丘牛大车，十去其六。计较之也。故智将务食于敌，食敌一钟当吾二十钟。六斛四斗为钟。计千里转运二十钟而致一钟于军中也。萁秆一石，当吾二十石。萁秆槁一石百二十斤也。转输之法费二十石乃得一石也。

《后汉书》曰：永平中，理呼池石臼河，从都虏至羊肠仓，郦氏《水经注》云：汾阳故城积粟谓之羊肠仓，在晋阳西北，石磴萦委若羊肠焉，故以为名。今岚州界羊肠坂是也。石臼河，水名。欲令通漕。水运曰漕。太原吏人苦役连年无成，转运所经三百八十九隘，前后没溺死者不可胜算。建初三年，拜邓训谒者使监领其事，训考量隐括，隐，审量括之也。知大功难立，具以上言，肃宗从之，遂罢其役。更用驴辇，岁省费亿万计，全活徒士数千人。

又曰：第五种拜高密侯相。是时，徐、兖二州盗贼群聚、高密在二州之郊，种乃储粮稸，勤厉吏士，贼闻皆惮之。

又曰：光武即位时，军食急乏，寇恂以辇车骊驾转输，前后不绝。《前书音义》曰：骊驾，并驾也。辇车，人挽行也。

又曰：诏报朱浮曰："往年赤眉跋扈长安，跋扈，犹暴横也。吾策其无谷，必东来归降。今度此反虏势无久全；其中必有内相斩者，今军资未充，故须候耳。"

又曰：来歙上书曰："公孙述以陇西天水为藩蔽，故得延命假息，今二郡平荡，则述智计穷矣。宜益选兵马，储积资粮。昔赵之将帅多贾人，高帝悬之以重赏。高帝十年，陈豨反于赵、代，其将多贾人，帝多以金购，豨将皆降。今西州新破，兵人疲馑，若招以财谷，则其众可夺。臣知国家所给非一，用度不足，然有不得已也。"帝然之。

《东观汉记》曰：来歙征公孙述，诏于汧积谷六万斛，驴四百头负驮。

《蜀国志》曰：诸葛亮悉大众由斜谷出，以流马运粮，据武功、五丈原，与司马宣王对于渭南。

《晋书·载记》曰：罗尚委城遁，李雄遂克成都。于时，雄军饥甚，乃率众就谷于郪，掘野鼠等食之。

《晋书》曰：祖逖伐陈留太守陈川，石季龙救之，徙陈川还襄国，留桃豹等守川故城，住西台。逖遣将韩潜等镇东台。同一大城，贼从南门出入放牧，逖军开东门。相守四旬，逖以布囊盛土如米状，使千余人运上台，又令数人担米伪疲极而息于道。贼果逐之，皆弃担而走。贼既获米，谓逖士众丰饱，而胡戍饥久，益惧，无复胆气。石勒将刘文堂以驴千头运粮以馈桃豹，逖遣韩潜、冯铁等追击于汴，尽获之。桃豹宵退据东燕。

《唐书》曰：贞元十五年，令江淮转运米。每年米宜运二百万石已来，虽有此命，而运米竟不过四十万石。

又曰：韦伦拜商州刺史兼御史中丞充荆襄等道租庸使，会襄州裨将康楚元、张嘉延拥众为叛，凶党万余人，自称楚义王。襄州刺史王政弃城遁走，嘉延又南袭破江陵汉沔，馈运阻绝，朝廷旰食。伦乃调兵驻邓州界，康楚元凶党有来降，必厚加赏。数日后，楚元众颇怠，伦进军击之，生擒楚元以献，余众悉走，收租庸钱物仅二百万贯，并免失坠。

又曰：元和中，盐铁使王播进陈许军琵琶沟运图。先是，中官李重秀奉命视之，还言可以通漕至郾城下北颍口，水运千里而近。及上览图，诏韩弘发卒以通汴河，于是船胜三百石皆入颍。

又曰：开成初以王彦威判度支，尝紫宸廷奏曰："臣自掌计司，按见管钱谷文簿，皆量入以为出，使经费必足，无所刻削。且八口之家有岁蓄，而军用钱物一切通用，悉随色额占定，终岁支给，无毫厘之差。倘臣一旦愚迷，欲自欺窃，亦不可得也。"名曰："度支占额图"。既而又进供军国，曰："起至德乾元之际，迄于贞观元和之初，天下有观察者十，节度者二十有九，防御者四，经略者三，掎角之师，犬牙相制，大都通邑，无不有兵。都计中外各额至八十余万。长庆户口凡三百三十五万，以额约九十九万，通计三户资一兵。合计天下租赋一岁所入，总不过三千五百余万，而上供之数三之一焉。三分之中二给衣赐，自留使兵士衣赐之外，其余四十万众，仰给度支。伏以时逢理安，运属神圣，然而兵不可弭食哉，唯时忧勤之端，兵食是功。臣谬司邦计，虔奉睿图，辄纂事功，庶裨圣览。"

又曰：黄巢既来，围陈郡三百日，关东仍岁无耕稼，人饿倚墙壁间，贼俘人而食，日杀数千。贼有舂磨砦为石碓数百，生纳人于臼，碎之，合骨而食。其流毒如是。

又曰：秦宗权以蔡州叛，所至屠残人物，燔烧郡邑。西至关内，东极青齐，南出江淮，北至卫滑。鱼烂鸟散，人烟断绝，荆榛蔽野。贼既乏食，啖人为储，军士四出，则盐尸而从。

《三国典略》曰：陈霸先遣钱明领水军出江宁浦，要击齐人粮运，尽获其船。于是，齐军大馁，杀马驴而食之。

又曰：以粮运不继，调市人馈军。建康令孔奂以麦屑为饭；用荷叶裹之，信宿之间，得数万裹以给兵士。会陈蒨遣送米三千石，鸭千头，霸先即炊黍煮鸭，誓申一战，计粮分肉，人获数脔。

绝粮道

《汉书》曰：景帝初，吴楚七国反，以太尉周亚夫将，问父绛侯客邓都尉曰："策安出？"客曰："吴楚兵锐，甚难与争锋，而剽轻不能久，莫若引兵东北，壁昌邑以梁委吴，吴必尽锐攻之。将军深沟高垒，使轻兵绝淮泗之口，塞吴饷式亮切道，使吴梁相弊而粮食竭，乃以全军强制其疲极，破吴必矣。"亚夫言于帝，许之。遂破吴军。

又曰：王莽末，天下乱。光武兄伯升起兵讨莽，为莽将甄音真。阜、梁丘赐所败，复收会兵众，还保棘阳，阜、赐乘胜留辎重于篮乡，引精兵十万南渡潢淳，临沘水，潢音黄。沘音毗。阻两川间为营，绝后桥示无还心。伯升于是大飨军士，设盟约，休卒三日，为六部潜师夜起袭取蓝乡，尽获其辎重。明晨，汉军自西南攻甄阜，下江兵自东南攻梁丘赐。至食时，阵溃，遂斩阜、赐。

《后汉书》曰：韩遂败走榆中，榆中县属金城郡。张温乃遣周慎将三万人追讨之。温参军事孙坚坚，权之父也。说慎曰："贼城中无谷。当外转粮食。坚愿得万人断其运道，将军以大兵继后，贼必困乏而不敢战。若走入羌中，并力讨之，凉州可定也。"慎不从，引军围榆中城，而边章遂分屯葵园峡，反断慎运道。慎惧，乃弃重而退。

又曰：曹公与袁绍相持官渡，沮授言于绍曰："北兵数众，沮，侧居切。而果劲不及南。南谷虚少，而货财不及北，南利在于急战，北利在于缓待，宜旷以日月。"绍不从，连营稍前逼官渡，合战，曹公军不利，复壁。绍为高橹、起土山射营中，皆蒙楯，众大惧。曹公乃为发石车击绍楼，皆破，众号霹雳车。绍为地道，欲袭曹公营，公辄于内为长堑以拒之。又遣骑兵袭击绍运车，大破之，尽焚其谷。会绍遣淳于琼等将兵万余人北迎运，沮授说绍可遣将别为军于表，以绝曹公之抄。绍复不从。琼宿乌巢，去绍军四十里。绍谋士许攸奔曹公，攸谓曹公曰：“孤军独守，外无求索，危急之时也。今袁氏辎重有万余两而无严备，可轻兵袭之。不虑而至，燔其积聚。不过三日，袁氏自败也。”公乃选精锐马步，秉袁氏旗帜，夜衔枚缚马口从间道出，人负束薪。时有问者，绐音怠之曰：“袁公恐曹操掠后军，兵以益备。”闻者信之。既至辎重，围屯燎薪，火光亘天地，破琼等，悉斩之。数日，绍弃甲而遁。

《蜀志》曰：姜维率众侵魏，依麴山筑二城，使牙门将勾安、李韶等守之，聚羌胡质任寇逼诸郡，魏将陈泰御之。泰谓诸将曰：“麴城虽固，去蜀险远，当须运粮。羌夷患维劳役，未必肯附。今围而取之，可不血刃而拔其城。虽其来救，山道险阻，非行兵之地。”乃使邓艾等进兵围之，断其运道及城外流水。安等挑战，不许。将士困窘，分粮聚雪，以稽日月。维果来救，出自牛头，与泰相对。泰曰：“兵法贵在不战而屈人，今绝牛头，维无返道，则我之擒也。诸军各坚垒勿与战。”自南渡白水，循水而东，使诸将截其还路。维惧，遁走。安等孤悬，遂皆降。

崔鸿《十六国春秋》曰：前赵刘曜遣将刘胤西伐张骏之武威。骏遣将辛岩，韩瑛音英东拒。刘胤屯于狄道城，韩瑛进度沃于岭。辛岩曰：“我拥众数万，籍云羌之锐，宜速战以灭之。不尔，久则变生。”瑛曰：“自夏末以来，太白犯月，辰星逆行，白虹贯日，皆变之大者，不可以轻动，动而不捷。为祸更深。吾将久而毙之。且曜与石勒相攻，胤亦不能久。”积七十余日，军粮竭，遣辛岩督运于金城。胤闻之大悦，谓其将士曰：“韩瑛之众十倍于吾，粮廪将悬，难以持久。今分兵运粮，可谓天授吾。若败辛岩，瑛等自溃。彼众我寡，且以死战，战而不捷，当无匹马得还。”咸奋。于是，遣骑三千袭岩于沃于岭，大败之。瑛军遂溃，死者三万余人。

《三国典略》曰：周王思政固守颍川。思政运米数百车，欲向孔城。齐大都督破六韩常与洛州刺史可朱浑宝，愿前后要袭获之。乃启于齐王澄曰："常自镇河阳已来，频出关口、大谷二道，所有要害莫不知悉，请于形胜之处营筑城戍，安置士马，截其往来。彼之咽喉既断，颍城吞灭可期。且孔城以西年谷不稔，东道断绝亦不能存。"王纳其计。

太平御览卷第三百三十三　兵部六十四

屯田

《汉书》曰：昭帝始元二年，诏发习战射士诣朔方，调故吏将屯田张掖郡。调，谓发选之也。故吏，前为官职者也。今其郡习战射士于张掖为屯田也。调，音从钓切。将，音子亮切。朔方、张掖、并今郡地也。

又曰：孝宣神爵元年，遣后将军赵充国将兵击先零羌。充国以击虏殄灭为期，乃欲罢骑兵，屯田以待其弊，奏曰："臣所将吏士马牛食，月用粮谷十九万九千六百三十斛，盐千六百九十三斛，艾稾二十五万二百八十六石。石，百一十斤也。难久不解，徭役不息，又恐他夷卒有不虞之变。且羌虏易以计破，难用兵猝。且没切。言仓卒暴疾也。故臣愚以为击之不便，计度临羌，东至浩亹，浩，音阅。亹音门。即金城郡度武县地。临羌在今西平郡也。羌虏故田及公田人所未垦可二千顷以上，愿罢骑兵，留弛刑应募及淮阳汝南步兵与吏私从者合九万二百八十二人，用谷月二万七千三百六十三斛，盐三百八斛，分屯要害处。冰解漕下，缮乡亭，浚沟渠，水运木缮补也。治湟陿以西湟，音皇。陿，音峡。道桥七十所，令可至鲜水左右。田事出赋人二十亩。田事出谓至春人出营田也。赋，班与之也。至四月草生发，郡骑及属国胡骑伉健各千倅、马什二，就草倅，副也，七碎切。什二者，千骑则与副马二百匹。为田者。游兵以充入金城郡，益积畜，省大费。今大司农所转谷至者足支万人一岁食，谨上田处及器用簿，唯陛下裁计之。"诏曰："如将军之计，虏当何时伏诛，兵当何时得决？孰计其便，复奏。"充国又奏曰："今留步士万人屯田，地势平易，臣愚以为屯田内有亡费之利，外有守御之备，骑兵虽罢，虏见万人留田为必擒之具，其土崩归德，宜不久矣。"诏罢兵，独充国留屯田，大获地利。明年遂破先零也。

《魏志》曰：武帝既破黄巾，欲经略四方，而苦军食不足，羽林监颍川枣祗建置屯田。于是，以任峻为典农中郎将，募百姓屯田于许下，今颍川郡许昌县也。得谷百万斛。郡国列置田官，数年之中所在积粟仓廪皆满。

又曰：废帝齐王正始四年，司马宣王督诸军伐吴，因欲广田积谷为兼并之计，乃使邓艾行陈项以东至寿春。自今淮阳郡项城县以东，至今寿春郡也。艾以为田良水少，不足以尽地利，宜开河渠，可以大积军粮，又通运漕之道，乃着《济河论》以喻其指。又以为昔破黄巾，因为屯田积谷，计都以制四方，今三隅已定，事在淮南。每大军征举，运兵过半，功费巨亿，以为大役陈蔡之间，土下田良可省，许昌左右诸稻田并水东下。令淮北三万人，淮南三万人，分水且田且守。小丰常收三倍于西，计除众费，岁完五百万斛以为军资。六七年间可积三千万斛于淮上。此则十万之众五年食也。以此乘敌，无不克矣。"宣王善之，皆如艾计。遂北临淮水，自钟离西南横石以西尽沘水。沘，旁脂切。四百余里置一营，营六十人，且田且守，兼修广淮阳、百尺二渠，上引流，下通淮颍，大理诸陂，于颍南颍北穿渠三百余里，溉田二万顷。淮南淮北皆相连接，自寿春到京师，农官兵田鸡犬之声，阡陌相属。每东南有事，大军出征，泛舟而下，达于江淮，资食有储而无水害。艾所建也。

《晋书》曰：羊祐为征南大将军，镇襄阳吴西城，去襄阳七百里。每为边害，羊祐患之，意以诡计令吴罢守。于是戍逻减半，分以垦田八百余顷，大获其利。祐之始至也，军无百日之粮。及至季年，有十年之积。太康元年平吴之后，当阳侯杜元凯在荆州今襄阳郡修邵信臣遗迹，邵信臣所作钳庐陂六门堰，在今南阳郡虢县界，时为荆州所统也。激用滍音虽。淯音育。诸水以浸田原万顷，分疆刊石使有定分，公私同利，众庶赖之，号曰：杜父旧水道。淮沔汉达江陵千八百里，北无通路，又巴丘湖沅湘之会，表里山川，实为险固，荆蛮之所恃也。当阳侯乃开杨口、起夏水、达巴陵千余里。夏水口在今江陵郡江陵县界。巴陵即今郡也。内泄长江之险，外通零桂之漕。零陵，桂阳，并今郡地。南土歌之曰：后代无叛由杜翁，孰识知名与勇功。

又曰：梁武昭王暠击玉门，以诸城皆下之，遂屯玉门阳关，广田积谷为东伐之资。

又曰：东晋元帝督课农功，二千石、长吏以入谷多少为殿。其宿卫要任皆令赴农，使军各自佃即以为廪。太兴中，三吴大饥，后军将军应詹上表曰："魏武帝用枣祗、韩浩之议，广建屯田。又于征伐之中分带甲之士随宜开垦，故下不甚劳，大功克举。间者，流人奔东吴，东吴今俭，皆已返。江西良田旷废未久，火耕水耨，为功差易。宜简流人，兴复农官，功劳报赏皆如魏氏故事。一年中兴百姓，二年分税，三年计赋税以使之，公私兼济，则仓庾盈亿，可计日而行也。"

又曰：穆帝升平初，荀羡为北部都尉，镇下邳，今临淮郡县也。起田于东阳之石鳖，亦作临淮郡界也。公私利之。

《齐书》曰：高帝敕垣崇祖修理芍陂田，曰："卿但努力营田，自然平殄虏寇。昔魏置典农而中都足食，晋开汝颍而河汴委储。卿宜勉之。"

《后魏书》曰：文帝大统十一年，大旱。十二年，秘书丞李彪上表请别立农官，取州郡户十分之一为屯人，相水陆之宜，料顷亩之数，以赃赎杂物市牛，科给令其肆力，一夫之田岁贡六十斛，甄其正课并征戍杂役。行此二事，数年之中则谷积而人足矣。帝览而善之，寻施行焉。自此公私丰赡，虽有水旱不为害也。

《北史》曰：后魏刁雍除薄骨律镇将。雍以西土乏雨，表求凿渠溉公私田。又奉诏以高平、安定、统万及薄骨律等四镇出车牛五千乘，运屯谷五十万斛，付沃野以供军粮。道多深沙，车牛难阻，河水之次，造船水运。又以所绾边表常惧不虞，造储谷置兵备守，诏皆从之。诏即名此城为刁公城，以旌功焉。

《北齐书》曰：废帝乾明中，尚书左丞苏珍芝又议修石鳖等屯，岁收数十万石，自是淮南防粮足。

又曰：孝昭帝皇建中，平州刺史嵇晔建议开幽州督亢旧陂今范阳郡范阳县界是。长城左右营屯田，岁收稻粟数十万石，北境得以周赡。又于河内置怀义等屯以给河南之费，自是，稍止转输之劳。

又曰：武成帝河清三年，诏缘边城守，堪垦食者营屯田，置都子使以统之。子使当田五十顷，岁终课其所入褒贬。

《隋书》曰：文帝开皇三年，突厥犯塞，吐谷浑寇边，转输劳弊，乃命朔方总管赵仲卿于长城以北大兴屯田。

《隋书》曰：郭衍授朔州总管，所部有恒安镇，北接番境，常劳转运，衍乃选沃饶地置屯田，岁剩粟万余石，民免转输之劳。

《唐书》曰：窦静历并州大总管司马，迁长史。于时突厥数为边患，师旅岁兴，军粮不属。静上表于太原多置屯田，以省馈运。时议者以人物凋零，不宜动众，书奏不省。静复上书，辞甚切。于是，征静入朝，与裴寂、萧瑀、封德彝等争论于殿庭，寂等不能屈，竟从静议。岁收数十万斛。高祖善之。

又曰：开元二十五年令诸屯隶司农等者，每三十顷以下、二十顷以上为一屯，隶州镇诸军者每五十顷为一屯。其屯应置者皆从尚书省处分，其旧屯重置者一依丞前封疆为定，新置者并取荒间无籍广占之地。其屯虽科五十顷，易田之处各依乡原量事加数。其屯官取勋，官五品以上及武散官，并前资边州县府镇戍八品以上文武官内，简堪者充，据所收斛斗等级为功优。诸屯田应用牛之处，山原川泽，土有硬软，至于耕垦用力不同，土软处每一顷五十亩，配牛一头，疆硬处一顷二十亩，配牛一头。即当屯之内有硬有软，亦准此法。其稻田每八十亩配牛一头，诸营田若五十顷外，更有地剩，配得丁牛者，所收斛皆准顷亩折除。其大麦、荞麦、乾萝卜等准粟计折斛斗，以定等级。天宝八年，天下屯田百九十一万三千九百六十石，关内五十六万三千八百一十石，河北四十万三千二百八十石，河东二十四万五千八百八十石，河西二十六万八十八石，陇右四十四万九百二石。后上元中于楚州右射阳湖置洪泽屯，寿州置芍陂屯，厥田沃壤，大获其利。王元长《策秀才文》曰：今农战不修，文儒是竞，弃本徇末，厥弊滋多。

戍役

《诗》曰:《采薇》,遣戍役也。文王之时,西有昆夷之患,北有猃狁之难,以天子之命,命将卒,遣戍役,以守卫中国,故歌《采薇》以遣之。

又曰:《扬之水》,刺平王也。不抚其民而远屯戍于母家,周人怨思焉。

《左传》曰:齐侯使连称管至父戍葵丘,瓜时而往,曰:"及瓜而代。"期戍,公问不至,请代不许,故谋作乱。

《汉书》曰:晁错上言:"守边、备塞、劝农、力本,当世急务也。臣闻秦北攻胡貊,筑塞河上;南攻杨粤,置卒戍焉。非所以卫边地而救民死也,贪戾而欲广地,故功未立而天下乱。夫起兵不知其势,战则为人禽,屯则卒积死。夫胡貉之地积阴之处也,木皮三寸,冰厚六尺,食肉饮酪,其人密理,密理,谓肥肉也。鸟兽毳毛,其性能寒。杨粤音越之地,少阴多阳,其人疏理,鸟兽稀毛,其性能暑。秦之戍卒,不能其水土,死者偾于地。偾,僵也,音奋。秦民见行如往弃市,因以谪发之,名曰谪戍也。凡民守战至死而不降北者,以计为之也。故战胜守固则有拜爵之赏,攻城屠邑则得其财卤以富家室,故能使其众蒙矢石、赴汤火,视死如归。秦之发卒也,有万死之害,而无铢两之报,故其祸及己。陈胜行戍至于大泽,为天下先倡,天下从之如流水。胡人衣食之业不着于地,如飞鸟走兽于广野,美草甘水则止,草尽水竭则移,往来转徙,时至时去,此胡人之业。然令卒守塞一岁而更,不知胡人之能,不如选常居者家室田作以为备,使为之高城深堑,具蔺石,布渠答,蔺石,城上雷石也。渠答,铁蒺藜也。调立城邑毋下千家,为中周虎落。"上从其言,募民从塞下。

又曰:错复言:"臣闻古之徙远方以实广虚也,相其阴阳之利,尝其水泉之味,审其土地之宜,观其草木之饶,然后营邑立城,制里割宅,通田作之道,正阡陌之界,先为筑室家,有一堂二内,二内,内房也。置器物焉。此民所以轻去故乡而劝之新邑,为置医药巫以救疾病，以修祭祀，男女有婚，生死相恤，此所以使民乐其处而有长居之心也。”

又曰：宣帝地节三年，诏曰：“朕既不德，不能附远，是以边境屯戍未息。今复饰兵重屯，久劳百姓，非所以绥天下也。其罢车骑将军、右将军屯兵。”

《后汉书》曰：横野大将军王常薨，遣骠骑大将军杜茂将众兵屯北边，筑亭候，修烽燧。

又曰：十五年，徙雁门、代郡、上谷三郡人置常山关以东。

又曰：二十五年，南单于遣子入侍。于是云中五原八郡人归本土，边人在中国皆赐以装钱，转输给食也。

太平御览卷第三百三十四 兵部六十五

辎重

《释名》曰：辎，厕也。谓军粮什物杂厕载之，以其累重，故称辎重。《后汉书》注曰：辎，车名也。

《孙子》曰：使敌不得至者，险害之地。攻其所必救，能守其险害之要路，敌不得自致。故王子曰：一犬当穴，万鼠不敢出；一虎当溪，万鹿不敢过，言守之上也。故饱能饥之。绝其粮也。委军而争利则辎重捐，委置库藏，轻师而行，若敌乘虚而来，抄绝其后，则已辎重皆悉捐弃。是以军无辎重则亡，无粮食则亡，无委积则亡。此三者，亡之道也。委积，刍草之处。

《史记》曰：汉王遣将韩信以兵数万欲东下井陉击赵。赵王陈馀聚兵井陉口，号称二十万。李左车说陈馀曰："韩信涉西河虏魏王、擒夏说欲以下赵，此乘胜而去国远斗，其锋不可当。臣闻千里馈粮，士有饥色，樵苏后爨，樵，取薪也。苏，草也。师不宿饱。今井陉之道，车不得方轨，骑不得成列，行数百里，其势粮食必在其后。愿足下假臣奇兵三万人，从间路绝其辎重。足下深沟高垒，坚营勿与战。使前不得斗，退不得还。吾奇兵绝其后，使野无所掠。不至十日而韩信之头可致于麾下。不然，必为所擒矣。"陈馀儒者，常称义兵不用诈谋奇计，曰："吾闻兵法：十则围之，倍则战。今韩信兵号数万，千里而袭我，亦已罢极。今如避不击，后有大者何以加之？则诸侯谓吾怯而轻来伐我。"不听。韩信使人间视，知不用，大喜。乃敢引兵遂进，竟破赵军。

《后汉书》曰：董䜣许邯与更始诸将，各拥兵据南阳诸城。帝遣吴汉伐之，汉军所过多侵暴。时破虏将军邓奉谒归东野，怒吴汉掠其乡里，遂返击破汉军，获其辎重，屯据淯阳与诸将合从。

又曰：邓禹自箕关将入河东，箕关在今王屋县界。河东都尉守关不开，禹攻十日，破之，获辎重千余乘。

又曰：耿弇追张步平寿，乃肉袒负斧锧于军门。锧，椹也。示必死。椹，祈林切。弇传步诣行在所而勒兵入据其城，树十二郡旗鼓，《东观记》曰：弇凡平城阳、琅琊、高密、胶东、东莱、北海、齐千乘、济南、平原、泰山、临淄等郡。令部兵各以郡人诣旗下，众向十余万，辎重七千余两，皆罢遣归乡里。

《晋书》曰：刘毅追桓玄于峥嵘州，乘风纵火，尽锐争先，玄众大溃，烧辎重夜走。

崔鸿《十六国春秋》曰：前秦苻坚遣将王猛伐前燕慕容暐，师次潞川。燕将慕容评率兵十万御之，以持久制之。猛乃遣其将郭度率骑五千，夜从间道起火于高山，因烧评辎重，火见邺中。评性贪鄙，障固山泉卖樵鬻水积钱，绢如丘陵，三军莫有斗志，因而大败。

《唐书》曰：高宗遣将薛仁贵、郭待封伐吐蕃。仁贵留三万人作两栅，辎重并留栅内，倍道掩之。待封不从仁贵之策，领辎重继进，未至乌海，吐蕃二十余万悉众救其前军，迎击待封，败之。待封趋山，军粮及辎重并为贼所掠，仁贵遂退军。

戎车

《书》曰：武王戎车三百两，车一乘，步卒七十二人。虎贲三百人，与纣战于牧野。

《诗》曰：戎车既驾，四牡业业。

又曰：元戎十乘，以先启行。

《礼记》曰：兵车不式，武车绥旌。前有水，则载青旌。前有尘埃，则载鸣鸢。前有车骑，则载飞鸿。前有士师，则载虎皮。前有挚兽，则载貔貅。行，前朱雀而后玄武，左青龙而右白虎；招摇在上，急缮音劲。其怒；进退有度，左右有局，各司其局。

《左传》曰：晋车七百乘，韅靷鞅绊，遂伐其木，以益其兵也。

又曰：叔向曰："寡君有甲车四千乘在行之，必可畏也。牛虽瘠，偾于豚上，其畏不死乎？"

又曰：楚子会诸侯伐随，军于汉淮之间。少师谓随侯曰："楚人上左，君必左。君，楚君也。无与王遇，且攻其右，右无良焉。"弗从，战于速杞，随师败绩，斗丹获其戎车。

《谷梁》曰：赵盾长毂五百，绵地千里。

《古司马兵法》曰：戎车，夏曰："钩车"，先正也。钩设浦车望远近计车量。地以立垒正者，什伍之例也。殷曰："寅车"，先疾也。寅，敬也。前有旌旗帜所以知变化，示应而不失。周曰："元戎"，先良也。前立伐恶立善之旗，所以知善罪之所在。先齐良善而后伐之。《文选》曰："轻车霆激，骁骑雷惊。"

战舰

《墨子》曰：公输般自鲁之楚，为舟战之具，谓之钩拒。退则钩之，进则拒之也。

《后汉书》曰：公孙述遣其将任满、田戎、程泛将数万人，乘枋箄下江关。枋箄以木竹为之，浮于江水上。《尔雅》曰：舫，附也。郭景纯曰：水中箄，筏也。《华阳国志》曰：巴楚相攻，故置江关，旧在京赤甲城，后移在江南岸，对白帝城，故基在今夔州鱼复县南。枋，即舫字，古通用。击破冯骏及田鸿、季玄等，遂拔夷道、夷陵，据荆门虎牙，横江水起浮桥斗楼，立攒柱绝水道，结营山上，以拒汉兵。彭攻之不利，于是装直进楼船，冒突、露桡数千艘。并船名。楼船之上施楼。桡，楫也。《尔雅》曰：楫，谓之桡。又谓露桡在外，人在舟中。冒突，取其触冒而唐突也。

《晋书》曰：周访与诸军共征杜弢，弢作结皋打官军船舰，周访作长岐杙以拒之，结皋不为害。

又曰：刘裕北征广固，岭南贼将徐道覆谓其师卢循曰："今日之机，万不可失。既克都邑，刘裕虽还，无能为也。"循从之。初，道覆密欲装舟舰，乃使人伐船材于南康山，伪云将下都货之，称力少不能得，致即贱卖之，价减数倍。居人贪贱，卖衣物而市之。赣石水急，赣，古暗切。出船甚难，皆储之，如是者数四，故板大积，而百姓弗之疑。及道覆举兵，案卖券而取，无得隐匿者。乃并装之，旬日而办。遂举众寇南康，庐陵、豫章郡诸守相皆委任奔走。

《梁书》曰：陆纳反叛，造大舰，一名曰“三王舰”者，邵陵王、河东王、桂阳嗣王三人并为元帝所害，故立其像于舰，祭以太牢，加其节盖，羽仪鼓吹，每战辄祭之以求福。

又曰：王琳大营楼舰将图义举，琳将张平宅乘一舰，每将战胜，舰则有声如野猪。故琳战舰以千数，以野猪为名。

《南史》曰：梁徐世谱从陆法和与侯景战于赤亭湖。景军甚盛，世谱乃别造楼船、拍舰、火舫水军，以益军势。将战，又乘大舰居前，大败景军，擒景将任约。景退走，因随王僧辩攻郢州。世谱复乘大舰临其仓间，贼将宋子仙举城降，以功除信州刺史，封鱼复县侯。

《周书·庾信传》曰：信常有乡关之思，作《哀江南赋》以致其意，云“麾兵金匮，校战王堂，苍鹰赤雀，铁轴牙樯。”

《隋书》曰：杨素数进取陈之计，未几，拜信州总管，赐钱百万、帛千段、马二百匹而遣之。素居永安造大舰，名曰：“五牙”。上起楼五层，高百余尺，左右前后置六柏竿，并高五十尺，容战士八百人，旗帜加于上。次曰：“黄龙”。置兵百人，自余平乘舴舰等各有差。

《唐书》曰：曹王皋性多巧思，常为战舰，挟以二轮，令蹈之，溯风澎浪，其疾如挂帆席。凡造物必省易而为久，不可贩性纤悉。每遗人粮肉，必令自持衡秤量以致之，官置布帛令纵书其幅而印之，绝吏之私易。

《三国典略》曰：梁陆法和多聚兵舰，欲袭襄阳，寇武关，梁主使止之。法和谓使者曰：“法和是求道之人，常不希释梵天王坐处，岂规人主之位？但于空王佛所与主上香火因缘，见主上应有报至，故救援耳。今既被疑，是业不可改也。”

又曰：梁陆纳叛湘州时，造二舰衣以牛皮，高十五丈，一曰“青龙”，一曰“白虎”。选其骁勇者乘之以战。

《魏武军令·船战令》曰：雷鼓一通，吏士皆严；再通，士伍皆就船，整持橹棹。战士各持兵器就船，各当其所。幡鼓各随将所载船。鼓三通，大小战船以次发，左不得至右，右不得至左，前后不得易处，违令者斩。

《通典》曰：水战，船阔狭、长短，随用大小；胜人多少，皆以米为率，一人重米二石。其楫棹、篙橹、帆席、絙索、沉石、调度，与常船不殊。

又曰：楼船，船上建楼三重，列女墙战格，树幡帜，开弩窗、矛穴，置抛车、垒石、铁汁，状如城垒。忽遇暴风，人力不能制，此亦非便于事。然为水军，不可不设，以成形势。

又曰：蒙冲，以生牛皮蒙船覆背，两厢开掣棹孔，前后左右有弩窗、矛穴，敌不得近，矢石不能败。此不用大船，务于速进，乘人之不及，非战之船也。

又曰：斗舰：船上设女墙，可高三尺，墙下开制棹孔；舷内五尺，又建棚，与女墙齐；棚上又建女墙，重列战敌，上无覆背，前后左右树牙旗、幡帜、金鼓。此战船也。

又曰：走舸：舷上立女墙，棹夫多，战卒少，皆选勇力精锐者，往返如飞鸥，乘人之不及，金鼓、旗帜列之于上。此战船也。

又曰：游艇：无女墙，舷上置浆床，左右随大小长短，四尺一床。计床计会进止，回军转阵，其疾如风。虞候居之，非战船也。

又曰：海鹘：头低尾高，前大后小，如鹘之状。舷下左右置浮版，形如鹘翅翼，以助其船，虽风涛涨天，免有倾侧。覆背上，左右张生牛皮为城，牙旗、金鼓如常法，江海之中战船也。

傅玄《上都赋》曰：飞云鹢首，龙舟余皇。艨艟水城，蜀艇吴航。万艘俱兴，云帆齐张。悬旆光天，征铎琳琅。凌波溯流，星列雁行。

《吴都赋》曰：戎车盈于石城，戈船掩于江湖。

亭障

《后汉书》马成代骠骑大将军杜茂，缮治障塞，自西河至渭桥西河，今胜州富昌县也。渭桥本名横桥，在今咸阳县东南。河上至安邑，《前汉书》曰：河上，地名。故秦内史，高帝二年改为河上郡，武帝分为左冯翊。太原至井陉，太原，今并州也。井陉，今属常山郡。常山，今相州也。中山至邺，皆筑堡壁，起烽燧，十里一候。在事五六年，帝以成勤，征还京师。

又曰：卢芳与匈奴乌桓连兵，寇盗尤数，缘边愁苦，诏王霸将弛刑徒六千馀人与茂治飞狐道。飞狐道在今蔚州飞狐县，北通妫州怀戎县，即古之飞狐口也。推石布土，筑起亭障，自代至平城三百余里。

《晋书》曰：梁武昭王暠修敦煌旧塞东西二国，以防北虏之患。筑敦煌旧塞西南二国以威南虏。

《唐书》曰：窦静检校并州大总管。以突厥频来入寇，请断石岭以为障塞。诏从之。

又曰：马燧奏陇州刺史兼御史中丞，州西有通道二百余步，上连峻山，与吐蕃相直。虏每入寇，皆出于此。燧乃按险易立石种树以塞之，下置二门，上设谯橹，八日而功毕。会抱玉入觐，燧与俱来，留京师。久之，代宗知其能，召见，拜商州刺史。

又曰：李朝晟为邠州刺史，奏方渠合道水波，皆贼路也。请城其地以备之。诏问："须兵几何？"朝晟奏："臣部下兵自可集事。不烦外助。"复问："前筑盐州，凡兴师七万，今何其易也？"朝晟曰："盐州之役，咸集诸蕃，戎尽知之。今臣境近虏，若大兴兵，即蕃戎入寇，寇则战，战则无暇城矣。今请密发军士，不十日至塞下，未三旬而功毕，蕃人始知，已无可奈何。"上从之。已事，军还至马岭，吐蕃始乘障，数日而退。

又曰：贞元九年二月，将城盐州，诏曰："设险守国，易象垂文，有备无患，先王令典。况修复旧制，安固封疆，按甲息人，必在于此。盐州地当冲要，远介朔陲，东达宁夏，西援灵武，密迩延庆，保捍王畿。乃者城池失守，制备无据，千里亭障烽燧不接，三偶要害役戍其勤。若非兴集师徒缮修壁垒，设攻守之具，务耕战之方，则封内多虞，诸华屡惊，由中及外，皆靡宁居。深帷永图，岂忘终食，顾以薄德，至化未孚，既不能复前古之封，致四夷之守，与其临事而重扰，岂若先备而安休，是用弘远之谋，修五原之垒，使边城有守，中夏克宁。不有暂劳，孰能永逸。宜令左右神策军及朔方、河中、绛、邠、宁、庆兵马副元帅浑瑊，朔方、灵盐、丰、绥、银节度都统杜希全，邠宁节度使张献甫，左神策行营节度使邢君牙、夏、绥、银节度使韩潭，鄜、坊、丹、延节度使王栖曜，振武、麟胜节度使范希朝、各于所部简择马步将士合三万五千人，同赴盐州。左神策将军张昌宜充右神策将军，盐州行营节度使权知盐州刺史，杜彦光充盐州刺史，应所板筑及缘修城杂役等宜共取六千人充。其余将士皆列布营阵，戒严设备，明加斥候，以警不虞。其修城板筑功役将士各赐绢布有差，其盐州防秋将士三年满，与代，更加给赐。仍委杜彦光具名闻奏，悉与改转，其防遏将士等毕事便合放归，仍赐布帛有差，其诸军吏士都赐帛绢七千匹。朕情非为已，悉在靖人，咨尔将相之臣、忠良之士，输诚奉国，陈力忘劳，勉茂功勋，永安疆场，必集兵事，实唯众心各自率励，以副朕意。”初，贞元三年，盐州为吐蕃所陷，毁其城而去。自是塞外无保障，灵武势隔，西逼鄜坊，甚为边患，故命城之，二旬而毕。又诏兼御史大夫叱干遂统兵五千与兼御史中丞史履澄、杜彦光之众戍之。是役也，上念将士之劳，厚令度支供给。又诏泾原、剑南、山南诸军探讨吐蕃，以分其力。由是板筑之际，虏无犯塞者。及毕，中外咸称贺焉。

又曰：范希朝为振武节度使。振武有党项、室韦交居州阜，凌犯为盗，日入慝作，谓之刮城门。居人怪骇，鲜有宁日。希朝周知要害，置堡栅，斥候严密，人遂获安。异蕃虽鼠窃狗盗，必杀无赦，戎寇甚惮之。

又曰：元和中，城临泾，从泾原节度使段祐之请也。临泾城直泾州西北九十里，实险要之镇。从前因循不修，常为犬戎所堡，其界有青石岭，岭多美土，军人耕获，屡为蕃寇掠夺。祐请修筑，议者是非相半。祐决城之功毕，时方以为大利。

《三国典略》曰：齐司徒斛律光筑吞周、平陇、定夸三城于境上。

太平御览卷第三百三十五 兵部六十六

营垒

《孙子》曰：绝斥泽，唯亟去无留。斥，咸卤之地。水草恶，浸洳不可处军也。亟，纪力切。为交军于斥岸之中，必依水草而背众树，不得已与敌战而会斥泽之中，当背稠树以为固守也。此处斥泽之军也。平陆处易，车之利也。而右背高，前死后生，战便也。此处平陆军也。

《礼记》曰：四郊多垒，卿大夫士之辱也。

《左传》曰：许伯致师，御靡旌摩垒而还。

《史记》曰：黄帝修德振兵，与神农战于阪泉之野，以师兵为营卫。

《汉书》曰：周亚夫军于细柳，天子入壁门而不得进。上曰："此真将军。"

又曰：李陵浚稽山，与单于相值，可三万。陵军居两山间，以大车为营。陵引士出营外，为阵前行，持弓弩，令曰："闻金声而止。"虏还见汉军少，直前就营，陵搏战攻之，如淳曰：手对战也。千弩俱发，应弦而倒。虏还走上山，汉军追击，杀数千人，单于大惊。

《后汉书》曰：岑彭伐蜀，所营地名"彭亡"，闻而恶之，欲徙。会日暮，蜀刺客诈为亡奴降，夜刺杀彭。

又曰：樊宏，王莽末与宗家亲属作营堑自守，老弱归之者千余家。时赤眉贼欲前攻宏营，宏遣人持牛酒米粟劳遗赤眉。赤眉长老闻宏仁厚，皆称曰："樊君素善，且今见待如此，何必攻之。"引兵而去。遂免寇难。

又曰：第五伦少介烈，有义行。王莽末盗贼起，宗族闾里争往附之，伦乃依险固筑营壁。有贼，辄奋厉有众，引强持满以拒之。

又曰：吴汉自将步骑二万余人，进逼成都。去城十余里阻江北为营，作浮桥，使副将武威将军刘尚将万余人屯于江南。

《东观汉记》曰：庞萌攻盖延，延与战，破之。诏书劳延曰："庞萌一夜反叛，相去不远，营壁不坚，殆令人齿欲相击，而将军有不可动之节，吾甚美之。"

《魏志》曰：邓艾每见高山大泽，辄规谋度指画军营处所，时人皆笑之。

又曰：诸葛亮死，军退。司马宣王幸其营垒，曰："天下奇才也。"

又曰：曹公征马超于关中，军于渭南，为贼冲突，营不得立。地又纯沙，不胜版筑。其将娄伯说公曰："今天寒，可起沙为城，以水灌之，须臾冰坚如铁石，功不达曙，百堵所立，虽金汤之固未能过也。"公从之，比明已就。

又曰：蜀先主刘备东下伐吴，魏文帝闻备树栅连营七百余里，谓群臣曰："备不晓兵，岂有七百里营可以拒敌者乎？苞原隰险阻而为军者，为敌所擒，此兵忌也。缓急不相救，一军溃则众心恐矣。"数日，果有备败书至。

《晋书》曰：《沮渠蒙逊载记》曰：改业筑西安城以其将臧莫孩为太守。蒙逊曰："莫孩勇而无谋，知进忘退，所谓为之筑冢非筑城也。"改业不从。俄而，为吕纂所灭。

又曰：姚苌破魏褐飞于杏城，苌命其将当城于营处一栅，孔中莳树一根，以旌战功。岁余问之，城曰："营所至小，已广之矣。"苌曰："少来斗战无如此快，以一千六百人破三万众，国之事业由此克举。小乃为奇，大何足贵。"

又曰：成都王颖惮长沙王乂在内，遂与河间王颙表请诛。后父羊玄之、左将军皇甫商等檄乂使就第。乃与颙将张方伐京都，以平原内史陆机为前将军，假节。颖至朝歌，每夜矛戟有光若火，其垒井中皆有龙像。进军屯河南阻清水为垒，造浮桥以通河北，以大木函盛石沉之以系桥，名曰石鳖。

崔鸿《后赵录》曰：河瑞元年，石勒下冀州郡县堡壁百余，众至十余万。其衣冠人物集为君子营。

《宋书》曰：宗越善营立阵，每数万人止顿，自骑马前行，使军人随其后，马止营合，未尝参差。

《梁书》曰：王僧辩、陈霸先之破侯景也，耀军于张公洲。高旗巨舰，遏江蔽日，乘潮顺流。景登石头城而睹之，不悦曰："彼军士有如是之气，不可易也。"因率铁骑万人，声鼓而进。霸先谓僧辩曰："善用兵者如常山之蛇，首尾相应。贼今送死欲为一战，我众彼寡，宜分其势。"僧辩然之。乃以强弩攻其前，轻锐蹂其后，径冲其中，景遂大溃，弃城而遁。

《后周书》曰：杨猛镇潼关，封郃阳伯邑七百户。俄而，潼关不守，猛于善渚谷立栅，收集义徒，授征东将军扬州刺史大都督武卫将军，仍镇善渚。大统三年，为窦泰所袭，猛脱身得免。太祖以众寡不敌，弗之责也，仍配兵千人守牛尾堡。

《唐书》曰：德宗幸奉天，李晟赴难。李怀光以朔方军屯咸阳，不欲晟独当一面以分功，乃奏请晟兵。诏令晟将兵合怀光军，晟领兵至陈陶斜，军垒未周，贼出兵来攻，晟乃出阵，且言于怀光曰："贼坚保宫苑，攻之未必克，今出穴而欲一战，此殆天以贼赐明公也。"怀光恐晟有功，乃曰："马未衔秣，士不素饱，不饱不若敛兵俟时而发。"晟乃收军入垒。

又曰：高宗遣将军裴行俭讨突厥。军至单于都护府之北，际晚下营，壕堑方周，遽令移就崇冈。将士云众已就安堵，不可劳扰。行俭不从，更令徙之。此夜风雨暴至，前设营所水深丈余。将吏惊服，问行俭曰："何以知风雨也？"行俭笑曰："自今但依我节制，何须问我所由知也。"

《三国典略》曰：萧纪兵次西陵，舻舳旌戈，翳川曜日。护军陆法和于峡两岸筑二垒，运石填江，铁锁断之。梁主令法和垒北断白雁城道，别立小栅。

《孟子》曰：天时不如地利，地利不如人和。三里之城，七里之郭，环而攻之而不胜。夫环而攻之必有得天时者矣，然而不胜者，是天时不如地利也。城非不高也，池非不深也，兵革非不坚利也，米粟非不多也，委而去之，是地利不如人和也。

《博物志》曰：处士东里愧责禹乱天下事。禹退作三城，强者攻，弱者守，敌者战。城盖禹始也。

《太公兵法》曰：张军处将必避七舍七殃。武王曰："何谓七舍七殃？"太公曰："张军勿居天舍，勿居地舍，勿居虚器，勿居宿死，勿居吞害，勿居蜚锋，勿居湖泉。"武王曰："何谓天社？"太公曰："地高而仰者也。""何谓地社？""卑而下者也。""何谓虚器？""故败邑人莫居之者也。""何谓宿死？""冢墓丘陵间也。""何谓湖泉？""枯泽无水者也。""何谓吞害？""即人所聚五谷处也。""何谓蜚锋？""地斥卤秃不生草木也。"所谓七舍七殃。不张军处将也。

《太白阴经》曰：偃月营形象偃月，皆背山冈面陂泽，轮逐山势，弦随面直，地窄山狭之所营。

又曰：偃月外营右置上弦门，中置偃月门，左置下弦门。

《文选》曰：夜薄休屠营。

卢思道《从军行》曰：平明偃月屯右地，薄暮鱼丽逐左贤。

烽燧

《说文》曰：烽燧，候表也。边有警，则举火也。

《汉书音义》曰：高台上作桔槔头，置兜零，以薪草置其中，常悬之，有寇则火燃举之曰烽。下多积薪，寇至则燔之，望其烟曰燧。昼则燔燧，夜乃举烽。《广雅》曰：兜零，笼也。

《史记》曰：周幽王后褒姒好举烽火、叩贼鼓方喜。王欲后喜，辄诈为之。后犬戎兵至，举烽火，叩贼鼓，群臣不救，皆曰："王欲后喜耳。"遂杀幽王及褒姒。

又曰：魏王与信陵君博北境，举烽火言寇入界。信陵君曰："臣有客能知赵王阴事，言赵王猎，非寇也。"

《汉书》曰：单于立四岁，匈奴复绝和亲，大入上郡、云中，烽火通于甘泉。

《东观汉记》曰：郭伋为并州。伋知卢芳贼难卒以力制，常严烽候、明购赏以结寇心。

又曰：马成缮治障塞，自西河至渭桥、河上至安邑、於原至井陉、中山至邺皆筑保垒、起烽燧、十里一候。

《后汉书》曰：廉范为云中太守。会匈奴入塞，烽火日通。故事：虏入度五千人乃移书旁郡求助。吏白"今虏兵度出五千人，请移檄。"范不听，遂选精兵自率士卒拒之。

又曰：遣骠骑大将军杜茂屯北边，筑亭候，修烽燧。

《后周书》曰：宇文贵性聪敏，过目辄记。尝道逢二人，谓其左右曰："此人是县党，何因辄行？"左右不识，贵便说其姓名，莫不叹伏。白戟烽师为商人所烧，烽师纳货不言其罪。他日北师随例来参，贵乃问云："商人烽何因私放？"烽师愕然，遂自首伏。明察如此。

《隋书》曰：突厥染干为邻部战败，与长孙晟独以五骑，连夜南走。至旦，行百余里，收得数百骑。乃相与谋曰："今兵败入朝，一降人耳，大隋天子岂礼我乎。玷厥虽来，本无冤隙，若往投之，必相存济。"晟知其怀贰，乃密使从者入伏远镇，令速举烽。染干见四烽俱发，问晟曰："城上然烽何也？"晟绐之曰："城高地迥，必遥见贼来，我国家法，若贼少举二烽，来多举三烽，大逼举四烽，使见贼多而又近耳。"染干大惧，谓其众曰："追兵已逼，且可投城。"既入镇，晟留其达官执室以领其众，自将染干驰驿入朝。

《唐书》曰：元和中，京兆尹李鄘奏："三原、高陵、泾阳、兴平等四县共管烽二十八所，每年差烽子烽师九百七十五人。今远近无虞，畿内烽燧请停。"从之。

《玄女战经》曰：诸见举烽火传言虏且起，欲知审来不以言者，时所加之，得阳者不得阴者，为来法。

《晋令》曰：误举烽燧罚金一斤八两，故不举者弃市。

《甘氏天文占》曰：权举烽远近沉浮，权四星在轅尾西，边地惊，备烽候相望，虏至则举烽火，十丈如今之井桔槔，火锤其头，若警急燃火放之，权重本低则末仰，人见烽火。

吴时《缘江戍图》曰：每刺奸屯有五兵，贼曹一人，皆作烽火，有急以光传之。

黄帝《出军决法》曰：行军行兵，两敌相要，地形不便，望见烽火，不得为客。

《卫公兵法》曰：烽台于高山四顾险绝处置之，无山亦于孤迥道平地置，下筑羊马城，高下任便，常以三五为准，台高五丈，下阔一丈，形圆。

又曰：诸军马拟停三五日，即须去军一二百里以来安置爟烽。如有动静，举烽相报。其烽并于贼路左侧逐要置，每三十里置一烽应接，令遣到军。其游奕马骑，昼日游奕，候视。至暮速即作食吃，即移十里外止宿，虑防贼暮间见烟火，夜间掩袭捉将。其贼路左右草中，着人宿止，以听贼徒，如觉来，报烽家，举烽递报军司。如觉五骑以上十骑以下，即放一炬火，前烽应讫，即灭火；若百骑以上，二百以下，即放两炬火，准前应灭。贼若五百骑以上，五千骑以下，即同放三炬火，准前应灭。前烽应讫，即赴军。若虏走不到军，即且投山谷，逐空方可赴军。如以次烽候视不觉，其举火之烽即须差人急走告知。贼路既置爟烽，军内即须应接。又置一都烽，应接四山诸烽。其都烽如见烟火，急报大总管，云："某道烟火起"，大总管当须严备，收拾畜生，遣人远探。每烽令别奏一人押，一道烽令折冲、果毅一人都押。

庾阐《杨都赋》注曰：烽火以置于孤山头，缘江相望，或百里、或五十里、或三十里，寇至则举以相告，一夕可行万里。孙权时，合暮举火于西陵，鼓三竟达吴都。

南徐敬业《古意》曰：甘泉警烽候，上谷抵楼兰。

《北门行》曰：羽檄起边庭，烽火入咸阳。

张景阳《杂诗》曰：长铗鸣鞘中，烽火烈边庭。

蔡邕徙朔方，上书曰：既到徙所，乘塞守烽，职在候望。忧怖焦灼，无心复能操笔成草，致章阙庭。

蔡谟《与弟书》曰：军之耳目，当用烽鼓。烽可遥见，鼓可遥闻，须臾百里。

京观

《左传》曰：丙辰，楚军于邲，遂次于衡雍。潘党曰："君盍筑武军筑武军营以章武功。而收晋尸以为京观。臣闻克敌必视子孙，以无忘武功。"楚子曰："非尔所知也。夫文，止戈为武。武王克商，作《颂》曰："载戢干戈，载櫜弓矢。我求懿德，肆于时夏。"古者明王伐不敬，取其鲸鲵而封之，以为大戮，于是乎有京观，以惩淫慝。大鱼，喻不义吞食小国也。积尸，封土其上，谓之京观。

又曰：齐侯伐晋，取朝歌为二队，入孟门，登太行。张武军于荥庭，戍郫邵，封少水，封晋尸于少水，以为京观。以报平阴之役，乃还。

又曰：秦伯伐晋，济河焚舟，封殽尸而还，遂霸西戎。

崔鸿《夏录》曰：赫连勃勃大破南凉，杀众数万，以人头为京观，号曰"髑髅台"。

《梁书》曰：天歼丑类，宜为京观，用旌武功。

太平御览卷第三百三十六 兵部六十七

攻具上

《诗》曰：帝谓文王，询尔仇方。同尔弟兄，以尔鉤援。与尔临冲，以伐崇墉。毛苌曰：仇，匹也。钩，钩梯，所以上城者也。临，临车也。冲，冲车也。墉，城也。

《左传》曰：晋使解杨如宋，使无降楚。郑人囚之以献于楚。楚子使反其言，三而后许。登诸楼车，所谓云梯。使呼宋人而告，遂致其君命。楚子舍之以归。

《春秋感精符》曰：齐晋并争，吴楚更谋，不守诸侯之节，竞行天子之事，作衡车，厉武将，轮有刃，衡着剑，以相振惧。宋均曰：衡，陷敌之车也。轮有刃，凿轮着刃也，衡，马轭也。

《后汉书》曰：王寻、王邑攻光武。严尤说王邑曰："昆阳城小而坚，今假号者在宛，亟进大兵，亟，急也。纪力切。彼必奔走，宛败，昆阳自服。"邑曰："吾昔以虎牙将军围翟义，坐不生得以见责让，翟义，字文仲，方进少子，为东郡太守。王莽居摄，义心恶之，乃立东平云子，义自号柱天大将军以诛莽。莽乃使孙建、王邑等将兵击义，破之。义亡自杀，故坐不得生。今将百万之众，遇城而不能下，何谓耶！"遇，或谓过也。遂围之数十重，列营百数，云车十余丈，云车，即楼车，称云，其高也。升之以望敌。犹墨子云般输为云梯之械。瞰临城中，俯视曰瞰。旗帜蔽野，《广雅》曰：帜，幡也。埃尘连天，钲鼓之声闻数百里。《说文》曰：钲，铙也。似铃。或为地道，冲輣撞城。冲，撞车也。《诗》：临冲闲闲。许慎曰：輣，楼车也。輣，步耕切。

又曰：黄巾贼起，卢植征之，连战破贼，张角等走保广宗。植筑围凿堑，造作云梯，垂当拔之。帝遣小黄门左丰诣军，观贼形势。或劝植以赂送丰，植不肯。丰还，言于帝曰："广宗贼易破耳，卢中郎固垒息军以缓天诛。"帝怒，遂槛车征植。

袁山松《后汉书》曰：朱儁击黄巾贼赵弘于南阳，斩之。贼复以韩忠为师。儁兵少不能急攻，乃先起土山以临之。因伪修攻具，曜兵于西南。儁身自披甲，将精卒，乘其东北，遂得入城，忠乞降。

《东观汉记》曰：初，王莽之遣王寻、王邑也，欲盛威武以震山东。甲卫、冲輣、干戈、旌旗，战攻之具甚盛。后寻、邑环昆阳城作营，围之数重，云车十余丈瞰城中。或为地突，或冲车撞城，积弩射城中，矢如雨下，城中负户而汲。

又曰：伯升作攻城斗车。上曰："兵法但有所图画者，不可用。"伯升遂作。后有司马犯军令当斩，坐斗车上。

又曰：隗嚣破后，有五溪六种寇侵，见便钞掠，退阻营堑。来歙乃大治攻具，冲车度堑，遂与五溪战，大破之。

又曰：吴汉常独厉吏士，治兵事。上时令人视吴公何为，还言方修攻具。上曰："吴公隐若一敌国矣。"

《魏志》曰：太祖战不利，复壁。袁绍为高橹，起土山，射营中。太祖乃为发石车，击绍楼皆破。绍为地道欲袭太祖营，太祖辄于内为长堑以拒之。

鱼豢《魏略》曰：郝昭字伯道，守陈仓城，为诸葛亮所围，起云梯冲车以临城。昭以火箭逆射其云梯，梯上之人皆烧死。

又曰：衡山王赐谋反，使枚赫、陈喜作輣车。

又曰：胶东康王寄作楼车战具以备淮南事。及汉治淮南事，连寄，寄发病死。

韦昭《吴书》曰：督将张异攻麻屯，败。使将王告作临车、云梯，克日攻拔之。

又曰：魏遣曹真、夏尚等到江陵连屯围城，攻击甚急。真等起土山、凿地突、楼橹临城。征北将军朱然在城中晏然无恐，随形势立备，巧不得施。

张勃《吴录》曰：黄武二年，曹休令臧霸以轻船敢死万人袭攻徐陵，烧攻城车，杀略数千人。

王隐《晋书》曰：宣帝讨公孙渊至襄平，遂围之。起土山地道，修橹钩橦，发石雨下，昼夜攻之，斩传其首。

又曰：诸葛诞反，淮南孟康、王基曰："宜作土山，敛诸侯材板簿橹，以为攻具。"

又曰：段匹磾所立代郡太守薛訚嵩，与刘琨雁门太守王处合军谋杀磾奉琨，密作攻具，欲夜袭磾。磾儿强取处女为妾，遂以攻具告磾。磾遂斩王处、辟訚嵩及其徒党。

王韶之《晋记》曰：宋王围慕容超。张缳巧思绝人，使人为攻具，城上火石弓矢无所用之。超党震慑，城内知亡矣。

《晋起居注》曰：徐道覆蚁聚坚城，因山固守，令董率诸军围堑，四合高橦云梯，三方并攻，即日登城斩徐道覆以衅钲鼓。

萧方等《三十国春秋》曰：吴王皓闻师之将兴也，乃使刘恪守牛渚，使张悌造攻车于戏场。

又曰：刘裕攻南燕，得燕人张纲治攻具。既成，设飞桥悬梯，被以牛皮，火石不能害，攻城之士得肆力焉。

和范《汉赵记》曰：麟嘉三年，太子粲讨赵同、郭默于洛阳。默使耿稚等夜北渡河袭太子营，飞梯腾栅而入，太子勒兵于东北，穿栅而出。

又曰：光初二年，石勒召幽冀之众十余万人，造攻车飞梯攻平阳小城。今上遣骑万五千曳柴扬尘曀于山谷，寻汾州向平阳内外击之，勒师溃。

高闾《燕志》曰：光始五年春，慕容熙与符后征高丽，至辽东，为冲车驰道以攻之。

崔鸿《前凉录》曰：麻秋晋攻抱罕，围堑数重，云梯抛车，地突百道皆通。于内亦起云梯抛车，穿地以应之。秋众伤数万。

崔鸿《后凉录》曰：将军窦苟从吕光攻龟兹，每登云梯、入地道，坠落，苏而复上。

车频《秦书》曰：苟长围襄阳，作飞云车攻城，克之。

沈约《宋书》曰：竟陵王诞据广陵反，世祖使庆之塞堑造道，立行楼土山并诸攻具。时夏雨不得攻城，上使御史中丞庾徽之奏庆官以激之。自四月至于七月，乃屠城斩诞。

又曰：元嘉二十七年，虏主佛狸遂攻围悬瓠，行汝南郡事，广陵陈宪婴城自守。虏多作高楼，施弩以射城内，飞矢雨下，城中负户以汲。又毁佛图取金像以为大钩，施之冲车端，以牵楼作蛤蟆车以填堑。宪督厉将士固女墙而战，贼死者尸与城等。

又曰：伪燕主慕容超尚书郎张纲乞师于姚兴，自长安返，太山守申宣执送之。纲有巧思，先是帝修攻具，城上人曰："汝不得张纲。何能为也。"及至，升诸楼车以示之，故城内莫不失色。超既求救不获，纲反见虏，乃求称藩，割大岘为界，献马千匹。不听。

又曰：十月，张纲修攻具成，设飞楼悬梯木幔板屋，冠以皮，弓矢无所用之。刘毅遣上党太守赵恢以千余人来援，帝夜潜遣军会之。明旦，恢众五千，方道而进。每晋使将到，辄复如之。六年二月丁亥，屠广固。

孙严《宋书》曰：柳元景等北讨诸军攻具进兵城下，伪弘农太守李初古拔婴城自固。诸军鼓噪陵城，冲车四临，数道俱攻，先登生擒李初古拔。

沈休文《宋书》曰：晋安王子勋反，以殷琰督豫州刺史。大宋遣辅国将军刘勔用草茅苞土掷以塞堑，城内以火箭射之，草未及燃，后土续至，堑便欲满。队主赵法进计：以铁珠子灌之，珠子流滑，悉缘隙得入草，于是火然。勔乃作大虾蟆车载土，牛皮蒙之，三百人推以塞堑。琰户曹参军虞挹之造抛车，击之以石，车悉破坏。

宋《起居注》曰：刘道符露板曰："七月二十日部率众车虎士攻城，钩车至城东南楼下。逆贼程天祚等道穷数迫，仍乞降附。"

《齐书》曰：殷琰反，帝遣辅国将军刘勔西讨之。筑长围、创攻道于东南角，并作大虾蟆车载土，牛皮蒙之，百人推以塞堑。琰乃始降。

《三国典略》曰：侯景作尖项木驴攻城，石不能破也。羊侃作雉尾炬，灌以膏蜡，取掷焚之，乃退。

《梁书》曰：侯景为曲项木驴攻城，矢石所不能制。羊侃作短尾炬施铁镞以油灌之，掷驴上焚之，俄尽。贼又东西起二土山以临城，城中震骇。侃命为地道潜引其土，山不能立。又作登城楼高十余丈，欲临射城中。侃曰："车高堑虚，彼来必倒，可卧而观之。"及车动果倒，众皆服焉。贼既频攻不捷，乃筑长围。朱异、张绾议出击之，帝以问侃。侃曰："不可，贼多日攻城既不能下，故立长围欲引城中降者耳。今击之，出人若少不足当贼，若多则一旦失利，门隘桥小必大致挫衄。"不从，遂使千余人出战，未及交锋，望风退走，果以争桥赴水，死者太半矣。

《隋书》曰：辽东之役，何稠摄右屯卫将军，领御营弩手三万人。时工部尚书宇文恺造辽水桥不成，师未得济。右屯卫大将军麦铁杖因而遇害。帝遣稠造桥，二日而就。初，稠制行殿及六合城，至是，帝于辽左与贼相对，夜中施之，其城周回八里，城及女垣各高十仞，上布甲士，立仗建旗，四隅置阙，面列一观，观下三门，迟明而毕。高丽望见，谓若神功。是岁加金紫光禄大夫。

《唐书》曰：姜確为交河道行军副总管，率众数千先大军出伊吾，趣柳城谷，依山采木，造攻城器械。其地有班超纪功碑，確磨去其文，刊颂国功而去。

《陶公故事》曰：臣侃言："郭默狂狡，肆行凶虐，负阻城险，用稽天诛。臣土山陵其城，楼橹攻具备设。"

《宋先朝故事》曰：慕容超大将垣遵逾城归顺，高祖使遵等治攻城橦车，筑长围高三丈，外三重堑。

周迁《舆服杂事》曰：轒辒，今之橦车也。其下四轮，从中权之，至敌城下。

又曰：汉世祖造大战车，驾数牛，上设楼橹，置疆塞之外以拒匈奴。

郦善长《水经注》曰：交州刺史檀和之，军次区粟，进逼城。飞梯云桥，悬楼登垒，钲鼓大作，风烈火飏，城摧众陷，斩区粟天范扶龙首。十五已上，坑截无赦。

太公《六韬》曰：凡三军有大器攻城围邑，有轒辒临冲，城中则有云梯飞楼。

又曰：凡三军行师领众，旦则有云梯远望，夜则有云火万炬。

又曰：武王寝疾十日，太公负王，乃驾骛寘之车，周旦为御，至于孟津。大黄参连弩，大才扶胥车，并战具也。飞凫赤茎白羽，以铁为首。雷影，青茎赤羽，以铜为首，副也。昼则为光，夜则为星。方头铁锤重八斤，亦军备也。大柯斧，重八斤，一名铁越，军备也。行马广二丈，二十具。渡沟，飞桥广五尺，转关鹿卢八具。天舡，一名天横，以济丈水也。鹰爪方凶铁把，柄长七尺。天阵日月斗柄杓，此为左一右一仰背天阵。地阵邱陵水泉，有左右前后之利。人阵车马文武。积樐临冲，攻城围邑。云梯飞楼，视城中也。武冲大橹三军所须。云火万炬，以防火也。吹鸣笳。威振万里也。

《太公金匮》曰：武王问太公："今民吏未安，贤者未定，何以安之？"太公曰："不须兵器，可以守国，耒耜是其弓弩，锄耙是其矛戟，簦笠是其兜鍪，锁斧是其攻具。"

《太公覆车拭法》曰：诸出军行将屯营置陈，必法天之圆，法北辰为上将，角为冲车，訾为鈇钺。敌当冲车者，败当鈇钺者，乱。

又曰：诸出军行将屯守攻陈，设坛祠祷，戎器血，涂金鼓，神攻具，必以斗加四季时令。朱雀所居神，与今日日上神王相而克。

《庄子》曰：梁丽可冲城，不可以室穴，言殊器也。

《墨子》曰：备冲法：绞善麻长八丈，内有大树则击之，用斧长六尺，令有力者斩之。

又曰：墨子自齐至郢见楚王。楚王曰："公输般为我云梯取宋矣。"墨子乃见公输般，解带为城，以褋为械。公输九设攻城之具机变，墨子九拒之。械尽，墨子御有余。公输屈曰："吾知拒子矣。"墨子曰："子不过欲杀臣。臣之弟子禽滑釐三百人已持臣守御之器，在宋城上而待楚矣。"

又曰：禽子问："云梯既施，为之奈何？"墨子曰："云梯者，重器也。矢石沙炭以雨之，薪火汤水以济之，如此则云梯之功败。"《尸子》

又载：般为蒙天之阶，阶成，将以攻宋。墨子请献十金。般曰：吾义固不杀人。墨子再拜。

傅子序马钧曰：钧石车敌人，于树边悬湿牛皮，中之，则堕石不能连续，而欲作一轮悬大石数十，以机鼓轮为常。则悬石飞击敌城，使首尾电至。尝试以车轮悬瓴数十，飞之数百步矣。

曹植《东征赋》曰：循戈橹于清流兮，汜云梯而容与。禽元帅于中舟兮，振灵威于东野。

陈琳《武军赋序》曰：回天军于易水之阳，以讨瓒焉。鸿沟参周，鹿菰十里，荐之以棘，乃建修櫨干青霄。窾深隧，下三泉，飞梯云冲神钩之具，不在吴孙之篇、《三略》《六韬》之术者凡数十事，秘莫得闻也。乃作《武军赋》曰："钩车轇輵九牛转，牵雷响激，折橹倒垣。其攻也，则飞梯行临，云阁虚构，上通紫霓，下过三垆。"

繁钦为史叔良作《移零陵檄》曰：金鼓震天，丹旗曜野，巨堙既设。

袁宏《祖逖碑》曰：逖为豫州刺史。薨时，君柩未旋，郡寇围城。冲橹既附，城将降矣。勇士五百，抚戈同泣："非祖侯之为，吾谁为死？"并力齐赴，卷甲宵起，遂陷坚阵，负才而反。

太平御览卷第三百三十七 兵部六十八

攻具下

《通典·卫公兵法·攻城战具篇》曰：作四轮车，上以绳为脊，生牛皮蒙之，下可藏十人，填隍推土回切。之，直抵城下，可以攻掘，金火木石所不能败。谓之轒輼车。凡力有余者，攻，先绝诸国之交，使无外救。粮多而人少，攻而勿围；粮少而人多，围而勿攻。

又曰：以大木为床，下置六轮，上立双牙，牙有检，梯节长丈二尺；有四桄音光，桄相去三尺，势微曲，递牙相检，飞于云间，以窥城中。有上城梯，首冠双辘轳，枕城而上。谓之飞云梯。

又曰：大木为床，下安四独轮。床上建双陛，间横括。中立独竿，首如桔槔状。其竿高下、长短、大小以城为准。竿首以窠盛石，大小多少随力所制。人挽其端投之。其车推转，逐便而用之。亦可埋脚着地而用。其旋风四脚，亦随事而用之。谓之抛车。

又曰：作转轴车，车上定十二石弩，以铁钩绳连转，车行轴转，引弩持满弦，挂牙上弩为七衢，中衢大箭一，镞刃长七寸，广五寸，箭竿长三尺，围五寸，以铁鍱音业为羽。左右各三箭，次小于中箭。其牙一发，诸箭齐起，及七百步。所中城垒，无不摧陨，楼橹亦颠坠。谓之车弩。

又曰：以木为脊，长一丈，径一尺五寸，下安六脚，下阔而上尖，高七尺。内可容六人，以湿牛皮蒙之，人蔽其下。舁直抵城下，木石铁火所不能败。用攻其城，谓之尖头木驴。

又曰：于城外起土为山，乘城而上，古谓之土山，今之垒道。用生牛皮作小屋，并四面蒙之，屋中置运土人，以防攻击者。土山，则孙子所谓拒闉。凿地为道，行于城下，用攻其城。往往建柱，积薪于柱间而烧之，柱折城摧，谓之地道。

又曰：以八轮车，上树高竿，竿上安辘轳，以绳挽板屋，上竿首，以窥城中。板屋方四尺，高五尺，有十二孔，四面列布。车可进退，圜城而行，于营中远视。亦谓之巢车。如鸟之巢，即今之版屋也。以版为幔，立桔槔于四轮车上，悬幔逼城堞间，使趫捷者《太白阴经》曰：使趫卒蔽之。蚁附而上，矢石所不能及，谓之木幔。

又《守城篇》曰：禽滑厘问墨翟守城之具，墨翟答以五六十事，皆烦冗不便于用。其后韦孝窥守晋州、羊侃守台城，皆约封胡子技巧之术，法古不妙，非合今之用也。今述所便于事者，如后渭浚湟深也、增城修堞悬门。悬板为重门也。

又曰：突门：于城中对敌营，自凿城内为暗门，多少临事，令五六寸勿穿。或于中夜，或于敌初来，营列未定，精骑从突门跃出，击其无备，袭其不意。

又曰：涂扇。以泥涂城门扇，厚可三寸，备火。

又曰：凿门，为敌所逼门，先自凿门扇为数十孔，出强弩射之，长矛刺之，则敌不得近门。

又曰：涂栈：以泥涂门上木栈，厚可五寸，备火。

又曰：转关桥：一梁为桥，梁端着横括，去其检，桥转，人马不得渡，皆倾水中。秦用此桥而杀燕丹。

又曰：积石。备抛石，大小随事。

又曰：楼橹却敌，上建候楼，以板为之，跳出为橹，笓篱战隔，于女墙上跳出椽，去墙三尺，内着横括，椽端安辖，以荆柳编为之，长一丈，阔五尺，悬椽端，用遮矢石。

又曰：布幔：以复布为幔，以弱竿悬挂于女墙外，去墙外七八尺，以折抛石之势，矢石不复及墙。

又曰：木弩：以黄连桑柘为弩，弓长一丈二尺，径七寸，两弰二寸，以绞车张之。大矢一发，声如雷吼，败队之卒。

又曰：燕尾炬：缚苇草为炬，尾分为两歧，如燕尾状，以油蜡灌之，加火，从城坠下，便骑木驴而烧之。

又曰：松明：以木明烧之，夜以铁锁缒下，巡城，照敌人乘城而上。

又曰：脂油烛炬：燃灯秉烛于城中四衢、要路、门户，晨夜不得绝明，用备非常。

又曰：行炉：融铁汁炉，舁行于城上，以洒敌人。

又曰：游火：以铁筐盛火，加脂蜡铁锁悬缒下，烧穴中孔城人。

又曰：灰麪、糠粃：因风于城上掷之，以眯敌人目，因以铁汁洒之。

又曰：连棒：如打禾连枷状，用打女墙外上城敌人。

又曰：扠竿：如枪，刃为两歧，用叉飞梯及人。

又曰：钩竿：如枪，刃两旁有曲刃，可以钩搭。

又曰：油囊，盛水，于城上。掷安火车中，囊败火盛。

又曰：天井，敌攻城为地道来，乃自于城道上直下穿井以邀之，积薪安井中，以火薰之，敌人自焦灼。

又曰：地听：于城内八方穿井，各二丈，令头覆戴新瓮于井中坐听，则城外百步之内有孔城地道者，并声闻瓮中而辨知方所近远矣。

又曰：铁夹杖：状如铁蒺藜，要路、水中置之，以刺人马。

又曰：陷马坑：坑长五尺，阔一尺，深三尺，坑中埋鹿角枪、竹签。其坑十字相交，状如钩锁，以覆刍草苇木，加之土种草实，令生苗蒙覆其上，军城、营垒、要路皆设之。《卫公兵法》曰：坑如亚字相连，以草及细尘覆其上。

又曰：拒马枪：以木径一尺，长短随事，十字凿孔，从横安枪，一作检。长一丈，锐其端，可以塞城门要路巷，人马不得奔驰。

又曰：木栅：为敌所逼，不及筑城垒，或因山河险势，多石少土，不任版堞，乃建立木栅，方圆高下随事。深埋木根，重复弥缝，其阙内重加短木为阁道，柱外重长出四尺为女墙，皆泥涂之。内七尺又立阁道，内柱上布板木为栈，立栏竿行于栅上。悬门、壅墙、壕堑、拒马防守，一如城垒法。

《太白阴经》曰：蜀镬，铁堑錾。蜀镬，短柄镬也。铁錾，凿井、錾城也。

旝

许慎《说文》曰：旝，建大木，置石其上，发为机以拒敌也。从方，会声。一云：从衣，会声。

《左传》曰：周桓王伐郑，郑为三拒，命二拒曰旝，动而鼓。杜预注曰：旝，旗也。执以为号令。

《魏武本记》曰：上与袁绍军于官渡，贼射于营中，行者皆被甲，众皆恐。上令传言旝动而鼓。《说文》曰：旝，发石机也。乃造发石车击绍橹，一日尽坏。绍众号之霹雳车。

沈怀文《宋侍中赵伦之碑》曰：君戮力以致诚，吐规以会机，一鼓则寇骑云彻，旝动则敌车雾消。

鹿角

袁晔《汉献帝春秋》曰：扬州刺史刘馥上言："荆州牧刘表与会稽太守孙权谋袭京城。"遂堑许，作鹿角砦。

王沈《魏书》曰：李通拜汝南太守，刘备与周瑜围曹仁于江陵，与诸将击之。通亲下马入围拔鹿角，勇冠诸将军。

鱼豢《魏略》曰：夏侯霸，字仲权，为偏将军。大和中，在长安及子午之役，霸占为前锋。蜀人望知其是霸也。指下兵攻之，霸手战鹿角间，赖救然后解。

《魏志》曰：徐晃讨关羽于樊，羽自将步骑五千出战。晃击之，退走，遂追与俱入围破之，或自投沔水死。魏太祖令曰："贼为堑鹿角十里，将军致战全胜，遂陷贼围，将军之功逾孙武、穰苴。"

虞溥《江表传》曰：曹公出濡须，甘宁拔曹公鹿角，逾垒入，斩数十人。

王隐《晋书》曰：马隆为武威太守。之郡，作八阵图。地广则鹿角车营，进攻则木屋抱轮。并战并前，虏弗能逼。

干宝《晋纪》曰：曹爽留车驾宿伊水南，伐木为鹿角，发屯田兵数千人以为卫。

习凿齿《汉晋阳秋》曰：曹芳谒曹叡墓于大石山，曹爽兄弟皆从。

于是，司马懿闭四城，遂与太尉蒋济俱屯洛水南浮桥。奏罢，爽兄弟不知所为，芳还宿伊水南，发屯田数千人，树鹿角为营。

《晋惠帝起居注》曰：王浚乘胜追石超军于斥丘，超持重不与战，以鹿角为营。一云以鹿角步安立营。

《晋起居注》曰：义熙六年，筑垒起城于祖浦石头城，施鹿角以御卢循。

司马彪《战略》曰：辽东太守公孙渊反，明帝召太尉司马公计之。军到襄平，公围之北面，东面有围不合，连车置水中，积石镇其上，以鹿角塞之。

《魏武帝表》曰：臣前遣讨河内，获嘉诸屯，获生口，辞云："河内有一神人宋金生，令诸屯皆云鹿角不须守，吾使狗为汝守。不从其言者，即夜闻有军兵声，明日视屯下，但见虎迹。"臣辄部武猛都尉吕纳，将兵掩捉得生口，辄行军法。

诸葛亮《教》曰：前到武都一日，鹿角坏刀斧千余枚，赖贼已走。若未走，无所复用。

晋宣帝《教》曰：今日当将作四千人，东为三军作营堑垒，又当将斧三百枚，破树木作鹿角，塞诸邮漏处。

诸葛亮《军令》曰：敌以来进持鹿角，兵悉却在连冲后。敌已附鹿角里，兵但得进踞，以矛戟刺之，不得起住，起住妨弩。

《魏武军策令》曰：夏侯渊今月贼烧却鹿角。鹿角去本营十五里，渊将四百兵行鹿角，因使士补之。贼山上望见，从谷中卒出，渊使兵与斗，贼遂绕出其后，兵退而渊未至，甚可伤。渊本非能用兵也，军中呼为"白地将军"，为督帅尚不当亲战，况补鹿角乎！

王旷与杨州论讨孙敏计曰：贼今下屯固横江。

又云：复据乌江，皆堑垒，彭排鹿角，步安严峻以袭历阳诸军。

辛昞洛戍时与桓郎笺曰："桓振武令下官将千二百人掩袭营，值天洪雨，器仗沾湿，堑广深丈余，鹿角五重，楼橹严设。自四更三唱攻，逼至小食时，不克。"

瓠枪

张揖《广雅》曰：簇，谓之瓠枪。瓠，音孤。

服虔《通俗文》曰：剡苇伤盗谓之枪。何承天纂文曰："簇，音就瓠枪也。"

谢灵运《自理表》曰：星言奔驰，归骨陛下。及经山阴，方卫彰赫，彭排马枪，断截衢巷。

《宋起居注》曰：泰始二年，有司奏贼帅刘胡等从南城兰道领马步万余人，树排枪陌山，从东五道直来攻营。

杜预《奏秦州军事》曰：臣尝闻边人说虏专以骑为寇，穿堑不如作马埳。马埳法，坑方三尺，错平穿之，虏骑非下马平治，则终不得入。又其外蹊要路，亦可随作坞，施枪着埳中讫，薄覆其上。如此则虏当筑地而行，不敢辄往来也。

蔡谟《与何骠骑书》曰：公失橹上人，吾亦具之矣。在深草中立橹，无故以橹自标，令贼见之而自不得见贼，贼不病痴，何故不来取耶？今令数百步内皆露见，布竹瓠如猬毛，贼不能飞，何得卒至邪？

弋

张揖《埤苍》曰：拱，大弋也。

许慎《说文》曰：樴，弋也，橜，弋也。

太公《六韬》曰：委环铁弋长三丈千三百。

《左传》曰：齐人战获臧坚。齐侯使宿沙卫唁之，曰："无死。"坚曰："使刑臣礼于士。"以弋抉其伤而死。

司马彪《战略》曰：辽东太守公孙渊反，太尉司马公讨之。军至襄平，去城百步，穿重堑，坚连栅，安诸营，立楼橹，其近水沙地不得作围堑，而车轮以大弋掾穿其中，又坚轮障其前。

韦昭《吴书》曰：贺齐讨贼陈仆于林历山，山四面壁立不可攻。齐乃阴作铁弋，于贼不备处以弋拓山为道，夜潜上破贼。

太平御览卷第三百三十八　兵部六十九

角

徐广《车服仪制》曰：角，前世书记所不载。或云本出羌胡，吹以惊中国之马，或云本出吴越。

《晋书·安帝记》曰：桓玄制龙头角。或曰所谓亢龙角者也。

《晋中兴书》曰：大司马桓温屯中堂，夜吹警角。御史中丞司马恬奏劾大不敬，请治罪。明日，温见奏事，叹曰："此儿乃敢弹我，真可畏也。"

又庾翼《与燕王书》曰：今致画长鸣角一，双幡毦副。毦音饵。

《宋书》曰：张兴世父仲子，由兴世致位给事中，兴世欲将往襄阳，爱恋乡里不肯去。尝谓兴世曰："我虽田舍老公，乐闻鼓角，汝可送一部，行田时吹之。"兴世素恭谨畏法，譬之曰："此是太子鼓角，非田舍公所吹。"

《三国典略》曰：初，魏世山崩，得三石角藏于武库。至是齐主入库，赐从臣兵器，持此角赐平秦王归彦曰："尔事常山，不得反，事长广得反，反时将此角吓汉也。"

史苓《武昌记》曰：武昌有龙山，欲阴雨，上有声如吹角。

《辛氏三秦记》曰：河西有沙角山，山头颓沙则鼓角鸣。

《异苑》曰：晋孝武太元末，帝每闻手巾箱中有鼓吹鞞角声。于是，请僧斋会。夜见一臂长三丈许，手长数尺，来摹经案。帝是岁崩，天下大乱。

《幽明录》曰：晋司空郗方回葬妇于离山，使会稽郡吏史泽治墓，多平夷古坟。后坏一冢，构制甚伟，器物殊盛。冢发闻鼓角声，角声自是多如此。

陶侃表云：奉献金口角。

《石勒别传》曰：石勒永康中流宕山东，寄旅平原师劝家庸耕，耳恒闻鼓角鞞铎之音，勒私异之。

《世说》曰：乐令有数客，阔不复来。乐问所以。答曰："前在坐蒙赐酒，方欲饮，见杯中有蛇，意甚恶之，既饮而疾。"于时河南厅事上壁有角，角边漆画作蛇，乐而疑是角影入杯中。复令置杯酒于前处，谓曰："君更看酒中复有所见不？"答曰："所见如初。"乐乃告其所以，客豁然意解，沉疴顿消。又一本云角弓。

《语林》曰：陆士衡为河北督，已被间构，内怀忧懑。闻众军惊角鼓吹，谓其司马孙极曰："我今闻此不如华亭鹤鸣。"

谷俭《角赋》曰：夫角以类推之，盖黄帝会群臣于太山，作清角之音，似两凤之双鸣，若二龙之齐吟，如丹蛇之翘首，似雄蛇之带天。

《卫公兵法》曰：夫军城及野营行军在外，日出日没时，挝鼓一千捶：三百三十三捶为一通。鼓音止，角音动，吹十二声为一叠；角音止，鼓音动。如此三角三鼓，而昏明毕。

又曰：诸大将置鼓四十面，子总管给鼓十面，营别给鼓一面，行即负随纛下，拟昼夜及在道有警，急击之传响。令诸军严警，兼用防备贼侵逼。如军行引之时，先军卒逢贼寇，先军即急击鼓救。中腰逢贼，即须击鼓，前军闻声便往后；后军闻声，须急向前赴救。后头逢贼即击鼓，前头中腰闻声，即须住，并量抽兵相救。如发引稍长，鼓声不彻，中腰支料更须置鼓传响，使前后得闻。其诸营自须着鼓一面，用防夜中；有贼犯营即急击，令诸军有警备。

又曰：诸行军立营数则万计，或逢泥溺，或阻山河，同听角声，俱共齐发。路狭难进，徒饿马驴，应发营。第一角声绝，右虞候捉马驴；第二角声绝，即被驾，右一军捉马驴；第三角声绝，右虞候即发引，右一军被驾，右二军捉马驴；第四角声绝，右一军即发引，右二军被驾。以后诸军，每听角声，装束被驾准此。每营各出一战队，今取虞候进止，防有贼至，便用腾击。后如其路更细小，即须更有角声，仍令虞候及当营官人虞候子排比催督急过，不得停拥。过讫，以后军准前排比催迫急过。

金鼓

《释名》曰：校，号也。将帅号令之所在也。节为号令、赏罚之节也。铎，度也。号令之限度也。金鼓，金，禁也。为进退之禁也。

《诗》曰：方叔率止，钲人伐鼓，陈师鞠旅。

又曰：显允方叔，伐鼓渊渊，振旅阗阗。

又曰：击鼓其镗，踊跃用兵。

《周礼》曰：鼓人掌教六鼓：以雷鼓鼓神祀，雷鼓，八面鼓也。以灵鼓鼓社祭，灵鼓，六面鼓也。社祭，祭地祇也。以路鼓鼓鬼享，路鼓，四面鼓也。享宗庙也。以贲鼓鼓军事，大鼓谓之贲鼓，长八尺。以鼛鼓鼓役事，鼛，大鼓也。长丈二尺也。以晋鼓鼓金奏。晋鼓，长六尺六寸。谓乐正击编钟也。

《左传》曰：凡师有金鼓曰伐，无曰侵。

又曰：吴子使其弟蹶由犒师，犒，劳也。楚人执之，将以衅鼓。王使问曰："汝卜来吉乎？"对曰："吉。寡君闻君将治于敝邑，卜之以守龟，曰余亟使人犒师，请行以观，王怒之疾，徐而为之备，尚克知之。龟兆告吉，曰'克可知也'。君若欢好逆使臣，兹弊邑休怠而忘，其死亡无日矣。今君奋焉震电，凭怒虐执使臣，将以衅鼓，则吴知所备矣。"乃释之。

又曰：密须之鼓与其大辂，文王所以大蒐也。

又曰：简子曰："吴伏弢欧血，鼓音不衰，今日我上也。功为上也。

又曰：吴伐齐，将战，公孙夏命其徒歌虞殡，陈子行命其徒具含玉。陈书曰："此行也，吾闻鼓而已，不闻金矣。"鼓以进军，金以退军。不闻金，言将死以也。

《国语》曰：越甲至齐，雍门子狄请死之。齐王曰："鼓铎之声未闻，矢石未交，长兵未接，子何务死焉？"

《后汉书》曰：光武徇河内，韩歆议欲城守，岑彭止不听。既而光武至怀，歆迫急迎降，光武知其谋，大怒，收歆置鼓下，将斩之。中将军最尊，自执旗鼓。若置营，则立旗以为军门，并设鼓。戮人必于其下。召见彭，彭因进说，俱获免。

《东观汉记》曰：段颍起于徒中，为并州刺史，有功征还京师。颍乘轻车，介士鼓吹，曲盖朱旗，骑马殷天蔽日，铮铎金鼓，雷振动地，连骑继迹，弥数十里。

《齐地记》曰：城东有上祠山，上有石鼓。旧说云："将有寇难则鼓自鸣，所以豫警备也。"

《吴兴记》曰：长城县有夏架山，石鼓盘石为足。长老云："鸣声如金鼓，鸣则三吴有兵。"

《东方朔传》曰：朔初上书曰："臣朔少失父母，长养兄嫂。年十三而学，三冬文史足用；十五学击剑；十六学诗书，诵二十二万言；十九学孙吴兵法战阵之事、钲鼓之教。"

《周髀》曰：十人之长执铜，百人之师执铎，千人之师执鼙，万人之将执大鼓。

《吴氏春秋》曰：金鼓所以一耳也，法令所以一心也。

又曰：周宅酆鄗近戎人，与诸侯约为高堡，置鼓其上，远近相闻，戎寇至传鼓相告，诸侯之兵皆至救天子，褒姒大悦，笑之。王欲褒姒之笑也，因数击鼓，诸侯兵数至而无寇。后戎寇真至，幽王击鼓，诸侯兵不至，幽王之身乃死骊山之下，为天下笑。

韩侯曰：吴使沮卫献虿螽于荆师，荆师将杀之以衅鼓。卫曰："死者无知，则衅无益；若有知，战之时臣使鼓不鸣。"因不杀之。

孙子曰：是故军政曰："言不相闻，故为鼓铎；视不相见，故为旌旗。"故夜战多钟鼓，昼战多旌旗。夫金鼓旌旗所以一人之耳目也。人既专一则勇者不得独进，怯者不得独退，此用众之法也。

《抱朴子》曰：军始发，大风甚，雨起于后，旌旗前指，金鼓清鸣，大胜。

《黄帝出军决》曰：牙旗者，将军之精；金鼓者，将军之气，一军之形候也。

《唐子》曰：将勿离鼓旗。鼓旗，将之耳目也。

徐幹《齐都赋》曰：王乃乘华玉之路，驾玄驳之骏。翠幄浮游，金光皓旰公旦切；戎车云布，武骑星散；钲鼓雷动，旌旗虹乱。

陆云《南征赋》曰：戎士肃而启行，三军分而杂遝。长角哀吟以命旅，金鼓訇隐而砰磕。

孙惠《祭金鼓文》曰：赫矣皇威，用伐不庭。金鼓麾旗，以昭其声。

鞞

《释名》曰：鞞，裨也，裨助鼓节也。鞞，补弥切。

《吕氏春秋》曰：倕作鞞鼓。

郑缉之《东阳记》曰：晋隆安中，孙恩遣偏师谢咸攻东阳。东阳岑山下民闻岭上有鼓鞞声，若数万人。咸破溃，而山上鼓鞞亦绝。

鞀

《鬻子》曰：禹之治天下也，悬五声以听之，曰："语寡人以狱讼者挥鞀音挑。"

《吕氏春秋》曰：倕作鞀。

又曰：武王有诫慎之鞀。欲诫者，捶鞀鼓。

铙

《说文》曰：铙，小钲也。铙，女交切。

《周礼》曰：六鼓四金，以金錞和鼓，以金镯节鼓，以金铎通鼓。镯，音浊，钲也。军行鸣之，以为鼓节。

铃

《说文》曰：铃，丁也。从金，令声。

《左传》曰：扬銮和铃，昭其声也。

《魏志》曰：安平太守宅老，铃下作怪为乌鹊斗。盖公府阁有绳铃以传呼，铃下有吏者也。

《风俗通》曰：铃柄施悬鱼，鱼者，欲君臣沉静如鱼之入水，不可复得闻见耳。

《集异记》曰：广陵士甲市得一宅，但闻中有摇铃声，夜辄止。后遂见其真形，乃是其故人，问曰：“何以常摇铃？”答曰：“我典使君药物，故夜持时耳。”问曰：“昼日何以不持时？”曰：“白日是死道之夜。”因别而去。

铎

《三礼图》曰：铎，今之铃，其铸铜为之。木舌为木铎，金舌为金铎也。

《说文》曰：铎，大铃也。

《释名》曰：铎，度也。号令之限度也。

王隐《晋书》曰：荀勖逢赵郡商贾于路，悬铎于牛，识其声焉，及后为乐。勖曰：“赵之牛铎则善谐矣。”于是，下郡悉送，果有谐者。世伏其才明。

《晋书·载记》曰：石勒少时，尝耕，每闻鞞铎之音，归以告其母。母曰：“作劳耳鸣，非不祥也。”

《鬻子》曰：禹之治天下也，以五声听铭于簨簴曰：“教寡人以事者振铎。”

《文子》曰：老子云：“鸣铎以声自毁，膏烛以明自消。”

刁斗

《纂文》曰：刁斗，持时铃也。

《汉书》曰：李广行师，不击刁斗以自卫。孟康曰：以铜为鐎器，受一斗，昼炊饮食，夜击持行夜。铭曰：刁斗在荥阳军。鐎音谯，形如销。销，火玄切，即铫也。音俗呼铜铫。二音桃。

《汉名臣奏》曰：汉兴以来，深存古义，宫殿省闼至五六重，周卫刁斗。

柝

《说文》曰：檯，行夜所击木也。

《易·系辞》曰：重门击柝，以待暴客，盖取诸豫。

《周礼》曰：野庐氏宾客宿息则聚柝。

《汉书旧仪》曰：中宫卫宫城门击刁斗，传五夜，衡卫士周庐击木柝。

张衡《东京赋》曰：故亟谷击柝于东西。柝，守夜所击木也。

太平御览卷第三百三十九 兵部七十

叙兵器

《礼记》曰：冕弁兵革藏于私家，是谓胁君。

《周礼》曰：司兵掌五兵。五兵者：戈、殳、戟、矛、牟夷。

《左传》曰：孔文子将攻太叔，访于仲尼。仲尼曰："胡簋之事则尝闻之矣，兵甲之事未之学也。"

《春秋佐助期》曰：太尉主甲卒，神名辩会曰："库兵动，鼓自鸣，诸侯得众也。"

《汉书》曰：兵不锐利与空手同，甲不坚密与袒裼同，弩不及远与短兵同，射不能中与亡矢同，中不能入与亡镞同；此将不省兵之祸也。

又曰：韩延寿在东郡试骑士，治饰兵车，画龙虎，建幢棨，植羽葆鼓车。又取官铜候月蚀铸作刀剑，仿效尚方。萧望之以为僭上不道，弃市。

又曰：李陵至浚稽山，与单于相值。围陵，陵军居两山间，以车为营。陵引士营外为陈，前行持戟楯，后行持弓弩。

《东观汉记》曰：盆子降，铠甲兵弩积城西门，高与熊耳山等。

又曰：王莽之遣王寻、王邑也，欲盛威以振山东，甲冲辅，干戈旌旗甚盛。

又曰：邓遵永初中，迁度辽将军，讨击羌虏，斩首八百余级，得铠弩刀矛戟楯匕首二三千枚。

又曰：吴汉性忠厚，笃于事上，自初从征伐常在左右。兵有不利，军营不如意，汉常独缮激扬吏士。

《吴志》曰：贺齐性奢侈，尤好军事。兵甲器械极为精好，干橹戈矛葩爪文画，弓弩矢箭咸取上材。

王隐《晋书》曰：羊祜表伐吴曰："劲弩长弓不如中国，长矛盾戟不如中国，马骑凌厉又不如中国，吴唯便水战，一入其地则长江非复吴有。"

《晋起居注》曰：成帝咸和元年四月乙丑诏曰："作琅邪王大车斧六十枚，侍臣剑八枚，将军手戟四枚。"

《三国典略》曰：梁邵陵王纶笃好书史，妙工草隶。为丹阳尹。擅造甲仗，梁武知之，□纶并沉于江中。及后出征，器械并阙，乃独叹曰："吾昔聚仗，本备非常，朝廷见疑，逼使分散，今日讨逆，卒无所资。"

太公《六韬》曰：春以长矛在前，夏以大戟在前，秋以弓弩在前，冬以刀楯在前：此四时应天之法也。

太公《金匮》曰：武王曰："五帝之时，无守战之具，国存者何？"太公曰："守战之具皆在民间：耒耜者是其弓弩也，锄耙者是其矛戟也，簦笠者是其兜鍪也，镰斧者是其攻战之具也，鸡狗者是其钲鼓也。"

《古司马兵法》曰：兵不杂则不利，长兵以卫，短兵以守。太长则犯，太短则不及，太轻则锐，锐则易乱，太犯则不齐。兵长短相卫，太短太轻者，皆不如法也。犯者，触柱也，故不齐。不及者远于利也。锐者不固则破，故奔北扰乱也。

又曰：弓矢围，殳矛守，戈戟助。凡五兵，当长以卫短，短以救长，迭战则久，皆战则强。李氏曰：迭，更也，言更战更息，则可堪久。悉举军战，众多者强。

《军令》曰：始出营，竖矛戟，舒幡旗，鸣鼓角；行三里，辟矛戟，结幡旗，鸣鼓角；未至营三里，复竖矛戟，舒幡旗，鸣鼓角；至营复结幡旗，止鼓角。违令者髡。

《吕氏春秋》曰：古之至兵，士民未合而威已谕矣，敌已服矣，岂必用枹鼓干戈哉！

《淮南子》曰：兵革錞摩，錞，祺名也。金鼓鈇钺，所以饰怒也。錞，布均切。

又曰：所谓兼国有地者，伏尸数十万，破车以千百数，伤弓弩矛戟矢石之创者，扶舆于路。故世至枕人头、食人肉、菹人肝、饮人血，甘之于猫豢牛羊。猫牛肉，豢豕肉。故自三代以后者，天下未尝得安其情性而乐习俗，保其修命而不夭于人虐也。所以然者何？诸侯力政，天下不合为一家也。

又曰：齐桓公将欲征伐，甲兵不足。令有重罪者出犀甲一戟，犀甲，取其坚也。戟，车戟也。长丈六尺。犀或作三，直出三甲也。有轻罪者赎以金分，轻小以金分，出金匮道罪至重有分两也。说而不胜者出一束箭。不胜犹不直也。箭十二为束。百姓皆说，乃矫箭为矢，矢，箭之竿好者也。铸金而为刃，刃，五刃也，刀、剑、矛、戟、矢也。以伐不义而征无道，遂霸天下。

崔寔《政论》曰：兵器精利，有蔡太仆之弩，龙亭之剑，至今擅名天下。

陆机《要览》曰：东弓、南矛、西戟、北剑、中鼓，亦曰"四兵"。

《盐铁论》曰：强楚劲郑有犀兕之甲，堂谿之鞬，内据金城，外任利兵，是以威行诸夏，强伏敌国。故孟贲奋臂，众人轻之；怯夫有备，其气自倍。以吴楚之士舞利剑、蹶强弩，以与猃虏骋于中原，一人当百，不足道也。

《邯郸五经折疑驳》曰：矢绝于弦，不可追止，戟执在手，制之在人。

《山海经》曰：天地东西二万八千里，南北二万六千里。出铜之山四百六十七，出铁之山三千六百九十。此天下之所分壤树谷也，戈矛之所发也，刀锻之所起也。能者有余，拙者不足。

干宝《搜神记》曰：晋元康中，妇人以金银象角瑇瑁为斧钺戈戟而戴之以当笄，盖妖之大者也。

樊文渊《七经义纲格论》曰：车上五兵：戈、殳、车戟、酋矛、牟夷。步卒五兵：戈、殳、车戟、酋矛、矢。

魏文《典略》曰：昔周有雍孤之戟，屈卢之矛，孤父之戈，上世名器。

又曰：《抱朴子》曰："剑戟不皆于缝，佳馔不可击断牛马。"

又曰：陈吴之徒奋剑而大呼，刘项之伦挥戈而飚骇。

又曰：或问辟五兵之道，抱朴子答曰："吴大皇帝曾从介先生受要道，云：但知北斗姓字及日月名字，便不畏白刃。大皇帝以试告左右数十人，常为先登陷阵，皆不伤也。"郑君云："但诵五兵名亦验矣。刀名大房，虚星主之；矢名防徨，荧惑主之；弓名曲张，角星主之；弩名远望，张星主之；戟名大将，参星主之。临战时尝细祝之，或以五月五日作赤灵符着心前，或丙午日日中作燕军龙虎三囊符，岁易之。岁符岁易，月符月易，日符日易，或佩西毒兵信符，或佩南极铄金符，或取牡荆以作六阴神将符指敌人，或以月蚀时刻三岁蟾蜍喉下之有八字者血，以书所将之刀剑，或交锋之际，乘魁履罡呼四方之长，亦有明效也。"

魏文帝《校猎赋》曰：抗冲天之素旄兮，靡格择之修循。旃雄戟趪音皇而跃厉兮，黄钺扈而扬鲜。

又曰：千乘乱扰，万骑奔走。经营原隰，腾越峻岨。彤弓斯彀，戈铤具举。

徐干《齐都赋》曰：矢流镝絓胡卦切，张罗簭作合切飞，铤抱雄戈。

缪袭《籍田赋》曰：灵旂蔚以焘幂兮，雄戟偈以嵯峨。弯枉矢于狼狐兮，建黄钺于匏瓜。

繁钦《征天山赋》曰：有汉丞相武平侯曹公杖节东征，观六军于三江，浮五湖以曜武。左骈雄戟，右攒干将。彤弧朱矰，丹羽绛房。望之如火，映夺朝阳。

应璩诗曰：放戈释甲胄，乘轩入紫微。从容侍帷幄，光辅日月晖。

崔骃《安丰侯诗》曰：被兕甲兮跨良马，挥长戟兮彍强弩。彍，音霍。

曹植诗曰：皇考建世业，余从征四方。栉风而沐雨，万里蒙露霜。剑戟不离手，铠甲为衣裳。

魏元帝《董桃行》曰：晨背大河南辕，跋涉遐路漫漫。师徒百万哗喧，戈矛若林成山，旌旗拂日蔽天。

应璩书曰：左执屈卢之劲矛，右秉干将之雄戟。高冠拂云，长剑耿介，箫管振音，厥声载路。冯轼虎视，清风震叠，可谓堂堂乎难与并为仁也。

《太白阴经》曰：工欲善其事，必先利其器。器之于事如影之随形，响之应声，其相须如左右手。故曰：“器械不精不可言兵，五兵不利不可举事。”上古庖牺氏之时，弦木为弓，剡木为矢。神农氏之时，以石为兵。

《尚书》曰：砮石中矢镞。黄帝之时，以玉为兵。蚩尤之时，烁金为兵，割革为甲，始制五兵，建旗帜，树夔鼓。

又曰：鼓以佐军威。

又曰：纛六口，大将中营建，出引六军。古者天子六军，诸侯三军。今天子十二，诸侯六军，故纛有六以主之。

又曰：门旗二口，色红八幅，大将牙门之旗，出引将军前列。

又曰：门枪二根，以豹尾为刃榼，出居红旗后，止居帐门前，左右安立。

又曰：五方旗五口，各具方色，大将中营建出六纛后，在营亦于纛后随方而建。

又曰：严警鼓一十二面，大将营前左右行列各六面，在纛后。

又曰：角十二具，于鼓左右后列各六具，以代金。

又曰：队旗二百五十面，尚色图禽与本阵同五幅。

又曰：认二百五十口，尚色图禽与诸阵不同，各自为志，认旗出居队后，恐士卒交杂。

又曰：阵将门旗，各任所色，不得以红，恐杂大将军。

又曰：阵将鼓一百二十五面，恐设疑惊敌用。

又曰：甲六分，七千五百领。

又曰：战袍四分，五千领。

又曰：枪十分，一万二千五百，恐伤兵缚筏用。

又曰：牛筋牌二分，二千五百面，马军以团牌代四分支。

又曰：弩二分，弦三副，箭一百分，二千五百张弩，七千五百条弦，二十五万只箭。

又曰：弓十分，弦三副，箭一百五十分，一万二千五百张弓，三万七千五百条弦，三十七万五千只箭，射甲箭五万只。

又曰：生鈚箭二万五千只，长箭垛箭。鈚，匹梨切。

又曰：弓袋、胡鹿张弓袋，并一万二千五百副。

又曰：佩刀八分，一万口。

又曰：陌刀二分，二千五百口。

又曰：棓二分，二千五百张，马军及陌刀并以啄锥钺斧代各四支分。

又曰：搭索二分，二千五百条，马军用也。

牙

《兵书》曰：牙旗者，将军之精。凡始竖牙必以制日。制日者，谓上克下日也。立牙之日，吉气来应，大胜之征；凶气先应，破军杀将。

《黄帝出军决》曰：始立牙之日，喜气来应，旗帜指敌或从风举，晖晖终日不绕竿，勇气奔逸，是谓堂堂之阵。此大胜之征。

又曰：有所攻伐，作五采牙旗。青牙旗引住东，赤牙旗引住南，白牙旗引住西，黑牙旗引住北，黄牙旗引住中。

又曰：始立牙之日，凶气先应，旗帜皆垂，或逆风滂浡，牙竿摧折，旗幡绝烈，还绕缴竿，如此终日，势弱。

又曰：将军出兵有所讨伐，引兵出城门望见白云及白水者，举白牙旗。五色牙旗随天气四时也。

《真人水镜经》曰：凡军始出，立牙竿必令完坚，若有折，将军不利。牙旗竿，军之精也，即《周礼司常职》云："军旅会同置旌门"是也。

《抱朴子》曰：军始举牙立旗，风气和调，幡校飘飘，终日不息者，其军有功。

《魏志》曰：典韦初为张邈士属，司马赵宠牙门长大莫能胜，典一手建之，宠异有才力。

《吴志曰》：陆逊为右部督，会丹阳贼帅费栈扇动山越，权遣逊讨栈。栈支党多所往，兵少。逊乃益施牙幢，分布鼓角，夜潜出谷间，鼓噪而前，应即破散。

又曰：黄武八年夏，黄龙见樊口，于是权称尊号，因瑞改元。又作黄龙大牙，常在中军，诸军进退视其所向。命胡综作赋。

《吴书》曰：贺齐从上讨合肥时，城中出战。徐盛失牙，齐别拒击得盛所失牙。

《晋书》曰：陆机始临戎而牙旗折，意甚恶之。后战，军果大败。

《后魏书》曰：奚斤，代人也。魏初大将行师，唯长孙嵩拒刘裕及斤征河南，独给漏刻及十二牙旗。

吴胡综《大牙赋》曰：狼狐垂曜，实唯兵精。圣人观法，是效是营。始作器械，爰求厥成。明明大吴，实天生德，乃律天时，制为神军。取象太一，五将三门。疾则如电，迟则如云。进止有度，约而不烦。四灵既布，黄龙处中。周制日月，实曰大常。桀然特立，六军所望。

后汉滕辅《祭牙文》曰：恭羞太牢，絜荐遐灵。推毂之任，寔讨不庭。天道助顺，正直聪明。

晋袁宏《祭牙文》曰：天生五才，治道所司。废一不可，静乱辅时。赫赫晋德，乃武乃文。中世不竞，王度暂屯。戎狄猾夏，虔刘生民。蠢尔东胡，披发左衽。思我皇泽，稽首海裔。受爵纳贡，服膺累世。后嗣不恭，实叛实戾。侵我神畿，隔我嘉惠。哀彼黎民，婴此雕残。况荷大宠，任其艰难。慨然发愤，抚剑忘餐。敢建高牙，烈烈桓桓。

晋顾恺之《祭牙文》曰：维年月日，录尚书事豫章公裕，敢告黄帝蚩尤五岳之灵。两仪有正，四海有王。晋命在天，世德重光。烈烈高牙，阗阗伐鼓。白气经天，简扬神武。

宋王诞《伐广固祭牙文》曰：敬建崇牙，显兹威灵。使鸣金辍衅，无战有宁。皇风幽被，凯旆归旌。

宋郑鲜《祭牙文》曰：洁牲先事，荐兹敬祭，崇牙既建，义夅增厉，人鬼一揆，三才同契。唯兹灵鉴，庶必有察，逆顺幽辩，忠孝显节。

使凶丑时歼，主宁臣悦。振旅上京，凯归西蕃。神器增晖，四境永安。

唐陈子昂《禡牙文》曰：盖先王作兵以讨有罪，奸匿窃命，戎夷不恭，则必肆诸市朝，大戮原野，皇家子育万国，宠绥百蛮，青云干吕，自环入贡，久有年矣。契丹凶羯，敢乱天常，乃蜂聚丸山，豕食辽塞，宴安鸩毒，作为搀枪。天厌其凶，国用致讨。皇帝命我，肃将王诛，今大军已集，告辰叶应，旄头首建，羽旆前列。夷貊感威，将士听誓，方俟天命，为民殄灾。唯尔有神，尚歼乃丑，召太一，会雷公。翼白虎，乘青龙。星流彗扫，永清朔裔。使兵不血刃，戎夏大同，以昭我天子之德，允乃神之功，岂非正直克明。无纵大雠，以作神羞。

太平御览卷第三百四十 兵部七十一

常

《释名》曰：九旗之名，日月为常。画日月于其端，天子所建，言常明也。

《尚书·君牙》曰：唯乃祖乃父，世笃忠贞，服劳王家，厥有成绩，纪于太常。

《周礼》曰：日月为常，十二旒。

《河图》曰：风后曰："予告汝帝之五旗：东方法青龙曰旗，南方法赤鸟曰鼠，西方法白虎曰典，北方法玄蛇曰旂，中央法黄龙曰常。

《国语》曰：吴王会晋于黄池。吴王白常白旂，赤常赤旗。

《文选》曰：建辰旒之太常。

又曰：建太常兮裶裶。

旂

《释名》曰：交龙为旂，旂，倚也。画作两龙相依倚也。通以一赤色为之，无文采。诸侯所建也。

《尔雅》曰：有铃曰旂。郭璞注曰：悬铃竿头，画交龙于旒。

《诗》曰：王锡韩侯，淑旗绥章。龙旂阳阳，和铃央央。

又曰：旂旐央央。

《礼记·月令》曰：天子春载青旂，夏载赤旂，秋载白旂，冬载玄旂。

《周礼》曰：交龙为九旂，诸侯所建。

《左传》曰：周分鲁大路大旂。

又曰：三辰旂旗，昭其明也。三辰：日、月、星也。

旃

《释名》曰：旃，战也。战战恭己而已。三孤所建，象无事也。

《说文》曰：旃，曲柄也。所以招士众也。

《世本》曰：黄帝作旃。

《尔雅》曰：因章曰旃。郭璞曰：以白练为旒，因其文章，不复画也。

《周礼》曰：通帛为旃。大赤也。周正赤无所饰，孤卿所建也。

《左传》曰：城濮之战，亡大旆之左旃。旃旗名繁。旐曰旃。祁瞒奸命，当此之事而不治为事，军令也。司马杀之以殉于诸侯。

《汉书》曰：田蚡前堂罗钟鼓，立曲旃。如淳曰：通白为旃，苏林曰：柄上曲也。

《孟子》曰：招庶人以旃。田也。

《西京赋》曰：虹旃霓旄。

又曰：树修旃。

《上林赋》曰：立历天之旂，曳梢星之旃。

物

《释名》曰：杂帛为物，以杂色缀其边为翅尾也。将帅之所建也。

《礼含文嘉》曰：制度为科，物应以宜，明物以类感其方也。

《左传》曰：蔿敖为宰，择楚之令典，军行，右辕，左追蓐，右者，侠为军备；左者，追草为宿备。前茅虑无，如今斥候持绛及白幡，见骑贼举绛幡，见步贼举白幡。备不虞，有无茅，明也。或以云：楚以茅为旗帜也。中权，后劲，中军制谋，后以精兵为殿耳。百官象物而动，军政不戒而备，能用兵矣。

旗

《释名》曰：熊虎为旗，期也。将军所建，象其猛如熊虎，与众期其下也。

《礼记》曰：龙旂九旒，天子之旍也。

又曰：行前朱鸟而后玄武，左青龙而右白虎。招摇在上，急劲其怒。注曰：以此四兽为军阵，象天也。画招摇星于旌旗上，以起居坚劲军之威怒。

《周礼》曰：司常掌九旗之物，名各有属，以待国事。日月为常，交龙为旂，通帛为旜，杂帛为物，熊虎为旗，鸟隼为旟，龟蛇为旐，金羽为旞，析羽为旌。《物名》曰：有画异物，则异名也。

又曰：龙旂九斿以象大火也。交龙为旗，诸侯所建也。大火仓龙，宿之心也。其属箕尾九星也。鸟旟七斿，以象鹑火也。鸟隼为旟，州里之所建也。鹑火朱鸟，宿之柳也，其属有七星也。熊旗六斿，以象参伐。熊虎为旗，师都之所建也。伐属白虎，宿与参连体而六星也。龟蛇四斿，以象营室也。龟蛇为旐，县鄙之所建营室立武宿也。与东壁连体而四星也。旐旌枉矢以象弧。《觐礼》曰：侯氏载龙旗弧韣，则旌旗之属皆有弧。弧以张縿之，幅有衣，谓之韣。又为矢象弧星，有矢象妖星，有枉矢。枉史者，蛇行有尾。由此云，枉矢，盖画之也。韣，音独。

《左传》曰：袀服振振，取虢之旗。袀，音均。

又曰：三辰旂旗，昭其明也。注：日、月、星也。

又曰：狄人伐卫，卫懿公战于荥泽。卫师败绩。灭卫。卫侯不去旗，是以甚败。

又曰：越伐吴。王孙弥庸见姑篾之旗曰："吾父之旗也，不可以见雠而勿杀。"

又曰：郑人击简子中肩，毙于车中，获其蜂旗。蜂旗，旗名。

又曰：公孙庞以徒五百人宵攻郑师，取蜂于子姚之幕下。

又曰：郑伐许，颍考叔取郑伯之旗蝥狐以先登。子都自下射之，颠。

《史记》曰：李斯上书云："今陛下建翠凤之旗，树灵鼍之鼓。"

《汉书·郊祀志》曰：武帝将伐南越，以班荆画幡日月北斗登龙，以象太一。

《东观汉记》曰：耿弇追张步，步奔平寿，乃肉袒负斧锧于军门。而弇勒兵入据其城，树下二郡旗鼓，令步兵各以部人诣旗下。众向十余万，辎重七千余，而皆罢归乡里。

沈约《宋书·舆服志》曰：五旗者，五色各一旗。以木牛承其下，盖取负重而安稳也。五旗缠竿即礼记德车结旌不画饰也。戎事乃散之。又武车绥旌垂舒之也。

《北史》曰：卢贲尝事隋文，及受禅命。贲清宫因典宿卫。贲乃奏改周伐旗帜，更为嘉名，其青龙、驺虞、朱雀、玄武、千秋万岁之旗，皆贲所创也。

《隋书》曰：凡旗：太常画三辰，日、月、五星。旂画青龙，皇帝升龙，诸侯交龙。旟画朱雀，旌画黄麟，旗画白兽，旐画玄武，皆加云气。其旜物在军亦画其事号，加之以云气，徽帜亦如。通帛为旃，杂帛为物。在军亦画其人官与姓名之事号，徽帜亦书之，画其所书之例。旌节又画白兽，而折羽于其上。

又曰：司常掌旗物之藏，通帛之旗六以供郊丘之祀：一曰苍旗，二曰青旗，三曰朱旗，四曰黄旗，五曰白旗，六曰玄旗。画缋之旗六以充王路之等，一曰三辰之常，二曰青龙之旗，三曰朱鸟之旟，四曰黄麟之旌，五曰白兽之旗，六曰玄武之旐。皆左建旗而右建㮯戟。㮯，它腊切。

又曰：有继旗四以施军旅：一曰麾以供军将，二曰旞以供师帅，三曰旐以供旅师，四曰旆以供倅长。

《唐书》曰：元和中，淮南节度使马总进吴元济旌旗七百三十九事。

《家语》曰：子路言志云："愿得旌旗缤纷，下蟠于地。"

《诗推度灾》曰：上出号令而化天下，震雷起而惊蛰，睹旗鼓，动三军，骇观其前，动化而天，情可见矣。

《战国策》曰：建七星之旗，天子之位也。

《穆天子传》曰：日月之旗，七星之文。今旒上画日月及北斗星也。

周迁《车服杂记》曰：晋元皇始制五牛之旗，设青在左，黄在中。

《六韬》曰：武王伐纣，悬纣之首于白旗。

《古司马军法》曰：夏后氏玄首人之执也，殷曰白天之义也，周曰黄地之道也，旌首有铃曰旗。三王所以立，不失天地人之道也。章夏以日月上明也，殷以虎上威也，周以龙上文也。章，画饰也。三王画各有所法也。

《郝萌占》曰：旗上有光，人主大喜，延年益寿。

黄石公《三略》曰：欲知敌形色可胜之符，先战以二十八骑。角人青衣赤旗东方七人，征人赤衣黄旗南方七人。商人白衣黑旗西方七人，羽人黑衣青旗北方七人。凡二十八骑，象二十八宿。

《军令》曰：闻雷鼓音举白幢绛旗，大小船皆进战，不进者斩。闻金音举青旗，舡皆止，不止者斩。

《王孙子》曰：桀纣或放南巢，或头悬赤旗，斯无它，不节财而暴人也。

《孙子》曰：言不相闻故为鼓铎，视不相见故为旌旗，夫金鼓旌旗所以一民之耳目也。

又曰：无要正正之旗，无击堂堂之阵。

《列子》曰：黄帝与炎帝战，以雕鹖鹰鸢为旗帜。

《隋巢子》曰：天赐武王黄鸟之旗以伐殷。

《淮南子》曰：凡国有难，君自宫召将诏之曰："社稷之命在将军身，今国有难，愿子将而应之。"将军受命，乃令祝史太卜斋三日，之太庙钻灵龟，卜吉日，以受鼓旗。

《楚辞》曰：驾龙辀兮乘雷，辀，车轩也。载云旗兮逶迤。

又曰：乘回风兮载云旗。

又曰：扬彗星以为旗。

又曰：乘赤豹兮狐从文狸，新夷车兮结旌桂旗。

宋玉《高唐赋》曰：晒兮若妖姬，扬袂鄣日而望所思。忽兮若驾驷马，建羽旗。

相如《上林赋》曰：靡鱼须之挠旃，以鱼须为旃柄，驱驰逐战也。曳明月之珠旗。以明珠缀饰旃。

王沉《饯行赋》曰：曳招摇之修旗，若蜿虹之垂天。

崔骃《东巡颂》曰：升九龙之华旗。

《文选》曰：云旗拂霓。

又曰：牙纷缤。

又曰：旌旗拂天。

又曰：揭竿为旗。

又曰：曳彗星之飞旗。

又曰：朱旗所拂，九土破攘。

又曰：朱旗降天。

又曰：建祝姑。祝姑，旗名。

又曰：青霞杂桂旗。

旟

《释名》曰：鸟隼为旟。旟，誉也。军吏所建也。急疾趋事则有称誉也。

《尔雅》曰：错革鸟曰旟。郭璞注曰：此谓全剥鸟皮毛置之竿头也。旧说刻革鸟置竿首也。孙叔敖云：革，急也。言画急疾之鸟于旒也。《周官》鸟隼为旟也。按《礼记》郑玄云，载之以示众，即此类也。《书》云：鸟战目革。《诗》云：如载鸣莺鸟斯革。旌首鸟者，自是鸟之皮毛，明矣。

《诗》曰：孑孑干旟，在浚之都。

又曰：彼旟旐斯，胡不旆旆？旆，旒垂也。

《周礼》曰：鸟隼为旟，州里所建也。州长之属。

旐

《释名》曰：龟蛇为旐，兆也。龟知气兆之吉凶，建之于后，察度事宜之形兆也。

《尔雅》曰：缋广充幅，长寻曰旐。郭璞注曰：帛全幅，长八尺者也。

《诗》曰：设此旐矣。

又曰：建旐设旄，薄兽于敖。周宣王也。

《周礼》曰：龟蛇为旐，四斿，县鄙之所建也。

旞

《释名》曰：全羽为旞，旞犹隧。隧也，顺滑貌也。一作繸。

《说文》曰：旞者，导车所载，全羽以为允，允而进也。

《周礼》曰：全羽为旞，导车所进。车象路也。王以朝夕燕出入也。

旌

《释名》曰：折羽为旌。旌，精光也。緌有虞氏之旌也，注旄竿首，其形蘂蘂然也。緌夏后氏之旌也，其形衺也。白旆，殷旌也，以帛继旐末也。翿，陶也。其貌陶陶下垂也。

《尔雅》曰：旄首曰旌。郭璞注曰：戴旄于竿头，如今之幢，亦有旄也。

《广雅》曰：天子之旌高九仞，诸侯七仞，大夫五仞，士三仞。

《诗》曰：孑孑干旌，在浚之城。

又曰：悠悠旆旌。

《礼记》曰：前有水则载青旌。郑玄注曰：载，所谓举于旌首，所以警众者也。郑记王赞问曰："举旌于首，当皆以皮邪画之耶？"郑答曰："皆俱举皮置于首，不画羽为旌也。"

《周礼》曰：折羽为旌，游车所建。游车，木路也，王以田也。全羽、折羽，皆五色文也。

又曰：掌舍为帷宫设旌门。树旌以表门。

《左传》曰：鄢陵之役，栾鍼见子重之旌，隁晋隁曰："楚人谓夫旌，子重之旌也。"

又曰：范宣子假羽毛于齐而弗归。折羽为旌，王者游车所建，齐私有之，因谓之羽毛。

又曰：楚灵王之为令尹也，为王旌。芋尹无字断之曰："一国两君，其谁堪之？"

又曰：卫宣公烝夷姜，与朔构急子。公使诸齐，使盗待诸莘而杀之，寿子载其旌旗以先，盗杀之。急子后往，盗又杀焉。

又曰：许伯曰："吾闻致师者御靡旌摩垒而还。"靡旌，驱疾也。摩，近也。

《公羊传》曰：楚庄王伐郑，郑伯肉袒，左执茅旌，右执鸾刀以逆。何休曰：茅旌，宗庙所用也。为宗庙所用，求以宗庙归首也。

《史记》曰：秦并天下，以水德之始，旌旄节皆尚黑。

《汉书·文帝诏》曰：朝有进善之旌。应劭注：尧设五达之道，令人进善也。

又曰：高祖使韩信与楚战，信潜伏人于楚军之侧。方战，兵遂伪走，楚军逐之，乃令拔楚旌立汉旌，楚师望见奔走，遂败楚矣。

《后汉书》曰：世祖进师临河，连旌沿河十余里。

《战国策》曰：苏秦为赵合从于楚。威王曰："寡人西接秦，秦虎狼之国。卧不安席，食不甘味，心摇摇然如悬旌。"

《汉武故事》曰：栾大有方术，常于殿前树旌，数百人因令自相击庭中，去地十余丈，观者大骇。

《孟子》曰：齐景公招虞人以旌，不至，将杀之。非其招也，夫招虞人以皮冠，庶人以旃，士以旂，大夫以旌，况以不贤招贤人乎。

《管子》曰：舜有告善之旌，示不蔽也。

《庄子》曰：楚昭王使延屠羊说以三旌之位、万钟之禄也。

《抱朴子·军术》曰：军始出而旌旗绕竿者，急住。更待善时而出军。

《天文要集》曰：翼星明，旌旗用。

《赵氏兵书》曰：有鸟集将军旌上，将军增秩禄。

《文选》曰：蔽引高旌。

又曰：旌旗拂天。

又曰：霓为旌，翠为盖。

又曰：荃桡兮兰旌。荃，此缘切。桡，音饶。

又曰：建虹旍兮威夷。

太平御览卷第三百四十一　兵部七十二

旆

《说文》曰：旆者，旆然垂也。

《尔雅》曰：续旐曰旆。帛续旐末为燕尾也。

《左传》曰：楚令尹南辕反旆。

又曰：拔旆投衡乃出。

又曰：晋楚战，子玉以若敖之六卒将中军，子玉，楚令尹也。子西将左，子上将右。子西，斗宜申。子上斗勃也。胥臣蒙马以虎皮，先犯陈蔡。陈蔡奔楚，右师溃。陈楚属楚之右师也。狐毛设二旆而退之。旆，大旗也。又建旗而退，若大将稍却也。

《东京赋》曰：通帛蒨旆。

帜

《史记》曰：沛公祠黄帝、蚩尤于沛庭，旗帜皆尚赤。

又曰：韩信伐赵，令轻骑二百人，人持一赤帜入赵壁，拔赵帜，立汉帜。

《东观汉记》曰：汉兵守成都，公孙述谓延岑曰："事当奈何？"岑曰："男儿当死中求生，可坐穷乎！财物易聚耳，不宜有爱。"述乃悉散金帛，募敢死士五千余人以配。岑于市桥伪建旗帜，鸣鼓挑战，而潜遣奇兵出吴汉军后，袭击破汉。汉堕水，缘马尾得出。

袁山松《后汉书》曰：赤眉复入长安，止桂宫。逢安将千余人攻延岑于杜阳。邓禹以赤眉精兵出在外，唯盆子羸弱在长安攻之。与谢禄夜战稾街中，邓禹败走。逢安西与延牙、苏茂、李宝战于杜阳，大破之。宝、茂降，牙收散卒还战，宝、茂从内拔赤眉旗，自立其帜。赤眉还，惊乱走，自投川死者十余万人。

《墨子》曰：凡帜，帛长五丈，广半幅。

《太白经》曰：右一将行得水，黑幡旗帜，图熊；旗额白脚青。右二将行得火，赤幡旗帜，图鹗；旗额白脚青。右三将行得木，青幡旗帜，图熊；旗额白脚青。右四将行得金，白幡旗帜，图狼；旗额白脚青。右五将行得土，黄幡旗帜，图虎。旗额白脚青。左一将行得水，黑幡旗帜，图熊；旗额白脚青。左二将行得火，赤幡旗帜，图鹗；旗额青脚白。左三将行得木，青幡旗帜，图熊；旗额青脚黄。左四将行得金，白幡旗帜，图狼；旗额青脚黑。左五将行得土，黄幡旗帜，图虎。旗额青脚赤。

幡

《释名》曰：幡也，其貌幡幡然也。

《说文》曰：幡，帜也。

《麟角》曰：信幡，古之麾号也。所以题表官号以为符信，故谓之信幡。乘舆则画为白虎，取其义而有威信之德也。魏朝有青龙、朱雀、玄武、白虎、黄龙等五幡以诏四方。诏东方郡国以青龙，信南朱雀、西白虎、北玄武，朝廷畿甸则以黄龙，亦以麒麟信幡。高贵乡公讨晋文，自秉黄龙幡以麾号令。晋朝唯用白虎书信，幡用鸟，取其飞腾轻疾。一曰鸿雁有去来之信也。

《汉书》曰：甘延寿出西域，部勒行阵，别为校尉。逾葱岭，入赤谷，至郅支城，望见单于城上五采幡帜。

又曰：武帝伐南越，祷太一，以牡荆书幡，名曰灵旗。

《献帝春秋》曰：董卓未诛，有书三尺布幡上作两口相衔之字，负之于道，歌曰："布乎！"及吕布杀卓，负布者不复见。

《吴志》曰：陆逊取宜都，获秭归、枝江，还屯夷陵，守峡口以备蜀。关羽还当阳，西保麦城。权使诱之，羽伪降，立幡旗为象人于城上，因遁走。

王隐《晋书》曰：河间王伐齐王冏，火烧观阁及千秋、神虎二宫门。冏盗白虎幡，唱云："长沙王矫诏。"长沙更以白幡唱称："大司马谋反。”

《晋书》曰：长沙王乂攻齐王冏，冏令王胡悉盗驺虞幡。唱云：“长沙王矫诏。”乂称“大司马谋反，助者诛五族”。

又《张华传》曰：楚王玮受密诏杀太宰汝南王亮，太保卫瓘等内外兵扰，朝廷大恐，计无所出。华白帝以玮矫诏擅害三公，将士仓卒，谓是国家意，故从之耳。今可遣驺虞幡使外军解严，理必风靡。上从之，玮兵果散。及玮诛，华以首谋有功，拜右光禄大夫。

又曰：卫瓘既诛，瓘女与国臣书曰：“先公名谥未显，无异凡人。每怪一国蔑然无言，春秋之失，其咎安在？悲愤感慨，故以示意。”于是主簿刘繇等执黄幡，挝登闻鼓，上言论之。

又曰：楚王玮之诛二公也，守东掖门。会驺虞幡出，乂投弓流涕曰：“楚王被诏，是以从之。”

《宋书》曰：元嘉四年，车驾出北堂，使三更竟开广莫门。南台云：“应须白兽幡银字棨。”不肯开。尚书左丞羊玄保奏免御史中丞傅隆已下，𠉀首曰：“既无异敕，又阙幡棨，虽称上旨，不异单刺，元嘉元年二月虽有开门例，此乃前事违令。今守旧未为非礼，其不请白兽幡银字棨致开门不时，由尚书相承之失，亦合纠正。”上特无问，更立科条。

《北史》曰：后魏元孚持白虎幡劳阿那瓌于柔玄、怀荒二镇之间。阿那瓌众号三十万，阴有异意，遂拘留孚，载以輴音汾辒音温车，日给酪一升，肉一段。每集其众，坐孚东厢，称为行台，甚加礼敬。

《晋起居注》曰：太阳佐伺承有母云：“感老君生丞相。”中贵画作九龙幡，遂群聚弃市。

《晋诸公赞》曰：楚王玮矫诏害汝南王亮。其夜，帝临东堂，张华唱议，乃遣左右以白虎幡麾之，然后众散。

《锺离意别传》曰：意为瑕兵。今立春遣户曹史擅建赍青帻幡白督邮，督邮不受，建留于家，还白意言受。他日，意见督邮，而督邮谢意，言所以不受青帻幡者，已自有也。意还，召建问状，建惶怖叩头。意曰：“勿叩头使外闻也。”出因转署主记史假，遣无期。建归家，父问之曰："朝大士众贤能者多，子何功才既获显荣，假乃无期，宠厚将何谓也？无得有不信于贤主耶？"建长跪以青帻幡意语父。父嘿然，有顷，令妻设酒杀鸡与建相乐，谓建曰："吾闻有道之君，以义理杀人；无道之君，以血刃加人。长假无期，唯死不还，将何以自裁乎？"酒毕进药，建遂物故。

石虎《邺中记》曰：勒为石虎讳，呼白虎幡为天鹿幡。

《盐铁论》曰：发春之后悬青幡、筑土牛，殆非明主劝耕稼之意，春令之论也。

《军令》曰：五闻鼓声，举黄帛两半幡，合旗为三面，负阵。

庾肃之教曰：大赦荡然，万物更新。阳幡既建，事从宽简。羌可得询求民瘼，抚循物性。

旒

《周礼》曰：龙旂九斿，象大火也。鸟旟七斿，象鹑火也。熊旗六斿，以象伐也。龟旐四斿，以象营室也。大尾九星，朱鸟七星，参七星，营室四星。

又曰：全羽为旒。

《公羊传》曰：诸侯若赘旒。

《礼含文嘉》曰：天子之旗九仞十二旒，曳地。旗者，旌旗也。所以别尊卑、存贵贱也。诸侯七仞九旒，齐轸。车尔，车后横木也。诸侯之旗齐于车尔。卿大夫五仞五旒，齐较。士三仞三旒，齐首。首，头也。

《广雅》曰：天子十二旒，至地。诸侯九旒，至轸。卿大夫七旒，至毂。士三旒，至肩。

《东京赋》曰：建神旒之太常。

旄

《尚书》曰：武王右秉白旄。孔安国注曰：手秉旄，有事施教也。

又曰：羽畎夏翟。雉名，可饰旄。

《毛诗》曰：建彼旄矣。

又曰：干旄美好，善也。卫文公之臣子多好善，贤者乐告以善道也。孑孑干旄，在浚之郊。

《左传》曰：晋人假羽旄于齐而不归，齐人始贰。

《汉书·武纪》曰：征和二年，更加节黄旄。应劭注曰：时太子亦发节以战，故加黄其上以别之也。

《晋书》曰：王珣，字元琳。弱冠与陈郡谢玄为桓温掾，俱为温所重。尝谓之曰："谢掾年四十，必拥旄杖节。王掾当作黑头公。皆未易才也。"

《鬻子》曰：武王伐纣，乃命太公把旄以麾之，纣军反走。

《列仙传》曰：秦文公时有梓树化为牛，以骑击之，骑不胜。或坠髻被发，牛畏之入河。故秦因致旄头骑使先驱。

《文选》曰：羽旄扫霓。

又曰：羽旄杨蕤。

又曰：素旄一麾，浑一区宇。

《洛神赋》曰：左倚彩旄，右荫桂旗。

《楚辞》曰：建修虹之采旄。

《甘泉赋》曰：流星旄以电烛。

又曰：建雄虹之采旄。缀系之文，相纷错也。五色杂而炫耀。众采杂厕而明朗。

旄

服虔《通俗文》曰：毛饰曰旄。音饵。

《汉魏故事》曰：与外国节皆二，赤旄一，黑旄十，异于常节。

《魏略》曰：诸葛亮见刘备。备性好旄，时适以旄牛尾与备者，备手自结之。亮曰："将军当复有远志耶！止结旄而已。"备知亮非常人，乃投旄而谓曰："以忘忧耳！"

《吴时外国传》曰：黑白旄出天竺国。

《陶公故事》曰：臣侃奏献金缮白旄四枚。

《续异记》曰：竟陵王诞在广陵，左右侍直。眠中梦人告之曰："官须发为稍旄。"觉则已失发矣。如此者数十人。

《俗说》曰：谢安小儿时便有名誉，流闻远国。慕容廆饷谢白狼旄一双，谢时年十三。一作慕容垂也。

魏武《与杨彪书》曰：今赠足下十铃旄一具。

诸葛亮《与瑾书》曰：兄嫌白帝兵非精练到所督，则先主帐下白旄西方上兵也。嫌其少者当复部分江州兵以广益之。

庾翼《与燕王书》曰：今致孔雀旄二枚。

诸葛亮《与吴王书》曰：所送白旄薄少，重见辞谢，益以增惭。

庾翼《与慕容皝书》曰：今致襦铠一领，兜牟白旄自副。

又曰：今致朱漆鉶铏，所谏切。二十张，绛碧画幡，黑旄自副。

麾

《左传》曰：楚人谓"夫旃，子重之麾也"。

《谷梁》曰：日有食之，鼓用牲。于社用牲，非礼也。天子救日，置五麾，陈五兵，五鼓；诸侯置三麾，陈三兵，三鼓；大夫击门，士击柝。

《后汉书》曰：班超拜为将兵长史，假鼓吹幡麾。

王隐《晋书》曰：戴洋病亡，天神使为酒藏吏。授符持幡，麾将士蓬莱诸山，五日更生。

《华阳国志》曰：曹公察关羽不安，使张辽以情问之。羽叹曰："吾极知曹公待我厚，然吾受刘将军恩，誓以共死，不可背之，要当立效报公。"曹闻而义之。是岁绍征官渡，遣骁将军颜良攻东郡太守刘延于白马。公使辽、羽为先锋，羽望见良，麾策马刺良于万众中，斩其首还，遂解延围。公即表封羽汉寿亭侯，重加赏赐。羽尽封其物，拜书告辞而归先主也。

《晋令》曰：两头进战，视麾所指。闻三金音止，二金音还。

《军令》曰：凡战临阵，皆无喧哗。明听鼓音，谨视幡麾。麾前则前，麾后则后，麾左则左，麾右则右，麾不闻令而擅前后左右者斩。

《淮南子》曰：譬若军之持麾者也，妄指而乱矣。

幢

《释名》曰：幢，童也。其貌童童然也。

《晋公卿礼秩》曰：安平王孚、汝南王亮、太傅杨骏、义阳王望、齐王冏、鲁王贾充、河间王颙、梁王肜、秦王东、长沙王乂，皆给羽葆幢。

《后魏书》曰：韩茂膂力绝人，尤善骑射。太宗曾亲征丁零翟猛，茂为中军执幢。时大风，诸军旌旗皆偃仆，茂于马上持幢初不颠倒。太宗异而问之，征茂所属，具以状对。太宗谓左右曰："记之。"寻征诣行在所，试以骑射。太宗深奇之，以茂为虎贲中郎将。

《兵书》曰：赤幢常在，大将不得动摇。赤者，火也。火，土之母，故军主长服赤幢。

节

《周礼》曰：守国者用玉节，守都鄙者用角节，掌邦国之使者用虎节。土国用人节，泽国用龙节，皆金为之。门户用符节，货贿用玺节。使用管节，道用旌节。以竹为之。

《汉书》曰：苏武在匈奴北海牧羊，起卧操节。节，麾也。

又曰：张骞使月支，匈奴得之。留骞五六年，汉节不失。

《东观汉记》曰：郑众谓匈奴曰："不忍将大汉节对毡裘也。"

《唐书》曰：颍王璬为蜀郡都督。璬性俭，率将渡绵州江。登舟见以彩缘席为藉者，顾曰："此可以为寝处，奈何践之？"命撤去之。璬初奉命之藩，卒遽不遑受节。绵州司马史贲进说曰："王，帝子也，且为节度大使。今之藩而不持节，单骑径进，人何所瞻。请建大槊，蒙之油囊为旌节状，先驱道路，足以威众。"璬笑曰："但为真王，何用假旌节乎！"

钺

《释名》曰：钺，豁也。所司莫敢当前，豁然破散也。

《宋林》曰：钺，王斧也。

《开元文字》云：斧也，或为钺。

《尚书·牧誓》曰：王左杖黄钺，右秉白旄以麾，曰："逖矣！西土之人。"

又《顾命》曰：一人冕，执刘立于东堂；一人冕，执钺立于西堂。云冕皆大夫也。钺，属也。立于东西厢之前堂。

《诗》曰：武王载旆，有虔秉钺。如火烈烈，则莫我敢遏。虔，固也。

《礼记》曰：天子赐诸侯乐则以柷将之，赐伯子男乐则以鼗将之。诸侯赐弓矢然后征，赐鈇钺然后杀，赐圭瓒然后为鬯。

又曰：军旅鈇钺，先王之所以节怒也。

又曰：是故君子不赏而民劝，不怒而民威于鈇钺。

《左传》曰：魏绛至，授仆人书，将伏剑。士鲂、张老止之。公读其书曰："君合诸侯，臣敢不敬。君师不武，执事不敬，罪莫大焉。臣惧其死，以及杨干，无所逃罪。不能致训，至于用钺。臣之罪重，敢有不从，以怒君心，请归死于司寇也。"

又曰：将戮庆封，椒举曰："臣闻无瑕者可以戮人。庆封唯逆命，是以在此，其肯从于戮乎？播于诸侯。焉用之？"王弗听。负之斧钺，以徇于诸侯。

又曰：其后襄之二辂，鏚钺秬鬯，彤弓虎贲，文公受之，以有南阳之田。晋文公也。

《史记·殷本纪》曰：当是时，桀为虐乱，婬荒酖酗于酒，不修厥政，天下叛之。而诸侯昆吾氏为乱，汤乃兴师率诸侯。伊尹从汤，汤自把钺以伐昆吾，遂伐桀。

又曰：纣囚西伯于羑里。西伯之臣闳夭之徒求美女、奇物、善马以献纣，纣乃赦西伯。西伯出献洛之地，以请除炮烙之刑，纣乃许之。赐弓矢斧钺使征伐。

又曰：《周本纪》曰："纣嬖妾二女皆经自杀。武王又射三发，击以剑，斩以玄钺。"

又曰：周公旦把大钺，毕公把小钺，以夹武王。

《汉书·刑法志》曰：大刑用甲兵，其次用斧钺；中刑用刀锯，其次用钻凿；薄刑用鞭朴。

《后汉书·郭躬传》曰：窦固出击匈奴，骑都尉秦彭为副。彭在别屯而辄以法斩人，固奏彭专擅，请诛之。显宗乃引公卿朝臣平其罪，科躬以明法律。召入，议者皆然固奏。躬独曰："于法，彭得斩之。"帝曰："毕征校尉一统于督，彭既无斧钺，何得专杀人乎？"躬对曰："一统于督者谓在部曲也，今彭专军别将，有异于此。兵事呼吸不容先关督帅，且汉制棨戟即为斧钺，于法不合罪。"帝从躬之议。

《吴志·陆逊传》曰：逊假节钺为大督，逆曹休，斩获万余。

《吴录》曰：假陆逊黄钺，吴主亲执鞭以见之。

《晋书·天文志》曰：天枪三星在北斗杓东。一曰天钺，天之武备也。

又曰：参十星。一曰参伐，一曰大展，一曰天市，一曰鈇钺，主斩刈。

又曰：青龙三年六月丁未，镇星犯井钺。占曰："为兵气也。"

又曰：甘露元年七月乙卯，荧惑犯井钺。占曰："并有兵事。"

《唐书》曰：天宝中制黄钺。古来以金为饰金者应五行之数，有肃杀之威。去金称黄，理合未当。其钺宜改为金钺，副威武之义焉。

《司马法》曰：夏执玄钺。

崔豹《古今舆服注》曰：玄钺，诸公主得建之。武王以黄钺斩纣，故王者以为戒。太公以玄钺斩妲己，故妇人以为戒。

《博物志》曰：武王伐纣，渡河，大风波。武王操钺秉麾麾之，风波立济。

《正部》曰：奔逃之士，不避斧钺。

张平子《西京赋》曰：于是，蚩尤秉钺，奋鬣被般，禁御不若，以知神奸。

张平子《东京赋》曰：总轻武于后陈，奏丽鼓之嘈囐。戎士介而扬挥，载金钲而建黄钺。

又曰：方相秉钺，巫觋操茢，桃弧棘矢，所发无臬。

又曰：我光武忿之，乃龙飞白水，凤翔参墟，授钺四七，共工是除。

潘元茂《册魏公九锡文》曰：锡以二辂，虎贲鈇钺。

陈孔章《檄吴将校部曲文》曰：丞相秉钺鹰扬，顺风烈火。元戎启行，未鼓而破。

又曰：伏鈇婴钺，首腰分离。

范蔚宗《宦者传论》曰：梁冀受钺，迹罔公正，思固主心，故中外服从，上下屏气。

曹植《王仲宣诔》曰：我公奋钺，耀威南楚。荆人或违，陈戎讲武。

太平御览卷第三百四十二 兵部七十三

剑上

《释名》曰：剑，检也。所以防检非常也。又敛也，以其在身拱时敛在臂内也。其旁鼻曰镡音寻。镡，寻也。带所贯寻也。其末曰锋，末之言也。

《韵集》曰：镡音覃，剑口也。《方言》曰：鞘音肖，谓之室。

《说文》曰：韬，谓之衣。亦曰浇，浇音绕《字林》曰：璏，直例反。剑鼻也。

《礼记》曰：武王克商后散军而郊射。左射狸首，右射驺虞，而贯革之射息也，裨冕搢笏，而虎贲之士脱剑。

又曰：进剑者左首。尊也。

又曰：受弓剑以袂。敬也。

《周礼》曰：周官桃氏为剑，腊广二寸有半寸。腊谓两刃，音猎。两从半之，剑脊两面杀趋锷者。以其腊广为之，茎围长倍之，茎谓剑夹人之所握镡以上。中其茎设其后。谓从中以却稍大之。身长五，其茎长重九锊，音刷。谓之上制，上士服之。身长四，其茎长重七锊，谓之中制，中士服之。身长三，其茎长重五锊，谓之下制，下士服之。今之匕首也，各以形貌大小带之。士，勇士也。

又曰：郑之刀，宋之斤，鲁之削，吴越之剑，迁乎其地而勿能为良，地气然也。

《左传》曰：初，虞叔有玉，虞叔，虞公之弟。虞公求旃。弗献，既而悔之，曰："周谚有之，匹夫无罪，怀璧其罪。吾焉用此以贾害也。"乃献之。又求其宝剑。叔曰："是无厌。无厌，将及我。"遂伐虞，故虞公出奔洪池。洪池，地名。

又曰：莒子庚舆虐而好剑，苟铸剑必试诸人，国人患之。又将叛齐，乌存帅国人以逐之。乌存，莒大夫也。

又曰：吴公子光伏甲于掘室而享王。掘地为室。使甲坐于道。及其门，门阶户席皆王亲也，夹之以铍。羞者献体，改服于门外，进羞者献体解衣也。执羞者坐行而入，执铍者夹承之。承执羞者也。光伪足疾，入法掘室，恐难作王党杀，已预避之也。专诸寘剑鱼中以进，遂杀王。

又曰：吴将伐齐，越子率其众以朝。吴人皆喜，唯子胥惧曰："是豢吴也。"吴王闻之，使赐之属镂以死。属镂，剑也。

又曰：楚太子建为郑人杀之，其子胜在郑。晋人伐郑，楚救之，与之盟。胜怒曰："郑人在此，雠不远矣。"胜自厉剑，子平见之曰："王孙何以自厉也？"曰："将以杀汝父也。"

又曰：宋杀申再，楚子闻之，剑及寝门之外。怒也。

《家语》曰：子路戎服见孔子，拔剑舞之，曰："古之君子以剑自卫。"子曰："古之君子忠以为质，仁以为卫，不出环堵之室，而知千里之外，有不善则以忠化之，寇暴则以仁圉之，何必持剑？"子路曰："由乃得闻此言也，请摄齐以受教。"

又曰：颜回曰："愿铸剑戟为农器。"

《战国策》曰：韩卒之剑皆出于冥山棠溪。墨阳宛冯、龙泉、太阿皆陆断马牛，水击鸿雁，当敌于甲盾耳。此天下名器也。

《国语》曰：齐桓公问曰："齐国寡甲兵，为之若何？"管子曰："小罪谪以金，美金以铸剑戟，试诸狗马；恶金以铸锄夷，试诸壤土，乃甲兵大足也。"

《史记》曰：吴季札之初使，北过徐君，好季札剑，口弗敢言。季札知之，为使上国未献。还至徐，徐君已死，乃解其宝剑系徐冢树而去。从者曰："徐君已死，当谁予乎？"曰："不然。始吾心已许之，岂以死背吾心哉？"

又曰：平原君及毛遂与楚合从，言其利害。日出而言，日中不决。遂按剑而上请平原君曰："从者利害两言而决耳。今日出而言，日中不决，何也？"楚王谓平原君曰："客何为者也？"平原君曰："是胜之舍人也。”楚王叱之：“胡不下？吾乃与君言，汝何为者也？”毛遂按剑而前曰：“今十步之内，王不能恃楚国之众也，王之命悬于遂。且遂闻汤以七十里之地而王天下，文王以百里之壤而臣诸侯，今楚地方五千里，持戟百万，此霸王之资也。白起小竖子耳，率数万之众兴师以与楚战，一战而举鄢郢，再战而烧夷陵，三战而辱王之先人，此百世之怨而赵之所羞。而王弗知，恶合从者为楚非为赵也。吾君在前，叱者何也？”诸侯乃定从。

又曰：《范雎传》云：秦昭王临朝叹息。应侯进曰：“臣闻主忧臣辱，主辱臣死，今大王中朝而忧，臣敢请其罪。”王曰：“吾闻楚之铁剑利而倡优拙。夫铁剑利则士勇，倡优拙则思虑远。夫以远思虑而御勇士，恐楚之图秦也。”

又曰：李斯上书云：“今陛下服太阿之剑，乘纤离之马。此数宝者，秦不生一焉。”

又曰：陈平间行杖剑，亡渡河。舡人见其美丈夫独行，疑其亡将，腰中当有金宝。目之，欲杀平。平恐，乃解衣裸而佐刺舡，舡人知无有，乃止。

又曰：邹阳上书梁王云：“臣闻明月之珠，夜光之璧，以暗投人于道路，人无不按剑相眄者。何则？无因而至前也。”

又曰：高祖送徒骊山，夜径泽中，令一人行前。行前者还报曰：“前有大蛇当径，愿还。”高祖曰：“壮士行，何畏。”乃前，拔剑斩蛇。

又曰：高祖置酒雒阳宫。曰：“吾有三杰而能用之，故吾以布衣提三尺剑取天下也。项羽有一范增而不能用，所以为吾擒也。”

又曰：高祖击英布时，为流矢所中。高祖问医曰：“病可治於？”医曰：“可治。”于是，高祖慢骂之曰：“吾以布衣提三尺剑取天下，此非天命乎！命乃在天，虽扁鹊何益。”

又曰：伍员奔吴，舡人济之。员感其德，解宝剑赐之。舡人曰：“子达吴勿相忘，剑则不敢以当。”

又曰：魏相为丞相，好武。令诸吏有奏事者带剑而前奏，或有不带剑者入奏事，乃借错剑而方敢入。

又曰：荆轲，卫人。之燕，燕人谓之轲卿。轲卿好读书，学击剑，以术说元君，元君不用。

又曰：司马相如好读书，学击剑。故母名曰："犬子"。

《汉书》曰：隽不疑，字曼倩，渤海人。治《春秋》，为郡文学，进退必以礼，名闻州郡。武帝末，暴胜之为直指使者，衣绣衣素。闻不疑贤，至渤海遣吏请与相见。不疑冠进贤冠，带櫑具剑。应劭曰：櫑具，摽首之。櫑：磊落壮大之貌。

又曰：时中国初定，尉他平南越回，王之。高祖使中大夫陆贾赐他印为南越王。王赐贾橐中装千金。贾有五男，乃出所使橐中装，卖千金分其子，子二百金。贾常乘安车驷马、从歌鼓瑟、侍者十人、宝剑值百金。谓其子曰："与汝约：过汝，汝给人马酒食，极欢十日，而更约所。死家得宝剑。"其游汉庭，名声籍甚。言狼籍甚盛也。

又曰：朱博奏王莽为庶人，莽就国。南阳太守以莽贵重，选门下掾孔休守新都伯。休谒见莽，莽尽礼自纳，休亦闻其名。莽后病，休候之。莽缘恩意进其玉具剑，欲以为好，休不肯受。莽因见诚："见君面有瘢，美玉可以灭瘢。"休复辞让。莽曰："君嫌其价耶"。遂椎碎自裹以进，休乃受之。

又曰：朱云曰："臣愿请上方斩马剑断佞臣一人首。"上问谁，对曰："安昌侯张禹。"上怒。

又曰：龚遂为渤海太守，务农。劝人卖剑买牛。曰："可为佩牛乎！"

又曰：沛公从百余骑，见羽于鸿门。羽因留沛公饮，范增数目羽击沛公，羽不应。范增起出，谓项庄曰："君王为人不忍，汝入，以剑舞，因击杀之。"庄入为寿，寿毕，曰："军中无以为乐，请以剑舞。"因拔剑起舞。项伯亦起舞，常以身翼蔽沛公，获免。

又曰：孝景帝赐卫绾曰："先帝赐臣剑凡六，不敢奉诏。"上曰："剑，人之所施，独亦至今乎！"绾曰："具在。"上使取六剑，尚盛未尝服之也。

又曰：质氏以治削而鼎食。注：治刀剑也。

又曰：王莽使武贲以斩马剑挫音锉。董忠。

又曰：梁冀带剑入省，尚书张凌呵叱令出。冀跪谢，凌不应，因劾奏。诏以一岁俸赎罪。

《楚汉春秋》曰：上过陈留，郦生求见。使者入通，公方洗足，问如何人。曰："状类大儒。"上曰："吾方以天下为事，未暇见大儒也。"使者出告，郦生瞋目按剑入言："高阳酒徒，非儒者也。"

《后汉书》曰：韩棱为尚书令，与仆射郅寿、尚书陈宠同时俱以才能称。肃宗尝赐诸尚书剑，唯此三人，特以宠剑自手署名曰："韩棱楚龙泉"、《晋太康记》曰："汝南西平县有龙泉，可淬刀剑，特坚利。"汝南即楚分野也。"郅寿蜀汉文"、"陈宠济南椎成"。椎，音直追切。《汉官仪》椎成作锻成。时论者为之说：以棱深有谋故得龙泉，寿明达有文章故得汉文，宠敦朴善不见外故得椎成。

谢承《后汉书》曰：延熹中，诏应奉曰："蛮夷叛逆作难，积恶放恣，镬中之鱼，火炽汤尽，当急焦烂，以刷国耻。朝廷以奉昔守南土，威名播越，故复式序重任，奉之兴废期在于今。赐奉钱十万，驳犀方具剑、金错把刃剑、革带各一，奉其勉之。"

又曰：吴郡张业，字仲叔，为郡门下掾。逐太守归乡里，至河内，遇贼，业拔剑与贼交战而死。子武，时幼不识父，伤父丧不还。每至节日，持业遗剑至河内，到业死处，醊祭悲哀，感动路人。

《东观汉记》曰：世祖十三年，王国有献名马、宝剑，直百金。马以驾鼓车，剑以赐骑士。

又曰：冯石袭母公主封获嘉侯亦为侍中，稍迁卫尉，能取悦当世，为安帝所宠。帝尝幸其府，留饮十数日，赐驳犀具剑、紫艾绶、玉玦各一。

又曰：建武二年，遣冯异西击赤眉，平关中，上自河南赐异乘舆、七尺玉具剑。

又曰：光武有骇犀之剑，以赐陈遵。

《魏志》曰：文帝为太子时，与邓展饮酣，论及剑术，不决。时方食甘蔗，因以习之，下殿数交，三中其臂。

《魏略》曰：严翰，字公仲。器性重厚，笃好击剑。

《魏氏春秋》曰：魏武过城皋故人吕伯奢。伯奢不在，家人为供。王闻其食器声，疑其图己。夜手剑杀八人。既见食饮而凄怆曰："宁我负人，无令人负我。"

《吴书》曰：太史慈临亡叹息曰："丈夫生世当带七尺之剑，以升天子之阶。今所志未从，奈何而死乎！"权甚悼惜之。

《晋书》曰：上公九命，则剑履上殿。

又曰：张轨遣主簿令狐亚聘南阳王模，甚悦，遗轨以帝所赐剑。谓轨曰："自陇已西征伐断割悉以相委，如此剑矣。"

又曰：武库火，历代之宝孔子履、汉高斩白蛇剑、王莽头皆失所在。张华见龙剑排户而飞去。

又曰：何攀除兖州刺史，锡班剑、赤舄。

又曰：王如初聚众作逆，败。王敦弟稜爱骁武，请敦配麾下，稜甚加宠遇。如数与敦将角射斗争为过，稜杖之，如甚以为耻。初，敦有不臣之迹，稜每谏之，敦常怒异色。乃密使人激怒如，劝令杀稜。因稜闲宴，如请剑舞为劝，稜从之。如于是舞刀为戏，渐来前，稜恶而阿之，不止，遂直前斩稜。敦闻而佯惊，亦捕如诛之。

又曰《张华传》：吴之未灭也，斗牛之间常有紫气。道术者皆以吴方强盛，未可图也。唯司空张华以为不然。及吴平之后，紫气愈明，华闻豫章人雷焕妙达纬象，乃要焕宿。屏人曰："可共寻天文，知将来凶吉。"因登楼仰观。焕曰："仆察之久矣，唯牛斗之间颇有异气。"华曰："是何祥也？"焕曰："宝剑之精，上彻于天耳。"华曰："君言得之。吾少时，有相者言吾年出六十，位登三事，当得宝剑佩之，斯言效欤？"因问曰："在何郡？"焕曰："在豫章丰城。"华曰："欲屈君为宰，密共寻之，可乎！"焕许之。华大喜，即补焕丰城令。焕到县，掘狱屋基，入地四丈余，得一石函，光华非常，中有双剑并刻题，一曰龙泉，一曰太阿。其夕，牛斗间气不复见焉。焕以南昌西山北崖下土以拭剑，光芒艳发，大盆盛水置剑其上，视之者精芒炫目。遣使送一剑并土与华，留一自佩。或谓焕曰："得两送一，张公岂可欺乎？"焕曰："大朝将乱，张公当受其祸，此剑当系徐君墓树耳！灵异之物，终当化去，不永为人服也。"华得剑，宝爱之，常置坐侧。华以南昌土不如华阴赤土，报焕书曰："详观剑文，乃干将也，莫邪以复不至。虽然，天生神物终当合耳。"因以华阴土一斤致焕，焕更以拭剑，倍益精明。华诛，失剑所在。焕子华为州从事，持剑行经延平津，剑忽于腰间跃出堕水，使人没水取之，不见剑，但见两龙各长数丈，蟠萦有文章。没者惧而返。须臾，光彩照水，波浪惊沸，于是失剑。华叹曰："先君化去之言，张公终合之论，此其验乎！"华之博物多此类。

又曰：《载记》云：刘曜自以形质异众，恐不容于俗，隐迹管涔山，以琴书为事。尝夜闲居，二童子入跪曰："管涔王使小臣奉谒赵皇帝，献剑一口。"置前再拜而去。以烛视之，剑长二尺，光泽非常，赤玉为室，背有铭云："神剑服御除众毒。"曜遂服之。剑随四时变为五色。

崔鸿《后赵录》曰：张宾阔达有大节，尝自谓昆弟曰："吾自言智算鉴识不后张子房，但不遇高祖耳。"勒与诸将下山东，宾曰："吾历览诸将，独胡将军可与共成大事者。"乃提剑军门，大呼请见。

《宋书》曰：初，世祖尝赐谢庄宝剑，庄以与豫州刺史鲁爽别。后爽反叛，世祖因宴集问剑所在。答曰："昔以与鲁爽别，窃为陛下杜邮之赐。"上甚悦，当时以为知言。

《梁书》曰：天监五年，卢陵太守王希聃于高昌县获铜瑞剑二口。以闻曰："薄伐凶丑，而龙渊耀质；匈奴将灭，白旗表征。"

又曰：七年，会稽太守衡阳王元简上言，馀姚县掘地得剑二口，又于县东江水中得剑一口，文漫若雌雄。

又曰：羊侃初为尚书郎，以勇闻。魏帝尝谓曰："郎官谓卿为虎，岂羊质虎皮乎？试作虎状。"侃因以手抉殿柱没指。魏帝壮之，赐以珠剑。

《三国典略》曰：侯景篡位，迁豫章王拣别官。白虹贯日，三重；其夜，月入太微掩帝坐，景所带剑水精标无故坠落，景身自俯拾，心亟恶之。

《五代周史》曰：郑仁诲字日新，晋阳人。父霸累赠太子太师。仁诲幼事唐骁将陈绍光。绍光恃勇使酒，尝乘醉抽佩剑将剚刃于仁诲，左右无不奔避。唯仁诲端立以俟，略无惧色。绍光因掷剑于地谓仁诲曰："汝有此气度，必当享人间富贵。"

太平御览卷第三百四十三 兵部七十四

剑中

《吴越春秋》曰：越王允常聘欧冶子作名剑五枚，三大二小，一曰纯钧，二曰湛卢，三曰豪曹，或曰盘郢，四曰鱼肠，五曰钜阙。秦客薛烛善相剑，王取豪曹示之，薛烛曰："非宝剑也，夫宝剑五色并见，今豪曹五色黯然无华，殒其光，亡其神矣。"王复取钜阙示之，烛曰："非宝剑也。夫宝剑金锡和同，气如云烟，今其光已离矣。"王复取鱼肠示之，薛烛曰："夫宝剑者，金精从理，至本不逆。今鱼肠倒本从末，逆理之剑也。服此者臣弑其君，子弑其父。"王取纯钧示之，薛烛矍然而望之曰："光乎如屈阳之华，沈沈如芙蓉始生于湘，观其文如列星之芒，观其光如水之溢塘，观其色涣如冰将释，见日之光，此纯钧者也。"王曰："是也。客有买此剑者，市之，乡三十、骏马千匹之千疋、千户之都二，其可与乎？"薛烛曰："不可。臣闻王初造此剑，赤董之山破而出锡，若耶之溪涸而出铜，雨师洒道，雷公发鼓，蛟龙捧炉，天帝壮炭，太乙下观。于是，欧冶子曰：天地之精，悉其伎巧，造为此剑。吉者宜王，凶者可以遗人。凶者尚直万金，况纯钧者耶。"取湛卢，薛烛曰："善哉！衔金铁之英，吐银锡之精，奇气托灵，有游出之神。服此剑者，可以折冲伐敌。人君有逆谋则去之他国。"允常乃以湛卢献吴。吴公子光杀吴王僚，湛卢去如楚。昭王寤而得之，召风胡子问之。"此剑直几何？"对曰："赤董之山已合，若耶之溪深而不测，群神上天，欧冶已死，虽有倾城量金珠玉不可与，况骏马万户之都乎！"

又曰：越王问范蠡用兵行阵。对曰："越有处女出于南林之中，愿君王问以手战之道，立可见也。"处女将见，道逢老人自称袁公，袁公曰："闻子善为剑，愿一观之。"女曰："妾不敢有隐。"袁公即跪拔林之竹，处女即捷其末，公操其本而刺处女，处女因举杖击之，袁公即飞上树变为白猿。女别去，见越王。越王大悦，乃命五校之队长高才习之以教军人。当此之时，皆称“越女剑。”

又曰：干将者，吴人。与欧冶同师，俱作剑。前献剑一枚，阖闾得而宝之。以故使干将造剑二枚，一曰干将，二曰莫邪。莫邪者，干将之妻名也。干将作剑采五山之精，合六合之英，候天伺地，阴阳同光，百神临观，天气下降，而金铁之精未流。莫邪曰：“子以憘为剑闻于王，王使子作剑三年不成者，其有意乎？”干将曰：“吾不知其理。”莫邪曰：“夫神物之化，须人而成，今夫子作剑得无当得人而后成？”干将曰：“昔吾师之作冶也，金铁之颖不消，夫妻俱入冶炉之中。”莫邪曰：“先师亲烁身以成物，妾何难也。”于是干将夫妻乃断发剪指投之炉中，使僮女一作“子”三百鼓橐装炭，金铁乃濡，遂以成剑。阳曰干将，而作龟文；阴曰莫邪，而作漫理。干将匿其阳出其阴而献之阖闾，阖闾甚惜之。

又曰：伍子胥过江，解剑与渔父曰：“此剑中有七星北斗文，其直千金。”

《越绝书》曰：楚王召风胡子而问之曰：“寡人闻吴有干将，越有欧冶子，此二人寡人愿赍邦之重宝，皆以奉。子因吴王请此二人为铁剑，可乎？”风胡子曰：“善。”于是，乃令风胡子之吴见欧冶子、干将，使之为铁剑。欧冶子、干将凿茨山，泄其溪，取其铁英为剑三枚：一曰龙渊，二曰太阿，三曰工市。剑成，风胡子奏之楚王。楚王见之，精神太悦。见风胡子问之曰：“此三剑其名为何？”风胡子曰：“一曰龙渊，二曰太阿，三曰工市。”楚王曰：“何为龙渊、太阿、工市？”风胡子曰：“欲知龙渊，观其状如登高山，临深渊。欲知太阿，观其锷巍巍翼翼如流水之波。欲知工市，观其锷从文间起至脊而止，如珠而不可枉，文若流而不绝。”晋郑闻此三剑而求之不得，兴师围楚之城，三年不解。仓谷尽，库无兵革，于是引太阿之剑，登城而麾之，三军破败，士卒迷惑，流血千里，晋郑之头毕白。楚王于是大悦，曰：“此剑威耶？寡人力也。”风胡子对曰：“剑之威也，因大王之神。”楚王曰：“夫剑，铁耳。固能有精神如此乎？”风胡子曰：“神农以石为兵，黄帝以玉为兵，禹以铜铁为兵，天下皆服，此亦铁之神也，王之德也。”

又曰：阖闾冢吴县昌门外，名曰白虎丘。磐郢、鱼肠之剑在焉。十万人治之，葬三日，白虎居上，号曰虎丘。

又曰：伍子胥走吴，至江上，见渔者曰：“来渡我。”渔者知其非恒人，即载入舡。子胥即解其剑以与渔者曰：“吾人之剑，直百金，请以与子也。”渔者曰：“吾闻荆王有令曰：能得伍子胥者，购之千金。吾欲得荆王之千金，何以子百金之剑为？”渔者渡千斧之津，曰：“亟餐而去，无令遣追者及子也。”子胥行，即覆舡，伏匕首自刎而死。

《琴操》曰：聂政父为韩王冶剑，过期不成，王杀之。时政未生，壮问母，知之。乃上太山，遇仙人学鼓琴。漆身为厉，吞炭变音，七年琴成。入韩逢其妻，从置栉对妻而笑。妻泣曰：“君何似政齿？”政曰：“天下人齿相似。”反入山，援石击落其齿。以刀内琴中，刺韩王。

《列士传》曰：干将、莫耶为晋君作剑，三年而成。剑有雌雄，天下名器也。乃以雌剑献君，留其雄者。谓其妻曰：“吾藏剑在南山之阴，北山之阳，松生石上，剑在其中矣。君若觉，杀我，尔生男以告之。”及至，君觉，杀干将。妻后生男，名赤鼻，具以告之。赤鼻斫南山之松，不得剑，思于屋柱中得之。晋君梦一人眉广三寸，辞欲报仇。购求甚急。乃逃朱兴山中，遇客欲为之报，乃刎首。将以奉晋君，客令镬煮之头三日，三日跳不烂。君往观之，客以雄剑倚拟君，君头堕镬中，客又自刎。三头悉烂，不可分别分葬之，名曰：“三王冢。”《列异传》曰：莫耶为楚王作剑，藏其雄者。《搜神记》亦曰：为楚王作剑。余悉同也。

《孝子传》曰：眉间赤名赤鼻，父干将，母莫耶。父为晋王作剑，藏雄送雌。母孕尺，父曰：“男，当告之曰：出户望南山，松上石上，剑在其巅。及产，果男。母以告之，尺破柱得剑，欲报晋君。客有为报者，将尺首及剑见晋君。君怒，烹之，首不烂。王临之，客以拟王，王首堕汤中，客因自拟之。三首尽糜不分，乃为三冢，曰“三王冢”也。

《文士传》曰：魏文帝爱杨修才，修诛后追忆修。修曾以宝剑与文帝，文帝后佩之，告左右曰："此杨修剑也。"

周斐《先贤传》曰：许嘉给县功曹仪小吏，常持剑侍臣功曹，月朔晨朝并持炬火。嘉于是忿然叹曰："男儿为吏，不免贱役。"即投火于地，以剑带槐树趋谒府门。

《南记》曰：魏应字尹伯，任城人。明鲁诗，章帝重之。数进见论难于前，特受赏赐剑玦衣服。

《先贤行状》曰：王烈字彦考，通识达道。时国中有盗牛者，牛主得之，盗者曰："我邂逅迷惑，从今已后将改过。子既已赦宥，幸无使王烈闻之。"人有以告烈者，烈以布一端遗之。或问："此人既有盗畏君闻之，反与布，何也？"烈曰："昔秦穆公人盗其骏马，食之，已而赐之酒。盗者不爱其死以救穆公之难。今此盗人能悔其过，惧闻之，知是耻恶则善心将生，故与布劝为善也。"一年之中，行路老父担重，人代担行数十里，欲至家，置而去。问姓字不以告。顷之，老父复行，失剑于路，有人行而遇之，欲置而去，惧后人得之，剑主永失所取，而购募或能差错，遂守之。至暮，剑主还，见之，前者代担人也。老父揽其袂曰："子前者代吾担，不得姓名，今子复守吾剑于路，未有若子之仁，子请告吾姓名，将以告王烈。"乃语之而去。老父以告烈，烈曰："世有仁人，吾未见之。"使人见之，乃昔时盗牛人也。

《雷焕别传》曰：焕字孔章，鄱阳人。善星历卜占。晋司空张华夜见异气起牛斗，华问焕"见之乎？"焕曰："此谓宝剑气。"华曰："时有相吾者云：君当贵绕身佩宝剑。此言欲效矣。"乃以焕为丰城令。焕至县，移狱掘入三十余尺，得青石函一枚，中有双剑，文采未甚明。焕取南昌西山黄白土用拭剑，光艳照曜。乃送一剑并少黄土与华，自留一剑。华得剑并土曰："此干将也，莫耶已复不至，而天生神物，终当合耳。"乃更以华阴赤土一斤送与焕。焕得磨剑，鲜光愈亮。及华诛，剑亡，玉匣莫知所在。后焕亡，焕子爽带剑经延平津，剑无故堕水。令人没水逐觅，见二龙长数丈盘交，须臾，光彩微发，曜日映川。

《说苑》曰：经侯往过魏太子，左带玉具剑，右带环佩，左光照右，右光照左。

又曰：西闾过渡河而溺焉。能说诸侯，过曰："干将莫耶拂钟不铮，以之摄履，曾不如两钱之锥。"铮，楚庚切。

又曰：齐遣淳于髡到楚。髡为人头小，楚王甚薄之。谓曰："齐无人耶？而使子来，子何长也？"髡对曰："臣无所长，腰中七尺之剑，欲斩无状王。"王曰："止。吾但戏子耳。"即与髡共饮酒。

《盐铁论》曰：所谓利兵者，非谓吴楚之铤、干将之剑也。以道德为城，以仁义为郭，莫之敢攻，莫之敢入，文王是也。以道德为胄，仁义为剑，莫之敢当，莫之敢御，汤武是也。今不建不攻之城、不可当之兵，而任匹夫之役，而行三尺之刃，亦细矣。

魏文帝《典论》曰：余好击剑，善以短乘长。选兹良金，命彼国工，精而炼之，至于百辟。其始成也，五色骇炉，巨橐自鼓。

又曰：建安二十四年二月丙午，魏太子丕造百辟宝剑，长四尺二寸，重一斤十有五两，淬以清漳，厉以礛音监𥐻音诸，饬以文玉，表以通犀，光似流星，名曰"飞景"。礛𥐻，青砺石也。

《世说》曰：王子乔墓在金陵。战国时，人有盗发之者，睹无所见，唯有一剑停在室中。欲进取之，剑作龙鸣虎吼，遂不敢近，俄而，径飞上天。

又曰：锺会是荀济北从舅，二人情好不协。荀有好宝剑，可直百万，常在母锺太夫人许。会善书，学荀手迹作书与母取剑，仍窃去不还。荀深知是锺，无求得，求思所以报之。锺会兄弟共以千万起新宅，始成，甚精丽，未得移住。荀善画，于是潜往画锺门堂并作太傅形像，衣冠状貌如平生。二锺来入门，便大感恸。于是，宅遂空废。

陶弘景《刀剑录》曰：夏禹字高密，在位十年。以庚戌八年铸一剑，长三尺九寸，后藏于会稽秦望山。腹上刻二十八宿文，有背面，面记星辰，背记山水日月。

又曰：启子少康在位二十九年。岁次辛卯二年春，铸一铜剑，上有八方面，长三尺一寸，头方。

又曰：孔甲在位四十年。以九年岁次甲辰，采牛头山铁铸一剑，铭之曰："夹"，古文篆，长四尺一寸。

又曰：太田在位三十二年。以四年岁次甲子铸一剑，长二尺九寸，文曰："定光"，古文篆书。

又曰：武丁在位五十九年。岁次戊午铸一剑，长三尺，铭曰："照胆"，大篆书。

又曰：周昭王瑕在位五十一年。二年岁次壬午，铸五剑，各投五岳镇方岳。大篆书，长五尺。

又曰：简王夷在位十四年。岁次癸酉铸一剑，铭曰"日骏"，长三尺，大篆书。

又曰：秦昭王在位五年。元年丙午铸一剑，长三尺。铭曰"诫"，大篆书。

又曰：始皇在位三十七年。三年丁巳采北祇铜铸二剑，铭曰："定秦"。李斯小篆书，李斯刻。一口埋在阿房阙下，一口埋在日观台。长六尺。

又曰：前汉刘季在位十二年，季以始皇三十四年于南山得一铁剑，长三尺，小篆书铭曰："赤霄"。及贵，常服之。此即斩白蛇之剑也。

又曰：文帝恒在位二十三年，以初元十九年庚午铸三剑，各长三尺三寸，铭曰："神龟"，形以应大横之兆。帝崩，命入玄宫。

又曰：武帝彻在位五十四年，以元光五年乙巳铸八剑，各长三尺六寸，铭曰："八服"，小篆书。嵩霍衡华太山皆埋之。

又曰：宣帝询在位二十五年。太始四年铸两剑，各长三尺。一曰毛，二曰贵，以应足下毛之祥。皆小篆书。

又曰：平帝衎在位五年。元始元年辛酉掘得一剑，上有帝名，因服之，大篆书。

又曰：新室王莽在位十八年，建国五年庚午造威斗及神剑，皆练五石为之。铭曰："神胜万国伏"。小篆书。长三尺六寸。

又曰：刘更始圣公在位二年。自选一剑，铭曰"更国"，小篆书，

又曰：后汉光武刘秀在位三十三年。未贵时，在南阳鄂水中得一

剑，文曰："秀霸"，小篆书。帝服之。

又曰：汉明帝在位十八年，元和元年戊午铸一剑，上作龙形，沉之于洛水。洛水清，往往有人见。

又曰：章帝炟在位十三年。建初八年铸一金剑，投之伊水中以厌脨人之怪。弘景按：《水经》伊水有一物如人脨头，有人浴辄引之投水。

又曰：安帝祐在位十九年。永初七年铸一剑，藏峨嵋山，拟山王也。

又曰：顺帝宝在位十九年。永建元年铸一剑，长三尺四寸，小篆书，铭曰："安汉"。后遂为年号。

又曰：灵帝宏在位二十二年。以建和三年铸四剑，铭曰："中兴"。一剑无故而失。

又曰：魏武帝曹操以建安二十年于谷中得一剑，三尺六寸，上有金字铭曰："孟德王常服之。"

又曰：齐王芳正始六年造一剑，常服之。无故失其刃，但有空匣。

又曰：吴主孙权黄武五年采武昌山铜铁作十口剑，万口刀，各长三尺九寸。刀头方皆是南钢越炭作之，上有"大吴"篆字。

又曰：吴孙权赤乌中有人得淮阴侯韩信剑，帝赐周瑜。

又曰：孙亮建兴二年铸一剑，铭曰："流光"，小篆书。

又曰：孙皓建初元年铸一剑，铭曰："皇帝吴主"，小篆书。

又曰：蜀后主刘禅延熙二年造大金剑，长一丈二尺，镇剑口山。往往人见辉光，后人处处求觅不得。

又曰：宋刘昱元徽二年于蒋山顶造一剑，铭曰："永蜀"，小篆书。

又曰：蜀王刘备章武元年辛丑采金牛山铁铸八剑，各长三尺六寸。一备自佩，一与太子，一与梁王理，一与鲁王永，一与诸葛亮。二与张飞关羽，一与赵云。并是亮书作风角处所。

又曰：晋怀帝名炽，永嘉元年造一剑，长五尺，铭曰："步光"，篆字。

又曰：东晋司马衍咸和元年造剑十三口，铭曰："兴国"。

又曰：东晋司马昌明太元十年于金华山顶埋一剑，铭曰："神剑"。

又曰：后魏道武帝登国元年于阿理铸二剑，一铭曰"镇山"。一铭曰:“沉水”, 并隶书。

又曰: 明元帝以太常元年造一剑, 长四尺, 铭背曰:“太常”。

又曰: 太武帝至真君元年, 有道士继天师自为帝造剑, 因改元为真君。剑长三尺六寸, 隶书。

又曰: 梁武帝萧衍天监元年即位, 至普通中岁在庚申, 命弘景造神剑十三口。用金、银、铜、铁、锡五色合为此剑。长短各依剑洞术法, 一曰凝霜, 道家三洞九真, 剑上刻真人玉女名字。二曰宫仪, 备斋六宫, 有剑神名, 无刃, 刻宫宿星, 皇后服之。三曰擒光, 备非常御斩刺, 长三尺六寸, 上刻风伯雨师形名。四曰九天, 出军行师, 君执授将, 长五尺, 金镂作蚩尤神形。五曰伐形, 刻符篆道家登真图口诀, 六甲神, 长五尺。六曰四目, 突宫闱茵被卧止小室幄帐中, 长三尺五寸, 七曰五威灵光, 长二尺许, 半身有刃, 上刻星辰北斗天市天魁二十八宿, 服此除百邪魑魅, 去厌即伏用之。八曰风鸟, 有恶鸟鸣, 起镇之; 上有黄帝咒法, 禹步形势用之。九曰司命, 行刑煞罚者执之, 赐万姓自裁者。十曰礼剑, 生畜男子弧矢彀剑则用之。十二曰永昌, 镇国安社用之, 长七尺。十三曰闰剑, 长六尺。所以作十三口象闰月故也。取上元甲子时加斗魁, 加岁正月旦合, 合之取风雷雨震, 日止环偏, 长八寸, 文曰“服之者永治四方”, 小篆文。

太平御览卷第三百四十四 兵部七十五

剑下

《吕氏春秋》曰：伍员如吴。过於荆，至江上，欲涉，见一丈人刺小舡，方将渔，从而请焉。丈人刺度之。已绝江，问其名族则不肯告。解其剑以与丈人，曰："千金剑也，愿献之丈人。"丈人不受，曰："荆国之法得伍员者爵执圭，禄万石，金千镒。昔者子胥过吴，尚犹不取，今我何用子之千金剑为乎？"伍员过于吴，使人求之江上，则不从得。每食必祭之，祝曰："江上之丈人，天地至大矣！将奚不有，名不可得而闻，身不可得而见？"

又曰：相剑者曰："白所以为坚也，黄所以为纫也，黄白杂则坚且纫，良剑也。"难者曰："白所不以为纫也，黄所以为不坚也，黄白杂则不坚且不纫。又柔则锩，坚则折，剑折且锩，焉得为利剑？"剑之精未革，而或以为良，或以为恶，说使之也。故有以聪明听说，则妄说者止；无以聪明听说，则尧桀无别矣。此忠臣之所患，贤者之所以废也。

又曰：荆有次非者，一作佽。得宝剑于干遂。干遂，邑名。还反涉江至于中流，有两蛟夹绕其船。次非谓舟人曰："汝尝见两蛟夹舟而舟中之人有全活者乎？"舟人曰："未之见也。"次非曰："若如是，吾固江中腐肉朽骨耳，弃剑而已，余何爱焉。"遂攘臂袪衣，拔剑赴江刺蛟，杀之而复上，舟中之人皆获全。荆王闻之，仕以执圭。《周礼》"侯执信圭。"楚以次非为勇武侯。孔子闻之，曰："腐肉朽骨犹能除害，见几哉！"

又曰：剑不徒断，车不自行，或使之也。

又曰：楚王有人涉江者，其剑自舟中坠于水，遽契其舟。曰："是吾剑之所从坠也。"舟止，从其所契者入求之。舟已行矣，而剑不行，求剑若此，不亦惑乎。

《龙鱼河图》曰：流洲在西海中，地方三千里，上多山川，积石名为昆吾石。冶其石为铁作剑，光明照洞如水精，以割玉如土。

又曰：剑名飞杨。

《山海经》曰：蛟鱼皮有珠文而坚，可以饰刀剑口。

又曰：汲郡冢中得铜剑一枚，长三尺五寸。今所名干将剑。明古者通以锡铜为兵器。

又曰：有君子之国，其人衣冠带剑。

《广雅》曰：断蛇、鱼肠、纯钩、燕支、蔡偷、属镂、干胜、堂谿、墨阳，并剑名也。

周迁《舆服杂事》曰：剑所从来久矣，其后唯朝服带剑。晋朝代之以木，贵者玉饰首，贱者以蚌、金、银、玳瑁为雕饰。

张敞《晋东宫旧事》曰：太子仪饰有玉头剑。

《古今注》曰：吴大帝的宝剑六，一曰白虹，二曰紫电，三曰辟邪，四曰流星，五曰青冥，六曰百里。

《十洲记》曰：流洲在西海中，上有山川，积石为昆吾。冶其石成铁作剑，光明照如水精状，割玉如泥。

《汉武内传》曰：王母带分景之剑，上元夫人带流黄择精之剑。

《神仙传》曰：真人去世，多以剑代形。五百年后，剑亦能灵化。其验矣。

《西京杂记》曰：汉高祖斩蛇剑以七彩珠、九华玉为饰，五色瑠璃为匣，刃上常如霜雪，光景照外。开囊拔鞘，辄有风气射人。

《拾遗记》曰：颛顼高阳氏有画影剑，腾空剑，若四方有兵，此剑则飞赴指其方则克。未用时，在匣中常如龙虎吟。

又曰：越王勾践使工人以白牛白马祀昆吾山神，以成八剑。一名掩日，以之指日则日光昼暗。金者阴物也，阴盛则阳灭。二曰断水，画水开即不合。三曰转魄，指月蟾兔为之倒转。四曰悬剪，飞鸟游遇触其刃如斩截焉。五曰惊鲵，以之沉海，鲸鲵为之深入。六曰灭魂，扶以之夜行，不遇魑魅。七曰却邪，有妖魅见之则止。八曰真刚，以之切玉断金，如刻削土木矣。以应八方之气也。

雷次宗《豫章记》曰：吴未亡，恒有紫气见于牛斗之间。占者以为吴方兴，唯张华以为不然。及平，此气愈明。张华闻雷孔章妙达纬象，乃要宿，屏人问天文将来吉凶。孔章曰："无他象，唯牛斗之间有异气，是宝物之精，上彻于天耳。""此气自正始嘉平至今日，众咸谓孙氏之祥，唯吾识其不然。今闻子言，乃玄与吾同。今在何郡？"曰："在豫章丰城。"张遂以孔章为丰城令。至县，移狱掘深二丈得玉匣，长八九尺，开之得二剑，一龙渊，二即太阿。其夕牛斗气不复见。孔章乃留其一，匣龙渊而进之。剑至，张公于密发之，光焰韡韡，焕若电发。后张遇害，此剑飞入襄城水中。孔章临亡，诫其子恒以剑自随。后其子为建安从事，经浅濑，剑忽于腰中跃出。初出犹是剑，入水乃变为龙，逐而视之，见二龙相随而逝焉。孔章曾孙穆之犹有张公与其祖书反复，桑根纸古字。县后有掘剑窟，方广七八尺。

《搜神记》曰：东越门中有岭高数十里，下北隰中有大蛇，长七八丈，大十余围。常病都尉及长吏。下梦巫觋，欲得童女。常八月朝祭送，蛇辄吞之，已用九女。李诞有小女名寄，应募而行。乃请好剑、咋蛇犬，作数斛餈，蜜灌之，以置穴口。蛇出，头大如囷，目如二尺镜，先啖餈蜜。寄便放犬咋蛇，以剑斫杀。得九女髑髅。越王乃娉寄为后。

又曰：会稽贺瑀字彦琚，得疾不知人，唯心下温。二日苏，云："吏已将上天，入曲房，房中有层架，其上层有印，中层有剑，使瑀唯意所取。而短不及上层，取剑而出。门吏曰：'恨不得印，可策百神，剑唯得使社公耳。'"

《异苑》曰：吏惠帝元康三年，武库火，烧孔子屐、高祖斩白蛇剑、王莽头等三物。中书监张茂先惧难作，列兵陈卫，咸见此剑穿屋飞出，莫知所向。

《辛氏三秦记》曰：三月三日，秦昭王置酒河曲，有神人自泉而出，捧水心剑，曰："令君制有西夏。"

《老子》曰：服文彩，带利剑。

又曰：善摄生者兵无所容其刃。

《庄子·说剑篇》曰：昔赵文王喜剑，剑士侠门而客三千余人，日夜相击于前，死伤者岁百余人，好之不厌，如是三年国衰，诸侯谋之。太子悝患之，募左右曰："孰能说王之意，止剑士者奉千金。"左右曰："庄子当能。"太子使人奉千金，庄子弗受，与使者皆往见太子曰："闻太子欲用周者绝王之喜好也。"太子曰："然。吾王所见者唯剑士也。"庄子曰："诺。周善为剑。"太子曰："吾王所好剑士也。蓬头突鬓，垂冠缦胡之缨，短后之衣，瞋目而语难，王见说之。今夫子必儒服见王，事必大逆。"庄子请治剑服。三日，太子乃见王。王脱白刃待之。庄子入殿门不趋，见王不拜，王曰："子欲何以教寡人，使太子先焉？"曰："臣闻大王喜剑，故以剑见王。"王曰："子之剑何能禁制。"曰："臣之剑十步一人，千里不留行。"王大悦，曰："天下无敌矣。"庄子曰："夫为剑者，示之以虚，开之以利，后之以发，先之以至，愿得试之。"王曰："夫子休，就舍待命，设戏请夫子。"王乃校剑士，七日七夜死伤者六十余人，得五六人，使捧剑于殿下，乃召庄子。王曰："今日使剑士交剑。"庄子曰："望之以久矣。"王曰："夫子御杖长短如何？"庄子曰："臣之所奉皆可，臣有三剑，唯王所用，请先言而后试。"王曰："愿闻三剑。"曰："有天子之剑，有诸侯之剑，有庶人之剑。"王曰："天子之剑何如？"曰："天子之剑以燕溪石城为锋，齐岱为锷，晋卫为脊，周宋为镡，韩魏为铗，苞以四夷，裹以四时，统以渤海，带以常山，制以五行，论以刑德，开以阴阳，持以春夏，行以秋冬。此剑直之无前，举之无上，按之无下，运之无旁，上决浮云，下绝地纪。此剑一用匡诸侯，天下服矣。此天子之剑也。"文王茫然自失，曰："诸侯之剑如何？"曰："诸侯之剑以智勇士为锋，以清廉士为锷，以贤良士为脊，以忠圣士为镡，以豪杰士为铗。此剑直之亦无前，举之亦无上，按之亦无下，运之亦无旁。上法圆天以顺三光，下法方地以顺四时，中和人意以安四乡。此剑一用如雷电之震也，四封之内无不宾服而听从君命者。此诸侯之剑也。"王曰："庶人之剑如何？"曰："庶人之剑蓬头突鬓，垂冠缦胡之缨，短后之衣，瞋目而语难，相击于前，上斩颈颔，下次肝肺。此无异斗鸡，一旦命已绝矣，无所用于国事。今大王有天子之位，而好庶人之剑，臣窃为大王薄之。”王乃牵而上殿，宰人上食，王三环之。庄子曰：“王安坐定气，剑事毕矣。”于是，文王不出宫三月，剑士皆伏毙其处矣。

又曰：干越之剑，匣而藏之，不敢轻用，宝之至也。

又曰：大冶铸金，金踊跃曰：“我必为镆铘耶。”

《列子》曰：魏黑卯以匿嫌杀丘邴章，匿嫌，私恨也。邴章之子来丹谋复父仇，而丹气甚猛，其形甚露。露，羸。耻假力于人，誓以手剑。而黑卯力抗百人，非人类也。其视来丹犹雏鷇也。来丹之友申抱曰：“子怨黑卯至矣，黑卯之易子过矣，将奚谋焉？”来丹垂涕曰：“愿子为我谋。”申抱曰：“吾闻卫孔周其祖得殷之宝剑，三僮子服之，却三军之众。奚不请为？”来丹适卫，见孔周，执仆礼，请先纳妻子，后言所欲。周曰：“吾有三剑，唯子所择，而皆不能杀人。且先言其状：一曰含光，视之不可见，运之不知，其所触，泯然无际，经物而不觉。二曰承影，将旦昧爽之交，日夕昏明之际，北面察之，淡淡焉若有物存，莫识其状。其触物也，窃然有声，经物而物不疾。三曰宵练，昼则见影而不见光，夜方见光而不见形。其触物，騞然而过，騞，音霍虢切。随过随合，觉疾而不血刃。此三宝剑，传之十三世矣，而无施于事，不能害物。匣而藏之，未尝启封。”来丹请其下者，孔周乃归其妻子，跪而授其下剑。丹再拜受之。执剑从黑卯。黑卯醉，偃卧牖下，自颈至腰三斩，黑卯不觉。丹以黑卯死，趣而退。遇卯子于门，又击之三下，如接虚。卯子方笑。丹知剑不能煞人也，叹而归。卯醒，怒妻子曰：“醉而覆我，使我嗌疾而腰急。”其子曰：“丹之来。过于门。三招我。亦使我体疾而支强。彼其厌我哉？”

又曰：宋有兰子者以数干宋元君，弄七剑迭跃之，五剑常在空中。元君大惊，立赐金帛。

又曰：周穆王征西戎，戎献昆吾之剑，赤刀切玉如切泥。

《管子》曰：昔葛大卢之山发而出金，蚩尤受而制之，以为剑铠，此剑之始也。

又曰：羽剑珠饰者，斩生之斧也。

《墨子》曰：良剑期乎利，不期乎莫耶。

《孙卿子》曰：干将莫耶。巨阙辟闾。皆古之良剑也。

《尉缭子》曰：吴越临战，左右进剑。

《吴子》曰：夫提鼓挥桴，临难决疑，接兵用刃，此将军也。一剑之任，非将军事也。

又曰：一贼铗剑击于市，万人无不触辟者。臣以为非一人独勇，一市万人皆不肖。

《尸子》曰：水试断鹄雁，陆试断牛马，所以观良剑也。

《燕丹子》曰：荆轲左手把秦王袖，右手椹音砧。其胸。秦王曰："今日之事从子计耳。乞听琴声而死。"召姬人鼓琴，声曰："罗縠单衣可裂司德状拜二而绝，八尺屏风可超而越，鹿卢之剑可负而拔。"王于是奋袖超屏风而走，荆轲掷剑中铜柱焉。

《淮南万毕术》曰：拔剑倚户，儿不夜惊。

又曰：夫淳剑鱼肠之始，下夫击则不能断，刺则不能入。高诱注曰：鱼肠，文绕屈襞若鱼肠。

又曰：剑工或剑之似莫耶者，唯欧冶能名其种。欧冶，良工也。玉工眩玉之似碧卢者，唯猗顿不失其情。碧卢，或作武夫。猗顿，鲁之富人，能知玉理，不失其情也。

《抱朴子》曰：欧冶不能铸铅锡为干将。

《符朗子》曰：符朗弃千金之剑，抱朴子趋曰："何夫子弃大而存小乎？"符朗不应。

《贾子》曰：古者天子二十而冠，带剑。诸侯三十而冠，带剑。大夫四十而冠，带剑。隶人不得冠，庶人不带剑。

《亢苍子》曰：蜚景之剑，威集白日，气成紫霓，以之封获，则刀劂俱卫切。刃也无择，蜚景，神剑也。劂，镰也。神剑虽利，以之获稻，犹同于镰刀者也。及夫凶邪流毒沸渭不靖，加之运掌之上，千里之内不留行矣。凶邪流毒，湿疫之气也。此神剑之能辟凶邪，故威光所行，千里之内未尝留止者也。

宋玉《大言赋》曰：长剑倚天外。

班固《幽通赋》注曰：卫灵太子蒯聩为无道，好带长剑，长一丈。公炼乃作短者，长一尺。公知不可以传国，乃逐之。

《魏都赋》曰：剑则流彩之珍，素质之宝，或虹蔚波映，或龟文龙藻，服之可以威百蛮，指麾可以开昏扰。

《古诗》曰：腰中鹿卢剑，可直千万余。《博物志》曰：剑后鹿卢名曰属镂。

又曰：何意百炼钢，化为绕指柔。

班固诗曰：宝剑直千金。

又曰：延陵轻宝剑。

曹子建诗曰：拊剑西南望。

江文通诗曰：倚剑临八荒。

宋鲍昭诗曰：双剑将别离，先在匣中鸣。雌沉吴江里，雄飞入楚城。吴江深无底，楚关有崇扃。一为天地别，岂直限幽明。神物终不隔，千祀倘还并。

梁吴均《咏宝剑诗》曰：我有一宝剑，出自昆吾溪。照人如照水，切玉如切泥。锷边霜凛凛，匣上风凄凄。寄语张公子，何当来见携。

梁崔鸿《咏剑诗》曰：宝剑出昆吾，龟龙夹采珠。五精初献术，千户竟论都。匣气冲牛斗，山形转鹿卢。欲知天下贵，持此问风胡。

曹植《七启》曰：步光之剑，越剑名。华藻繁缛。饰以文犀，雕以翠绿。缀以骊龙之珠，错以荆山之玉。陆断犀象，未足称隽。随波截鸿，水不渐刃。

张景阳《七命》曰：楚之阳剑，欧冶所营。阳，剑名也。耶溪之挺，赤山之精。销逾羊头，羊头骨销之也。镤以锻成。乃炼乃铄，万辟千灌。皆销练名。丰隆奋椎，飞廉扇炭。神气化成，阳文阴缦。既亦流绮星连，浮彩艳发，光如散电，质如曜雪，霜锷冰凝，水刃霜絜，形冠豪曹，名珍巨阙。指郑则三军白首，麾晋则千里流血。岂徒水截蛟鸿，陆洒奔驷。断浮翮以为三，绝重甲而称利。

又曰：若其形震薛烛，光骇风胡，价兼三乡，声贵两都。或驰名倾秦，或夜飞去吴，功冠万载，威曜无穷。挥之者无前，拥之者身雄。可以从服九国，横制八戎，爪牙景附，亟夏承风，此盖希代之神兵也。

《楚辞》曰：执棠溪堂溪，剑名。以拂蓬，秉干将以割肉。

又曰：抚长剑兮玉珥。珥，剑也镡。

又曰：余幼好此奇服，年既老而不衰。带长铗之陆离，冠青云之崔巍。高貌。

后汉公孙瑞《剑铭》曰：天生五才，金德唯刚。从革作辛，含景吐商。辨物利用，勋伐弥彰。暨彼良工，欧冶干将。爰造宝剑，巨阙墨阳。精通皓灵，获兹休祥。剖山竭川，虹霓消亡。昭威耀武，震动遐荒。楚以定霸，越以取强。

晋裴景声《文身剑铭》曰：器以利显，实以名举。长剑耿介，体文经武。陆断玄犀，水截轻羽。九功斯像，七德是辅。

晋张协《太阿剑铭》曰：太阿之剑，世载其美。淬以清波，敛以越砥。如玉斯曜，若景在水。不运自肃，率土从轨。

梁简文帝《谢敕赉方诸剑等启》曰：才发玉函，雕奇溢目。始开牙捡，丽饰交陈。已疋丹霞之晖，乍比青云之制。身文且贵，器用唯宜。寒暑兼华，左右相照。

梁沈约《为东宫谢敕赐孟尝君剑启》曰：田文重气殉名，四豪莫及。宝剑雄身，故能威陵秦楚。人高事远，遗物足奇。谨加玩服，以深存古。

太平御览卷第三百四十五 兵部七十六

刀上

《释名》曰：刀，到也。以斩伐到其所，乃击之也。其末曰锋，言若锋刺之毒利也。其本曰环，形似环也。其室曰削，峭也。其形峭壳，裹刀体也。室口之饰曰琫，琫，捧也。捧来口也。下末之饰曰琕，琕，卑也；在下之言也。短刀曰拍髀，带时拍体旁也。

又曰：露拍，言露见也。佩刀，在佩旁之刀也。或曰容刀为刀形，而几刃，备容仪而已。剪刀，剪进前也。书刀，给书简札有所刊削之刀也。封刀、铰刀，皆随时名之也。

《说文》曰：刀，兵也。象形也。㓑五各切刀，剑刃也。削鞞也。欹劂，曲刀也。鞞，布顶切。剞，居绮切。劂，居卫切。

《字林》曰：琫，佩刀下饰也。天子以玉，诸侯以金。琕，佩刀饰也。

《太公兵法》曰：刀之神名曰脱光。

《尚书》曰：赤刀，大训、弘壁、琬琰，在西序。孔安国注曰：宝刀、赤刀，削也。大训、虞书也。

《诗》曰：执其鸾刀。

又曰：何以舟之？维玉及瑶，鞞琫容刀。舟，带也。

《礼记》曰：割刀之用，鸾刀之贵，贵其义也。

《左传》曰：子皮欲使尹何为宰，子产曰："犹未能操刀而使割也。"

《谷梁》曰：孟劳，鲁之宝刀也。

《论语》曰：孔子之武城，闻弦歌之声。夫子莞尔而笑曰："割鸡焉用牛刀。"

《春秋繁露》曰：礼之所为兴也。刀之在右，白虎之象也。

《春秋演孔图》曰：八政不中，则天雨刀。

《史记》曰：郭解姊子负解之势与人饮，使之釂，子削切。非其任，强灌之。人怒，拔刀刺杀解姊子，亡去。

《汉书》曰：昭帝遣李陵故人陇西任立政等三人俱至匈奴招陵。立政等至，单于置酒赐汉使者，李陵、卫律皆侍坐。立政等见陵未得私语，即目视陵而数自循其刀环握其足。阴谕之言可归汉也。

又曰：龚遂为渤海太守，民有带持刀剑者，使卖剑买牛，卖刀买犊。可为带牛而佩犊者也。

又曰：盖宽饶奏事，上以为怨谤，下吏。宽饶引佩刀自刭北阙下，众莫不怜之。

又曰：李广利为贰师将军，征大宛。军中无水，拔佩刀刺山，飞泉涌出。

又曰：王尊为东平王相，王曰："愿观相国佩刀。"尊前引刀视王。

《后汉书》班固与弟超书曰：窦侍中遗仲升楚腾陵错横刀珕皁音皂削一枚，金错半垂刀一枚。

又曰：河南尹朱隽为董卓陈军事，卓折隽曰："我百战百胜，决之于心，卿勿妄说，且污我刀。"

《续汉书·舆服志》曰：佩刀乘舆，黄金通身，雕错半鲛，鱼鳞金染，错雌黄，室五色。诸侯黄金错环，狭半枚墨室。公卿百官皆淳墨不半枚。小黄郎雌黄室。中黄门郎朱室。童子皆虎爪文。虎贲黄室虎文。其将白虎文。皆以白珠鲛为标口之饰，乘舆加翡翠山纡缨其侧。

谢承《后汉书》曰：丹阳方储为郎中。章帝使文郎居左，武郎居右，储正住中曰："臣文武兼备，在所用施。"上嘉其才，以繁乱丝付储使理之。储拔佩刀三断之。对曰："反经任势，临事宜然。"

又曰：应奉得赐金错把刀。

《东观汉记》曰：朱晖字文季，年十三，与舅母家属入宛城。道遇贼，欲夺妇女衣。晖拔刀曰："钱物可得，诸母衣不可夺。今日朱晖死也。"贼义之，笑曰："童子内刀。"遂放遣。

又曰：赐邓遵金对鲜卑绲带一具，金错刀五十，辟把刀、墨再屈环横刀、金错屈尺八佩刀各一。

又曰：祭遵袭略阳，遣护军王忠皆持卤刀斧伐树开道，至略阳，袭隗嚣。

又曰：班超曰："臣乘圣威神，出万死之志，冀立铅刀一割之用。"

又曰：马严为陈留太守。建初中，严病，遣功曹吏李龚奉章诣阙。上亲见召见袭，问疾病形状，以黄金十斤，佩刀、书刀、革带付袭赐严，遣太医送方药。

又曰：张步攻耿弇营，飞矢中弇股，以佩刀截之，左右无知者。

《献帝春秋》曰：越骑校尉汝南伍孚忿董卓无道，欲身自杀之，挟佩刀诣卓。孚语毕辞出，卓至阁执手，孚因引刀刺卓。卓多力，却不中。即杀孚。

《英雄记》曰：董卓谓袁绍曰："刘氏种不足复遗。"绍勃然曰："天下健者岂唯董公？"横刀长揖径出，悬节于上东门而奔冀州。

《汉魏春秋》曰：刘琮乞降，不敢告备，备亦不知。久而觉之，遣所亲问琮。琮令宋忠诣备宣白。是时曹公在宛，备乃惊骇，谓忠曰："卿诸人作事如此，不早相语，今祸至告我，不亦大剧乎！"引刀向忠曰："今断卿头，诚不足以解忿，亦耻大丈夫，临别复杀卿辈也。"

《魏志》曰：王祥事后母至孝。后母嫉之，伺祥卧以刀斫之，值祥出外，持刀斫着被。祥知，不言如故。

又曰：许褚从讨袁绍于官渡时，常从士徐他等谋为逆，以褚常侍左右，惮之不敢发。伺褚休下日，他等怀刀入。褚至下舍，心动即还侍。他等不知，入帐见褚，大惊愕。他色变，褚觉之，即击杀他等。太祖益亲信之，出入同行，不离左右。

又曰：典韦，陈留人。形貌魁梧，膂力过人，好节侠。襄邑刘氏与睢阳李礼为仇，韦为报之。礼故富春长，备怨甚谨。韦乘车载鸡酒伪为候者，门开，怀匕首入杀礼，并杀其妻。徐出取车上刀戟步去。礼居近市，一市尽骇。追者数百，莫敢近之。

魏武帝令曰：往岁作百辟刀五枚，适成，先以一与五官将。其余四，吾诸子中有不好武而文学，将以次与之。

《吴志》曰：孙坚至钱塘，会海贼掠贾人。坚行操刀上岸，以手东西指麾，若分部人兵以逻遮收贼。贼望见以为官兵捕之，即委财物散走。

又曰：孙权以公孙渊称蕃，遣张弥、许晏至辽东拜渊为燕王。张昭谏切，权不能堪，按刀而怒曰："吴国士人入宫则拜孤，出宫则拜君。孤之敬君，亦为至矣。而数于众折孤，孤常恐失计。"昭熟视权曰："臣虽知言不见用，而每竭愚忠者，诚以太后临崩呼老臣于床下，遗诏顾命之言故耳。"因泣涕横流。权掷刀置地，与昭对泣。

《吴书》曰：凌统怨甘宁杀其父操。宁常备，统不得雠之。尝于吕蒙舍，会酒酣，统乃以刀舞。宁起曰："宁能双戟舞"。蒙曰："宁虽能，未若蒙之巧也。"因操刀持楯以身分之。后权知统意，因令宁将兵徙屯。

《江表传》曰：孙权拔刀斫前奏案曰："诸将吏敢复有言当迎曹操者，与此案同。"

《蜀志》曰：初，孙权以妹妻先主。妹才捷刚猛，有诸兄风。侍婢百余人，皆亲执刀侍立。先主每入，心常懔懔。

王隐《晋书》曰：卫瓘监军。护军锺会素与瓘至厚，坐则同床，行则同舆。会书板上欲杀胡烈等示瓘，瓘言不可。会自削弃，反问瓘何许闻消息，相疑益露。瓘厕上见烈，故给使令出语三军。会逼瓘不得议定。经宿不眠，各横刀膝上。

陆机《晋书》曰：王濬之在巴郡也，梦悬四刀于其上，甚恶之。濬主簿李毅拜贺曰："夫三刀为州，而见四刀为益，一也。明府其临益州乎？"后果为益州。

《晋中兴书》曰：初，魏徐州刺史任城吕虔有佩刀。工相之，以为必三公可服此刀，虔谓别驾王祥曰："苟非其人，刀或为害，卿有公辅之量，故以相与。"祥始辞之，固强乃受。祥为司空，祥死之日，以刀授弟览曰："吾儿皆凡，汝后必兴，足称此刀，故以相与。"览后奕世贤兴于江东。

又曰：孙恩者亦名灵秀，琅玡人。孙秀族也。世奉事北斗之道。恩叔泰，字敬远，师事钱塘杜子恭弟子。子恭有秘术，尝就人借瓜刀，其主求之，子恭曰："当送相还。"刀主行至嘉兴，有鱼跃入船中，破鱼得瓜刀。其为神效往往如此。

又曰：郭翻，武昌人，坠刀于水，路人为取。翻仍以与之。路人不取，至于三四，固辞。翻曰："尔尚不取，我岂能复得？"路人曰："我若取此，将为天地鬼神之所责矣！"翻知其终不受，复沉刀于水。路人怅然，乃复惊汲为取之。翻于是不逆其意，十倍刀价与之。其廉不受惠，皆此类矣。

《晋书》曰：元帝以刘琨为侍中太尉，其余如故，并赠名刀。琨答曰："谨当躬自执佩，馘截二虏。"

又《载记》曰：慕容翰北投宇文归，既而逃还，归乃遣劲骑百余追之。翰遥谓追者曰："吾既思恋而归，理无反面。吾之弓矢，汝曹足知，无为相逼自取死也。汝可百步竖刀，吾射中者，汝便宜反，不者可来前也。"归骑解刀竖之，翰一发便中刀环，追骑乃散。

又曰：赫连勃勃以叱干阿利领将作大匠，发岭北夷夏十万人，于朔方之北、黑水之南营起都城。勃勃自言："朕方统一天下，君临万邦，可以统万为名。"阿利性尤工巧，然残忍刻暴，乃蒸土筑城。锥入一寸即杀作者而并筑之，勃勃以为忠，故委营缮之任。又造五兵之器，精锐尤甚。既成呈之，工匠必有死者。射甲不入，即斩弓人；如其入也，则斩铠匠。又造百錬刚刀，为龙雀大环，号曰"大夏龙雀"，铭其背曰："古之利器，吴楚湛卢。大夏龙雀，名冠神都。可以怀远，可以柔逋。如风靡草，威服九区。"世甚珍之。复铸铜为大鼓，飞廉，翁仲、铜驼、龙兽之属，皆以黄金饰之，列于宫殿之前。凡杀工匠数千，以是器物莫不精丽。

萧子显《齐书》曰：世祖武皇帝讳颐，字宣远。不豫，徙御延昌殿。乘舆始登阶，而殿屋鸣咤。上恶之，诏曰："我识灭 之后，身上着画天衣，纯乌犀导。常所服身刀长短二口铁环者，随我入梓宫。”

《北齐书》曰：綦毋怀文造宿铁刀，其法：烧生铁精以重柔铤，数宿则成钢。以柔铁为刀脊，浴以五牲之溺，淬以五特之脂，斩甲三十札。今襄国冶家所铸宿铁柔铤，是其遗法也。作刀犹甚快利，但不能截三十札耳。

《梁书》曰：席阐文为西中郎中兵参军领城局，梁武帝之将起兵，阐文劝颖曹同焉，仍遣客田祖恭私报帝，并献银装刀。帝报以金如意。

《梁书》曰：韩子高，会稽山阴人也。家本微贱。侯景之乱，寓都下。景平，陈文帝出守吴兴，子高年十六，为总角，容貌美丽，状似妇人，于淮渚附部伍寄载还乡里。文帝见而问曰：“能事我乎？子高许诺。子高本名蛮子，帝改名子。性恭谨，恒执备身刀。

《唐书》曰：李嗣业，京兆高陵人也。身长七尺，壮勇绝伦。天宝初，随募至安西，频经战斗。于时诸军初用陌刀，业善用之，每为队头，所向必陷。

又曰：王及善，初除右千牛卫将军。高宗曰：“朕以卿忠谨，故与卿三品要职。他人非搜辟不得至朕所，卿佩大横刀在朕侧，知此官贵否？”

《河图》曰：怪目、勇敢、重瞳，天雨刀，楚之邦。宋均注曰：项羽。

《遁甲开山图》曰：神芝五色，生于名山之阴，五色云气覆之。其味甘苦，以铜刀收之。

又曰：霍山有玉石，芝生大石上。万人牵，终不拔，以竹刀割之即断。

太公《六韬》曰：大橹刀重一斤，长四尺，三百枚。

傅咸《奏事》曰：尚书旧奏给介士二百人，人给大铜口刀各一枚。

《博物志》曰：《周书》云：“西域献火浣布，昆吾氏献切玉刀。”浣布污，烧之则洁。切玉刀，切玉如泥。一云：切玉如虫蔦蜜。布，汉魏世有献者，刀则未闻。

崔豹《舆服注》曰：吴大皇帝有宝刀三，一曰百炼，二曰青犊，三曰漏影。

《拾遗记》曰：帝解鸣鸿刀赐东方朔，朔曰：“此刀，黄帝时采首阳之金铸为此刀。雄者已飞，雌者独在。”一出洞冥记。

《林邑记》曰：林邑王范文，先是夷奴。初，牧牛涧中，得鲤鱼。私将还，欲食之。其主捡求，文恐。因曰：“将砺石还，非鱼也。”主往看，果是石。文知异，看石有铁，铸石为两刀，咒曰：“鱼为刀，若斫石入者，文当为此国王。”斫石即入，人情渐附之。

裴渊《广州记》曰：石林竹劲利，削为刀，切象皮如纤茅。

杨泉《物理论》曰：古有阮师之刀，天下之所宝贵也。阮之作刀，受法于金精之灵。七月庚辛，见金神于冶监之门，其人光色炜燿。向而再拜。神执其手曰：“子可教也。”阮致之闲宴设馔而问焉。神教以水火之齐，五精之陶，用阴阳之候，取刚软之和。行其术三年，作刀千七百七十口，而丧其明。其刀平背、狭刃、方口、洪首，截轻微绝丝发之系，斫坚刚无变动之异。世不惜百金精求，不可得也。其次有苏家刀，虽不及阮家，亦一时之利器也。次有阳纪，赵、青间皆不能继。

虞喜《志林》曰：古人铸刀，以五月丙午取纯火精，以协其数也。

魏武帝《内戒令》曰：百炼利器，以辟不祥、摄服奸宄者也。

《搜神记》曰：宫亭湖孤石庙，有估客下都经其下，见二女子，云：“可为买两量丝履，自厚相报。”估客至都，市好丝履并箱盛之，自市一书刀亦在箱中。既还，以箱及香置庙中而去，忘取刀。湖中正汛，忽有鲤鱼跳入船中，破鱼得刀。

祖台之《志怪》曰：廷尉徐元礼嫁女，从祖与外兄孔正阳共诣徐家。道中有土墙，见一小儿裸身，正赤手持刀，长五六寸，坐墙上，磨甚駃，独语。因跳车上曲兰中坐，反覆视刀，辄舐之，至徐家门前桑树下，又跳下坐灰中，复更磨刀。日晡，新妇就车中，见小儿持刀入室便刺新妇。新妇应刀而倒。扶还，解衣视小腹紫色如酒盘大，有顷便亡。鬼子出门舞，刀上有血，涂桑树，火燃，斯须烧尽。

《神异经》曰：南荒之中有如之何树，三百年作华，九百岁作实。实有核，形如枣。子长五尺，金刀割之则饴，木刀割之则辛，食之得地仙。

《列仙传》曰：丁次卿者，不知何许人也。汉顺帝卖刀辽东市时，人名之丁氏次卿，有宝刀。

《神仙传》曰：蜀人李阿，传世不老。有古强者随阿入青城山，恐有虎狼，取父大刀。阿见而怒，取强刀以击石，刀折败。强窃忧刀败，阿复取刀，左右击地，刀复如故，还强也。

《列异传》曰：有神王方平降陈节方家，以刀一口长五尺，一长五尺三寸，名泰山环。语节方曰："此刀不能为余益，然独卧可使无鬼入，军不伤。勿以入厕溷，且不宜久服。三年后求者，急与。"果有戴卓以钱百万请刀。

《录异传》曰：有王更生者，为汉中太守。郡界有袁氏庙，灵响，更生过庙祭，去而遗其刀。而遣小吏李高还取刀。高见刀在庙床上，高进取去，仰见座上有一君着大冠袍衣，头鬓半白，谓高曰："可取还，勿道见我，后吾当佑汝。"高还如言不道。后高仕为郡守，当复迁为郡。高时年已六十余，祖高者百余人，高乃道昔为更生小吏，见遣至庙所取遗刀，见庙神，使吾莫道，至今不敢道，然心常以欺君为惭。"言毕，此刀立刺高心下，须臾死。

《庐江七贤传》曰：汉武帝出淮阳，到舒州不览城。问曰："此乡名何？"陈翼对曰："乡名不览。"上曰："万乘主所问不祥耶？"欲举燔之。翼曰："臣言不欺，佩刀当生毛；欺，则无毛也。"视之，刀有毛长寸，乃不燔。

《列士传》曰：专诸持一刚刀，置鱼腹中，以刺王僚。

《列女传》曰：庞娥亲者，酒泉庞子夏妻，赵君安女。君安为同县李寿所杀，三子遭疫而死，寿大喜。娥亲闻曰："李寿，汝莫喜。焉知娥亲不手刃汝耶？"乃阴市刀，志在杀寿。后于都亭奋刀斫寿，刀折，拔寿佩刀断寿头。诣狱求死，诏赦之。

吴时《外国传》曰：扶南诸王杀其国人，以刀斫刺，往往有不入者。以汗露涂刀刃斫之，乃入。国人名之曰蝉也。

《蒲元传》曰：君性多奇思，得之天然。卑类之事出若神，不尝见锻功，忽于斜谷为诸葛亮铸刀三千口。镕金造器，特异常法。刀成白言：“汉水钝弱不任淬，用蜀江爽烈，是谓大金之元精，天分其野。”乃命人于成都取之。有一人前至，君以淬，刀言：“杂涪水不可用”。取水者犹悍言不杂。君以刀画水云：“杂八升，何故言不？”取水者方叩头首伏云：“实于涪津渡负倒覆水，惧怖，遂以涪水八升益之。”于是咸共惊服，称为神妙。刀成，以竹筒密内铁珠满其中，举刀断之，应手零落若薙生刍，故称绝当世，因曰神刀。今之屈耳环者是其遗范也。

《费祎别传》曰：孙权以手中尝所执宝刀赠之。祎答曰：“臣不才，何以堪明命。然刀所以讨不庭，禁暴乱也，但愿大王勉建功业，同奖汉室。臣虽暗弱，不负来顾。”

《桂阳先贤画赞》曰：成武丁以疾而终，殓毕。其友从临武县来至郡，道与武丁相逢。友曰：“子欲何之？而不将人。”答曰：“今吾南游，为过报小儿，善护大刀。”到其门，见其妻哭泣，问之，答曰：“夫没。”友大惊，曰：“吾适与相逢。”乃发棺视，了无所见。遂除缞绖，而心丧之。咸以武丁得神仙。

太平御览卷第三百四十六　兵部七十七

刀下

陶弘景《刀剑录》曰：董卓少时，耕野得一刀，无文字，四面隐起作山云文，斫玉如木。及贵，示五官郎蔡邕，邕曰：“此项羽刀也。”

又曰：袁绍在黎阳，梦有人授一宝刀。及觉，果在床前。铭曰：“思绍。”思绍，字也。

又曰：郭璞于太原得一刀，文曰：“宜为将。”后遂为将军。及与蜀战，败走，遂失此刀。

又曰：王双曾于市中买得一刀。卖人曰：“得之者贵。”因之不见。双后佩之，果为将。将此刀与曹真，真以一刀换之。

又曰：锺会克蜀，于成都土中得一刀。文曰：“太乙刀。”会死，入帐下王伯升。后渡浮江，刀遂飞入水。

又曰：邓艾年十二，曾读太山碑。碑下掘得一刀，黑如漆色，长三尺余。上常有风气冷凄凄然。时人以为神赐。

又曰：孙权遣张昭代周瑜为南郡太守。曾作一刀，背上一有“荡寇将军”四字，八分书。

又曰：蒋钦拜别部司马，造一刀。文曰：“司马”，古隶书。

又曰：周幼平击曹公胜，拜平虏将军。因造一刀，遂铭曰：“幼平”。

又曰：董元代少果勇，自打铁作刀。后讨黄祖，蒙冲狭河，元代引刀断蒙冲缆，分为二流。大司马号刀曰“断蒙刀”。

又曰：潘文珪偏将军，为擒关羽，拜固陵太守。因刻刀曰“固陵”。

又曰：朱理君少爱征讨，黄武中，累功拜安国将军。作佩刀，文曰“安国”。

又曰：关羽为先主所重，不惜身命，自采武都山铁为二刀，铭曰“万人”。及羽败，惜刀投于水。

又曰：张翼德初受新亭侯，自命匠炼赤珠山铁为一刀。铭刃曰“新亭侯，蜀帝大将也。”后被范强将此刀入吴。

又曰：黄中从先主定南郡，得一刀，赤如血。于汉中击夏侯军，一日之中，手刃数百。

又曰：诸葛亮定黔中，从青石祠过，拔刀刺山没刃，不拔而去。行者莫测。

又曰：蜀主刘备令蒲元造刀五千口，皆连环及刃口，刻七十二炼，柄中通之，兼有二字。

又曰：西晋司马炎咸宁元年造刀八千口，铭曰“司马”。

又曰：东晋司马聃永和五年于房山造五口刀，铭曰“五方”。单符隶书。

又曰：前赵刘元海元熙二年造灭贼刀，长三尺九寸，隶字。

又曰：后蜀主李雄晏平元年造腾马刀五百口，隶字。

又曰：前凉张寔造刀一百口，无故尽生，文曰“霸”。

又曰：后赵石勒建平元年造一刀，用五金，工用万人，尖头，长三尺六寸，铭曰“建平”，隶书。

又曰：石勒未贵时，耕得一刀。铭曰“石氏昌”，篆书。

又曰：石季龙建武十四年造一刀，长五尺，铭曰“皇帝石勒氏”，隶书。

又曰：西凉李暠玄威元年造珠碧刀，铭曰“百胜”，隶书。

又曰：前秦符坚甘露四年造一刀，用五千功，铭曰“神术”，隶书。

又曰：前燕慕容俊元年造二十八口刀，铭曰“二十八将”。

又曰：后燕慕容垂兴元元年于中山造刀一口，长三尺六寸，隶书。

又曰：后秦姚苌建初元年造二刀，长七尺，一铭曰“雄”，一曰“雌”，隶字。若叩即鸣。

又曰：西秦乞伏国仁建义三年造刀一口，铭曰“建义”，隶字。

又曰：后凉吕光麟嘉元年造一刀，铭曰“背麟”，长三尺六寸。

又曰：南凉秃发乌孤大初三年造一刀，狭小，长三尺五寸，青色。

匠云“当作之时，梦见一人，披朱衣，云‘吾是太一神，故看尔作此刀。有敌至，刀必鸣。’”后落突厥可汗处。

又曰：南凉慕容去明建平元年造刀四口，文曰“建平”，隶书。

又曰：北凉沮渠蒙逊永安三年造刀百口，铭曰“永安”，隶书。

又曰：夏赫连勃勃龙升二年造五刀，背上有龙雀环，兼金镂作一龙形，长三尺九寸。刘裕破长安得此刀，后入梁。

又曰：北燕冯跋太平八年造一刀，铭曰“太平”，隶书。

又曰：宋高祖刘裕永初元年造一刀，铭其背曰“定国”，小篆书，长八尺。后入梁。

又曰：宋刘义符景平元年造一刀，铭曰“五色”，小篆书。

又曰：刘淮升明元年掘得一刀，铭曰“上血”，其刀光照一室。帝奇之，常服。至二年七月，帝使杨玉夫候织女，玉夫候不得，惧死，因用弑帝，果如其铭。故知吉凶，其兆见矣。

又曰：齐高祖萧道成建元年克位造一刀，铭曰“定业”，长五尺，篆书。帝自制之。

又曰：明帝鸾建武二年造一刀，铭曰“朝仪刀”，小篆书，长四尺。

又曰：后魏宣武帝以景明元年于白鹿山造白鹿刀，隶书。

又曰：后魏元昭成帝建国元年于赤冶城铸刀十口，金镂“赤冶”二字，隶书。

《庄子》曰：庖丁为惠文君解牛。丁曰：“今臣之刀十九年矣，所解数千牛矣，而刃若新发于硎。彼节者有间，而刀刃者无厚，以无厚入有间，恢恢乎其游刃必有余地，是以十九年而刀刃如新发于硎。”

《列子》曰：周穆王征西戎，献赤刀，切玉如切泥。

《墨子》曰：墨子见齐王曰：“有刀于此，试之人头，倅然断之，可谓利也。”王曰：“利。”墨子曰：“刀则利矣，孰将受其不祥？”王曰：“刀受其利，试者受其不祥。”墨子曰：“并国覆军，贼杀百姓，孰谓受其不祥？”王俯仰曰：“我受其不祥。”

《孔丛子》曰：秦王得西戎利刀，以之割玉如割木。

《淮南子》曰：屠牛坦一朝解九牛，而刀可以剃毛。

又曰：铅不可以为刀，铜不可以为弩，铁不可以为弓，木不可以为斧。

又曰：金胜木者，非以一刀残林也。土胜水者，非以一墣塞江也。墣，块也。

《法言》曰：刀不利，笔不铦，宜加诸砺。

《阮子》曰：裁国无利器，犹铅刀而望其巧。

《抱朴子》曰：金丹以涂刀，辟兵万里。

《论衡》曰：世讳砺刀井上，恐刀堕井中。或说以为刑之字井与刀也，厉刀井上，井刀相见，恐被刑也。

《典论》曰：魏太子丕造百辟宝刀三，其一长四尺三寸六分，重三斤六两，文似灵龟，名曰“灵宝”。其二采似丹霞，名曰“含章”，长四尺四寸三分，重三斤十两。其三鉴似崩霜，刀身剑铗，名曰“素质”，长四尺三寸，重二斤九两。又造百辟露陌刀一，长三尺二寸，重二斤二两，状似龙文，名曰“龙鳞”。

《圣证论》曰：昔国家有优曰史利，汉氏旧优也。云梁冀有火浣布、切玉刀。一朝以为诞而不信也。正始初，得火浣布，乃信。

《楚辞》曰：师望在肆昌何识，师望谓太公也。昌，文王名也。言太公在市肆而屠，何以知识之。雾刀扬声后乃喜。后谓文王。

又曰：铅刀进御，违弃太阿。太阿，剑名。

张衡《西京赋》曰：吞刀吐火，云雾杳冥。画地成川，流渭通泾。

刘祯《瓜赋》曰：折以金刀，四剖三离。

曹植《宝刀赋》曰：建安中，家父魏王乃命有司造宝刀五枚，三年乃就，以龙、虎、熊、马、雀为识。太子得一，余及余弟饶阳侯各得一焉。其余二枚，家王自杖之。赋曰：“有皇汉之明后，思潜达而玄通。飞文义以博致，扬武备以御凶。乃炽火炎炉，融铁挺英。乌获奋椎，欧冶是营。扇景风以激气，飞光鉴于天庭。爰告祠于太乙，乃感梦而通灵。然后砺以五方之石。凿以中黄之壤，规员景以定环，摅神思而造像。垂华纷之葳蕤，流翠采之晃焃。陆斩犀象，水断龙舟；轻击浮截，刃不濈流。逾南越之巨阙，超有楚之太阿。实真人之攸御，永天禄而是荷。”

《乐府歌》曰：秦家有好女，自名曰女休，休年十四五，为宗行报仇。左执白阳刀，右据宛景矛。

张华诗曰：吴刀鸣手中，利剑严秋霜。

《古诗》曰：美人赠我金错刀，何以报之双琼瑶。

后汉马敬通《刀阳铭》曰：修尔甲兵，用戒不虞。见危授命，临事而惧。

又《刀阴铭》曰：温温穆穆，配天之威。苗裔无疆，福禄来绥。

后汉李元错《佩刀铭》曰：佩之有错，抑武扬文。岂为丽好，将戒其身。

又《金马书刀铭》曰：巧冶炼刚，金马托形。黄文错镂，兼勒工名。

魏文帝《露陌刀铭》曰：于铄良刀，胡练亶时，譬诸麟角，靡所任兹。不逢不若，永世宝持。

曹植《宝刀铭》曰：造兹宝刀，既砻既砺。匪以尚武，予身是卫。麟角匪触，鸾距匪蹶。

王粲《刀铭》曰：相时阴阳，制法利兵。陆剸犀兕，水截鲵鲸。君子服之，式章威灵。

何晏《斫猛兽刀铭》曰：徒抟不共，作戎宣丘。用造斯器，螭兽是刘。制禽允良，昏明亶时，永厘厥后，蠲民之灾。一作《斩虎刀铭》曰：螭虎是刘。

晋张协《把刀铭》曰：赫赫名金，昆吾遗璞。裁为把刀，利亚切玉。时文斯偃，含精内烛。威助虽化，武不可黩。

裴景声《文身刀铭》曰：良金百炼，名工展巧。宝刀既成，穷理尽妙。文繁波回，流光霆一作“电”。照。在我皇世，戢而不耀。

张协《露陌刀铭》曰：露陌在服，威灵远振。遵养时晦，曜得崇信。

魏武《军策令》曰：孤先在襄邑，有起兵意，与工师共作卑手刀。时北海孙宾硕来候孤，讥孤曰：“当慕其大者，乃与工师共作刀耶？”

孤答曰："能小复能大，何苦！"

曹植表曰：昔欧冶改视，铅刀易价；伯乐所眄，驽马百倍。

王濬表曰：孙皓出案行石头，还，左右兵皆跳刀大呼，云："要当为国家一死战决之胜。魏帝尚以千人定天下，况今有数万众，自足办事。"皓意大喜，便开库藏尽出金宝以赐予之。小人无状，得便持走。

陶侃表曰：伏承大官厨器损失，谨奉献狼炙刀檠二具。

张衡《与特进书》曰：以为铅刀，强可一割。

谢尚《与张凉州书》曰：今致五尺金断头刀一口。

班固《与窦笺》曰：今月中□以令赐固刀□曰："此将军少小时所服，今赐固。"伏念大恩，且喜且惭。

谢尚《与杨征南书》曰：云今饷五尺金头刀、碧绫车中盾。

梁简文帝《谢敕赉善胜威胜刀启》曰：冰锷含采，雕琰表饰。名均素质，神号脱光。五宝初成，曹丕先荷其一；二胜今造，愚臣总被其恩。锡韩非之书，未足为比；给博山之笔，方此更轻。

梁刘孝仪为晋安王《谢东宫赐玉环刀启》曰：苗峰琢铤，利极铦铓。谨当拥以雄身，藉而安体。

匕首

《通俗文》曰：匕首，剑属。其头类匕，故曰匕首。短而便用。

《周礼·冬官桃氏》曰：桃氏为剑，腊广二寸有半寸，腊，谓两刃也。两从半之。郑司农云：谓剑脊两面杀趣鄂者也。以其腊广为之茎，围长倍之。郑司农云：茎谓剑夹，人所握，镡以上也。玄谓：茎在夹中者，茎长五寸也。参分其腊广，去一以为首，广而围之。身长五其茎长，重九锊，音刷。谓之上制，上士服之。身长四其茎长，重七锊，谓之中制，中士服之。身长三其茎长，重五锊，谓之下制，下士服之。上制长三尺，重三斤十二两；中制长二尺，五寸，重二斤十四两三分；下制长二尺，重二斤一两三分，两之一。此今之匕首也。各以其形貌大小带之。此上谓国勇力之士，能用五兵者也。《乐记》：武王克商，裨冕缙笏而虎贲之士，说剑也。

《史记》曰：燕丹使荆轲刺秦王，预求天下名匕首。赵人徐夫人匕首，取之百金，使工以药淬之。以试人，血濡缕无不立死者。擿秦王不中，见诛。

《汉书》曰：王莽避火宣室，持虞帝匕首。

《东观汉记》曰：邓遵破匈奴，得剑、匕首二三千枚。

《魏志》曰：典韦好节侠。襄邑刘氏与睢阳李礼为雠，韦为报之，怀匕首入杀礼，徐步而去。

《后魏书》曰：叔孙俊□□□少聪敏。十五内侍左右，以便弓马转猎郎。太宗初，以俊爪牙与磨浑等拾遗左右，迁卫将军，赐爵安城公。朱堤王悦怀刃入禁，欲为大逆，俊觉悦动有异，便引手于悦怀中，得两刃匕首，遂执悦杀之。太宗以俊功重，军国大计，皆委之。

《说苑》曰：秦王以五十里封鄢陵君，鄢陵君辞不受。使唐且谢秦王。秦王怒曰："尝见天子之怒乎？伏尸百万，流血千里。"唐且曰："大王尝闻布衣韦带之士怒乎？一怒，伏尸二人，流血五步。"即案其匕首起曰："今将是矣！"王变色长跪曰："先生就坐，寡人喻矣。秦破韩灭魏，鄢陵独以五十里存者，徒用先生故乎！"

《零陵先贤传》曰：刘璋请刘备。璋将杨怀数谏备误主人，请璋子祎及怀，酒酣，备见怀佩匕首，备出其匕首谓曰："将军匕首好，孤亦有，可得观之？"怀与之，备得匕首谓怀曰："汝小子何敢间我兄弟之好邪？"怀骂言未讫，备斩之。

《典论》曰：昔周鲁之宝赤刀孟劳，楚越称太阿，纯钧。余善击剑，能以短乘长，故选兹良金，命彼国工，精而炼之，至于百辟。其始成也，五色充炉，巨橐自鼓，灵物彷佛，飞鸟翔舞，以为三剑三刀三匕首。因姿定名，以铭其拊，惜乎不遇薛烛青萍也。其三剑：一曰飞景，长四尺二寸；二曰流采，长四尺二寸；三曰华铤，色似彩虹，长四尺二寸。其三刀：一曰灵宝，长四尺二寸，似灵龟；二曰含章，采似丹霞，长四尺四寸；三曰素质，长四尺三寸，刀身而剑铗。其三匕首：一曰清刚，长二尺三寸，光似坚冰；二曰杨文，长二尺一寸，重一斤六两，曜似朝日；三曰龙鳞，状似龙文。

又曰：昔周鲁宝鹿狐之戟，屈卢之矛，狐父之戈，徐氏匕首，凡斯皆上世名器，君子虽文事，必有武备矣。

诸葛亮《教》曰：作部仲匕首五百枚，以给骑士。

《盐铁论》论：荆轲怀数年之谋，事不就者以尺八匕首不足恃也。

《神仙传》曰：有书生姓张，就李仲文学隐术，久无所得，患之。张怀匕首斫之，仲文笑曰："我宁可杀？"

《拾遗记》曰：汉太上皇微时，常佩一刀，长三尺，上有名字。虽难识，疑是殷高宗伐鬼方时物也。上皇游丰沛山中，寓居穷谷。里有冶铸，上皇息其傍，问曰："此铸何器？"工笑答曰："天子铸剑，慎勿泄。"上皇谓戏辞，无疑色。工人曰："今所铸刚砺，制器难成，若得翁腰间佩刀，杂而冶之，即成神器，可以克定天下。昴星为辅，以歼三猾。木衰火盛，此为兴何。"上皇曰："吾此物为匕首，其利难俦。水断虬龙，陆斩虎豹。魑魅魍魉，莫能逢之。切玉镌金，其刃不卷。"工人曰："若不得此匕首以和铸，虽欧冶专精，越砺敛锷，终为鄙器。"上皇即解之以投炉中。俄而烟焰冲天，日为之晦。及乎剑成，杀三牲以衅祭。工问上皇曰："何时得此匕首？"答曰："秦昭襄王时，余时行，逢一野人于野，授余云是殷高宗初时物，此世世相传。上有古书字记其年月。"及成剑，工人视之，其铭尚存，叶前疑也。工人即持以授上皇。上皇赐高祖，高祖长佩于身，以歼三猾。天下已定，吕后藏于宝库之中。守藏者见白气如云，出户外如龙蛇。库名曰灵禽藏。及诸吕擅权，白气亦灭。案钩命决，萧何为昴星精，项羽、陈胜、胡亥，为之三猾。

晋张载《匕首铭》曰：先民造制，戒豫惟谨。匕首之设，应速用近。既不忽备，亦无轻忿。利以形彰，功以道隐。

铗

《史记》曰：冯谖闻孟尝好客，见之。君置之传舍。五日，弹其剑铗而歌曰："长铗归来兮，食无鱼！"迁之幸舍。五日，弹其铗歌曰：

"长铗归来兮，出无舆！"又迁之代舍。五日，又弹其剑铗歌曰："长铗归来兮，无以为家！"一出《战国策》。

曹子建诗曰：长铗鸣鞘中。

晋张协《长铗铭》曰：五才并建，金作明威。长铗陆离，弭凶防违。素刃霜厉，溢景横飞。

又《短剑铭》曰：器用名品，诡制殊观，亦有短铗，清晖载烂。昔在光明，戢兵静乱。唯皇宝之，优而弗玩。

左思《吴都赋》曰：毛群以齿角为矛铗。刘渊林注曰：铗刀身剑锋有长有短也。

铍

《说文》曰：鏉，铍有镡也。铍，普皮切。

《左传·昭二十七年》曰：吴公子光伏甲于窟室而享王。门阶户席，皆王亲也，夹之以铍。羞者荐体，抽剑刺王，铍交于胸。

左思《吴都赋》曰：羽族以嘴距为刀铍。铍，两刃小刀也。

太平御览卷第三百四十七 兵部七十八

弓

《释名》曰：弓，穹也。张之穹隆然也。其末曰箫，言箫邪也。又谓之弭，以骨为之，滑弭弭也。中央曰弣。孚主切。一作拊。弣，抚也。所抚持也。箫弣之间曰渊。渊，宛也。言宛曲也。

《说文》曰：弓，近穷远，象形也。弴，音雕，又音敦。画弓也。弭，弓无缘，可以解辔紒也。弲许缘切，角弓也。弧，木弓也。一曰往体寡来体多曰弧。弨，尺招切，又刺朝切。弓反也。弮音权，弓曲也。彇音遥，弓便利也。张，施弓弦也。彏乌郭切，弓急张也。弸，拍生切。又鄙矜切。弓强貌也。弯，持弓关矢也。弙一弧切，满弓有所向也。弘，弓声也。

又曰：韣音独。韔，音畅。弓衣也。

又曰：角觿音端，兽状似豕，角善为弓，出胡尸国。一曰出休尸国。

《山海经》曰：少皞生般，始为弓矢。郭璞注曰：般音斑，世本云：牟夷作矢，挥作弓。弓矢一器，作者两人，于义有疑。此言般作之，是也。帝后赐羿彤弓素矰，以扶下国。以射除患，扶助下国也。

《世本》曰：挥作弓。宋衷注曰：挥，黄帝臣也。

孙卿子曰：倕作弓。

《龙鱼河图》曰：弓之神名曰曲张。《太公兵法》又曰：弓神名曲张。

《方言》曰：弓藏谓之韇。音独。箭衣也。

《墨子》曰：羿作弓。

《尔雅》曰：弓有缘者谓之弓，郭璞注曰：即今宛转弓也。无缘者谓之弭。今之弓角也。以金者谓之铣，以蜃者谓之珧音遥，以玉者谓之圭。用金蚌玉饰弓两头，因以为名也。

《易》曰：弦木为弧，剡木为矢。弧矢之利。以威天下，盖取诸睽。

又曰：公用射隼于高墉之上，获之无不利。

又曰：先张之弧。

《尚书》曰：和之弓在东房。孔安国注曰：和，古之弓人。

又曰：平王锡晋文侯彤弓一，彤矢百，玈音卢弓一，玈矢千。

又曰：备乃弓矢。

《诗》曰：彤弓，天子赐有功诸侯也。彤弓弨兮，受言藏之。弨，弛也。

又曰：骍骍角弓，翩其反矣。骍骍，调利也。

又曰：既张我弓。

又曰：弓矢斯张。

又曰：四牡翼翼，象弭鱼服。郑玄注：象弭，弓反未别者，以象骨为之，以助御者。别，必袂切。

《礼记》曰：男子生，桑弧蓬矢六，射天地四方。注云：天地四方，男子所有事也。

又曰：凡遗人弓者，张弓尚筋，弛弓尚角。弓有往来，体皆欲其下曲隤然。左手执箫，右手承拊，箫，弭头也。尊卑垂帨。帨，佩巾也。磬折则佩巾垂授之仪，尊卑一也。

又曰：越棘大弓，天子之戎器也。

又曰：良弓之子，必学为箕。

又曰：武王克商后，干戈弓矢包之以虎皮。

《周礼》曰：司弓矢：掌六弓四弩八矢之法，辨其名物，而掌其守藏与其出入。仲春献弓弩，仲秋献矢箙。弓弩成于和，矢箙成于坚也。箙，盛矢器也，以兽皮为之。及其颁之，王弓、弧弓，以授射甲革、椹音砧。质者；夹弓、庾弓，以授射豻音岸，又俄寒切。侯鸟兽者；唐弓、大弓，以授学射者及使者、劳者。王、弧、夹、庾、唐、大兵者，弓异体之名。往体寡，来体多曰王、弧，往体多，来体寡曰夹、庾。天子之弓，合九而成规；诸侯，合七而成规；大夫，合五而成规；士，合三而成规。句者，谓之弊弓。凡祭祀，共射牲之弓矢。射牲者，示亲杀也。《国语》曰：郊之事，天子必自射其牲。泽，共射椹质之弓矢。郑司农云：泽，泽宫也。所以习射选士之处也。《射义》曰：天子将至，必先习射于泽者，所以择士也。大射、燕射，共弓矢如数。

又曰：庭氏：掌射国中之妖鸟。马融传曰：国中妖鸟，枭鸡，恶声之鸟也。若不见其鸟兽，则以救日之弓与救月之矢夜射之。兽虎狼口□鸣也，救日食则伐鼓，北面射太阴。救月蚀则伐鼓，南面射太阳，以此弓矢射之。若其神也，则以太阴之弓与枉矢射之。枉，矢名也。

又曰：弓长八尺谓之庇轵，五尺谓之庇轮，四尺谓之庇轸。轵，毂木也。

又曰：弓人为弓，取六材必以其时。六材既聚，巧者和之。干也者，以为远也；角也者，以为疾也；筋也者，以为深也；胶也者，以为和也；丝也者，以为固也；漆也者，以为受霜露也。六材之力，相得而足。凡取干之道：七柘为上，檍音亿次之，檿桑次之，山桑也。橘次之，木瓜次之，荆次之，竹为下。凡相干欲赤黑而阳声，赤黑则响心，阴声则远根。阳犹清也。凡柝干射远者用势，射深者用直。凡为弓，冬析干而春液角，夏治筋，秋合材，冬定体。为弓长六尺有六寸，谓之上制，上士服之；弓长六尺有三寸，谓之中制，中士服之；弓长六尺，谓之下制，下士服之。人各以其形貌大小用此弓也。

又曰：弓力有三均，谓之九和。安弓危矢，危弓安矢。

《仪礼》曰：射，告宾曰："弓矢既具，有司请射。"宾与大夫弓倚于西序，矢在弓下。

《左传》曰：王赐晋文公彤弓一，彤矢百；玈弓十，玈矢千。

又曰：武王克商，作颂曰："载櫜弓矢。"

又曰：楚子享公于新台，使长鬣者好以大屈。宴好之赐也。大屈，弓名。

又曰：舟坚射陈武子中手，舟坚，季氏臣也。失弓而骂。武子骂也。

又曰：周公相王室以尹天下，于周为睦。分鲁公以大路大旂，夏后氏之璜，封父之繁弱，封父，古之诸侯也。繁弱，大弓名也。封之于少昊之墟。

又曰：鲁伐齐，士皆坐列。颜高之弓六钧，皆分取传而观之。颜高，鲁人也。三十斤为钧，六钧，一百八十斤也。故异之。

又曰：子荡以弓梏华弱于朝。

又曰：扬虎税甲如公宫，取宝玉大弓以出。

又曰：齐景公田于沛，招虞人以弓，不进。公欲执之，辞曰："旌以招大夫，弓以招士，皮冠以招虞人。臣不见皮冠，故不敢进。"

又曰：晋楚战于鄢陵。郄至三遇楚子之卒，见楚子必下免胄而趋风。楚子使工尹襄问之以弓。杜预注曰：问，遗之也。

又曰：楚灵王次于乾谿，左尹子革夕，王与之语曰："昔我先王熊绎，僻在荆山，唯是桃弧棘矢，以供御王事。"

《谷梁》曰：八年，盗窃大弓。大弓者，武王之戎弓也。周公受赐藏之鲁。崔赣《易林》曰：桃弓苇戟，除残去恶。

郭璞《毛诗拾遗》曰：象弭鱼服，毛云："弭，弓反末彆者，以象骨为上，盖俗说文误也。"

《左传》曰：左执鞭弭。弭者，弓之别名，谓以象牙为弓。今西方有以犀角及鹿角为弓者。

《春秋佐助期》曰：天弓主司弓弩之张，神名推亡。

《史记》曰：上迎宝鼎于中山，有路弓乘矢集获坛下。

又曰：黄帝骑龙上天，小臣不得上，悉持龙髯，髯拔堕，堕黄帝之弓。百姓望帝抱其弓而号。后世因名其弓为乌号。

又曰：汉高祖擒韩信，信曰："高鸟尽，良弓藏；敌国灭，谋臣亡。天下已定，我固当烹。"

又曰：子贡说越王以兵从吴伐齐，越王乃使以秦屈卢之弓、步光之剑以贺。

《续汉书》曰：鲜卑亦东胡之支也，禽兽异于中国者有野马、原羊、角端牛。以角为弓，世谓之角端弓者也。

《东观汉记》曰：祭肜为辽东太守。至则厉兵马，远斥候。肜有勇力，能贯三百斤弓。

又曰：盖延字巨卿，渔阳要阳人，以气闻。身长八尺，弯弓三百斤。

谢承《后汉书》曰：朱穆为尚书，岁初百官朝贺，有虎贲当阶置弓于地，谓群僚曰："此天子弓，谁敢干越？"百僚皆避之。穆呵之曰："天子之弓当戴之于首上，何敢置地？大不敬。"即收虎贲付狱治罪，皆肃然服之。

张璠《汉记》曰：陈球为零陵太守，州兵朱盖等反，与桂阳贼胡简数万人转攻零陵。球城守，弦大木为弓，羽矛为矢，引机发之，远射千余步，斩朱盖等。

《魏志》曰：句骊别种居小水，因名小水貊。出好弓，所谓貊弓也。挹娄弓长四尺，力如弩；弓用楛，长尺八寸；青石为镞。古肃慎国也。

《魏要略》曰：北方有槖离之国，其王侍婢有身。王欲杀之。婢云："有气如鸡子来下我，故有身。"后生子，王捐之于溷中，猪以喙嘘之；徙马闲，马以气嘘之。王疑以为太子，令其母收畜之，名曰东明。常令牧马。东明善射，王怒，夺其国，杀之。东明走，南至奄水，以弓击水，鱼鳖浮为桥，东明得渡。鱼鳖解散，追兵不得渡。东明因都王夫馀之地。

王隐《晋书》曰：刘琨与丞相笺曰："不得进军者，实困无食，残民鸟散。"录召之，曰："皆披林而至，衣服蓝缕，木弓一张，荆矢十只。"

《晋中兴书》曰：符健凶暴，露刃张弓，推钳锯凿，杀人之具备置左右。

《晋令》曰：弓弩士习射者给竹弓、角弓，皆二人一张。

沈约《宋书》曰：萧思话为梁州，太祖赐以弓琴，手敕曰："丈人顷何所作，事务之暇，故以琴书为娱耳。并往桑弓一张，材理乃快，先所常用，既久废射，又多病，略当不能制之，便成老公，令人叹息。良材美器，宜在尽用之地，丈人真无所与让也。

《梁书》曰：羊侃膂力绝人，所用弓至二十石。马上用六石弓。

《三国典略》曰：齐綦连猛有勇力。梁使来聘，有武艺人求欲相角。猛带两鞬，左右驰射，并取四弓叠而挽之，梁人嗟服。

《后魏书》曰：傅融性豪爽，有三子灵庆、灵根、灵越，并有才力。融以此自负，谓足为一时之雄。尝谓人曰："吾昨夜梦有一骏马，无堪乘者。人曰何由得人乘之？有一人曰：唯有傅灵庆堪乘此马。又有一弓亦无人堪引，有一人曰：唯有傅灵根可以弯此弓。又有数纸文书，人皆读不能解此文。有一人曰：唯有傅灵越可以解之。”融意谓其三子文武才干堪以驾驭当世。常密谓乡人曰：“汝闻之不？融之子有三灵，此图谶之文也。”好事者然之。故豪勇之士多相归附。

《唐书》曰：太宗谓萧瑀曰：“朕少好弓矢，自为能尽其妙。近得良弓十数，以示弓工，乃曰：‘非良材也。’朕问其故，工曰：‘木心不正，脉理皆斜，弓虽刚劲，而遣箭不直，非良弓也。朕始悟焉。’朕以弧矢定四方，使弓多矣，有天下之日，浅得为治之意，固未及于弓。弓犹失之，何况于治乎。”自是遂延耆老问之政术，京官五品已上更宿中书内省，上每延与语，询访外事，务知百姓疾苦、政教之得失焉。

《家语》曰：楚共王出游，亡其乌嗥之弓。乌嗥，良弓名也。左右请求之，王曰：“止也，楚人失弓，楚人得之，又何求焉。”孔子闻之曰：“惜乎其不大也。宜曰：人遗弓，人得之而已。何必楚也。”

又曰：弓调而后求劲焉。

《国语》曰：周宣王时，有童谣“檿弧，箕音期。服，实亡周国”。有夫妇鬻是器者，王执而戮之。乃奔褒，贾逵注曰：箕，木名，服，矢筒。得弃女子于野而养之，是为褒姒。卒以衰周。

又曰：更盈侍魏王，见一雁过，曰：“臣能遥弓而落雁。”乃弯弓向雁，雁即落。

又曰：鄢之战，郤至三逐王卒。王使工尹襄问之以弓。郤至甲胄而见客，免胄而听命。

《韩诗外传》曰：齐景公使人为弓。弓人之妻曰：“此弓者，泰山南乌号之柘、燕牛之角、荆麋之筋、河鱼之胶，四物者，天下之精材也。”

《战国策》曰：楚人有好以弱弓微缴加归雁之上者。顷襄王闻，召而问之。对曰：“见六双，王何不以圣人为弓，以勇士为缴，时张而射之？此六双者，可得而囊载也。”

《越绝书》曰：麻林山勾践欲伐吴。种麻为弓弦，使齐人守之。

《典略》曰：苏秦说韩宣王曰：“今韩地方九百里，带甲数十万，强弓劲弩皆射六百步之外。”

刘向《说苑》曰：齐攻鲁，子贡见哀公谓求救于吴。公曰："奚先君宝之用？"子贡曰："使吾宝而与我师，是不可恃也。"于是以杨干麻筋之弓六往。

《江表传》曰：高句丽王遣使贡孙权角弓。

吴时《外国传》曰：扶南之先，女人为主，名柳叶。有模趺国人，字混慎，好事神，一心不懈，神感至意。夜梦人赐神弓一张，教载贾人舶入海。混慎晨入庙，于神树下得弓，便载大船入海。神回风令至扶南，柳叶欲劫取之，混慎举神弓而射焉。贯船通度，柳叶惧伏。混慎因至扶南。

《邺中记》曰：石虎女骑皆手持雌黄宛转角弓。

《遁甲开山图》曰：河东有独头山，多青檀，可以为良弓。

《括地图》曰：神弓在南山石泥渚中。

《三礼图》曰：彤弓天子所用，玈弓卿已下所用也。

崔豹《舆服注》曰：两汉京兆河南尹及执金吾司隶校尉，皆使人导引传呼，行者止，坐者起，四人持角弓，走者射之。有乘高窥者亦射之。晋魏设弓而不用焉。

《古史考》曰：乌号柘树枝长而乌集，将飞枝弹乌，乌乃号呼。以柘为弓，因名曰乌号。

《风俗通》曰：乌号弓者，柘桑之枝。枝条畅茂，乌登其上，垂下着地，乌适飞去，从后拔杀取以为弓，因名乌号耳。

又曰：白�，古弓名。出边崖类聚。

沈怀远《南越志》曰：宋昌县有棘竹，长十寻，俚人取以为弓。

又曰：沙麻竹人削以为弓，弓似弩，淮南所谓浮子弩也。

《南州异物志》曰：乌浒人土有竹，皮厚寸余，破以作弓，长四尺，名曰弧弓。

《广志》曰：缘沉，古弓名。

《博物志》曰：徐偃王既治其国，仁义着闻。欲舟行上国，乃通沟陈蔡之间。得朱弓矢，以已得天瑞，遂因名为号，自称徐偃王。

《列女传》曰：晋平公使工人为弓，三年乃成。射不穿一扎，公怒，将杀工。其妻，繁人之女也。见公曰："妾之夫造此弓，亦劳矣。干生太山之阿，一日三睹阴，三睹阳，傅以燕牛之角，缠以荆麋之筋，糊以河鱼之胶，此四者，天下选也，而不穿一孔，是君不能射也，而反欲杀妾之夫，不亦谬乎。妾闻射之道，左手如拒，右手如附枝，右手发之，左手不知，此射之道也。"公以其言为仪而穿七孔。弓工立得出，赐金三镒。綦毋邃注曰：繁人，官名。孔，铠孔也。燕角善楚筋纫河胶粘也。

《管公明别传》曰：信都令家中妇女尽惊更牙疾病，使公明为占之卦。成语曰："君北室床西头当有两死男人，一鬼持矛，一鬼持弓箭。头在壁中，脚在壁外。持矛者主刺头，故头重痛，不得举；持弓箭者主射胸腹，故心中悬痛，不得饮食。昼则浮游，夜还病人，故惊恐。若徙其尸柩，便皆丁强。"于是令归室中，果得两楸棺，中有角弓及数箭，物已久远，木消烂。徙骸埋之，合家皆愈。

《洞林》曰：曲阿令赵元瞻儿字虎舒，从吾学卜。自求蓍作卦，见吾有盛艾小陵龟，欲得之。不与，语之曰："当作卦相为致此物，令自来。"复数日，果有一龟入厩。虎舒后见吾言："偶有一物试可占之，若得，当再拜输一好角弓。"即便作卦，曰："案卦之是为龟。"虎舒奉弓起，再拜。

《老子》曰：天之道其犹张弓乎，高者抑之，下者举之。

《列子》曰：纪昌学射于飞卫。飞卫曰："尔先学不瞚而后能。又使学视小如大。纪昌氂悬虱于牖，南面而望之。三年之后如轮，睹物皆丘山也。乃以燕角之弧，朔蓬之干射之，贯虱之心而悬不绝。

《孟子》曰：不仁不智，无礼无义，人役也。人役而耻为役，犹弓人而耻为弓。

《孔丛子》曰：楚王张繁弱之弓，载忘归之矢，射蛟兕于云梦。

《胡非子》曰：一人曰："吾弓良，无所用矢。"一人曰："吾矢善，无所用弓。"羿闻之，曰："非弓何以往矢，非矢何以中的。"令合弓矢而教之射。

《孙卿子》曰：繁弱、钜黍，古之良弓也。《广雅》又云。

又曰：天子雕弓，诸侯彤弓，大夫黑弓，礼也。

《鲁连子》曰：楚王成章华台酌诸侯酒。鲁君先至，楚王悦之，与大曲之弓。

《阙子》曰：宋景公谓弓人曰："为弓亦迟矣。"对曰："臣不得见公矣。"公曰："何也？""臣之精尽于弓矣。"献弓而归，三日而死。公张弓登虎圈之台，东面而射，矢逾西霜之山，集彭城之东，其余力逸劲，饮羽于石梁。夫尽精于一弓而身为夭死，况治天下，奈何其独也。

《尸子》曰：鸿鹄在上，扞弓鞟同彉弩待之。若发若否，问二五弗知，非二五难计也。欲鸿之心乱也。

《抱朴子》曰：金弧玉弦，无激矢之能。

又曰：农夫得彤弓以驱乌，南成得衮衣以负薪，犹世人得仙丹而不贵。

《淮南子》曰：射者捍乌号之弓，弯綦御之箭。扞，张也，弯，引也。綦，美箭所出地名也。卫，羽也。乌号、柘桑，其材坚劲，乌跱其上，及飞至枝，必挠下劲而复起摷乌随之，乌不敢飞，号呼其上，伐其材以为弓，因曰乌号之弓也。一说黄帝铸鼎钟于湖，得道而仙，乘龙上天，其臣援弓射龙，欲下黄帝，不能也。乌，于也。号，呼也。于是抱弓而号也。自以名其弓为乌号之弓也。重之羿逢蒙子之巧以要飞鸟，犹不能与罗者竞多，羿，古诸侯有穷之君也。逢蒙，羿弟子。皆攻射而百发百中，故曰之巧。要，取竞逐也。何则？以所持之小也。

又曰：淇卫箘路箘路，箭竹也。出于淇地。卫，箭羽也。饰以银，虽有薄缟，然独犹不能穿也。若假之筋角之力，弓弩之势，则贯兕甲而经于革楯矣。

又曰：典张，弓名也。一名彷徨弓。

又曰：宛转弓，今之弭弓是也。

《吕氏春秋》曰：齐宣王好射，说人之谓己能用强弓也。其尝所用弓不过三石，以示左右，左右皆试引之，中间而止，至于一半而止。皆曰："此不下九石，非王孰能用是。"宣王所用不过三石，而终身自以为用九石，岂不悲哉。非直士其孰能不阿主。故乱国之主，患存乎用三石为九石。

又曰：万人操弓共射一招，招无不中。招，谓的也。

杜夷《幽求》曰：弓折由射者之数，剑缺因用之者多。

《新序》曰：楚熊渠子夜行，见寝石，阙弓射之，灭矢饮羽。下视知石也。却复射之，矢摧无迹。

谯子《法训》曰：善耕者足以谨地，待时而动；善射者调弓定准，见可而发。君子善养，其人足用。

韩杨《天子要集》曰：弧者，天弓备盗贼。

《楚辞》曰：带长剑兮挟秦弓。言死带剑、弓，示不舍武也。

刘邵《赵郡赋》曰：其器用则六弓四弩，绿沉、黄间、堂溪、鱼肠、丁令、角端。

陈琳《武库赋》曰：弓则乌号、越棘、繁弱、角端，象弭绣质，哲弣文身。

唐太宗《咏弓诗》曰：上弦明月半，激箭流星远。落雁带书惊，啼猿映枝转。

后梁宣帝《咏弓诗》曰：虞人招不进，繁氏久弥工。已悲轩主迹，复挹楚王风。

杨师道《奉和咏弓诗》曰：霜重麟胶劲，风高月影圆。乌飞随帝辇，雁落逐鸣弦。

齐王融《谢武陵王赐弓启》曰：殿下摛藻蕙楼，畅艺兰苑，敷积玉于风筵，叠连珠于月的。兔园掩秀，邺水惭奇。融揖让未工，滥陪升饮之赏；操弧反正，谬奉招贤之锡。文韬镂景，逸干稍云，玩溢百龄，佩流千载。

晋稽合《木弓铭》曰：乌号之朴，丰条足理。弦弧走栝，截飞骇止。射隼高墉，出必有拟，既用御武，亦以招士。

李尤《良弓铭》曰：弓矢之作，爰自曩时。乡射载礼，招命在诗。妙称颜高，巧发由基。不争之美，亦以办仪。

太平御览卷第三百四十八 兵部七十九

弩

《释名》曰：弩，怒也。有势怒也。其柄曰臂，似人臂也。钩弦者曰牙，似齿牙也。牙外曰郭，为牙之规郭也。下曰县刀，其形然也。合名之曰机，言如机之巧也，亦言如门户枢机开阖有节也。

《说文》曰：洛阳名弩曰弲许缘切。彀，弩也。彍，满弓也。彍，音霍。

《古史考》曰：黄帝作弩。

《广雅》曰：钜黍弓，谿子弩。

《太公兵法》曰：弩之神名远望。

《尚书》曰：若虞机张往省括于度，则释。

《尚书帝命验》曰：王弩发，惊天下。秦有往矢西流，往矢即弩星也。兵精主天下，见之而惊。西流，秦灭也。贱类出，高将下。贱类谓秦始皇也。吕不韦之妻孕身而秦襄王纳之，生始皇。高，谓丞相赵高也。始皇出，赵高下，言天生之也。贱或为贼。

《史记》曰：庞涓追孙膑音鬓，膑量其行，暮当至马陵。马陵道狭而旁多阻险，可伏兵，乃大析树白而书："庞涓死此下。"于是，令齐军善射者万弩夹道而伏，期日暮见火举而俱发。庞涓夜至析木下，见白书，乃钻火烛之。读书未毕，齐军万弩俱发，魏军大乱。庞涓自知智穷兵败，乃自刭曰："遂成竖子之名。"

又曰：高祖厄于冒顿平城。天下歌曰："平城之下亦诚苦，七日不食，不能彀弩。"彀，张也，音遘。

又曰：始皇葬骊山，令匠作机弩矢。有所穿近，辄射之。

又曰：苏秦说韩王曰："谿子、距黍射六百步之外。许慎曰：南方溪子蛮之弩皆善射。

又曰：苏代遗穰侯书曰："以天下攻齐，如以千钧之弩决溃痈也。"

又曰：汉王临广武，数项羽十罪。项羽大怒，令伏弩射，中汉王。汉王伤胸，乃扪足曰："虏中吾指。"

《汉书》曰：《李广传》曰："广为匈奴所击，广身自以大黄射其裨将。"服虔曰：大黄，肩弩也。

又曰：申屠嘉，梁人也。以材官蹶张，如淳曰：材官皆多能脚踏强弩张之，故曰蹶张。律有蹶张生。从高帝击项籍。

又曰：李陵至浚稽与单于相值，骑二万围陵。陵军居两山间，以大车为营。陵引士出营外为阵，前行持戟盾，后行持弓弩。虏见汉军少，直前就营。陵搏战攻之，千弩俱发，应弦而倒。

又曰：司马相如为中郎，建节邛笮。至蜀，太守以下郊迎，县令负弩矢先驱，蜀人荣之。

又曰：霍去病为骠骑将军，过河东，河东太守郊迎，负弩先驱。

《续汉书》曰：虞诩为武都太守。虏来攻城，诩出战，使强弩射之，三发而三中，虏众溃。谢承《后汉书》云：羌攻城也。

《东观汉记》曰：耿恭在疏勒城，救兵不至。恭食尽穷困，士乃煮铠弩食其筋革。恭与士推诚同死生，故无贰心。

《后汉书》曰：宋则子年十岁，与苍头共弩射。苍头弦断，矢激误中之，即死。奴叩头就诛，则察而恕之。颍川荀爽深以为美，时人亦服焉。

又曰：中平中，黄巾贼起，郡县皆弃城而走。陈愍王宠有强弩数千张，出军都亭。置军营于国之都亭也。国人素闻王善射。不敢反叛，故陈独得完，百姓归之者众十余万人。

又曰：陈愍王宠善弩射，十发十中，中皆同处。

华峤《后汉书》曰：陈愍王宠射，善弩。其秘法以天覆地载，参连为奇，又有三微三小，三微为经，三小为纬，经纬相将，万胜之方，然要在机牙。其射至十发十中。

《魏氏春秋》曰：诸葛亮损益连弩，谓之元戎。以铁为矢，矢长八寸。一弩十矢俱发。

《吴志》曰：甘宁字兴霸。巴郡临江人也。《吴书》曰：宁本南阳人也。

招合轻薄少年，为之渠帅。群聚相随，挟持弓弩，负毦音饵带铃。民闻铃声，即知是宁也。

《吴录》曰：松梁山山石开处，容数十丈高竹。弩不及其上。在沣州。

《晋书》曰：《稽绍传》云："齐王冏被诛。初，兵交，绍奔散赴宫。有持弩在东阁下者，将射之。遇有殿中将兵萧隆见绍姿容长者，疑非凡人，趣前拔箭，于此得免。

又曰：刘聪将赵染冤杀其长史鲁徽。染寇北地，梦鲁徽大怒，引弓射之，染惊悸而寤。旦将攻城，中弩而死。

又曰：孟幹为吴人所获，将徙之临海。幹等志北归，虑东徙转远。以吴人爱蜀侧竹弩，言能作之。皓留付作部。后幹逃至京都。

又曰：崔洪荐郄诜自代。诜后驳奏。洪曰："我举郄诜而反奏我，是挽弩自射。"

《晋阳秋》曰：初，高祖勒兵阙下，经曹爽门。爽帐下督严世引弩将射高祖，孙谦止之曰："未可知。"三注三止。高祖车乃过。《世说》又载。

又曰：马隆讨凉州虏。隆募限腰引弩四十六钧、弓限四钧以上。隆捶擸悬弓弩，擸侧阅试，自旦至中，得三千五百人。

《唐书》曰：李希烈既陷汴州，乘胜东侵，连陷陈留、雍丘，顿军宁陵，期下宋州，会食浙西。节度韩滉命王栖曜将强弩数千，夜入宁陵，希烈不之知。晨朝弩矢及希烈坐帐，希烈惊曰："此江淮弩士，今入矣。"遂不敢东，希烈夜败。

《晋诸公赞》曰：都官从事程伟案状羊琇音酉所犯狼籍，琇即遣家人持铜弩牙首入重法。时人皆谓琇有权智，世祖诏免琇官。

《英雄记》曰：王匡字公节，太山人，以任侠闻。辟大将军何进府使。匡于徐州发强弩五百，西诣京师。会进败，匡还乡。

又曰：袁绍击公孙瓒，先令麹义领精兵八百，强弩千张以为前登。

又曰：袁尚使审配守邺城，曹操进军攻邺，生获配。谓曰："吾近行围，弩何多也？"配曰："犹恨其少。"

《日南传》曰：南越王尉佗攻安阳。安阳王有神人睾音高通为安阳王治神弩一张，一发万人死，三发杀三万人。佗退，遣太子始降安阳。安阳不知通神人，遇无道理，通去。始有姿容端美，安阳王女眉珠悦其貌而通之。始与珠入库盗锯截神弩，亡归报佗。佗出其非意。安阳王弩折兵挫，浮海奔窜。

《华阳国志》曰：秦襄王时有一白虎，常从郡游巴蜀，伤害千余人。昭王乃重募有能杀虎者，赏邑万家。阆中夷廖中能作白的之弩，乃登楼射杀白虎。昭王嘉之。以其夷不欲封，刻石盟要曰："秦犯夷输黄龙一双，夷犯秦输清酒一钟。"夷人安之。

又曰：邓芝征涪陵，见玄猿抱子在树上。引弩射之中猿母，其子为拔箭，以木叶塞疮。芝乃叹息曰："嘻！吾违物之性，其将死矣。"投弩水中，芝后果死。

《会稽典录》曰：锺离牧谓朱育曰："大皇帝以中国多骑，欲以当之。然吴神锋弩射三里贯洞，三四马骑敢近之乎？"

《南越志》曰：龙川有营涧，尝有铜弩牙流出水，皆以银黄雕镂。取之者，祀而后得。曾有取此牙逢风雨举船沦没。父老云："越王弩营处也。"

《杂记》曰：事吴朝鸿胪卿张俨、议郎张纯、镇南将军朱异三人，共诣骠骑将军朱据。据曰："三贤屈顾老鄙，相闻含甘须之明，怀终贾之才，相饥渴久矣。各为赋一物，然后乃坐。"乃各赋所见。异赋弩曰："南岳之干，钟山之铜。应机命中，射隼高墉。"

《吴越春秋》曰：陈音对越王曰："弩生于弓，弓生于弹，弹生于古之孝子。臣闻楚琴氏以弓矢之势，不足以威天下，遂乃横弓着臂，施机设郭，加之以力。郭为方城守臣子也，敖为人君命所起也，关为守御捡去止也，锜音奇，又音蚁。为侍从听人主也，辟为道路通所使也，弓为将军主负重也，弦为军师御战士也，矢为飞容主教使也，金为穿敌往不止也，卫为副使正道里也，骠为都尉执左右也。鸟不得飞，兽不得走，弩之所向，无不恐者。"王曰："善。子之说弩也。愿复闻正射之道。”陈音对曰：“臣闻射之道，左足纵，右足横；左手若拊枝，右手若抱儿；右手发，左手不知。此正射持弩之道也。”

《战国策》曰：苏秦为楚合从，说韩王曰：“天下之良弓、劲弩皆自韩出，射六百步之外。”

《文子》曰：狡兔得而猎犬烹，高鸟尽而强弩藏。

《尉缭子》曰：兵如总木，弩如羊角。

《慎子》曰：弩弱而矰高者，乘于风也。身不肖而行合者，得助于众也。

《淮南子》曰：乌号之弓，谿子之弩，南方溪子蛮夷柘弩皆善射也。不能无弦而射。越舼渠容切。蜀艇，舼，小艇。船大皆一木。不能无水而浮。

又曰：铅不可以为刀，铜不可以为弩，铁不可以为弓，木不可以为釜。

又曰：万毕术云：“牛翁十四，可以强弩。”取牛翁十四枚，曲蟮白颈者二七，以三尺新布裹之活涂布着之，无令人见，用之拭弩令温，引之校半力也。

《阮子》曰：世多善弩而拙于弓。弓无法准，故任巧由意；弩有法准，故易有善。

《抱朴子》曰：秋以弓弩在前。

太公《六韬》曰：陷坚阵，败强敌，以大黄参连弩，大扶月车三十六乘，才士、强弩、矛戟为翼。

《太公兵法》曰：神后加四仲者以为明堂宫时。天一出游八极之外，行窃冥之中，日照其前，月照其后，当此之时，天一自持玉弩，执法丞相刻不道者。

崔寔《政论》曰：永平，建初之际，去战未久，官兵劲利，有蔡太仆之弩，擅名天下。

《风俗通》曰：汲令应郴，一作“余祖父郴”。夏至日请主簿杜宣赐酒，时北壁上悬赤弩，照于杯中，见其形如蛇。宣恶之，然不敢不饮，因得胸腹病，攻治不差。郴后知之，过宣家问疾之由，以为蛇入腹中。郴绕厅事思唯良久，顾悬弩曰：“此是乎？”乃扶宣来，于故处设酒，杯中致复有蛇。因谓宣曰：“北壁上弩影耳，非有他怪。”宣意解，病即瘳。

又曰：臧文仲家欲炊，而失釜及弓、弩，自行。

《十洲记》曰：续弦胶或名连金泥，此胶能属连弓弩断弦，连刀剑断折之金。胶连，使人挽制，他处即断，此终不复脱。天汉二年，帝事北海，祠恒山，西国王使至献胶四两、吉光毛裘。武帝受以付库，不知胶裘二物之妙也。以上贡不奇，稽留使未遣之。帝幸华林苑，射虎而弩弦断。使者从驾，因上胶一分，使口濡以续弦。帝惊，乃使武士数人对掣，终日不断。胶青色如碧玉，吉光毛裘黄色，盖神马之类也。裘入水经月不沉，入火不焦，帝乃重之。厚赂使者而遣之。

赵公王琚音居。《教射经》曰：弩古有黄连、百竹、八檐、双弓之号，今有绞车弩中，七百步攻城拔垒用之。擘张弩中，三百步步战用之。马弩中二百步马战用之。弩张迟，临敌不过三发，所以战阵不便于弩，非弩不利于战。而将不明于弩也。不可杂于短兵，当别为队，攒箭注射，则前无立兵，对无横阵。复以阵中张、阵外射，番次轮回，张而复出，射而复入，则弩不绝声，敌无薄我。夫置弩必处其高，争山夺水，守隘塞口，破骁陷果，非弩不克杀。《法令》曰："张弩后，左厢丁字立，当弩八字立，高揎音宣手，屈衫襟，左手承幢，右手迎上，当心看张。张有阔狭，左膗右膊，还复当心安箭。高举射敌，远抬弩头，敌近平身放敌在左右，回身放，敌在高上，挈脚放。放箭讫，唱杀，却制拗蝎尾覆弩还着地。"

《太白阴经·发弩图篇》曰：弩者，怒也。言其声势威响如怒，故以名其弩也。穿刚达坚，自近及远，守险塞口，破骁陷坚，非弩不克也。

后汉李尤《弩铭》曰：粤自近古，发意所睹。前圣制弓，后世造弩。机牙发矢，执破丑虏。克获虽屡，犹不可常。忘战者危，极武者伤。

魏陈琳《武军赋》曰：弩则幽都筋角，恒山檿干。通肌畅骨，直矢轻弦，当锋摧决，贯遐洞坚。

陆机《七导》曰：长角三倡，武士棋布。捺紫间之神机，审心中而后射。

《东观汉记》云：朱勃理马援表曰："羌反杀吏，唯狄道为国坚守。然民饥饿，啖弩煮履，援救倒悬之急，存几亡之城。"

蔡邕《幽州刺史议》曰：幽州突骑，冀州强弩，为天下精兵。国家瞻核，四方有事，未尝不取办于二州。

《暨艳集·杂移》曰：角弩既调，射者又工，多获鹓鸟，能无恳伤？

《文选》曰：机不虚椅。

又曰：虞机发，留鸡鹊。

又曰：良将劲弩，守要害之处。

《射雉赋》曰：擎牙伭镞，心平望审。

又曰：黄间机张，镞折毫芒。俯贯鲂鱮，仰落双鸧，鱼不及揎，鸟不及翔。

又曰：彀金机驰，鸣镝剪爵，毫落劲翮。

太平御览卷第三百四十九 兵部八十

箭上

《字林》曰：箭，矢竹也。

《字统》曰：箭者，竹之别形，大身小叶曰竹，小身大叶曰箭。箭竹主为矢，因谓矢为箭。

《开元文字》曰：东南之美者，有会稽之竹箭焉。箭，笨也。自关而东谓之矢，自关而西谓之箭。箭者，竹名，因以为号也。三镰，谓今箭音同射箭也。平题，今戏射箭也。镰，稜也。题，头也。

《说文》曰：箭，矢也。从竹，前声。

《释名》曰：矢，指也。言其所指向迅疾也。又谓之箭。箭，进也。其本曰足，矢形似木，木以下为本，以根为足。又谓之镝。镝，敌也。可以御敌也。齐人谓之镞，言其所中皆族灭也。关西曰釭。釭铰音校也，言有铰刃也。其体曰竿，言挺竿也。其旁曰羽，如鸟羽也。鸟须羽而飞，矢须羽而前也。齐人曰卫，所以导卫矢也。其末曰括。括，会也。与弦会也。括旁曰叉，形如叉也。

《方言》曰：箭自关而东谓之矢，江淮之间谓之鍭音侯，关西曰箭。郭璞注曰：箭者，竹名，因以为号也。

杨雄《方言》曰：凡箭镞三者谓之羊头。其广薄而长薄谓之錍音卑。

《尔雅》曰：东南之美者，会稽竹箭焉。注云：会稽，山名，今在山阴县南。竹箭，条也。

又曰：金镞翦羽谓之镞，骨镞不翦羽谓之志。郭璞注曰：金镞，今錍箭也。骨镞，金骨骲。不剪，谓以鸟羽自然浅狭，不复翦之，使齐也。骲音雹。

《孙卿子》曰：浮游作矢。

《世本》曰：夷牟作矢。黄帝二臣。

《太公兵法》曰：箭之神名续长。

《赵氏兵书》曰：矢，一名信往。

《易》曰：得金矢，利艰，贞吉。

又曰：射雉，一矢亡，终以誉命。

《书》曰：周成王崩，垂之竹矢在东房。垂，舜共二所为也。

《诗》曰：周道如砥，其直如矢。

又曰：弓矢既同。

又曰：舍矢如破。

又曰：既张我弓，既挟我矢，发彼小豝，殪此大兕。

又曰：束矢其傁。傁，众意劲急也。五十矢为束。

《礼记》曰：故男子生，桑弧蓬矢六以射天地四方。天地四方者，男子之所有事也，故必先有志于其所有事。

又曰：《月令·仲冬》云："是月也，伐木取竹箭。"注云：此时坚成可伐取也。

又曰：后妃执弓挟矢于高禖之前。

又曰：乘丘之役，圉人浴马。有流矢在白肉。公曰："非其罪也，遂诔之。"

《周礼》曰：东南曰扬州，其山镇曰会稽，其泽薮曰具区，其川三江，其浸五湖，其利金、锡、竹、箭。

又曰：司弓矢：掌八矢之法。八矢：一曰枉，二曰絜音结，三曰杀，四曰镞，五曰矰，六曰茀，七曰恒，八曰痺音痹。凡枉矢、絜矢利火射，用诸守城车战；杀矢、镞矢用诸近射田猎；矰矢、茀矢、用诸弋射；恒矢、痺矢，用诸散射。此八矢者，弓弩各的四焉。盖枉、杀、矰、恒，弓所用也；絜、镞、茀、痺、弩所用也。

《左传》曰：鲁庄公以金仆姑射南宫长万。杜预曰：矢名也。

又曰：狄人伐卫，公与石祁子玦，与宁庄子矢使守，曰："以此赞国，择利而为之。"

又曰：祝聃射王中肩，王亦能军。

又曰：楚子与莫歼氏战于睾浒，睾浒，楚也。伯棼射王汰辀及鼓，跗着于丁宁，伯棼，越椒也。辀，车辕，汰过也。箭过车辕上也。丁宁，钲也。又射汰辀以贯笠毂。师惧退，王使巡师曰："吾先君文王克息，获三矢焉，伯棼窃其二，尽于是矣。"鼓而进之，遂灭莫敖氏。

又曰：吕锜射恭王，中目。王召养由基与之两矢，使射吕锜。中项，伏韬而死。以一矢复命。

又曰：郤克伤，流血及屦，未绝鼓音。曰："余病矣。"张侯曰："自始合而矢贯予手及肘，余折以御。左轮朱殷，岂敢言病。吾子忍之。"

又曰：齐师遁，晋州绰及之。射殖绰中肩，两矢夹脰。胫颈。

又曰：楚君以郑故，亲集矢于目。鄢陵战，晋射中楚王目也。

又曰：齐子渊捷从泄声子射之中楯。凡繇朐音劬汰辀，匕入者三寸。

又曰：孟之侧后入以为殿，抽矢策马曰："马不进也。"不欲伐善。

《谷梁》曰：偏弓镞矢不出境。偏，当为敦。镞矢，矢名，皆天子之器也。

《论语》曰：子曰："直哉史鱼！邦有道，如矢；邦无道，如矢。"

《家语》曰：子路见孔子，孔子曰："何好？"对曰："好长剑。"孔子曰："以子所能，加之以学，岂可及乎！"子路曰："南山有竹，不扶自直，斩而用射，达于犀革。以此言之，何学为？"孔子曰："括而羽之，镞而砺之，其入不益深乎！"子路再拜。

《国语》曰：吴晋会于黄池。吴王擐甲陈卒，赤旗赤羽之矰，望之如火。贾逵注曰：矢羽为矰。

又曰：仲尼在陈，有隼于陈侯之庭而死，楛矢贯之，石砮，矢长尺有咫。陈惠公使人以隼如仲尼之馆问之，仲尼曰："隼之来也，远矣！此肃慎氏之矢也。昔武王克商，通道于九夷八蛮，注：《说苑》云：百蛮。使各以其方贿来贡，使无忘职业。于是肃慎氏贡楛矢、石砮，其长尺有咫。先王欲其令德之致远，以示后人，使永鉴焉，故铭其栝镌书切名也。括，箭羽之间。曰："肃慎氏之贡矢。"以分大姬，配虞胡公而封诸陈。古者，分同姓以珍玉，展亲也；分异姓以远方之职贡，使无忘服也。故分陈以肃慎之矢。君若使有司求诸故府，其可得也。"使求，得之金椟，如言。椟，柜也。惠公使有司求之故府，得肃慎氏矢于金柜之中，如仲尼之所言也。

《史记》曰：魏公子无忌进兵击秦，秦军解去，遂救邯郸。赵王及平原君自迎公子，平原君负韊音兰矢为公子先引。注：吕忱《字林》曰：韊，盛弩矢。

《汉书》曰：李陵击匈奴，一日五十万矢皆尽。虏攻急，陵叹曰："复得数十矢足以脱矣。"

又曰：匈奴右贤王围李广。广为圆阵外向，矢下如雨，汉兵死者过半。

又曰：娄烦射项羽，弓发矢欲到，羽怒目叱，矢乃坠地，烦亦恐死。

又曰：李广夜行，见石如虎，乃射之，其矢没羽。

《续汉书》曰：来歙击隗嚣。守略阳城，大战，登城相射，乃发屋断木为箭。

《东观汉记》曰：耿弇与张步战，矢中弇股，以佩刀截之，左右无知者。

又曰：上拜寇恂河内太守，恂移书属县，讲兵肄射，伐淇园之竹，治矢百余万。

又曰：匈奴破离后，王安得攻金满城。耿恭以毒药傅矢，传语匈奴曰："汉家箭神，中其疮者必有异。"因发强弩射之，虏中矢者，视疮皆沸，并大惊。相谓曰："汉兵神，真可畏也。"遂解去。

《魏志》曰：挹娄在失馆东北千余里，弓长四尺如弩，楛长八寸，青石为镞。

又曰：陈琳曰："矢在弦上，不可不发。"

《魏略》曰：孙权乘大船出濡须口来观魏军，曹公使弓弩乱发射之。矢着其船，船乃偏重箭坠，将倾。权因回船复以一面受矢。矢均船平，乃放船而走。

《蜀志》曰：关羽为流矢所中，贯其左臂。医者曰："矢镞有毒，当须破臂刮骨也。"

《晋书·石季龙载记》曰：石韬起堂于太尉府，号曰宣光殿。梁长九丈。石宣视而大怒，斩匠，截梁而去。韬怒，增之十丈。宣闻之，恚甚,使杨杯、牟皮、牟成、赵生等缘猕猴梯而入杀韬。置其刀箭而去。

又《毛宝传》曰:宝军县兵少,器仗滥恶,大为祖焕、桓抚所破。宝中箭,贯髀彻鞍,使人蹋鞍拔箭,血流满鞾。

又《桓玄传》曰:达枚、回恬、与祐之迎击玄,矢下如雨。玄嬖人丁仙期、万盖等以身蔽玄,并中数十箭而死。

崔鸿《三十国春秋·西秦录》曰:白兰王吐谷浑阿柴临卒,呼子弟谓曰:"汝等各奉吾一只箭,将玩之地下。"俄而命母弟慕延曰:"取汝一只箭折之。"延折之,又曰:"汝取十九只箭折之。"延不能折。柴曰:"汝曹知:单者易折,众则难摧。戮力一心,然后社稷可固。"言终而卒。

又《后燕录》曰:慕容盛行至西乐,遇盗陕中。盛曰:"我六尺之躯,入水不溺,在火不焦,尔欲当锋乎?试竖尔手中箭百步,我若中之,宜慎尔命;如其不中,当束身相授。"盗行竖箭,盛一发中之。盗曰:"相试耳。"资而遣之。

《宋书·朱龄石弟超石传》曰:阿簿千步骑十万屯河北岸,超石以软弓小箭射虏。

又曰:谢灵运《山居赋》云:其竹则二箭殊叶,四苦齐味。注云:二箭,一者苦箭大叶,一者笋箭细叶。

又曰:《朱修之传》曰:鲁秀击襄阳,修之发连弩射秀,秀亦发连弩应之。修之使军人缘水拾箭。

又曰:《谢庄传》云:时河南献舞马,诏群臣为赋,庄所上其辞曰:"迎调露于飞钟,赴承云于惊箭。"

《齐书》曰:《陈显达传》云:"显达杜姥莫补切宅大战破贼,矢中左眼。拔箭而镞不出。地黄村潘妪善禁,先以钉钉柱,妪禹步作气,钉即时出。乃禁显达目中镞出之。"

《三国典略》曰:梁以护军将军陆法和为郢州刺史,封江乘县公。法和尝军次白帝,谓人曰:"诸葛孔明可谓名将,吾目见之。此城旁有埋弩箭镞一斛许。"因令掘之,果如其言。

《北齐书》曰:郎基字世业,迁海西镇将。梁吴明彻攻海西,基粮仗皆尽，乃削木为箭，纸为羽，得围解还朝。仆射杨暗劳之曰："卿本文吏，遂有武略。削木箭纸羽，皆无故事。班墨之思，何以过之。"

《后魏书》曰：世宗幸邺，还于河内怀界，帝亲射矢一里五十余步。侍中高显等奏："伏见御弧矢临原弋远，弦动羽驰，镞所逮三百五十余步。臣等伏惟陛下圣武自天，神艺夙茂。巧会驺虞之节，妙尽矍居约切。圃之仪。威稜攸叠，甝胡甘切兕慑气；才猛所振，勍憝弭心。足以肃截九区，赫服八宇矣。盛事奇迹，必宜表述，勒铭射宫，永彰圣艺。"

《后周书》曰：王杰，魏恭帝元年从于谨围江陵，时栅内有人善用长矟，战士将登者，多为所毙。谨令杰射之，应弦而倒。登者乃得入，余众继进，遂拔之。谨喜曰："济我大事者，在此箭也。"

又曰：贺拔岳既遇害于河曲，太祖乃率轻骑驰赴平凉。时齐神武遣长史侯景招引岳众，太祖至安定遇之，谓景曰："贺拔公虽死，宇文泰尚存，卿何为也？"景失色对曰："我犹箭也，随人所射，安能自裁。"景于此即还。

又曰：《庾信传》云："信常有乡关之思，作《哀江南赋》以致其意。云：两观当戟，千门受箭。白虹贯日，苍鹰击殿。"

又曰：《长孙晟传》云："晟与汝南公猎，见二雕飞而争肉，因以两箭与晟曰：射取之。晟弯弓驰往，遇雕相跃，一发双贯焉。"

《唐书》曰：太宗讨刘黑闼。闼常于肥乡列阵，太宗亲率左右击之。有一突将，勇壮绝人，直冲太宗，刃将接，太宗以天策上将大箭射之，中心洞背，应弦而毙。遂传此箭于北蕃。突厥见而惊叹。又常轻骑近出，遇三骑皆贼中骁勇有名者，举枪而进。左右请避之，太宗不从，待其将至，连发三矢，相次皆毙。敌人慑气焉。

又曰：贞元四年贡武举，并应百只箭及三十只箭等，今年权停。时谏议大夫田敦因蒙召对，奏言："兵部武举等每年常数百千人，持挟弓矢出入皇城间，恐非所宜。"上闻而瞿然，故命停之。其实武举者每岁不过十数人。时议恶敦贵，欲非短旧事，奏议不实。自是讫于贞元，更不复置。

太公《六韬》曰：陷坚阵强敌，大黄参连弩，飞凫、电景矢自副。注云：飞凫、电景，矢名。飞凫，尺茎白羽，以䌌为首。电景，青茎尺羽，以䌌为首。䌌一作铁。

《太公金匮》曰：武王伐殷，丁侯不朝。尚父乃画丁侯，三旬射之。丁侯病，遣使请臣。尚父乃以甲乙日拔其头箭，丙丁日拔其目箭，戊巳日拔其腹箭，庚辛日拔其股箭，癸亥日拔其足箭。丁侯病乃愈。四夷闻，皆惧。越常氏献白雉。

太平御览卷第三百五十　兵部八十一

箭下

《魏百官名》曰：三公拜赐鹞尾、鹘尾髇许交切箭十二枚。

《三齐略记》曰：富平城，孝明帝时改为厌次。此城东南五十里有蒲台，高丈八。秦始皇所顿处时，在台下萦蒲系马夹道数百步，到今蒲生犹萦马。蒲似水杨而劲堪为箭。

《博物志》曰：交州山夷名曰俚子，弓长数尺，箭长尺余。以燋铜为镝，涂毒药于镝锋，中人即死。不时敛藏，则胼胀沸烂，须臾燋煎都尽，唯骨在耳。其俗誓不以此药法语人。治之，饮妇人月水及粪汁，时有差者。唯射猪犬者无它，以其食粪故也。燋铜者有声，以物打之，徐听其声。得燋毒者，偏凿取以为箭镝。

焦贡《易林》曰：双凫俱飞，以归稻池。经涉其泽，为矢所射，伤我胸臆。

刘向《新序》曰：楚熊渠子夜行，见寝石似伏兽，射之饮羽。

《异苑》曰：乌伤黄蔡，义熙初于查溪岸照射，见水际有物，眼光彻，其间相去三尺许，形大如斗。引弩射之，应弦而中，便闻从流奔惊，波浪砰磕苦盍切。不知所向。经年，与伴共至一处。名为竹落冈，去先所二十许里，有骨可长三丈余，见昔射箭贯在其中。因语伴云："此是我往年所射，物乃死于斯。"拔矢而归。其夕梦见一长人，责诮之曰："我在洲渚之间，无关人事，而横见杀害，怨苦莫伸，连时觅汝，今始相得。"眠寤乃患腹疾而殒。

又曰：永阳李增行经大溪，见二蛟在水，引弓射之，中一即死。增归，因复出市，有女子素服衔涕，捉所射箭。增怪而问焉，女答曰："何用问为！若是君许，便以相还。"授矢而灭。增恶而骤反，未达家，暴死于路。

《孟子》曰：矢人岂不仁于函人哉？矢人唯恐不伤人，函人唯恐伤人。

《列子》曰：逢蒙之弟子曰："鸿超怒其妻而怖之，引乌号之弓、綦卫之箭，射其目。矢未注，眸子瞬不睫，矢坠地而尘不扬。"

又曰：飞卫学射于甘蝇，诸法并善，唯啮法不教。卫密将矢以射蝇，蝇啮得镞矢射卫，卫绕树而走，矢亦绕树而射。

《鲁连子》曰：燕伐齐，取七十余城，唯莒与即墨不下。齐田单以即墨破燕军，杀燕将军骑劫，复齐城。唯聊城不下。燕将城守数月，鲁仲连乃为书，着之于矢以射城中遗燕将。燕将得书，泣三日，乃自杀。

《尉缭子》曰：夫杀人百步之外者，谁也？曰："矢也。"

《韩子》曰：矢来无向，则为铁室以备之。

又曰：智伯将伐赵，赵襄子召张孟谈问之曰："奈无箭何？"孟谈曰："董安于之治晋阳也，公宫之垣皆以荻蒿、楛楚廧音隔之，其高至于丈。君发而用之，有余箭矣。"于是发而试之，坚，则菌干之劲不能过也。君曰："吾箭已足矣，奈无金何？"孟谈曰："董子之治晋阳，公宫令舍之堂，皆以炼铜为柱质，君发而用之，有余金矣。"《战国策》曰：公宫之垣皆以荻稿，其坚则菌簬之劲不能过其余。何也？簬音路。

又曰："水激则悍，矢激则远。"

又曰：楚人有白猿，王自射之，则搏矢而熙。熙，戏也。使养由基射之，始调弓矫矢，未发而猿拥树号矣。由基，楚共王之臣养叔也。调，调张也。矫，直也。拥，抱也。

《诸葛子》曰：若能力兼三人，身与马如胶漆，手与箭如飞虻，诚宜宠异。

《亢仓子》曰：勾粤之干，镞以精金，鹫隼为之羽，以之炎掊棰，则其与稿朴也无择。勾粤，东粤。干，似干也。鹫隼，雕鹗之类。掊棰，打击也。《尔雅》曰：东南之美，有会稽之竹箭焉。夫勾越之干以精金为镞，以隼翎羽之。打击则同于槁科也。无择，犹无异也。及夫荡寇争虔音衡。觌武决胜，加之强弩之上，则三百步之外不立敌矣。排荡寇敌，争衡决胜，如此勾粤之干于强弩之上，则不立敌也。

《楚辞》曰：举长矢兮射天狼。

陈琳《武军赋》曰：矢则申息肃昚音慎，箘簵空流，燋铜毒铁，𥫗鏃鸣镞。

《子虚赋》曰：曳明月之珠旗，建干将之雄戟。左乌号之雕弓，右夏服之劲箭。

《射雉赋》曰：昔贾氏之如皋，始解颜于一箭。丑夫为之改貌，憾妻为之释怨。

《吴都赋》曰：其竹则筼于君切筜都郎切箖箊音吟于，桂箭射筒，由梧有篁，篻音瓢簩音劳有丛。

后汉李尤《弧矢铭》曰：弦木为弧，剡木为矢。四大协并，八极同纪。

晋江统《弧矢铭》曰：幽都筋角，会稽竹矢。率土名珍，东南之美。易以获隼，诗以殪兕，伐叛柔服，用威不諐。

梁昭明太子《弓矢赞》曰：弓用筋角，矢制良工。亦以观德，非止临戎。杨叶命中，猿堕张空。

箭筒

《释名》曰：箭箕受矢之器，以皮曰箙扶福切，柔服用之也。织竹曰笮音啧，相迫笮之名也。

《说文》曰：兰所以盛弩矢，人所负也。

《诗义问》曰：总所以覆矢也，谓箭筒盖也。

《周礼·夏官下·司弓矢》曰：仲秋献矢箙。箙，盛矢器也。兽皮为之也。

《左传》曰：公徒执冰而踞。杜预注曰：冰，箭筒盖也。

又曰：晋楚战，楚熊负羁囚智罃。智庄子以其族反之，负羁，楚大夫也。智罃，智庄子之子也。厨武子御，武子，魏锜。下军之士多从之。智庄子，下军大夫故也。每射，抽矢，菆，楚尤切纳诸厨子之房。抽，擢也。菆，好箭也。房，箭舍也。武子怒曰："非子之求而蒲之爱，蒲，杨柳，可以为箭也。董泽之蒲，可胜既乎？"董泽，地名，在东闻喜县。

《集异记》曰：丹阳张承先家有一鬼，为张偷得一箭筒，云："慎勿至新亭射，此三井陶家物。”张以借他，鬼骂欲烧屋，张驰取还乃止。

《杂诗》曰：象弧雕服。

《竹谱》曰：射筒竹簿肌而长，中着箭，因以为名。

步叉叉音钗，一作靫，音与上同

《释名》曰：步叉，人所带，以箭叉其中。马上曰鞬，鞬，建也。弓矢并建立其中也。

《通俗文》曰：箭箙，谓之步靫。

《赵书》曰：石虎等破刘曜于上邽，获马二百匹，赤罽金银、步叉、弓鞬三十具。

櫜鞬

《左传》曰：晋楚治兵，遇于中原。左执鞭弭，右执櫜鞬，以与君周旋。櫜，受箭也。

《后汉书》曰：董卓膂力过人，双带两鞬，左右驰射。《方言》曰：所以藏箭谓之服，藏弓，谓之鞬。《左氏传》云：右属櫜鞬。

《魏百官名》曰：三公拜赐鱼皮步叉一，貛皮鞬一，琢莀金校步叉一，金校豹皮鞬一。

射捍音汗，字与鞁同，射鞁以皮臂也

《说文》曰：韝射臂揞揞也。

《三礼弓矢图》曰：襚者臂捍，以朱韦为之。谓之襚者，所以遂弦也。

《括地图》曰：羿年五岁，父母与入山。其母处之大树下，待蝉鸣，还，欲取之。群蝉俱鸣，遂捐去。羿为山间所养，年二十，能习弓矢。仰叹曰：“我将射远方，矢至吾门止。”因捍即射，矢摩地截草，经至羿门，随矢去。

《管子》曰：桓公弋，管仲、隰朋朝，公望二子弛弓脱捍而迎之。

《鲁连子》曰：弦鋽相第而矰矢得高焉。专诸刺王僚，阖庐乃名成焉。

弹

《广雅·释器》曰：㢟音置谓之弹。

《字林》曰：弹，行丸者，又栟也。栟使战动棹一作棹。弹也。栟，普耕切，与抨同。

《桂苑》曰：弹音弹，行丸弓也，又作弓。

《开元文字》曰：引弹之谓行丸者也。又弹栟也。

《说文》曰：弹，行丸也。

《吴越春秋》曰：陈音对越王云："弩生于弓，弓生于弹，弹生于古之孝子。古者人民质朴，死则裹以白茅，投之中野，孝子不忍父母为禽兽所食，则作弹以守之。故古人歌之曰：'断竹属木，飞土逐肉。'遂令死者不犯鸟狐之残也。"

《周礼》曰：凡句兵欲无弹，刺兵欲无蜎。注云：句兵，戈戟属，弹为掉也。蜎，狂。

《左传》曰：晋灵公不君，从台上弹人，观其避丸者。

《谷梁》曰：灵公朝大夫而暴弹之也，观其避丸也。暴，戏暴之也。

《汉书》曰：长安中奸猾浸多。闾里多少年群辈杀吏受财报仇，相与探丸为弹，得赤丸者破武吏，黑者所文吏，白者主治丧。城中薄暮尘起，剽劫行者。死伤横道。

张璠《汉记》曰：班超使于阗，愿将三十六人以为蒿矢、弹丸之用。

《魏书》曰：齐王芳为帝，常喜以弹弹人。

《魏书传》曰：曹爽兄弟归家。敕洛阳县发民八百人，使尉部围爽第，四角作高楼，令人在上望视。爽计穷愁闷，持弹到后园中，楼上人便唱言："故大将军东行、南行。"爽还厅事上矣。

《晋安帝纪》曰：琅琊内史孙无终，贪横忍虐，妓妾有忤意者，辄弹其面。

萧子显《齐书》桓荣祖字华先，下邳人。荣祖善弹，弹鸟毛尽而鸟不死。海鹄群翔，荣祖登城西楼弹之，无不折翅而下。

崔鸿《西秦录》曰：辛进字国都，陇西人。建弘初，为散骑常侍，从乞伏炽盘游于后园。宵观弹鸟，丸伤暮末母之面。至是末问母面伤之由。母曰："辛进弹鸟所伤。"末怒，故诛之。

《隋书》曰：长孙晟善弹。有鸢群飞，上曰："公为我取之。"晟十发俱中，并应丸而落。赐赉极多。

《韩诗外传》楚庄王将兴师伐晋，告大夫曰："有敢谏者，罪至死无赦。"孙叔敖进谏曰："臣之园中有榆，其上有蝉，蝉方奋翼悲鸣，欲饮清露，不知螳螂在后，曲其颈欲攫而食之也。螳螂方欲食蝉，不知黄雀在后，举头而欲啄食之。黄雀方欲食螳螂，不知童子挟弹丸在榆下，仰而欲弹之。童子方欲弹黄雀，不知前有深坑，后有掘株也。此皆贪前之利，不顾后害者也。非独昆虫众庶若此，人主亦然。"楚国不殆而晋国以宁，孙叔敖之力也。

《西京杂记》曰：韩嫣于骞武帝佞幸人也。作金丸，人皆逐之。长安为之语曰："苦饥寒，逐金丸。"

《异苑》曰：青溪小姑庙，云是蒋侯第三妹。庙中有大榖树，扶疏荫渎，乌常产育其上。太元中，陈郡谢庆执弹乘马缴杀数头。至夜，梦一女子。衣裳楚楚，怒云："此鸟是我养，何故见侵？"经年而谢卒。庆名涣，灵运父也。

《幽明录》曰：元嘉初，散骑刘隽家在丹阳郡，后尝闲居。而天大骤雨，见门前有三小儿，皆可六七岁，相牵狡狯音侩，而并不沾濡，隽疑非人。俄见共争一瓠壶子。隽引弹弹之正中壶。霍然不见。隽出，人问前得一壶，而泣曰："此是小儿物，不知何由在此？"隽具说之。

《东方朔记》曰：东方朔对骠骑难曰："以珠弹不如泥丸，各有所用也。"

《庄子》曰：庄周游乎雕陵之樊，睹一异鹊自南方来，翼广七尺，目大运寸，而进集于栗林。周曰："何鸟哉？"执弹而留之。睹一蝉方得美荫而忘其身，螗蜋执翳而搏之，见得而忘其形，异鹊从而利之，见利而忘其真。庄周怵然曰："物固相累。二类相招也。"指弹而射之，虞人逐而讯之。以周为盗栗。

又曰：化予之左臂以为鸡，予因以求时夜；浸假而化右臂以为弹，余因以求鹗炙。

又曰：以隋侯之珠，弹千仞之雀，以所用者重，所要者轻。

《太玄经》曰：明珠弹于飞，害其得不伤。

《潜夫论》曰：丁夫不傅犁锄，怀丸挟弹，或取好土作丸卖之。其弹外不可御盗，内不足禁鼷鼠，妄弹鸟雀，百发不得一，反中人面目，此无用而有害也。

《世说》曰：前辈人忌日唯不饮酒作乐。王世将以忌日送客至新亭，别主人欲作音声，王便起去，持弹往卫洗马墓下弹鸟。

《梦书》曰：梦持弹者，得朋友。

赵壹《穷鸟赋》曰：有一穷鸟，戢翼原野。毕音必网加上，机阱在下。前见苍隼，后见驱者。矰缴张右，弄弓彀左，飞丸缴矢，交集于我。思飞不得，欲鸣不可。举头畏触，摇足恐堕。内独怖急，乍水乍火。

夏侯孝若《缴弹赋》曰：张弱弓，理繁缴，望大群以送丸，审遣放而必获。

《古乐府歌》曰：鸟生八丸子，秦氏桂树间。秦氏家有游荡子，立用睢阳强弹丸。

魏明帝《猛虎行》曰：双桐生空井，枝叶自相加。通泉浸其根，玄云润其柯。上有双栖鸟，交颈鸣相和。何意行路者，秉丸弹是窠。

桓玄《南林弹诗》曰：散带蹑奔驷，挥弹出长林。归翮赴旧栖，木末转翔禽。落羽寻绝响，屡中辄应心。

后汉李尤《弹铭》曰：昔之造弹，起意弦木。以丸为矢，合竹为朴。漆饰胶治，弗用筋镞。丸弹之利，以弋凫鹜。晋灵娇悖，群臣是弹。乐其如跃，趋如避丸。

太平御览卷第三百五十一　兵部八十二

戈

《易》曰：离为戈兵。

又曰：投戈散地，则六亲不能相保。

《书》曰：武王至商郊，王左仗黄钺，右秉白旄以麾曰："逖矣。西土之人。称尔戈，比尔干，立尔矛，予其誓。"

又曰：武王伐纣，战于牧野。前徒倒戈，血流漂杵。

又曰：成王崩，太保命仲桓、南宫毛孔安国曰：二臣桓毛名。俾爰齐侯吕伋，以二千戈、虎贲百人，逆子钊于南门之外。

又曰：兑之戈，和之弓，垂之竹矢，在东房。兑、和，古之巧人。

又曰：四人綦弁，执戈上刃，夹两阶祀。一人冕，执戣，立于东垂；一人冕，执瞿，立于西垂。戣、瞿皆戟属。

又曰：唯干戈省厥躬。

又曰：鲁侯、伯禽宅曲阜，徐夷并兴，公曰："备乃弓矢，锻乃戈矛。"

《诗》曰：岂曰无衣，与子同袍。王于兴师，修我戈矛，与子同仇。岂曰无衣，与子同泽。王于兴师，修我矛戟，与子偕作。

又曰：彼候人兮，荷戈与祋。毛苌曰：候人，道路送迎宾客者也。荷，揭也。祋，殳也。祋，丁外切。

又曰：载戢干戈，载櫜弓矢。

《礼记》曰：进戈者前其鐏祖闷切，后其刃；进矛戟者，前其镦，音队。后其锐。郑玄曰：后刃，敬也。二兵镦鐏，虽在下犹为首。锐底曰鐏，取其鐏也。平底曰镦，取其镦地也。

又曰：春夏学干戈，秋冬学羽籥，皆于东序。干，盾也，戈句序戟也。干戈万舞，象舞也。

又曰：能执干戈，以卫社稷。

又曰：宾牟贾侍坐于孔子，孔子与之言，及乐。子曰："夫乐者，象成者也。总干而山立，武王之事也。发扬而蹈厉，太公之志也。《武》乱皆坐，周召之治也。武王克商，济河而西，倒载干戈，包以虎皮，将帅之士，使为诸侯，名之曰建櫜。"

又曰：大夫士既殡而君往焉，祝先升，君即位于阼，小臣二人，执戈立于前，一人立于后。

《周礼》曰：旅贲氏：掌执戈盾，夹王车而趋，左八人，右八人，车止则持轮。丧纪，则衰葛执戈盾。军旅，则介而趋。

又曰：节服氏：掌祭祀、朝觐衮冕，六人维王之太常。郊祀裘冕，二人执戈，送逆尸从车。郑玄曰：裘冕者，亦从尸服也。从尸车，送逆之往来也。

又曰：方相氏：掌蒙熊皮，执戈扬盾，帅百隶而时傩，以索室殴疫。及墓，入圹，以戈击四隅，殴方良。方良，罔两也。

又曰：司戈盾：裳戈盾之物而颁之。祭祀，授故士戈。故士，王族，故士也与旅贲当事则卫王者也。军旅、会同，授贰车戈盾，建乘车戈盾。授旅贲及虎士戈盾。乘车，王所乘车军。旅则草路，会同则金路也。

又曰：车谓之六等之数：郑玄曰：六等之数法易之，三材六画也。车轸四尺，谓之二等；人长八尺，崇于戈四尺，谓之三等。殳长寻有四尺，崇于人四尺，谓之四等。车戟常，崇于殳四尺，谓之五等。酋矛常有四尺，崇于戟四尺，谓之六等。

又曰：金有六齐。四分其金则锡居一，谓之戈戟之齐。

又曰：戈广二寸，内倍之，胡三之，援四之。郑玄曰：戈，今勾子戟也。或谓之鸡鸣，或谓之拥颈也。已倨则不入，已勾则不决。长内则折前，短内则不疾。郑玄曰：戈，勾兵也。主于胡已倨，谓胡微直而邪多，以啄人则不入。已勾，谓胡曲多也。以啄人则创不决前谓援也。内长则援短，援短则曲于磬折，椵于磬折则引之于胡并钩。内短则援长，援长则倨于磬折，倨于磬折则引之不疾。

又曰：卢人为卢器。戈柲六尺六寸，殳长寻有四尺。车戟常。酋矛常有四尺，矛夷三寻。郑玄曰：柲犹柄也。八尺曰寻，倍寻曰常。酋夷，长短名也。

《左传》曰：晋公子重耳及齐，齐桓公妻之，公子安之。姜曰："行也，怀与安，实败名。”公子不可，姜与子犯醉而遣之。醒以戈逐子犯。

又曰：秦伐晋。战之明日，晋襄公缚秦囚，使莱驹以戈斩之。囚呼，莱驹失戈。狼瞫取戈以斩囚，禽之以从公乘，遂以为右。

又曰：鲁败狄于咸，获长狄侨如。富父终甥舂其喉，以戈杀之，舂，犹冲也。埋其首于子驹之北门。狄长三丈。

又曰：齐败于鞍。齐顷公既免，求逢田父，三入三出。入于狄，卒皆抽戈盾，冒之以入于卫，卫师免之，遂自徐关入。

又曰：晋楚战于鄢陵。范丐趋进丐，士燮子。曰：“塞井夷灶，陈于军中，晋楚唯天所授，何患焉。”文子执戈逐之曰：“国之存亡，天也！童子何知焉！”

又曰：晋胥童、夷羊五帅甲八百，将攻郤氏。长鱼矫请无用众。公使清沸魋助之，沸魋，嬖人也。抽戈结衽衽，裳也。而伪讼者三。郤将谋于谢。榭，讲武堂也。矫以戈杀驹伯、苦成叔于其位。驹伯，郤锜苦成叔郤犨也。温季曰：“逃，威也。”遂趋。郤至未奉君命而死，今矫等意欲禀□命，不以君命而来，故欲逃也。矫及其车，以戈杀之，皆尸诸朝。

又曰：晋中行献子将伐齐，梦与厉公讼，弗胜。厉公，献子所杀。公以戈击之，首坠于前，跪而戴之，奉之以走，见梗阳之巫皋。他日见诸道，与之言同。巫亦梦见献子与厉公讼。巫曰：“今兹主必死，若有事于东方则可以逞。”

又曰：晋侯伐齐，范鞅门于雍门，其御追喜以戈杀犬于门中。杀犬示闲暇也。

又曰：齐庆封好田而嗜酒，与庆舍政。舍，庆封子。卢蒲癸臣子之，子之舍也。与王何二人皆嬖，使执寝戈而先后之。寝戈，亲近兵仗也。尝于大公之庙，庆舍莅事。临祭事也。麻婴为尸，为祭尸也。卢蒲癸、王何执寝戈。庆氏以其甲环公宫。卢蒲癸自后刺子之，王何以戈击之，解其左肩。犹援庙桷，动于甍，以俎壶投，杀人而后死。言其力多。

又曰：郑徐吾犯之妹美，公孙楚聘之。楚子南也。公子黑又使强委禽焉。禽，雁也。纳彩内雁也。子南戎服入，左右射，超乘而出。女自房观之，适子南氏，子晳怒，既而櫜甲以见子南，欲杀之而取其妻。子南知之，执戈逐之，及冲击之以戈，冲，交道也。子晳伤而归。告大夫曰："我好见之，不知其有异志，故伤。"

又曰：晋平公有疾。郑伯使公孙侨如晋聘，且问疾。叔向问曰："寡君之疾病，卜人曰：'实沈、台骀为祟。'此何神也？"子产曰："昔高辛氏有二子，伯曰阏伯，季曰实沈，不相能也。日寻干戈，以相征讨。后帝不臧，迁阏伯于商丘，主辰。迁实沈于大夏，主参。"

又曰：卫公孟絷狎齐豹，公孟，灵公兄也。齐豹，齐恶之子，为卫司寇也。夺之司寇与鄄，公孟恶北宫喜、褚师圃，欲去之。公子朝通于襄夫人宣姜，惧而欲以作乱。故齐豹，北宫喜、褚师圃、公子朝作乱。公孟有事于盖获之门外，有事，祭也。盖获，卫郭门也。齐氏帷于门外而伏甲焉。使祝蛙置戈于车，薪以当门。华齐御公孟，宗鲁骖乘。及闳，齐氏用戈击公孟，宗鲁以背蔽之，中公孟肩，杀之。

又曰：吴入郢，楚昭王涉睢，济江，入于云中。王寝，盗攻之，以戈击王。王孙由于以背受之，中肩。

又曰：吴伐越。越子句践御之，陈于槜李。灵姑浮以戈击阖闾，伤将指。

又曰：齐人输晋范氏粟。郑之姚子般送之，范吉射逆之，赵鞅御之。邮无恤御简子，卫太子为右，登铁上。郑人击赵简子，中肩，毙于车中，太子救之，以伐郑。师北，太子复伐之，郑师大败。

又曰：齐简公即位。与妇人饮酒于檀台。成子迁居寝，徙公使居正寝。公执戈将击之。疑其欲作乱也。太史子余曰："非不利也，将除害也。"

又曰：晋荀瑶帅师伐郑。荀瑶，智伯也。郑驷弘请救于齐。弘，驷专文子陈成子救郑。及濮，雨，不涉。成子衣制杖戈，制雨衣也。立于阪上，马不出者，助之鞭之。智伯闻之，乃还。畏其得众心也。曰："我卜伐郑，不卜敌齐。"

又曰：卫良夫与太子蒯聩入，舍于孔氏之外圃。昏入，适伯姬氏。

既食，孔伯姬仗戈而先，太子与五人介舆豭从之，分械甲也。迫叔悝于厕，强盟之。孔氏专政，故劫孔悝，欲令逐辄。

《汉书》曰：宣帝时，美阳鼎献之。张敞好古文字，案鼎铭勒而上议曰："今鼎出于郊东，中有刻书，曰王命尸臣，孟康曰：尸，主也。官此栒邑，赐尔鸾旂，黼琱戈尸，臣拜手稽首。窃以传记言之，鼎殆周之所以褒赐大臣也。"

又曰：武帝元鼎五年，南越相吕嘉反，遣归义侯严为戈舡将军，张晏曰：严故越人，降为归义侯。越人于水中窃负人之船，又有蛟龙之害，故置戈于下，因以为名也。下离水。

《晋书》曰：《贾充传》云："高贵乡公之攻相府也，充率众拒战于南阙。军将败，骑督成倅弟太子舍人济问充曰："今日之事当如何？"充谓曰："公养汝等正拟今日，复何疑。"济于是抽戈犯跸。

崔鸿《前赵录》曰：李景年字延祐，前部人。长平之战，刘聪马中矢，几为晋军所获。景年以马授聪。挥戈前战。以功封梁邹侯。

《战国策》曰：中山君飨都大夫羊羹不遍，司马子期怒而走于楚，说楚王伐中山，中山君亡走。有二人挈戈而随，中山君顾谓二人："子奚为者也？"二人对曰："臣有父当饿将死，君下壶食餔臣之父，故来死君也。"中山君慨然仰天叹曰："吾以一杯羊羹亡国，以一壶食得士二人。"

《国语》曰：秦师侵晋，惠公令韩简挑战，曰："昔君之惠，寡人未敢忘。家人之众能合之不能离也。君若不还，寡人将无所避。"穆公衡雕戈出见使者。

《庄子》曰：孔子穷于陈蔡，七日不食，弦歌鼓琴。子路仡然执戈而舞。

《韩子》曰：勾践入官于吴，执戈为吴王洗马，故能杀夫差于姑苏。

《吕氏春秋》曰：赵简子攻卫附郭，自将远立，郭远立，矢石不及也。又居于犀蔽犀橹之下，投枹而叹投，弃也。曰："乌呼，士之遬音速弊，尽一若此乎！"遬犹化也，一犹皆也，言士之燮化弊恶皆如此乎。行人烛过免胄横戈而进曰:“亦由君不能耳,士又何弊之有!”简子乃去犀蔽犀橹,而立于矢石之所及,矢,箭也。石,弩也。一鼓而士乘之。毕,尽也。乘,凌也。简子曰:“与吾得革车千乘也,不如闻行人烛过之一言。”

《淮南子》曰:阳虎为乱于鲁,鲁君令人闭城门而捕之,得者有赏,失者夷族。围三匝矣,阳虎将举剑而自刎颈,门者止之曰:“我将出子。”阳虎左执剑,右提戈,赴围而走,门者出之。阳虎既出,顾出之者,以戈推之,攘祛薄腋。鲁君闻阳虎失,怒所出之门。以为伤者战斗者也,不伤者为纵之。伤者受厚赏,不伤者受重罪也。此所谓害之而反利之者也。

又曰:鲁阳公与韩构难,战酣。日暮,援戈而撝日。日反三舍。鲁阳,楚人也,文之孙,司马期之子,所谓鲁阳文子也。楚僭号称王,其守县大夫皆称公,曰鲁阳公,今南阳鲁是也。

《五经要义》曰:国君及元率戎车将在中央当鼓,御者在左,勇力之士执戈在后。

陆景《典语》曰:戈刀虽备于执事,而无所扬其锋。

桓宽《盐铁论》曰:匈奴处沙漠之中,生不食之地,如中国之麋鹿耳。好事之臣,求其义,责之礼,使中国干戈至今未息。

《玄晏春秋》曰:七年,春王正月乙酉,予长七尺四寸矣,未通史书,与从姑子梁柳等击壤于路,或编荆为盾,执荻为戈,分陈相刺习兵,共以为乐。

张骘《文士传·挚虞答策》曰:古之良臣受彤弓雕戈之锡,铭之彝器,贶之后昆,旷世历代以为宾荣。岂无其物,贵殊品也。

《抱朴子》曰:虎狼见逼,不挥戈奋剑而弹琴咏诗,吾未见其身之可保也。

又曰:荆卿、朱亥不示小勇于怯弱之间,孟贲、冯妇不奋戈戟于狸豺之群。

《山海经》曰:昆仑墟北,有人曰:“太行伯”,把戈。

干宝《搜神记》曰:有崔文子者,学仙于子高。子高化为白霓而持药与子，文子惊怪，引戈击蜺，中之，因堕其药。俯而视之，王子乔之尸也，置之室中，覆以弊筐，须臾而化为大鸟。开而视之，翻飞而去。

梅陶《在盆口与三公书》苏峻勇而无谋，兵家所常弊也。长广人释锄犁，执干戈，何知战法。

《文选》曰：戈鋋彗云。

又曰：戈矛若林。

《离骚》曰：操吴戈兮披犀甲，车错毂兮短兵接。

繁钦《述征赋》曰：时三日之暮春，逼干戈之急难。

王粲《从军诗》曰：楼船凌洪波，寻戈刺群虏。

高贵乡公诗曰：干戈随风靡，武骑齐雁行。

魏明帝《堂上行》曰：武夫怀勇毅，勒马于中原。干戈森若林，长剑奋无前。

荀道雍《猛虎行》曰：诘朝弹竹冠，荷戈翦荒要。

应贞《华览》曰：万夫决拾，武骑齐足。乘夷长森，分行别属，弓不虚弯，戈不苟扑。

傅毅《西征颂》曰：愠昆夷之匪协，咸矫于戎事。干戈动而后戢，天将祚而隆化。

崔骃《北征颂》曰：人事协兮皇恩得，金精扬兮水灵伏，顺天机兮把刑德，戈所指兮罔不克。

张协《七命》曰：举戈林竦，挥锋电灭。仰倾云巢，俯殚地穴。

孔欣《七诲》曰：携同好，命爪牙，摄乌号，杖雄戈，缘山结网，参云张罗。

殷融议曰：自顷多难，国度屡空。疋夫有重茧之劳，武士有执戈之勋。

太平御览卷第三百五十二 兵部八十三

戟上

《释名》曰：戟，格也。旁有枝格也。戈，勾矛戟也。戈，过也。所刺则决过，所勾引制之不得过也。车戟曰常，长丈六尺，车上所持也。八尺曰寻，倍寻曰常，故称常也。手戟，手所持擿之戟也。

《说文》曰：戈，平头戟也。从弋，一横之象形也。戟，有枝兵也。戟读若棘。镆耶，大戟也。

《方言》曰：戟，楚谓之孑。郭璞曰：取名于钩孑也。凡戟而无刃，秦晋之间谓之孑，或谓之鏔音寅。吴扬之间谓之戈。东齐秦晋之间谓其大者曰镘莫干切胡，其典者谓之句孑镘胡。即今鸡鸣句孑戟也。南楚宛郢谓之匽戟。其柄，自关而西谓之秘，或谓之殳音殊。

《广雅》曰：匽，谓之雄戟。

《太公兵法》曰：戟之神名大将。

《赵氏兵书》曰：戟，参星主之。

《周礼》曰：掌舍为坛，壝音遗。宫棘门。郑司农云：棘门，以戟为门也。

《左传》曰：郑伯将伐许，授兵于太宫。公孙阏与颍考叔争车，考叔挟辀以走，辀，车辕也。子都拔棘以逐之。棘，戟也。及大逵，不及，子都怒。都，阏字也。

又曰：庄公四年，楚武王荆尸授师孑焉，以伐随。尸，陈也。孑者戟，然则楚始于此参用戟为陈也。

又曰：郑公子归生受命于楚，伐宋。宋华元御之。战于大棘，宋师败绩，囚华元。狂狡辂郑人，郑人入于井。狂校，宋大夫。辂，迎也。倒戟而出之，获狂狡。君子曰："失礼违命，宜其为禽也。"

又曰：晋侯饮赵盾酒，伏甲将攻之。遂跣以下，公族夫獒犬焉。灵辄倒戟以御公徒而免之。问何故。曰："翳桑之饿人也。"

又曰：诸侯伐偪阳，狄虒弥建大车之轮，蒙之以甲为橹，左执之，右拔戟成一队。

又曰：栾氏乘公门，范宣子谓鞅曰："矢及君屋，死之！"鞅用剑以帅卒，用剑，短兵接，欲致死也。栾氏退。摄军从之，遇栾乐，乐，盈之族。曰："乐射之不中，又注，注，属矢于弦。则乘槐本而覆。或以戟钩之，断肘而死。

《周书》曰：年饥，上用舆，曲軜不漆，矛戟缕缠，羽旄不择乌。

《史记》曰：平原君与楚合纵，言其利害。日出而言之，日中不决。毛遂按剑而前曰："今楚地方五千里，持戟百万，此霸王之资也。"

又曰：苏秦说韩王曰："韩之剑戟皆出于冥山棠谿。"

《汉书》曰：项羽令壮士挑战。汉有善骑射曰楼烦，应劭曰：楼烦，今楼烦县是也。楚战三合，楼烦辄射杀之。羽大怒，自披甲持戟挑战。楼烦欲射，羽瞋目叱之，楼烦目不能视，手不能发，走还入壁，不复敢出。

又曰：田肯贺上曰："秦形胜之国也，带河阻山，悬隔千里，持戟百万。悬隔，千里之外，秦得百二焉。齐地方二千里，持戟百万，齐得十二焉，非亲子弟莫可使王齐者也。"

又曰：奉天子法驾，迎皇帝代邸，皇帝入未央宫，有谒者十人持戟卫端门。曰："天子在，足下何为者？"不得入。

又曰：汉七年，长乐宫成，于是皇帝辇出房，百官执戟传警，引诸侯王以下至吏六百石，以次奉贺。

又曰：息夫躬云："诸曹以下，仆遬音速不足数。卒有强弩围城，长戟指阙，陛下谁与备之。"

又曰：晁错上言曰："两阵相近，平地浅草，可前可后，此长戟之地也。剑盾三不当一。"

又曰：灌夫字仲孺，父孟死吴军。夫奋曰："愿取吴王若将军之头，以报父仇。"于是夫披甲持戟，募军中壮士所善愿从数十人。及出壁门，莫敢前，独两人及从奴十余骑驰入吴军，至戏音麾。下，所杀伤数十人。

又曰：扬雄位不过执戟。

又曰：八月，饮酎行祠孝昭庙。是时，霍氏外孙代郡太守任宣坐谋反诛。宣子章为公车丞，亡在渭城界中，夜，袨服入庙，执戟立庙门，待上至，欲为逆，发觉，伏诛。

《后汉书》曰：光武署铫期为贼曹掾。上略地向北，期从徇蓟。时王郎檄书到，蓟中起兵应郎。光武趍驾出，百姓聚观，喧呼满道，遮路不得行。期骑马奋戟，嗔目大呼，左右曰趯，《周礼》：隶仆掌趯宫中之事。郑众曰：止行清道也，若今警跸。《说文》：趯与跸同。众皆披靡。

《东观汉记》曰：吴汉与苏茂、周建战。汉躬披甲持戟，告令诸部将曰："闻鼓声大呼，俱进，后至者斩。"遂鼓而进，贼兵大破。

又曰：建武四年，隗嚣遣马援奏课京师，因曰："臣与公孙述同县，少小相善。臣前往蜀，述陛戟乃见臣；今臣远从异方来，陛下何以知臣非刺客奸人，而简易若是？"上大笑。

又曰：田邑字伯玉，为上党太守，时更始遣鲍永、冯衍屯太原。永、衍恐其先降，说之曰："晏婴临盟，拟以曲戟，不易其辞。"

又曰：杨政字子行，师事博士范升。建武中，范升为太常丞，为去妻所诬告，坐事系狱，当伏重罪。政以车驾出时，伏道边，抱升子持车叩头。武骑虎贲恐惊马，引弓射之，不去，旄头以戟叉政伤胸前，政遂涕泣求哀，上即尺一出升。

又曰：孙程与王康等斩江京等迎立济阴王，是为顺帝。阎显弟景为卫尉，从省中还外府，收兵至盛德门。尚书郭镇率直宿羽林出，逢景。景因斫镇，不中，镇剑击景堕车。左右以戟叉其胸，禽之，送廷尉。

谢承《后汉书》曰：彭循字子阳。太守秘君闻循义勇多谋，请循以守吴令。民歌之曰："时岁仓卒，盗贼纵横。大戟强弩不可当，赖遇贤令彭子阳。"

司马彪《续汉书》曰：杨仁字文义，巴郡人。显宗特诏补北宫卫士。及帝崩，时诸马贵盛，各争欲入宫。仁被甲持戟，严勒门卫，莫敢轻进者。肃宗既立，诸马共谮仁。上知其忠，愈善之。

张滢《汉南记》曰：陈蕃等欲除诸黄门，谋泄。阉寺之党于宫中诈称惊，云外有反者。蕃奔入宫，小黄门朱寓逆以戟刺蕃。

《魏志》曰：董卓恐人谋己，常以吕布自卫。尝失意拔手戟擿布，布拳捷之。由是，阴怨卓。《英雄记》又载：吕布诣董卓，卓尝拔戟掷之，言布乱其私室。

又曰：袁术遣将纪灵等步骑三万攻刘备。备求救于吕布，严步兵千、骑二百驰往赴备。布谓灵等曰："布性不憙合斗，但喜解斗耳。"布令门候于营门中举一只戟，布言："诸军观布射戟小枝，一发中者，诸君当解去；不中，可留斗。"布举弓射戟，正中小枝。诸将皆惊，言："将军天威也。"明日欢会，然后各罢。

又曰：张绣反，袭太祖营。太祖出战不利。典韦以长戟左右击之，一叉辄十余钘音矛摧，左右死伤者略尽。韦被数十创，短兵接战，贼前搏之，韦双挟两戟击杀之，余贼不敢前。

又曰：典韦好持大双戟与长刀，军中为之语曰："帐下壮士有典君，持一双戟八十斤。"

王沈《魏书》曰：太祖讨吕布于濮阳。布有别屯在濮西相持。太祖募陷陈，典韦先占，但持长矛撩战。时西面又急，韦左手持十余戟，大呼起，所抵无不应手倒者。

鱼豢《魏略》曰：徐庶字元直。少好任侠，为人报仇，白垩乌各切。突面，披发而走。为吏所得，乃感激弃其刀戟，更绢巾单衣，折节学问。

《吴志》曰：孙权拜诸葛恪丹阳太守，授棨戟武骑，作鼓吹，导引归家。

又曰：孙权乘马射虎庱庱，摅陵切。亭，马为虎所伤。权投以双戟，虎遂却。

又曰：太史慈、刘繇使循骑，卒遇孙策。慈便前斗，正与策对。刺慈马，以揽慈项上手戟，慈亦得策兜鍪。

又曰：孙綝遣中书郎李崇夺孙亮玺绶，征立琅琊王休。奉书于休曰："綝以薄才，见授大任，不能辅导陛下。顷月以来，多所造立，亲近刘承，悦于美色，败坏藏中矛戟五千余枚，以为戏具。”

韦昭《吴书》曰：凌统怨甘宁杀其父操。尝于吕蒙舍会，酒酣，统乃以刀舞。宁起曰：“能双戟舞。”蒙曰：“宁虽能，未若蒙之巧也。”因操刀持楯，以身分之。

张勃《吴录》曰：严白虎使弟舆诣长沙桓王请和，许之。舆请与王独会面约。既会，王引白削斫席，舆体动。王知其无能，以手戟投之，立死。

《蜀志》曰：两镶音攘是谓闭水户，持双戟是谓坐铁室也。

常璩《华阳国志》曰：荆邯记公孙述曰：“昔革汉祖败而复征，故能禽秦亡楚，以弱为强，况今地方数千，杖戟百万。”

《晋书》曰：贾后字南风。初为太子妃，性酷虐，尝手杀数人。或以戟掷孕妾，子随刃堕地。帝闻之大怒，欲废之。

又曰：杨骏字文长，为贾后所诛。初，温县有人如狂，造书曰：“光光文长，大戟为墙。毒药虽行，戟还自伤。”及骏居内府，以戟为卫。至兵入骏府，逃于马厩，以戟杀之。

又曰：裴楷有知人之鉴，谓锺会如观武库，森森见矛戟在前。

王隐《晋书》曰：上闻贾妃酷妒，戟擿诸孕子者皆堕。已治金墉城，当废之。赵粲救于内，荀勗请于外，故不废焉。

又曰：祖逖军大饥，进据食犬丘城。樊雅遣六十余人入逖营，拔戟盾大呼向逖，逖军人夜不知何贼多少，皆欲散走。

崔鸿《前赵录》曰：杜育字子光，濮阳人。少为贼，其母每怒。育曰：“天下将乱，且以习胆。如意望封侯，不如意但不使他斫人头。”曾为贼围，衣甲三重，持戟蓬转而出。

又曰：刘聪猎上林，以愍帝行车骑将军，戎服执戟前导。观者指曰：“此故长安天子。”

崔鸿《后赵录》曰：冉闵所乘赤马曰朱龙，日行千里。左杖双刃矛，右执钩戟，斩鲜卑三百余级。

《齐书》曰：宋升平三年，尤里封人于官高湖际得瑞鞁苏合切。戟三杖，旁有古字。

《隋书》曰：柳彧为屯田侍郎，固让，弗许。时制三品以上门皆列戟，左仆射高颎子弘德封应国公，申牒请戟。彧判曰："仆射之子，更不异居。父之戟槊已列门外，尊有厌卑之义，子有避父之礼，岂容外门既设，内阁又施。"事竟不行，颎闻而叹伏。

《家语》曰：孔子北游，登于农山之上。子路、子贡、颜回侍侧孔子曰："二三子各言其志，吾将择焉。"颜回曰："回愿得明王圣主而相之，敷其五教，导之礼乐，使城郭不修，沟池不越。铸剑戟为农器，放牛马于原薮。室家无离旷之思，千载无战斗之患。"夫子懔然曰："美哉！德也。"

陆贾《楚汉春秋》曰：沛公脱身鸿门，从间道至军。张良、韩信乃谒项王军门曰："沛公使臣奉白璧一只献大王足下，玉斗一只献大将军足下。"亚父受玉斗，置地，戟撞破之。

乐资《春秋后传》曰：聂政拔剑至韩，韩相方坐府上，持兵戟而卫，侍者甚众。聂政直入上陛，刺杀侠累。

《战国策》曰：苏秦说惠王曰："夫徒处而致利，安坐而广地，虽古五帝、三王、五伯、明主、贤君常欲坐而致之，其势不能，故以战续之。宽则两军相守，迫则杖戟相撞。"

又曰：齐王建入朝于秦，雍门司马横戟当马前曰："所为立王者为社稷，何以去社稷而入秦？"王不听，遂入秦。

《英雄记》曰：吕布白陈登，使诣曹操求徐州牧不得，登还，布怒拔戟斫机曰："不唯吾所求无获，但为卿父子所卖耳。"登不为动容，徐对曰："登见曹公，言养将军譬如养虎，当饱其肉，不饱则将噬人。公曰：'不如卿言，譬如养鹰，饥则为用，饱则飏去。'其言如此。"布意乃解。

王隆《汉官解诂》曰：卫尉宫阙周庐殿掖，屯陈夹道，当兵交戟。胡伯始曰：谓者门郎阁陈屯，士夹首道旁，当兵以示威武，交戟以遮妄出入者。

应劭《汉官仪》曰：旧制太子食汤沐十县，家令领主自有宫置。周卫交戟，五日一朝，因坐东厢，省视膳食。

《东方朔传》曰：武帝坐未央前殿，天雨新止。朔执戟在殿陛遥指独语。上见，呼问之。朔对曰："殿后柏树上有鹊立枯枝上，东向鸣。"上遣侍中视之，如朔言。问何以知之。朔曰："风从东来，鹊尾旁风则倾，背风则蹶，必当顺风而立，故知东向鸣也。新雨生枝滑，故枝涩，故立枯枝上。"上大笑，赐帛十匹。

又曰：孝武元封三年，作柏梁台。召群臣有能为七言者，乃得上坐。卫尉曰："周卫交戟禁不时。"

陈寿《益部耆旧传》曰：张霸迁会稽太守。是后盗贼衰少，野无遗寇，童谣曰："弃若戟，弃若矛，盗贼尽，吏皆休。"

萧广济《孝子传》曰：魏阳不知何处人，独与父居。父有刀戟，市南少年求之，阳曰："老父所服，不敢相许。"少年怒，道逢阳父，打伤，叩头请罪。父没，阳断少年头以谢父冢前。

师觉授《孝子传》曰：仲子崔者仲由之子也。子路仕卫，赴蒯聩之乱，魏人于黡遂杀之。子崔既长，欲报父仇，黡知之曰："夫君子不掩人之不备，须后日于城西决战。"其日黡持蒲弓木戟，与崔战而死。

张敞《晋东宫旧事》曰：东列崇福门，门各羌楯十幡，鸡鸣戟十张。

太平御览卷第三百五十三 兵部八十四

戟下

《世说》曰：旧制三公领兵入见，皆交戟叉颈而前。初，曹公将讨张绣，入见天子时始复此制，公自是不敢朝见。一出郭颂《世语》。

孙盛《异同难语》曰：太祖尝私入中常侍张让室，让觉之，乃舞手戟于庭前，逾垣而出。材力绝人，莫之能害。

干宝《搜神记》曰：汉武帝时，张宽为扬州刺史。先是有二老翁争山地，诣州讼，疆界连年不决。宽视事，复来。宽视二翁形状非人，令卒持戟将入，问"汝何等精？"翁欲走，宽呵格之，化为巨蛇。

又曰：成都王之攻长沙也，反军于邺内外陈兵。是夜，戟锋皆有火，遥望如悬烛，就则亡焉。《三十国春秋》又载。

刘敬叔《异苑》曰：彭城刘黄雅以太元中为京口府佐，被使还都。路经竹里亭，多虎。刘极自防卫，牛马系于户前，手戟置于地上。宵中，士庶同睡，虎乘间跳入，跨越人畜，独取刘而去。

刘义庆《幽明录》曰：项县姚牛，十余岁，父为乡人所杀。牛常卖衣物市刀戟，图欲报仇。后在县门前相遇，手刃之于众中。

东阳无疑《齐谐记》曰：东阳郡朱子之，有一鬼恒来其家。子之儿病心痛，鬼语之曰："我为汝寻方。"云："烧虎丸饮即差。汝觅大戟与我，我为汝取也。"其家便持戟与鬼，鬼持戟去。须臾还，放戟中庭，掷虎丸着地，犹尚暖。

束皙《发蒙记》曰：师子五色，而食虎于巨木之岫，一噬则百人仆，唯畏钩戟。

顾恺《启蒙记》曰：玉精名委，似美女而青衣见。以桃戟刺之，以其名呼之，可得也。

周处《风土记》曰：戟长一丈三尺，奋扬俯仰，乍跪乍立，兼五兵而能，乃谓名人。

又曰：教学讲武，戒远虑戎。首玄戈奋长雄，迎来送往，斫截横从。扶强顿弱，唯敌所从。首，先也。玄戈，北斗杓端招摇之内、贯索之外，独星也。戟为五兵之雄，盖取威奋振也。凡用戟法必先小振动之，陵上摄下，收功于中，恒在首领之间来迎去送，顺而不逆也。植则虎龙交牙，神变无常。去者厚饯，来者不攘。言用双戟之法，交戟相向，左手为龙，右手为虎，更出更入，更上更下，上下无常，随变而改。颠倒入怀，转如回风，敌毙孤胜，摄戟徐反，可谓上下无常，非为邪也，进退无恒，非离群也。盖乃进足奋手欲及机也。如敌来辎去，疾进而送之；来重进疾，开而待之。

《南州八郡志》曰：宋昌郡西南三千里有剽国，以金为刀戟。

焦赣《易林》曰：桃弓苇戟，除残去恶。

又曰：倚锋据戟，伤我胸臆。

《春秋考异邮》曰：刘子单子折猛入城，天王奔走，尹氏立朝。国有三王，天下两主，周分为二，莫能救讨。强弩张于前，梯音梯戟拔于后。

《管子》曰：黄帝问于伯高，伯高曰："雍孤之山发水出金，蚩尤受而制之，以为雍孤之戟。"

《晏子春秋》曰：景公饮酒，移于晏子。前驱款门，曰："君至。"晏子立于门曰："君何为非时而夜辱。"公曰："酒醴之味，金石之声，愿与夫子乐之。"晏子曰："夫铺荐席、陈簠簋者有人，臣不敢与焉。"又移司马穰苴介胄操戟立于门曰："铺荐席、陈簠簋者有人，臣不敢与焉。"

又曰：崔杼杀庄公，盟诸大夫。令有敢不盟者，戟钩其颈。

《孙卿子》曰：虽有戈矛之戟，不如恭俭之利。与人善言，暖于布帛；伤人以言，深于矛戟。

又曰：狐父戈以镯牛，愚莫甚焉。镯，徐玉切。

又曰：锄扰棘矜，非锬音谈于句戟长铩也。如淳曰：长刃矛也。又曰：矛，刃下有铁，上句曲。然而，成败异变，功业相反也。

《尉缭子》曰：夫杀之五十步之内者，谁也？曰："矛戟也。"

《韩子》曰：譬如剑戟，愚人行忿则祸生，圣人诛暴则福成。

《淮南子》曰：孟夏之月，南宫御女赤色，衣赤采，吹竽笙。其兵戟。高诱曰：有枝干，象阳布散也。

刘向《新序》曰：赵简子上羊肠之坂，群臣皆偏袒推车，而席会独担戟行歌。简子曰："寡人上坂，会独不推车而侮其主者，其罪何若？"会曰："人臣侮其主者，其罪死而又死。"简子曰："何谓死而又死？"席会对曰："身死妻子为戮，谓之死而又死。"

又曰：齐景公游海上，乐之，六月不归。令左右敢言归者死。颜歜谏曰："君乐治海上，不乐治国，倘有治国者，君且安得东北海也？"公据戟将斫之，歜抚衣而侍之曰："君奚不斫也？昔桀杀关龙逢，纣杀王子比干，君奚不斫以臣参此二人，不亦可乎！"公遂归。

《抱朴子》曰：太阿临项，长戟指心，而操不可夺也。

又曰：拙者得公输之斤斧，不能以成云梯；怯者得冯妇之刀戟，不能格兕虎。

《蒋子》曰：士有一餐而倒戟，义所驱也。

应璩诗曰：丈夫要雄戟，更来宿紫庭。今者宅四海，谁复有不并。

又曰：郡国贪慕将，驰骋习弓戟。虽妙未更事，难用应卒迫。

司马相如《上林赋》曰：曳明月之珠旗，建干将之雄戟。干将，韩王剑师。雄戟，干将所造也。

左思《吴都赋》曰：吴钩越棘。越铁利，故称越棘。

又曰：羽旄杨麾，雄戟耀芒。

繁钦《撰征赋》曰：左骑雄戟，右攒干将。

《两都赋》曰：郎将司阶，虎戟义铩。音杀。

又曰：周庐千列，陛戟百重。

陶侃《表》曰：伏维武库倾荡，宿卫有阙，辄简选其差可者，奉献金铃大戟五十张。

孙盛奏事曰：诸违令私作铠一领、角弩力七石以上一张，戟十枚以上皆弃市。

张载《剑阁铭》曰：一人荷戟，万夫趑趄。难行貌也。

李尤《戟铭》曰：鼓戟之设，以戒非常。秉执操持，邪暴是防。须臾之忿，终日为殃。山陵之祸，起于豪芒。

张协《手戟铭》曰：锬锬音谈雄戟，清金练钢。名配越棘，用过干将。严锋劲枝，摛锷耀芒。

魏文帝《书》曰：汉中地形实为险固，四岳三涂皆不及也。张鲁有精钾数万，临高守要。一夫挥戟，千人不得进。而我军过之，若骇鲸之决网罟，奔兕之触鲁缟，未足以喻其易。

应场《表》曰：长戟百万，胡马千群。

应卢《华览》曰：强弩连城，长戟指塞。

傅玄《朝会赋》曰：流苏粲粲，华盖重阴。羽林虎旅，长戟攡掺。上音萧，下音参。

贾谊《过秦论》曰：陈涉以戍卒散乱之众数百，奋臂大呼，不用弓戟之兵，锄扰音优白挺，横行天下。秦人长戟不刺，强弩不射，楚师深入战于鸿门，曾无藩篱之艰。

殳

《释名》曰：殳，殊也。长丈二尺而无刃。有所撞直降切挃陟降切于车上，使殊离也。

《说文》曰：殳，以杖殊人也。《礼》，殳以积竹，八觚，长丈二尺。建于兵车，旅贲以先驱也。

《诗》曰：伯也执殳，为王前驱。

又曰：彼候人兮，荷戈与祋。候人，道路迎送宾客者也。荷，揭也。祋，殳也。祋，丁外切。

《周礼》曰：车六等之数，殳长四尺，崇于人四尺谓之四等。

《左传》曰：宋张匄与子皮、臼任、郑翩杀华多僚。子皮，华貙也。任、翩，貙家臣。华氏居卢门，以南里叛。公子成以晋师至。成前奔晋，今还救宋也。会晋、齐、卫救宋，与华氏战于赭丘。公子城射华豹，殪。张匄抽殳而下。殳长丈二，在车边。

又曰：莒子庚舆将出奔，闻乌存执殳而立于道左，惧，将止。苑羊牧之曰："君过之，乌存以力闻可矣，何必弑君成名？"遂奔齐。

《韩子》曰：楚国法：太子不得乘车至弟门。时天雨，王急召太子，庭中有水，太子遂驱车至弟门。廷尉举殳击马，遂败其驾。

焦赣《易林》曰：大过之讼，秉钺执殳，挑战先驱。

萧子良《古今蒙隶文体》曰：殳书者，伯氏之职也。古者文既记笏，武亦书殳也。

《司马兵法》曰：兵杂则不利，长兵以卫，短兵以守。太长则犯，太短则不及，太轻则阅，阅则易乱，太犯则不济。李氏曰：兵长短相为卫守，合同为用，太长太短太轻皆不如法度者也。犯者触推故不济不及者不还于利阅者，不固则破败，故奔北走，扰乱烦也。故初列即戟间焉，一弓一戟相间也。次列殳矛间焉。一殳一矛相间也。

又曰：周左执黄钺，右执白旄，所以不进者，审察斩杀之威也。有司皆执殳戈，示诸鞭扑之辱。欧使不行不进者也。

又曰：弓、矢圉，殳、矛守，戈、戟助，五兵长短各有所宜，因事而施。凡五兵当长以卫短，短以救长。以戟则久，皆战则强。

《淮南子》曰：武王执戈秉钺以胜殷，搢笏杖殳以临朝。

魏文帝诗曰：行行游且猎，且猎路南隅。弯我乌号弓，骋我纤骊驹。走者贯锋镝，伏者饥戈殳。白日未及移，手获三十余。

王粲《七释》曰：流锋四射，毕罕横厉。奋干殳而捎击，驰鹰犬以搏噬。

夏侯湛《猎兔赋》曰：拟以锐殳，规以良弓。都毫末而放镟兮，殪之于窟中。

左思《吴都赋》曰：于卤殳鋋，赐夷勃卢。殳鋋皆矛也。

谢惠连《从军行》曰：赵骑驰四牡，吴舟浮三翼。弓矛有恒用，殳鋋无暂息。

太公《六韬》曰：方胸两枝，铁叉柄长三丈以上三百枝。

矛

《释名》曰：矛，冒也。刃下冒矜也。下头曰鐏祖闷切，鐏入地也。松椟长三丈，其矜宜径以松作之，椟，速也。前速之言也。矛长丈八尺曰矟。马上所持，言其矟矟便杀也。

又曰：䂎，矛䂎也。可以䂎截敌阵之矛也。仇矛，头为三叉，言以讨仇敌之矛也。矛戟，戟常也，其矜丈六尺，不言常而云夷者，言可夷灭敌也，亦车上所持也。务矛，长九尺，务，霍也，所中霍然即破灭也。

《文言》曰：五湖之间矛谓之鍦音施，或谓之鋋，或谓之鏦音穴忽，其柄谓之矜。

又曰：矛骹音敌细如鹤胫者，谓之鹤膝。

《世本》曰：杼作矛。

《太公兵法》曰：矛之神名趺跄。

《书》曰：锻乃戈矛，砺乃锋刃。

又曰：门之内，一人冕，执锐，锐，矛也。立于阶侧。周成王崩，士卫殡也。

《诗》曰：清人在彭，驷介旁旁。笺云：清者，高克所军之邑也。驷介，四马也。二矛重英，河上乎翱翔；重英，矛之象也。二矛重乔，河上乎逍遥。笺云：二矛，酋矛、夷矛也。

又曰：厹音求矛鋈錞，三隅矛也。鋈，音沃。錞，音队。蒙伐有苑。蒙，郭羽也。伐，干也。苑，文貌也。

《礼记》曰：进矛戟者前其錞，后其刃。

《大戴礼》曰：武王践祚矛之铭曰："造予少闻，弗忍终身之羞。予一人所闻，以戒后世子孙。"

《左传》曰：齐伐鲁。冉有用矛于齐师，故能入其军。

《史记》曰：武王牧野誓曰："立尔矛。"

《汉书》曰：姑句家矛端生火光，其妻曰："矛端生火光，此兵器也。"

《魏志》曰：公孙瓒手执两头矛，杀鲜卑数十人。

《魏书》曰：议者多言关中兵强，习长矛，非精选前锋，则不可以当也。曹公谓诸将，战在我，非在贼，虽习长矛，将使不得以刺。诸君但观之。

《魏略》曰：阎行，金城人，后名艳，字彦明，少有健名。始为小将，随韩约。建安初，约与马腾相攻击，腾子超亦号为健。行尝刺超，矛折，因以矛挝超，几杀之。

《吴书》曰：孙策讨山越，斩其渠帅。悉令左右分行逐贼骑。与虞翻相随，翻喜用矛，谓在前得平地，劝策乘马，策曰："卿无马奈何？"答曰："翻能步，日可行三百里。"

《三国异同传》曰：公孙瓒为辽东属国长史，尝从数十骑出行塞，卒遇鲜卑百骑，以矛击，杀伤数十人。鲜卑由是畏之。

《蜀志》曰：先主为曹公所逐，弃妻子走。令张飞将二十骑拒后。据水断桥，瞋目横矛曰："我张翼德也，可来决死！"无敢进者。

《晋书·载记》曰：蜀李雄无事小出，丞相杨褒于后持矛驰马过雄。雄怪问之。对曰："夫统天下之重者，如乘恶马持矛也。急之则虑自伤，缓之则惧其失，是以马驰而不制也。"雄寤即还。

《晋太康起居注》：诏曰："诸王中尉及诸军皆典兵以备不虞，乃有着中战衣、木履持长矛者，此为儿戏而无相弹慑也。"

《赵书》曰：赵曜讨陈安于陇城，城陷，安死。乃谣曰："陇上健儿曰陈安，爱养将士同心肝。騄骢马铁镂鞍，丈八蛇矛左右盘。百骑俱出如云浮，追者十万骑修修。战始三交失蛇矛，十骑俱荡九骑留。"

《吴越春秋》曰：越屈卢之矛，《越绝书》云：勃卢之矛。步光之剑，献吴王。

《六韬》曰：纣之卒握炭流汤者十八人，绾矛杀百步之外者千人。

《韩子》曰：人有鬻矛盾者，誉之曰："吾盾之坚，物莫能陷也。"又誉其矛曰："吾矛之利，于物无不陷也。"或曰："以子之矛，陷子之盾，何如？"其人弗能应也。

刘向《说苑》曰：秦急围邯郸。邯郸传舍吏子李谈谓平原曰："邯郸之民炊骨易子而食之，而君之后宫婢妾荷绮縠、余粱肉；士民兵尽或刻木为矛戟，而君之器物钟磬自恣。”

《吕氏春秋》曰：齐晋相与战，平阿余子亡戟得矛。退而不自决，谓路人曰：“亡戟得矛，可以归乎？”路人曰：“戟亦兵也，矛亦兵也，亡兵得兵，何为不可以归。”心犹不决，遇高唐之孤叔无孙，当其马前曰：“今者战，亡戟得矛，可以归乎？”叔无孙曰：“矛非戟也，戟非矛也，亡戟得矛，岂无责乎？”阿余子曰：“嘻！还反战。”死之。

《神仙传》曰：左慈见孙讨逆。讨逆使慈着马前，欲手刺杀之。讨逆着鞭驱马，操矛逐慈。慈着木履，策杖徐步，终不能及，乃止。

《列女传》曰：巴赵娥者，赵万之妻。群县遭乱，万得足疾不能行，为贼所杀。贼欲杀娥，娥守丧不去。贼举矛指娥欲以怖之，娥知贼必劫略，乃以心赴矛，贯心达背而死。

刘敬叔《异苑》曰：河间沐坚字壁强。石勒时，监作水田。御下苛虐，百姓怨毒，为坚形以刃矛斫刺，呪令速毙。坚寻得病，若被捶割，于是遂殒。

《梦书》曰：矛戟为相待期蚤晚也。梦得矛戟者，忧相敕也。持矛待交友，见人持矛待于已也，持矛来倒却中止也。

魏文帝诗曰：戈矛成山林，玄甲曜日光。

《乐府》左延年《秦女休行》曰：始出上西门，遥望秦氏庐。秦氏有好女，自名为女休。女休十四五，为宗行报仇。左执白阳刀，右执宛景矛。

张奂《与崔子真书》曰：仆以元年到任，有见兵二百，马如羖羊，矛如锥鈇，盾如榆叶。

《诸葛亮集》曰：敕作部皆作五折钢铠，十折矛以给之。

太平御览卷第三百五十四　兵部八十五

槊

《通俗文》曰：矛丈八者谓之矟。

《晋书》曰：刘迈，毅之兄也。迈字伯群，少有才干，为殷仲堪中兵参军。桓玄之在江陵，甚豪横，士庶畏之，过于仲堪。玄曾于仲堪厅事前戏马，以矟拟仲堪。迈时在坐，谓玄曰："马矟有余，精理不足。"玄自以才雄冠世而心知外物，不许之。仲堪为之失色。

《齐书》曰：长沙王晃。武帝常幸钟山，晃从驾。以马矟刺道边枯蘖，上令左右数人引之，银缠皆卷聚而矟不出。乃令晃复驰马拔之，应手便去。每远州献骏马，上辄令晃于华林中调试之。高帝常曰："此我家任城也。"

《后魏书》曰：宋大千骁果善骑射，迁中散。至于朝贺之日，大千常着御铠盘马殿庭，莫不叹异。尝从太宗猎，见虎在高崖上，大千持矟直前刺之，应手而死。

又曰：于栗磾音低，代人也，从太祖田于白登山，见熊将数子，顾谓栗磾曰："卿勇干如此，宁能搏之乎？"对曰："天地之性人为贵，若搏之不胜，岂不虚毙壮士也。自可驱致御前，坐而制之。"寻皆禽获。刘裕之伐姚泓也，栗磾虑其北扰，遂筑垒河上，亲自守焉。裕甚惮之，不敢前进。裕遗栗磾书，远引孙权求讨关羽之事，假道西上，题书曰："黑矟公麾下。"栗磾以状表闻，太宗许之，因授黑矟将军。栗磾好持黑矟，以自摽卫，裕望而异之，故有是号。累迁豫州刺史。

《续晋阳秋》曰：太尉伐羌，于济口入河。索虏遣将鹅青步骑十万于河北，声云救羌。太尉遣队主丁旿音五以车百乘五，北岸为却月阵，相去一步。车置七人，授以长白毦槊。毦音饵。

《三国典略》曰：文育小字猛奴，到都见太子詹事周舍。舍命兄子弘让教之书计。文育谓弘让曰：“谁能学此，取富贵但有大槊耳。”弘让壮之，教之骑射。文育大悦。

又曰：羊侃字祖忻，尝从梁主宴乐游苑。时少府启两刃矟成，长二丈四尺三寸。梁主因赐侃河南国紫骝马令试之。侃执矟上马，左右击刺，特尽其妙，观者登树。梁主曰：“此树必为侍中折矣。”俄而果折，因号此矟为“折树矟。”

又曰：北齐安州刺史卢胄，入海岛得一人胫，可长二丈，以为矟，献于神武。诸将咸莫能用，唯彭乐举之。胄未几遇疾，痛声闻外，巫言海神为祟，因此而卒。

《邺城故事》曰：紫陌浮桥在城西北五里，案《邺中记》云：赵王虎时，于此济置紫陌宫。暨齐时，因修为济口，帝巡幸又向并州。百官相饯，莫不至此而决别。迄今犹以为渡口。齐文宣时西巡，百官辞于紫陌，使矟骑围之曰：“我举鞭一时刺杀。”淹留半日，文宣醉不能起。黄门郎连子畅进曰：“陛下如此，诸臣恐怖。”文宣曰：“大怖耶？若然，不须杀。”乃命解围。

又曰：北齐文宣于台上以矟刺都督尉子辉，应手而死。

《灵鬼志》曰：河间王颙既败于关中，有给使安甚壮健，常乘一赤马，隽快非常，双持二刀，皆长七尺，驰马运刀，所向披靡。关西为之歌曰：垄上健儿字陈安，头小面狭腹中宽，丈八长槊左右盘。

《语林》曰：桓宣武与殷刘谈不如甚，唤左右取黄皮袴褶，音十。上马持矟，数回，或向刘，或拟殷，意气始得雄王。傅玄歌诗曰：“弯我繁弱弓，弄我丈八矟。一举覆三军，再举殄戎貊。”

梁简文帝《马槊谱序》曰：马槊为用，虽非远法，近代相传，槊已成艺。邓蔗蓥魏后之庭，武而犹质；桓马入丹阳之寺，雄而未巧。聊以余暇，复撰斯法。搜采抑扬，斟酌烦简。至如春亭落景，秋皋晚净，青霜旦尽，密雨初晴。纤骊沃若，天马半汉。盼金精而转态，交流汗血；爱连乾而息影，不畏衣春。镂衢与白刃争晖，翠眊与红尘俱动。足使武夫愤气，观者冲冠。巴童留玩，不待轻舟之楫；越女踟蹰，无假如皋之箭。

枪

《风俗通》曰：刻苇伤盗为枪。

《宋元嘉起居注》曰：谢灵运《自理表》云："及经山阴，防御彰赫。彭排马枪，断截衢巷。"

《卫公兵法》曰：听角声第一声绝，诸队即一时散立；第二声绝，诸队一时捺枪、卷幡、张弓、拔刀；第三声绝，诸队一时举枪；第四声绝，诸队一时笼枪，跪膝坐。

《唐书》曰：郯国公罗士信，容貌短小而骁勇绝伦。隋末贼起，士信始年十四，为通守张须陀执衣。遇翟让来寇，士信请自效。须陀小之曰："汝形容未胜衣甲，何可入阵？"士信怒，重着二甲，左右双鞬，跃而上马。须陀壮之，遂将其众击贼于潍水之上。阵才列，士信执长枪立于马上，驰至贼所，刺倒数人，斩一人首，掷于空中，用枪承之，戴以略阵。贼众愕然莫敢逼者。士信乃弃策驰马，为十下而还。须陀因而奋击。兵始接，贼师大溃。士信逐北，每杀一人，辄劓其鼻而怀之，每归而数其鼻，以表杀贼之多少也。须陀大悦之，引置左右。每战，须陀居前，士信为副，贼无敢当者。

又曰：太宗每当大阵，望贼中骁将、锐士炫曜人马、出入来去者，意颇怒之，辄命秦叔宝往取焉。叔宝应命跃马负枪而进，必刺之万众之中，人马俱倒。太宗因以是重之，叔宝亦以此颇自矜尚。贞观以后，恒多疾病，每谓人曰："吾少长戎马，所经二百余阵，屡中重疮，计吾前后出血亦数斛矣，何能不病乎！"及卒，太宗甚伤惜久之。赠徐州都督，陪葬于昭陵。令所司于其茔内立石人马，以旌战之功焉。

又曰：哥舒翰为别将。时吐蕃大寇边，翰拒之于苦海。吐蕃之众三道从山相续而下，翰持半段枪当其锋逆击之，无不摧靡。又击其次军，复走之。又击其后军，皆大破。由是知名。天宝六载，擢受右武卫将军，仍充陇右节度使副都知、关西兵马使、河源军使。先是吐蕃每岁候麦秋即大掠，积石军前后不能御。至是翰使将王难德、杨景晖等潜领兵候蕃兵至，设伏以待之。吐蕃五千骑既至，放马脱甲，翰以城中率骁勇合伏兵驰击之，杀略尽。百余骑奔突得走，王难德追击之，匹马不还。翰尝逐马惊坠于河，立于水中，吐蕃三人拟枪力刺之，翰大叱之，贼惊骇，俱废失枪而走。救骑至，贼便解散。翰有家臣曰左车，年十五，每随翰入阵。翰善使枪，追贼及，以枪搭其肩而遏之，贼惊顾，翰从而刺其喉，皆剔高三五丈而坠。左车辄下马斩其首，率以为常。

又曰：王难得有胆力，善骑射。天宝元年正月，吐蕃大寇河源军，难得以骑将为军锋。赞普有子曰琅支都，恃其趫悍，乘谙真马，宝钿装鞍，军前求较斗者，难得横枪突往，刺杀之，斩其首，以其马归。虏众无敢追者。军使以闻，玄宗召至御殿，问之。因令驰突作杀琅支都状，壮之。衣以锦袍，拜左金吾卫羽林将军。

《五代晋史》曰：梁将有王彦章者，勇力过人，常执铁枪仅百斤。所向辟易，庄宗畏之。

鋋

《释名》曰：鋋，延也，达也。去此至彼之言也。

《方言》曰：矛，吴、扬、江淮、南楚、五湖之间，谓之鋋，或谓之鏦，其柄谓之矜。

《东都赋》曰：戈鋋彗云。鋋，小矛也。

钩镶音穰，又音襄，又音娘。戎器也

《释名》曰：钩镶，两头曰钩，中央曰镶。或推钩、推镶，或钩引，用之宜也。

《东观汉记》曰：诏令赐邓遵金蚩尤辟兵钩一。

又曰：桓帝永兴二年，光禄勋府吏舍夜壁下忽有气，掘之，得玉玦，各有钩长七寸三分，玦周五寸四分，身中皆有雕镂。

《汉名臣奏》曰：丞相薛宣奏：汉兴以求，深考古义，唯万变之备，于是制宫室出入之仪，正轻重之冠。故司马殿省门闼至五六重，周卫击刁斗。近臣侍侧尚不得着钩带入房。

《梁书》曰：吉士瞻初为荆府城局参军，浚池得一金革带钩。隐起镂甚精巧，篆文曰：“锡尔金钩，且公且侯。”士瞻取夏侯洋兄之女，女窃以与洋，洋喜佩之。及是革命，洋果封侯，而士瞻不锡茅土。

《列仙传》曰：钩弋夫人姓赵。病卧，左手拳。望气者云：“东北有贵人气，推而得夫人。”武帝发手得玉钩，手亦舒，遂幸而生昭帝。后被害，殡之，尸不臭而香一月。

《三秦记》曰：藏钩因钩弋夫人，世人法之也。

《瑞应图》曰：汤都于亳，有神人牵白狼，口衔铜钩入汤庭。

《搜神记》曰：京兆长安有张氏者，昼独处室，有鸠自外入。张氏恶之，披怀而祝曰：“鸠介来，为我祸耶，飞上受尘；为我福耶，来入我怀。”鸠翻入怀，以手探则不知鸠之所在，而得一金带钩焉。遂宝之。自是之后，子孙昌盛，有为必偶，资财万倍。蜀客贾至长安中闻之，乃厚赂内婢，婢窃钩以与蜀客。张氏失钩，渐渐衰耗，而蜀客数罹难厄，不为已利。或告之曰：“天命也，不可以力求。”于是以钩反，张氏复昌。故关西称“张氏传钩”云。

《陈留风俗传》曰：浚仪，周时梁伯所居国都。多池沼，时池中出神带钩，到今其民象而作之，号曰：“大梁氏钩”焉。

《吴越春秋》曰：阖闾作金钩，令曰：“能为善钩者赏之百金。”而有人贪赏之重，因杀其两子，以血衅金，遂成二钩，献之阖闾，而诣宫门求赏。王曰：“为钩者多，而子独求赏，何以异于众人之钩乎？”作者曰：“吾之作钩者，贪王之赏，杀吾二子以成两钩。”以示之曰：“何者是也？”时王钩甚众，形体相类，不知所在。于是钩师向钩而哭，呼其两子名曰：“吴鸿、泥稽，我在此！王不知汝之神也。”声未绝于口，两钩俱飞着于父之胸。吴王大惊，乃赏之百金。

《梦书》曰：梦得钩带，忧约束也。钩带着身，约敕已也。持钩带脱，事决已也。

《庄子》曰：曲者中钩。

《吴都赋》曰：吴钩越棘。

魏文帝《与王朗书》曰：丕白：不爱江汉之珠，而爱巴蜀之钩，此言难得之贵宝，不若易有贱物。

魏文帝《答刘备》曰：获累纸之命，兼美之贶，他既备善，双钩尤妙，前后之惠，非贤兄之贡，则执事之贻也。来若川流，聚成山积，其充匮笥、填府藏者，固已无数矣。

太平御览卷第三百五十五　兵部八十六

甲上

《释名》曰：铠犹垲，垲，坚重之言也。或谓之甲，似物孚甲以自御也。

《广雅》曰：函甲，介铠也。

《说文》曰：铠，甲也。釬音汗，臂铠也。鍜，音叚，音鸦，金退。颈铠也。

《世本》曰：杼作甲。宋衷曰：少康之子舆也。甲，铠也。《墨子》同。

《书》曰：唯口起羞，唯甲胄起戎。孔安国曰：甲，铠也，言不可轻教令，易用兵。

又曰：鲁侯伯禽宅曲阜，徐戎并兴。公曰："善。敹乃甲胄，矫乃干。"言当善简汝甲铠兜鍪，施汝盾，使可用也。

《易·说卦》曰：离为甲胄。

《诗》曰：《小戎》，美襄公也。备其兵甲以讨西戎。西戎方彊，而征伐不休。国人则矜其车甲，妇人能闵其君子焉。

又曰：《叔于田》刺庄公也。叔处于京，缮甲治兵，以出于田。国人说而归之。

又曰：清人在彭，驷介旁旁。介，胄也。

又曰：岂曰无衣，与子同裳。王于兴师，修我甲兵，与子皆行。

《礼记》曰：介胄，则必有不可犯之色。

又曰：介者不拜。言失容也。

又曰：献甲者执胄。

又曰：甲若有以前之，则执以将命；无以前之，则袒櫜奉胄。郑玄曰：甲，铠也。有以前之谓他贽弊也。櫜，铠衣也。胄，兜鍪也。袒其衣出兜鍪以致命也。

又曰：国家靡弊，则车不雕几，甲不组滕，食器不刻镂，君子不履丝履，马不常秣。靡弊，赋税极也。雕，画也。几附缠为圻鄂也。组滕以组饰之也。组以铠，饰也。

又曰：宾牟贾侍坐于孔子，言及武乐，孔子曰："武王克殷，济河而西，车甲衅许靳切而藏之府库而弗复用，然后天下知武王不复用兵也。"

又曰：君子耻服其服而无其容，耻有其容而无其辞，耻有其辞而无其德，是故君子端冕则有敬色，甲胄则有不可辱之色。言色称其服也。

又曰：儒有忠信以为甲胄，礼义以为干橹，戴仁而行，抱义而处，虽有暴政，不更其所自立有如此者。甲，铠也。干橹者，大小盾也。

《周礼》曰：司甲：下大夫二人，中士八人。甲今时铠也，司其甲戈盾官也。

又曰：燕之无函也，非无函也，夫人而能为函也。郑玄曰：言其丈夫人人皆能作是器，不须国工也。燕近强胡，胡习作甲胄也。

又曰：函人为甲，犀甲七属，兕甲六属，合甲五属。属读如灌，注之谓上旅下旅紥续之数也。革坚者紥长。郑司农云：合甲削革裹肉，但取其表合以为甲也。犀甲寿百年，兕甲寿二百年，合甲寿三百。郑玄曰：革坚者，支久也。凡为甲必先为容，服者之形容。郑司农云：容谓象式也。然后制革，裁紥之广袤也。权其上旅与其下旅，而重若一，郑司农云：上旅谓要以上也，下旅谓要以下也。以其长为之围。围谓紥要广厚。凡甲锻不挚则不坚，已敝则挠。郑司农云：锻，锻革也。贽谓质也。锻革太熟则革敝，无强挠曲也。

《左传》曰：郑武公娶于申，曰武姜。生庄公及共叔段。庄公即位，使段居京，谓之京城太叔。后太叔治甲兵，具卒乘，将袭于郑。夫人将启，公闻其期，命子封帅车二百乘以伐京。

又曰：狄伐卫。卫懿公好鹤，鹤有乘轩者。将战，国人受甲者皆曰："使鹤，鹤实有禄位，余焉能战。"

又曰：楚成王欲黜太子商臣，其师潘崇曰："能行大事乎？"曰："能。"以宫甲围成王。杜预曰：太子宫甲也。

又曰：秦晋师于河曲，秦军掩晋上军，赵穿追之不及，返，怒曰："裹粮坐甲，固敌是求。敌至不击，将何俟焉！"乃以其属出。

又曰：宋华元获于郑，逃归。后宋城，华元为植，巡功。植，将主也。城者讴曰："睅其目，皤其腹，弃甲而复，睅，出目大。皤，大腹。弃甲，谓亡师也。于思于思，弃甲复来。于思，须之貌。使其骖乘谓之曰："牛则有皮，犀兕尚多。弃甲则那？"那，犹何也。役人曰："纵有其皮，丹漆若何？"

又曰：晋侯饮赵盾酒，伏甲将攻之。其右提音峙弥明知之，趋登曰："臣侍宴过三爵，非礼也。"遂扶以下。公嗾夫獒焉，明搏而杀之。盾曰："弃人用犬，虽猛何为？"斗且出，提弥明死之。

又曰：晋楚战于邲。楚王乘左广以逐赵旃，赵旃弃车而走林。屈荡搏之，得其甲裳。下曰裳也。

又曰：齐晋陈于鞍。齐顷公曰："余姑剪灭此而朝食。"姑，且；剪，尽。不介马而驰之，介郄克伤于矢，曰："余病。"张侯曰："擐甲执兵，固即死也。擐，贯也。即，就也。病未及死。吾子勉之！"

又曰：使吕相绝秦曰："文公躬擐甲胄，跋履山川，征东之诸侯，虞夏商周之胤而朝诸秦。"

又曰：晋楚战于鄢陵。潘尫之子党与养由基蹲甲而射之，彻七札。蹲，聚也。一发达七札。以示王曰："君有二臣如此，何忧于战也。"

又曰：晋胥童、夷羊五帅甲八百将攻郄氏。长鱼矫请无用众。既杀三郄，胥童以甲劫栾书、中行偃于朝。矫曰："不杀二子，忧必及君。"公曰："一朝而尸三卿，吾不忍也。"

又曰：楚子重伐吴，为简之师，简，选练也。克鸠兹至于衡山，使邓廖帅组甲三百、被练三千马融曰：组甲，组为甲里，公族所服，被练为里，甲者所服。杜预曰：组甲成组，文被练。练，袍也。以侵吴。吴人要而击之，获邓廖。其能免者组甲八十、被练三百而已。

又曰：宋灾，乐喜为司城以为政，使皇郧命校正出马，工正出车，备甲兵，庀武守。

又曰：诸侯会柤，遂伐偪阳。狄弥建大车之轮，而蒙之以甲以为橹，杜预曰：狄弥，鲁人也。蒙，覆也。橹，大盾也。左执之，右拔戟成一队。百人为队。

又曰：郑子孔之为政也专，国人患之，乃讨西宫之难。尉止等作难于西宫，子孔知而不言。子孔当罪。以其甲及子革、子良氏之甲守。以自守。子展、子西率国子伐之，杀子孔而分其室。

又曰：栾盈帅曲沃之甲，因魏献子以昼入绛。

又曰：崔杼称疾不视事。庄公问崔子，问疾。遂从姜氏。侍人贾举止众从者，而入闭门。为崔子闭公也。甲兴，公登台而请，弗许。请自刃于庙，弗许。遂杀之。

又曰：楚蔿掩为司马，子木使庀赋，庀，治。数甲兵，阅数也。赋车、籍马，籍，疏其毛色、岁齿，以备军用。赋车兵甲士、徒甲步卒、甲楯之数。使器仗有常数。既成，以授子木，礼也。

又曰：郑伯有嗜酒，为窟室，而夜饮酒击钟焉。子皙以驷氏之甲，伐而焚之。伯有奔雍梁，雍梁，郑地。闻子皮之甲不与攻己，喜，曰："子皮与我矣！"晨，自墓门之窦入。驷带率国人伐之。伯有死于羊肆。

又曰：诸侯将盟于宋西门之外。楚人衷甲，甲在衣中，欲因会击晋。伯州犁固请释甲。子木曰："晋、楚无信久矣，事利而已，苟得志焉，焉用有信。"太宰伯州犁也。告人曰："令尹将死矣。"为明年，子木死。

又曰：郑徐吾犯之妹美，公孙楚聘之，楚子南也。公孙黑又使强委禽焉。禽，雁也。纳纟采用雁。子南戎服入，左右射，超乘而出。女自房观之曰："抑子美夫！"言丈夫。适子南氏。子皙怒，既而櫜甲以见子南，欲杀之而取其妻。子南击之以戈，皙伤而归。

又曰：楚灵王伏甲飨蔡灵侯，醉而杀之，刑其士七十人。公子弃疾帅师围蔡。传言楚无道也。

又曰：齐子尾卒，子旗欲治其室。子旗，栾施也。欲并治子尾之家政。杀梁婴梁婴，子尾家宰。而立子良氏之宰。子良，子尾之子高彊也。子旗为子良主宰。其臣曰："孺子长矣，孺子谓子良也。而相吾室，欲兼我也。"授甲将攻之。陈桓子善于子尾，亦授甲将助之。或告于子旗，子旗不信，则数人告。将往，又数人告于道，遂如陈氏。桓子将出矣，闻之而还，闻子旗至。游服而逆之，去戎备，着常游戏之服。请命。问桓子所至也。对曰："闻彊氏授甲将攻子，子闻诸乎？"曰："弗闻。"曰："子盍亦授甲，无宇请从。"无宇，桓子名也。

又曰：齐惠栾、高氏皆嗜酒，栾高二族，皆出于惠公也。信内多怨疆于陈鲍氏而恶之。夏，有告陈桓子曰："子旗、子良将攻陈、鲍。"鲍氏遭子良醉而骋，欲及子良醉，故驰告鲍文子也。遂见文子，文子国鲍也。则亦授甲矣。使视二子，二子，子旗、子良。则皆将饮酒。桓子曰："彼虽不信，彼传言也。闻我授甲，则必逐我。及其饮酒也，先伐诸？"陈、鲍方睦，遂伐栾、高氏。栾施、高强来奔。

又曰：晋荀跞如周，籍谈为介。王曰："阙巩之甲，武所以克商也。阙巩国所出铠。唐叔受之，以处参虚，匡有戎狄。"

又曰：鲁昭公伐季平子。叔孙氏之司马鬷戾言于其众曰："凡有季氏与无，于我孰利？"皆曰："无季氏，是无叔孙氏也。"鬷戾曰："然则救诸。"帅徒以往，陷西北隅以入。陷公围也。公徒释甲执冰而踞，言无战心也。遂逐之。逐公徒也。公逊于齐。

又曰：吴子光伏甲于窟室而享王僚，掘地为室。王使甲坐于道。及其门，坐道边，至光门。门阶户席皆王亲也。

又曰：楚郄宛直而和，国人说之。令尹子常贿而谮郄宛焉。谓子常曰："子恶欲饮子酒。"子恶，郄宛。又谓子恶："令尹欲酒于子氏。"无极曰："令尹好甲兵，子出之，吾择焉。择取以进子常。取五甲五兵曰寘诸门，令尹至必观之而从以酬之。"曰无极辞。及飨日："唯诸门左。"张帷张兵甲其中也。无极谓令尹曰："吾几祸子。子恶将为子不利，甲在门矣。子必无往。"令尹使视郄氏，则有甲焉，不往。遂令攻郄氏，尽灭郄氏之族党。

又曰：齐伐晋夷仪。东郭书让登，让众使后而己先登。书与王猛息，战迄，共止息也。猛曰："我先登。"书敛甲曰："曩者之难，今又难焉。"敛甲起，欲击猛。猛笑曰："吾从子，如骖之靳。"靳，车中马也。猛不敢与书争，言己从书，若骖马之相随靳也。

又曰：齐伐鲁，鲁孟孺子泄帅右师，孺子，孟懿子之子武伯也。颜羽御，邴泄为右；二子，孟氏臣。冉求帅左师，管周御，樊迟为右，季氏之甲七千，冉有以武城人三百为己徒卒，老幼守宫，次于雩门之外，南城门也。五右师从之。及齐师战于郊，师获甲首八十，冉求所得。齐人不能师。

又曰：哀公会吴子伐齐。甲戌，战于艾陵，展如败高子，国子败胥门，巢王卒助之，大败齐师，获革车八百乘，甲首三千，以献于公。公以兵从，故以劳公。

又曰：吴王夫差败越于夫椒，遂入越。越子以甲楯五千保于会稽。

又曰：卫孔文子将攻大叔氏，访于仲尼。仲尼曰："胡簋之事则尝闻之矣，甲兵之事未之闻也。"退，命驾而行。

又曰：侯犯以郈叛。武叔懿子围郈，弗克。驷赤谓侯犯曰："且盍多舍甲于子之门，以备不虞。"侯犯曰："诺。"乃命舍甲焉。侯犯请易于齐，齐有司观郈，将至。驷赤使周走而呼曰："齐师至矣。"郈人大骇，介侯犯之门甲，以围侯犯。

又曰：晋周绰射殖绰，殖绰齐中大夫肩，两矢夹脰，曰："止，将为三军获；不止，将取其衷。"乃弛弓而缚郭最。皆衿甲面缚。

《公羊》曰：成元年，始作丘甲。何以书？讥。何讥尔？讥始丘使也。何休一解曰：四井为邑，四邑为丘。甲，铠也。讥始使丘民作田铠也。

《周书》曰：年不登，甲则缨縢宫室不容。甲不以组也。

《战国策》曰：陉山之事，赵且与秦伐齐。齐王惧，苏代为齐献书穰侯曰："臣闻往来者之言曰：秦且益起甲兵四万人以伐齐，臣窃必是之。弊邑之王曰：秦王明熟于计，穰侯智而习于事，必不益赵甲兵以伐齐也。"

《国语》曰：晋平公射鴳不死，使竖襄搏之，逸。公怒，拘将杀之。叔向闻之曰："君必杀之。昔吾先君唐叔射兕于徒林，殪，以为大甲。今君射鴳不死，搏之不得，是扬吾君之耻也。"贾逵注曰：以兕革为大甲。鴳音晏。

又曰：勾践云："今夫差衣水犀之甲者亿有三千，水犀，兽名。不患其志行之少耻也，而众之不足也。"

《史记》曰：晋赵鞅取晋阳之甲以逐荀寅与士吉，射君侧之恶人也。

《汉书》曰：甲不坚密，与袒裼音锡同。此将不省兵之祸也。

又曰：周亚夫曰："介胄之士不拜，请以军礼见。天子为之动容。"

又曰：魏氏武卒衣三属之甲，操十二石之弩，负矢五十。

《后汉书》曰：朱浮被彭宠攻，怀惧，上疏曰："今秋稼已熟，复为渔阳所掠。张丰狂悖奸党曰增，连年拒守，吏士疲劳，甲胄生虮虱，弓弩不可施。"

又曰：曹操攻袁谭。弟尚曰："我铠甲不精，故前为曹操所败。"

《东观汉记》曰：祭遵薨，赐朱轮容车，遣校尉教骑士四百人披玄甲。

又曰：将军刘尚击武陵，没。议复遣将。马援年六十二，自请曰："臣尚能披铠上马。"光武试焉。既上马，据鞍左右顾眄。上曰："矍铄哉！是翁也。"

又曰：刘盆子与丞相二十余万人诣宜阳降光武，积兵甲于宜阳城西，高与熊耳山等。

《魏志》曰：景元三年，肃慎国献皮骨铁杂铠二十领。

又《东夷传》曰：汉时夫馀王葬玉甲，常以付玄菟音免郡王死则迎取。公孙渊诛，得之玄菟库。

《晋书》曰：桓伊为江州刺史，卒。初，伊有马步铠六百领，预为表，令死乃上之。表曰："臣过蒙殊宠，受任西藩。淮南之捷，逆兵奔北，人马器铠随处放散。于时，收拾破败不足贯连，比年营缮并已修整。今六合虽一，余烬未灭，臣不以朽迈，犹欲输力效命，仰报皇恩，此志永绝，衔恨泉壤。谨奉输马具装百具，步铠五百领，并在寻阳，请勒所属领受。"诏曰："忠诚不遂，益以伤怀。"乃受其所上之铠。

又曰：马隆讨凉州，或夹道累磁石。贼负铁铠，行不得前。隆卒悉被犀甲，无所留碍，贼咸以为神。转战千里，杀伤以千数。

又曰：杜曾，新野人。少骁勇绝人，能披甲游于水中。凡有战阵，勇冠三军。

《魏末传》曰：司马文王秉政，征诸葛诞。既被征，诣诸牙门，置酒饮宴，谓众人曰："前作千人铠仗始成，欲以击贼。今当还洛，不复得用，欲暂出，将见人游戏。须臾还耳，诸君且止。”乃严鼓七百人出，遂杀乐綝。

《吴历》曰：魏文帝与吴王明光铠。

王隐《晋书》曰：马隆为武威太守。之郡，恶虏窟局树机能等断道围隆。隆作八阵图，地广则鹿角车营并进，狭则木屋施轮，并战并前。智谋从横，出其不意，以磁石累夹道侧，贼铠不得过。隆兵着牛皮铠得过，贼以为神。

又曰：陶侃梦见司马与侃铠者，长史陈协以为：司马者，国姓也；铠者，捍国之器也；节下当进位。俄转都督湘州刺史。

崔鸿《后燕录》曰：苻丕遣石越讨慕容丰，皆劝丰逆击之。丰曰：“我无兵仗，彼有锐钾音甲，不如待暮一战而定之。”

《三十六国春秋》曰：太康之初，吴寇新殄，未盈一纪，干戈已寻。虮虱生乎甲胄，燕雀处于帷幄。

车频《秦书》曰：苻坚使熊邈造金银细镂铠，金为綖以缧之。綖，音线。

《宋书》曰：四年不期为虏所陷。沈文秀被围三载，外无援兵，士卒为之用命，无离叛者。日夜战斗，甲胄生虮虱。

《隋书》曰：长孙平为相州刺史，甚有能名，在州数年。会正月十五日百姓大献戏，画衣裳为鍪甲之象。上怒而觅之。俄而，念平镇淮南时事，进位大将军。

又曰：张奫于伦切累破贼有功，征入朝，拜大将军。高祖命升御座而宴之，谓奫曰：“卿可为朕儿，朕为卿父，今日聚集，示无外也。”其后赐绮罗千匹，绿沉甲兽文具装。

又曰：权武少果劲，勇力绝人，能重甲上马。尝倒投于井，未及泉，复跃而出。其拳捷如此。

《唐书》曰：元和中，以尚书左丞吕膺检校工部尚书，充东都留守。旧例，命留守必赐旗甲，与方镇略同。及元膺受任，竟无所赐。朝论以东有寇虞时用元膺，尤不当削其仪制，以沮威望。谏官上疏曰：

“华、汝、寿三州例赐戎械，居守之重固宜宠借。”上曰：“此数处并不当与。”其后遂皆停。

《五代周史》曰：唐景思为偏将。显德初，河东刘崇帅众来寇，世宗亲总六师以御之。及阵于高平，景思于世宗马前距跃数四，且曰：“愿赐臣坚甲一联，以观臣之效用。”世宗由是知其名。因以高平阵所得降军数千人署为效顺指挥，命景思董之，使屯于淮上。三年春，世宗亲征淮甸，景思继有战功。

太平御览卷第三百五十六 兵部八十七

甲下

《吴越春秋》曰：勾践使大夫种于吴曰："窃闻大王兴大义，诛强救弱，越使贱臣种以先人藏器及甲二十领以贺君。"

又曰：公子光伏甲士于私室，具酒而请王僚。王僚乃被棠夷之甲三重，使兵卫至光家之门，夹陛带甲左右皆王僚之亲戚也。专诸置鱼肠剑炙鱼腹中而进之，刺王僚，贯达背，王僚立死。

《献帝春秋》曰：越骑校尉伍孚以董卓无道，欲身自杀之。内贯小铠拔佩刀诣卓。卓送出阁，执手告别。孚引刀刺卓。卓多力，却不中。即杀孚，夷其族。

《董卓传》曰：卓孙年七岁，爱以为己子。为作小铠胄，使骑駃音决騠音啼马，与玉甲一具。俱出入，以为麟驹凤雏，至杀人之子，如蚤虱耳。

《晋建武故事》曰：王敦死，秘不发丧。贼于水南北渡攻官垒栅，皆重铠浴铁。都督应詹等出精锐距之。

《宋元嘉起居注》曰：御史中丞刘损奏：前广州刺史韦朗于广州所部作犀皮铠六领，请免朗官也。

《邺中记》曰：石季龙左右置直卫万人，皆五色细铠，光曜夺目。

伏侯《古今注》曰：章帝建初三年，丹阳宛陵入掘地得甲一。

《述异记》曰：乹罗者，慕容廆之十一世祖也。着金银襦铠，骑白马，金银鞍勒，自天而坠，鲜卑神之，推为君长。

《家语》曰：孔子言于定公曰："家不藏甲，古之制也。今三家过制，请皆损之。"

《管子》曰：葛卢之山，发而得黄金。蚩尤受之，制以为剑铠。言其始也。

《孟子》曰：矢人岂不仁于函人哉？矢人唯恐不伤人，函人唯恐伤人。巫匠亦然，故术不可不慎也。赵岐章句曰：矢，箭也。函，铠也。

《孙卿子》曰：楚人鲛革犀兕以为甲，坚如金石。

《慎子》曰：藏甲之国，必有兵道。

《盐铁论》曰：强楚劲郑，有犀兕之甲。

《吕氏春秋》曰：田赞补衣而见荆王，王曰："先生之衣何其恶也？"赞曰："衣又有恶于此者。"王曰："可得而闻乎？"对曰："甲恶于此。"王曰："何谓也。"对曰："甲冬日则寒，夏日则暑，衣无恶乎？恶乎甲者。赞也贫，贫故衣恶。今大王万乘之主，富厚无敌，而好衣民以甲，臣弗得也。意者为其义也。甲之事，兵之事也。刈人之颈，刳人之腹，堕人之城郭，刑人之父子，其名又甚不荣也。"

《吕氏春秋》曰：郈之故法，为甲裳以帛。以帛缀甲。公息忌谓郈君曰："不若以组。凡甲之所以为固者，以满窍也。今窍满矣，而任力者半。组则不然，窍满则尽任力矣。"郈君以为然，曰："将何所得组？"公息忌对曰："上用之，则民为之矣。"郈君曰："善。"下令，令官为甲必以组。公息忌知说之行也，因令其家皆为组。人有伤之者，曰："公息忌之所以欲用组者，其家多为组也。"郈君不说，于是乎止官无以组，以用。郈君有所尤也。为甲以组而便，公息忌虽多为组何损？以组不便，公息忌虽无为组，亦何益？为组与不为组，不足以累公息忌之说，用组之心，不可不察。

又曰：赵攻中山。中山有多力者曰："丘鸠衣□铁甲，操杖，击无不碎，冲无不陷。以车投车，以人投人。"

《说苑》曰：孔子之匡，简子杀阳虎，孔子似之，甲士以围孔子之舍。子路怒，备戟将下斗，孔子止之，曰："何仁义之不免俗也。夫诗书之不习，礼乐之不修，是吾之过也。若非阳虎而以为阳虎，则非丘之罪也夫！由歌，方和汝。"子路歌，孔子和之，三终而甲罢。

崔寔《政论》曰：贪饕之吏，竞纳财用，狡猾之工，复盗窃之。至以麻枲被弓弩，铁淬醯中令脆易治，铠孔又褊小不足容入。凡汉所以能制胡者，徒穤铠弩之利也，今铠则不坚，弩则不劲，永失所恃矣。

《抱朴子》曰：屠犀为甲，给乎专征之服；裂翠为华，集乎后妃之首。虽出于幽谷，迁于乔木，然为二物之计，未若栖窜于林薄，摄生乎榛薮。

《文选》曰：介胄被沾汗。

又曰：金练照海浦。注：练，甲也。

又曰：玄甲耀日。

陈林《武库赋》曰：铠则东胡阙巩，百炼精刚。函师震椎，韦人制缝。玄羽缥甲，灼爚流光。

孔融《寘刑论》曰：古圣作犀兕革铠，今盆领铁铠，绝圣甚远。

魏武《军策令》曰：袁本初铠万领，吾大铠二十领；本初马铠三百具，吾不能有十具。见其少遂不施也。吾遂出奇破之，是时士卒精练，不与今时等也。

曹植表曰：先帝赐臣铠，黑光、明光各一具，两当铠一领，环锁铠一领，马铠一领，今世以升平，兵革无事，乞悉以付铠曹。

殷仲堪《相王笺》曰：奉所赐马铠，既足以奖厉懦心，又以光华远任。

庾翼《与燕王书》曰：今致襦铠一领，兜鍪一副。

又曰：邓百川昔送此犀皮两当铠一领，虽不能精好，复是异物，故复致之。

李尤《铠铭》曰：甲铠之施，捍御锋矢。尚其坚刚，或用犀兕。内以存身，外不伤害。有似仁人，厥道广大。好德者宁，好战者危。专智恃力，君子不为。

兜鍪

《广雅》曰：兜鍪谓之胄，錏鍜谓之鏂鍭。上音欧，下音侯。

《说文》曰：兜鍪，首铠也。

《易》曰：离为甲胄。

《诗》曰：公徒三万，贝胄朱綅。毛苌曰：贝胄，具饰也。朱綅，以朱綅缀之。綅，子林功。

《礼记》曰：献甲者执胄，献杖者执末。

又曰：临哀则必有哀色，执绋甫勿切。不笑，临乐不叹。甲胄则必有不可犯之色。貌与事宜相配也。

又曰：车则椀绥，执以将命。甲若有以前之，则执以将命，无以前之，则袒櫜奉胄。郑玄注曰：袒其衣，出兜鍪以致命。櫜，铠衣也。

《左传》曰：公及邾师战于升陉，我师败绩。邾人获公胄，悬诸鱼门。杜预曰：胄，兜鍪也。鱼门，邾城门。

又曰：秦师袭郑，过周北门，左右免胄而下。

又曰：晋侯败狄于箕。先轸曰："匹夫逞志于君而无讨，敢不自讨乎！"免胄入狄师，死焉。狄人归其元，面如生。

又曰：晋楚战于鄢陵，郤至见楚子必下免胄而趋风。疾如风也。楚子使工尹襄问之以弓。问，遗也。郤至见客，免胄承命曰："君之外臣，从寡君之戎事，以君之灵，间蒙甲胄，间，尤近也。不敢拜命。"介者不拜。三肃使者而退。

又曰：楚白公乱，叶公亦至，及北门，或遇之，曰："君胡不胄？国人望君如望慈父母焉。盗贼之矢若伤君，是绝民望也。若之何不胄？"乃胄而进。又遇人曰："君胡胄？国人望君如望岁焉，日月以冀，若见君面，是得艾也。艾，安也。而又掩面以绝民望，不亦甚乎？"乃免胄而进。言叶公得民心也。

《谷梁传》曰：古者被甲婴胄，非以兴国也，则以征无道。岂曰以报其耻哉！

《汉书》曰：《王莽传》云：元始五年，策王莽加九命之锡，于是稽首拜受甲胄一具。

《后汉书》曰：刘虞积忿公孙瓒不已，自率兵十万攻瓒。将出，从事代郡程绪免胄而前曰："公孙瓒虽有过恶，而罪名未正。明公不先告晓使得改行，以武临之，瓒必悔祸谢罪，所谓不战而服人也。"虞以绪临事沮议，斩之以徇，戒军士曰："无伤余人，杀一伯珪而已。"虞遂大败，斩虞于蓟市。

《东观汉记》曰：祭遵薨，丧至河南。博士范升上疏曰："遵为将军，虽在军旅，心存王室，不忘俎豆，可谓守死善道者也。”乃赠将军给侯印绶，遣校尉发骑士四百人被玄甲兜鍪，兵车军阵送葬。

又曰：建武六年，马武与众将上陇击隗嚣，身被甲兜鍪，持戟奔击，杀数十人。嚣追兵尽还，武中矢伤。

又曰：上征彭宠，朱浮上疏切谏曰：“连年距守，吏士疲劳，甲胄生虮虱，弓弩不得弛。上下相率焦心，大兵冀蒙救护生活之恩，陛下辍忘之于河北，诚不知所以然。”

《献帝春秋》曰：孙策获太史慈，谓曰：“孤昔与卿神亭之役，若为卿先如何？”慈谓曰：“不敢面欺，若兜鍪带不断，未可量也。”

《吴志》曰：太史慈与孙策战于神亭，策得慈兜鍪。

《吴历》曰：诸葛恪作东关遏，魏军距之。时寒雪，恪使丁奉等皆解铠，但着兜鍪，持刀缘遏上，北军见裸身缘遏，皆大笑，不即严兵。便乱斫，遂破北军。

《晋书·天文志》曰：魏文帝黄初六年十月，有星孛于少微，历轩辕，占曰：“兵丧，除旧布新之象。”时帝军广陵，辛丑，帝亲御甲胄观兵。

沈约《宋书》曰：元嘉二十七年，北讨至陕。虏多纵突骑，众军患之。薛安都怒甚，乃脱兜鍪，解所带铠，唯着绛纳两当，械马亦具装驰奔，以入贼阵。猛气咆哮，所向无前。当其锋者，应刃而倒。贼忿之，夹射不能中。如是者数四，每一入，众无不披靡。

王琰《宋书》曰：晋康太守刘思道攻广州杀刺史羊希。龙骧将军陈伯绍讨之，思道迎击之，杀伤甚众。会绍髻解，兜鍪坠地，退走见禽。

车频《秦书》曰：苻登，坚族曾孙。坚死，登自立，皆刻兜鍪作“死休”字示士。以必死为度，故战所向无前。

崔鸿《前秦录》曰：苻坚末，慕容冲率众登城，坚身贯甲胄，飞矢满身。

《后周书》曰：突屈之先臣于茹茹，居金山之阳，为茹茹铁工。金山形似兜鍪，其俗谓兜鍪为突厥，因以为号。

《春秋繁露·服制象》曰：夫执介胄而后能距敌者，固非人之所贵也。

《孝经威嬉拒》曰：欲去恶鬼，五刑具，五人皆持大斧，着铁兜鍪，将之，常使去四五十步，不可令近人也。

《战国策》曰：苏秦说韩王曰：“韩之剑，当敌则斩甲盾鞮鍪。”

《国语》曰：靡笄之役，郄献子伤，曰：“余病矣。”张御曰：“受命于庙，受服于社，甲胄而效死，戎之政也。”

又《晋语》曰：郄至甲胄而见客，免胄而听命。

乐资《春秋后传》曰：吴越令魏武侯厉众。五年，秦人兴师而临西河，魏士闻之，介胄不待令而奋击，杀秦人者万数。

《英雄记》曰：袁绍为公孙瓒所围，别驾田丰扶绍入空垣。绍脱兜鍪抵地云：“丈夫当前斗死，而返逃入墙间，岂可得活。”一云：入匿墙间。

卢綝《晋四王起事》曰：建武元年，天子还洛阳。右将军张方启曰：“陛下自邺来还，宜谒宗庙。”天子出，因便刦居邺切启移都。其夜，方悉引兵从西明、广阳诸城门入，自领五千骑，皆捉铁缠矟击。兜鍪焦茸皆用凉州白鹞毛，望之若荼。

周迁《舆服杂事》曰：刺挍者，挍人之执刺兵者也。首戴虎皮胄。

《传》曰：蒙皋貔以犯陈蔡，因是有虎皮胄焉。蜀队戴贝胄被犀角，此古制也。《诗》云：贝胄朱綅，谓以贝齿饰胄，朱缕缀之也。胄插以翟尾，垂以红絮，朱綅之象也。

《晋令》曰：军列营，步骑士以下，皆着兜鍪。

郭义恭《广志》曰：獠音老在牂柯，兴古、郁林、交趾、苍梧，皆以朱漆皮为兜鍪。

《家语》曰：孔子对鲁哀公曰：“介胄执戈者，无退懦之气，非体纯猛，服使之然。”

《孔丛子》曰：陈王曰：“将居军之礼，胜败之变，如之何？”太师曰：“介胄在身，执锐在列，虽君父不拜。”

又曰：子高曰：“夫儒者居德行道，则衮冕之服；统师旅，则有介胄之服。”

《韩子》曰：天下无道，攻战不已，甲胄生虮虱，燕雀处帷幄。

虞喜《志林》曰：宋祭酒云：“可以捍御者为械。谓铠甲兜鍪也。”

《抱朴子》曰：夫德教者，黼黻祭服也；刑罚者，捍刃之甲胄也。若以德教治狡暴，犹以黼黻御剡音琰锋也。以刑罚施平世，是以甲胄升庙堂也。

又曰：忍痛苦之药石者，所以除伐命之疾；婴甲胄之重冷者，所以捍锋镝之集。

又曰：盘旋揖让，非御寇之容；擐甲缨胄，非庙堂之饰。

曹植表曰：两当铠二十领，兜鍪自副铠百领，兜鍪自副。

陶侃《答温峤书》曰：奉所送帐下得苏峻兜牟。兜牟作之巧劼，用功殊多，战器不事须此也。意谓不如三甲者，逆贼身所服，此是凶器，古人恶其名。得此兜牟者，犹以有功，令赏其细葛一端。

魏武帝《破袁尚上事》曰：臣前上言逆贼袁尚还，即厉精锐讨之。今尚人徒震荡，部曲丧守，引兵遁亡。臣陈军披坚执锐，朱旗震耀，虎士雷噪，望旃眩精，闻声丧气，投戈解甲，翕然沮坏。尚单骑遁走，捐弃伪节钺鈇，大将军、邟乡侯印各一枚，兜鍪万九千六百二十枚，其矛盾弓戟，不可胜数。邟，苦浪切，又古衡切。

干宝《百志诗》曰：壮士禀杰资，气烈有自然。俯仰群众中，胡能救世艰？阅巩代缝掖，兜鍪易进贤。

杨雄《长杨赋》曰：高祖奉命顺斗极运，天关横钜，海漂昆仑，提剑而叱之。所过麾城撕邑，下将降旗，一日之战不可殚记。当此之勤，鞮鍪生虮虱，介胄被沾汗。

《文选》曰：朝食不免胄，夕息常负戈。

又曰：贝胄星离。

楯上

《释名》曰：楯，遯也，跪其下避刃以隐遯也。大而平者曰吴魁，本出于吴，为魁师者所持也。隆者曰滇盾，本出于蜀，蜀滇所持也。或曰羌盾，言出于羌也。约胁而邹者曰陷虏，言可陷破虏敌，今谓之曰露是也。狭而长者曰步盾，步兵所持，与刀相配者也。狭而短者曰夹子盾，车上所持者也。子，小称也。以韢音逢编板者，谓之木络盾，以犀皮作之曰犀盾，以木作之曰木盾，皆因所用为名也。

许慎《说文》曰：楯瞂音伐也。所以扞身、蔽目，从目，象形声也。楠，大楯也。

扬雄《方言》曰：楯，自关而东或谓之瞂，或谓之干，干者，杆也。关西谓之楯。

张楫《埤苍》曰：戢，盾也。

《广雅》曰：果科干瞂樐戟，盾也。

《龙鱼河图》曰：盾名自障。

《礼记》曰：仲夏之月，命乐师修鞀音桃鞞鼓，均琴瑟管箫，执干戚戈羽。

又曰：春秋学干戈，秋冬学羽籥，皆于东序。

又曰：季夏以禘礼祀周公于太庙，朱干三戚，冕而舞大武。郑玄曰：朱干，亦大盾也。

《周礼》曰：旅贲氏掌执戈盾，夹王车而趋。丧纪则衰葛执戈盾。

又曰：方相氏掌蒙熊皮，黄金四目，衣朱裳，执戈杨盾，帅百隶而时傩。

又曰：司兵掌五兵五盾，各辩其物与之等，以待军事。郑玄曰：五盾，干橹之属，其名未尽闻也。

又曰：司戈盾，掌戈盾之物而颁之。

又曰：鲁及齐战于炊鼻。杜预曰：炊鼻，鲁地。齐子泉捷从泄声子。声子，鲁大夫也。射之中盾瓦。瓦，盾脊也。繇朐音钩汰辀匕，入者三寸。入盾瓦也。繇过汰矢激也。

又曰：宋乐祁献赵简子杨盾六十。

太平御览卷第三百五十七 兵部八十八

楯下

《春秋元命苞》曰：帝佶戴干，是谓清明。发节移度，盖象招摇。宋均曰：干，盾也。招摇为天戈，戈盾相副戴之者象见天中以为表者也。

《史记》曰：项羽在戏下，欲攻沛公。沛公从百余骑因项伯面见羽，谢无有闭关事。羽既飨军士，中酒，亚父谋欲杀沛公，令项庄拔剑舞，坐中欲击沛公。樊哙在营外闻事急，乃持剑盾入营，卫士止哙，哙直撞入，立帐下。羽目之，问为谁，良曰："沛公参乘樊哙。"羽曰："壮士，赐之卮酒、彘肩。"哙既饮酒，拔剑切而啗之。羽曰："能复饮乎？"曰："臣死且不辞，岂特卮酒乎！"

《汉书》曰：周亚夫子为父买尚方甲盾五百被，张晏曰：被，具也。可以葬者。取佣苦之不与钱。佣知其盗买县官器，怨而上变告。子事连于亚夫，亚夫欧血死。

又曰：晁错上言曰："曲道相伏，险厄相薄，此剑盾之地也，弓弩三不当一。"

谢承《后汉书》曰：孟政字子节。地皇六年，为府丞虞卿书佐。时太守缺，丞视事。毗陵有贼，丞讨之。未到县，道路逢贼，吏卒迸散。政操刀楯与贼相击，丞得免难，政遂死于路。

又曰：江汉字山甫，迁丹阳太守。是时，太江剧贼余来等劫击牛渚、丹阳、边水诸县居民，欧略良善，经岁为害。汉到郡，会集劲士，修整战具钩镶、刀、盾、大戟、长矛、弓弩，劲兵转送承接。余来亟战失利，遂见枭获。孝顺帝喜其功，赐以剑珮。

《后汉书》曰：袁绍为高橹，起土山射，曹操营中皆蒙楯而行。

《东观汉记》曰：逢萌字子康，北海人。少有大节。家贫，给事为县亭长。尉过，迎拜问事。尉去，举楯擿地叹曰："大丈夫安能为人后耶!”遂去学问。

《魏志》曰:建安五年,太祖军于官渡。袁绍进保武阳,稍前依沙埴为屯。合战不利,绍射营中雨下,行者皆蒙盾,众大惧。

又曰:太祖与吕布战,太祖募陷阵。典韦先将,应募者数十人,皆衣两铠,弃楯,但持长矛撩戟。

鱼豢《魏略》曰:鲍出字文才,京兆新丰人也。游侠。兴平中,三辅乱,出母为贼所略,出攘臂结衽,独持盾追之。行数里及贼,杀十余人,贼乃解还出母。

韦昭《吴书》曰:鲁肃欲渡江,众骑追肃。肃植楯引弓射之,矢贯洞骑。度不制,乃相率还。

《吴录》曰:交趾朱鸢县有槟榔,正直高六七丈,叶大如盾。

王隐《晋书》曰:朱伺字仲文,小为牙门将陶丹给使。吴平,内涉江夏,便鞍马弓弩,刀盾射猎。

干宝《晋记》曰:吴军师张悌帅众三万济江,与讨吴护军张翰、扬州刺史周凌成阵相对。沈莹领丹阳锐卒刀盾五千,号青巾兵,屡陷坚阵。

沈休文《宋书》曰:宗越南阳叶人也。为队主,蛮有为寇盗者,常使越讨伐,往辄有功。家贫无以市马刀盾,步出,单身挺战,众莫能当。每一捷,郡将辄赏钱五千,因此得买马。

《宋略》曰:宁朔将军、益州刺史刘豪,少工刀盾,勇冠三军。及在汉中,忽修长生之术,使道士合金丹饵之,咽而死。及就殓,尸□如生。

《宋元嘉越居注》曰:御史中丞刘损奏:“风闻前广州刺史韦朗莅任虐法,暴浊是彰,于州所造牙盾三十幡,朱画青绫盾三十五幡,请以见事追免朗前所居官。”

《南史》王洪轨随齐高帝镇新亭,常以身捍矢。高帝曰:“我自有盾,卿可自防。”答曰:“天下无洪轨何妨。苍生方乱,岂可一日无公。”帝甚赏之。

《齐书》曰：王宜兴，吴兴人也。形状短小而果劲，有胆力。少年时为劫不须伴。郡县讨逐，围绕数十重，终莫能禽。尝舞刀盾，使十余人以水交洒，不能着。

《北史》曰：后魏蠕蠕而兖切。犯塞，以任城王云为中军大都督，从献文讨之。过大碛，云曰："夷狄马初不见虎头盾，若令舞盾在前，破之必矣。"帝从之。于是相率而歌，方驾而前，大破之，获其凶酋。

《英雄记》曰：公孙伯圭追讨叛胡丘力居等于管子城。伯圭力战兵乏，食马尽，煮弩盾啖食之。

又曰：袁绍讨公孙瓒，先令麹义领精兵八百。强弩千张以为前登。瓒轻其兵少，纵骑腾之，义兵伏盾下，一时同发，瓒军大败。

蔡邕《月令章句》曰：洪范经云，兵革并起，兵谓金刃，革谓甲盾。

又曰：审五库之量，金铁皮革。注曰：去毛曰革。犀兕水牛之属以为甲盾鼓鞞。

张敞《晋东宫旧事》曰：东宫外崇福门，门各羌盾士幡，鸡鸣戟十张。

《陶公故事》曰：臣侃奉献金华大羌盾五十幡，青绫金华盾五十幡。

王琰《冥祥记》曰：东海何敬叔，少而奉佛。至泰始中随湘州刺史刘韫监营浦县，敬叔时遇有旃檀制以为像，像将就而未有光材。敬叔意愿甚懃而营索无处，凭几微睡，见沙门语敬叔云："县后何家有一桐盾甚堪像光。其人极惜之，苦求可得也。"敬叔寤，问县后果有何家，因求买盾。何氏云："实有此盾，甚爱惜之。明府何以得知？"敬叔具说所梦，何氏惊，奉以制光。

《山海经》曰：羿与凿齿战于寿华之野。羿射杀之。羿持弓矢，凿齿持戟盾。郭璞曰：凿齿，人类，齿如凿，长五六尺。

又曰：开明北有凤鸟、鸾鸟，背戴瞂。瞂，音伐，盾也。

张华《博物志》曰：朝廷都许时上先人刀剑盾物及铜大盆，殿上四角鼎皆先侯所赐得也。

刘义庆《世说》曰：魏武征袁本初，治装余有数十斛竹片，咸长数寸。众并谓不堪用，正合烧除。太祖意甚惜，思所以用之。谓可以为竹甲盾，而未显其言。驰使以问杨主簿德祖，应声答与帝正同。众伏其辩悟。

《异苑》曰：河南褚褒字季野。将北伐，车士忽同时唱言可各持两盾。复相谓曰："一人焉用两为？"及败，悉负楯而退。

《国语》曰：桓公问曰："齐国少甲兵，为之若何？"管子曰："轻过而移诸甲兵。"贾逵曰：轻过，轻罪也。移诸甲兵，以甲兵赎罪也。桓公曰："为之若何？"管子对曰："轻罪赎，一盾一戟。"

《潜夫论》曰：虏或持铜镜以象兵，或负板案以类盾。遑遽扰攘，未能相一，诚易制也。

《淮南子》曰：夫栝淇卫箘簬音路，高诱曰：栝，剪括也。淇卫菌簬，箭所出也。载以银锡，戴，饰也。饰翦以银锡。虽有薄缟之襜，腐荷之橹，荷，莲草也。橹，大盾也。然犹不能独穿也。若假之筋角之力，弓弩之势，则贯兕甲而经革盾矣。经，犹达也。

杨泉《物理论》曰：古有阮师之刀，苏家之盾，皆为良工利器，时所宝贵也。夫刀者，身之宝也；盾者，身之卫也。御难之藩墙，守之城池也。

《梦书》曰：梦得镶盾，忧相负也。

《汉书·杨雄校猎赋》曰：贲育之伦，蒙盾负羽，杖镆邪而罗者以万计。

《吴都赋》曰：杭神龙之华殿，施荣楯而捷猎。勾践将伐吴，作荣楯婴以白璧，镂以黄金，状若龙蛇，以献吴王。吴王受之，施于姑苏台。捷猎，例次貌也。言今起神龙殿，亦施此物也。

又曰：于卤殳鋋旸夷勃卢之旅。

又曰：家有鹤膝，户有犀渠。鹤膝，矛也。犀渠，盾也。一曰铠，犀革为之。

李尤《楯铭》曰：吴旂鲁戭，戎兵特须也。

张奂《与崔子真书》曰：仆以元年到任，有见兵二百，马如牿古沓切。羊，矛如锥锬，楯如榆叶。锬，徒甘切。长牟也。

陶侃《答慕容瓌书》曰：当今杨淮锐勇，飞廉超骧，收屈卢必陷之矛，集鲛犀不入之楯。

庾阐《责伍员文》曰：自我来思，逾历中春。凄风跨月，芒雨积旬。地藉湿蓐，室无完幕。负楯传时，仗橹击柝。

谢尚《饷杨征南书》曰：五尺金斫头刀一口，碧绫车中楯一番。

又《与张凉州书》曰：今致碧绫车中楯一。

彭排

《释名》曰：彭排，旁也。在旁排敌御攻也。

《晋安帝纪》曰：刘裕大破孙恩于蒜山，恩以彭排自载，仅得还船。

诸葛亮《军令》曰：帐下及右阵各持彭排。

衔枚

《诗》曰：我东曰归，我心西悲。制彼裳衣，勿士衔枚。郑玄曰：勿，犹无也。女制彼裳衣而来，谓兵服也。示初无行阵衔枚之事也。

《礼记》曰：升正柩，诸侯执綍五百人，皆衔枚。

《周礼》曰：衔枚氏下士二人，徒八人。郑玄曰：枚状如箸，横衔之。衔枚氏掌司嚣，察嚣欢者为其聒乱。国之大祭祀，令禁毋嚣。军旅田役令衔枚。为其言语以相误也。

《国语》曰：吴王起师，军于江北，越王军于江南。越王乃令左军衔枚，溯江五里以须，亦令右军衔枚，逾江五里以须。贾逵曰：逆流而上曰泝，径渡曰逾。须，待也。夜中，乃令涉江鸣鼓中水以须。越王以其中军私率六千人衔枚以袭攻之，吴师大北。

《史记》曰：项梁率师攻秦，秦使章邯距梁。章邯夜衔枚击楚，杀项梁。

陆贾《楚汉春秋》曰：高祖向咸阳南趣宛，宛坚守不下。乃匿其旌旗，人衔枚，马束口，龙举而翼奋，鸡未鸣，围宛城三匝，宛城降。

《汉书》曰：秦将章邯围魏王咎于临济。田儋都甘切。将兵救魏，章邯夜衔枚击，大破齐军，煞儋于临济下。

又曰：赵充国击西羌，至金城，须兵满万骑，欲渡河，恐为虏所遮，即夜遣三校衔枚先渡，渡辄营阵，会明毕。

《东观汉记》曰：吴汉伐蜀，分营于水南水北。北营战不利，乃衔枚引兵往合水南营，大破公孙述。

梁祚《国统》曰：孙权尝赐甘宁酒米，宁以米赐帐下，乃以银碗酌酒自饮，次与其郡督，次酌其次，命衔枚出斫敌。

王隐《晋书》曰：毋丘俭、文钦反，遣邓艾进屯乐嘉。钦果夜衔枚袭艾等，昧爽至于城下。

又曰：王浚都督幽州诸军事。成都王使和演发兵杀浚，单于以演谋告浚。州府逼近，衔枚密严，夜与单于围演。演持白幡请降。

孙严《宋书》曰：柳元景总军北讨。元景至弘农，营于开方口，众军并造陕下。元景遣军副柳元怙简步骑二千，一宿而至，遂合战。元怙悉偃旗鼓，士马皆衔枚潜师伏甲而进。既出，贼不意，虏众大骇。

王智深《宋书》曰：刘诞作乱，孝武帝使沈攸等伐之。于是，龙骧将军卜天生推车塞堑，率敢死数百人衔枚先登。

习凿齿《汉晋阳秋》曰：初魏军始入蜀，刘禅分二千人付罗献留守。吴闻蜀败，遂起兵，遣盛宪、谢询等水陆并到，说献以合从之计。献谓诸将曰："今处孤城，百姓无主。吴人因衅，公敢西过，宜一决战以示众心。"遂衔枚出击破宪。

卢綝《晋四王起事》曰：天子自邺至洛，右将军张方逼帝幸长安。河间王率参佐到霸水上迎。人兵去路百余步，衔枚屯列。

崔鸿《后秦录》曰：永和二年，遣武卫姚鸾营于大路。晋将沈林子简其军中精锐朱远等衔枚夜袭鸾营，鸾死之。

又《前凉录》曰：张璩字元琰。年十四，拜奉车都尉，从梁肃征陇右，与王擢遇于邢岗，相距十日。璩衔枚密击，大破之，由是显名。

又《蜀录》曰：李特使弟骧屯军毗桥以备罗尚。尚遣将张兴伪降于骧，以观虚实。兴夜归白尚，尚遣精勇万人衔枚随兴夜袭骧营，骧及将士奔于流栅。

《越绝书》曰：吴王阖闾问伍子胥军法，子胥曰："王身将即疑舡，旌麾兵戟与王舡等者七艘。将军疑舡，兵戟与将军舡等，三舡皆居于大阵之左右，有敌即出就阵。吏卒皆衔枚，敖歌击鼓者斩。

《曹瞒传》曰：公将袭袁绍军，乃选精锐步骑皆衔枚缚马口，夜从间道出，人抱束薪至绍围屯，大放火，营中惊乱，大破之。

太公《六韬》曰：以少击众，必以日之暮。人操炬火，合则灭之。或鼓呼而行，或衔枚而止。

吴孙子《三十二垒经灵辅》曰：移车移旗，以顺其意，衔枚而陈，分师而伏。后至先击，以战则克。

魏文帝《兵书要略》曰：衔枚毋喧哗，唯令之从。

左思《吴都赋》曰：衔枚无声，悠悠旆旌。

棓棓与棒通用

服虔《通俗文》曰：大杖曰棓。步项切。

《魏志》曰：锺会反，囚将军胡烈等。与子疏云："会帐下督丘建密说消息，会以作大坑，白棓数千，欲呼外兵入以次棓杀，投置坑中。"外兵闻，乃杀会。

《曹瞒传》曰：操为洛阳北部尉。缮治四门，造五色棒悬门左右各数十枚。有犯禁者，不避豪强，辄棒杀之。

虞浦《江表传》曰：孙皓以张布女为美人。皓先报布，后问美人曰："尔父何在？"答曰："贼已杀之。"皓大怒，即棒杀美人。

沈约《宋书》曰：后废帝昱，或有忤意者，辄加以虐刑。有白棒数十枚，各有名号，针凿锥锯之徒，不离左右。尝以铁锥椎人阴破。

《六韬》曰：方胥铁棓重十二斤，柄长五尺，千二百枚。一名天棓。许慎注曰：大杖以桃为之，击杀羿，是以鬼畏桃人也。

《抱朴子》曰：吴遣贺将军讨山贼。中有善禁者，每交战，官军刀剑皆不得拔。将军乃多作劲木白棓击之，禁不复行，因而克贼。

又曰：余愿世人改其无检之行，除其骄简之失，则赵胜之门无去客，黄祖之棓无所用矣。

《晋宣帝教》曰：当教诸围上守士皆作棓，人一枚，轻重长短者，各各可守，皆当头施纫挂臂，贼破，死在旦夕。邂逅冲突围，当以棓棓之。

高堂隆《陈灾异表》曰：石氏星占曰："天棓五。五星，天之杖也，主挝棓乱兵。客星彗茀干犯棓，兵大起，二年消复之。宜罢省百役，勿使士卒怨于勤苦而为乱，足其廪食，度可劳然后用之，则士卒安而无乱兵矣。

椎

《史记》曰：张良为韩报仇，得力士为铁椎重一百二十斤，击始皇博浪沙中，误中副车。

又曰：朱亥袖四十斤铁椎，椎晋鄙。

《汉书》曰：淮南厉王长，高帝少子也。有才力，力扛鼎。乃往请辟阳侯出见之，即自袖金椎椎之，命从者刑之。

太平御览卷第三百五十八　兵部八十九

鞍

《说文》曰：鞍，马鞁具也。鞁，皮彼切。

《汉书》曰：孝宣许皇后，元帝母也。父广汉昌邑王侍郎，从武帝上甘泉，误取他郎鞍以被其马，发觉，吏劾从行而盗当死者。诏下蚕室，后为官者丞。

司马彪《汉书》曰：光武征赵喜，引见，赐鞍马，待诏公车。

《东观汉记》曰：景丹将兵诣上，上劳勉。丹出至城外兵所，下马坐鞍旃毾㲪上。毾音塔。㲪音登。

又曰：王莽诛，诸谋者季次元闻事发觉，被马欲亡。马驾在辕中，惶遽着鞍上马，出门顾车乃自觉止。

又曰：章帝曰："明德后时，广平钜平鹿乐成王在邸入问起居。朕从上望见车骑鞍勒皆纯黑，无金银采饰，马不逾六尺。于是以白太后，即赐钱各五百万。"

《英雄记》曰：吕布刺杀董卓，与李傕战败，乃将数百骑以卓头击马鞍，走出武关。

《魏志》曰：许褚从讨韩遂、马超于潼关。太祖将北渡临济河，先渡兵，独与褚及虎士百余人留南岸断后。超将步骑万余人来奔太祖军，矢下如雨，褚乃扶太祖上船。贼战急，军争济，船重欲没，褚斩攀船者，左手举马鞍蔽太祖。船工为流矢所中，死，褚右手并棹船，仅乃得渡。是曰微褚几危。

又曰：太祖马鞍在库为鼠所啮，库吏惧死，邓哀王冲以刀穿单衣如鼠啮者，谬有愁色。太祖问之，冲曰："俗以鼠啮衣者其主不吉。"太祖曰："此妄言耳。"俄而，库吏以啮鞍闻，太祖笑曰："儿衣在侧而啮，况鞍悬柱乎。"

《魏略》曰：五官将知王忠昔尝啖人，时因从驾出行，令取家间髑髅着忠系马鞍，以为嬉笑。

《吴志》曰：曹公破走，鲁肃先还，权大请诸将。肃将入阁拜，权起礼之，谓曰："子敬，孤持鞍下马相迎，足以显卿未？"肃趋进曰："未也。"众人闻之，无不愕然。就坐，徐举鞭曰："愿至尊威加乎四海，总括九州，克成帝业，更以安车蒲轮征肃，始当显耳。"权拊掌欣笑。

又曰：孙权每田猎，乘马射虎，尝突前攀持马鞍。张昭变色而前曰："将军何有当尔！夫为人君者，谓能驾御英雄，驱使群臣，岂谓驰逐于原野，校勇于猛兽者乎？如有一旦之患，奈天下笑何？"

《后魏书》曰：傅永有气干，拳勇过人，能手执鞍桥倒立驰骋。

《江表传》曰：孙策讨祖郎，生获之。策谓郎曰："尔昔斫孤马鞍，今创军立事，除弃宿恨，汝莫怨怖。"郎叩头谢罪，即破械赐衣，署门下贼曹。

《魏百官名》曰：紫茸题头高桥鞍一具。

《三辅决录》曰：平陵士孙奋富闻京师。梁冀知奋俭吝，以镂衢鞍遗奋，从货五十万。

《西京杂记》曰：武帝时，身毒国献白光琉璃鞍，鞍在暗室光照十丈。

又曰：武帝得贰师天马，造玫瑰石为鞍。

《异苑》曰：昔有人乘马山行，遥望岫里有二老公相对摴蒲，遂下骑造焉。以策柱地而观之，自谓俄顷，视其马鞭，漼然已烂，顾瞻其马鞍，体骸枯朽。既还至家，无复亲属，一恸而绝。

《六韬》曰：车骑之将，军马不具。鞍勒不备者诛。

陆景《典语》曰：周世以膏腴之沃壤，丰镐之宝地，大启封境以封秦。释鞍授鞚，假骥他人，欲无陵已，其可得乎！

傅玄《马射赋》曰：百马齐兴，六骥孔闲。金衔玉羁，文防镂鞍。明珂景服，华革葳采鲜。

《古乐府》左延年《从军诗》曰：从军何等乐，一驱乘双驳。鞍马照人目，龙骧自动作。

谢惠连诗曰：挂鞍长林侧，饮马修川湄。

刘琨《扶风歌》曰：系马长松下，发鞍高岳头。

魏曹植《上银鞍表》曰：于先武皇帝世，敕此银鞍一具，初不敢乘，谨奉上。

宋刘义恭《谢金梁鞍启》曰：赐臣供御金梁桥鞍，制作精巧，宜副龙驷。圣慈下逮，猥垂光赐。

后汉李尤《鞍铭》曰：驱骛驰逐，腾跃覆跇。跇，丑世切。虽其捷习，亦有颠沛。并羸其瓶，罔不斯败。

辔

《释名》曰：辔，佛也。言牵引佛戾以制马也。

《诗》曰：我马维驹，六辔如濡。

又曰：我马维骆，六辔沃若。

又曰：驷铁孔阜，六辔在手。

《周礼》曰：挈壶氏挈辔以令舍。悬辔于当所舍止之处。

又曰：大驭掌驭王路以祀。及犯軷，王自左驭，驭下祝，登受辔。犯軷遂驱之。

《家语》曰：古者，天子以内史为左右手，以德法为衔勒，以百官为辔。善御马者，正衔勒，齐辔策，均马力，和马心，故口无声而马应辔，策不举而极千里。善御人者，一其德法，正其百官，均齐人力，和安人心，故令不再而人顺从，刑不用而天下理矣。

又曰：善御马者，正身以总辔。

又曰：闵子骞为费宰，问政于孔子。孔子曰："君者人也。吏者辔也，刑者策也。人君之政，执其辔、策而已矣。"

又曰：孔子适卫，卫将军文子问曰："今齐之以刑而犹弗胜，何礼之齐也？"孔子云："礼，譬之于御则辔也。"

《汉春秋》曰：大仆公卿奉引，大仆执辔，大将军陪乘。光武东京郊祀，法驾则河南尹奉引，奉车都尉执辔，侍中参乘。

《孔从子》曰：夫子云，夫政令者，人君之衔辔，所以制下也。

《管子》曰：凡赦者，小利而大害也，故久而不胜其祸。故赦者，马之委辔也，无赦者，痤疽之矿石也。痤，作和切。疽，七余切。

《列子》曰：凡御者得之于衔，应之于辔；得之手，应于心。

《淮南子》曰：权衡者，人主之车舆；爵禄者，人臣之衔辔矣。

又曰：王良造父御也，上车摄辔，马为齐整。

班固《东巡颂》曰：乘舆动色，群后屏气。万骑齐镳，千乘弭辔。

魏明帝《善哉行》曰：百马齐辔，御由造父。

后汉李尤《辔铭》曰：辔衔在手，急缓必时。赏罚在心，中和是思。马知良御，进取道里。人知善政，令行禁止。

鞚

张揖《埤苍》曰：靮音的，马韁也。鞚，马勒也。鞧音缅、輢，音羁勒鞧也。鞧，音浙，柔皮也。

服虔《通俗文》曰：所以制马口曰鞚。

环济《吴纪》曰：大皇帝征合肥，未下，因撤军还兵。吕蒙等兵留津北，魏将张辽奄至，围数重，蒙等死战。既破围上马出，外浮桥南已绝，丈余无板。谷利时为亲近监，白曰："至尊牢摄鞍缓鞚，利当着鞭以增马势。"于是得渡。

《晋书》曰：温峤字太真。王敦举兵内向，六军败绩。太子将自出战，峤制鞚谏，太子乃止。

《晋起居注》曰：冠军将军王浃表："臣以发许昌城内北人诸将孙凯等谋，欲逼臣留身躯遣南人。臣初出城门，乃相缠绕，牵臣马鞚。臣手刃斩截，仅乃得出。"

应玚《驰射赋》曰：放鞚长骋，神足奔越。终节三驱，每不虚发。

陈林《武库赋》曰：马则飞云绝景，直臀騧駵，走骏惊飚，步象云浮。受衔斯游，敛鞚则止。

傅玄《良马赋》曰：奋鬣沛艾，虎据麟跱。望云睇景，乘虚四起。纵衔则往，揽鞚则止。

成公绥《射兔赋》曰：收辅车之双辔，舍良马之长鞚。禽迅羽之轻猋，截逸足之狡弄。盈得获于后乘，充庖厨之所贡。

夏侯湛《征迈辞》曰：上伊阙兮临川，拊骏马兮授鞍。中衢兮载叹，敛鞚兮盘桓。

闵鸿《与刘子雅书》曰：若能鞚奔骥以接驽乘，则力追者万群；倾修翅以顾短翮，则归飞者如云。

勒

刘芳《毛诗笺音义证》曰：辔是御者所执者也。不得以辔为勒。且旧语云："马勒不云辔。"以勒为辔者，盖是北人避石勒名也。今南人皆云马勒，而以鞚为辔。反覆推之，此为明证。又《诗》称"执辔如组"，又曰"六辔在手"。以所执为辔，审矣。今俗儒咸以辔为勒，而曾无寤者。

《家语》曰：闵子问政于孔子。孔子曰："不能御民者，弃其德法，专用刑辟。譬犹御马，弃其衔勒，而专用棰策，马必伤，车必败。无德法而用刑，民必流，国必亡。"

《汉书》曰：呼韩耶单于，甘露三年正月，朝天子于甘泉宫，赐以冠带衣裳、玉具剑、鞍勒一具，马十五匹。

王隐《晋书》曰：愍怀太子好卑鸡、小马、小牛，令左右骑，断羁勒使堕地。

萧方等《三十国春秋》曰：凉州胡安据盗发张骏墓，得珊瑚马鞭、马瑙钟、黄金勒。

《邺中记》曰：虎讳勒，呼马勒曰辔，罗勒曰香菜。

《永昌记》曰：哀牢王出入射猎，骑马金银鞍勒如翠毛之饰。

《淮南子》曰：雁门之北狄不谷食，贱长贵壮，各上气力，人不弛弓，马不解勒，便之也。高诱曰：不谷曰不谷食□酪而已。北狄，鲜卑也。弛，舍也。便，习也。

《说苑》曰：田子方度西河造翟黄。翟黄乘轩车，载华盖，黄金之勒，约镇簟席，如此者具驷十八乘。子方望以为人君。翟黄至而子方曰："子，人臣也，将何以至此？"对曰："此皆君之赐也。臣进五大夫，禄爵倍，以故至于此。"

韩阳《天文要集》曰：造父五星在传舍南，造父洗马辔勒衔镳。

枣据诗曰：麒骥伏吴坂，不与伯乐俱。驽马同衔勒，岂得独卓殊。

魏文帝《马脑勒赋》曰：马脑，玉属也，出自西域。文理交错，有似马脑，故其方人因以名之。或以系颈，或以饰勒。余有斯勒，美而赋之。命陈琳、王粲并作。词曰："天珍物，寄钟山之崇岗。禀金德之灵施，含白虎之华章。扇朔方之玄气，喜南离之焱阳。翕中区之黄采，曜东夏之纯苍。苞五色之明丽，配皎日之流光。内炤音照浮景，外鲜文繁。奇章异彩，的皪其间。尔乃藉彼朱罽，华勒用成。骈居列跱，焕若罗星。"

应玚《驰射赋》曰：群骏笼茸于衡首，咸皆腰褭与飞兔。拢修勒而容与，并轩翥而厉怒。

陈琳《马脑勒赋》曰：五官将得马脑以为宝勒，美其英彩之光艳也，使琳赋之。"尔乃他山为错，荆和为理，制为宝勒，以御君子。"

王粲《马脑勒赋》曰：因姿象形，匪雕匪刻。厥容应规，厥性顺德。御世嗣之骏服兮，表騄骥之仪式。

王沉《马脑勒赋》曰：厥象伊何，如规之盈。鲛鳞纤郁，白黑殊形。如冰之洁，如玉之贞。固乾坤之所育兮，匪雕镂而自成。尔乃施饰龙首，加服鸾镳。和铃锵锵，回景逍遥。

镳

《释名》曰：镳，包也。所以在傍苞敛其口也。

《说文》曰：镳，马衔也。衔马勒口中也。

《尔雅》曰：镳谓之钀。郭璞曰：勒也，许揭切，又鱼列切。

《诗》曰：游于北园，四马既闲。輶车鸾镳，载险歇骄。毛苌曰：輶，轩也。险歇骄，田犬也。郑玄曰：轩车，驱逆之车也。置鸾于镳者，异于乘车也。

释智匠《古今乐录》曰：明帝休成之乐歌曰："玉镳息节，金辂怀音。"

《文士传》曰：山巨源为吏部郎，欲举嵇康自代。康闻，与之书曰："譬犹禽鹿，少见驯育，则服教从制，长而见羁。虽饰以金镳，飨以嘉肴，愈思长林，而志在丰草。"

《鲁国先贤志》曰：黄伯仁《龙马颂》曰："扬鸾镳兮挥红沫之播飘。"

《盐铁论》曰：古者庶人贱骑绳控，草鞮音低皮荐而已。及其后，革鞍攻成，铁镳不饰。

又曰：古者樵车无轮，栈车无轭，其后木軨不衣，长毂数辐。今富者银黄华左，搔以结绥。错镳涂朱，珥勒飞軨。

《楚辞》曰：绝镳衔以驰骛兮，暮着次而敢止。路荡荡其无人兮，远不御兮千里。

枣据诗曰：真伪各有分，驽骥不齐镳。

陶琬之诗曰：我服既晖，我驷既闲，扬镳警路，哀龠清绵。《桓玄集》载：琬之为江州主簿。

宋文帝《登景阳楼诗》曰：士女炫街里，轩冕曜都城。万轸扬金镳，千舳树兰旌。

袁淑《游新亭曲水诗序》曰：离榭修幕，陵墜弥阜。镳容旆彩，裛野丽云。

鲍昭诗曰：飞镳出荆路，骛服入秦川。

王沉《践行赋》曰：六龙齐镳，鸾声振振。景动波回，天行星陈。

张协《玄武馆赋》曰：天子翱翔郊甸，顺时巡省。龙驷腾镳，羽骑游骋。顾流光以按辔，回鸾旗而时幸。

李充《穆天子赋》曰：其马则赤骥盗骊，骅骝绿耳，杨和齐镳，一瞬千里。

董子晓《乘舆驳马赋》曰：躯观若斯，气势云披。衔金镳，着玉羁。

颜延之《七绎》曰：梓工饰雕簟之舆，涓人进龙图之马。轙驾则眩夺凤盖，振镳则圈促函夏，故动軔驰光，举策流赭。

张委《九愁》曰：映金箱之羽盖，鸣玉衡之鸾镳。望天路以振策，指万里于崇朝。

殷淡《宣贵妃诔》曰：严位服于旗容，尚徽谥于铭策。节哀路于萧钟，齐行镳于輬翟。

应琚《与刘文达书》曰：仆顷倦游谈之事，欲修无为之术，不能与足下齐镳骋辔、争千里之表也。

桓温《与慕容皝书》曰：自沧流以北，幽朔以东，将军皆以羁落而总率之矣。首尾唇齿，左右力用，鸣镝扬镳，动数十万。

太平御览卷第三百五十九　兵部九十

羁

许慎《说文》曰：羁，马络头也。

《左传》曰：晋公子重耳之及难也，秦伯纳之。及河，子犯以璧授公子曰："臣负羁绁从君巡于天下，杜预曰：羁，马羁，绁马缰也。臣之罪甚多矣。请由此亡。"

又曰：初，晋侯之竖头须，守藏者也。其出也，窃藏以逃，文公出时也。尽用以求纳之。及入，求见，公辞以沐。谓仆人曰："居者为社稷之守，行者为羁绁之仆，其亦可也，何必罪居者。"

《汉书》曰：今汉承衰周、暴秦极弊之后，流俗已薄于三代，而行尧舜之刑，是犹以鞿羁而御駻马。如淳曰：鞿，音机，以绳系马领曰鞿。駻，突之马也。駻，音汗。

《东观汉记》曰：光武皇帝虽发师旁县，人马席荐羇靽皆有成贾，而贵不侵民，民乐与官市。羇，音羁。靽，音半。

康泰《吴时外国传》曰：加营国王好马，月支贾人常以舶载马到加营国。国王悉为售之。若于路失羁靽，但将头皮示王，王亦售其半价。

郭颁《晋世语》曰：愍怀太子好卑鸡、小马、小牛，置田舍，令左右骑，断羁勒令堕马。

《韩诗外传》曰：昔卫献公走，反国及郊，将班邑于从者而后入。太史柳庄曰："如皆守社稷，则孰负羁靮音的。而从？如皆从，则孰守社稷？君反国而复为私也，无乃不可乎？"

释智匠《古今乐录》曰：《襄阳铜蹄歌》曰："龙马紫金鞍，翠毛白玉羁。照曜双阙下，知是襄阳儿。

杜夷《幽求》曰：羁蚊绊蚤，禁其非法。刳虮屠虱，求其肝胆。非至精，谁能知之？

又曰：衔羁之马，伏枥之驹，莫不思平原旷泽，翘尾而驰陆也。

又曰：琱羁镂绊，呼名翘陆，不可化也。

《梦书》曰：羁缰为相要制也。梦得羁缰要约士也。羁结语言缰往来也。羁结疆竖结敕疆也。弊绝不用，难俯仰也。

挚虞《逸骥诗》曰：逸骥无镳辔，腾陆从长川。剪落就羁靮，飞轩蹑云烟。

孙绰诗曰：野马闲于羁，泽雉屈于樊。神王自有所，何为人事间？

傅玄《驰射马赋》曰：百鸟齐兴，六骥孔闲。金衔玉羁，文防镂鞍。明珂景朗，华鞊采鲜。

傅玄《良马赋》曰：金羁在首，发以明珂。镂鞍采鞊，织防含华。鞊，音茸。

傅玄《难良马赋》曰：饰以金羁，申以玉缨，结以轻轩，节以和铃。

曹植《游侠篇》曰：白马饰金羁，连翩西北驰。借问谁家子？幽并游侠儿。

孙惠《三马哀辞序》曰：余于物特所留心，而所服三马，一时离羁，感田子之爱，遂作哀文云耳。

珂

服虔《通俗文》曰：勒饰曰珂。

郭义恭《广志》曰：期调国出金银、白珠、流璃、水精器、五色珠、马珂。

又曰：剽刃国出桐华布、珂、珠贝、艾香、鸡舌香。

傅玄《乐府豫章行》曰：轻裘缀孔翠，明珂耀珊瑚。

张华《轻薄篇》曰：文轩树羽盖，乘马佩玉珂。

鞯

《隋书》曰：宇文述素好着奇服，炫耀时人。云定兴为制马鞯，于后角上缺方三寸，以露白色。世轻薄者争效学之，谓为许公缺势。又遇天寒，定兴曰："宿卫必当耳冷。"述曰："然。"乃制夹头巾，令深袹音陌耳。又学之，名为许公袹势。述大悦曰："云兄所作，必能变俗。我闻作事可法，故不虚也。"

障泥

王隐《晋书》曰：韩友字景先，庐江舒人。舒县廷掾王睦卒病死，已呼魄，家人就友卜。令以丹画板作日月置尸头，前及卧虎皮马障泥，登时大愈。

萧方等《三十国春秋》曰：高勾骊以千里马、生罴皮障泥献于南燕。燕王超大悦，答以水牛、能言鸟。

《世说》曰：王武子善解马性。尝乘一马着连乾障泥，前有水，终不肯渡。王云："此必是惜障泥。"使人解去，便径渡。

防汗

《东观汉记》曰：和帝永元三年，西谒园陵，桓郁兼羽林中郎将，从。赐马二匹，并鞍勒、防汗。

《魏百官名》曰：黄地金镂织成万岁障泥一具，又织成防汗一具。

桓宽《盐铁论》曰：古者庶人贱骑，绳控草鞮皮荐而已。及其后革鞍攻成，铁镳不饰。令富者黄金琅勒，罽绣弇音奄汗。

司马彪《魏略》曰：孟达将蜀兵数百降魏。魏文帝以达为新城太守。太和元年，诸葛亮从成都到汉中，达又欲应亮。遗亮玉玦、织成、障汗、苏合香。亮使郭摸诈降过魏兴。太守申仪与达有隙，摸语仪亮言：玉玦者，已决；织成者，言谋已成；苏合香者，言事已合。

当胸

《后汉书》曰：太守赵兴署鲍永功曹。时有矫称侍中止传舍者，兴欲谒之。永疑其诈，谏不听，出。兴遂驾往，永乃拔佩刀截马当胸，乃止。当胸以韦为之也。后数日，莽诏书果下，捕矫称者。永由是知名。

鞘尾

服虔《通俗文》曰：马鞻音楼尾曰鞘。胡畎切。

《魏百官名》曰：赤茸鍮石鞘尾一具。

鞭

《礼记》曰：献车马者执策绥。

又曰：君车将驾，则仆执策立于马前。已驾，仆展軨，郑玄曰：展軨具视。效驾，自己驾也。奋衣由右上，取贰绥，奋振去尘也。贰，副也。执筴分辔，驱之五步而立。

《左传》曰：晋公子重耳之及于难也，及楚，楚子享之曰："公子若反晋国。则何以报不谷？"对曰："若以君之灵，得反晋国，晋楚治兵，遇于中原，其避君三舍。若不获命，其左执鞭弭，右属櫜鞬，以与君周旋。"

又曰：宋告急于晋，伯宗曰："不可。虽鞭之长，不及马腹。"

又曰：楚灵王使围徐以惧吴。楚子次于乾溪，以为之援。雨雪，王皮冠、秦复陶、翠被、豹舄，执鞭以出。执鞭以教令。右尹子革夕，子革，郑丹也。夕，暮也。王见之，去冠被舍鞭，与之语。

又曰：晋荀瑶帅师伐郑，郑驷弘请救于齐。陈成子救郑。及濮，雨，不涉。成子衣制杖戈，制，雨衣也。立于阪上。马不出者，助之，鞭之。

《公羊传》曰：阳虎将杀季孙于蒲圃，使临南御之。至孟衢，临南投策，使阳越下取策。

陆玑《毛诗草木虫鱼疏》曰：椐枝叶似桢松。《尔雅》曰："椐，柜去匮切也。"节以扶老，即金灵寿是也。今人以为马鞭及杖。

《孔丛子》曰：刑以齐民，譬之于御则鞭策也。

《汉书》曰：娄敬云："太王以狄伐故去豳，杖马箠，去居岐。"

又曰：石庆为太仆御。出，上问车中几马。庆以策数马毕，举手曰：

“六马。”

又曰：李广击匈奴，匈奴兵多，破广军，生得广。广时伤，置络间而卧行十余里，广佯死，睨其傍有一胡儿骑，广腾而上胡儿马，因鞭马南驰数十里，得其余军。

又曰：大司空士夜过奉常亭，亭长呵之。告以官名，亭长醉曰：“宁有符传耶？”士以马箠击亭长。

《汉献帝起居注》曰：李傕性喜鬼怪左道之术，又于朝廷省门为董卓设神坐，数以羊祠之。祠毕，过省阁问帝起居，求入见。傕带三刀，手复与鞭合持一刀。侍中侍郎见傕带仗，皆惶恐，亦带剑持刀，先入在帝侧。

张勃《吴录》曰：大皇帝大会饮宴，下马迎鲁肃。肃入拜，起，礼之。谓言：“子敬，孤持鞍下马相迎，足以显未？”肃趋进曰：“未也。”众咸愕然。既坐，徐举鞭曰：“愿麾下威德加于四海，然后以安车软轮征肃，始当显耳。”帝拊掌欢笑。

又曰：大皇帝潜军于皖口，命陆逊为大都督，假钺。大皇帝亲执鞭以见之。

虞溥《江表传》曰：孙权攻合肥不能下，彻军将退兵。已上道，弘与吕蒙、蒋钦、陵统等在后张幔饮食毕，垂当发。魏将张辽帅六七千人奄至，围遮数重。权乘骏马上津桥，南已见彻丈余无板。谷利附在马后，使持鞍缓鞚，利于后着鞭以助马势，遂得超度。

王隐《晋书》曰：上党鲍瑗家多丧病，贫苦。淳于叔平曰：“君舍东北有桑树。径至市，入门数十步，当有一人持新马鞭，便就买还，以悬北桑树，三年当暴得财也。”瑗遂承其言，诣市，果得马鞭，悬之正三年，浚井得钱数十万，铜铁杂器复可二十余万。于是，家业用展，病者亦愈。

干宝《晋记》曰：晋永嘉初，有神见衮州甄城民家，免奴为主簿，自号为樊道基。有妪号成夫人。欲迎致，使载车行，当得此免奴主簿从行为译，以宣所宜。汝南梅迹字仲真，去郢来经衮州，闻其然，因结羊世茂、阮士公诸宾往观之。成夫人便遣主簿出当与贵客语，主簿死不肯避，成夫人因大嗔，索士公马鞭，脱主簿鞭之。

何法盛《晋中兴书》曰：祖逖与刘琨中夜而坐，相谓曰："若四海鼎沸，豪杰并起，吾与足下相避于中原。"后琨与亲旧书曰："吾枕戈待旦，志枭逆虏，常恐祖生先人着鞭耳。"

沈约《宋书》曰：胡藩字道序。义旗起，桓玄战败，将出奔，藩于南掖门捉玄马鞚曰："今羽林射手犹有八百，皆是义故西人，一旦舍此欲归，可复得乎？"玄直以马鞭指天而已，于是奔散。

萧方等《三十国春秋》曰：石勒遣石虎率精骑五千掩李矩营。生执矩外甥郭谓之弟元教。元作书与谓说云："去年东平曹嶷，西宾猗卢，矩如牛角，何不归命？"勒与谓书："饷麈尾马鞭说宾礼，贤弟想同断金，往物为信。"矩所领将士并欲归勒。矩知众之去已，乃率众来归。

又曰：城都王颖诛黄门孟玖。于是，东海王越、高密王简皆惧，奔国，琅邪王睿又将出焉。而微禁甚密，颍又先下诸津，禁止诸贵人王至河阳，乃见构焉？宋典后至，以鞭拂之曰："舍长官，禁贵人，而尔见止耶？"因大笑之。吏乃放遣，因得奔国。

崔鸿《前秦录》曰：苻坚起教武堂于渭城，命太学生明阴阳兵法教为将士。朱肜谏曰："虎将之士受教学生，强干之术，乃弱本之方。夫养将之法，譬之养马，秣以高枥，习以战驭。长鞭策后，金勒制前，折旋规矩，任知进退。"

又曰：符坚引群臣议代晋。太子左率右越曰："今岁镇守斗，福德在吴，弗可犯。且国有长江之险，朝无昏政之臣，愿保境养民，伺其虚隙。"坚曰："武王伐纣，逆岁犯星。夫差威陵上国，为勾践所灭。虽有长江，其能固乎？吾之众投鞭于江，足断其流。吾当内断其心矣。"

又曰：符坚时，关中谣曰："长鞘马鞭击左股，太岁南行当避虏。"秦呼鲜卑为白虏。慕容垂起关东，岁在癸未。

崔鸿《后梁录》曰：咸宁二年，盗发张骏墓，得珠帘、琉璃、珊瑚马鞭。

乐资《春秋后传》曰：鲁仲连曰："齐闵王将之鲁，夷维子为执鞭而从之。"

袁希之《汉表传》曰：费祎领汉节，诱纳降附越嶲太守。张嶷牋诫祎曰："昔岑彭率师，来歙杖节，咸皆见害刺客，不镇重也。今明公位尊权重，宜览前事。"后岁首，祎持节行酒，郭循以马鞭中小刀刺祎，祎数日薨。

《魏百官名》曰：驼马鞭二枚。

《异苑》曰：长山张舒，以元嘉九年二月二十四日奄见一人，着朱衣，平上帻，手捉青柄马鞭，云："汝何可教，便随我去。"见素丝绳系长梯来下。舒上梯。仍造大城。绮堂洞室。地如黄金。有一人。长大。不巾帻独坐绛纱帐中。语舒曰："主者误取汝。赐汝秘术占卜。勿贪钱贿。"舒亦不觉受时。

刘义庆《幽明录》曰：馀杭人沈纵，家素贫。与父同入山，还，未至家，见一人左右导从四百许，前车辎重马鞭，夹道卤簿如二千石。遥见纵父子，便唤住，就纵手中燃火。纵因问是何贵人，答曰："是斗山王在馀杭南。"纵知是神，叩头云："愿见祐助。"后入山得一王犹，从此如意。

又曰：桓玄既肆无君之心，使御史害太傅道子于安城。玄在南州坐，忽见一平上帻人持马鞭通云："蒋侯来。"玄惊愕然。便见阶下奴子御幰车，见一士在夫自云是蒋子文。"君何以害太傅？与为伯仲。"顾视之间，便不复见。

又曰：广陵韩暑，字兴彦。陈敏反时，与敏弟恢战于寻阳，还营下马，觉鞭重，见有绿锦囊中有短卷书，着鞘皆不知所从来。开视之，故谷纸佛神咒经。

《谢氏鬼神列传》曰：下邳陈超为鬼君弼所逐，改名何规，从馀杭步道还家求福，绝不敢出入五年。后意渐替懈，与亲旧临水戏。酒酣，共说往事，超云"不复畏此鬼也。"小俯首乃见鬼影在水中，超惊怖。时亦有乘马者，超借马骑之，下鞭奔驱。此鬼去超远近常如初。微闻鬼云："汝何规耶？急急就死。"

吴会《分地记》曰：六山者，勾践于此山铸铜。铜不铄，则埋之。上生马箠，勾践遣使者移于南社种之。饰治以为马箠，献于吴。

刘欣期《交州记》曰：兕出九德，有一角，角长二尺余，形如马鞭柄。

阚骃《十三州志》曰：山桑县人俗贪伪，好持马鞭行邑，故语曰："沛国龙亢至山桑，诈托旅使若奔丧，道遇寇抄失资粮。"

《太公阴谋》曰：武王曰："吾欲造起居之诫，随之以身，箠书曰马不可极，民不可剧。马极则蹶，民剧则败。"

《庄子》曰：庄子使楚，见髑髅髐然，司马彪曰：髐曰骨貌。檄以马箠而问之曰："夫子贪生理而为此乎？将有亡国之事、斧钺之诛乎？"语卒，援髑髅枕而寝。

又曰：马蹄可以践霜雪，毛可以御风寒，龁草饮水，翘足而陆，此马之真性也。及至伯乐曰："我善治之，烧剔之、刻之，雒之，连之以羁羁，编之以皂栈，马之死者十二三矣。饥之、渴之、驰之、骤之、齐之，前有橛饰之患，后有鞭策之威，而马之死者已过半矣。"

《淮南子》曰：昔者王良造父御也，投足调均，劳逸若一。安劳乐进，驰骛若灭。左右若鞭，周旋若环。世皆以为巧，然末见其贵也。。若夫钳具，太丙之御也。除辔舍衔，去鞭弃策，军车莫动而自举，马莫使而自走。

又曰：大丈夫恬然无思，淡然无虑。以天为盖，以地为舆。四时为马，阴阳为骖。电以为鞭策，雷以为车轮。

《盐铁论》曰：无鞭策，虽造父不能以调四马。无势位，虽舜禹不能以治万民。

又曰：秦摄利衔以御宇内，执修箠以笞八极。

杜夷《幽求》曰：召渴者以临河，不待鞭策而自至。

《说苑》曰：默无过言，悫无过事。木马不能行，亦不费食；骐骥日驰千里，鞭棰不去其背。

杨伟《时务论》曰：辔策鞈挚之具设，虽刚怒、粗戾、蹄啮之马，若足枸靽挚，口衔辔勒，箠策必至，则蹑蹻循轨。蹻，驰录切。

《世说》曰：王敦在姑熟。晋帝出看敦营，敦觉，追帝。帝以金马鞭与客舍姥莫补切，姥以水浇马屎。令追者问姥，姥云："去已久矣。"追者乃止也。

又曰：王澄字平子，从荆州下过王敦，敦谋欲害之。而平子左右二十八人，悉捉铁马鞭为卫，敦不敢近。

《梦书》曰：鞭箠为所使，有敕趋也。梦得鞭箠，欲有使也。持以鞭马，使朋友也。鞭使马疾，服诺喜也。

曹植《九咏》曰：乘逸响兮执电鞭，忽而往兮恍而旋。

曹植《陌上桑》曰：望云际，有真人。安得轻举继清尘。执电鞭，骋飞麟。

张华《轻薄篇》曰：文轩树羽盖，乘马佩玉珂。横簪列瑁瑇，长鞭施象牙。

扬雄《河东赋》曰：奋电鞭，骖雷辎。鸣洪钟，建五旗。

魏文帝《临涡赋》曰：建安十八年，终谯，余兄弟从上拜坟墓，遂乘马游观，经东园，遵涡水，相佯乎高树之下，乃驻马书鞭为涡赋。

傅玄《良马赋》曰：鞭不得摇，手不及动。忽然增逝，肉飞骨踊。

傅玄《驰射马赋》曰：佷如革，戾如胶。鞭裁向腹，奋尾跳尻。

曹植表曰：愿得策马执鞭，首当尘路。撮风后之奇，接吴孙之要。追慕卜商，起予左右。

李尤《马箠铭》曰：御者箠策，示有威怒。东野之败，督责过度。

温峤《与陶公书》曰：奉惠赤角一具及鞉鼓马鞭。鼓角既周军用，马鞭服以周旋。玩之于手，与之偕老也。偃武之日，乃当藏之箧笥耳。

谢艾《密令与杨初》曰：今遣舍人孔章，特口谕要密，将军可差腹心人旨致珊瑚马勒香璎于盈切一具遗王擢。王擢狐疑于将军父子，事得施矣。

袁宏《与范曾书》曰：四海鼎沸，天辔将移。杖策以晨征，登重嵊以吐奇。指六合以倒戈，望昆仑而举麾。

枊

鱼豢《魏略》曰：献帝露布益州曰："马系枊而不暇解，贯胄延颈，以待白刃。"枊，五刚切。又五浪切。

《蜀志》曰：灵帝末，先主从校尉邹靖讨贼有功，除安喜尉。督邮以公事到县，先主求谒，不通，乃直入傅缚督邮，杖二百，解绶系其颈，着马枊，弃官亡命。

常璩《华阳国志》曰：建宁郡同濑县、存马县雍闿反时，结垒于县山系马，马枊柱生成林。今夷言无梁林。无梁，夷言马也。

萧子云《晋史草》曰：姚略时有贺僧者，不知何人，自云游历五郡，时人号为贺五郡。斋戒奉道，为百姓说吉凶。略死泓立，僧谓泓曰："宜洁扫一马厩，开屋设大枊，有异马，其大非常，自远来，天所送矣。"

《赵书》曰：徐光字秀武，顿丘人。父以牛医为业。光年十四五，为将军王阳秣马。光但书马枊屋柱，为诗颂，不亲马事。

《异苑》曰：丹阳甘卓字季思。照镜无头，乃见在马枊。

荀氏《灵鬼志》曰：泰元中，有道人从外国来，多有术法。自说所受术师，曰："衣非沙门也。"尝行见一人担上有小笼子，可受斗余，语担人云："吾步疲极，欲暂寄居君担上。"人甚怪之，虑是狂人。便语"君欲何许自居耶？"答云："君若见许，正欲入君此笼子中。"担人愈怪其奇。"君能入笼中，便是神人也。"即入笼中，笼亦不更大，担亦不觉重。至国中，一家大富而性悭惜，不行仁义。语担人："吾试为君破奴悭囊。"即至其家，有一快马甚惜之。在枊下系，忽失去，寻求不知处。明日见马在五斗罂中，终不可破取，不知何方得取之。便往语，言："君作百人厨食，周饷穷困者，马当得出耳。"主人即狼狈作之。既毕，马还在柱。

《淮南万毕术》曰：马枊生腐芽者，取马枊生茅，可以为药，食煞凫矣。

太平御览卷第三百六十　人事部一

叙人

《释名》曰：人，仁也，生物也。

《易下系》曰：天地絪緼，万物化醇，男女构精，万物化生。醇，厚也。

又《叙卦》曰：有天地然后有万物，有万物然后有男女，有男女然后有夫妇。

又《说卦》曰：立人之道曰仁与义。

《尚书·泰誓》曰：唯天地，万物父母；唯人，万物之灵。

《礼记·礼运》曰：何谓人情？喜怒哀惧爱恶欲，七者弗学而能。何谓人义？父慈，子孝，兄良，弟悌，夫义，妇听，长惠，幼顺，君仁，臣忠，十者谓之人义。讲信修睦，谓之人利。争夺相杀，谓之人患。故圣人所以治人七情，修十义，讲信修睦，尚辞让，去争夺，舍礼何以治之？

又曰：饮食男女，人之大欲存焉。死亡贫苦，人之大恶存焉。故欲恶者，心之大端也。人藏其心，不可测度也。美恶皆在其心，不见其色也。欲一以穷之，舍礼何以哉？故人者，其天地之德、阴阳之交、鬼神之会、五行之秀气也。故人者，天地之心也，五行之端也，食味、别声、被色而生者也。此言兼气性之效也。

又《乐记》曰：人生而静，天之性也。感于物而动，性之欲也。物至知知，然后好恶形焉。

《左传·昭七年》：郑子产曰："人生始化曰魄，魄，形也。既生魄，阳曰魂。阳，神气也。用物精多，则魂魄强。物，权势。是以有精爽，至于神明。爽，明也。"

《春秋元命苞》曰：五气之精，交聚相加，以迎阳道，人致和。五气，五行之气。

又曰：阴阳之性以一起，人副天道，故生一子。

又曰：天人同度，正法相授，天垂文象，人行其事，谓之教。教之为言效也。上为下效，道之始也。

又曰：仁者情志好生爱人，故其为仁以人，其立字二人为仁。

又曰：圣人一其德智者循其辙，长生久视，一其德，言尽得其帝之精气也。循其辙，言不违其帝所尚也。知是，则皆得长生；久视言所行当天也。不以命制，则愚者悖慢，知者无所施其术。残物逆道天不杀，故立三命以垂策，所以尊天，一节三者，法三道之术。不以命制愚慢之人，则贤知道术不得施行，势相反。命者，天之令也，所受于帝。行正不过得寿命，寿命，正命也。起九九八十一。帝，天帝也。八十一，阳气相乘之极。有随命，随命者，随行为命也。《援神契》曰：随者逆天道常善之行，则随其暴虐行以教之。有遭命，遭命者，行正不误，逢世残贼，君上逆乱，辜咎下流，灾谴并发，阴阳散忤，暴气雷至，灭曰动地，夭绝人命，纱鹿袭邑是也。忤，错也。袭，犹沦也。河水沦沙，鹿之邑，溺杀人也。

《春秋孔演图》曰：正气为帝，间气为臣，宫商为姓，秀气为人。正气，谓若木人则得苍龙之形灵，威仰之气火，人得朱鸟之形赤嫖怒之气。以生之比也，间气则不苞一行，各受一星以生。若萧何感昴精，樊哙感狼精，周勃感冗精者也。

又《春秋繁露》曰：唯人独偶天地，人有三百六十节，偶天之数。形体骨肉，偶地之厚，上有耳目聪明，日月之象也。体有空窍理脉，川谷之象也。心有哀乐喜怒，神气之类。故小节三百六十六，副日数也。大节十二分，副月数也。内有五藏，副行数也。外有四肢，副时数也。乍视乍瞑，副昼夜也。乍柔乍刚，副冬夏也。乍哀乍乐，副阴阳也。

《乐动声仪》曰：中元者，人气也。气以定万物，通于四时者也。

《尔雅》曰：太平之人仁，东至日所出为太平。丹穴之人智，距齐州以南戴日为太穴。太蒙之人信，西至日所入为太蒙。崆峒之人武。

《孝经》曰：天地之性人为贵，人之行莫大于孝。

《家语》曰：鲁哀公问于孔子曰："人之命与性，何谓也？"孔子对曰："分于道谓之命，始得为人也。故下句曰：命者，性之始也。形于一谓之性，人各受阴阳刚柔之性，故形于一。化于阴阳、象形而发谓之生，化穷数尽谓之死。故命者性之始也，死者生之终也。有始则必有终矣。人始生而不具者有五焉：目无见，不能食，不能行，不能言，不能化。及生三月而微煦，煦，晴转也。然后有见；八月生齿，然后能食；期而生膑，然后能行；三年囟合，然后能言；十有六而精通，然后能化。阴穷反阳，故阴以阳变；阳穷反阴，故阳以阴化。是以男子八月生齿，八岁而龀，十有六而化。女子七月生齿，七岁而龀，十有四而化。一阴一阳，奇偶相配，阳数奇，阴数偶。然后道合化成，性命之端形于此也。

又曰：坚土之人刚，弱土之人柔，墟土之人大，沙土之人细，息土之人美，秏土之人丑。秏，耗字也。息土细致，秏土粗疏者也。倮虫三百六十，而人为之长。

又曰：孔子游太山，见荣启期鹿裘带索，鼓琴而歌，孔子问曰："先生所以为乐者何也？"对曰："吾乐甚多：天生万物唯人为贵，而吾得为人，是以一乐；男尊女卑，吾得为男，是二乐；人生有不见日月、不免襁褓者，吾已行年九十，是三乐也。贫者士之常，死者人之终，处常得终，当何忧哉！"

又曰：人有五仪：有庸人，有士人，有君子，有贤人，有圣人。审此五者则理道毕矣。

《汉书》曰：司马迁曰："凡人所以生者，神也；所托者，形也。神大用则竭，形大劳则弊，神离则死。死者不可复生，离者不可复返，故圣人重之。

《鬻子》曰：天地辟，万物生，人为正焉。人化而为善，禽兽化而为恶，人而不善者，谓之禽兽。

《老子》曰：人法地，地法天，天法道，道法自然。

《文子》曰：人之情欲平，嗜欲乱之。精气为人，人受天地变化而生，一月而膏，初形骸如膏脂。二月而脉，渐生筋脉。三月而胚，胚胞三月。四月而胎，如水中蟆之胎。五月而筋，气积而成筋。六月成骨，血化肉，肉化脂，脂化骨。七月成形，四肢九窍成。八月而动，动作。九月而躁，动数如前十月而生。形骸乃成，五藏乃形。

又曰：昔者中黄子曰："天有五行，地有五方，声有五音，物有五味，色有五章，人有五伍。五伍二十五，故天地之间有二十五等人。上伍有神人、真人、道人、至人、圣人，次伍有德人、贤人、智人、善人、辩人，中伍有公人、忠人、商人、平人、直人，下伍有众人、奴人、愚人、视肉人、小人。上伍之与下伍，犹人之与牛马也。

又曰：智出于万人者谓之俊，百人者谓之杰，十人者谓之豪。

《列子》曰：戴发含齿，倚而趋，谓之人。

《管子》曰：人，水也。男妇精合而水流形。二月而咀，咀者，五味也。五味是五藏：酸生脾，咸生肺，辛生肾，苦生肝，甘生心。藏已具而后生五肉：脾生髓，肝生骨，肾生筋，肺生革，心生肉。肉已具然后生九窍：脾为鼻，肝为目，肾为耳，肺为口，心为下窍。五月而成，十月而生。

《淮南子》曰：古未有天地之时，唯象无形，窈窈冥冥，鸿洞莫知。其间有二神经营天地，二神，阴阳之神也。于是乃别阴阳，离为八极，刚柔相成，万物乃形。烦气为虫，精气为人。是故精神，天之有也；骨骸，地之有也。精神入其门而骸反其根。

又曰：言无常是，行无常宜者，小人也；察于一事，通于技者，中人也；若覆而并有之，技能而裁使之者，圣人也。裁，制也，度其技能而裁制使也。

又曰：故头之圆也象天，足之方也象地。天有四时、五行、九解、三百六十六日，人亦有四肢、五藏、九窍、三百六十骨节。天有风雨寒暑，人亦有取与喜怒。故胆为云，脾为风，肾为雨，肝为雷，以与天地相参也；而心为之主，是故耳目者，日月也。

《公孙尼子》曰：人有三百六十节，当天之数也。形体有骨肉，当地之厚也。有九窍脉理，当川谷也。血气者，风雨也。

《白虎通》曰：男女者何谓？男者任也，任功业也；女者如也，如从人也。

《风俗通》曰：天地初开未有人，女娲摶黄土为人，力不暇，乃引絙于泥中以为人。富贵，黄土人也；贫贱凡庸，絙人也。

《人物志》曰：夫精欲深微，质欲懿重，志欲弘大，心欲谦小。精微，所以入神妙也；粗则失神。懿重，所以崇德宇也；躁则失身。志大，所以堪任物也；小则不胜。小心，所以慎咎悔也。大则骄陵。由此论之，小心而志大者，豪杰之俊也；心大而志小者，傲荡之类也；心小而志小者，拘懦之人也。

《任子》曰：木气人勇，金气人刚，火气人强而躁，土气人智而宽，水气人急而贼。

《傅子》曰：人之性如水焉，置之圆则圆，置之方则方，澄之则淳而清，动之则流而浊。

孕

《易·渐卦》曰：鸿渐于陆，夫征不复，妇孕不育，凶。王弼注曰：夫妇邪丑则非夫而孕，故不育。

《尚书·泰誓》曰：商王受焚炙忠良，刳剔孕妇。

《左传·僖中》曰：晋惠公之在梁也，梁伯妻之。梁嬴孕，过期，卜招父与其子卜之。其子曰："将生一男一女。"招曰："然。男为人臣，女为人妾。"故名男曰圉，女曰妾。及子圉西质，妾为宦女焉。

《大戴礼》曰：周后任成王于身，立而不跂，坐而不差，独处不倨，虽怒不詈，胎教之谓也。书之玉版，藏之金匮，置之宗庙，为后世戒。

《史记》曰：后稷名弃，母有邰氏女，曰姜嫄，为帝喾元妃。出野见巨人迹，心说，顾之，乃践之，身动如孕者，居期而生后稷。

又曰：秦之先，帝颛之苗孙曰女脩。玄鸟陨卵，脩取吞之，有孕，生子大业。

又曰：昔夏氏之将衰也，有二龙止于夏庭。龙亡漦在，椟而藏之。至周厉王，发而观之，漦化为玄龟，入王后宫，宫妾未龀而遭之，既笄而孕，无夫而生子，惧而弃之，即褒姒也。

《汉书》曰：张仓妻妾百数，尝孕者不复幸。

又曰：钩弋夫人怀昭帝，十四月乃生，上以尧十四月而生，今钩弋亦然，乃命门曰尧母门。

又曰：初，王禁妻李亲任政君在身，梦月入其怀。

范晔《后汉书》曰：鲜卑檀名槐者，其父投鹿侯。初从匈奴军，三年，其妻在家生子，投鹿侯怪，欲杀之。妻言会行闻雷震，仰天视而雹入口，因吞，遂任身，十月而产子。

又曰：灵帝王美人妊娠，畏何后，乃服药欲除之，而胎安坚，终自不动。又梦见负日而行，四年乃生皇子协，后遂鸩杀美人。帝大怒，欲废后，诸宦官固请，得止。董太后自养协，号董侯。

《东观汉记》曰：张奂为武威太守，其妻怀孕，梦见带奂印绶，登楼而歌。乃讯之于占者，曰："必生男，复临兹邦，命终此楼。"既而生猛，以建安中为武威太守，杀刺史，邯郸商州兵围之急，猛耻见擒，乃登楼自焚而死。

《魏略》曰：昔北方有高离国者，其王侍婢有身，王欲杀之。婢云："有气如鸡子来下，我故有身。"后生子，王捐之于溷中，猪以喙嘘之，徙于马阑中，马以气嘘之。王疑以为天生，乃令其母收畜之，名之曰东明。帝令牧马。东明善射，王恐夺其国，欲杀之。东明走，至淹水，以弓击水，鱼鳖浮为桥，东明因得渡。鱼鳖散，追兵不得渡。东明因都王夫馀之地也。

又曰：黄牛羌种孕身六月生。

《吴录》曰：武烈皇帝姓孙，名坚，字文台。母有身，梦肠绕吴阊门。

又曰：长沙桓王，名策，字伯符，武烈长子。母吴氏有身，梦月入怀。

《晋书》曰：贾后酷，以戟擿诸宫人，孕子皆随刃以死。

《晋阳秋》曰：初，太宗诸子继夭，诸姬绝孕，令扈谦卜，繇云："后房当有女诞三男一女，终大盛。"于是尽出后宫及诸婢，悉见之。织纺中有一人色黑，宫人谓之昆仑，相者惊曰："此是也。"帝以大计，幸之，生烈宗。

车频《秦书》曰：苻坚母苟氏，浴漳水，经西门豹祠。归，夜梦若有龙蛇感己，遂怀孕而生坚。

《三国典略》曰：周太祖宇文泰之母曰王氏，初孕五月，夜梦抱子升天，才不至而止。寤以告德皇帝，皇帝喜曰："虽不至天，贵亦极矣。"

《列子》曰：思士不妻而感，思女不夫而孕，后稷生乎巨迹，伊尹生乎空桑。

《庄子》曰：舜之治天下，使民心竞民，孕妇十月而生子，子生五月而能言，教之速。不至乎孩而始谁，谁者，别人之意。未孩已择人言，竞教速成。则始又有夭矣。

《吕氏春秋》曰：有侁氏女子采桑，得婴儿于空桑之中，献之其君，察其所以然，曰："其母居伊水之上，孕，梦有神告之曰：臼出水而东走，毋顾。明日，视臼出水，告其邻，东走十里，而顾其邑尽为水，身因化为空桑。"伊尹母化也。

《淮南子》曰：孕妇见兔，其子缺唇；见麋而子必四目。

《帝王世纪》曰：庖牺氏，风姓也，母曰华胥。燧人之代，有大迹出雷泽，胥履之，生庖牺。

又曰：帝尧陶唐氏，祁姓也，母曰庆都，孕十四月而生尧于丹陵，名曰放勋。

《遁甲开山图》荣氏解曰：女狄暮汲于石纽山下大祠前，水中得月精如鸡子，爱而含之，不觉而吞，遂有身，十四月而生夏禹。

《括地图》曰：大人国，其民孕三十六年而生儿，生儿长大能乘云，盖龙类，去会稽四万六千里。

《外国图》曰："方丘之上暑湿，生男子三年而死，其潢水，妇人入浴，出则乳矣。是去九疑二万四千里。"

《列女传》曰：简狄者，帝喾之次妃也，妃有娀氏之女，与姊妹浴于玄丘水之上，有玄鸟衔卵而坠，五色甚好，相与竞取之。简狄得而吞之，有孕，遂生契先结切。

又曰：大任者，文王之母，性专一。及其有身，目不视恶色，耳不听恶声，口不出恶言，以胎教也。

《会稽先贤传》曰：吴侍中阚泽，字德润，在母胞八月，叱声震外。

《蜀郡记》曰：诸山夷獠子任七月生，生时必临水，儿出便投水中，浮则取养，沉乃弃之。

《华佗别传》曰：甘陵相夫人有胎六月，腹痛十余月，大极，请佗视脉。佗曰："有两胎，一已死。"便手摸其胎，在左男也，在右女也，右死。即为汤，下之便愈。

《洞冥记》曰：东方朔母田氏寡居，梦太白星临其上，因有娠。田氏叹曰："无夫而娠，人将弃我。"乃移向代都东方里为居，五月旦生朔，因以所居里为氏，朔为名。

《博物志》：徐君宫人有娠而生卵，以为不祥，弃于水滨。独孤母有犬名鹄仓，猎于水滨，得所弃卵，衔以来归。独母以为异，乃覆燸之，遂成儿，儿生而偃，故以为名。徐君宫中闻之，乃更录取。长而仁智，袭君徐国。后鹄仓临死生角而九尾，实黄龙也，偃王葬之徐界中，今见有狗垄。

又曰：妇人妊娠，不欲见丑恶物、异鸟兽，食亦当避异常味。欲见熊、虎、豹、射御，食牛心、白犬肉、鲤鱼头。正席而坐。割不正不食。听诵诗书讽咏之声，不听淫声，不视邪色。以此产子，子贤明、端正、寿考，所谓胎教之法。

《异苑》曰：瞽瞍生舜，徵在生孔子，其有胎教也哉？妇人妊娠未满三月，着婿冠衣，平旦左绕井三匝，映井水，许见影而去，勿返顾，勿令婿见，必生男。

又曰：魏兴李宣妻樊氏，义熙中怀任，过其不孕，而额上有创，儿穿之以出，长为将，今犹存，名胡儿。

又曰：太原温盘石母，怀身三年然后生，堕地便坐而笑，发覆面，牙齿皆具。

《续搜神记》曰：袁真在豫州，遣妓女纪陵送阿薛、阿郭、阿马三妓与桓宣武。至经时，三人半夜共出庭前观望，忽见一流星夜从天直堕盆水中，冏然明净。薛、郭二人更以瓢酌水，皆不得。阿马最后取，星正入瓢中，便饮之，即觉有娠，遂生桓南郡。

《幽明录》曰：谯郡胡馥之娶妇李氏，十余年无子，而妇卒，哭恸云："竟无遗体遂丧，此酷何深？"妇忽然起坐曰："感君藏悼，我不即朽，君可瞑后见就，依平生时阴阳，当为君生一男。"语毕还卧。馥之如言，不取灯烛，暗而就之。交接后叹曰："亡人亦无生理，可别作屋见置，瞻视满十月然后殡。"尔来觉妇身微暖，如未亡。既及十月，果生一男，男名灵产。

《论衡》曰：后稷之母衣帝喾之服，坐息帝喾处而任身。

又曰：传言黄帝任二十月而生，生而神灵，弱而能言。

《语林》曰：张衡之初死，蔡邕母始孕。此二人才貌相类，时人云邕是衡之后身。

太平御览卷第三百六十一　人事部二

产

《毛诗·鸿雁·斯干》曰：乃生男子，载寝之床，载衣之裳，载弄之璋。乃生女子，载寝之地，载衣之裼，载弄之瓦。

又《生民》曰：厥初生民，时维姜嫄。诞弥厥月，先生如达。后稷之在其母终人道，十月而生，生如达之生，言易也。不坼不副，无灾无害。言易也。凡人在母母则病，生则折副，灾害其母，横逆人道。以赫厥灵，上帝不宁。不康禋祀，居然生子。

《礼记·内则》曰：妻将生子，及月辰，居侧室。侧室谓夹之室，次燕寝也。夫使人日再问之。至生子，夫复使人日再问之。子生，男子设弧于门左，女子设帨于门右。弧者，有事于武者也；帨者，妇人之佩巾。三日始负子，男射女否。国君世子生，告于君。接以太牢。三日，卜士负之，射人以桑弧蓬矢六，射天地四方。

《左传·隐公元年》曰：初，郑武公娶于申，曰武姜，生庄公及共叔段。庄公寤生，惊姜氏，故名寤生。

又《襄五年》曰：初，宋芮司徒生女子赤而毛，弃诸堤下。共姬之妾取以入，名之曰弃，长而美。

又《昭二十八年》曰：叔向娶申公巫臣氏，生伯石。伯石始生，子容之母走谒诸姑，子容母，叔向嫂，伯华妻也。曰："长叔姒生男。"姑视之，及堂，闻其声而还，曰："是豺狼之声也。狼子野心，非是，莫丧羊舌氏矣。"遂弗视。

又《昭二十九年》曰：公衍、公为之生也，其母偕出。出之三日产舍。公衍先生。公为之母曰："相与偕出，请相与偕告。"留公衍母使待己共白公。三日，公为生，其母先以告，公为为兄。公私喜于阳谷而思于鲁，曰："务人为此祸也。务人，公为也。始于公若谋逐季氏。且后生而为兄，其诬也久矣。”乃黜之，而以公衍为太子。

《家语》曰：子夏问曰：“商闻《易》之生人及万物，鸟兽昆虫各有奇偶，气分不同，而凡人莫知其情，唯达道德者能原其本焉。天一、地二、人三，三三为九，九九八十一，一主日，日数十，故人十月而生。八九七十二，偶以承奇，奇主辰，辰为月，月主马，故马十二月而生。七九六十三，三主斗，斗主狗，故狗三月而生。六九五十四，四主时，时主豕，故豕四月而生。五九四十五，五为音，音主猿，故猿五月而生。四九三十六，六主律，律主鹿，故鹿六月而生。三九二十七，七主星，星主虎，故虎七月而生。二九一十八，八主风，风主虫，故虫八月而化。其余各从其类矣。鸟鱼生于阴而属於阳，故皆卵生。龁吞者八窍而卵生，龃嚼者九窍而胎生。昼生者类父，夜生者类母。敢问其皆然乎？”孔子曰：“然。吾闻诸老聃，亦如子之言也。”

《史记·楚世家》曰：吴回生陆终，陆终生六子，拆副而生焉。

又曰：田婴有子四十余人，其贱妾有子名文，以五月生。婴告其母：“勿举也。”其母窃举生之。及长，因其兄弟而见其子文于田婴。婴怒其母曰：“吾令若去此子，而敢生之，何也？”文顿首，因曰：“君所不举五月子者何故？”婴曰：“五月子者，长及户齐，将不利其父母。”文曰：“人生受命于天乎，受命于户耶？”婴默然。文曰：“必受命于天，君何忧焉？必受命于户，则可高其户耳。”

《汉书》曰：高祖七年春，令民产子复勿事二岁。勿事，不使役也。

又曰：卢绾与高祖同里，绾亲与高祖太上皇相爱，及生男，高祖、绾同日生，里中持羊酒贺两家。及高祖、绾壮学书，又相爱也。

又曰：武帝征伐四夷，重赋于民，民产子三岁则出口分钱，至于生子辄杀。元帝议令民产子七岁乃出口分钱。

《东观汉记》曰：敬隐宋后以王莽末年生，遭世仓卒，其母不举，弃之南山下。时天寒，冬十一月，再宿不死。外家出，过于道南，闻有儿啼声，怜之，因往就视，有飞鸟纡翼覆之，沙石满其口，鼻能喘，心怪伟之，以有神灵，遂取而持归养，长至年十三岁，乃以归宋氏。

《后汉书》曰：窦武母产武，并产一蛇。

又曰：虞延初生，上有物，若一匹练，遂上升天，占者以为吉。

《魏志》曰：黄初六年三月，魏郡太守孔羡《表黎阳令程放书》言："掾汝南屈雍妻王以去年十月十二日，在草生男儿，从右腋生水腹下而出，其母自若，无他异痛，今疮已愈。母子安全无灾无害也。"

王隐《晋书》曰：齐王冏辅政，太安元年，有妇人诣大司马门寄产，吏驱之。妇人曰："我截齐便去耳。"言毕不见。识者闻而恶之，至二年谋反诛。

又曰：程咸，字延休，魏郡武安人也。其母夜梦白头公授之以药曰："服此当生贵子也。"生咸，好学有才，为锺毓主记。毓弟会问有可与语吏否，毓乃称咸。

孙盛《晋阳秋》曰：魏舒适主人妻产，俄闻车马之声，问曰："男女？"从者入，反曰："男也。"年十五以兵死。又问寝者谁，曰魏公舒。默然谢之。

干宝《晋纪》曰：愍帝建兴三年，抱罕伎人产一龙子，色似锦文，望之如见神光在床上，少有就视者。

《后魏书》曰：太祖道武皇帝讳圭，献明皇帝之子也，以建国三十四年七月七日生于参合陂北。明年，有榆生于理胞之坎，遂成林。

《前赵录》曰：刘渊字元海，父豹，母呼延，梦服日精，十三月而生渊。刘聪母曰张夫人，十五月生聪焉。

《三十国春秋》曰：前秦蒲洪父怀归，为部落小帅，其母姜氏因寤产洪，惊悸而寤。

又曰：后凉秃发乌孤七世祖寿阗之在孕也，母梦一老父被发左衽，乘白马，谓曰："尔夫虽西移，终当东返，至京，必生贵男，长为人主。"言终胎动而寤，后因寝生寿阗被中，因以秃发为号，寿阗为名。

《后赵书》曰：黎阳民妻产三男一女，勒赐乳母谷帛，以为休祥。

崔鸿《南燕录》曰：慕容德，皝少子，母公孙夫人，咸康中，昼寝生德，左右以告，方寤而起。既生，似郑庄公，曰："长必有大德。"遂以德为名。

《宋书》曰：王敬则母为女巫，常谓人云：“敬则生时，胞衣紫色，后应得鸣鼓角。”人笑之曰：“汝子得为人吹角，可矣。”

又曰：王镇恶之产也，当五月五日，家人欲弃之，其祖猛曰：“昔孟尝君如是而相齐，此儿必兴吾族。”因以镇恶为名。

又曰：范晔字蔚宗，母如厕产之，额为砖所伤，故以砖为小字。

《北齐书》曰：武明娄皇后，讳昭君，性宽厚，不妒忌。高祖率众将讨西寇，出师之夜，后孪生患切，双生子也。生一男一女。左右以危急请追告高祖，后弗听，曰：“王出统大兵，何得以我故轻离大军！”

《唐书》曰：幽州节度使刘济，怦之长子。初，母难产，既产，侍者初见是一大蛇，黑气勃勃，莫不惊走。及长，颇异常童。所居室焚，人皆惊救，济从容而出，众异之。累历牧宰。及怦为节度，济为行军司马。怦卒，军人习河朔旧事，请济代父为帅，朝廷从之。

《庄子》曰：厉之人夜半生其子也，遽取火而视之，汲汲然恐其似己也。

《吕氏春秋》曰：夏后孔甲佃于东阳萯山，大风晦，迷入民室，主人方乳。或曰：“后来是良日也，子必大吉”；或曰：“不胜，必有殃咎”。乃取归，曰：“为余子，谁敢殃之？”子成人，幕动析橑，音老。斧破斩其足，遂为守者。孔子曰：“呜呼！有命矣。”

《西京杂记》曰：王凤五月五日生，其父欲勿举，其母曰：“田文五月五日生，父婴敕其母勿举，母窃举之，后为孟尝君。以占事推之，非不祥。”遂举之。

又曰：霍将军妻产二子，疑所为兄弟，或曰前生为兄，后生为弟。今虽俱日，亦宜以先生者为兄。或曰居上者宜为兄，居下者宜为弟，居下者前生，今宜以前生为弟。时霍光闻之，曰：“昔殷王祖甲一产二子，曰嚣、曰良，以卯生嚣，以巳生良，则以嚣为兄，以良为弟。若以在上为兄，嚣亦当为弟矣。昔许釐公一产二女，曰娥、曰茂；楚大夫唐勒生二子，一男一女，男曰贞夫，女曰琼华，皆以先生者为长。近代郑昌、时文、长倩并一生二男，滕公一生二女，孝黎一生一男一女，并以前生者为长，霍氏亦以前生为兄焉。”

《玄中记》曰：朱梧县，其民服役，依海际居，产子以沙石自拥，不食米，止资鱼以为生气。

又曰：丈夫民，殷帝大戊使王英采药于西王母。至此绝粮，不能进，乃食木实，衣以木皮，终身无妻，产子二人，从背胁间出，其父则死，是为丈夫民，去玉门二万里。

《外国图》曰：长人国妖，六年乃生而白首，儿则长大，乘云而不还，龙类也。

崔玄山《濑乡记》曰：李母祠在老子祠北二里，祠门左有碑，文曰：“老子圣母李夫人碑”。老子者，道君也，始起乘白鹿下，托于李氏胞中，七十二年产于楚国淮阳苦县濑乡曲仁里。老子名耳，星精也，字伯阳，号曰聃。

《孔演图》曰：孔子母徵在游大泽之陂，睡梦黑帝使请，己巳往梦交，语曰：“汝乳必于空桑之中。”觉则若感，生丘于空桑中。

《广志》曰：獠民皆七月生。

《帝系》曰：陆终娶鬼方国君之妹，谓之女嬇，生六子，孕而不育。三年，启其母左胁三人出，右胁三人出。

《风俗通》曰：生三子不举。俗说生子至于三子，似六畜，言其妨父母，故不举之也。谨按春秋《国语》：“越王勾践令民生三子者与之乳母，生二子者与之饩。”三子，力不能独养，故与乳母。所以人民繁息，卒灭强吴，雪会稽之耻，行霸于中国者也。古陆终氏娶于鬼方，谓之女嬇，是生六子皆为诸侯。今人多生三子，悉成长，父母完安，岂有天所孕育而害其父母兄弟者哉？

又曰：不举寤生子。俗说儿堕地未能开目视者，谓之寤生，举寤生子妨父母。谨按《春秋左氏传》：“郑武公娶于申，曰武姜，生庄公及共叔段。庄公寤生，惊姜氏，因名寤生。”武公老终天年，姜氏亦然，安有妨其父母乎？

又曰：汝南周霸，字翁仲，为太尉掾。妇于乳舍生女，自毒无男。时屠妇比卧得男，因相与私货易，裨钱数万。后翁仲为北海相，吏周光能见鬼，署光为主簿，使还致敬于郡县，因告光曰："事讫，腊日与小儿俱上家，去家经十三年，不躬蒸尝。主簿微察，知相先君宁息，会同饮食，忻娱不已。往到于冢上，郎君沃酹，主簿俯伏在后。但见屠者弊衣鬗结，倨神坐，持刀割肉，有五时衣带青黑绶数人，彷徨阴堂东西厢，不敢来前。"光怪其故。还至，引见问之。乞屏左右。起造于膝前，白事状如此。翁仲曰："主簿出，勿言。"因持剑上堂，谓妪："汝何故杀吾子？"妪大怒曰："卿常言儿声气喜学，似我老公，欲死欲作狂语。"翁仲曰："祠祭如不具服，子母立截！"妪辞穷情竭，泣涕具陈其故。时子已年十八，呼与辞决曰："凡有子者，欲以承先祖，先祖不享血食，无可奈何。"自以衣裘僮仆车马送，迎取其女。女嫁为卖饼子妇，后适西平李文思，文思官至南阳太守。翁仲便养从弟子熙，为高邑令。

又曰：颍川有富室，兄弟同居，两妇数月皆怀妊。长妇胎伤，因闭匿之，产期至，同到乳母舍。弟妇生男，夜因盗取之，争讼三年，州郡不能决。丞相黄霸出坐殿前，令卒抱儿，取两妇各十步，叱妇曰："自往取之。"长妇抱持甚急，儿大啼叫；弟妇恐伤害之，因乃放与而止，甚怆怆。长妇甚喜。霸曰："此弟子也。"责问乃伏。

又曰：不举父同月子，俗云：妨父也。按《左传》，桓公之子与父同月生，因名子"同"。汉明帝亦与光武同月生。

《神仙传》曰：老子母怀之七十岁乃生，时割其左腋而生，生而白首，故谓之老子。

《列仙传》曰：木羽，钜鹿南祁乡人，贫，母王助产，尝探儿，儿生开眼，视母大笑，母乃惊怖。仍梦见大冠赤帻者守，见曰："此司命君也，当报汝，使汝子木羽得仙。"后生儿，字木羽，所探儿。年十五，夜有车马迎之，过呼："木羽，木羽，为我御来。"遂相随去。

《列异传》曰：华子鱼为诸生，尝宿人门外，生人妇夜主。有两吏来诣其门，便相向僻易，欲退。相谓曰："公在此。"因踟蹰良久，一吏曰:“籍当定,奈何得住?”乃前,向子鱼拜。相将入,出共语曰:“当与几岁?”一人曰:“当与三岁。”子鱼后故往视之,儿果年三岁已死。乃自喜曰:“我固当公。”后果为太尉。

《益部耆旧传》曰:哀牢夷者,其先有妇人名沙壹,居于牢山。尝捕鱼于水中,触沉木,若有感,因怀妊,十月产子,男十人。后沉木化而为龙出水,沙壹忽闻龙语曰:“若生我子,今悉何在?”九子见龙惊走,独小子不能走,背龙而坐,龙就而舐之。其母鸟语,谓背为九,谓坐为隆,因名小子曰九隆。及后长大,诸兄共推以为王。

《博物志》曰:蜀郡诸山夷,名曰獠子,妇人妊身七月,生时必须临水,儿生便置水中,浮即养之,沉便遂弃也。至长皆拔去其上齿,后狗牙各一,以为身饰。

《论衡》曰:黄帝二十月而生。

又曰:唐文伯,河东蒲坂人也。其生亦以夜半时,适生,有人从门呼其父名。父出应之,不见人,见一木杖植其门侧,好善异于众。其父持杖入门以示人,人占曰:“吉。”文伯位至广汉太守,以杖当得子之力矣。

谯周《法训》曰:一产二子者,当以后生者为兄,言其先胎也。答曰:“此野人之凿语耳。君子不测暗,安知胎之先后也?”

《傅子》曰:昔燕赵之间,有三男子共娶一女,生四子,后争讼。廷尉延寿奏云:“禽兽生子逐母,宜以四子还母,尸三男子于市。”

《世说》曰:胡广本姓黄,五月生,父母恶之,乃置之瓮,投于江湖。翁见瓮流下,闻有小儿啼声,往取,因长养之以为子,登三司,流中庸之号。广后不治其本亲服,云“我于本亲已为死人也”,世以此为深讥焉。

《搜神记》曰:陈仲举微时,尝宿黄申家,而申妇方产,有扣申门者,家人咸不知。久之,方闻屋里有言:“宾堂下有人,不可进。”扣门者相告曰:“今当从后门往。”其一人便往。有顷还,留者问之:“是何等?名为何?当与几岁?”往者曰:“男也,名为奴,当与十五岁。”“后应以何死？”答曰：“应以兵死。”仲举告其家曰：“吾能相，此儿当以兵死。”父母惊之，寸刃不使得执也。至年十五，有置凿于梁上者，其末出，奴以为木也，自下钩之，凿从梁落，陷脑而死。后仲举为豫章太守，故遣吏往饷之申家，并问奴所在。其家以此具告仲举，仲举叹此谓命矣。《幽明录》同。

《异苑》曰：魏郡徐逮，字君。及妇平昌孟氏生儿，头有一角一脚，头正仰向，通身尽赤，落地无声，乘虚而去。

又曰：丹阳县骆庆妇，生一男一虎一狸，狸、虎毛色斑黑，牙爪皆备，即杀之。儿经六日而死，母不异。

又曰：沛国武标之妻林氏，玄嘉中怀身得病而死。俗忌含胎入柩，柩中要须割出。妻乳母伤痛之，乃抚尸而咒曰：“若天道有灵，无令死被擘裂。”须臾，尸面赩然上色，于是呼婢共扶之。俄顷，儿堕而尸倒也。

《嵩高山记》曰：昔阳翟有妇人妊身，三十月乃生子，从母背上出。五岁便入北山学道，神明为母立祠，因号曰“开母祠”焉。

太平御览卷第三百六十二 人事部三

姓

《说文》曰：姓，人所生也。古之神圣人母感天而生子，故称天子。因生以从女、生，生亦声也。

《易类谋》曰：黄帝吹律以定姓。

《左传·隐八年》曰：无骇卒，羽父请谥与族。公问族于众仲。众仲对曰："天子建德，因生以赐姓，因其所由生以赐姓。谓若舜由沩汭，故谓陈为妫姓。胙之土而命之氏。诸侯以字诸侯位卑，不得赐姓，故其臣因氏其王父字。为谥，因以为族，官有世功，则有官族，邑亦如之。"公命以字为展氏。无骇，公子展之孙，故为展氏也。

又《襄二十四年》曰：穆叔如晋。范宣子逆之，问焉，曰："古人有言曰：死而不朽，何谓也？"穆叔未对。宣子曰："昔丐之祖，自虞以上，为陶唐氏，在夏为御龙氏，在商为豕韦氏，在周为唐、杜氏，晋主夏盟为范氏，其是之谓乎？"穆叔曰："以豹所闻，此之谓世禄，非不朽也。"

《史记》曰：太公望吕尚者，东海上人，其先祖尝为四岳，佐禹平水土，甚有功，虞夏之际封于吕，本姓姜氏，从其封姓，故曰吕尚。

《汉书》曰：夏侯婴为滕令，故号滕公。及曾孙颇尚主，主随外家姓，号孙公，故滕公子孙更为孙氏。

又曰：戍卒娄敬求见，说上曰："陛下取天下与周异，而都雒阳，不便，不如入关据秦之固。"上以问张良，良因劝上。是日车驾西都长安，拜娄敬为奉春君，赐姓刘氏。

又曰：灌夫，颍阴人也，父张孟，尝为颍阴侯。灌婴舍人因得幸进之，至二千石，故蒙灌氏姓为灌孟。师古曰：蒙，冒也。

又曰：卫青字仲卿，其父郑季，河东平阳人也，以县吏给事侯家。平阳侯曹寿，尚武帝姊阳信长公主。季与主家僮卫媪通，生青。青有同产兄卫长君及子夫，子夫自平阳公主家得幸武帝，故青冒姓卫氏。

《汉书》曰：京房字君明，东郡顿丘人也。房本姓李，推律自定为京氏。

《后汉书》曰：第五伦，字伯鱼，京兆人也。其先齐诸田，诸田徙园陵者多，故以次第为氏。

崔鸿《十六国春秋·夏录》曰：赫连勃勃下书："朕之皇祖自北迁幽朔姓改姒氏，音殊中国，故从母氏为刘子，而从母之姓非礼也，朕将以义易之。帝王者，系天为子，是为徽，实与天连，今改姓曰赫连氏，庶协皇天之意。其非正统皆以铁伐为氏，庶朕宗族子孙刚锐如铁，皆堪伐人。"

《三国典略》曰：周蔡佑，字承先，陈留圉人，齐安郡守袭之子也。有膂力，便骑射。太祖以其战功，赐姓大利稽氏。

《唐书》曰：康国，即汉康居之国也。其王姓温，月氏。先居张掖祁连山北昭武城，为突厥所破，南依葱岭，遂有其地。枝庶皆以昭武为姓，示不忘本也。

又曰：则天朝博州刺史琅邪王冲，据博州起兵。冲父豫州刺史越王贞又举兵于豫州，与相应。讨平之，改姓为虺氏。

又曰：尚可孤，东部鲜卑宇文之别种也，代居松漠之间。天宝末，归国隶安禄山，后事史思明。上玄中归顺，累授左右威卫二大将军。鱼朝恩之统禁军，爱其勇力，甚委遇之，俾为养子，奏改姓鱼氏。

又曰：李全略者，本姓王，名简，为镇州小将军，事王武俊。元和中，节度使王承宗殁，军情不安，自拔归朝，授代州刺史。及长庆初，镇州军乱，害田弘正，穆宗为之旰食，以简尝为将，召问其计。简遂极言利害，愿有以自效。明年，擢拜横海军节度使，赐姓李氏，名全略，以崇宠之。

《白虎通》曰：人所以有姓者何？所以崇恩爱、厚亲亲、远禽兽，别婚姻也。故纪世别类，使生相爱、死相哀，同姓不得相娶，皆为重人伦也。姓者生也，人禀天气所以生者也。《诗》云"天生蒸民"，

《尚书》曰“平章百姓”。姓所以有百者何？以为古者圣人吹律定姓，以记其族。人含五常而生，正声有五，宫、商、角、征、羽，转而相杂，五五二十五，转生四时，异气殊音悉备，故姓有百也。所以有氏者何？所以贵功德、下伎力，或氏其官，或氏其事，闻其氏即可知矣。所以勉人为善也。或氏王父字者何？所以别诸侯之后，为兴灭国、继绝世也。王者之子称王子，王者之孙称王孙，诸侯之子称公子，公子之子称公孙，公孙之子各以其王父字为氏。故《春秋》有“王子瑕”，《论语》有“王孙贾”，又有“卫公子”“荆公孙朝”。鲁有仲氏、孟氏、叔氏、季氏，楚有昭、屈、景氏，齐有高、国、崔、卢氏，以知其子孙也。王者之子亦称王子，兄弟立而皆封也。或曰王者之孙亦称王孙。《刑德放》曰：尧知命，表稷、契，赐姓于姬；皋陶典刑不表姓，言天任德远刑。禹姓姒，祖昌意，以薏苡生；殷姓子氏，祖以玄鸟子生也；周姓姬氏，祖以履大人迹生也。

《风俗通》曰：万类之中，唯人为贵。《春秋左氏传》：“官有世功，即有官族，邑亦如之。”《公羊》讥卫灭邢，《论语》贬昭公娶于吴，讳同姓也。盖姓有九，或氏于号，或氏于谥，或氏于爵，或氏于国，或氏于官，或氏于字，或氏于居，或氏于事，或氏于职。典号，唐虞夏殷也；以谥，戴武宣穆也；以爵，王公侯伯也；以国，曹鲁宋卫也；以官，司马、司徒、司寇、司空、司城也；以字，伯仲叔季也；以居，城郭园池也；以事，巫卜陶丘也；以职，三马、五鹿、青牛、白马也。

《三辅旧事》曰：尧母字庆都，配高辛氏而生尧，因主人伊长孺为姓，谓之伊。

《陈留风俗传》曰：侯氏氏侯爵。周微，官失其守，故以侯爵为姓。

又曰：秦之先曰伯翳，佐舜扰驯鸟兽，锡姓曰嬴氏，其后分封，以国为姓，有徐氏、郯氏、黄氏、江氏。

《文士传》曰：束皙字广微，疎广后也。王莽末，广曾孙孟造自东海避难归芜城，改姓去“疎”之“足”，为束氏。

《世说》曰：诸葛令恢与王丞相共争姓族前后。王曰：“何不言葛、王，而言王、葛？”诸葛曰：“譬言驴马，不言马驴，驴宁胜马耶？”

《论衡》曰：孔子推律，自知殷之苗也。

名

《礼记·曲礼上》曰：名子者不以国，不以日月，不以隐疾，不以山川。此在常语之中为后难讳也。《春秋传》曰：名，终将讳之。

又曰：二名不偏讳。孔子之母名徵在，言徵不称在，言在不称徵也。

又《曲礼下》曰：君子已孤不更名。重本也。

又《大传》曰：名者，人治之大也，可无慎乎！人治行以正人。

《左传·桓公二年》曰：初，晋穆侯之夫人姜氏以条之役生太子，命之曰仇。其弟以千亩之战生，命之曰成师。师服曰：“异哉，君之名子也！夫名以制义，义以出礼，礼以体政，政以正民。是以政成而民听，易则生乱。嘉耦曰妃，怨耦曰仇，古之命也。自古有此言也。今君命太子曰仇，弟曰成师，始兆乱矣，兄其替乎？”

又曰：子同生，以太子生之礼举之。公问名于申繻，对曰：“夫名有五：有信，有义，有象，有假，有类。以名生为信，若唐叔虞、鲁公子友。以德命为义，若文王名昌、武王名发也。以类命为象，若孔子首象尼丘山。取于物为假，若伯鱼生，人有馈之鱼，因名之曰鲤。取于父为类。若子同生有与父同者也。不以国，国君之子，不自以本国为名也。不以官，不以山川，不以隐疾，不以畜牲，不以器币。周人以讳事神，名，终将讳之。君父之名，固非臣子所斥，然礼既卒，器以木铎徇，曰舍故而讳新，谓舍亲尽之祖，而讳新死者。故以国则废名，以官则废职，以山川则废主，以畜牲则废祀，以器币则废礼。晋以僖侯废司徒，僖侯名司徒，废为中军也。宋以武公废司空，武公名司空，废为司城也。先君献、武废二山，二山，具、敖也。鲁献公名具，武公名敖。是以大物不可以命。”公曰：“是其生也，与吾同物，命之曰同。”物，类也，谓同日也。

又《闵公》曰：成季之将生也，桓公使卜楚丘之父卜之。曰：“男也，其名曰友。”及生，有文在其手曰“友”，遂以命之。遂以为名。

又《文下》曰：鄋瞞侵齐。鄋瞞，狄国名。遂伐我。公卜使叔孙得臣追之，吉。冬十月，败狄于咸，获长狄侨如。侨如，鄋瞞国之君。以命宣伯。得臣待事，而名其三。三子因名宣伯曰侨如，以旌其功也。

又《宣上》曰：楚斗伯比淫于䢵子之女，生子文，弃诸梦中，虎乳之。䢵子畋见之，使收之。楚人谓乳为谷，谓虎为於菟，故命曰斗谷於菟。

又《宣上》曰：郑文公有贱妾曰燕姞，梦天使与己兰，曰："予为伯儵。余，尔祖也，以是为而子。以兰有国香，人服媚之如是。"既而文公见之，与之兰而御之。辞曰："妾不才，幸而有子，将不信，敢征兰乎？"公曰："诺。"生穆公，名之曰兰。

又《定下》曰：鲁苫越生子，将待事而名之。阳州之役获焉，名之曰阳州。欲自比侨如。

《汉书》曰：司马相如，小名犬子。及长，慕蔺相如为人，更名相如。

《后汉书》曰：赵岐字台卿，生于御史台，因字台卿。

《东观汉记》曰：廉范为蜀郡守，令民不禁火，百姓皆喜，家得其愿，时生子皆以廉为名者千。

《魏志》曰：程昱本名立，梦登太山捧日，人或以梦告太祖。太祖曰："终为吾腹心。"遂上加日。

又曰：邓艾字士载，棘阳人。年十二，随母至颍川，读故太丘长陈实碑文"言为世范，行为士则"，艾遂自名范，字士则。后宗族有与同者，故改焉。

又曰：王昶字文舒，太原人。其为兄子及子作名字，皆一依谦实，以见其意。故兄子默，字处静；沉，字处道；其子浑，字玄冲；深，字道冲。遂书戒之曰："夫人为子之道，莫大于宝身全行，以显父母。"

《吴志》曰：立子𩅦为太子。注曰，休制曰："孤今为四子作名字，太子名𩅦，音如湖水湾澳之湾；字莔，音如迄今之迄。次子名㲢，音如兕觥之觥；字曱，音如玄矉首之矉音玄，次子名䨻，音如草莽之莽；字昷，音如举物之举。次子名𠌢，音如褒衣下宽大之褒；字寅，音如有所推持之推。此都不与世所用者同，故钞旧文会合作之。”

《江表传》曰：顾雍从蔡伯喈学，专一清静，敏而易教。伯喈贵异之，谓曰：“卿必成致，今以吾名与卿。”故雍与伯喈同名，由此也。《吴录》曰：雍字元叹，言为蔡雍之所叹也。

《晋书》曰：谢玄破苻坚于淮、淝，先有童谣云：“谁谓尔坚，石打破！”故桓豁以石名子以邀其功。

《晋中兴书》曰：咸和元年，当征苏峻，司徒导欲出王舒为外援。及更拜抚军将军、会稽内史，秩中二千石。舒上疏以父名会，不得作会稽。朝议以字同音异，于礼无嫌。舒陈音虽异而字同，求换他郡。于是改“会”字为“郐”。古会切。舒不得已亲职。

崔鸿《十六国春秋·前凉录》曰：李弇，字子□，陇西狄道人也。弇本名良，又妻姓梁，张骏戏之曰：“卿名良，妻姓梁，夫妻相同称，子孙将何以目其舅氏？昔耿弇以少年立功立事，吾今赖卿同于耿氏。”乃赐名曰弇。

又曰：陈安成纪平庄人也。少慷慨，读书见许褚而慕之，乃自字虎侯。

《后魏书》曰：游肇，字伯始，高祖赐名。尚书令高肇，世宗之舅，为百僚慑惮，以肇名与己同，欲令改易。肇以高祖所赐，秉志不许，高肇甚衔之。世宗嘉其刚梗。

又曰：太和初，宋弁为殿中郎中。高祖尝因朝会之次，历访治道，弁年少官微，自下而对，声姿清亮，进止可观，高祖称善者久之。因是大被知遇，赐名为弁，意取弁和献玉，楚王不知宝也。

《宋书》曰：废帝讳昱，字德融，小字惠震，明帝长子也。大明七年正月辛丑生于卫尉府。太宗诸子在孕，皆以《周易》筮之，即以所得之卦为小字，故帝字惠震。

又曰：王景文，美风姿，好言玄理，少与陈郡谢庄齐名。太祖甚相钦重，故为太宗娶景文妹，而以景文名名太宗。

又曰：颜竣为丹阳尹，加散骑常侍。先是，竣未有子，而大司马江夏王义恭诸子为元凶所杀，至是并各产男，上自为制名：名义恭子为伯禽，以比鲁公伯禽，周公旦之子也；名竣子为辟强，以比汉侍中张辟强，张良之子也。

《宋书》曰：谢庄五子飏力计切、朏、颢、嵸音揔、瀹音药，世谓庄名子以风，月、景、山、水。

《梁书》曰：张嵊，字四山。初，嵊父稷为剡令，至嵊亭生之，因名嵊，字四山。少敦孝，行年三十余，犹班衣受稷杖，动至数百，收泪欢然。

《三国典略》曰：周陆逞，字季明，绥德郡公通之弟也。初名彦，字世雄。魏文帝尝从容谓之曰："尔既温裕，何乃字世雄，且为世之雄，非所宜也，于尔兄弟又复不类。"遂改焉。

《南史》曰：陈文帝尝谓宣帝曰："我诸子皆以伯为名，汝诸子宜用叔为称。"宣帝因以访毛喜，喜即条自古名贤杜叔英、虞叔卿等二十余人以启之，文帝称善。

《白虎通》曰：人必有姓名何？以吐情自纪，尊事人者也。《论语》曰："名不正则言不顺。"三月名之何？天道一时，物有其变，人生三月，目煦亦能咳笑与人相答，故因其始有知而名之。故《礼》传曰："子生三月则父名之。"名之于祖庙者，谓子之亲庙也，明当为宗祖子也。一说名之于燕寝，名者幼小卑贱之称也，质略，故于燕寝。殷以日名子何？殷家质直，故以生日名也。《尚书》言太甲、帝乙、武丁也。于名臣亦得以甲、乙生日名子，不使亦不止也。以《尚书》道殷臣，有巫咸、有祖巳也。何以诸侯不象王者以生日名子也？以大王名亶甫，王季名历，此殷之诸侯也。不以子丑为名何？曰：甲乙者干也，子丑者枝也，干者本，本贯，故以甲乙为名也。名或兼或单何？名子非一，或听其声律定其名，或依其事旁于形，故或兼或单也。依其事者，若后稷是也：弃之，因名为"弃"。旁其形者，孔子首类鲁尼丘山，故以为之名也。

《风俗通》曰：袁贺字元服。祖父京为侍中，安帝始加元服，京入贺，而贺始生，因名之曰贺，而字元服。

《郑玄别传》曰：玄一子名益，字益恩。年二十三，相国孔府君举为孝廉。府君以多寇屯都昌，为贼管亥所围，乃令从家将兵奔救，遇贼见害，时年二十七也。妻有遗体生男，玄以太岁在丁卯，生此男以丁卯日生，生又手理与玄相似，故名曰小同。

《孟宗别传》曰：孟宗为豫章太守，民思其惠，路有行歌，故时之生子者，多以孟为名。

《江祚别传》曰：祚为南安太守，民思其德，生子多以为名字。

《蜀李书》曰：贾夷，字景叔，梓潼人也。太始初，内移河东，少仕晋台，为仓部令史。怀帝时，为安富令。中原丧乱，玉衡七年归国。武帝素闻夷名，重之，皇子雅生，因名贾夷。

《秦记》曰：后帝泓，字玄子，时东宫生。邵弘言于父曰："君之于臣，先生之与其门人，名之可也。至于同官之于僚党，同姓之于昆弟，同门之于朋友，可以称其字，而不可斥其名。故《公羊传》曰："名不若字"者，非谓其人之名不如其字尊，乃谓为人所字则近乎见尊、为人所名则近乎见卑也。古之君子之名子也，必以信义而择淑令，所以祥其名也；不以官职，所以殊其名也；不以畜币，所以重其名也；不以隐疾，所以显其名也；遍告内外，所以昭其名也；书而藏之，所以宝其名也；贱者避焉，所以贵其名也；冠而有字，所以尊其名也。名成乎礼，字依乎名。名，字之本；字，名之末也。为本故尊，为末故卑，尊故其礼祥，卑故其事略也。且妇人无名，故贱于丈夫；野人无名，故贱于学士。名者，己之所以事尊，尊者之所以命己；字则己之所以接卑，卑者之所以称己；未有用之于尊而为卑，用之于卑而为尊者也。

《搜神记》曰：齐惠公之妾萧桐子见御有身，以其贱，不敢言也。取薪而生顷公于野，又不敢举也。狸乳鹯覆之，人见而收之，因名无野。

何桢《玄寿赐名叙》曰：新妇荀氏所生女，以岁在丁丑四月五日始出时生。此月斗建巳，其日又巳，其时加卯，甲乙卯皆东南，春夏天地动发，万物滋生，今月吉，月之善时也。又于《易》卦，震位在卯，巽位在巳，震为长男，巽为长女。而此女孙，正用兹日斯时，始瞻日月，岂伊先祖之灵，实临佑之！玄发素颜，妇人之上姿也；寿考无疆，生民之至愿也。故赐名曰"玄寿"焉。

太平御览卷第三百六十三　人事部四

字

《礼记·冠义》曰：冠而字之，成人之道也。

《春秋说》曰：字者饰也。

谢承《后汉书》曰：傅燮，字南容，北地灵州人也。本字幼起，慕南容三复白圭，乃改焉。

《晋中兴书》曰：诸葛恢，字道明，赜弟也。弱冠知名，试守即丘长，转临沂令。值天下乱，避地江左。于时颍川荀闿，字道明；陈留蔡谟，字道明。俱有名誉，号曰中兴三明。时人为之歌曰："京都三明各有名，蔡氏儒雅荀葛清。"

又曰：孔愉字敬康，少与同郡张茂字伟康、丁潭字子康俱知名，号曰会稽三康。

徐广《晋纪》曰：桓温才气雄俊，恢爽陵迈。温峤见其幼时，知必非常，故父彝字曰温。

《白虎通》曰：人所以有字何？所以冠德明功敬成人也。故《礼·士冠》经曰："宾北面字之。"

又曰：冠而字之，敬其名也。所以五十乃称伯仲者，五十知天命，思虑定也。能从四时长幼之序，故以伯仲号也。

《荀氏家传》曰：荀恺字茂伯，小而智，外祖晋宣王甚器之，字为虎子。弟悝为龙子。王每谓曰："俟汝长大，当共天下。"

《陈武别传》曰：武，胡人，育于临水令陈君。君奇之，起议欲易其故字。武长跪自启曰："里语有之，都亭鼠数闻长者语，今当易字，实有私心。尝闻长卿慕蔺相如之行，故字相如。往在乡里，久闻故老之说，称汉使苏武执忠守志，不服单于，流放漠北，拥节牧羊，寄秋雁以诉心，因行云而托诚，高山仰止，意窃慕之。"陈氏嘉其志，遂名之曰武。又欲令字仲显。其本是胡人，而石勒、石虎讳胡曰国人，故因字之曰国武。

《尹文子》曰：康衢长者字僮曰善搏音傅，字犬曰善噬，宾客不过其门者三年。长者怪而问之，以实对，于是改之，宾客复往。

《圣证论》曰：学者不知孟轲字，按子思书及《孔丛子》有“孟子居”，即是轲也。轲少居坎轲，故名轲，字子居也。

形体

《释名》曰：形有形像之异也。体，弟也；骨肉、毛血、表里、大小相次第也。

《尚书大传》曰：尧八眉，舜四瞳子，禹其跳，汤扁，文王四乳。八者，如八字者也；其跳者，踦也；其发声也。踦步，足不能相遇也。扁者，枯也。言汤体半小象扁枯。言皆不善也。

《韩诗外传》曰：唯天命本人情，人有五藏六府。何谓五藏？情藏于肾，神藏于心，魂藏于肝，魄藏于肺，志藏于脾。何谓六府？咽喉，量入之府；胃者，五谷之府；大肠，转输之府；小肠，受成之府；胆，积精之府；膀胱，精液之府也。

《孝经援神契》曰：人头圆象天，足方法地，五藏象五行，四肢法四时，九窍法九分，目法日月，肝仁，肺义，肾志，心礼，胆断，脾信，膀胱决难发法星辰，节法日岁，肠法钤。钤，钩也，主键闭。

《东观汉记》曰：诏书令功臣家各自记功状，不得自增加以变时事，或自道先祖形貌、表相，无益事实。复曰齿长一寸，龙颜虎口，奇毛异骨，形容极变，亦非诏书之所知也。

又曰：上复以朱佑为护军，常舍止于中。佑侍宴，从容曰：“长安政乱，云有日角之相。”从以观上风采。上曰：“召刺奸收护军！”佑由是不复言。

《江表传》曰：孙权生而方颐，大口，目有精光。

《晋起居注》曰：怀帝，琅邪恭王子，母曰夏侯氏。帝生有白毫生于目左角，龙颜，隆准，眼有精曜。

《蜀李书》曰：武帝讳雄，字仲俊，始祖第三子。帝身长八尺三寸，美容貌。相工相之曰："此君将贵，其相有四：目如重云，鼻如龟龙，口如方器，耳如相望。法为贵人，位过三公，不疑也。"帝每周旋乡里，有识者皆器重之。有刘化者，道术士也，太康中每语乡里曰："李仲俊有大贵之表，终为人主也。"

车频《秦书》曰：苻坚时，四夷宾服，凑集关中四方种人，皆奇貌异色。晋人为之题目，谓胡人为侧鼻，东夷为广面阔颊，北狄为匡脚面，南蛮为肿蹄方，方以类名也。

吴均《齐春秋》曰：太祖神容魁梧，天表英特，体有龙文，宽雅沉深，喜怒不形于人。

《隋书》曰：高祖文帝龙颜，额有五柱入顶，目光外射。

《晏子春秋》曰：伊尹倨身，汤伛。

《孙卿子》曰：卫灵公有臣公孙吕，长七尺，面居三尺广三寸，鼻目取具，名振天下。

《管子》曰：子产日角，晏平仲月角，尾生犀角，柳下惠、史鱼反角。

《文子》曰：人头之圆以法天，足之方以象地。天有四时、五行、九解、三百六十日，人亦复有四支、五藏、九窍、三百六十节。天有风雨寒暑，人亦有取与喜怒，胆为云，肺为雨，脾为风，肾为电，肝为雷，以与天地相类，而心为之主。耳目者，日月也，而血气者，风雨也。日月失行而薄蚀无光；风雨非时，毁折生灾；五星失行，州土受其殃。天地之道，爱其神明，人之耳目，何能久勤而不爱，精神何能久驰而不止！是故圣人内而不失也。

《孔丛子》曰：魏安釐王欲以马回为相，问子顺曰："回为人便便，亮直之丈夫也？"顺曰："闻诸孙卿，其为人长目而豕视，必体方而心圆。臣见其面非不伟，其体干而疑其目。"王卒用之，果以谄得罪。

《庄子》曰：老莱子弟子出薪遇仲尼，反以告，曰："有人于彼，修上而趣下，末偻而后耳，耳却近后而上偻也。视若营四海，不知其谁氏之子。”老莱子曰：“是丘也。”

《淮南子》曰：形者，生之舍也。

又曰：夫神者，所受于天也；而形体者，所禀于地也。故曰一生二，二生三，三生万物。故曰一月而气，二月而血，三月而胎，四月而胞，五月而筋，六月而骨，七月而成，八月而动，九月而躁，十月而生。形体以成，五藏乃形。是以肺主目，肾主鼻，胆主口，肝主耳。

又《地形篇》曰：东方，川谷之所主，日月之所生，其人锐形小头，隆鼻大口，鸢肩企行，窍通于目，筋气属焉，苍色主肝，长大早知而不寿。南方，阳气之所浃，暑湿居之，其人堕形锐上，大口决眦，窍通于耳，血脉属焉，赤色主心，早壮而夭。西方高土，川谷出焉，日月入焉，其人皆方面修颈，印行，窍通于鼻，皮革属焉，白色主肺，而勇敢不仁。北方，幽晦不明，天之所闭者也，寒冰之所积者也，其人翕形短颈，大肩下尻，窍通于阴，骨干属焉，黑色主肾，其人蠢愚而寿。中央四达，风气之所通，雨露之所会也，其人大面短颐，美须，窍通于口，肤肉属焉，黄色主胃而惠圣。

《博物志》曰：东方少阳，日月所出，山谷清朗，其人姣好。西方少阴，日月所入，其土窍冥，其人高鼻深目，多毛。南方太阳，土下水沃，其人大口。北方太阴，土平广深，其人广面缩颈。中央四抄，风雨交，山谷峻，其人端立。

《神仙传》曰：《玉札》、《金篇》、《内经》皆云老子黄色美须，广额长耳，大目疏齿，方口厚唇，有参午达理，鱼目虎鼻，纯骨双柱，耳有三门，足蹈二五，手抱十丈。

《列女传》曰：叔姬之生叔鱼也，生而视之，曰：“是虎目而豕喙，鸢肩而牛腹，谿壑可满，是不可厌也。

《李郃别传》曰：公长七尺八寸，多须髯，八眉，左耳有奇表，项枕如鼎足，手握三公之字。

《管宁别传》曰：宁身长八尺，龙颜秀目。

《论衡》曰：苍颉四目而佐帝，公子重耳骈胁为诸侯霸，苏秦骨鼻为六国相，张仪仳胁相秦、魏。

头上

《说文》曰：首，头也。頟口瓦切、硕、颙，大头也；颗，小头也。

《释名》曰：头，独也。处体高而独尊也。首，始也。

《易·未济卦》曰：饮酒，濡其首，有孚失是。饮酒濡首，有孚失是，躭酒无节。

又曰：《说卦》曰：乾为首。

《韩诗外传》曰：禽息，秦大夫，荐百里奚，不见纳。缪公出，当车以头击闑，脑乃精出，曰："臣生无补于国，不如死也。"缪公感悟而用百里奚。

《礼斗威仪》曰：君乘火而王其民，锐头；君乘水而王其民，大头。

《礼记·玉藻》曰：头容直，不倾顾也。头颈必中。头容直也。

《乐汁图》曰：赤帝锐头，黑帝大头。朱均注曰：锐头，像朱鸟也。

《左传·昭五年》曰：竖牛奔齐，孟仲之子杀诸塞关之外，投其首于宁风之棘上。

《春秋元命苞》曰：头者神所居，上员象天，气之府也。岁必十二，故人头长一尺二寸。

《尔雅》曰：元，首也。《左传》曰：狄人归先轸之玄。

《孝经援神契》曰：头圆象天，足方法地。

《史记》曰：蔺相如为赵使秦，持璧却立，倚柱谓秦王曰："赵王斋戒五日，使臣奉璧。今大王见臣，礼节甚倨，得璧传之美人以为戏弄，臣故复取璧。大王必欲急臣，臣头今与璧俱碎于柱矣。"

又曰：须贾使秦，见范睢。睢数之曰："为我告魏王，急持魏齐头来！不者，我屠大梁。"贾归告齐，亡匿赵平原君所。齐遂自刭，赵王取头与秦。

又曰：栾布为梁大夫，使于齐，未还。汉诛彭越，枭头雒阳，下诏曰："有敢收视者，捕之。"栾布从齐还，奏事于彭越头下。

《战国策》曰：三晋分智氏，赵襄子最怨智伯，漆其头以为饮器。《史记》同。

又曰：白头如新，倾盖如旧。

《汉书》曰：项藉顾见汉骑司马吕马童曰："若非吾故人乎？"马童面之，指王翳曰："此项王也。"羽曰："吾闻汉购我头千金，邑万户，吾为公得。"乃自刭。王翳取其头。

又曰：高祖招田横，横至尸乡厩，谓从者曰："陛下欲一见我面耳，今斩吾头，驰三十里，形犹未败。"遂自刭。令客奉其头。

又曰：秦始皇即位三十七年，内平六国，外攘四夷，死人如乱麻，暴骨长城之下，额颅相属于道。

又曰：孙敬字文宝，好学，晨夕不休，及至眠睡疲寝，以绳系头悬屋梁，后为当世大儒。

又曰：陈遵长八尺余，长头大鼻，容貌甚伟。

又曰：御史大夫陈万年子咸，亢直有异才。万年常召咸于床下教戒之，咸睡，头触屏风，万年怒之，咸叩头为谄也，万年不复言。

又曰：建元中，匈奴降者言匈奴破月氏王，以其头为饮器。师古曰：饮酒之器。

《东观汉记》曰：岑彭引兵从车驾破天水，与吴汉围隗嚣于西城。敕彭曰："两城若下，便可将兵南击蜀虏。人若不知足，既平陇，复望蜀。每一发兵，头鬓为白。"

《后汉书》曰：贾逵自为儿童，常在太学，不通人间事。身长八尺二寸。诸儒为之语曰："问事不休贾长头。"

又曰：张让、段圭诛何进，为诏以故太尉樊陵为司隶校尉，少府许相为河南尹。尚书得诏版，疑之，曰："请大将军出共议。"中黄门以进头掷与尚书，曰："何进反，已伏诛。"

《典略》曰：李傕移保黄白城，梁与、张横等破之，送其首。初，傕兄子循及利等侍上无礼，及傕头到，有诏高悬之。

《魏略》曰：庞意手斩一级，不知是郭援。战罢之后，众人皆言援死，而不得其首。援，锺氏之甥，意后于鞬中出一头，锺繇见之而哭。意谢繇，繇曰："援虽我甥，乃国贼也，卿何谢焉？"

《魏志》曰：辰韩国，儿生以石压其头，欲其褊，故今辰韩人皆褊头。

又曰：袁绍辟牵招为督军从事。绍卒，事袁尚。后辽东送尚首，悬在马市，招睹之悲感，设祭头下。太祖义之。

又曰：刘廙字恭嗣。年十岁，戏于讲堂上，司马德操抚其头曰："孺子，黄中通理，宁自知不？"

《蜀志》曰：秦密使吴，吴主问密："天有头乎？"曰："有。《诗》云：'乃睠西顾'。以此推之，头在西方。"

又曰：貌延字文长，义阳人。延梦头上生角，以问占梦赵直，直告人曰："角之为字，刀下为用，头上用刀，其凶甚矣。"延后果诛，杨仪蹋延头曰："庸奴！能复作恶？"

又曰：先主与张飞、赵云等溯流而上，分定郡县。时巴郡严颜率众守城不降，及城陷，缚颜至，飞呵颜曰："汝见大军至，何以不降而敢拒战？"颜答曰："我州但有断头将军，无降将军也！"飞怒，命左右牵去斫头。大笑曰："斫头便斫头，何为怒耶？"于是飞壮而释之，引为上客。

太平御览卷第三百六十四 人事部五

头下

《吴志》曰：孙权太子和被幽闭，骠骑将军朱据、尚书仆射屈晃率诸将吏泥头自缚，连日诣阙请和。

又曰：诸葛恪被诛，临淮臧均表乞收葬恪，曰："臣闻雷震奋激，不崇一朝，大风冲发，希有极日。今恪父子三首，悬市积日，观者数万，詈声成风。国之大刑，无所不震。"

又曰：关羽既败走，权使虞翻筮之，得"兑"下"坎"上，"节"，五爻变而之"临"，翻曰："不出二日，必当断头。"果如翻言。权曰："卿不及伏羲，可与东方朔为比矣。"

《晋书》曰：嵇康谓赵至曰："君头小而锐，有白起风，童子白黑分明。"

又曰：桓温卒，子玄为嗣，袭爵，年七岁。温服终，府州文武辞其叔父冲，冲抚玄头曰："此汝家故吏也。"玄因涕泪被面，众并异之。

王隐《晋书》曰：苍梧太守吴臣据郡邑，不恭王命，孙权遣步骘为交州，喻臣，臣照镜不见其头，骘因入斩之。

又曰：王珣与谢玄俱被辟，桓温曰："谢掾必拥麾杖节，王掾当作黑头公，未易才也。"

《晋中兴书》：庾亮与苏峻战于建阳门，王师败绩。亮于阵携其三弟怿、条、翼南奔温峤，显宗幸峤船，亮泥首谢罪。

崔鸿《前秦录》曰：东海王苻雄，字元才，洪之季子，以功拜龙骧将军，征伐皆有殊绩。雄丑形貌，头大足短，故军中称之为"大头龙骧"。

《秦记》曰：苻坚祖洪见坚状貌，欲令头坚腹软，字之曰"坚头"。

《隋书》曰：高祖文皇帝，生冯翊波若寺，皇妣抱帝，忽见头上出角，遍体起麟，大骇，坠帝于地。

《春秋后语》：平原君曰：渑池之会，臣察武安君之为人，小头而锐，瞳子白黑分明，视瞻不转。小头而锐，断敢行也；瞳子白黑，见事明也；视瞻不转，执志强也。可以持久，难与争锋，廉颇足以当之。

《吴越春秋》曰：眉间尺逃楚入山，道逢一客，客问曰："子眉间尺乎？"答曰："是也。""吾能为子报仇。"尺曰："父无分寸之罪，枉被荼毒，君今惠念，何所用耶？"客曰："须子之头，并子之剑。"尺乃与头，客，与王，王大赏之，即以镬煮其头，七日七夜不烂，客曰："此头不烂者，王亲临之。"王即看之，客于后以剑斩王头入镬中，二头相啮，客恐尺不胜，自以剑拟头之镬中。三头相咬，七日后，一时俱烂，乃分葬汝南宜春县并三冢。

《山海经》曰：三首国，一身三首；羽民国，为人长头。

又曰：共工之臣曰相仰氏，共工，霸九州者也。九首以食于九山。

《晏子春秋》曰：景公游于梧丘，夜梦五大夫称冤，公问晏子。晏子曰："昔灵公田，有大夫骇兽，断其头，埋之，命曰五大夫丘。"公令掘之，果如其言。

又曰：汤长头而寡发。

《庄子》曰：云将东过扶摇之枝，云将，云之主师也。扶摇，木名，生海东。而适遭鸿蒙，鸿蒙，自然玄气。云将曰："天气不和，地气郁结，六气不调，四时不节，今我愿合六气之精，以育群生，为之奈何？"鸿蒙拊髀爵跃掉头曰："吾弗知，吾弗知。"

又曰：亡羊而得牛，断指而得头。

《燕丹子》曰：荆轲谓樊於其曰："今得将军之首与燕地图，秦王必喜而见轲，轲将左手把其袖，右手揕其胸，则将军积忿除矣。"于是起，扼腕执刀曰："是日夜所欲，而今闻命。"于是自刎，头堕背后，两目不瞑。以函盛於其首，与轲入秦。

《吕氏春秋》曰：今有人于此，断头以易冠，杀身以易衣，世必惑也。是何也？冠所以饰头，衣所以饰身，今杀所饰而要所以饰，则不知所为矣。世之趋利似此，亦不知所为也。

《帝系谱》曰：神农牛首，伏羲人头蛇身。

《黄帝素问》曰：头者，精明之主也。

《董卓别传》曰：卓知所为不得远近，意欲以力服之，遣兵于雒阳城。时遇二月社，民在社下饮食，悉就断头，驾其车马，载其妇女财物，以断头系车辕轴，还雒，云攻贼大获。称万岁。入关雒阳城门，焚烧其头。

《神仙传》曰：曹公捕左慈，数日得之，便断头以白曹公。公大喜。曰："果慈头。"定视，是一束茅耳。

《搜神记》曰：南方有落头民。吴时，将军朱桓得一婢，每夜卧后，头辄飞去，或从狗窦，或从天窗中出入，以耳为翼，将晓复还，数数如此。旁人怪之，夜照视，唯有身无头，其体微冷，气息裁属，乃蒙之以被。至晓头还，碍被，不得安，再三堕地，噫咤甚愁而体气急疾，若将死者。乃去被，头复起，傅颈得安，复如常人。时南征大将亦往往得之。又尝有覆以铜盘者，头不得进，遂死。《博物志》同。

又曰：渤海太守史良好一女子，许嫁而不果。良断其头而归，投于灶下，曰："当令火葬。"头语曰："使君，我相从，何图当耳！"

《异苑》曰：管宁避难辽东还，泛海遭风，船垂倾没，宁思僭曰："吾尝一朝科头三，晨晏起。今天怒猥集，过恐在此。"

又曰：晋惠帝元康三年，武军火烧夫子履、汉斩白蛇剑、漆王莽头等。

《录异传》曰：汉武帝时，苍梧贾雍为豫章太守，有神术，出界讨贼，为贼所杀，失头。雍上马还营，营中咸走来视雍，雍胸中语曰："战不利，为贼所伤，诸君视有头为佳，无头佳乎？"吏泣曰："有头佳。"雍曰："不然，无头亦佳。"言毕遂死。

《幽明录》曰：河东贾弼，小名翳儿，具谙究世谱。义熙中，为琅邪府参军，夜梦有一人面齇皰甚多，大鼻瞯目，请之曰："爱君之貌，欲易头，可乎？"乃于梦中许易。明朝起，自不觉而人悉惊走。琅邪王大惊，遣傅教呼视，弼到，琅邪遥见，起还内。弼取镜自看，方知怪异，因还家，家悉惊，入内，妇女走藏。弼坐，自陈说良久，并遣人至府检问，方信。后能半面啼，半面笑，两手各捉一笔，俱书，辞意皆美。此为异也，余并如先。

《列女传》曰：京师节女，长安大昌里人。夫有仇，仇家执父，使要其子，为中间，女念不听则杀父，杀父不孝，听则杀夫，杀夫不义。乃许之曰："夜在楼上，新沐头东首卧者是。"还谲其夫，使卧他处。自沐卧楼上，仇家断其头而去。仇悲义之，遂不杀其父。

《益部耆旧传》曰：段翳字元章，善天文风角。有一诸生来学积年，诸生略究要术，辞归乡里。翳为作一脂筒，中盛简书，曰："有变乃发视之。"生至葭萌，与吏争津，吏榶从人，头破。开筒得书言："到葭萌与吏斗，破头者以此脂裹之。"生喟然而叹，乃还卒其业。

《博物志》曰：人以冷水渍至膝，啖瓜数十；渍至头，可啖百余。水皆作瓜气。

《括地图》曰：白民，白首身，被发。

《三巴记》曰：巴有将军曼子请于楚，以平巴乱，楚使请城，曼子曰："城不可得。"乃自刎其头与楚，楚义之，以上卿礼葬其头，巴以上卿礼葬其身。

《长沙耆旧传》曰：刘寿少时遇相师曰："君脑有玉枕，必至公也。"后至太尉。

《李郃别传》曰：公耳有奇表，脑枕如鼎形。

《易洞林》曰：郭璞为左尉，周恭卜云："君堕马伤头。"尉后乘马行，黄昏，坂下有犊车触马，马惊，头打石上，流血殆死。

《语林》曰：魏郡太守陈异尝诣郡民尹方，方被头，以水洗盘，抱小儿出，更无余言。异曰："被头者，欲吾治民如理发；洗盘者，欲使吾清如水；抱小儿者，欲使吾爱民如赤子也。"

《世说》曰：祖广字渊度，行恒缩头。诣桓南郡，下车，桓曰："天甚明朗，祖参军如从屋漏中来。"

又曰：诸葛道明初过江左，名亚王、庾之下。先为临沂令，丞相谓曰:“明府当为黑头公。”

《楚辞》曰:魂兮来归,君无上天些。一夫九首,拔木九千些。

顶

《说文》曰:顶,巅也。

《易·大过卦》曰:过涉灭顶,凶,无咎。

韦曜《毛诗问》曰:早,鬼眼在顶上。

《列女传》曰:齐锺离春,齐无盐邑之女,锺离,姓;春,名也。其为人极丑无双,臼头,深目,顶上少发,折腰出胸。

《庄子》曰:支离疏,颐隐于脐,肩高于顶。

应璩新诗曰:醉酒巾帻落,顶秃赤如狐。

额

《释名》曰:额,鄂也,有垠鄂也,故幽州人谓之鄂。

《易·说卦》曰:巽为广颡。上大下小,故为广颡。

《河图》曰:黄帝广颡龙额。

又曰:天之东西南北极各有铜头、铁额兵,长三千万丈,三千亿万人。

《毛诗·鄘·君子偕老》曰:子之清扬,扬且之颜也。清,视明也。扬,广场而颜丰薄也。展如之人兮,邦之媛也。

《诗含神雾》曰:代汉者,龙颜珠额

《春秋元命苞》曰:在天为文昌,在人为颜颡,太一之谓也。颜之言气畔也,阳立于五,故颜博五寸。

《论语摘辅象》曰:樊迟山额,有若月衡,反宇陷额,是谓和喜。

《方言》曰:颟音稽,额也。颜,颡也。江湘谓之头,中夏谓之额,东齐谓之颡,河济淮泗之间谓之颜。

《汉书》曰:成帝幸宫人严宫,生男。帝为赵昭仪召杀之,宫曰:“果欲姊弟擅天下,我儿男也,额上有壮发,类孝元帝,令儿安在危杀之矣,奈何令长信得闻之?”

《东观汉记》曰：和熹皇后年五岁，夫人为鬋发，夫人年老目瞑，并中后额，虽痛，忍不言。

又曰；铫期从击王郎将兒宏、刘奉于钜鹿下，期先登陷阵，手杀五十余人，疮中额，摄帻复战，逐大破之。

又曰：马廖上疏曰："夫改政移风，必有其本。长安语曰：城中好广眉，四方过半额。"

《魏志》曰：庞意亲与关羽交战，射羽中额。

王隐《晋书》曰：元帝白毫生额上，有光明。

崔鸿《后赵录》曰：石勒征见无刘曜守军，大悦，举手指天，又指额曰："天也。"

《北齐书》曰：文宣帝洋为王时，梦人以笔点己额，明日告舍人王云哲曰："吾其诛乎？"云哲贺曰："王上加点，为主乎？"后果然。

《隋书》曰：刘孝焯，字士龙，信都人。犀额龟背，望高视远，聪敏深沉，弱不好弄。

又曰：炀帝令陈棱讨杜伏威，伏威自出阵前挑战，棱部将射中其额，伏威怒，指之曰："不杀汝，我终不拔箭。"遂驰之，获所射者，使其拔箭，然后斩之。

《盐铁论》曰：古者君子思德，小人思利，今人坚额健舌，或以致业。

《抱朴子》曰：老君额有三理，上下彻。

《语林》曰：贾充问孙皓："何以好剥人面皮？"皓曰："憎其颜之厚。"

《吴都赋》曰：雕题之士。注曰："镂额也。岭南并镂额，额，题也。"

相书《占气杂要》曰：黄气如带当额横，卿之相也，有卒喜皆发于色，额上面中年上，是其候也。黄色最佳。

又曰：额临者，男早得官，女子早成。

太平御览卷第三百六十五 人事部六

面

《说文》曰：面，颜前也。从百音首，象人面形。𩑶音于愿切，面不正也。䫘音括，短面也。顄音胡感切，面黄也。顠音刀丁切，面瘦浅顠顠也。赧，面惭赤也。

《可图》曰：苍帝方面，赤帝圆面，白帝广面，黑帝深面。

《周易·革卦》曰：上六：君子豹变，小人革面。

《礼记·内则》曰：女子出门，必拥蔽其面。

《左传·僖三十三年》曰：晋侯败狄于箕。先轸免胄入狄师，死焉。狄人归其元，面如生。言其有异于人。

又《襄三十一》曰：郑子产曰："人心之不同也，如其面焉。吾岂敢谓子面如吾面乎？"

又《襄四》曰：晋程郑卒。子产始知然明，问为政焉。对曰："视民如子。见不仁者诛之，如鹰鹯之逐鸟雀也。"子产喜，以语子大叔，曰："他日吾见蔑之面而已，今吾见其心矣。"

又《哀下》曰：楚白公作乱，杀子西、子期于朝，而劫惠王。子西以袂掩面而死。叶公在蔡，方城之外皆曰："可以入矣。"及北门，乃胄而进。又遇一人曰："君胡胄？国人望君如望岁焉，日日以几。冀君来。若见君面，是得艾也。"

《史记》曰：孟戏，中衍，鸟身人面，赵之先也。

《汉书》曰：李夫人病笃，上自临候之。夫人遂转面向壁，歔欷而不复言。

又曰：哀帝初即位，博士申咸毁给事中薛宣不供养行丧服，薄于骨肉，不宜复列封侯使在朝省。宣子况为右曹侍郎，数闻其语，赇音求客杨明，欲令创咸面目，使不居位。会司隶阙，况恐咸为之，遂令明遮斫咸宫门外，断鼻唇，身八创。事下有司，沈减死一等，宣坐免为庶人。

又曰：朱博为左冯翊。长陵大姓尚方禁少时曾盗人妻，见斫，创着其颊，府功曹日白除禁调守尉。博闻知，以他事召见，视其面，果有瘢。博辟左右问禁："是何等创也？"禁乃叩头服。博笑曰："大丈夫固时有是。"因亲信以为耳目。

又曰：朱博为人廉俭，不好酒色之宴。自微贱至富贵，食不重味，案上不过三杯，夜寝早起，妻希见其面。

又曰：董仲舒，广川人也。景帝时为博士。下帷讲诵，弟子傅以久次相授业，或莫见其面。三年不窥园圃，其精如此。

又曰：孔休守新都相。休谒见莽，莽缘恩意，进其玉贝、宝剑，欲以为好。休不肯受，莽因曰："诚见君面有瘢，美玉可以灭瘢，欲献其玉璏耳。"音卫，剑鼻也。

又曰：张禹为儿，数随家至市，喜观于卜相者，久而颇晓其别蓍布卦意。卜者爱之，又奇其面貌，谓禹父曰："是儿多知，可令学经。"

《东观汉记》曰：耿秉为征西将军，镇抚单于以下。及薨，南单于举国发哀，犁面流血。

《后汉书》曰：应奉年二十时，尝诣彭城相袁贺，贺时出行闭门，造车匠于内开扇出半面视奉，奉即委去。后数十年于路见车匠识而呼之。

《魏略》曰：徐庶，名福，本单家子，好任侠击剑。中平末，尝为人报仇，白垩突面，被发而走。

《蜀志》曰：张裕晓相术，每举镜照面，自知死刑，未尝不扑之于地。

又曰：刘琰妻胡氏入贺太后，太后令特留胡，经月乃出。胡有美色，琰疑其与后主有私，呼卒檛胡，至于以履搏面，而后弃遣。胡具告言，琰坐下狱。有司议曰："卒非檛妻之人，面非受杖之地。"琰竟弃市。

《吴志》曰：诸葛恪父瑾长面，孙权大会群臣，使人牵一驴，检其面，题曰"诸葛子瑜"也。恪跪曰："乞请笔益两字。"因听与笔。恪续其下曰"之驴"。举坐欣笑，乃以驴赐恪。

王隐《晋书》曰：赵孟字长舒，入补尚书都令史，善于清谈，有国士之风。其面有疵黯，诸事不决，皆言当问"疵面"也。

《晋中兴书》曰：王珂为桓温主簿，二军文武数万人悉识其面。

《晋书》曰：初，王恭败枭首于东桁，王平之抽槊刺其面。

又曰：桓温字元子，豪爽有风概，姿貌甚伟，面有七星。

又曰：刘牢之面紫赤色，鬓目惊人，而沈毅多计。

又曰：刘裕于东府聚樗蒲大掷，一判应至数百万，余人并黑犊，唯裕及刘毅在后。毅次掷得雉，大喜，褰衣绕床，叫谓同座曰："非不能卢，不事此耳。"裕因挼五木久之，曰："老兄试为卿答。"即成卢焉。毅意殊不快，然素黑，其面如铁色焉。

《宋书》曰：沈庆之谓帝曰："耕当问奴，织当问婢，今论争伐，问白面书生，事何由济？"

又曰：明帝大会新亭，接劳诸军，主樗蒲赌官李安人五掷皆卢。帝大惊，目安人曰："卿面方如田，封侯状也。"

又曰：刘瑀为右卫将军，因求益州，甚不得意。至江陵，与颜竣书曰："朱循之三世叛兵，一日居荆州，青油幕下，作谢宣明面。"

《齐书》曰：东昏即位，多行杀戮。沈昭略与沈文季、徐孝嗣同召入省，例赐药酒。昭略骂徐孝嗣曰："废昏立明，古今令典。宰相无才，致有今日。"即掷瓯破面曰："作破面鬼！"时年四十。

《后梁书》曰：宋如周有才学，为度支尚书。如周面狭长，宣帝尝戏之曰："卿何谤《法华经》？"如周踧踖，自陈不谤。帝又言之，如周惧而出，告蔡大宝。宝知其旨，笑谓之曰："君当不谤余经，止应不信《法华》。《法华》云：开经随喜，面不狭长。"如周乃悟。

《后魏书》曰：清河王怿被诬见害，朝野贵贱知与不知，含悲丧气。远夷在京师闻怿丧，为之以刀劈面者数百人。

《三国典略》曰：高长恭以淮南之乱，恐为将帅，叹曰："我去年面肿，今岁何为不发？"至是，齐主使徐之范饮以毒药。长恭谓妃郑氏曰："我尽忠事上，何辜于天，而遭赐鸩之祸！"

《春秋后语》曰：秦急攻赵，求救于齐。齐王曰："必以长安君为质，兵乃出。"长安君者，太后之小子也。太后爱之，不肯遣。大臣强谏。太后怒，谓左右曰："敢复言长安君为质者，老妇必唾其面。"

《山海经》曰：大荒之山，日月所入，有颛顼之子，三面一臂，不死。郭璞注曰："人头三也，各有面也。"

又曰：一目国，一目中其面而居。

《尸子》曰：子贡问孔子曰："古者黄帝四面，信乎？"孔子曰："黄帝合己者四人，使治四方，大有成功，此之谓四面也。"

又曰：禹长颈、鸟喙，面貌亦恶，天下从贤之者学也。

《孙卿子》曰：卫灵公有臣公孙吕，身长七尺，面长三尺，广三寸，名动天下。

《庄子》曰：孔子谓盗跖曰："今将军身长九尺二寸，面目有光，唇如激丹，齿如含贝，音中钟声，而名曰盗跖，丘窃为将军耻之。"

《韩子》曰：古人目短于面见，故以镜观。

《燕丹太子》曰：田光云："脉勇怒而面青，骨勇怒而面白。荆轲者，神勇也，怒而不变。"

《说苑》曰：吴王将死，曰："吾以不用子胥言，以至于今。死者无知则已，死者有知，吾何面见子胥也！"遂蒙絮覆面自刎。《吕氏春秋》同。

《典略》曰：袁绍妻刘性妒忌。绍死，其尸未殡，杀其妾五人。恐死者有知，皆髡发黑面。

《中论》曰：小人耻其面不如子都，君子耻其行不如尧舜。

谯周《法训》曰：昔有人使妻为母作粥，妻不肯，乃以刀击伤妻面。此可为孝乎？

《傅子》曰：相者三亭九侯，定于一尺之面。

《语林》曰：王武子与武帝围棋，孙皓看。王曰："孙归命何以好剥人面皮？"皓曰："见无礼于其君者则剥其皮。"乃举棋局，武子伸脚在局下。

又曰：刘真长病积，时公主毁悴，将终，唤主，主既见其如此，乃举手指之云："君危笃，何以自修饰？"刘便牵被覆面背之，不忍视。

又曰：王右军见杜弘治，叹曰："面如凝脂，眼如点膝，如神仙中人。"

又曰：何晏字平叔，美姿容，帝疑其傅粉，赐汤饼，令晏食之，汗出流面，拭之转白。《世说》同。

《世说》曰：康僧渊目深而鼻高，王丞相每调之，僧渊曰："鼻者面之山，目者面之渊，山不高则不灵，渊不深则不清。"

又曰：锺会撰《四本论》始毕，甚欲使嵇康一见。置怀中，不敢出，户外遥掷，面便走。

《郭子》曰：琅邪诸葛忘名，面病鼠瘘，刘真长见叹曰："鼠乃复窟穴人面乎？"

《异苑》曰：陈郡谢石字石奴，少患面创，诸治莫愈，乃自幽远，止于岩下。中宵，有物来舐其创，随舐随除，既不见形，意为是龙，而舐处悉白，故世呼为谢白面。

《会稽后贤记》曰：贞女谢仙女者，谢承孙也。吴归命侯采仙女充后宫，仙女乃炙面服醇醯以取黄瘦，竟得免。

《黄帝八十一问》曰：人面独能寒，何也？曰："头者，诸阳之脉会也，诸阴脉皆至颈项不还上，独诸阳脉上头，故面能寒耳。"

《相决》曰：奇毛生身及面，皆豪贵。白毫黑毛生共孔，带印绶。

蔡邕《女戒》曰：夫心犹面首也，一旦不修饰则尘垢秽之，人心不思善则邪恶入之。人盛饰其面而莫修其心，惑矣！

眉

《说文》曰：眉，目上毛也。

《释名》曰：眉，媚也，有妩媚也。

《毛诗·淇澳·硕人》曰：螓首蛾眉，螓，首颡广而方。巧笑倩兮，美目盼兮。

《尚书大传》曰：尧有眉八。如八字也。《淮南子》同。

《大戴礼》曰：曾子曰："敢问不劳可以为明乎？"孔子愀然，扬眉曰:“参,汝以明主为劳乎?昔者舜左禹而右皋陶,不下席而天下治。”

《礼说》曰:君子乘金而玉,为人美眉。

《左传·定公八年》曰:公侵齐,门于阳州。颜息射人中眉,颜息,鲁人。退曰:“我无勇,吾志其目也。”

《谷梁传》曰:长狄兄弟三人递为害,断其首而载之,眉见于轼。

《战国策》曰:豫让欲报赵襄子,灭鬓去眉,吞炭漆。

《春秋后语》曰:吕不韦谓太后曰:“诈腐刑,嫪毐则得给事中。”乃令人以腐罪告之,拔其须眉,以为宦者。

《汉书》曰:张敞为妇画眉,长安中傅京兆眉怃。应劭曰:怃,大也。孟康曰:怃,音诩,北方人谓好为诩也。

《东观汉记》曰:王莽天凤五年,樊崇起兵于莒,恐其众与莽兵乱,乃皆朱其眉。由是号曰赤眉。

又曰:明德马后眉不施黛,独左眉角小缺,补之以缥。

又曰:马援自还京,数被进见,为人缜髯,眉目如画。

又曰:梁鸿居吴赁舂,每归,妻为其食,不敢于鸿前仰视,举案齐眉。

邓粲《晋记》曰:荆州民宗厥尝以酒犯王平子,平子怒叱左右捽厥。郭舒厉色谓左右曰:“使君醉,汝辈何敢妄动!”平子大恚曰:“别驾狂郎,枉言我醉!”因遣灸舒眉头,舒跪受灸。平子意释而厥得免。

《宋书》曰:王玄谟在雍,人言欲反。玄谟驰启自解,帝知其虚,驰遣主书吴喜公慰抚之,曰:“七十老公,反欲何求?聊复为笑,想足以伸卿眉头耳。”玄谟性严,未曾妄笑,时人言玄谟眉头未曾伸,故以此见戏。

《梁书》曰:武宁王大威,字仁容,美风仪,眉目如画。

《三国典略》曰:梁简文方颊丰下,眉目秀发。

《隋书》曰:玄晖字叔平,河南洛阳人也。父智,须眉如画,进止可观,少得美名于京师。

《唐书》曰:毛若虚,绛州太平人也。眉毛覆于眼,性残忍。初为蜀川县尉，天宝末为武公丞，年已六十余矣。

《帝王世纪》曰：文王虎眉。

《列仙传》曰：阳都女生而连眉，众以为异。

《列仙传》曰：莫耶子赤鼻，眉间一尺。

《列士传》曰：干将子赤鼻，眉广三寸。

《荆州先贤传》曰：马良字季常，襄阳宜城人。兄弟五人皆有令名。良眉中有白毛，乡里颂曰："马氏五常，白眉最良。"

《吴越春秋》曰：伍子胥眉间广一尺。

《韩子》曰：失镜无以正鬓眉，失道无以知迷惑。

《吕氏春秋》曰：吴阖闾使民习战，剑如眉，流血不可止。

《淮南子》曰：今盆水在庭，清之终日，未能见眉睫；浊之不过一挠，而不能察方圆。察，见也。人神易浊而难清，犹盆水之类也。

《风俗通》曰：桓帝元嘉中，京师妇人作愁眉。愁眉者，细而曲折。此梁冀家所为，京师皆效之。天戒若曰：将收捕冀，妇女忧愁之眉也。

《抱朴子》曰：有古强者，自云四千岁，云见尧、舜、禹，汤，说之了了。世云"尧眉八采"，不然也，直两眉头甚竖，似八字眉。

《唐子》曰：人多患远，见百步而不自知眉颊；知眉颊者，复不能察百步。

《西京杂记》曰：卓文君妖冶好眉色，如望远山。

《语林》曰：庾公道：王尼子非唯事事胜于人，布置须眉亦胜人，我辈皆出其辕下。

《樊氏相法》曰：眉中长毫，百二十岁。

太平御览卷第三百六十六　人事部七

耳

《释名》曰：耳，耏也。耳有一体属着两边，耏耏然也。耏，音而。

《礼》曰：是故先王之孝也，色不忘乎耳，目不绝乎声。

《左传》富辰谏曰：耳不听五声之和为聋。

又曰：晋襄公卒，灵公少，晋人以难故，欲立长君，使先蔑、士会如秦逆公子雍。秦康公送公子雍于晋，曰："文公之入也无卫，故有吕、郤之难。"乃多与之徒。穆嬴日抱太子以啼于朝，曰："先君何罪？其嗣亦何罪？舍適嗣不立而外求，君将焉置此？"出朝，则抱以适赵氏，顿首于宣子曰："先君奉此子也，以属诸子。曰：'此子也才，吾受子之赐；不才，吾唯子之怨。'今君虽终，言犹在耳，而弃之，若何？"宣子与诸大夫皆患穆嬴，且畏逼，畏国人以大义来逼也。乃背先蔑而立灵公，以御秦师。

又曰：摄叔曰："吾闻致师者，右入垒，折馘，折馘，断耳。执俘而还。"皆行其所闻而复。

又曰：林雍羞为颜鸣右，下。羞为右，改下车战也。苑何忌取其耳。不欲杀雍，但截其耳以辱之。《诗》曰："君子无易由言，耳属于垣。"

又曰：匪手携之，言示之事。匪面命之，言提其耳。我非且以手携挈之，亲视以其事之是非，我非且语之，亲提撕其耳。此言教道。

《易》曰：荷校灭耳，聪不明也。

又曰：巽而耳目聪明。

《语》曰：六十而耳顺。

《谷梁传》曰：梁自亡，湎于酒，淫于色，心昏耳塞，上无正长之治，大臣背叛。

《春秋元命苞》曰：耳者，心之候。

《尚书大传》曰：孔子曰："自吾得由也，恶言不至于耳。"

《史记》曰：吕太后遂断戚夫人手足，去眼，辉耳。

又《淮阴传》曰：韩信使人言于汉王曰："齐，反覆之国，南边楚，不为假王镇之，其势不定。"汉王大怒，张良、陈平蹑汉王足，因附耳语曰："宁能禁信之王乎？"

《战国策》曰：苏秦说李兑，明日复来，舍人谓兑曰："臣窃观苏公说也，其辩过于君，君能听乎？"兑曰："不能。"曰："君即不能，愿君坚塞两耳，无听其谈。"明日复见，终日谈而去。秦谓舍人曰："昨日我谈薄而君动，今精而君不动，何也？"舍人曰："我为塞两耳，无听谈也。"

《汉书》曰：杨恽报孙会宗书曰："家本秦也，能为秦声；妇赵女也，雅善鼓瑟。奴婢歌者数人，酒后耳热，仰天拊缶而呼乌乌。"

《英雄记》曰：曹公擒吕布，布顾谓刘备曰："玄德，卿为座上客，我为降虏，绳缚我急，独不可一言邪。"操曰："缚虎不得不急。"乃命缓布缚。备曰："不可。公不见布事丁建阳、董太师乎！"操颔之，布目备曰："大耳儿，最叵普火切信。"

《魏书》曰：荀攸年七八岁，父衢曾醉，误伤攸耳，而攸出入游戏，常避护，不欲令衢见。衢后闻之，乃惊其宿智如此。

《吴录》曰：关羽走，孙权使虞翻筮之，曰："必当断头伤其耳。"果如翻言。

《蜀志》曰：先主长七尺五寸，垂臂下膝，顾自见其耳。

《晋书》曰：王导多疾，每自忧，陈训曰："耳竖必寿，亦大贵。"

又曰：殷仲堪父患耳，闻床下蚁动，谓是斗牛。

王隐《晋书》曰：张轨为凉州刺史。敦煌曹袪上言轨老病，更请刺史。轨治中率数十人皆割耳于盘，流血诉枉，得停。

《蜀书》曰：武皇帝李雄美容貌，相工相之曰："此君口如方器，耳如相望。位必过三公，不疑也。"

《唐书》曰：汴州节度李忠臣尝因奏对，德宗谓之曰："卿耳甚大，贵人也。”忠臣对曰：“臣闻驴耳甚大，龙耳即小，臣耳虽大，乃驴耳也。”上悦之。

《老子》曰：五音令人耳聋。

《孟子》曰：伯夷耳不听恶声。

《鹖冠子》曰：夫耳主听，两豆塞之，则上不闻雷霆。

《淮南子》曰：禹耳三漏，是谓大通。兴利除害，决江疏河。

《抱朴子》曰：老子耳长七寸。

又曰：耳能闻雷霆，而不闻蚁虱之音。

《吕氏春秋》曰：雷则掩耳，电则掩目。耳闻所恶，不如无闻；目见所恶，不如无见。

又曰：且天生人而使其耳可以闻，不学，其闻不若聋；使其目可以见，不学，其见不若盲；使其口可以言，不学，其言曲以爽；使其心可以知，不学，其知暗以狂，凡学，非为能益也，达天性也。

《说苑》曰：昔费仲、恶来、胶革，长鼻决耳，从纣之心，武王诛之。

《博物志》曰：南方落头民，其头能飞，以耳为翼。

《濑乡记》曰：老子耳有三门。

王子年《拾遗录》曰：沐胥国人，左耳中出青龙，右耳中出白虎。龙虎初出之时，如绳缘颊，手捋面而龙虎皆飞，去地十余丈。而云气绕龙，风来吹虎。俄而以手一挥，龙虎皆还入耳。

《高士传》曰：尧聘许由为九州牧，由闻之，洗耳于河。

《列仙传》曰：务光，夏时人，耳长七寸。阳都女，耳细而长。众皆言此天人也。

又曰：宁先生毛身广耳，阮丘耳长六七寸。

《列士传》曰：燕丹师田光，往候荆轲。值轲醉，唾其耳中，轲觉曰：“此出口入耳之言，必大事也。”即往见光。

《列女后传》曰；刘仲敬妻者，沛国桓林之姊也。仲敬早亡，桓乃引刀割耳。宗妇问之，桓曰：“吾自五代以来，世知名，男以忠孝显，女以贞顺称。家以我年少，必相嫁，故预自裁割，以信我心。”

又曰：曹文叔妻，谯国夏侯宁之女。文叔早亡，妻断发自誓。其家欲嫁之，又截两耳。司马太傅美之，乞为曹氏后。

又曰：阳华穆妻者，下邳刘方之女，字桃树。生一男，而穆早亡，吴丁諿音缉求之。諿，知名之士，家将许焉，桃树乃操刀割耳。其子又亡，桃树乃安身守正，动不愆礼。

《长沙耆旧传》曰：太尉刘寿少遇相师，相师曰："耳为天柱，今君耳城郭，必典家邦"

《樊氏相法》曰：耳门不容麦，岁至百，兼富。

目

《释名》曰：目，默也，谓默而内识也。眼，限也，童子限限而出也。

《礼》曰：目者，气之清明者也。

又《玉藻》曰：目容端。不睇视也。

又《大学》曾子曰：十目所视，十手所指，其严乎？

《左传》曰：宋华父督见孔父之妻于路，目逆而送之曰："美而艳。"

又曰：富辰曰："目不别五色之章为昧。"

又曰：子玉使斗勃请战，曰："请与君之士戏，君凭轼而观之，得臣与寓目焉。"

又曰：楚子将以商臣为太子，访诸令尹子上，子上曰："楚国之举，恒在少者，且是人也，蜂目而豺声，忍人也，不可立也。"

又曰：秦伯伐晋，取羁马。乃出战，交绥。古名退军为交绥。秦晋志未敢坚战，兵未致争而两军退，故曰交绥。秦行人夜戒晋师曰："两军之士皆未憖也，明日请相见。"憖，缺也。臾骈曰："使者目动而言肆，惧我也，将遁矣。薄诸河，必败之。"

又曰：宋华元为植，巡功，植，将主也。城者讴曰："睅其目，皤其腹，弃甲而复。于思于思，弃甲复来。"于思，多须之貌。

又曰：潞子婴儿之夫人，晋景公之姊也。酆舒为政而杀之，又伤潞子之目。

又曰：晋楚将战，晋侯筮之，卜史曰："吉"。卦遇'复'，曰：南国蹙，射其元王中厥目。"及战，共王中目。

又曰：叔孙豹会晋士丐于柯，盟于督阳。荀偃瘅疽，生疡于头。瘅疽，恶疮。济河，及着雍，病，目出，卒而视，不可含。目开口禁也。宣子盥而抚之，曰："事吴，敢不如事主！"犹视。大夫称主。栾怀子曰："其为未卒事于齐故也？"怀子，栾盈也。乃复抚之曰："苟终，所不嗣事于齐者，有如河！"乃瞑，受含。嗣，续也。

又曰：宋公子地有白马四。公嬖向魋，欲之。向魋，司马向魋，卜也。公取而朱其尾鬣以与之。与，魋也。地怒，使其徒夺之。魋惧，将走。公闭门而泣之，目尽肿。

又曰：公侵齐，门于阳州。颜息射人中眉，退曰："我无勇，吾志其目也。"

《诗》曰：美目盼兮，巧笑倩兮。素以为绚兮。

《书》曰：正月元日，舜格于文祖。询于四岳，辟四门，明四目，达四聪。"咨，十有二牧！"曰："食哉唯时！"

《易·小畜》曰：舆说辐，夫妻反目。《象》曰："夫妻反目，不能正室也。"

又《说卦》曰：离为目。

《春秋孔演图》曰：苍颉四目，是谓并明。

《春秋元命苞》曰：目，肝之使。

又曰：舜重瞳子，是谓慈原，上应摄提，下应三元。

《尚书大传》曰：舜目四瞳子。

《论语隐义》曰：卫蒯聩乱，子路兴师往，有孤黯者当师，曰："子欲入耶？"曰："然。"黯从城上下麻绳，钓子路半城，问曰："为师耶，为君耶？"曰："在君为君，在师为师。"黯因投之，折其左股，不死。黯开城，欲杀之。子路目如明星之光曜，黯不能前，谓曰："畏子之目，愿覆之。"子路以衣袂覆目，黯遂杀之。

《史记》曰：吴王赐子胥属镂之剑以死，子胥仰天叹曰："嗟乎！

抉吾眼，着吴东门上，以观越寇之入灭吴也。”

又曰：赵王与秦王会渑池，秦王不肯击缶，相如曰：“五步之内请得以颈血溅大王矣。”左右欲刃相如，相如张目叱之，左右皆靡。秦王不怿，为一击缶。

又曰：越王无疆与中国争强，北伐齐。齐威王使人说越王，越王不纳，齐使者曰：“幸也越之不亡也！吾不贵其用智，如目之见毫毛而不自见睫也。今王知晋之失计，不知越之过，是目论也。”

又曰：大梁人尉缭曰：“秦王为人蜂准蜂，一作隆。长目”。

又曰：汉王诣鸿门谢项羽，羽欲杀汉王，樊哙带剑拥戟楯入军门，披帷西向而立，瞋目视羽，鬓发上指，目眦尽裂。

又曰：项王大呼驰下，汉军皆披靡。时赤泉侯为骑将，追项王，项王瞋目而叱之，赤泉侯人马俱惊，辟易数里。

《楚汉春秋》曰：上过陈留，郦生求见，使者入通，公方洗足，问何如人？曰：“状类大儒。”上曰：“吾方以天下为事，未暇见大儒也。”使者出，郦生瞋目案剑曰：“入！言高阳酒徒，非儒者！”

《汉书》曰：东方朔上书曰：“臣朔目若悬珠，齿如编贝。”

《东观汉记》曰：杜根谏和熹音喜，又许忌切。邓后以安帝宜亲政事，太后大怒，囊盛扑杀之。根诈死三日，目中生蛆。

《魏志》曰：太祖与韩遂、马超等单马会语，左右皆不得从，唯将许褚。超负其力，阴欲前突太祖，素闻褚勇，疑从骑是。乃问：“公有虎侯者安在？”太祖顾指褚，褚瞋目眄之，超不敢动。

又曰：张绣反，袭太祖营，典韦战于门中。韦乃双挟两贼击杀之，余贼不敢进。韦复前突杀数人，疮重，瞋目大骂而死。

又曰：夏侯炖音敦从征吕布，为流矢所中，伤左目。时夏侯渊与炖俱为将军，军中号炖为盲夏侯。

《晋书》曰：王衍尝因宴集，为族人所怒，举摞音罍掷其面。衍初无言，引王导共载而去。然心不能平，在车中揽镜自照，谓：“尔看吾目光乃在牛背上矣。”

王隐《晋书》曰：甘卓为扬威将军，历阳内史郡人陈训私语人曰："甘公头低视仰，目中有赤脉，当危于兵，勿为将可也。"果为王敦所害。

又曰：王敦枉害刁协。及敦病，白日见协乘轺音遥车从吏驺诣敦，而仰头瞋目。

邓粲《晋纪》：阮籍能为青白眼，礼俗士辄以白眼对之。稽喜，康之兄，闻籍不哭，见白眼，喜不惮而退。

萧子显《齐书》曰：褚渊有器度，不妄举动。宅常失火。烟焰甚遍，左右惊扰，渊神气怡然，索舆来徐去。轻薄子颇以名节讥之，以渊眼多白睛，谓之"白虹贯日"也。

崔鸿《十六国春秋·前秦录》曰：苻生骁果粗暴，昏酒无赖，祖洪甚恶之。生无一目，年七岁，洪戏之问侍者曰："吾闻瞎儿一泪，信乎？"侍者曰："然"。生怒，引佩刀自刺出血，曰："此亦一泪也。"洪大惊。

《三国典略》曰：齐韩凤、穆提婆、高阿那肱共处衡轴，号曰三贵。瞋目张拳，有啖人势。

又曰：和士开常言曰："琅琊王目光弈弈，数步射人，向者暂对，不觉汗出。"

又曰：周武帝还自东伐。初遇疾，口不能言，脸垂覆目。

《老子》曰：五色令人目盲。

《韩非子》曰：目见有百步之外，而不能见其眦。

《庄子》曰：温伯雪子适齐，舍于鲁，仲尼见之不言，子路问焉，仲尼曰："若夫人者，目击而道存也。"

又曰：孔子见老聃而语仁义。老聃曰："夫播糠眯目，则天地四方易位矣。夫仁义翻然，乃愦吾心，乱莫大焉。"

《孟子》曰：伯夷目不视恶色。

又曰：存乎人，莫良于眸子。眸子不能掩其恶，胸中正则眸子了焉；胸中不正，则眸子眊焉。

范子曰：掩目别黑白，虽一时中，犹不知天道也。

《慎子》曰：离朱之明，察毫末于百步之外，尺水不能见浅深，非目不足，其势难睹也。

《尸子》曰：使目在足下，则不可以视。

又曰：舜两眸子，是谓重明。

《孙卿子》曰：厌目而视者，视一以为两。

《燕丹子》曰：樊于期闻荆轲之言，于是自刭，头堕背后，两目不瞋。

《韩子》曰：田驷欺邹君，将杀之。田驷恐，告惠子。惠子见邹君曰："有人见君，则睐大叶切，闭目也。其一目，奚如？"君曰："我必杀之。"惠子曰："瞽睐两目，君奚弗杀？""驷东欺齐侯，南欺荆王。驷之于人，瞽也，君奚恶？"乃弗杀。

又曰：古人目短于自见，故以鉴观面。

又曰：刻削之道，鼻莫如大，目莫如小。鼻大可小，小不可大；目小可大，大不可小，举事亦然。

又曰：楚庄王欲伐越，庄子曰："王之伐越，何也？"王曰："政乱兵弱。"庄子曰："臣患知之如目也：能见百步之外，而不能自见其睫。王之弱乱，非越王之下也，而欲伐越，此知之如目也。"

《淮南子》曰：夫目察秋毫之末，而耳不闻雷霆之音；耳调玉石之声，而目不见太山之高，何则？不小有所志，而大有所志也。

《孔丛子》曰：夫子适周见苌弘，言终而退。苌弘语刘文公曰："吾观仲尼有圣人之表，其状河目而隆颡，是黄帝之形貌也。"

《郭子》曰：刘尹道、桓温须如反猬毛，眼如紫石棱，自是孙仲谋一流人也。

《抱朴子》曰：眼能察天衢而不能周项领之间。

《蒋子语》曰：两目不相为视。昔吴有二人评王者，一人曰好，一人曰丑，久之不决。二人各曰："尔可来入吾目中，则好丑分矣。"王有定形，二人察之有得失，非苟相反，眼睛异耳。

袁准《正书》曰：目以见小为明，耳以听大为聪。

顾子《义训》曰：假天下之目以视，则四海毫末可见也。

《山海经》曰：一臂国为人，一目中其面而居。《括地图》同。

《太公金匮》曰：一目视则不明，一耳听则不聪。

《吕氏春秋》曰：孟贲过于河，先其伍，船人怒，以楫虓音乂其头。中河，孟贲瞋目视舡人发植、目烈、须指，指，直。舟人尽惕骇，播入于河。使船人知孟贲，不敢直视，涉无先者，又辱之乎？此不知故也。

又曰：管子缚束于鲁。鲍叔曰："君欲霸王，则臣不若管夷吾。"桓公曰："夷吾，寡人之贼也，射我者也。不可。"鲍叔曰："夷吾为其君射人，若得之则彼亦将为君射人。"君不听，鲍叔固让，果听之。于是使告鲁曰："管仲，寡人仇也，愿得而亲加手焉。"鲁许诺，乃使吏鞟其拳，胶其目，以革囊其手也。盛之以鸱夷，置之车中。至齐境，桓公使人以朝车迎之。

又曰：使其目可以见；不学，其见不若盲。

《春秋后语》曰：平原君对赵王曰："沔池之会，臣察武安君之为人也，小头而锐，瞳子白黑分明。小头而锐，断敢行也；瞳子白黑分明者，见事明也。"

《列仙传》曰：秦召魏公子无忌，不行，使朱亥奉璧一双。秦王大怒，将朱亥着虎圈中。亥瞋目视虎，眦血出溅虎，虎终不敢以视。

《郑玄别传》曰：玄笑眉明目。

《董卓别传》曰：卓会公卿，召诸降贼饭，行责降者曰："何不凿眼！"应声，眼皆落地。

赵至《自叙》曰：嵇康谓至曰："卿头小锐，瞳子白黑分明，觇占停谛，有白起风。"

《列仙传》曰：偓于角切。佺音筌，槐山人，采药，好食松实，而目更方。

又曰：赤斧，戎人也，为碧鸡祠主簿，饵丹，身及瞳子皆赤。

《神仙传》曰：涉正，巴东人。入吴，常闭目，弟子随之数十年，莫有见开目者。有一弟子固请之，正为开目，音如霹雳，光如电照。弟子顿伏，良久乃起。

《竹林七贤传》曰：王戎眸子洞彻，视日而眼照不亏。

《世说》曰：顾长康云：其哭桓宣武，眼如悬河决溜。

又曰：康僧渊目深而鼻高，王承每调之。僧渊曰："鼻者面之山，目者面之渊；山不高则不灵，渊不深则不清。"

又曰：裴令俊有姿容，时人名之为王人。有疾至困，武帝使王夷甫往视之。王出。语人曰："眸子闪闪如岩下电，精神挺动，体中故如恶耳。"

《语林》曰：王右军见杜弘治叹曰："面如凝脂，眼如点漆，此神仙中人。"

《谈薮》曰：王肃初归国，谓阳大眼曰："在南闻君之名，以为眼如车轮，今见，乃不异人。"大眼曰："若旗鼓相望，瞋眸奋发，足使君亡魂丧胆，何必大如车轮。"

又曰：后魏昭成帝常击贼。流矢中目。贼破，执射者至，左右欲剥割之。帝曰："彼各为主，何罪？"乃释之。

太平御览卷第三百六十七 人事部八

颊

《说文》曰：颊，面旁也，辅颊也。

《释名》曰：颊，夹也，面旁称也，亦取挟敛食物也。

《传》曰：宫之奇曰："谚所谓'辅车相依，唇亡齿寒'者，其虞虢之谓乎？"辅，颊。辅车，牙车。

又曰：公侵齐，门于阳州，士皆坐列。颜高夺人弱弓，籍丘子鉏击之，与一人俱毙。子鉏，齐人。偃，且射子鉏，中颊，殪。子鉏死。

《易·咸卦·象》曰："咸其辅颊舌，腾口说也。"

又《夬卦》曰：壮于頄，有凶。頄求龟反，面权也。

又曰：艮其辅，言有序。施止于辅，以处于中，故曰无择言。

《史记》曰：汉王闻魏豹反，方东忧楚。未及击，谓郦生曰："缓颊往说魏豹，能下之，吾以万户封若。"

又曰：武帝玄鼎六年定越地，以为儋耳郡。张晏曰："儋耳，其俗镂其颊皮，上连耳匡，分为数支，状若鸡肠。"

又《汉书》曰：朱博入守左冯翊。长陵大姓尚方禁少时尝盗人妻，见斫，疮着其颊。博知。以他事召见，视其面，果有瘢。博辟左右问禁："是何等疮？"禁叩头服状。博笑曰："大丈夫固时有是。"以为耳目。

《江表传》曰：孙策杀吴郡太守许贡，贡奴客潜民间，欲报仇。策出猎，卒遇三人，即贡客也。射策，中颊。后骑寻至，皆刺杀之。

王隐《晋书》曰：大驾北伐成都，王颖统王师于荡阴败绩，上伤颊，失六玺，左右奔走。

《三国典略》曰：梁谢答仁闻侯景奔，乃自东阳率众候之。至钱塘间赵伯超曰："公得何消息而闭门见拒？"伯超曰："汝颊边頞有耳否？侯王已死，远近悉平，君将此兵欲向何处？"答仁曰："审如公言，死无所恨。”

《淮南子》曰：厌𩒍音父在颊则好，在颜则丑。

王子年《拾遗录》曰：孙和月下舞水精如意，误伤邓夫人颊，血流婉转，弥苦，及差而灭，左颊有赤点如志，迫而视之，更益妍也。诸嬖欲宠者，皆以丹脂点颊而后进幸。

《唐子》曰：人多远见百步，而不自知眉颊。

蒋齐《万机语》曰：许子将褒贬不平以拔樊子昭，而抑许文休。刘晔曰：“子昭发自贾竖，年至耳顺，退能守静，进能不苟。”济答曰：“子昭诚自长幼完洁，然观其摇牙树颊，自非文休敌也。”

《世说》曰：郄公遭永嘉丧乱，穷馁，乡人共饷之。公尝携兄子、外生周翼二小儿往食，乡人曰：“各自穷馁，以君之贤，共存君耳，恐不能兼饷。”公于是独往食，辄含饭着两颊，还，吐与二小儿。后并得存过江。公亡，翼时为剡县，解职归，席苫于公灵床头，心丧三年。

鼻

《释名》曰：鼻，嘒也，出气嘒嘒也。

《公羊传·僖公》曰：邾娄人执鄫子，用之社，盖叩其鼻以血社也。

《孝经援神契》曰：伏羲山准，禹虎鼻。

《史记·范雎传》曰：蔡泽游学于诸侯，小大甚众而不遇，从唐举相。举熟视而笑曰：“先生曷鼻，巨肩，魋颜，戏頞，𪖙，膝挛。吾闻圣人不相，殆先生乎？”

《战国策》曰：苏子南使齐，谓齐王曰：“臣闻当世之主，必诛暴正乱。今宋王射天笞地，铸诸侯之像，使侍屏匽展其臂，弹其鼻。此天下无道，而王弗伐，王名终不成矣。”

《魏志》曰：管辂举秀才，何晏请曰：“试为我作一卦，知位当至三公否？又连梦青蝇数十，来集鼻上，驱之不去。”辂曰：“鼻者艮，天中之山，高而不危，所以长守贵也。今青蝇臭恶而集之，位峻者亡。愿君侯上追文王六爻之旨，下思尼父彖象之义，然后三公可决，青蝇可驱。”

《晋书》曰：谢安石本能为洛下书生咏，有鼻疾，故其音浊，名流爱其咏而不能及，或掩鼻以斅之。“

又曰：王澄在荆州，叱左右棒士人宗廞。别驾郭舒励色谓左右曰：“使君过醉，汝辈何敢妄动！”澄恚，遣掐其鼻，炙其眉。

崔鸿《十六国春秋·后赵录》曰：王谟字思贤，齆鼻，言不清畅，尫短无威仪。将拜曲阳令，勒疑之，问长史张宾，宾曰：“请试可不？”勒从之。由是政教严明，百城尤最，出为都部从事，守宰去官者十五人。

《唐书》曰：薛举每破阵，所获士卒皆杀之。杀人多断舌割鼻。

《庄子》曰：野人垩墁于鼻端，若蝇翼。使斫之，匠石运斤成风，垩尽而鼻不伤。

《列子》曰：夏禹蛇身人面，牛首虎鼻，而有大圣之德。

《孟子》曰：西子蒙不洁，则人皆掩鼻而过之。

《韩子》曰：魏王遗楚美女，楚王悦之。夫人郑袖谓新人曰：“王甚爱子，然恶子鼻。见王常掩鼻，则王长幸子。”于是新人从之。王谓夫人曰：“新人见寡人常掩鼻何？”对曰：“言恶闻王口臭。”王怒甚，因劓之。

《淮南子》曰：东方人隆鼻。

《山海经》曰：一臂国人，一鼻孔。

《论衡》曰：鼻不知臭为齆乌贡切，人不知是非为闭。

又曰：苏秦骨鼻，为六国相。

《太玄经》曰：割鼻饴口，丧其息主。

《列士传》曰：干将子赤鼻。

《列女传》曰：梁高行者，梁之寡妇，荣于色，敏于行，早寡不嫁。梁贵人争欲取之，不能得，梁王闻，使娉焉，乃援镜操刀以割鼻曰：“妾所以不死者，不忍幼嗣之重孤也，刑余之人，殆可释矣。”王高其节，敬其身，号曰：“梁高行。”

又曰：沛国孙去病妻，同郡戴元世女。夫死，母欲嫁之。操刀割鼻，刀钝不入，趋于石上砺之，鼻然后断。郡表其闾。

又曰：梁郡夏文圭妻，沛国刘景宾女，亦割鼻自誓不嫁。

《列女后传》曰：吴孙奇妻者，广陵范慎女，名姬。十八配奇，奇亡，慎以姬少寡无子，迎还其家，姬不肯。迎者以父命迫之，姬遂操刀割鼻。

《三辅故事》曰：卫太子岳鼻，太子来省疾，至甘泉宫，江充告太子勿入，陛下有诏，恶太子鼻岳，尚以纸蔽其鼻。充语武帝曰："太子不欲闻陛下脓臭，故蔽鼻。"武帝怒太子，太子走还。

崔寔《政论》曰：秦割六国之君，劓杀其民，于是赭衣塞路，有鼻者丑。故百姓鸟惊兽骇，不知所归命。

《王湛别传》曰：王处冲身长八尺，龙颊大鼻。

《世说》曰：初，谢安在山东居布衣时，兄弟有富贵者。刘夫人戏谓安曰："大丈夫不当如此。"谢乃捉鼻曰："但恐不免耳。"

又曰：石崇家造厕，令婢以盘擎枣，与厕人塞鼻。

又曰：康僧渊目深而鼻高，王丞每嘲之。僧渊曰："鼻者面之山，山不高则不灵。"

《谈薮》曰：宋废帝常入武帝庙，指其画像曰："此渠大好色，不择尊卑。"顾谓左右："渠大齇鼻，如何不齇。"即令画工齇。

又曰：齐世祖之征颍川也，有皇甫王渊者善相人，见其容止，窃议曰："此不作大物，会是垂涕洟者。"谓太原公洋也。

崔玄《濑乡记》曰：老子鼻双柱。

《养生经》曰：鼻者，心之门。

頞

《说文》曰：頞，鼻茎也。頞，乌葛切。

《释名》曰：頞，鞍也，偃折如鞍也。

《史记》曰：唐举谓蔡泽曰："先生魋颜蹙齃，殆不相乎？"

《后汉书》曰：周燮字伯彦，初生钦颐折頞丑甚，母欲弃之，其父不听曰："吾闻贤圣多有异，兴我宗者乃此。"于是宝之。

《吴书》曰：诸葛恪字元逊，瑾长子。少知名，少鬓眉折頞广颡。

《庄子》曰：髑髅深嚬蹙頞曰："岂能舍南面王，乐而为人生哉！"

《吕氏春秋》曰：文王好食昌菹，孔子蹙頞而食之。

扬雄《解嘲》曰：蔡泽，山东匹夫也。顩颐折頞，涕唾流沫。

口

《说文》曰：口者，人之所以言、食。

《释名》曰：口，空也。

《礼》曰：曾子谓子思曰："伋！吾执亲之丧也，水浆不入于口者七日。"

又曰：晋人谓赵文子知人。文子其中退然，如不胜衣；中，身也。退，知柔貌。其言呐呐然，如不出诸其口。呐呐，舒小貌，音如悦切。

又《玉藻》曰：口容止。不安动也。

又《少仪》曰：燕侍食于君子。数噍，毋为口容。口容，弄口。噍，才笑切。

又《祭义》曰：恶言不出于口。

又《缁衣》曰：小人溺于水，君子溺于口。口费而烦，易出难悔，易以溺人。言口多空言且烦数也。过言一出，驷马不能及，不可得悔也，口舌所覆，亦如溺也。

《左传》曰：郑伯使许大夫百里奉许叔以居许东偏，曰："寡人有弟，不能和协，而使糊其口于四方，其况能久有许乎？"

又曰：口不道忠信之言为嚚。

又曰：子玉使伯棼请战，曰："非敢必有功也，愿以间执谗慝之口。"

又曰：晏子曰："君民者，岂以陵民，社稷是主；臣君者，岂为口实，社稷是养。"言君不徒居民上，臣不徒求禄，皆为社稷。

又曰：正考父佐戴、武、宣，三命滋益恭，故其鼎铭云："一命而偻，再命而伛，三命而俯。饘于是，粥于是，以糊余口。”

又曰：费无极言于楚子曰：“建与伍奢将以方城之外叛。”王执伍奢。使城父司马奋阳杀太子，未至，而使遣之。知太子冤，故遣令去。太子建奔宋。王召奋阳。奋阳使城父人执己以至。王曰：“言出于余口，入于尔耳，谁告建也？”

《诗·正月》曰：好言自口，莠言自口。莠，丑也。

又《十月之交》曰：无罪无辜，谗口嚣嚣。

《书序》曰：济南伏生，年过九十，失其本经，口以传授。

又曰：《大禹谟》曰：“唯口出好兴戎。朕言不再。”好谓赏善，戎谓伐恶，言口荣辱之主，虑而言宣也，戎于一也。

又《盘庚上》曰：相时憸民，犹胥顾于箴言，其发有逸口。言憸利，小人尚相顾于箴悔之言，恐君其发动有过口之患也。

又《说命》曰：唯口起羞。

《易·说卦》曰：兑为口。

《论语·公冶长》曰：或曰：“雍也仁而不佞。”子曰：“御人以口给，屡憎于人。”

又《阳货》曰：“恶利口之覆邦家者。”

《公羊传》：公子翚谄于隐公，谓隐公曰：“百姓安子，诸侯说子，盍终为君矣。”隐公曰：“否。使修菟裘，吾将老焉。”公子翚恐若其言闻于桓，于是谓桓公曰：“吾为子口隐矣。”

《孝经援神契》曰：舜大口。

又曰：孔子海口，言若含泽。

《论语择辅像》曰：子贡斗星绕口，南容升。

又曰：太公大口，鼻有伏藏。

《史记》曰：周厉王得卫巫，使监谤者，以告，则杀之。其谤鲜矣。王喜，告召公：“吾能弭谤矣。”召公曰：“是障之也。防民之口，甚于防水。水壅而溃，伤人必多，民亦如之。民之有口也，犹土之有山川也，财用于是乎出；犹其有原隰衍沃也，衣食于是乎生。口之宣言也，善败于是乎兴。行善而备败，所以产财用衣食者也。夫民虑之于心而宣之于口，成而行之。若壅其口，其与能几何？”王不听，于是国人莫敢出言。

又曰：季桓子受齐女乐，三日不听政；郊，又不致膰俎于大夫。孔子遂行。而师己送，曰：“夫子则非罪。”孔子曰：“吾歌可夫？”歌曰：“彼妇之口，可以出走；彼妇之谒，可以死败。”言妇人之口请，谓是以忧，使死人败，故可以出走也。

又曰：邓公曰：“吴王为反数十年矣，发怒于削地，以诛晁错为名，其意非在错也。且恐天下之士噤口，不敢复言。”

《汉书》曰：汉王击魏豹，谓郦食其曰：“魏大将者，其人为谁？”曰：“柏直也。”汉王曰：“是口尚乳臭。”

又曰：高祖欲废太子，周昌谏曰：“臣口不能言，心知不可。”

又曰：良药苦口利于病。

又曰：张苍免相后，口无齿，食乳，女子为乳母。

又曰：条侯周亚夫，相曰：“从理入口，法饿死。”

又曰：扬雄口吃，不能剧谈。

又曰：王莽为人哆口。哆，唱者切。

《东观汉记》曰：光武为人，日角、大口、美须眉。

又曰：明德马后身长七尺三寸，青白色，方口美发。

《后汉书》曰：马援在交阯，还书戒兄子曰：“龙伯高敦厚周慎，口无择言，谦约节俭，廉公有威，吾爱之重之。”

应劭《汉官》曰：侍中乃存，年老口臭，帝赐以鸡舌香，令含之。

《汉表传》曰：孙坚为下邳丞时。孙权生而方颐大口，目有精光。坚异之，以为贵象。

《燕书》曰：申弼，烈祖常从容问诸侍臣曰：“夫口以下，动乃能制物，铁钻为用，亦噬嗑之意，而从上下何也？”弼答曰：“口之下动，上使下也；鈇钻之用，上斩下也。”烈祖称善。

《南史》曰：谢朏出为吴兴郡守，与弟瀹于征虏渚送别。朏指瀹口曰："此中唯宜饮酒。"

《唐书》曰：郝处俊、孙象贤，垂拱中坐事伏法。临刑，言多不顺。自此，法司每将杀人也，必先以木丸塞口。

又曰：杜黄裳，性雅淡宽恕，心虽从长口不忤物。

《老子》曰：五味令人口爽。

《管子》曰：桓公与管仲谋伐莒，未发，已闻于国。东郭邮至，公问之："子曰言伐莒乎？"东郭曰："君子善谋，小人善意。臣视二君在堂上口开不合，言莒也。"

《庄子》曰：公孙龙口呿而不合，舌举不下。

《鬼谷子》曰：口者，机开也，所以开闭情意也。

又曰：口可以食，不可以言。

《周生烈子》曰：口者言之门。

《河图》曰：秦始皇虎口日角。

陆贾《新语》曰：众口所毁，浮石沉木。群邪相抑，以曲为直。

《说苑》曰：口者开也，舌者机也。出言不审，驷马不能追也。

《吴越春秋》曰：越王勾践入臣于吴，吴王病大便，太宰嚭奉溲恶以出。勾践尝之，后病口臭。范蠡令左右食岑草以乱其气。

《曹瞒别传》曰：操遨游无度，其叔数语其父。操后行，逢叔于道，阳败面为口，云中暴风。叔告其父，父呼见之，操面如故。从此叔言不复入信，操益得纵恣为王也。

杜如《体论》曰：束脩之业，其上在于不言。

谚曰：口如鼻，至老不失。

傅子曰：拟金人铭，作《口铭》云："神以感通，心由口宣。福生有兆，祸来有端。情莫多妄，口莫多言。蚁孔溃河，溜穴倾山。病从口入，祸从口出。存亡之机，开阖之术。口与心谋，安危之源，枢机之发，荣辱存焉。"

王子年《拾遗录》曰：昔伯禹入穴，乃至一室，里一人身如蛇鳞于石上，口吐一王简以受禹。简长十二寸，以量度天地。

又曰：始皇二年，骞消国善画工者名烈裔，口含丹墨喷壁，即成龙云之队。

又曰：沐胥国人，年九万岁，以口喷水为雨，纷漫数十里，俄而口吹为风，而雨皆止。

《濑乡记·李母碑》曰：老子方口。

《养生经》曰：军营之中有甘泉。注云：军营，口也；甘泉，唾也。

又曰：口为华池。

《相书》曰：大容，手赤如丹，贵寿。

又曰：欲知人多舌，当视其口，如鸟喙，言语皆聚，此多舌人也。

《谈薮》曰：梁高祖重陈郡谢玄晖诗，常曰："不读谢诗，三日觉口臭。"

舌

《释名》曰：舌，泄也，舒泄所当言也。

《诗·雨无正》曰：哀哉不能言，匪舌是出，维躬是悴。

《诗·大雅·瞻卬》曰：妇有长舌，维厉之阶。

又《抑》曰：莫扪朕舌，言不可逝矣。

《论语·颜渊》曰：子贡曰："惜乎，夫子之说君子也！驷不及舌。"

《春秋元命苞》曰：舌之为言，达也。阳立于三，故舌在口中者长三寸，象斗。玉衡阴合有四，故舌沦入溢音益。内者长四寸。宋均曰：玉衡，三星也。魁，四星也。

《孝经钩命决》曰：仲尼舌理七重，陈机授度。

《史记》曰：平原君既已定从，而归至于赵，曰："今毛生以三寸之舌，强于百万之师。"

又曰：留侯曰："今以三寸之舌为帝者师，卦万户，位列侯，此布衣之极，于良足也。"

又曰：张仪常从楚相饮，已而失璧，门下意仪盗璧，共执，掠笞数百，不服，释之。其妻曰："嘻！子无读书游说，安得此辱乎？"仪张口谓其妻曰："视吾舌尚在否？"妻曰："君舌在也。"仪曰："足矣。"

又曰：郭解任侠，有儒生侍使者坐，客誉郭解，生曰："郭能专以奸犯法，公何谓贤？"解客闻之，杀此生，断其舌。

《汉书》曰：蒯通谓韩信曰："郦生一士，伏轼掉三寸舌，下齐七十城。"

又曰：东海公宾就斩王莽，传诣更始，悬于宛市，百姓共提击之，或切食其舌。

《后汉书》曰：马援与隗嚣将杨广书曰："岂有知其无成，而但萎腇咋舌叉手从族乎？"萎，腰软弱也。萎，音于罪切；腇，音也罪切。

张璠《汉记》曰：董卓于众坐，生斩人手足，又凿目截舌口，百姓嗷嗷，道路以目。

《英雄记》曰：曹操与刘备密言，备泄于袁绍，绍知操有图国之意。操自咋其舌，流血，以失言诫后世。

《魏末传》曰：诸葛诞杀乐綝，有典农都尉数谗诞，于是收而斩之，骂曰："卿坐舌。"先使人以竹搀其舌，然后杀之。搀，音谗，又楚金切，刺之也。

《晋中兴书》曰：温峤密启肃祖，陈王敦作难，郭闻曰："果为小物所欺。"乃募："有能生得峤者，吾当手拔其舌。"

《晋书》曰：鸠摩罗什，年七岁出家，日诵千偈。后死，姚兴依外国法焚尸，薪灭形碎，唯舌不烂。

沈约《宋书》曰：南郡王义宣，生而舌短言涩。

《唐书》曰：波斯国俗法，有罪者火烧铁灼其舌，疮白者为理，疮黑者为有罪。

《燕丹子》曰：荆轲见燕太子，太子曰："田先生今无恙乎？"轲曰："光送轲之时，言太子戒以国事，耻以丈夫而不可，向轲吞舌而死。"

《郭子》曰：殷仲堪云："三日不读《道德论》，便觉舌本间强。"

《山海经》曰：反舌国，其人反舌，一曰交。

《说苑》曰：桓公饮管仲酒，弃其半，公问其故，对曰："臣闻酒入者舌出，舌出者身弃，臣谓弃身不如弃酒。"

又曰：韩子问叔向曰："刚与柔孰坚？"叔向曰："臣年八十，齿再落而舌尚存，是知刚不如柔也。"

杨子《法言》曰：五常者，帝王之笔舌，宁有书不由笔，言不由舌也？

《搜神记》曰：永嘉中，有天竺胡人能断舌，先吐舌示宾客，然后乃截，血流覆地。乃取置器中，传以示人，取舌还合，有顷如故。

《桂阳先贤传》曰：采阳陵，字遂文，果而好义。郡长汲府君为州所章，陵被掠考，参加五毒。陵乃截舌以着盘中，献之廷尉。群公咸共议之，事得清理。

又曰：临武程桓，少有才艺，为九江主记掾。府君为人所章，桓被征诣台，徐郎中委郎诣州，乞就考于格上，拔刀截舌，郡事清理。

《谈薮》曰：颍川王伟有才学，为侯景左仆射。景败，被擒送江陵，湘东王欲活之，左右妒其才，乃曰："伟作檄文。"绎视之，大怒，钉伟舌于柱。

《养性经》曰：舌之和之候也。

《相书》曰：舌如绛赤者，贤人也。

《相书杂要》曰：吐舌及鼻，三公也。

太平御览卷第三百六十八 人事部九

唇吻

《说文》曰：唇，口端也。

《释名》曰：唇，缘也，口之缘也。吻，免也，入则碎，止则免也。又取拉也，漱唾所出，恒加拉拭，因以为名也。

《传》曰：晋欲伐虢，假道于虞，虞君许之。宫之奇谏曰："谚有之：辅车相依，唇亡齿寒，其虞虢之谓乎？"

又曰：吴将伐鲁，王问于子泄，对曰："诸侯将救之，未可以得老焉。夫鲁，齐晋之唇，唇亡齿寒，君所知也。不救何为？"

《春秋元命苞》曰：唇者，齿之垣，所以扶神设端，若有列星与外有限，故曰：唇亡齿寒。

《春秋孔演图》曰：八政不中，则人无唇。人恃唇乃语，命无阴不制。

《孝经钩命决》曰：仲尼斗唇吐教，陈机授度。

《史记》曰：越王勾践曰："孤常不料力，与吴战，困于会稽，日夜焦唇干舌，徒欲与吴王接踵而死。"

《汉书》曰：张汤与颜异有隙，人有告异以他议，事下汤治异。云：异与客语，客云初令下有不便者，异不应，征反唇。汤奏异九卿见令不便，不入言而腹非，论死。自是后有腹非之法。

又《薛宣传》曰：博士申咸毁丞相宣家行不足，宣子况赇音求客杨明，斫咸宫门外，申断鼻唇。况坐徙敦煌，宣免为庶人。

王隐《晋书》曰：《寒俊传》曰："刘升龙，须昌人。赤色文唇，少言语，有大志，自县小吏至雍州刺史。"

《梁书》曰：侯景僭位，入登太极殿，其徒数万。吹唇唱吼而上。

《庄子》曰：孔子谓盗跖曰：将军唇如激丹。

《淮南子·说山》曰：孕见兔而子缺唇，见麋而四目。物固有似然不然也。

贾谊曰：沸唇投塞垣之下。匈奴号也。

《通俗文》曰：唇不覆齿，谓之齖音牙齇粗家切。

《广志》曰：赤口濮崭，其唇以丹饰之。

《濑乡记李母碑》曰：老君厚唇。

赵志《自叙》曰：志长七尺四寸，洁白，黑发明眉，赤唇，髭鬓不多。

《敦煌实录》曰：王棽音参，又丑林。卒，有盗开棽冢者，见棽与人樗蒲，举杯酒赐盗者。盗者惶怖。既饮，见牵铜马出。其夜有神告城门：“我王孟曾使也。人发孟曾冢，以酒黑其唇，明日入城有黑唇者是也。”须臾马还，流汗，盗明诣城门不觉唇黑，为吏所缚。孟曾。棽之字也。

宋玉《神女赋》：朱唇若丹。

曹植《洛神赋》曰：丹唇外朗，皓齿内鲜。

又曰：启朱唇以徐言。

崔骃《七依》曰：紫唇素齿，雪白玉辉。

《广雅》曰：咡谓之吻。咡，音饵。

《淮南子》曰：决吻治龋，君子不与。龋，丘主切。

齿

《说文》曰：龀，毁齿也。男生八月生齿，八岁而龀；女生七月生齿，七岁而龀音引。

《释名》曰：齿，始也，少长之别，始乎此也。以齿食多者长，食少者幼也。

《礼》曰：毋刺齿。□□容止也。

又曰：濡肉齿决，决，犹断也。干肉不齿决，蟹宜用乎！

又曰：高子皋之执亲之丧也，泣血三年，未尝见齿，言笑之微。君子以为难。

《左传》曰：陈僖子使召公子阳生，立之。将盟，遂诬鲍子曰：“子之命也。”鲍子曰：“汝忘君之为孺子牛而折其齿乎？”孺子，荼也。景公常衔绳为牛，使茶牵之，茶顿地，折其齿也。

《诗·硕人》曰：齿如瓠犀。

又《閟宫》曰：既受多祉，黄发儿齿。

《公羊传·庄公》曰：仇牧闻闵公弑，趋而至，遇之于门，手剑而叱之。宋万臂摋仇牧，碎其首，齿着乎门阖。侧手曰假。□袁葛切。

《春秋元命苞》曰：武王骈齿，是谓刚强。取象参房，诛害以从天心。宋均注曰：房为明堂主布政，参为大辰主斩刈，兼此二者，故重者为表。

《孝经钩命决》曰：夫子骈齿。像钩星也。

《史记》曰：颜回年二十九，发尽白，齿早落。

又曰：范雎事魏中大夫须贾，贾使齐，雎从，齐襄王闻雎辩，赐金及牛酒，贾以为雎持魏事告齐，故得馈。以告魏相，魏齐大怒，使人笞击雎，折胁摺齿。雎佯死。

《汉书》曰：张苍无齿，唯饮乳，百有余岁而卒。

谢承《后汉书》曰：豫章项诵，字叔和，为郡主簿。太守为属县所诬，章诵诣狱证，要引刀自掾，音断。血出滂流，齿皆堕地。太守获免。

《晋书》曰：温峤先有齿疾，疾因拔齿，中风而卒。

又曰：成帝杜皇后少有姿色，长犹无齿，有求昏者辄中止。及帝纳采，一夜齿尽生。

又曰：谢鲲邻家有美女，鲲调之，女以梭投鲲，折其两齿。世俗为之谣曰：任达不已，幼舆折齿。"幼舆，鲲字也。

《山海经》曰：黑齿国，为人黑齿。

《河图矩起》曰：帝喾骈齿。宋均曰：所以骈齿，齿星位。

《白虎通》曰：帝喾骈齿，上法日参。秉度成纪，以理阴阳。

《抱朴子内篇》曰：或问坚齿之道，答曰："养以华池，漱以浓液，永不动；次则服灵非散，既脱更生。"

杨泉《物理论》曰：夫齿者，年也，身之宝也。藏之斧凿，所以调谐五味，以安性气者也。

《神仙传》曰：老君疏齿。

《神仙服经》曰：服神丹三百岁，齿化为石。

《王闳本事》曰：闳为琅琊太守，张步欲诛之。闳出东武城门，马奔，堕车折齿。闳心恶，移病归府，遂得免。

《字林》曰：龉牛于切，齿不相值也。齼初举切，齿伤酢也。咬、啮、噬也。齨音舅，老人齿如臼也。

《段国沙州记》曰：国人年五十以上四齿皆落，将由地寒多障气也。

《异物志》曰：屠移在海外，以草染齿，因号黑齿。

《袁子正书》曰：山梁氏泥于西，屠而漆其齿。

《世说》曰：孙子荆少时欲隐语，王武子曰："吾当枕石漱流。"误云"漱石枕流。"王曰："流非可枕，石非可漱。"孙曰："所以枕流，欲洗其耳；所以漱石，欲砺其齿。"

又曰：王子猷诣谢玄，林公先在坐。王曰："若林公发鬓并全，神情当复胜此不？"谢曰："唇齿相须，不可偏亡。"

《琴操》曰：聂政父为韩王冶剑，过期不成，王杀之。时政未生，及长，入太山，遇仙人，学鼓琴，漆身为厉，吞炭变音，七年琴成。入韩，逢其妻，从买栉，对妻而笑，妻泣曰："君何以似政齿？"政乃入山，援石击落其齿。

《楚辞》曰：美人皓齿嫮以姱。

《临海水土志》曰：夷州人俗，女已嫁，皆缺去前上一齿。

宋玉《登徒子赋》曰：腰如束素，齿如含贝。

司马相如《上林赋》曰：皓齿粲烂。

张协《禊赋》曰：清哇发于素齿。

牙

《释名》曰：牙，植也，随形言之也。

干宝《晋纪》曰：贾庶人未害愍怀太子时，有谣曰："南风烈烈吹白沙，千岁髑髅生齿牙。"南风，庶人名。愍怀，小名沙门。

《三国典略》曰：齐太上主生巅音颠。牙，问于尚药典御，邓宣以对，太上主怒而挞之。中书监徐之才拜贺曰："此智牙，生者聪明长寿。"太上悦而赏之。

喉咽

《说文》曰：咽，嗌也，喉咙也。

《释名》曰：咽，咽物也。青徐谓之脰音脰。物投其中，受而下之也。又谓之嗌，气所通流，厄要之处也。

《传》曰：败狄于咸，获长狄侨如。富父终生舂其喉，以戈杀之。

《孝经钩命决》曰：夫子辅喉。

《史记》曰：孙子曰："夫救斗者不搏撠音戟。批亢捣虚，形格势禁，则自为解耳。"亢音刚，又音抗，人喉也。

又曰：贯高闻赦张王，乃曰："所以不死者，白张王不反。今王已出，吾责已塞，死不恨矣。且人臣有不篡弑之名，何面复事上哉！纵上不杀我，不愧心乎？"乃仰绝亢而死。韦昭曰：亢，咽也。

《汉书》曰：人有上书言息夫躬怀怨恨，非笑朝廷所进，候星宿，视天子吉凶，与巫共祝诅。上遣侍御史、廷尉监逮躬，系雒阳诏狱。欲掠问，躬仰天大呼，因僵仆，吏就问，云咽已绝。师古曰：咽，喉咙也，音一千歹。

《后汉书》曰：霍諝音缉为舅，宋光被诬，上书曰："譬犹疗饥于附子，止渴于鸩毒，未入肠胃，已绝喉咽，岂可为哉！"

又曰：王青字公然。青父隆，建武初为都尉功曹。青为小吏，与父俱从都尉行县，道遇贼，隆以身卫全都尉，遂死于难。青亦被矢贯咽，音声流喝。

又曰：李固对诏曰："陛下有尚书，犹天之有北斗，北斗，天之喉舌；尚书，陛下之喉舌。"

《魏志》曰：乐陵王茂兄东平王蕤。茂称咽病，不肯发哀，诏削户。

《蜀志》曰：彭羕与葛亮书曰："先民有言，左手据天下之图，右手扼其喉，愚夫不为也，况仆颇别菽麦哉！"

《唐书》曰：幽州朱融、镇州王庭凑叛，东川节度王涯献书曰：“臣闻用兵若斗，先扼其喉。今瀛、莫、易、定，两贼之咽喉也，诚宜假之威柄，戍以重兵。俾其死生不相知，间谍无所入，而以大军先进冀、赵，次临井陉，此一举万全之势也。”

《抱朴子》曰：焦喉之渴，遥指沧海。

《列女传》曰：齐锺离春者，宣王后也，极丑，卬鼻结喉。

《益部耆旧传》曰：犍为杨凤圭者，其妻陈姬，圭早亡，兄弟欲嫁之，姬于是列刀割咽，流血几死。九族惊异，乃从其节。

又曰：蜀郡史贤妻张昭仪。贤既犯罪被诛，仪取刀自割咽喉而死。

《物理论》曰：咽喉生之要孔。

《黄帝素问》曰：喉主天气，咽主地气。

颐颔

《释名》曰：颐或曰辅车，其骨强，所以辅持其口。或曰牙车，牙所载也。或曰颔车。颔，含也。

《韩诗》曰：有美一人，硕大且姈酉。薛君曰：姈酉，重颐也，瘟澎切。

《周易·噬嗑卦》曰：颐中有物曰噬嗑。

又《颐卦》曰：颐，贞吉。观颐，自求口实。

《春秋元命苞》曰：后稷歧颐自求，是谓好农，盖象角元，载土食谷。宋均注曰：面皮有二象也。颐面为下部，下部为地，巧于利也。

《战国策》曰：静郭君善昆辩，昆辩多疵，门下不悦。孟尝君以谏，静郭君大怒，舍之上舍，令长子御，旦暮进食。威王薨，宣王立，太子不善静郭君，辞之薛。昆辩至齐见宣王，王曰：“子，静郭君所听爱者乎？”曰：“爱即有之，听即无有。王之为太子，辩谓静郭君曰：太子相不仁，过颐豕视，若是法背父，不若废太子，更立卫姬子婴儿郭师。静郭君泣而曰：‘不可！吾弗忍为。’听辩而为之，必无今患矣。”宣王曰：“寡人殊不知此。”乃迎静郭君。

《史记》曰：黄歇上书秦王曰：“本国残，社稷坏，刳腹结肠，折颈搯颐。”搯，卢合切。

又曰：蔡泽顩颐。顩，瘟篷切。

《汉书》曰：王莽蹷颐。

范晔《后汉书》曰：班超字仲升。为人大志，不修小节。尝行诣相者，相者曰：“祭酒布衣诸生，而当封侯万里之外。”超问其状，相者曰：“生燕颔虎头，飞而肉食，此万里侯相也。”

《江表传》曰：孙权方颐大口。

《三国略》曰：徐之才，年十三，刘孝绰见之，言曰：“徐郎燕颔，班超之相也。”

《帝系》曰：帝喾方颐。

《庄子》曰：支疏颐隐于齐。

又曰：孔子游缁惟之林，弦歌鼓琴。奏曲未半，有渔父下船而来，须眉交白，被发揄袂，行原而上，距陆而止，左手据膝，右手持颐以听之。

《韩子·喻老》曰：白公胜虑乱，罢朝，到杖策錣贯颐，而血流至地而弗知，郑人闻之曰：“颐之忘，何不忘哉？”策，马棰也。棰端有针似□马谓之錣，音竹劣、陟卫二切。

《河图》曰：黄帝兑颐。

《说苑》曰：田单攻翟，三月不克，婴儿谣曰：“大冠如箕，长剑柱颐。”

《西京杂记》曰：匡衡字稚圭，勤学能说《诗》，时人为之语曰：“无说《诗》，匡鼎来。匡说《诗》，解人颐。”鼎，衡小字也。

王粲《七释》曰：扬蛾眉而颐指。

《汝南先贤传》曰：周燮顩颐折頞，其貌甚丑也。

《谈薮》曰：北齐李恕无须，崔谌玩之曰：“何不锥刺颐，作数百孔，拔左右好须者栽之。”

承浆

《释名》曰：口下曰承浆，承水浆也。

《针灸经》曰：承浆，一名悬浆也。

太平御览卷第三百六十九 人事部十

颈项

《释名》曰：颈，径也，径挺而长也。

《说文》曰：颈，头茎也。脰，项也。

《河图》曰：黑帝修颈。

《毛诗·硕人》曰：领如蝤蛴。领，颈也。

《礼斗威仪》曰：君乘木而王，其民长颈。宋均曰：以青龙也。

《春秋元命苞》曰：北方至寒，其人形短颈。短颈畏寒。

《传》曰：晋伐齐，齐侯御诸平阴。晋州绰射殖绰，中肩，两矢夹脰。脰，颈也。

《史记》曰：范蠡遗大夫种书曰："越王长颈鸟喙，可与共患难，不可与共乐。"

又曰：沛公军至灞上，秦王子婴以组系颈，降轵道傍。

《汉书》曰：张耳、陈余相与为刎颈之交。刎颈之交者，言托契深重，虽断颈绝头无所顾也。

又曰：周昌尝燕入奏事，高帝方拥戚姬，昌还走。高帝逐得，骑昌项问曰："我何如主也？"昌仰曰："陛下即桀、纣主也。"

又曰：田蚡取燕王女为夫人，太后诏列侯宗室皆往贺。灌夫行酒，至临汝侯灌贤，贤方与程不识耳语，夫无所发怒，乃骂贤。坐乃起更衣，稍稍去。窦婴去，因戏音麾，招麾之令出也。夫。夫出，蚡遂怒曰："此吾骄灌夫罪也。"乃令骑留夫，夫不得出。籍福起为谢，按夫项令谢，夫愈怒，不肯顺。蚡乃戏亦音麾骑令缚夫置传舍。

《后汉书》曰：董宣既格杀胡阳公主家苍头，帝使宣谢公主，宣不伏，上使人按其项于地，宣不肯起，因号为"强项侯。"

《东观汉记》曰：班超字仲升，常行遇见相工，工谓超曰："燕颔虎头，飞而食肉，此万里封侯相。”

《魏书》曰：文帝既立为嗣，喜，因抱辛毗颈曰：“辛君知吾喜不？”

《魏志》曰：毌丘俭使王倾至海上，海上人云：“得一破舡，有生人，项有面，与语不晓，不食而死。”

《蜀志》曰：先主率其属从校尉邹靖讨贼，因有功，除安喜尉。督邮以公事到县，先主求谒，不通，直入缚督邮，杖二百，解绶系其颈着马枊五莽切弃官亡命。

王隐《晋书》曰：杜预初伐吴，吴人知预病瘿，每见大树似瘿者，辄以刀斩破白，题曰“杜预颈”。

《唐书》曰：屈突通或说归降义军，通泣曰：“吾蒙国重恩，历事两主，受人厚禄，安可逃难，有死而已。”自摩其颈曰：“要当为国家受人一刀耳。”

《家语》曰：孔子，其颈似皋陶。

《孔丛子》曰：子高游赵还鲁，平原君客邹文、李节与子高别，文、节流涕交颈，子高抚手而已。

《尸子》曰：禹长颈鸟喙。

《扶南传》曰：毗塞国王，身长一丈二尺，颈长三尺，自古不死，莫知其年，知未然事，号为“长颈王”。

繁钦《三胡赋》曰：罽宾之胡，面象炙猬顶，须如持囊。

肩

《释名》曰：肩，坚也。

《说文》曰：肩，髆也。

《春秋沉命苞》曰：文王龙颜阜肩。

《左传·昭二十年》曰：卫公孟絷狎齐豹。初，齐豹见宗鲁于公孟荐达也。为参乘焉。将作乱，而谓之曰：“公孟之不若子，所知也。勿与乘，吾将杀之。”对曰：“吾由子事公孟，今闻难而逃，是僭子也。使子言不信。子行事乎，吾将死之。”公孟有事于盖获之门外，宗鲁参乘，齐氏用戈击公孟，宗鲁以背蔽之，断肱，以中公孟之肩，皆杀之。

又《昭二十六年》：成大夫公孙朝告于齐曰：“孟氏，鲁之敝室也。敝，坏也。用成已甚，弗能忍也，请息肩于齐。”齐师围成。

又《定上》曰：楚子涉睢七余切，济江，入于云中云梦泽也王寝，盗攻之，以戈击王。王孙由于以背受之，中肩。

《尔雅》曰：北方有比肩民焉，迭食而迭望。此即半体之人，各有一目、一鼻、一孔、一臂、一脚，亦由鱼鸟之相舍也。

崔鸿《十六国春秋·后赵录》曰：初，太武殿既成，图画自古贤圣忠臣烈士，是月皆变为胡状。旬余，头悉入肩中，唯冠帻音介仿佛微出，石虎大恶之。

《国语》曰：叔鱼鸢肩，其母曰：“是必为贿死。”

《庄子》曰：支离疏肩高于顶。

又曰：卢敖见若士，深目鸢肩。

《淮南子》曰：东方之人鸢肩，北方人大肩。

《梁冀别传》曰：冀鸢肩，文传曰：“赵壹肩高二尺，高自抗竦，为乡党所摈。”

车频《秦书》曰：苻坚生，肩背有赤色隐起，状如篆文。

《洛神赋》曰：肩若削成。

胛

《释名》曰：胛，阖也。与胸胁背相会斗。

《说文》曰：髆，肩胛也。

《春秋元命苞》曰：胛之为言，附着也。如龙蟠虎伏，合附着也。

《吴越春秋》曰：专诸刺王僚，贯胛达背。

臂

《释名》曰：臂，裨也，在傍曰裨也。

《左传·庄公》：初，公筑台临党氏，见孟任，从之。閟，而以夫人言，许之。割臂盟公，生子般焉。

又《襄公》：公孙丁射尹公佗贯臂。

《春秋元命苞》曰：汤臂四肘，是谓神刚。象月推移，以绥四方。

《史记》曰：吴起东出卫郭门，与其母决，啮臂而盟曰："起不为卿相，不复入卫门。"果如其言。

《汉书》曰：李广，陇西人，猿臂，善骑射。

又曰：陈汤击郅支时，中寒病，臂不屈伸。汤入，有诏无拜。

又《王莽传》曰：甄丰子寻，作苻命而诛。寻手理有"天子"字，莽解其臂入视，曰："此一太子也，或曰一六子也。"明寻子父当戮死也。

又曰：刘歆上议曰："武帝立五庙国，伐朝鲜，起玄菟、乐浪，以断匈奴左臂；西伐大宛，结乌孙，以裂匈奴右臂。"

《续汉书》曰：单超，河南人。梁冀振动天下。延熹二年，皇后崩，帝呼单超等入谋诛冀，乃更召徐璜具瑗等五人，遂定其议。帝啮超臂出血，以为盟，冀及宗亲党与悉诛之。

《后汉书》曰：杨璇平苍梧桂阳猾贼，荆州刺史赵凯，诬奏璇实非身破贼，而妄有其功。遂槛车征璇。防禁严密，无由自讼，乃啮臂出血，书衣为章，具陈破贼形势，以付子弟诣阙通之。诏原璇，更拜议郎，凯受诬人之罪。

《魏志》曰：太祖所乘马，名绝影，流矢所中，并中太祖右臂。

《吴志》曰：太史慈字子义，东来人也。长七尺，美须髯，猿臂善射。

《蜀志》曰：先主长七尺五寸，自顾见耳，垂臂下膝。

又曰：关羽为流矢所中，贯在右臂，阴雨常痛，伸臂与医，刮骨去毒，血流盘器，而羽割炙引酒，言笑自若。

《晋书》曰：都官从事济南刘享尝奏何曾绮丽华饰，莹牛蹄角。后曾辟享为掾，因小事杖享破臂。

《晋中兴书》曰：交州刺史王谅为州人梁硕所围，城陷。硕逼夺谅节，谅不与，硕遂断谅右臂，谅正色曰："死不畏，臂断何有哉？"

崔鸿《十六国春秋·后赵录》曰：石勒引李阳欢酣，宣阳臂笑视之曰:“卿虽老,臂中由有力,颇复与人斗不? 孤往日厌卿老拳,卿亦饱孤毒手。”

《后秦记》曰: 姚襄垂臂过膝。

《三国典略》曰: 陆法和进于巴陵,见王僧辩谓之曰:“贫道已却侯景一臂,更何能为,檀越宜即逐取侯景。”

《三国典略》曰: 高欢营主尉景欲执尔朱兆,欢啮臂止之。

《唐书》曰: 高宗幸东都,太子于京师监国,因留薛元超以侍太子。临行,谓玄超曰:“朕之留卿,如去一臂,关西之事,悉以委卿。”

《列子》曰: 甘蝇,古之善射者。飞卫学射于甘蝇。纪昌学射于飞卫,尽飞之术,计天下之敌己者,一人而已,乃谋杀飞卫。相遇于野,二人交射,矢锋触而坠于地,飞卫矢先穷,纪昌唯一。既发,飞卫以棘刺之端捍之而无差。于是二子泣而投弓,相拜天途,请为父子。克臂以誓,不得告术于人也。

《庄子》曰: 仲尼谓颜渊曰:“吾终身与汝交臂而失之,可不哀与!”

又曰: 浸假而化予之左臂以为鸡,予因以求时夜; 浸假而化子之右臂以为弹,予因以求鸡炙。

又曰: 韩、魏相争侵地,子华子见昭僖侯,昭僖有忧色。子华子曰:“今使天下书铭于君之前,曰: 左手攫之则右手废,右手攫之则左手废。然而攫之必有天下。君攫之乎?”僖侯曰:“寡人不攫也。”子华子曰:“自是观之,两臂重于天下也,身又重两臂,韩之轻于天下远矣。”

《燕丹子》曰: 荆轲拾瓦投蛙,太子令人奏奉盘金,轲用竭复进。轲曰:“非为太子爱金也,但臂痛耳。”

《淮南子》曰: 羿右臂长而善射。

《新序》曰: 崔杼杀庄公。申蒯渔于海,将入死之。门者以告,崔杼令勿内。蒯曰:“汝疑我乎?”乃断其左臂以与门者以示。杼陈八列,令其入,蒯拔剑呼天而斗,杀七列,不及崔杼一列而死。

《白虎通》曰: 汤臂二肘,是谓抑翼。攘去不义,万民蕃息。

《琐语》曰: 晋师旷昼侍平公,鼓瑟,辍而笑曰:“齐君与嬖人戏,坠床伤臂。”公书记之，使问齐侯，果如其言。

《山海经》曰：长臂国人，捕鱼水中，两手各操一鱼。

又曰：奇肱之国，其人唯有一臂。

刘欣期《交州记》曰：儋耳之东，人臂一骨。

《外国事》曰：大拳国人，猿臂长胁。

《西京杂记》曰：宣帝被收，系郡邸狱，臂上犹带史良娣合绥宛转，绳系宝镜一枚。

《幽明录》曰：有人相羊叔子父墓有帝王之气，叔子于是乃自掘断墓。后相者又云：“此墓由当出折臂三公。”叔子工骑乘，及为襄阳县督，盘马落地，遂折臂。

《论衡》曰：书传称曾子孝，与母同气。曾子出薪于野，客至而欲去，曾子母以右手扼左臂，曾子左臂立痛，即驰至，此虚也。臂痛，曾子臂亦痛；母死，曾子亦死乎？

《俗说》曰：释道安生，便左臂上一肉，广一寸许，着臂如钏，将可上下，时人谓之印手菩萨。

《楚辞》曰：九折臂而成医。

腕

《释名》曰：腕者，言宛屈也。

《左传·定下》曰：晋师将盟卫侯于鄟音专泽。赵简子曰：“群臣谁敢盟卫君者？”涉佗、成何曰：“我能盟之。”将歃，涉佗挼卫侯之手，及腕，卫侯怒。

腋

《释名》曰：腋，绎也，言可张翕寻绎也。

《说文》曰：胳，略下也。胠，腋下也。胳，音各。胠，香劫反，又去鱼二切。

《汉书·五行志》曰：高后八年三月，祓霸上，还过轵道，见物如苍狗，戟高后腋，忽不见。卜之，赵王如意为祟。遂病腋下而崩。

《东观汉记》曰：江革为五官中郎将，将朝会，诏使虎贲迎送扶腋，宠遇甚厚。

孔融上书曰：先帝褒厚老臣，惧其殒越，是故扶接，助其气力，三公刺腋。近为忧之，非警戒也，云备大臣，非其类也。

《神仙传》曰：老子母感大流星而娠，怀之七十岁乃生，剖母左腋而出。

肘

《释名》曰：肘，注也，可隐注也。

《传》曰：师阵于鞍，郄克伤于矢，曰："余病矣。"张侯曰："自始合而矢贯余手及肘。余折以御，左轮朱殷，岂敢言病？吾子忍之。"

又曰：栾盈之乱，范鞅遇栾乐，曰："乐免之，死将讼汝于天。"乐射之，不中。又注，则乘槐本而覆。或以戟钩之，断肘而死。

《春秋后语》曰：智伯率韩、魏之兵以伐赵襄子于晋阳，决晋水以灌晋阳之城，不没者三板。智伯行水，魏桓子御，韩康参乘。智伯曰："吾不知水之可以亡人国，乃今知之。然汾水可以灌安邑，绛水可以灌平阳。"魏桓子肘韩康子，韩康子履桓子之足，接于车上。而智伯地分、身死、国亡，为天下笑。

谢承《后汉书》曰：羊续为南阳太守，志在矫俗，裳不下膝，弹琴出肘。

段龟龙《凉州记》曰：吕光左肘生肉印。及征西域，印内隐起文字曰"巨霸"也。

《庄子》曰：子贡往见原宪，宪杖策而应，正衿肘见。

又曰：支离叔与滑介叔观于冥伯之丘，昆仑之墟，黄帝之所休。俄而，柳生于其左肘，其意蹶蹶然恶之。支离叔曰："子恶之乎？"滑介叔曰："亡，予何恶？生者，假借也。假之而生，生者，尘垢也。死生为昼夜。且吾与子观化，化及我，何恶哉？"

《吕氏春秋》曰：密子贱治单父，恐鲁君听谗，令己不得行术。将行，请迎史二人俱至单父，使其书。将书，密子掣其肘，书不善则怒。史患之，请归，报鲁君。鲁君太息曰："密子以此谏寡人。自今以去，单父非寡人有。"

太平御览卷第三百七十 人事部十一

手

《释名》曰：手，须也，事业之所须也。

《毛诗·硕人》曰：手如柔荑。如荑之新生也。

又《魏风·葛屦》曰：掺掺女手，可以缝裳。

又《卫风》曰：执子之手，与子偕老。

又《邶·柏舟·北风》曰：北风其凉，雨雪其雱普康切。惠而好我，携手同行。莫赤匪狐，莫黑匪乌。惠而好我，携手同车。

又《缁衣·遵大路》：遵大路兮，掺执子之手兮。

《礼·曲礼》曰：长者与之提携，则两手捧长者之手。

又《檀弓上》曰：孔子蚤作，负手曳杖，逍遥于门。

又《檀弓下》曰：原壤之母死，夫子助之沐椁。原壤登木歌曰："狸首之班然，执女手之卷然。"

又《玉藻》曰：手容恭。高且正也。

又《表记》曰：后稷，天下之为烈也，岂一手一足？烈，业也，言后稷造稼穑，天下世以为业，岂一手一足，喻用之者多无数也。

《传》曰：宋武公生仲子。仲子生而有文在其手，曰："为鲁人夫"，故仲子归于我。

又《闵公》曰：成季之生也。有文在其手曰"友"。

又《宣上》曰：晋灵公不君，宰夫胹熊蹯不熟，杀之，置诸畚音本使妇人载以过朝。赵盾、士季见其手，问其故而患之。

又曰：楚侵郑，穿封戌囚皇颉，公子围与之争之。正于伯州犁。伯州犁上其手，曰："夫子为王子围，寡君之贵介弟也。"下其手，曰："此子为穿封戌，方城外之县尹也。"上下手以遵囚意。

又曰：邑姜方娠太叔，梦帝谓己："余命而子曰虞，将与之唐，属诸参，而蕃育其子孙。”及生，有文在其手曰“虞”，遂以命之。

又曰：齐鲁战于炊鼻。舟竖，季氏臣也。射陈武子，中手，失弓而骂武子骂也以告平子，曰：“有君子白皙，鬒须眉，甚口。甚口，多口。”平子曰：“必子强也。”子强，武子。

又曰：昔叔向适郑，鬷蔑恶欲观叔向，从使之收器者而往，立于堂下。一言而善。叔向将饮酒而闻之，曰：“必鬷明也。”下，执其手以上。

又曰：卫侯为灵台于籍圃，与诸大夫饮酒焉。褚师声子袜而登席。右者见君解袜。公怒。辞曰：“臣有病，异于人。足存创疾。若见之，君将欧。欧，呕吐也，许角切。”公愈怒。褚师出，公戟其手，曰：“必断其足。”

《论语摘辅象》曰：仲弓钩文在手，是谓知始。宰我手握户，是谓守道。子游手握文雅，是谓敏士。公冶长手握辅，是谓习道。子贡手握五，是谓受相公。伯周手握直期，是谓疾恶。

《孝经援神契》曰：舜手握褒。宋均注曰：“手中有褒字也。喻从劳苦起，受褒饬致天祚。”

《汉书》曰：萧何闻韩信亡，不及以闻，自追之。人有言上曰：“丞相何亡？”上怒，如失左右手。

又曰：孝武帝钩弋赵婕妤，家在河间。帝巡狩过河间，望气者言此有奇女，天子亟使使召之。既至，女两手皆拳，上自披之，手即时伸。由是得幸，号为拳夫人，生昭帝。

又曰：鲍永辟鲍恢为从事，京师语曰：“贵戚敛手避二鲍。”

《后汉书》曰：刘宽欲朝，婢翻羹污朝衣，手收之。宽曰：“徐徐，羹烂汝手？”

又曰：郭玉者，广汉人也。学方诊之伎，和帝奇异之，乃试令嬖臣美手腕者与女子杂处其中，使玉各诊一手。玉言：“左阳右阴，脉有男女，状若异人。臣疑其故。”帝叹称善。

《东观汉记》曰：公孙述自言手文有奇瑞，数移书中国。上赐述书曰：“瑞应手掌成文，亦非吾所知。”

张璠《汉记》曰：董卓于众座中生斩人手足，百姓嗷嗷。

《魏略》曰：邓雄鸣诣太祖，太祖执其手曰："孤方入关，梦得神人，即汝耶！"乃厚赐之。

王隐《晋书》曰：初，武帝未为太子，文帝问裴秀曰："人有相不？"秀曰："中抚军伸手过膝，非人臣之相也。"

又曰：愍怀太子名遹，字熙祖。惠帝晚成，世祖遣才人谢玖给惠帝，生愍怀，与诸王子共戏。惠帝来朝，谓："诸王子也。"执其手，世祖曰："是汝儿也。"乃缩手。

又曰：高平刘柔卧，鼠啮其左手中指，意甚恶之，以问淳于智，筮之曰："鼠本欲杀君，而不能，当为使之反死。"乃以朱书其手，腕横文后三寸为"田"字，辟方一寸二分，使夜露手以卧。其明，有一大鼠伏死手前。

又曰：郭文，字文举，入馀杭山。苏峻未乱之前，诣临安山中。临安令万宠迎着县中养病，及峻党破馀杭山，临安如故，人始异之。自后不复语，但举手指麾，以宣其意。病甚，宠问："先生可复得几日？"文三举其手，果以十五日终。

《晋中兴书》曰：范宣，陈留人也。年十岁能诵诗书。尝以刀伤手，捧手改容。人问："痛耶？"答曰："不足为痛，但受全之体而致毁伤，不可处耳。"家人以其年幼而异焉。

崔鸿《前赵录》曰：刘翌骁干过人，能一手举殿柱跳过平阳门。

《三十六国春秋》曰：刘渊父豹，母呼延氏。渊生而左手有文曰"渊"，遂以命之。

又曰：彭神符，生而有文在其手，曰"神符"。

《梁书》曰：武帝手文曰"武"。

《三国典略》曰：梁刘之遴，字思贞，文范先生虬之子也。博综文史，尚书令沈休之深敬器之。右手偏直不得屈伸，每昼则以纸就笔。

《唐书》曰：承乾数引侯君集入内，问以自安之术。君集以承乾劣弱，意欲乘衅以图之，遂赞成不轨，常举手谓承乾曰："此好手，当为殿下用之。"

《老子》曰：代大匠斫，希有不伤其手。

《庄子》曰：曾子居卫，缊袍无表，手足胼胝。

《墨子》曰：今谓人曰："与子冠履而断子手足，必不为，何则？"冠履不若手足贵也。争一言以相杀，是义贵于身。

《孟子》曰："嫂溺则援之以手乎？"曰："嫂溺不援，是豺狼；嫂溺则援之以手，权也。"反于经而善者曰权。

《韩子》曰：名实相须而成，形体相应而生，故一手独拊，虽疾无声。故曰左手画圆，右手画方，则不两成。

《吕氏春秋》曰：客有言伍员于王子光，恶其容貌，以告。伍员曰："愿王子居重帷，见衣若手，请因说之。"王子光许之。子胥说之半，举帷，搏其手而与之坐。

《燕丹子》曰：太子与荆轲置酒，美人鼓琴。轲曰："好手。"太子即断其手，以玉盘奉之。

又王曰：秦王断荆轲两手，轲踞而骂曰："吾坐轻易，为竖子所欺。"

《太元经》曰：九体一，为手足。

《山海经》曰：柔利国，为人一手。野人国，面目手足尽异。一臂国，为人一手。

《神仙传》曰：《金简》、《玉札》、《内经》皆云："太上老子足踏二五，手把十文。"

《郑玄别传》曰：玄唯有一子益恩。有遗腹子，玄以其手文似已，名曰"小同"。

《李郃别传》曰：公长七尺八寸，多须髯，手握三公之字。

《幽明录》曰：石勒问佛图澄："刘曜可擒，兆可见不？"澄令童子齐七日，取麻油掌中研之，燎旃檀而咒。有顷，举手向童子，掌内粲然有异。澄问："有所见不？"曰："唯见一军人，长大白皙，以朱丝缚其肘。"澄曰："此即曜也。"其年果生擒曜。

《异苑》曰：陶侃左手有文，直达中指，至上横节便绝。占者以为:“此文若过,位在无极。侃针挑令彻,血流弹壁,乃作”公“字;又取纸裹。”公“迹愈明。

《搜神记》曰:周畅少孝,独与母居,每出入,母欲呼之,常自啮其手,畅即应手痛而至。治中从事未之信,候畅时在田,母啮手,而畅即归。

班固《幽通赋》注曰:齐桓公倚柱叹曰:“天下奇珍易得,但未得食人肉耳。”易牙归,断其儿手以啖于君也。

掌

《释名》曰:掌,言可以排掌也。

《春秋元命苞》曰:掌圆法天以运动。

《孝经钩命决》曰:仲尼虎掌,是谓威射。

《论语摘辅象》曰:澹台灭明歧掌,是谓正直。

《战国策》曰:苏秦说李兑,明日复见,抵掌而说。兑送秦以明月之珠、和氏之璧。

《九州春秋》曰:公孙瓒为袁绍所围,曰:“天下兵起,我谓可唾掌而决。今视之,兵革方始,不如休兵积谷。”

《魏志》曰:上攻吕布于濮阳,焚其东门。布骑犯青州,青州兵奔,阵乱,趋门,门已烧。上乘马突火出,堕马,烧左手掌。司马楼异扶上马,乃出。

《魏略》曰:京兆鲍出有文才,值世饥饿,出求食饮啖人,贼以绳贯其母手掌,驱去走追击贼,得其母还。

《孟子》曰:行不忍人之政,治天下可运之掌上。

孙卿《劝学》曰:有子恶卧而卒仓韦切。其掌,可谓能自忍矣。恒范《世要论》曰:有君好卧,而刺其掌。

《南方异物志》:乌浒人以人掌跖为珍重,以食长老。

指

《春秋元命苞》曰:指五者,法五行。

《传》曰：楚人献鼋于郑灵公。公子宋与子家将入见。公子，宋子公也。子家，归生也。子公之食指动第二指也。以示子家，曰：“他日我如此，必尝异味。”及入，宰夫将解鼋，相视而笑。公问之，子家以告。及食大夫鼋，召子公而不与。子公怒，染指于鼎，尝之而出。

又曰：晋、楚战于邲，楚孙叔敖乘晋军。桓子不知所为，鼓于军中曰：“先济者有赏。”中军、下军争舟，舟中之指可掬。

又曰：吴伐越，越子勾践御之，陈于槜音醉李灵姑浮以戈击阖闾，灵姑浮，越大夫。阖闾，吴王也。伤将指，取其一履。将指，中大指，亦曰大拇指。还，卒于陉，去槜李七里。

《史记》曰：高祖过赵，赵王张敖自持案进食，礼甚恭。高祖箕踞骂之。是时赵午等数十人皆怒，谓赵王曰：“今遇王如是，臣等请为死。”王啮指出血曰：“君何言之误！且先人失国，赖陛下德流子孙，公等奈何言若是！”

《汉书》曰：高祖与匈奴连战，会于楼烦，十月寒冰，堕指十二三。

《后汉书》曰：蔡顺少孤，养母，尝出求薪。有客卒至。母望顺不还，乃噬其指。顺即心动，弃薪驰归，跪问其故，母曰：“有急客来，吾噬指以悟汝耳。”

谢承《后汉书》曰：梁国车章为本县功曹令。黄奉为人所诬，章证其无罪，下笔立辞，乃以斧斫左手五指，闭口死于狱中。

《晋书》曰：武帝与胡贵嫔争樗蒲，伤其指，帝怒曰：“此固将种也！”嫔曰：“北伐公孙，西拒诸葛，非将种而何？”

《唐书》曰：太宗尝闲宴，顾谓李勣曰：“朕将属以幼孙，思之无越卿者。公往不遗于李密，今岂负于朕哉！”勣雪涕致词，因噬指流血。俄而沉醉，乃解御服覆之。

《庄子》曰：骈拇枝指出乎性哉？而侈于德。枝于手者，树无用之指也。

又曰：以指喻指之非指，不若以非指喻指之非指也。

又曰：指穷为薪而火传也。穷尽以为薪，犹前薪以指，指尽前薪之理，故火傅而不灭。

《墨子》曰：桀有勇力之人大戏，纣有勇力之人费仲、恶来、崇侯虎，并指画杀人。

《孟子》曰：养其一指而失肩背而不知也，则为狼疾人矣。医养人疾，治其一指，而不知其害之此为也。狼藉乱，不知治疾之人也，肩背之有疾以至于不知。

《抱朴子》指测海，指极，则谓水尽；犹目察百步而云见极也。

《吴越春秋》曰：夫差闻孔子至吴，微服观之。或人伤其指，王怒，欲索国而诛之，子胥谏乃止。

《吕氏春秋》曰：倕，巧人也。人不爱倕之指，而爱己之指。

《搜神记》曰：曾子从仲尼在楚而心动，辞归问母。母曰："思之，啮指。"孔子闻之曰："曾之至诚也，精感万里。"

《孝子传》曰：乐正者，曾参门人也。来候参，参采薪在野，母啮右指，旋顷走归。见正不语，入，跪问母："何患？"母曰："无"。参曰："负薪右臂痛，薪堕地，何谓无？"母曰："向者客来无所使，故啮指呼汝耳。"参乃悲然。

《列仙传》曰：汉武帝巡太山，稷丘君冠章甫，拥琴来拜，曰："陛下勿上，上必伤足。"及上数里，右足指果折。上讳之，故但祠而还。

《列女传》曰：广汉庞伯妻段，有美色，早寡，父母欲嫁之，援刀割指以自誓。

《陈留耆旧传》曰：吴佑为胶东相。安丘男子母丘长共母到市，遇醉客骂母。长怒，杀之，为吏所得，系狱。佑问，知无子，令妻入，遂有身。临刑，啮指断，吞之。谓妻曰："若生男，名曰吴生，云我临死吞指为誓，属子报吴君。"

《世说》曰：范宣年八岁，后园挑菜误伤指，大啼。人问："痛也？"答曰："非为痛也，但身体发肤不敢毁伤，是以啼耳。"

班固《幽通赋》注曰：管仲射小白，中其钩。白阳僵，鲍叔割指血涂之，倾盖以覆之。哭曰："吾君死矣！"鲁摄兵。

爪

《释名》曰：爪，绍也。筋极为爪，以绍续指端。

《诗·鸿雁·祈父》曰：祈父，予王之爪牙。胡转予于恤？靡所止居。

《史记》曰：成王少时病，周公乃自剪其爪沉之河，以祀于神曰："王少，未有识，干神命者乃旦也。"亦藏策于府。成王病瘳。及成王用事。人或谮周公，周公奔楚。成王发见周公之祷书，乃泣而归周公。

谢承《后汉书》曰：会稽戴就为郡仓曹掾。太守为州所奏，就见收，持铁针刺手爪中，使以把土。就十爪皆堕地，终无挠辞。

《魏略》曰：临乐国王生浮屠，身色黄，发青如丝，爪赤如铜。

《续晋阳秋》曰：义熙九年，群盗发卞壶墓，剖棺虏略。壶尸僵，须发苍白，面如生人，两手悉拳，爪甲乃长，穿达手背焉。

《三国典略》曰：齐王诛诸元姻党，死者凡七百二十一人，悉投尸于漳水，剖鱼者得人爪甲，邺都为之不食鱼也。

《南史》曰：羊侃有妓着七寸鹿角，爪弹筝，一时无对。

《韩子》曰：韩昭侯除爪，而阳亡一爪，求之甚急，左右因取爪而效之。昭侯以此察左右之不诚。

《淮南子》曰：古将之出，凿凶门，设明衣，剪指爪。许慎注曰：明衣，遗终衣也。剪手足指甲者，是必死也。

《帝王世纪》曰：汤伐桀后，大旱七年。遂齐戒，剪发断爪，以己为牺牲，祷于桑林之社。

夏侯湛《新论》曰：爪生于肉，去爪而肉不知。

《列异传》曰：神仙麻姑降东阳蔡经家，手爪长四寸。经意曰："此女子实好佳手，愿得以搔背。"麻姑大怒，忽见经顿地，两目流血。

刘欣期《交州记》曰：刺史陶璜昼卧，觉，见一女子枕其臂，始欲捉之，以爪擲呼郭切。其手，痛不可忍。放之，遂飞去。

太平御览卷第三百七十一　人事部十二

胸

《说文》曰：膺，胸也。臆，胸骨也。

《广雅》曰：臆，膺胸也。

《释名》曰：胸，犹啌啌气所冲。啌，许江切。

《左传·僖下》曰：魏犨爇僖负羁氏。魏犨伤于胸，公欲杀之而爱其材，使问，且视之。病，将杀之。魏犨束胸见使者曰："以君之灵，不有宁也。"距跃三百，曲踊三百。乃舍之。

《论语摘辅象》曰：孔子胸应矩，是谓仪古。

《春秋演孔图》曰：孔胸文曰：制作定世符运。

《春秋后语》曰：荆轲谓樊于期曰："愿得将军之首以献秦王，秦王必喜而见臣，臣左手把其袖，右手揕其胸。"

《汉书》曰：高祖与项羽对军，数羽十罪，羽伏弩射汉王，中胸，高祖诈扪足曰："虏中吾指。"

又曰：王莽好反膺高视。

京房《易妖占》曰：人生子有二胸，民谋其主。

《帝王世纪》曰：禹母吞神珠，胸坼而生禹。

《淮南子》曰：文王洿膺。许慎注曰：洿，庐也。

《南州异物志》曰：獠民亦谓文身国，刻其胸前，作华文以为饰。

《山海经》曰：结胸国，为人结胸；郭璞注曰：臆前肤出，如人结喉。贯胸国，为人胸有窍。

《世说》曰：王孝伯问王大忱："阮籍何如司马相如？"王大忱曰："阮籍胸中垒块，故须酒浇之。"言同相如，唯有酒异。大忱，小字。

《录异传》曰：汉武帝时，苍梧贾雍为豫章太守，有神术，出界讨贼，为贼所杀，失头。雍上马还营，营中咸走来视雍，雍胸语曰："有头为佳。”吏涕泣曰：“有头佳。”雍曰：“无亦佳。”言毕遂死。

《志怪集》曰：石季伦母丧，洛下豪俊赴殡者倾都。王戎亦入，临殡，便见鬼攘臂打捶凿，甚惶惶。有一人当棺立，此鬼披胸陷之，此人即应凿而倒。人便舁去，得病半日死。故世间相传不宜当棺，由戎所见。

膈

《说文》曰：胸，心上膈也。

《释名》曰：膈，塞也。膈塞上下，使不与谷气相乱。

《世说》曰：桓公有主簿，善别酒，有酒辄令先尝。好者谓“青州从事”，恶者谓“平原督邮”。青州有齐郡，平原有膈县；“从事”言至脐，“督邮”言至膈上住。

乳

《广雅》曰：湩谓之乳。

《说文》曰：湩，乳汁也。湩，音冻，又竹仲切。

《通俗文》曰：乳病曰疘丁故切。

《河图》曰：苍帝并乳。宋均曰：法房星也。

《春秋元命苞》曰：文王四乳，是为含良。盖法酒旗，布恩舒明。宋均曰：乳，酒也。

《汉书》曰：张苍免相，后口中无齿，食乳，以女子为乳母也。

谢承《后汉书》曰：南阳李善，本济阳李元家奴。玄遭病死，唯有孤孙续有赀千万，奴婢欲谋杀续，分其财产。善夜抱续逃瑕丘界，亲自哺养，乳为生湩，遂至成长。

《吴书》曰：颍川冯熙使魏，辞意不屈，魏留之。熙惧见迫，乃引刀刺中乳房。上闻嘉之，赐盐米复其门。

《后魏书》曰：朱循之，为刘义隆司徒从事中郎，守滑台，安颉围之。其母在家，乳汁忽出，母号恸，告家人曰：“我年老，非复有乳汁之时。今忽如此，儿必没矣。”果以其日为颉所擒。

又曰：昭成皇帝讳什翼，卧则乳至席。

《齐书》曰：太祖母陈皇后，生太祖二年，乳人乏乳，后梦人以两瓯麻粥与之，觉，乳遂大出。

《淮南子》曰：文王四乳，是谓太仁。天下所归，百姓所亲。

《山海经》曰：形天与帝争神，帝断其首，罪葬之常羊山，乃以乳为目，齐为口。

《益部耆旧传》曰：蜀郡张宽，字叔文。汉武帝时为侍中，从祀甘泉。至渭桥，有女子浴于渭水，乳长七尺。上怪问之。女曰："帝后第七车者知我所来。"时宽在第七车，对曰："天星，主祭祀者，斋戒不严时则女人见。"

刘欣期《交州记》曰：赵妪者，九真军安县女子也。乳长数尺，不嫁，入山聚群盗，遂攻郡。常着金擒，踪屐，战退辄张帷幕，与少男通，数十侍侧。刺史吴郡陆胤平之。

王子年《拾遗录》曰：无老国，其人皆千岁。百岁一老，齿落发秃，又年少妪者乳养，还复若幼稚。

《神仙服食经》曰：仙药有阳丹、阴丹。阴丹，妇人乳汁也。妇人十五已上，下为月客，有身，月客绝；上为乳汁。

《养性经》曰：乳者意之府也。

《世说》曰：王武子蒸肫肥美，异常味。武帝怪问："何由乃尔？"云以人乳饮之。武帝色甚不平，所以饮食未毕便去。

《异苑》曰：贾充妻郭氏，为人凶妒，生儿黎民，年始二岁。充外入，就乳母抱中呜撮，郭遥见，谓充爱乳妪，即杀之。儿恒啼泣，不饮他乳，经日遂死。郭于是终身无子。

《唐新语》曰：韩思彦以侍御史巡察于蜀。成都有富商兄弟三分资，不平，争诉，累年不决。思彦推案数日，令厨者奉乳自饮，以其余赐争者。窃相语，遂号哭，攀援不解，俱言曰："侍御岂不以兄弟同乳母耶！"悲号不自胜，请同居如初。

《相书·许负》曰：乳间阔尺，富贵足寿；乳黑如墨，公侯之相。

腹

《说文》曰：腹，厚也。

《释名》曰：腹，复也，富也。腹，胃之属。已自裹盛，复于外复之。其中多品，似富者也。自齐己下曰水腹，水汋所聚也。

又曰：少腹。少，小也，比齐已上为小也。

《易·说卦》曰：坤为腹。离，其于人也为大腹。

《尚书·盘庚》曰：今予其敷心腹肾肠，历告尔百姓于朕志。

《左传·宣十二年》传曰：楚子围萧。司马卯言，号申叔展。叔展曰："有麦麴乎？"曰："无"。"有山芎䓖乎？"曰："无。""河鱼腹疾，奈何？"曰："目于眢井而出之。"

《国语》曰：叔鱼牛腹，其母叹曰："必以贿死。"

《史记》曰：薄姬曰："昨夜梦苍龙据妾腹。"帝曰："此贵征也，吾为汝成之。"一幸生男，是为代王。

《史记》曰：范雎说秦昭王曰："伍子胥橐载而出昭门，夜行昼伏，至于陵水，无以糊其口，膝行匍匐，稽首肉袒，鼓腹吹箫，乞食于吴市，卒兴吴国，阖闾为伯。"

《东观汉记》曰：光武降铜马，诸将未能信贼，贼亦两心。上敕贼各归勒兵，上轻骑入贼营，贼曰："萧王推赤心置人腹中，安得不投死？"

又曰：帝问东平王苍："在家何等最乐？"对曰："为善最乐。"后诏与诸国述之曰："王言甚大，副其腰腹矣。"

谢承《后汉书》曰：济阴戎良，字子恭。年十八，为郡门下干。良仪容佳丽，太守诸葛礼使写书，从者诬良与婢通。良刳腹引出肝肠，示礼赤心。

《后汉书》曰：边韶，字孝先。教授数百人。韶口辩，曾昼眠卧，弟子嘲曰："边孝先，腹便便。懒读书，但欲眠。"韶潜闻之，应之曰："吾以边为姓，先为字。腹便便，五经笥。但欲眠，思经义。寐与周公通梦，静与孔子同意。师而可嘲，出何典记？"嘲者大惭。

《魏志》曰：管辂弟展谓辂曰："大将军待君意厚，冀当富贵。"辂长叹曰："天与我明才，不与我年寿，恐四十七八间，不见女嫁男娶。吾背无三甲，腹无三壬，此皆不寿之验。"明年四十八卒。

《吴录》曰：丁固梦腹上生松，赵达谓之曰："松字十八公。"后果然。梦门已具。

《齐书》曰：高帝为领军，苍梧王深相猜忌，屡欲害帝，常帅数十人直入领军府。时暑热，帝昼卧裸袒。苍梧立帝于室内画腹为射的，自引满，将射之。帝神色不动，敛袂曰："老臣无罪。"苍梧左右王天恩谏曰："领军腹大，是佳射堋，而一箭便死，后无可复射，不如髇射之。"乃取髇箭，一发即中帝脐，苍梧投弓于地，大笑曰："此手如何？"

崔鸿《十六国春秋·后赵录》曰：佛图澄腹傍有一孔，常以絮塞之。每夜书则拔絮，孔中出光，照于一室。又当斋时，平旦至流水侧，复腹傍孔中引出五藏六腑洗之，讫，还内腹中。

《老子》曰：虚其心，实其腹。

又曰：圣人为腹不为目。

《庄子》曰：夫赫胥氏之时，民含哺而熙，鼓腹而游。

《唐子》曰：人君以江海为腹、山为面，如此则不知其量，畏而怀之。

《帝王世纪》曰：纣刳孕妇之腹中以观其胎。

《吴越春秋》曰：子胥鞭平王尸三百，右手决其目，左手践其腹。

京房《易占》曰：人生有二腹，其国分。

王子年《拾遗录》曰：孙策每梦肠出委地，有神女夜来为其收内腹里，云："必生才雄之子，方兴吴国。"神女负策母绕吴昌门三匝，曰："当锡尔此土，鼎足于天下。"

《谈薮》曰：杨玠娶博陵崔季让女。崔家富图籍，殆将万卷，成婚之后，颇亦游其书斋。既而告人曰："崔氏书被人盗尽，曾不之觉。"崔遽令检之，玠扪腹曰："已藏之经笥矣。"

《世说》曰：郝隆七月七日出，日中仰卧，人问其故，答曰："我晒腹中书耳。"

又曰：张华既贵，有少时宾客来候之。华与共饮，九醖为酣畅，其夜醉眠。张常饮此酒，眠辄使人左右转倒，其夜客卧，忘敕左右，而左右依常为张公转侧。至明起，友人犹不起，视之，酒果穿腹，流床下滂沱。

又曰：刘真长始见王丞相，时盛暑之月，丞相以腹慰弹棋局曰："何乃詶？"吴人以吟为詶，或作淘，音与郑相近。刘既出，人问："见王公如何？"刘曰：未见他异，唯作吴语耳。"

又曰：郄太尉在京，日遣门生与王丞相书求女婿，丞相语郄信曰："君往东廊下任意选之。"门生归，白郄云："王家诸郎皆可喜，闻某来觅女婿，咸自矜持，唯有一郎在东床坦腹而食，如不闻。"郄云："正好。"比访之，乃是逸少，因嫁女与之。

《俗说》曰：有人指周伯仁腹曰："此中何有？"答："此中洪洞，容卿等数百人。"

背

《说文》曰：背，脊也。

《释名》曰：背，陪也，在后称也。

《广雅》曰：背谓之骶音帝，背北也。

《左传·庄公》曰：齐襄公田于贝丘，见大豕，从者曰："公子彭生也。"公怒曰："彭生敢见！"射之，豕人立而啼。公惧，坠于车，伤足丧屦。反，诛屦于徒人费。弗得，鞭之，见血。走出，遇贼于门，劫而束之。费曰："我奚御哉？"袒而示之背，信之。费请先入，伏公而出，斗，死于门中。

《史记》曰：娄敬说高祖曰："夫与人斗，不扼其亢、张晏曰：亢，喉咙也。拊其背，未能全胜也。今陛下入关而都秦之故地，此亦扼天下之亢而拊其背。"

又曰：蒯通知天下权在韩信，说之曰：相君之面，不过封侯；相君之背，贵乃不可言。"

《汉书》曰：吴王濞，高帝兄仲之子。上患吴会稽轻悍，无壮王镇之，乃立濞为吴王，王三郡五十二城。高祖召濞相之，曰："尔状有反相。"因拊其背曰："汉帝后五十年东南有乱，岂非若耶？天下一家，慎无反！"濞顿首曰："不敢。"

又曰：武帝过平阳主。既饮，讴者进，帝起更衣，子夫侍尚衣轩中，得幸。还坐欣甚，赐平阳主金千斤。主因奉子夫送入宫。子夫上车，主拊其背曰："行矣，强饭勉之。即贵，愿无相忘。"元朔元年生男据，遂立为皇后。

《后汉书》曰：越骑校尉伍子孚怒董卓凶毒，乃朝服怀刃。见卓语毕，辞去，卓送至阁，以手抚其背，孚因出刀刺之，不中。卓自奋得免，呼左右执杀孚。

《魏略》曰：孟达降，文帝乘小辇，执手，拊其背戏之曰："卿得无为刘备刺客耶！"

又曰：太祖丁夫人养刘夫人子修，修亡于穰下，常言："将我儿杀之！"遂哭泣无节。太祖忿之，遣归家。后太祖就见之，夫人方织，踞机如故。太祖拊其背曰："顾我共载归乎？"夫人不应。太祖却行户外，遂不应。太祖曰："真决矣。"遂与之绝。

《吴志》曰：鲁肃代周瑜，当之陆口，过吕蒙屯下。肃常轻蒙，蒙问肃："君受重任，与关羽为邻，将何计略，以备不虞？"肃造次应曰："临时施宜。蒙曰：今东西虽一家，而关羽实熊虎，计安可不豫定？"因为画五策。肃于是越席就之，拊其背曰："吕子明，吾不知卿才略所及于此！"子明，蒙之字也。

车频《秦书》曰：苻坚生，肩背赤色隐起，状若篆文"付"，因为苻氏。

又曰：坚背文曰"草付之祥"，因为苻氏。

《唐书》曰：贞观四年制：决罪人，不得鞭背，以明堂孔穴针灸之所。

又曰：吕温者，以小吏事崔汉衡。贞玄初，吐蕃背盟，汉衡为吐蕃所虏，将杀之。温趋往以背受刃，吐蕃义之，由是与汉衡俱免。

《尸子》曰：医竘者，秦之良医，为宣王割痤，为惠王治痔，皆愈。

张子之背肿，谓竘曰："背非吾背也，子制焉。"医竘善治疾，张子委制焉。夫为身与国亦犹此，必有所要制然后治矣。竘，音扣，又音齵。

《孔丛子》曰：仲尼龟背。

《帝王世纪》曰：简翟浴玄丘之水，燕遗卵吞之，剖背生契。

《白虎通》曰：《传》称周公背偻，是谓强，后成就周道，辅相幼主。

又《孙卿子》曰：周公伛，背不伸也。

《博物志》曰：宋有田夫自曝背于日，其妻曰："负日之暄，今献必蒙重赏。"田夫曰："昔人有美戎菽、甘芹子献之乡豪，尝，苦于口，笑而弃之。"

《论衡》曰：书言齐桓公负妇人以朝诸侯。管仲曰："吾君背疽疮，不得妇人疮不愈。"此虚也。桓公设庭燎，夜坐以致贤士，岂反以白日负妇人于背乎？

《幽明录》曰：王子猷先有背疾，子敬疾笃，恒禁来往，闻子敬亡，抚心悲惋，都不一声，背即溃裂。

脊

《说文》曰：脊，背胐也。

《释名》曰：脊，积也。积续骨节，终上下也。

《春秋元命苞》曰：阳立于三，故人脊三寸而结。宋均曰：结、节结也。

《孝经钩命决》曰：仲尼龟脊。

《墨子》曰：周宣王杀其臣杜伯，不辜。后三年，王田于圃田。车徒满野，杜伯乘白马素车，衣朱衣朱冠，弓矢射王车上，中心折脊，王殪车中，伏韔而死。韔，音畅。

胁

《说文》曰：骿，并胁也。膀，两胁旁也，从肉，胁声。

《通俗文》曰：腋下谓之胁。

《释名》曰：胁，挟也。在两旁，臂所挟也。

《春秋元命苞》曰：阴极于八，故人旁八干，长八寸。

又曰：颛顼骈干，上法月参，集成纪以理阴阳。

《左传·僖中》曰：晋公子重耳及曹，曹共公闻其骈胁，欲观其裸，浴，薄而观之。

《公羊传》曰：齐公子彭生送鲁庄公，拉干而杀之也。

《史记》曰：范雎先事魏中大夫须贾，贾使齐，雎从。齐王闻雎辩，赐金及牛酒。须贾以为雎持阴事告齐，既归，以告魏相，魏大怒，使人笞击雎，折胁摺齿。雎佯死，弃于厕。

《吴志》曰：曹仁攻围甘宁，周瑜救宁，围解，乃渡屯北岸，克期大战。瑜跨马略阵，会流矢中右胁，疮甚，便还。后仁闻瑜卧疮未起，勒兵就阵。瑜乃自舆按行，激扬吏士，仁遂退。

《晋书》曰：周顗在中朝时能饮一石，及过江，虽醉，每称无对。偶有旧对从北来，顗亦出二石酒共饮，各大醉。及顗醒，使视，客已腐胁而死。

《世本》曰：陆终娶于鬼方氏之妹，谓之女嬇音蒯，生六子，孕而不育。三年，启其左胁，三人出焉；启其右胁，三人出焉。

王充《论衡》曰：张仪骈胁，卒相秦魏。

《外国图》曰：大秦国人长胁。

宋均曰：齐，中也，四方并凑者也。

肋

《释名》曰：肋，勒也，检肋五藏也。

《广雅》曰：干谓之肋。

《竹林七贤论》曰：刘伶尝醉与俗人相忤，其人攘袂而往，必欲欧之。伶顾而笑曰："鸡肋不足以安尊拳。"

脐

《说文》曰：脐，肚脐也。

《释名》曰：齐，剂也，肠端之所限剂也。

《春秋元命苞》曰：齐者下流，并会合为齐腹。宋均曰：齐，中也，四方并凑者也。

《左传·庄公》曰：楚文王过邓，邓祁侯享之，三甥曰："亡邓国者，必此人也。若不早图，后君噬脐。"若啮腹齐，喻不可及。

《后汉书》曰：董卓既诛，乃尸于市。天时始热，卓充肥，脂流于地。守尸吏燃火置卓脐中，光明达曙，如是积日。

《汉晋阳秋》曰：齐王冏之方盛也，有妇人诣大司马门求寄产，吏诘之。妇人曰："我截齐罢便去耳。"有识者闻而恶其言。

《南燕录》曰：慕容德，其母梦日入脐中，昼寝而生德。

《庄子》曰：支离疏颐隐于脐。

《笑林》曰：赵伯翁肥大，夏日醉卧，孙儿缘其肚上戏，因以李八九枚内脐中。至后日，李大烂，汁出，乃泣谓家人曰："我肠烂，将死。"明日李核出，乃知孙儿所内李子也。

腰

《说文》曰：腰，身中也。

《释名》曰：腰，约也。在体之中，约继大而小也。

《春秋元命苞》曰：腰而上者为天，尊高阳之状；腰而下者为阴，丰厚地之重。数合于四，故腰周四尺。

《后汉书》曰：东平宪王苍腰带八围，显宗甚重之。诏曰："日者问东平王处家何等最乐，王曰为善最乐，其言甚大，副是腰腹矣。"

又曰：梁冀妻能作折腰步。

《晋书》曰：陶潜曰："不能为五斗米折腰于乡里小人。"

干宝《晋纪》曰：中书令李丰谋废大将军，世宗使舍人王羡请之。丰来，辞不逊，左右以刀环筑腰死。

《南史》曰：羊侃有妓张静琬，腰一尺六寸，能掌中舞；孙荆玉能反腰帖地，衔得地上簪。

《二石伪事》曰：石虎攻中山，得郑略之妹，生二男。更娶崔为妻，至相敬待，无儿。郑复生男，崔求养，郑不许，一月卒病死。郑谗："崔谓妾多养胡子。"虎时踞胡床于庭中，大怒，索弓箭。崔闻欲杀之，徒跣至虎前曰："公勿枉杀妾，乞听妾言。"虎不听，但言："促还坐，无预卿。"崔便去，未至，虎于后射之，中腰而覆。

《墨子》曰：楚灵王好士细腰，故其臣皆三饭为节，胁息然后带，扶墙然后起。

《韩子》曰：楚灵好细腰，国有饿死人。

《尹子》曰：楚庄王好细腰，一国皆有饥色。

《西京杂记》曰：赵后体腰柔弱，善行步进止，女弟昭仪不能及也。

太平御览卷第三百七十二　人事部十三

髀股

《说文》曰：髀，股外也。

又曰：股，髀也。

《释名》曰：髀，卑也，在下称也；股，固也，为强固也。

《易·说》：卦曰：《巽》为股。

《春秋元命苞》曰：髀之为言歧也。阴二，故人两髀。

《尚书·咎繇谟》：帝曰："臣作朕股肱耳目。"

《左传·僖中》曰：宋公及楚人战于泓，宋公既成列，楚人未济。司马曰："彼众我寡，及其未济也，请击之。"公曰："不可。"既阵而后击之，宋师败绩，公伤股。

又《襄四年》曰：齐侯袭莒门于且于，且于，莒邑。伤股而退。

又《襄二十五年》曰：崔杼之乱。甲兴，公登台而请，弗许。公逾墙。又射之，中股。

又《哀下》曰：卫石圃攻公，公逾于北方而坠，折股。

《战国策》曰：苏秦读书欲睡，引锥自刺其股，血流至踵。

《汉书》曰：高祖股上有七十二黑子。

又曰：魏勃少时欲求见齐相曹参。家贫无以自通，乃早扫齐舍。人门，因得自进。及灌婴责其劝齐王反状，勃曰："失火之家，岂暇先言大人，然后救火乎？"因退，股战不能言。婴曰："人谓勃勇，庸妄人耳，何能为乎？"

《东观汉记》曰：耿弇击张步于东城，飞矢中弇股，以手中刀截之，军中无知者。

《魏志》曰：诸葛亮军退，司马宣王使张郃追之。郃曰："军法，围城必阙，归军勿追。"宣王不听，郃不得已逐之，蜀军乘高布伏，弓弩乱发，矢中部髀股。

《江表传》曰：孙策攻笮融，为流矢中，伤股，不能乘马，因自舆还。

《九州春秋》曰：刘备奔荆州，刘表甚敬礼之。备作上客数年，尝于坐中起，至厕，见髀里肉生，流涕还坐。表问备，备曰："昔年尝身不离鞍，髀肉皆消，今不复骑，髀里生肉，日月若驰，老将至矣，而功业不立，是以悲耳。"

《晋中兴书》曰：王恭败，单马奔曲阿，不堪久骑，两髀生疮，不能复去。曲阿人殷確以船载之，为胡浦尉所得。

《三国典略》曰：后周卢昌期、祖英伯反，宇文神举讨平之。神举以英伯壮节，欲令宽赦，军人已割其髀肉如鹅卵矣，英伯颜色不变，遂遣诛之。

《唐书》曰：李绩初平王世充，获其故人单雄信。勣表称其武艺，请以官爵赎之，高祖不许。临将就戮，勣对之号恸，割股肉以啖之曰："生死永诀。"

《典略》曰：王符字节信，安定人，渡辽将军皇甫规去官归安定，有人前以货买雁门太守者亦去官归，书刺从规，规卧不迎，使呼入。既坐，问啖雁美乎？又以其刺刮髀，闻符至，大礼之。

段龟龙《凉州记》曰：隐王张美人，年色壮艳，出家为道。吕隆逼之。张自投门楼，双股顿折。口诵经，色自若，俄而死。

《太公金匮》曰：武王伐殷，丁侯不朝，尚父乃引画丁侯射之。丁侯病，遣使请臣，尚父乃以十干日别去箭，丁侯病乃愈。四夷闻，皆惧，越裳氏献白鸟也。

《山海经》曰：长股国为人常被发，一曰长脚。

范注方曰：青龙中，司徒吏颜奋女苦风，一髀偏枯。农犊民为穿地作坑，取鸡矢、荆叶燃之，令烟，内胫坑中，视虫出，长尺，头尾赤，病愈。

臀

《广雅》曰：臀，谓之脽，亦谓膟。脽，音谁。膟，音翠。

《释名》曰：臀，鄂也。高厚有殿鄂也。

《周易·困卦·初六》曰：臀困于株木，入于幽谷，三岁不觌，凶。

又《姤卦》曰：臀无肤，其行次且。

《国语》曰：晋成公之生，其母梦神规其臀以黑，曰："使有晋国。"故名之黑臀。

膝

《释名》曰：膝，申也，可屈申也。膝头曰胯。胯，圆也，因形圆而名之。

《礼记·檀弓下》曰：穆公问子思曰："为旧君反服，古欤？"子思曰："古之君子，进人以礼，退人以礼；今之君子，进人若将加诸膝，退人若将坠诸渊。无为戎首，不亦善乎？又何反服之礼之有？"

《孝经》曰：故亲生之膝下，以养父母曰严。

《史记》曰：卫鞅复见孝公，与语，不自知膝之前于席也。

《魏志》曰：朱建平善相马，文帝将出，取马入。建平曰："此马之相，今日死矣。"文帝将乘马，马恶衣香，啮帝膝，帝大怒，即使杀之。

又曰：诸葛亮复出歧山。诏张郃督诸将至木门，与亮军交战，飞矢中郃右膝，薨。

又曰：苏则与董昭俱为侍中，昭尝枕则膝卧，则推下之，曰："苏则膝非佞人之枕。"

又曰：锺繇有膝疾，拜起不便，常舆车上殿。

《魏略》曰：初，袁熙纳甄后，熙出行在幽州，后留侍姑。及邺城破，袁绍妻及后坐堂上，文帝入绍舍，后怖，以头伏姑膝上，文帝谓曰："袁夫人令新妇举头。"姑乃捧后令仰，帝就视，颜色非凡，称叹之。太祖闻，遂为迎之。

又曰：诸葛亮在荆州，以建安初与颍川石广元、徐元直，汝南孟公威等俱游学。三人务于精熟，而亮独观其大略，每晨夜从容，常抱膝长啸，而谓三人曰："卿诸人仕进可至郡守刺史。"三人问其所至，亮但笑而不言。

《三国典略》曰：王僧辩平侯景，或谓僧辩曰："朝士来者，孰当先至？"僧辩曰："其周弘正乎？"俄而，弘正与弟弘让自拔迎军，僧辩甚喜，谓之曰："公可坐膝上。"弘正对曰："可谓加诸膝也，老夫何足当之？"

《庄子》曰：黄帝闻广成子在于崆峒之上，间居三月，复往邀之，广成子南首而卧，黄帝从下风，膝行而进。

《列女传》曰：桀日夜与末嬉及宫人饮酒，常置末嬉于膝上，听用其言。

黄帝《素问》曰：膝者，筋之府。

胫

《说文》曰：胫，胻也。胻，胡郎切。

《释名》曰：胫，茎也，直而长，似物茎。

《尚书·泰誓》曰：商王受斮朝涉之胫。孔安国注曰：冬月见朝涉水者，谓其胫耐寒，斩视之。

《论语·宪问》曰：原壤夷俟。孔子曰："幼而不逊悌，长而无述焉。老而不死，是为贼！"以杖叩其胫。

《后汉书》曰：马援击西羌，中流矢，贯胫，帝以玺书劳之。

《东观汉记》曰：淳于恭养兄崇孤而教诲学问，时不如意辄呼责，数以捶自击其胫，欲感之。儿惭负，不敢复有过。

《魏略》曰：北丁零有马胫国，声似雁鹜，从膝胫以下生马蹄，走疾于马。

《正部》曰：夏禹治水，腓无胈，胫无毛。

《山海经》曰：交胫国为人交胫。郭璞注曰：脚胫□相交，所谓交趾也。有赤胫民。赤水之东有长胫之国。

腓胀

《说文》曰：腨，腓胀也。腨，市兖切。腓，符非切。胀，直良切。

《易·艮卦》曰：六二，艮其腓。

又《咸卦六二》曰：咸其腓，凶，居则吉。

《东观汉记》曰：马援为陇西太守，击羌，中矢，贯腓胀，上闻，赐羊三千、牛三百头以养病。

《山海经》曰：无膂之国，为人无膂。郭璞曰：胀胀。膂，音启，又公弟切。

《韩子》曰：晋平公与唐彦坐而出，叔向入，公曳一足，叔向问之，公曰："向吾侍唐子，腓痛足痹而不可伸。"

足

《尔雅》曰：趾，足也。

《说文》曰：足在下也。

《释名》曰：脚，却也，以其坐时却在后也。

《易·说卦》曰：震为足。

《尚书·说命》曰：若跣弗视地，厥足用伤。

《礼记·玉藻》曰：足容重。举欲迟也。

又《祭义》曰：乐正子春下堂而伤其足，数月不出，犹有忧色。门弟子曰："夫子之足瘳矣，数月不出，犹有忧色，何也？"乐正子春曰："父母全而生之，子全而归之，可谓孝矣。不亏其体，不辱其身，可谓全矣。故君子顷步而弗敢忘孝也。今子忘孝之道，予是以有忧色也。一举足而不敢忘父母，一出言而不敢忘父母，是故道而不径，舟而不游，不敢以先父母之遗体而行危殆。"

《左传·庄公》曰：郑伯治与于雍纠之乱者，刖强锄。君子谓强锄不能卫其足。

又《庄公八年》曰：齐乱，杀孟阳于床。曰："非君也，不类。"见公之足于户下，遂弑之。

又《成下》曰：齐刖鲍牵，仲尼曰："鲍庄子之智不如葵，葵犹能卫其足。"言鲍牵居乱不能危行言逊。

又《昭七年》曰：卫襄公夫人姜氏无子，嬖人婤姶生孟絷。孟絷之足不良能行。跛也。婤，音周；姶，乌合切。

又《哀下》曰：卫侯与诸大夫饮酒，褚师声子袜而登席，公怒曰："必断而足。"事具手部。

《谷梁传·定公》：公会齐侯于夹谷，孔子曰："笑君者罪当死，使司马行法焉。"手足异门而出。

《史记》曰：韩信使人言齐伪诈多变，愿为假王，汉王大怒，张良、陈平蹑汉王足，因附耳语曰："汉方不利，宁能禁信之王乎？"

《汉书》曰：汉王、项羽相与临广武之间，汉王数羽十罪，羽大怒，伏弩射中汉王。汉王伤胸，乃扪足曰："虏中吾指。"

又曰：张汤所爱史鲁谒居病卧闾里主人，汤自往视病，为谒居摩足。

又曰：昭帝立，遣李陵故人陇西任立政等三人俱至匈奴招陵。单于置酒，政等见陵，未得私语，即目视陵，而数自循其刀环握其足，阴喻之，言可归汉。

《后汉书》曰：李固足下有龟文。

《续汉书》曰：杨彪见汉祚将终，遂称脚挛，不复行，积十余年。

王隐《晋书》曰：陶侃为荆州，杜弢间辐将王真遥语，真横脚马上，侃说曰："杜弢为益州刺史，盗用库金，父死不奔丧。君本佳人，何随之？天下无白头贼也。"真闻，下其脚，辞又顺。侃知其意，使降人喻真，真乞得先信，乃截发为信。蜀贼粮尽，真既降，而走。

《晋书》曰：陶潜无履，江州刺史王弘顾左右，为之造履，左右请履度，潜便于座伸足令度焉。弘要之还州，问其所乘，答云："素有脚病，向来篮舆亦足自反。"乃令一门生二儿共舆之。

《三十国春秋》曰：王济尝与武帝棋，济伸脚在局下，因问孙皓曰："闻君生剥人面皮，何也？"皓曰："见人臣无礼于其君者，则剥之。"武子大惭，遽缩脚。

《晋阳秋》曰：周顗既遇害，王彬告之甚哀，敦怒曰："周伯仁凡人遇汝，何为如此？"彬曰："伯仁长者，君之亲友在朝，虽无蹇谔，亦无所阿党，且加之极刑，何痛如之。"左右见敦盛怒，窃劝跪谢。彬曰：

“脚痛不能跪拜。”敦复曰：“脚痛孰与颈痛。”咸为失色。

《续晋阳秋》曰：习凿齿以脚病废于里巷。苻坚灭樊邓。素闻其名，与释道安俱舆而致焉。与语大悦。以其蹇疾，裁堪半丁，与诸镇书曰：“晋氏平吴，利在二陆；今破汉南，得士一人半耳。”

《三国典略》曰：侯景左足上有肉瘤，其状如龟。战庆克捷，瘤则隐起；如其不胜，瘤则低下；及奔败，瘤陷肉中。

《唐书》曰：工部尚书贾直言父道冲，以伎术待诏翰林，因言事获罪于代宗皇帝，诏逐之，赐鸩于路。直言伪令其父拜四方，辞上下神祇，伺使者视稍怠，即取其鸩以饮，遂迷仆而死。明日，鸩泄于足而后复苏。代宗闻之，减父罪，直言亦自此病躄。

《家语》曰：南宫縚音韬见孔子，未尝越履，往来过之，足不履影。

《老子》曰：千里之行，始于足下。

《韩子》曰：楚人和氏得玉璞楚山之中，献之武王。武王使玉人相之，曰：“石也。”刖其左足。武王薨，文王即位，又奉献之。玉人相之曰：“石也。”刖其右足。成王即位，和抱其璞哭于楚山之下，三日三夜，泣尽，继之以血。王使玉人理之，得宝焉，名曰和氏璧。

又曰：鲁哀公问孔子曰：“吾闻夔一足，信乎？”对曰：“夔，人也，独通于声。尧曰夔一而足矣，使为乐正。”

又曰：晋平公与唐彦坐而出，叔向入，公曳一足，叔向问之。公曰：“吾待唐子，腓痛足痹而不敢申。”叔向不悦。公曰：“子欲贵，吾爵子；子欲富，吾禄子。夫唐先生无欲也，非正坐，吾无以养之。”

《三辅旧事》曰：武帝发兵攻卫太子，连斗五日，白虎阙前沟中血没足。

《吴越春秋》曰：越王念吴欲复怨，非一旦也。苦思劳心，夜以接日。足清则渍之以水，冬寒则抱冰，夏热则握火。愁心苦志，县胆于户，出入尝之，不绝于口。

《帝王世纪》曰：大禹右足文履已字。

《抱朴子》曰：老君足下有八卦。

《穆天子传》曰：至于巨搜氏，巨搜之人乃献白鹤之血以饮天子，且具牛马之湩，湩，乳也。今江南人多呼乳为湩，音寒冻之冻。以洗天子之足。

《山海经》曰：柔利国为人，一手，反膝曲足。一曰留利之国，人足反折。跂踵国，其为两足皆大。郭璞注曰："其人行足跟不着地也。"

《周书》曰：晋平公使师旷见太子晋曰："吾闻王子之语高于太山，夜寐昼居不安，不远道愿一言。"王子曰："吾闻太师将来，吾心甚喜。既以见君子，喜而又惧。吾甚年少，见子而慑，尽忘吾度。"师旷束躅其足曰："善哉，善哉！"王子曰："太师何举足骤？"师旷曰："天寒足跔居劬切，是以数也。"王子曰："请入坐。"遂席弦琴，师旷歌无射。

《濑乡记》：李母碑曰：老子足蹈二五。

《西京杂记》曰：广川王发栾书冢柩，明器朽烂无余，有一白狐见人惊走，左右逐戟之，不能得，伤其左脚。夕，王梦一丈夫须眉尽白，来谓王曰："何故伤吾左脚？"仍以杖击王左脚。王觉左脚肿痛，生疮，至死不差。

王子年《拾遗录》曰：周昭王梦羽人遗药，以之涂足，则飞上天，万里之外。

萧广济《孝子传》曰：五郡孝子者，中山、常山、魏郡、钜鹿、赵国人也。少去乡里，孤无父母相随，于卫国因结兄弟，长元重，次仲重，次叔仲，次季仲，次稚重，期夕相事，财三千万。于空城中见一老姥，兄弟下车再拜曰："愿为母。"母许焉。积二十四年，母得病，口不能言。五子乃仰天叹："愿使我母语。"即便得语，谓五子曰："吾太原董阳猛女，嫁同县张文贤，死亡。我男儿名焉，遗七岁，值乱亡失，心前有七星，右足有黑识。"语未竟而卒。五子送丧，会朝歌长晨出，亡其记囊，疑五子所窃，收得三重。诣河内告枉，具言始末，太守号哭曰："生不识父，与母相失，痛不自聊，知近为五子所养。"驰使放三重。

《会稽典录》曰：黄昌为蜀郡太守。初，昌为州书佐，妇宁于家，遇贼，遂流转入蜀，为民妻。其子犯法，乃诣昌，昌疑不类蜀人，因问所由。对曰："妾本会稽馀姚戴次公女，州书佐黄昌妻，尝归家，为贼所略，遂至于此。”昌惊呼，前谓曰：“何以识黄昌？”“左足心有黑子，常言当为二千石。”乃出足示之，相持悲泣，还为夫妻。

《楚辞·卜居》曰：渔父鼓枻歌曰：“沧浪之水清兮，可以濯我缨；沧浪之水浊兮，可以濯我足。”

踝

《释名》曰：踝，跖踝踊也。亦因其形踝踝也。足后曰跟，在下旁着地。踵，聚也，上体之所钟聚也。

《史记》曰：苏秦握锥自厉，流血至踝。

《英雄记》曰：向诩坐板床，有两踝处入板中二寸许。

《陆机别传》曰：孟玖欺成都王颍曰：“陆机司马孙承，备知机情，可考验也。”颍于是收承父子五人，考掠备加，踝骨皆脱出，终不诬机。

太平御览卷第三百七十三 人事部十四

毛

《释名》曰：毛，貌也，冒也，在表，所以别形貌，且以自覆冒也。

《左传·僖中》曰：君子不禽二毛。二毛，头白有二色。

又《襄二十六年》曰：宋芮司徒生女子赤而毛，弃诸堤下。共姬之妾取以入，名之曰弃。长而美。

《汉书》曰：宣帝身足下有毛，卧居，数有光耀。师古曰：遍身及足下生有毛。

《列子》曰：禽子问杨朱曰："去子体一毛以济一世，为之乎？"杨子曰："世故非一毛所济。"出以语孟孙，孟孙曰："积一毛以成肌肤，积肌肤以成一节。一毛故万分之一物，奈何轻之？"

《山海经》曰：毛民为人身生毛。郭璞注曰：临海东南海中有毛人，晋永嘉四年得之也。

《列仙传》曰：偓于角切佺此缘切食松实，形体生毛，长数寸。

又曰：毛女字玉名姜，在华阴山，世世见之，形体生毛。所止岩中恒有鼓琴声，自称秦皇时宫人也。

《神仙传》：刘根学道入嵩高山石室中，冬夏不衣，身毛长三尺。

《神异经》曰：八荒中有毛人，长七八尺，身形头上皆毛。毛如猕猴，长尺余。见人则口开吐舌，名髯公，一名髯猑音昆。

《寻阳记》曰：桓穆遣人寻庐山，下岭见毛人，长大，体悉毛，语不可解。山居道士亦时见此。

《临海异物志》曰：毛人洲在张屿，毛长短如熊。周绰得毛人，送诣秣陵。

发

《释名》曰：发，拔也，拔擢而出。

《归藏启筮》曰：共工人面蛇身朱发。

《易·说卦》曰：巽，其于人也，为寡发。

《毛诗·鄘·柏舟》曰：须发如云，不屑髢也。鬒，黑发也。如云，言美长也。

又《鱼藻·都人士》曰：彼都人士，台笠缁撮。彼君子女，绸直如发。其情性密致，操行正直，发之本末，无隆杀之。彼都人士，垂带而厉。彼君子女，卷发如虿。虿，螫虫也，尾赤，捷然似妇人发末曲上卷然。

又《采绿》曰：终朝采绿，不盈一掬。予发曲局，薄言归沐。局，卷也。妇人夫不在则不容饰，今曲卷其发，忧思之甚也。

《礼斗威仪》曰：君乘木而王，为人美发。

《左传·僖中》曰：初，平王东迁，辛有适伊川，见被发而祭于野者，曰："不及百年，此其戎乎！其礼先亡矣。"僖公二十二年，秦、晋迁陆浑之戎于伊川。

又《昭三年》曰：齐侯田于莒，卢蒲嫳见，泣且请曰："余发如此种种，余奚能为？"嫳，庆封之党，种种短也，放之于境，自言衰老，不能复为。嫳，普篾切，公曰："诺。"子雅曰："彼其发短而心甚长，其或寝处我矣。"

又《昭二十八年》曰：昔有仍氏生女，黰黑有仍，古诸侯也。美发为黰。而甚美，光可鉴有仍，古诸侯也。美发为鬒。名曰玄妻。以发黑故。

又《哀上》曰：公会吴子伐齐。将战，公孙夏命其徒歌《虞殡》。虞殡，送葬歌曲示死也。陈子行命其徒具含玉。含玉，以示必死。公孙挥命其徒曰："人寻约，吴发短。"约，绳也。八尺为寻。吴发短，欲以绳贯其首。

又《哀上》曰：太伯端委以治周礼，仲雍嗣之，断发文身，裸以为饰，岂礼也哉？

又《哀下》曰：初，卫侯自城上见巳氏之妻，发美，使髡之，以为吕姜髢。吕姜，庄公夫人。髢，发也。

《谷梁传·哀公》曰：吴夷狄之国，断发文身。断发，避蛟龙也。

《论语·宪问》曰：子曰：微管仲，吾其被发左衽矣。

《孝经》曰：身体发肤，受之父母，不敢毁伤，孝之始也。

《史记》曰：箕子谏纣不听，乃被发佯狂为奴。

又曰：范雎先事魏中大夫须贾，贾使齐，雎从。齐王闻雎辩，赐金及牛酒。须贾以为雎持阴事告齐。既归，以告魏相。魏相魏齐大怒，使笞击范雎。雎既相秦，号曰张禄，而魏弗知。使须贾于秦，雎谓贾曰："汝罪有几？"曰："擢贾之发，续贾之罪，未足也。"

又曰：太伯、虞仲知古公欲立季历以传昌，二人亡如荆蛮，文身断发，以让季历。

又曰：蔺相如使秦。相如持璧却立倚柱，怒发上穿冠。

又曰：卫皇后字子夫，与武帝侍衣得幸。头解，上见其发鬓，悦之，因立为后。

《汉书》曰：苏武留匈奴凡十九岁。始以强壮出使，及还鬓发尽白。

又《王莽传》曰：更始元年，置百官，莽闻之愈恐，欲外示自安，乃染其发鬓。

《楚汉春秋》曰：上败彭城，薛人丁固追上，上被发而顾曰："丁公何相急之甚。"乃骂而去。上即位，欲陈功，上曰："使项失天下，是子也。为人臣两心，非忠也。"下吏笞杀之。

《东观汉记》曰：明德马后美发，为四起大髻，但以发成，尚有余，绕髻三匝。

又曰：和熹邓后六岁，诸兄持后发，后曰："身体发肤，受之父母，不敢毁伤，孝之始也。何弄人发乎？"

又曰：刘盆子年十五，被发徒跣，卒见众，拜，恐怖啼泣。

谢承《后汉书》曰：汝南李光，字伯明，为兖州。母亡后归，视床处，得亡母乱发，光持悲号，气绝复续。

又曰：献帝幸弘农，郭汜虏略百官妇女有美发者，皆断取之。

又曰：曹操逼献帝废伏后，以尚书令华歆、郗虑副勒兵入宫收后。后闭户藏壁中，歆就牵后出。时帝在外殿，后被发徒跣行，泣过，诀曰："不能复相活耶！"帝曰："我亦不知命在何时？"

《魏志》曰：曹仁讨关羽于樊，于禁助仁。秋，大霖雨，汉水溢，禁等军没，禁遂降吴。文帝践祚，权遣还，引见，禁鬓发皓白，形容惟悴，拜安远将军。欲遣使吴，先令谒高陵，帝预于陵屋图禁降伏之状，禁见，惭恚发疾薨。

《魏略》曰：明帝既嗣立，追痛甄后之薨。故郭太后以忧暴崩。甄后临没，以帝属李夫人。夫人说甄后见谮之祸，不获大敛，被发覆面，帝哀恨流涕，命殡葬太后，皆如甄后故事。

《魏氏春秋》曰：明帝天姿秀出，立发委地，口吃少言，而沉毅好断。

《吴志》曰：留赞为将，临敌必被发叫天，自抗音而歌，左右应之，战无不捷。

王隐《晋书》曰：陶侃为吏，鄱阳孝廉与亲人过侃宿，母截发以供宾。诸客叹曰："非贤母不生此子也。"

又曰：顾悦之与简文帝同年，而发早白，上问故，对曰："松柏之姿，经霜犹茂；蒲柳之质，望风先凋。"

又曰：初，武帝未为世子，文帝问裴秀曰："人有相不？"秀曰："中抚军垂发至地，伸手过膝，非人臣之相也。"

又曰：故中牟令苏韶，字孝先。咸宁初，亡诸子，迎丧至襄城。第九子节梦见卤簿行列甚肃，见诏曰："卿犯卤簿，应髡刑。"节俯受剔，觉循见头发，视截如指大。后又梦见韶截之。节素美发，五截而尽。

沈约《宋书》曰：临川王义庆招集文士，何长瑜自国侍郎至平西记室参军。常于江陵寄书与宗人何勖，以韵语序义庆州府僚佐云："陆展染鬓发，欲以媚侧室。青青不解久，星星行复出。"

《北齐书》：王琳，字子衡，山阴人也。琳体貌闲雅，发垂委地。

《齐书》曰：徐寅尝有罪，系旦日原之，而发皓白。武帝问其故，曰："臣思愆于内，而发变于外。"当时称之。

《唐书》曰：高祖窦皇后，生而发垂过颈；三岁，发与身齐。

又曰：龟兹国，男女皆剪发，垂与项齐。唯王不剪发。新罗国，其妇人发绕头，以彩为饰，发甚长美。

《家语》曰：颜回，鲁人，字子渊。年二十九，发早白。

《韩子》曰：文公时，宰人上炙而发绕之。事具"炙"门。

又曰：昔齐桓宫中有三市，妇倡三百，被发而御妇人。

《淮南子》曰：万术曰："理发灶前，妇安夫家。"

《帝王世纪》曰：老聃初生而发白，故号老子。

《吕氏春秋》曰：殷汤克夏而大旱，汤乃以身祷于桑林，剪其发，自以为牺牲，祈福于上帝。

《山海经》曰：修般民、白民，其人被发。

《曹瞒传》曰：太祖尝行过麦中，令士卒无败麦，犯者死。骑士皆下马，持麦以相付。时太祖马腾入麦中，太祖曰："制法而自犯之，何以帅下？然孤为军帅，不可杀，请自刑。"因援剑割发置地。

《许逵别传》曰：蓟子训，齐人，有神术。人发白者请子训，但与对坐共语，宿昔间，发皆黑。

《樊英别传》曰：英被发，忽拔刀斫舍中，妻问故，曰："郄生道遇钞。"郄生还云："道遇贼，赖被发老人相救得全。"郄生名巡，字仲信，陈郡夏阳人，能传英业。

《黄庭经》曰：发神名苍华。

《列仙传》曰：容成公、黄帝善补导事，发白更黑。宁先生、稷丘君发白更黑。宁先生被发，鼓琴，赤斧饵丹砂，毛发皆赤。阮丘被发覆耳。成璜道士儿丘与老子《黄庭经》，读三遍通之，俱入浮阳山，白发更黑，须长三尺余。

《神异经》曰：东荒山中有大石室，东王公居之，长一丈，头发皓白，身人形而虎尾，与一玉女更投壶。

又曰：西方有人焉，不饮不食，被发东走，已往复来。其妇恒追掔录之，不肯听止。妇头亦被发，名曰狂，一名颠，一名覆。此人夫妻与天地俱生，狂走东西，以投昼夜。

《异苑》曰：有人误吞发，便得病，但欲咽猪脂。张口时，喉中有一头出受膏，乃取小钩饵而引之，得一物，长三尺余，其形似蛇而悉是脂。县于屋间，旬日融尽，唯发在焉。

《列女传》曰：吴伯阳妻顾昭君早寡，剪发以明志。

又曰：乐羊学书，其妻贞义，截发以供其费。

又曰：广汉冯季宰妻者，李氏之女，名珥字进，早寡无嗣，奉养继姑，守心纯固，以义自防。珥母愍其孤苦，阴有所许，珥断发自明，乡人称之。

《陈留风俗传》曰：小黄县者，宋地阳武东黄乡也。因黄水以名县。沛公起兵野战，丧皇妣于黄乡。天下平定，乃使使者梓棺招魂幽野，于是丹蛇在水，自洒濯入梓棺，其浴处有遗发，故谥曰昭灵夫人。

《益部耆旧传》曰：蜀郡公乘会妻，同县张氏女也。会早卒，后欲问者，女乃断发割耳，以明不嫁。

车频《秦书》曰：苻坚建元十八年，新罗国献美女。国在百济东，其人多美发，发长丈余。

《林邑国记》曰：朱崖人多长发，汉时郡守贪残，缚妇女，割头取发，由是叛乱，不复宾伏。

《广志》曰：黄头夷，发黄如苕帚。

戴延之《西征记》曰：陕县大城西北角，水漫涌起，勃郁方数十丈，有如物居水中。父老云，铜翁仲头发常与水齐。晋军至，发不复出，唯见水黑，嗟嗟有声，声闻数里。翁仲本在大司马门外，为贼所徙，至此而没。

《谭薮》曰：后魏卢景裕生而头发白，有四十九茎，因名曰白头。

王子年《拾遗录》曰：帝喾高辛氏，娶于诹氏女，女生而发与足齐，坠地能言，乃纳于帝。

又曰：张仪、苏秦二人共递剪发以相活，或佣力写书，行遇圣人之文，无以题记，则以墨画于掌内及股里，夜还更以竹写之。

晋左思《白发赋》曰：星星白发，生于鬓垂。虽非青蝇，秽我光仪。策名观国，以此见疵，将镊将拔，好爵是縻。白发将拔，惄然自诉。禀命不幸，值君年暮；逼迫秋霜，生而皓素；如览明镜，惕然见恶；朝生昼拔，何罪之故。观橘观柚，一皓一晔，贵其素华，匪尚绿叶。愿戢子手，摄子之镊，咨尔白发，观世之涂。靡不追荣，贵华贱枯。赫赫阊阖，蔼蔼紫庐。弱冠来仕，童髦献谟。甘罗乘轩，子奇剖符。英英终贾，高论云衢。拔白就黑，此自在吾。白发临拔，瞋目号呼：何我之冤，何子之愚！甘罗自以辩惠见称，不以发黑而名着；贾生自以良才见异，不以厚鬓而获举。闻之先民，国用老成。二老归周，周道肃清。四皓佐汉，汉德光明，何必去我，然后要荣。咨尔白发，事各有以，尔之所言，非不有理。曩尊耆耋，今薄旧齿。皤皤荣期，皓首田里，虽有二毛，河清难俟。随时之宜，见叹孔子，白发辞尽，誓以固穷。昔临玉颜，今从飞蓬。发肤至昵，尚不克终。聊用拟辞，比之《国风》。

鬓

《说文》曰：鬓，颊发也。

《释名》曰：其上连发曰鬓。鬓，宾也，宾崖也，为面额之崖岸也。

《晋书》曰：魏造凌云殿，榜未题，匠误钉之，使韦仲将县撜书之。比讫，发鬓尽白，还戒子孙，宜绝此法。撜，音镫。

《神仙传》曰：蓟子训，乡曲诸老鬓发白者，使宿昔之间皆黑。

崔豹《古今注》曰：魏文帝宫人绝所爱者，有莫琼树、薛夜来、陈尚衣、陈巧笑。琼树始制为蝉鬓，望之缥缈如蝉翼，故曰蝉鬓。

《述异记》曰：尹雄年九十，左鬓生角长半寸。

吴质表曰：质已四十三矣，白发生鬓。

髻

《说文》曰：髻，结发也。

《汉书》曰：尉他魋髻。服虔注曰：今兵推头结也。

《续汉书·五行志》曰：桓帝元嘉中，京师妇女作堕马髻。堕马髻者，侧在一边，自梁冀家所为，京师皆效。天戒若曰："冀妇女将收捕，吏卒顿曳，令髻倾邪。"

《东观汉记》曰：梁鸿妻椎髻，着布衣，操作具而前。鸿大喜曰：

“此真梁鸿妻也，能奉我矣。”字之曰德曜，名孟光。

又曰：马廖上表长乐宫曰：“长安语曰：城中好高髻，四方高一尺。”

王隐《晋书》曰：贾后作颉子髻。太子见颉子象。干宝《晋纪》曰：初，贾后造首紒，以缯缚其髻，天下化之，名颉子髻也。紒，户计切。

《搜神记》曰：元康中，妇人结髻者既成，以缯急束其环，名曰缬子髻。始自中宫，天下翕然化之。及其末年，有愍怀之事。

《唐书》曰：田悦既败，谓其下曰：“吾不能自刭，公当斩吾首以取功勋。”众皆怜之曰：“死生以之。”悦曰：“吾虽死，宁忘厚意于城下乎？”乃自割一髻，以为要誓。于是将士各断其发，结为兄弟，誓同生死。

《唐书》曰：中天竺国人，皆为螺髻于顶，余发剪之使拳。

《世说》曰：王昙孙年十四便歌，谢公召至，昙孙作两丸发。

《梁冀别传》曰：冀未诛时，妇人作不聊生髻。

《神仙传》曰：麻姑至蔡经家，是好女子，年十八许，作髻，余发散垂之至腰。

枚乘《梁苑园赋》曰：若乃采桑之妇，连袖方路，摩陀长髻，便娟数顾。

太平御览卷第三百七十四　人事部十五

髭

《释名》曰：口上曰髭，髭，姿也，为姿容之美色。

《说文》曰：髭，口上须也。

《左传·昭二十六年》曰：王子朝使告诸侯曰："在定王六年，秦人降妖，曰周其有髭王，亦克能修其职。至于灵王，生而有髭。王甚神圣，无恶于诸侯。"

班固《幽通赋注》曰：卫蒯聩乱，子羔灭髭鬓，衣妇人衣逃，得出。曰："父子争国，吾何为其间乎？"

须髯

《释名》曰：颐下曰须。须，秀也，物成乃秀，人成而须生也。亦取须体长而后生也。在颊耳旁曰髯，随口动摇，髯髯然也。

《说文》曰：须，面上毛也。

《春秋元命苞》曰：发精散为须髯。

《左传·宣二年》曰：宋城，华玄为植，植，将主也。巡功。城者讴曰："于思于思，弃甲复来。"于思，多髯之貌。

《左传·昭七年》曰：楚子享公于新台，使长鬣者相。鬣，须也。欲光夸鲁侯。

《左传·昭十七年》曰：吴伐楚，战于长岸。大败吴师，获其乘舟余皇。余皇，舟名。吴公子光请于众曰："丧先王之乘舟，岂唯光之罪，众亦有焉。请藉取之，以救死。"藉众之力，以取舟也。使长鬣者三人，长鬣者，多髯，与吴异形状，诈为楚人也。潜伏于舟侧，曰："我呼余皇，则对。"师夜从之。三呼，皆迭对。楚人从而杀之，楚师乱，吴人大败之，取余皇以归。言光有谋也。

《史记》曰：秦太后拔嫪毐须眉，为宦者。

又曰：汉高祖为人隆准而龙颜，美须髯。

《汉书》曰：霍光长七尺三寸，白皙，疏眉目，美须。

又曰：朱博为琅琊太守，曹掾吏皆移病卧。博问其故，对曰："故事，二千石新到，遣吏存问致意，乃敢就职。"博奋髯抵几曰："观齐儿欲以此为俗耶！"乃行罢诸病吏，白巾走出府门。郡中大惊。

又《王莽传》曰：莽闻汉兵起，愈恐，欲外示自安，染其须发，进天下所征淑女备嫔御。

《东观汉记》曰：吴良为东平王所荐，诏曰："前见良头须皎然，衣冠甚伟，求贤助国，宰相之职，今以良为议郎。

《后汉书》曰：岑彭、吴汉围隗嚣于西城，公孙述将李育守上邽，帝留盖延、耿弇围之。车驾东归，敕彭书曰："两城若下，便可将兵南击蜀虏。人苦不知足，即平陇，复望蜀。每一发兵，头须为白。"

又曰：温序拜谒者，迁护羌校尉。序行部至襄武，为隗嚣将苟宇所拘劫，宇谓序曰："子若与我并虑同力，天下可图也。"序大怒，叱宇，因以节挝杀人。宇曰："此义士死节，可赐以剑。"序受剑，衔须于口，顾左右曰："既为贼所逼杀，无令须污土。"遂伏剑死。

《续汉书》曰：司马直，字叔异。洁白，美须髯，容貌俨然，乡闾奉之如神。

《魏志》曰：初，苏则及临淄侯植闻魏氏代汉，皆发服悲哭。文帝闻植如此，常从容曰："吾应天受禅，而闻有哭者，何也？"则谓为见问，髯悉张，欲正论以对。侍中傅选掐则曰："不谓卿也。"乃止。

又曰：崔琰声姿高畅，眉目疏朗，须长四尺，甚有威重，朝士瞻望，而太祖亦严惮焉。后有白琰怨谤者，罚为徒隶，使人视之，辞色无挠。太祖令曰："琰虽见刑，而通宾客，虬须直视，若有所忽。"遂赐死。

又曰：任城王章为北中郎将，讨乌桓有功，归。太祖喜，捋章须曰："黄须儿，定大奇！"

《魏略》曰：刘雄鸣诣太祖，太祖执其手谓曰："孤方入关，梦得一神人，即汝耶！”乃厚赐之，后亡。太祖平汉中，来降，太祖捉其须曰：“老贼，真得汝矣。”

又曰：任城王性刚勇而黄须。北伐乌丸，王闻之曰：“我黄须，定可使。”刘备使刘封挑战。王骂曰：“卖履舍长，而使假子拒汝公乎！我黄须来击之。”

《吴录》曰：朱桓还屯濡须，权祖之。桓奉觞曰：“臣当远去，愿一捋陛下须，无复恨。”权凭几前席，桓进捋须曰：“臣今日真谓捋虎须也。”

《献帝春秋》曰：张辽问吴降人曰：“向有紫髯将军，长上短下，大便马，善射，是谁？”降人答曰：“是孙会稽也。”

《蜀志》曰：张裕为刘璋从事，侍坐。其人饶须，先主嘲之曰：“昔吾为涿县，特多毛姓，东西南北皆诸毛也。涿令称曰：诸毛绕涿居乎？”裕答曰：“昔有作上党潞长，迁为涿令者，去官还家，时人与书，欲署潞则失涿，署涿则失潞，乃署曰涿君。”先主无须，故裕以此及之也。先主常衔其不逊，后诛之。

又曰：马超来降，关羽护前，书问诸葛亮，亮答书曰：“孟起当与益德争先，未若髯之绝伦。”羽多须，故亮谓之髯。

《晋书》曰：羊祜既卒，武帝素服，哭之甚哀。是日大寒，帝涕泪沾须，皆为冰焉。

邓粲《晋纪》曰：涢阳令羊嗣，贪而不治，县功曹吏共逐嗣。嗣饶须，乃以嗣内羊阑中。始兴太守尹虞闻，大怒，手剑功曹。虞，字王卿，长沙人也。

又曰：王彪之，字叔武。年二十，须鬓皓白，时人谓之王白须。

又曰：张华多须，常以帛缠之，陆云见之，笑不能止。

又曰：桓温少与沛国刘惔善，惔常称之曰：“温眼如紫石棱，须似猬毛磔，孙仲谋、晋宣王之流。”

《晋中兴书》曰：冉闵杀石鉴及羯胡数万人。于时人有高鼻多须者，无不滥死。

崔鸿《前赵录》曰：刘聪以谗慝故诛詹事曹光。光临刑，举止自若，谓刑者曰："取席敷之，无令土污吾须。"

又曰：刘元海，姿仪魁伟，身长八尺四寸，须长三尺余，当心有赤毫三根，长三尺六寸。

又《前秦录》曰：苻坚每日："自王丞相薨后，须发中白。"王丞相，猛也。

《宋书》曰：山阴公主淫恣，见褚彦回悦之，以白帝，帝令就之。彦回不从，主曰："君髭须如戟，何无丈夫意？"

《南史》曰：宋武帝狎侮群臣，各有称目，多须者谓之羊。

《三国典略》曰：齐许惇长须，垂至带。省中号为长鬣公。文宣尝因酒酣，握惇须称美。遂以刀截之，唯留一握。惇不敢复长，人号为齐髯公。

又曰：侯景使宋子仙等执梁湘东王世子方诸及中抚军长史鲍泉、司马虞预于郢州。是日，子仙等至，百姓奔告方诸，以五色杂彩编鲍泉白须，对之双六，弗之信也。告者既众，方命阖门。县门未下，子仙已入，方诸等膜拜，而鲍泉遁于床下。子仙窥见泉素髯间彩，疑愕惮之。及其被执，莫不惊笑。

又曰：李庶，黎阳人，魏大司农谐之子也。以清卞每接梁客。徐陵谓其徒曰："江北唯有李庶可语耳。"庶无须髯，人谓天阉。崔谌尝玩庶曰："教弟种须，取锥刺而为窍，以马尾插之。"世传诸崔多恶疾，以呼沲为墓田，故庶答之曰："先以方回施贵族，艺眉有效，然后树须。"邢邵笑谓谌曰："卿不谙李庶，何故犯之？"

又曰：周太子赟有失德，柱国王轨因内宴上寿，捋武帝须曰："可爱好老公，恨后嗣弱耳。"

《唐书》曰：太宗幸翠微宫，授司农卿李纬为民部尚书，房玄龄时在京城留守。会有自京师来者，太宗问曰："玄龄闻李纬拜尚书，如何？"对曰："玄龄但云李纬大好髭须，更无他语。"太宗遽改授纬洛州刺史。

又曰：李勣病，验方：须灰可以疗之。太宗乃自剪须为其和药。勣顿首见血，泣以陈谢。帝曰："吾为社稷计耳，不烦深谢。"

又曰：李光弼母有须数十茎，长五六寸。

《晏子》曰：汤长头而髯，伊尹蓬头而髯。

《孙卿子》曰：傅说之状秃，无须眉。

《庄子》曰：孔子往见盗跖，归，到东门外，适遇柳下季，曰："不见车马有行色，得微往见跖耶？"孔子曰："然。吾所谓无病而自灸。疾走料虎头，编虎须，几不免虎口哉！"

《孔丛子》曰：子高曰："臣见临屠商焉，身修八尺，须髯如戟，面正红白，幼女不敬之，无德故也。"

又曰：子思如齐，齐之嬖臣美须眉立乎侧，君指而言曰："貌可相易，寡人不惜此须眉于先生也。"子思答曰："非所愿也。但欲君修礼义。富百姓，使伋得寄孥于君之境内，则其庸多矣。"

《吕氏春秋》曰：豫让欲报赵襄子，灭须去眉，自刑以变容。

《抱朴子》曰：有古疆者，自言四千岁，敢为虚言云：见尧为人长大，美须发。

《风俗通》曰：不举生鬓须子。俗说：人十四五乃当生鬓须，今生而有，妨害父母也。谨按《周书》，灵王生而有髭，王甚神圣，亦克修其职，诸侯服，享二世，休和安在，其有害乎？

《世说》曰：锺毓兄弟警悟过人，每有嘲语，未尝屈蹶。毓语会："闻安陵能作调，试共视之。"于是与弟盛饰共载，从东门至西门，一女子笑曰："车中央殊高。"二锺都不觉。车后一门生云："向已被嘲。"锺愕然。门生曰："中央高者两头羝。"毓兄弟多须，故以此调之。

又曰：郄超为桓温记室参军，有奇才、多髭髯，荆州为之称"髯参军。"

《语林》曰：庾公道："王尼子非唯事事胜人，布置须眉亦胜人。我辈皆出其辕下。"

《俗说》曰：有人诣谢益寿云："向在刘丹阳坐，见一客殊毛。"谢曰："正是我家阿瞻。"瞻多须，故云尔。

《广陵列士传》曰：刘瑜字季节，举方正，对策高第，人呼为长须方正。

《列仙传》曰：丁次卿，汉顺帝时人。至娶妇家，未见礼异。妇出谒客，须髯郁然，其家谢之。次卿举手向妇，须髯即去。

郭璞《洞林》曰：东中郎参军周稚琰封蚕蛾、蛓虫，使璞射之。璞曰："射覆得此大落度，必是蚕蛾及毛蠹。"稚琰饶须，故因以调之也。

睫

《说文》曰：睫，映目旁毛也。

《释名》曰：睫，接也，插于匡而相接也。

《汉书》曰：袁盎曰："陛下居代时，太后尝病三年，陛下不交睫解衣。"

谢承《后汉书》曰：赵昱字元达，年十三，母病二月，昱惨戚消瘦，眼不交睫。

《列子》曰：晋国苦盗。有郄雍者能察盗，于眉睫之间而得其情。晋使视盗，千百无遗。赵文子曰："周谚有言：'见渊中鱼不祥。'郄雍必死。"俄而群盗杀之。

裴玄《新语》曰：尹氏之镜，数睫照形。蒸食，曾不如三钱竹算。

髑髅

《说文》曰：髑髅，头也。

《广雅》曰：髑髅，谓之颡颅也。

《魏略》曰：王忠，先因饥啖人五官，将戏，因从驾出行，过冢间，无何，令俳取道边死人髑髅，系着忠马戏笑。

《庄子》曰：列子行食于道，见百岁髑髅，搴蓬而指之曰："唯予与汝未尝死、未尝生也。"

又曰：庄子之于楚，见空髑髅，髐然有形。击之以马捶，因而问之曰："夫子贪生失理而为此乎？将子有亡国之事、斧钺之诛而为此乎？将子有不善之行、愧遗父母妻子之丑而为此乎？将子冻馁之患而为此乎？”于是语卒，援髑髅，枕而卧。夜半，髑髅见梦曰：“向子之谈者，似辩人也。睹子所言，皆生之累也，死则无此矣。子欲闻死之说乎？”庄子曰：“然”。髑髅曰：“死，无君于上，无臣于下，亦无四时之事，泛然以天地为春秋，虽南面王乐不能过也。”庄子不信。曰：“吾使司命复生子形，为子骨肉肌肤，反子父母、妻子、闾里、知识，子欲之乎？”髑髅深颦蹙頞曰：“吾安能弃南面王乐，而复为人之劳乎？”

《南州异物志》曰：乌浒人得髑髅，破之以饮酒。

盛弘之《荆州记》曰：长沙浦圻县有吕蒙冢，中有髑髅极大。蒙形既长伟，疑即蒙髑髅也。

裴渊之《广州记》曰：卢循袭广州，风火夜发，奔逸者数千。而已循除烧骨，数得髑髅三万余，于江南洲上作大坑葬之，今名为共冢。

《续搜神记》曰：永嘉五年，高荣为高平戍逻王。时曹嶷贼寇，离乱人民，人民皆坞垒自固，见山中火起，飞埃绝焰千余丈，树巅火焱，响动山谷。又闻人马铠甲声，谓嶷贼上。人皆怕惧，并严出欲击之。引骑到山下，无有人，但见碎火来洒，人袍、铠马、毛鬣皆烧，于是军人走还。明往视，山中无燃火处，唯有髑髅百头，布散山中。

张衡《髑髅赋》曰：张平子将游目于九野，观化乎八方，顾见髑髅委于路旁，下据朽壤，上负玄霜，平子怅然而问之：“子将并粮推命以夭逝乎？奔丧此土，流迁来乎？为是上智，为是下愚。”答曰：“吾宋人也。姓庄名周，游心方外，不能自修，公子何以问之？”对曰：“我欲告之于五岳，祷之于神祇，起子素骨，反子四支。”髑髅曰：“死为休息，生为役劳。冬冰之凝，何如春水之消！况我已化，与道逍遥，与阴阳同其流，元气全其朴，云汉为川池，星宿为珠玉，雷电为鼓扇，日月为灯烛。合体自然，无情无欲；不行而至，不疾而速。”

太平御览卷第三百七十五　人事部十六

肉

《说文》曰：脢音梅，背肉也。胂音身，夹脊肉也。瘜音息，寄肉也。

《释名》曰：肉，柔也。

《礼记·檀弓下》曰：延陵季子适齐，长子死，葬于嬴、博之间，号之曰："骨肉归于土，魂气无不之。"

《左传·宣公十二年》曰：楚子北，师次于郔，将饮马于河而归。闻晋师既济，王欲还，嬖人伍参欲战。令尹孙叔敖弗欲，曰："昔岁入陈，今兹入郑，不无事矣。战而不捷，参之肉其足食乎？"参曰："若事之捷，孙叔为无谋矣。战若不捷，参之肉将在晋军，可得食乎？"

《史记》曰：晋公子重耳在齐五年，赵衰等谋醉重耳，载以行。行远而觉，重耳引戈欲杀咎犯，咎犯曰："杀臣，成子偃之愿也。"重耳曰："事不成，我食舅氏之肉。"咎犯曰："事不成，犯肉腥臊，何足食？"乃止。偃，咎犯名也。

《吕氏春秋》曰：齐有人一居东郭，一居西郭，幸而相遇饮酒，曰："须肉。"各抽刀自割相啖，乃至于死。

《交州名士传》曰：张重字仲笃，举计。汉明帝易重，问何短小，重曰："陛下欲得其才，将称骨度肉也。"

《唐书》曰：先天中有王知道母患骨蒸，医云须得生人肉食之。知道遂密割股上肉半斤许，加五味以进。母食之便愈。

黄帝《素问》曰："脾主肉，久坐伤肉。脾热者，色黄而肉软。"

《楚辞·大招》曰：丰肉微骨，体便娟只。

皮肤

《释名》曰：皮，被也，被覆体也。肤，布也，布在表也。

《礼记》曰：古者深衣，盖有制度，以应规、矩、绳、权、衡。短毋见肤，衣取蔽形。长无被土。

《毛诗·硕人》曰：手如柔荑，肤如凝脂。

《孝经》曰：身体发肤，受之父母，不敢毁伤，孝之始也。

《庄子》曰：藐姑射之山有神人居之，肌肤若冰雪。

《商子》曰：上世之士，衣不暖肤，食不满腹，苦其心意，劳其四肢。

《抱朴子》曰：素颜红肤，惑其目；清商流征，乱其听。

《列异传》曰：蔡经与神交，神将去，家人见经诣井上饮水，上马而去。视井上，俱见经皮如蛇蜕，遂不还。

《西京杂记》曰：文君姣好，眉色如望远山，脸际常若芙蓉，肌肤柔滑如脂，十七而寡，为人放诞风流，悦长卿之才而越礼焉。

《新论语》曰：发生于皮，去发而皮不知。

王子年《拾遗录》曰：燕昭王三年，广延之国去燕七万里，或云在扶桑之东，献善舞者二人，一名提波，一名携汉，并玉皙凝肤，骨轻气馥，绰约婉妙，绝古无伦。

《语林》曰：贾充问孙皓何以剥人面皮，皓曰："憎其颜之厚也。"

骨

《说文》曰：骨，体之质也，肉之核也。

《释名》曰：骨坚而滑也，似木枝格。

《孝经援神契》曰：周道衰，路有饥骨，血成池。

《史记》曰：楚围宋，五月不解，宋城中急，无食，华元乃夜私见楚将子反。子反告庄王，王问曰："城中何如？"曰："析骨而炊，易子而食。"

又曰：孔子适周，将问礼于老子。老子曰："子所言者，其人与骨皆已朽矣，独其言在耳。"

《帝王世纪》曰：殷时有仙女名昌容，隔肉见骨。

《东观汉记》曰：陈宠字昭公，为广汉太守。先是雒县城南每阴雨，常有鬼哭声，宠使案行，昔岁仓卒，时骸骨不葬者多，宠乃敕县葬埋，由是即绝。

《晋书》曰：桓温生未期，温峤见曰："此儿有奇骨相，可使啼。"峤曰："真英物也，因名温。"

《尸子》曰：徐偃王有筋无骨。

《公孙尼子》曰：多食甘者有益于肉，而骨不利。

《燕丹子》曰：田光曰："窃观太子客，无可用者，武阳，骨勇之人，怒而面白。"

《贾子》曰：文王昼卧，梦人登城呼曰："我东北陬槁骨也，速以人君葬我。"文王曰："诺。"觉召吏，令以人君葬之，吏曰："以五大夫葬之。"文王曰："吾梦中已许之。"民闻之曰："我君不以梦故背槁骨，况生人乎？"乃下信其上。

《孔丛子》曰：孔附谓陈王曰："梁人有扬由者，伎巧过人，骨腾肉飞。"

《国语》曰：吴伐越，隳会稽，获骨焉，一节专车，使问仲尼，曰："禹致群臣于会稽，防风氏后至，戮之，其骨专车，此为大矣。"

《新序》曰：文王之葬枯骨，无益众庶，众庶悦之，恩义动人也。

《列仙传》曰：宁封，黄帝时陶正，有神人过之，为其掌火，能出五色烟。久之，教封子积火自烧，而随烟气上下，视其灰烬，犹有骨。时人葬之，谓之封子。

《列异传》曰：蒋子文，汉末为秣陵尉，自谓骨青，死当为神。

《西京杂记》曰：戚姬以百炼金为驱环，照见指上骨。彄，革候切。

王子年《拾遗录》曰：沐胥国人忽复化为老叟，俄而即死，臭烂盈屋，人有除烧其骸骨于粪土之中，复还为人矣。

《搜神记》曰：有谈生无妇，有女来为其妇，三年生一儿，曰："慎勿以火照我。三年后可照。"生盗照之，腰已上皆肉，腰以下但枯骨，妇求去。

《续搜神记》曰：司徒蔡谟亲有王蒙者单独，常为蔡公所收养。蒙长才五尺，似为无骨，登床辄令抱上。

《扶南传》曰：顿逊国人死，鸟葬或火葬。鸟葬者，病困便歌舞，送郭外，有鸟如鹅，绿色，飞来万许，啄食都尽，敛骨焚之，沉于海水，此必生天上。鸟若不食，自悲伤，乃就火葬，取骨埋之。

《世说》曰：王右军目陈玄伯块垒有正骨。

司马相如《美人赋》曰：皓体陈露，弱骨丰肌。

筋

《说文》曰：筋，体之力也，可以相连属作用也。

《释名》曰：筋，力也，肉中之力、气之元也。

《礼记·曲礼》曰：老者不以筋力为礼。

《左传·哀公上》曰：卫太子祷曰："敢告无绝筋，无折骨，无面伤，以集大事，无作三祖羞。"

《公孙尼子》曰：多食苦者而筋不利，多食辛者有益于筋而气不利。

《韩子》曰：淖齿之用齐，擢闵王之筋，县之庙梁，宿昔而死。

《论衡》曰：命富之人，筋力自强；命贵之人，才智自高。

《物理论》曰：夫清忠之士，乃千人之表，万人之英。得其人，则事易于反手；不得其人，则难于拔筋。

脉

《释名》曰：脉，幕也，络一体也。

《史记》曰：扁鹊以长桑君言饮药三十日，视见垣一方人，以此视病，尽见五藏病结，特以诊脉为名耳。

又曰：赵简子为大夫，专国事，简子疾，五日不知人，于是召扁鹊。扁鹊入视病，出，董安于问扁鹊，扁鹊曰："血脉治也，而何怪！秦穆公尝如此，七日而寤。今主君之病与之同，不出三日必间。"居二日半，简子寤。

又曰：扁鹊过虢。虢太子死，扁鹊至虢宫门下，曰："闻太子不幸而死，臣能生之。"中庶子曰："先生得无诞乎，何以言太子可生也？"

扁鹊曰："越人之为方也，不待切脉、望色、听声、写形，言病之所在。子以吾言为不诚，试入诊太子，当闻其耳鸣而鼻张，循其两股以至于阴，当尚温也。"中庶子闻，入报虢君。虢君大惊，出见扁鹊于中阙，扁鹊曰："若太子病者，所谓尸蹶者也。是以阳脉不遂音队，阴脉上争，会气闭而不通，阴上而阳内行，下内鼓而不起，上外绝而不为使，上有绝阳之络，下有破阴之纽，破阴绝阳，色废脉乱，形静如死状。太子未死也。"

又曰：扁鹊过齐，齐桓侯客之。入朝见，曰："君有疾在血脉，不治恐深。"桓侯曰："寡人无疾。"

又曰：齐太仓公淳于意，少而喜医。更师同郡元里阳公，受其脉书上下经、五色诊、奇音羁咳术、揆度阴阳，诊病知人死生。

《汉书》曰：王莽得翟义党王孙度，使太医与巧屠共刳剥之，量度五藏，以竹筳音庭导其脉，知其所终始，云可以治病。

《后汉书》曰：郭玉为人善别脉，知人生死。章帝令童男着女子之衣，诈云其病，使玉诊脉。玉曰："此女虽言病，据脉阳盛阴微，臣谓非女子。"帝善之。

《三国典略》曰：周武帝不豫，止于云阳宫，内史柳升私问姚僧坦曰："至尊贬膳日久，脉候何如？"对曰："天子上应天心，非愚所及。凡庶如此，万无一全。"

《鹖冠子》曰：魏文侯问扁鹊曰："子昆弟三人并医，其孰最善？"扁鹊曰："长兄视神，故名不出家；仲兄视毫毛，故名不出闾；鹊针人血脉，救人生死，名闻天下。"

《燕丹子》曰：田光窃观太子客，无可用者，宋意脉勇之人，怒而面青。

《论衡》曰：王莽时省五经，平章句，弟子郭略夜定旧记，死于烛下，精思不任，脉绝气灭。

崔元始《正论》曰：风俗者，国之脉诊也。年谷如其肌肤，肌肤虽和，而脉诊不和，亦未为休也。

髓

《说文》曰：髓，骨中脂也。

《史记》曰：扁鹊过齐，桓侯客之。后五日复见，望桓侯而退走。桓侯使人问其故。扁鹊曰："疾之居腠理也，汤熨之所能及；在血脉，针石所能及；在肠胃，酒醪之所能及；其在骨髓，虽司命无奈之何也。今疾在骨髓，臣是以无请也。"后五日，桓侯体病，使人召扁鹊，鹊已逃去。桓侯遂死。

又曰：勾践顿首再拜，答子贡曰："孤尝不料力，乃与吴战，困于会稽，痛入于骨髓。"

《帝王世纪》曰：纣斩朝涉之胫而观其髓。

郦善长《水经注》曰："淇水历汲郡西南，出朝歌城西北，东南迳朝歌台下，俗谓之阳河水也。纣在台，见老人晨将渡水，而沉吟难济，纣问其故，左右曰：老者髓不实，故畏寒。纣乃于此斮胫而视髓。"

脑

《左传·僖下》曰：晋文公梦与楚王搏，楚子伏已而盬其脑。子犯曰："吉。我得天，楚伏其罪，吾且柔之矣。"杜预注云：脑能柔物。

《春秋元命苞》曰：脑之为言在也，人精在脑。

《韩诗外传》曰：禽息，秦大夫，荐百里奚，不见纳。缪公出，当车以头击闑五结切，脑乃精出，曰："臣生无补于国，不如死也。"缪公感寤而用百里奚，秦以大化。

《史记》曰：昔赵襄子以其姊为代王妻。后与王遇于句注之塞，厨人进斟，因反斗以击代王，杀之，王脑涂地。

《三国典略》曰：齐南阳王绰与齐王俱五月五日生，武成以绰母李夫人非嫡，故贬之为弟。俗云：其日生者，脑不坏烂，死后逾一年方许收殓，毛发不落，如生人焉。

《神异经》曰：西荒中有人，长短如人，着百结败衣，手足虎爪，名摸豹。见人独自，辄就人欲食脑，先捕虱。人伺其卧，舌出盘地丈余，便烧石投其舌，于是绝气而死。若不如此，瘖而辄食人脑。

《列异传》曰：陈仓有得异物，其形不类猪，不似羊，莫能名。以献秦穆公。道遇二童子，曰："此名为蝹音褭述，常在地下，食死人脑。若欲杀之，以柏烧其头。"

《西京杂记》曰：广陵王胥有勇力，恒于别囿学格熊，后遂空手搏之，陷脑而死。

血

《释名》曰：血，濊也，流濊濊也。濊，乎会切。

《礼记·檀弓》曰：高子皋之执亲之丧也，泣血三年。

《左传·庄公八年》曰：齐侯田于贝丘，伤足丧屦。反，诛屦于徒人费。弗得，鞭之，见血。

又《成公上》曰：齐晋将战，郤克伤于矢，流血及屦，未绝鼓音。张侯曰："余病矣。"郤至曰："自师始合，而矢贯余手及肘，余折以御，左轮朱殷，岂敢言病。吾子忍之！张侯，解张也。朱，血色，血色久则殷。今人谓朱黑殷也，言血多污车轮后不敢息也。"

《春秋考异邮》曰：龙门之下血如江。宋均曰：龙门战在鲁桓十三年。

《易·屯卦》曰：乘马班如。泣血涟如。

《尚书·武成》曰：纣前徒倒戈，攻于后以北，血流漂杵。孔安国注曰：流漂舂杵。

《论语·季氏》曰：君子有三诫：血气未定，诫之在色；血气方刚，诫之在斗；血气既衰，诫之在得。

《汉书》曰：申屠嘉为丞相，邓通居上傍，怠慢嘉。嘉为檄召通，责曰："朝廷者，高帝朝廷也。通小臣，戏殿上，大不敬，当斩。"通顿首，血出不解。文帝度嘉已困通，持节召通而谢嘉。

《汉书》曰：息夫躬坐詸诅下狱，仰天大呼，血打鼻出，食顷而死。

《东观汉记》曰：逢萌隐琅琊不劳山，非礼不动，聚落化之。北海太守遣吏奉谒，萌不诺。太守遣吏捕之，民相率以石掷吏，皆流血奔走。

又曰；耿秉为征西将军，镇抚单于以下。及薨，南单于举国发哀，犁面流血。

谢承《后汉书》曰：吴郡㚷皓字元起，父为南郡太守，坐事系狱。皓怀小石，至公卿间辄出石，叩头其上，流血覆面，父系得免。

虞预《晋书》曰：元康元年，河间、成都二王举兵向京都，朝廷北讨，征嵇绍为侍中。王旅不振，败绩于荡阴，百官侍卫莫不溃散，唯绍以身捍寇。兵突御辇，飞矢雨集，绍遂被害于帝侧，血溅御服。及定，左右欲浣衣。帝曰：“此嵇侍中血，勿去。”

又曰：丞相府斩督运令史淳于伯，血逆流着柱，终柱末二丈三尺，旋复流下四尺五寸，百姓咸称其冤。

《晋书·张轨传》曰：汉末，金城人阳成远杀太守以叛，郡人冯忠赴尸号哭，欧血而死。

又曰：桓温父彝为韩晃所害，泾令江播预焉。温时年十五，枕戈泣血，志在复仇。

崔鸿《十六国春秋·后赵录》曰：伏都有膂力，善尺牍，攻石闵不克，为闵所杀，横尸相枕，血流成渠，诛诸胡羯，无贵贱男女皆斩之，死者二十余万。于时高鼻多须至有滥死者。

又《北燕录》曰：冯跃宴郡僚，忽有血流左臂，跃恶之。从事中郎王乘因陈符命之应，跃戒其勿言。

《南史》曰：萧睿明母病风，积年沉卧。睿明昼夜祷祈，时寒，下泪为冰，叩头血出，亦为冰不溜。

《陈书》曰：吴明彻杀王琳，有一叟以酒脯来至，号酹尽哀，收其血，怀之而去。

《三国典略》曰：齐主于凉风堂召孝昭第二子百年，遣左右乱捶击之。又令曳以绕堂，所行之处，血皆遍地。

又曰：齐主将杀开府高德正，召而谓之曰：“闻尔病，我为尔针。”以刀子刺之，血流沾地。

又曰：周师围江陵，谢答仁请守子城，梁主即授城内大都督。既而召王裒谋之，裒以为不可。答仁请入不得，欧血而去。

《唐书》曰：王君廓镇幽州，会突厥入寇，君廓邀击，破之。高祖大悦，征入朝，赐以御马，令于殿庭乘之而出，因谓侍臣曰："吾闻蔺相如叱秦皇，目眦出血，君廓往击窦建德，将出战，李勣遏之，君廓发愤大呼，目及鼻耳一时流血。此之壮气，何谢古人？不可以常例赏之。"复赐锦袍金带。

又曰：辅公祏据江东反，发兵寇寿阳。命李孝恭为行军元帅以击之。孝恭自荆州趣九江，将发，与诸将宴集，命取水，忽变为血，在坐者皆失色。孝恭举止自若，徐谕之曰："祸福无门，唯人所召。自顾无负于物，诸君何见忧之深！公祏恶积祸盈，今承庙算，以致讨。碗中之血，乃公祏授首之征。"

又曰：李思摩，颉利族人也。授右卫将军，从征辽东，为流矢所中，太宗亲为吮血。

又曰：李子慎诬告其舅，以获五品，其母见其着绯衫，覆面床下，泣涕曰："此是汝舅血染者耶！"

又曰：玄宗幸蜀，次马嵬，召左相韦见素，见素出店，为乱兵所挝，头血流地。上遽令寿王傅传诏止之。

又曰：天宝十五年，安禄山下将蔡希德攻陷常山郡，执太守颜杲卿、长史袁履谦，杀掠人吏万余人，城中流血。

又曰：窦轨每临戎对寇，或经旬月，身不解甲。其部众无贵贱少长，不恭命即立斩之。每日被事，多所鞭挞，流血满庭，见者莫不股栗。

又曰：刘审礼丁父忧去职，及葬，跣足随车，流血洒地，行路称之。

又曰：牛徽贱为吏部员外郎。巢贼犯京师，父蔚方病，徽与其子自扶蓝音蓝舆，投窜山南。阁路险狭，盗贼纵横，谷中盗击徽破首，血流被体，而捉舆不辍。

《庄子》曰：苌弘死乎蜀，藏其血，三年化为碧。

《燕丹子》曰：窃观太子客，无可用者，夏扶血勇之人，怒而面赤。

《贾子》曰：炎帝、黄帝异母兄弟，各有天下之半，战于涿鹿之野，流血漂杵。

《山海经》曰：禹堙洪水，杀相繇，其血腥臭，不可生五谷，以其地为台。相繇，一名相仰。

《春秋后语》曰：燕太子丹，豫求天下名利匕首。得赵人徐夫人匕首。取之百金，使工以药淬之，以试人，血濡缕，无不立死者。裴骃曰：言以匕首伤人血出，沾濡丝缕，便立死。濡，读如儒也。

《说苑》曰：蔡威公闭门而哭三日，泣尽而继之以血。

《幽明录》曰：王伯阳亡，其子营墓得三漆棺，移置南堈。夜梦鲁肃瞋云："当杀汝父。"寻复梦见。伯阳云："鲁肃与弟争墓。"后于坐褥上见数升血，疑鲁肃杀之故也。墓今在长广桥东一里。

《汝南先贤传》曰：阳安令赵规与朗陵太守黄萌争水，规割指诅曰："随血所流入阳安界。"萌忿，杀规。小吏王朔复刺杀萌，朗陵官属又杀朔。民于京山上为朔作祠坛，每水旱辄往祈祷。

《博物志》曰：战斗死亡处有人马血，积年化为磷，磷着地及草木，如霜露，略不可见。人行或有触着，体便有光，拂拭便分散无数。又细咤声如沙豆，住久乃灭。其人忽忽如失魂，经日乃差。磷，音邻，又音吝。

《三辅旧事》曰：武帝发兵攻太子，连斗五日，白虎阙前沟中血没足。

《世说》曰：阮步兵居丧不率礼，而志孝称。当葬母，先食肫饮酒，然后临诀而哭，直云："人言穷，我将穷矣！"因吐血一升，气绝不如人，弥时乃苏。

膏

《春秋元命苞》曰：膏者，神之液。

《文子》曰：人受变化，一月而膏，三月而脉。

《异苑》曰：满奋丰肥，肤肉溃裂，每暑夏辄膏汗流溢。

太平御览卷第三百七十六 人事部十七

心

《释名》曰：心，纤也。所识纤微，无物不贯也。

《礼记·礼运》曰：欲恶者，心之大端也。人藏其心，不可测度也。美恶皆在其心，不见其色也。欲一以穷之，舍礼何以哉？

又《祭义》曰：致乐以治心，则易直子谅之心油然生矣。易直子谅之心生则乐；乐则安，安则久，久则天，天则神；天则不言而信，神则不怒而威。致乐，以治心者也。

又《缁衣》曰：子曰："民以君为心，君以民为体。心庄则体舒，心肃则容敬。心好之，身必安之；君好之，民必欲之。心以体全，亦以体伤；君以民存，亦以民亡。"

又《大学》曰：欲修其，身者先正其心。

《左传·庄公》曰：楚武王伐随，入告夫人邓曼曰："余心荡矣。"邓曼叹曰："王禄尽矣。盈而荡，天之道也。故临武事，将发大命，而荡王心焉。若师徒无亏，王薨于行，国之福也。"王遂行，卒于樠音门木之下。

又《昭公二十一年》曰：周景王铸无射。泠州鸠曰："王其以心疾死乎？"

《毛诗·柏舟》曰：我心匪石，不可转也。我心匪席，不可卷也。

又《谷风》曰：习习谷风，以阴以雨；黾勉同心，不宜有怒。

又《小弁》曰：我心忧伤，惄焉如捣。

又《巧言》曰：他人有心，予忖度之。

《周易·上系》曰：二人同心，其利断金。

《尚书·仲虺之诰》曰：以义制事，以礼制心。

又《太甲下》曰：有言逆于汝，心必求诸道。人以言拂违汝心，必以道义求其意，勿拒逆之。

又《说命》曰：启乃心，沃朕心。

又《泰誓》曰：受有臣亿万，唯亿万心。人执异心不和谐。予有臣三千，唯一心。三千一心言同欲。

又曰：斮朝涉之胫，剖贤人之心。

又《酒诰》曰：诞唯厥纵淫逸于非彝，用燕丧威仪，民罔不衋伤心。

又《周官》曰：作德，心逸日休；作伪，心劳日拙。为德直道而行，于心逸豫，而各日美；为伪饰巧百端，于心劳苦，而事日拙不可为。

《论语》曰：七十而纵心所欲，不逾矩。

又曰：回也，其心三月不违仁。

《史记》曰：吴公子季札初使北，过徐君，徐君好季札剑，口弗敢言。季札心知之，为使上国，未献。还至徐，徐君已死，于是乃解其宝剑，系之徐君冢树而去。从者曰："徐子已死，尚谁予乎？"季子曰："不然。始吾心已许之，岂以死倍吾心哉！"

《战国策》曰：苏秦为赵合从于楚威王，王曰："秦，虎狼之国，不可亲。寡人卧不安席，食不甘味，心摇摇然如悬旌无所终薄。"

《汉书·张耳传》曰：上从东垣过柏人，欲宿，心动，帝曰："柏人者，迫于人也！"不宿而去。

又《郑崇传》曰：尚书令赵昌佞谄，素害崇，知其见疏，因奏崇与宗族通，疑有奸，请治。上责崇曰："君门如市，人何以欲禁切主上。"崇曰："臣门如市，臣心如水。"

《东观汉记》曰：许辅，平原人，为县门下小吏。县令刘雄为贼所攻，欲以矛刺雄，辅前叩头，以身代雄。贼等遂戟刺辅，贯心洞背即死。东郡太守捕得贼，具以状上，诏书伤痛之。

《蜀志》曰：刘琮闻曹公来征，遣使请降。先主在樊闻之，率众南行，诸葛亮与友人徐庶并从，为曹公所追，获庶母。庶辞先主而指其心曰："本欲与将军共图王霸之业者，以此方寸之地也。今失老母，方寸乱矣，无益于事，请于此别。"遂诣曹公。

《晋书》曰：张华被诛。华曰："臣先帝老臣，中心如丹。臣有爱死，惧王室之难，祸不可测也。"

又曰：阮咸与籍为竹林之游，太原郭弈、高爽为众所推，见咸而心醉，不觉叹焉。

又曰：顾和。王导为扬州，辟从事。月旦当朝，未入，停车门外。周顗遇之，和方择虱，夷然不动。顗既过，顾指和心曰："此中何所有？"和徐应曰："此中最是难测地。"顗入，谓导曰："卿州吏中有一令仆才。"导亦以为然。

《齐书》曰：陆惠晓匪躬清恪，风神俊朗。何点每叹曰："惠晓心如明镜，遇形触物，无不朗然。"

又曰：南阳宋元卿，有志行，早孤，为祖母所养。祖母病，元卿在远辄心痛。大病则大痛，小病小痛，以此为常。

《南史》曰：贺道养工下筮，经遇工歌女，人病死，为筮之，曰："此非死也，天帝召之歌耳。"乃以土块加其心上，俄顷而苏。

《唐书》曰：宪宗问宰臣为理之要何先？裴垍对曰："先正其心。"上深然之。

又曰：魏州节度使田布以牙将史宪诚离间三军，度众终不为用，乃密表陈情，号哭拜授。其从事李石乃入启父灵，抽刀刺心曰："上以谢君父，下以示三军。"言讫而绝。

又曰：昭宗龙纪元年，杭州刺史钱镠攻宣州，下之，擒刘浩，剖心以祭周宝。

《国语》曰：观其容而知其心矣。

又曰：谚曰："众心成城。"

《老子》曰：圣人无常心，以百姓心为心。

《管子》曰：心之在体，君之位也。九窍之有职，官之分也。心处其道，九窍修理。故曰上离其道，下失其事。

《晏子春秋》曰：景公田于署梁，十八日不返，晏子往见，公曰："夫子何遽，得无有故乎？"对曰："国人皆以君安野而好兽。"公曰：

“夫以狱讼不正，则太士子牛存焉；社稷宗庙不享，则太祝子游存矣；仓廪不实，申田存矣；国家之有余不足聘乎，则吾子存焉。寡人有吾子，犹心有四支，故心得佚。”晏子曰：“若心有四支而得佚，则可令四支一日无心乎？”公罢田而返。

又曰：崔杼杀庄公，敢不盟者戟钩其颈，剑承其心。晏子不与盟而出，上车，其仆将驰，晏子抚其手曰：“鹿生于山野，命悬于庖厨，婴命有所悬矣！”成节而去。

又曰：一心可以事百君，百心不可以事一君。仲尼闻之曰：“小子记之：晏子以一心事百君。”

《文子》曰：心者，形之主也；神者，心之宝也。

《列子》曰：鲁公扈、赵婴齐同见扁鹊，鹊曰：“公扈志强而气弱，足于谋而寡断；婴齐志弱而气强，故少于虑而伤于专。若换汝之心，则均于善矣。”遂饮二人毒酒，迷死三日，剖胸探心，易而置之，救以神药，既寤如初。于是公扈反婴齐之室，而有其妻子，妻子不识。婴齐反公扈之室，而有其妻子，妻子亦不识也。

又曰：龙叔谓文挚曰：“吾有疾，子能已乎？”文挚乃命龙叔背明而立，文挚从而向明理望之。既而曰：“嘻！见子之心矣，方寸之地虚矣，几圣人也！子心六孔通流，一孔不达旧说圣人心有七孔。今圣智为病者，或由此乎？”

孟子曰：人皆知粪其田，莫知粪其心，粪田不过苗利得粟，粪心易行而得所欲。何谓粪心？博学多闻。何谓易行？一欲止淫。

又曰：见孺子入井，皆有恻隐之心，非子父母也。无此心者，非人也；无善恶之心，非人也。

《庄子》曰：孔子曰：“凡人心险于山川，难知于天。”

又曰：万恶不可纳于灵台。司马注曰：心为神圣之台。

又曰：至人之用心若镜，郭象注曰：鉴物无错。不将不迎，应而不藏。来即应，去即止。

《韩子》曰：西门豹性急，佩韦以自缓；已董安于心缓，佩弦以自急。

《子思子》曰：百心不可得一人，一心可得百人。

《孙卿子》曰：君子之学入乎耳，着乎心，布乎四支，动静皆可为法。

《公孙尼子》曰：心者，众知之要，物皆求于心。

《淮南子》曰：夫心者，五藏之主也。所以制使四支，流行血气，驰骋于是非之境，而出入于百事之门户者是也。

《抱朴子》曰：昔西施心病，卧于道侧，兰麝芬芳，见者咸美其容。

《笃论》曰：杜恕，与宋璀书曰："吾年五十不见废弃者，遭明达君子，亮其本心，若不见亮，便刳心着地，正数斤肉耳，何足有所明耶！"

《傅子》曰：心有管龠，须言而发。

又曰：人皆知涤其器，而莫知洗其心。

《异苑》曰：郑玄师马融，三载无闻，融鄙而遣还。玄过树阴下假寐，梦见一父老以刀开其心，谓曰："子何学矣？"于是寤而即反，遂精洞典籍。融叹曰："《诗》、《书》、《礼》、《易》，皆已东矣。"

《列女传》曰：王子比干谏，纣以为妖言，妲己谓曰："吾闻圣人之心有七窍，窍有九毛。"遂剖视之。

《括地图》曰：无咸民食土死即埋之，其心不朽，百年复生，去玉关四万六千里。

《风俗通》曰：俗说无恙，无病也。凡人相问无病也。案《易传》：上古露宿患恙虫噬食人心，凡相访，问曰："无恙乎？"非谓病也。

《世说》曰：魏武云："人欲危已，已辄心动。"因语所亲小人曰："汝怀刀密来我侧，我必心动，使戮汝，但勿言，当厚相报。"怀刀者信焉，遂斩之。谋逆者挫气。

又曰：简文帝入华林园，顾谓左右曰："会心处不必在远，翳然林木，便自有濠梁想，觉鱼鸟自来见亲。"

《诸葛亮书》曰：吾心如秤，不能为人作轻重。

肝

《说文》曰：肝，火藏也。

《释名》曰：肝，干也，于五行属木，故其体状有枝干也。凡物以木为干也。

《乐动声仪》曰：五藏肝仁，肝所以仁者何？肝，木之精也。仁者好生，东方者，阳也。万物始生，故肝象木色而有枝叶。

《史记》曰：盗跖日杀不辜，肝人之肉，暴戾恣睢，聚党数千人，横行天下，竟以寿终。

《汉书》曰：蒯通说韩信曰："今刘项分争，使人肝脑涂地，流离中野，不可胜数。"

又曰：息夫躬绝命辞曰："涕泣流兮雚兰，心结愲音骨兮伤肝。"

《魏末传》曰：诸葛诞杀文钦。及城陷，钦子鸯虎先入，杀诞，啖其肝。

《续晋阳秋》曰：会稽太守谢琰拒孙恩，恩帐下都督张猛于后斫马，琰堕地，遂杀之。高祖左里之捷生禽猛，送琰小子混，混刳肝，生食之。

崔鸿《十六国春秋·北凉录》曰：马权兄为凉将綦母诩所杀。权后杀诩，食其肝。

《括地图》曰：细民肝不朽，死八年复生，穴处，衣皮。

《庄子》曰：盗跖居太山，脍人肝而食之。

《吕氏春秋》曰：卫懿公有臣弘演，有所使。翟人攻卫，杀懿公，尽食其肉，独舍其肝。弘演至，报使见肝，尽哀而止曰："臣请为襮音博。""因自杀，先出其肝，内公之肝。"齐桓公闻之复卫。高诱注曰：襮，表也。

《贾子》曰：武王伐纣，纣斗而死，弃之王门外。民蹈其腹，蹷其肾，践其肺，履其肝。武王以帏守之，民褰而入，以石扺之者犹未止。

《唐书》曰：天宝三年，有星如月，坠于东南，坠后有声。京师讹言："官遣枨捕人肝以祭天狗。"人相恐，畿县尤甚。发使安之。

《谈薮》曰：徐摛好为体语，尝体一人病痈，曰："朱血夜流，黄脓昼写，斜看紫肺，正视红肝。"

肺

《说文》曰：肺，水藏也。

《释名》曰：肺，勃也，其气勃郁也。

《毛诗·荡·桑柔》曰：自有肺肠，俾民卒狂。

《博物志》曰：锣音留民其肺不朽，百年复生。

《白虎通》曰：肺所以义者何？肺者金之精，义者断决西方，亦杀成万物。故肺象金色，白系于鼻。

脾

《说文》曰：脾，金藏也。

《释名》曰：脾，裨也，在胃下，裨助胃气，主化谷也。

陈思王《辩道论》曰：甘始论车师之西国，儿生，劈背出脾，欲其食少而努行也。

《白虎通》曰：脾之为言并也，所以并积气。

又曰：脾所以信何？脾者土之精，土尚任，养万物，无所私，信之至也。故脾象土色黄，系于舌。

肾

《说文》曰：肾，水藏也。

《释名》曰：肾属水，主引水气灌注诸脉也。

《尚书·盘庚》曰：今我其敷心腹肾肠，历告尔百姓于朕志。布心腹，言输诚于百姓以告志。

《文子》曰：肾主鼻。

《白虎通》曰：肾所以智何？肾者水之精；智者进止，无所疑惑，水亦进而不惑，北方水，故肾黑阴，故肾双居。

胆

《说文》曰：胆，连肝之府也。

《史记》曰：吴既赦越王勾践返国，苦身焦思，置胆于坐，卧即仰饮胆曰："汝忘会稽之耻乎？"

《魏志》曰：乐进字文谦，阳平卫国人。容貌短小，心胆烈，从太祖，为帐下吏。

又曰：袁绍在黎阳，将南渡，时程昱有七百兵守鄄城。太祖使人告昱，欲益二千兵，昱不肯，曰："袁绍拥十万众，自以所向无前，今见昱兵少，必不来攻。"太祖从之，绍果不往。太祖谓贾诩曰："程昱之胆，过于贲育。"

又曰：袁绍既并公孙瓒，兼四州地，众十余万，诸将以为不可敌。公曰："绍志大而智小，色厉而胆薄，土地虽广，粮食丰，适所以为奉吾也。"

《吴志》曰：吕蒙病笃，孙权问曰："卿如不起，谁可代者？"对曰："朱然胆有余，愚以为可任。"蒙卒，权假朱然节，镇江陵。

又曰：朱然长不过七尺，气候分明，内行修洁，其所文彩，唯施军器，余皆质素，终日钦钦。常存战场，临急胆定，尤过绝人。

《管辂别传》曰：辂年十五，琅琊太守单子春雅有才度，欲见辂，辂造之，客百余人，有能言之士。辂谓子春曰："府君名士，加有雄贵之姿，辂既年少，胆未坚刚，若欲相观，惧失精神，请先饮三升清酒，然后而言。"子春大喜，酌三升，独使饮之。于是辂与人人答对，言皆有余。

《赵云别传》曰：云字子龙。先主入益州，云留守营。曹公争汉中地，运米北山下，数千万囊。黄忠以为可取，过期不还，云将数十人出围视忠。值曹公扬兵大出，云为前锋所击，且斗且却，公军散走，已复合，云陷敌，还入营，更大开门，偃旗息鼓。公疑云有伏兵，引去。云鼓震，以戎弩于后射公军，公军惊骇，因相蹂践，堕汉水死者甚多。先主明日自来视昨战处，曰："子龙一身都为胆。"

《宋书》曰：太学生会稽魏淮，以才学为王融所赏。既欲奉子良，而淮鼓成其事。太学生卢义、丘园宾窃相谓曰："竟陵才弱，王中书无断，败在目中矣。”及融诛，召淮入，舍人省诘问，遂惧而死，举体皆青。时人谓淮胆破。

《唐书》曰：武懿宗抚河北诸州。先是百姓有胁从贼者，后得归来，懿宗以为同反，尽生刳，取其胆，然后行刑，流血盈前，言笑自若。

又曰：孙思邈对卢昭邻曰：“胆欲大而心欲小。”

黄帝《素问》曰：胆者，中心之官，断决出焉。

《白虎通》曰：胆者肝之府，肝者木之精，主仁。仁者苦不忍，故以胆断。是以仁者有勇，故胆断也。肝胆异处何？以其相为府也。肝者木精，木之为言牧也。人怒，无不色青目振张者，是其效也。

《西京杂记》曰：秦有方镜，广四尺，高五尺九寸。表里有明，人直来，照之影则倒见；以手掩心而来，即见肠胃、五藏历然。人有疾病，在内即掩心照之，即知病之所在。女有邪心则胆张心动。秦始皇帝以照宫人，胆张心动者则杀之。

《世说》曰：姜维死时见剖，胆大如斗。

胃

《说文》曰：胃，谷府也。

《释名》曰：胃，围也，受食物也。

《春秋元命苞》曰：胃者，脾之府，主禀气；胃者，谷之委。故脾禀气也。

《魏略》曰：陈思王精意着作，食饮损减，得反胃病也。

《物理论》曰：腹胃五藏之府，陶冶之大化也。

肠

《说文》曰：肠，大小肠也。

《释名》曰：肠，畅也。畅胃气，去滓秽也。

《史记》曰：聂政刺杀韩累，因自披面抉眼，自屠出肠，遂以死。

又曰：卫绾为中郎将，郎官有谴，常蒙其罪，不与他将争；有功，常让他将。上以为廉，忠实无他肠。

《后汉书》曰：董卓将兵击韩遂，诏征卓为少府，不肯就，上书言："所将湟中义从秦胡兵牵挽臣车，使不得行。羌胡弊肠狗态，言羌胡心肠毕弊恶，情态如狗也。臣禁不能止。"

《魏略》曰：丁冲为司隶校尉，后数岁，遇诸将饮，美不能止，醉，烂肠而死。

《吴书》曰：孙坚母怀坚，梦肠出绕吴昌门，寤而惧之，告邻母，母曰："安知非吉征。"

《梁书》曰：王伟尝为侯景作檄，檄湘东王。及景败，获伟，王怒，钉其舌，抽其肠而死。

《抱朴子》曰：欲得长生肠中清，欲得不死肠无屎。

《白虎通》曰：大肠小肠，心之府也，主礼。礼有分理，肠亦大小相承受也。

王子年《拾遗录》曰：北有浣肠之国，从口中引肠出，出而浣濯之，更递易其五藏。浣毕，啸慠而飞焉。

《楚辞·九章》曰：唯郢路之辽远，肠一夕而九回。

膀胱

《广雅》曰：膀胱谓之脬音胞。

《释名》曰：胞，鞄步交切。也。鞄，虚空之言也，主以虚承水汋也。或曰膀胱，言体短而横广也。

《春秋元命苞》曰：膀胱者，肺之府也。肺者断决，膀胱亦常张有势，故膀胱决难也。

尻

《说文》曰：脽，尻也。脽，音谁。

《释名》曰：尻，寥也，所在寥牢深也。

《汉书》曰：文帝尝梦欲上天，不能，有一黄头郎推之上天，顾见其衣尻带后穿。师古曰：衣尻带后，谓衣当尻上，而居革带之下处也。觉而之渐台，以梦中阴目求推者郎，见邓通，其衣后穿，梦中所见也。召问其姓名，文帝甚悦，尊幸之。

王隐《晋书》曰：成都王攻洛，大驾幸北城。上观看孟豺，军人擘尻面天子。豺后降长沙王，以豺军人辱帝，东市斩之。

《晋中兴书》曰：胡毋辅之子谦之醉，与父语，常呼父字，辅之亦不怪也。常窥辅之，厉声曰："彦国老年，不得为尔！将令我尻背东壁。"辅之遽呼入，与共饮酒。其为放达如此。

京房《易妖占》曰：人生子无尻，国主以仇亡。

《淮南子》曰：北方人卜尻。

太平御览卷第三百七十七 人事部十八

长中国人

《礼斗威仪》曰：君乘土而王，其民长；君乘金而王，其民洪白长大。

《春秋演孔图》曰：孔子长十尺，大九围，坐如蹲龙，立如牵牛，就之如昴，望之如斗。

《周书》曰：丘陵之人专而长。

《史记》曰：晏子为齐相，出，其御之妻从门窥其夫。其夫为相御，拥大盖，策驷马，意气阳阳，甚自得也。既而归，其妻请去。夫问故，妻曰："晏子长不满六尺，身相国，名显诸侯。今者妾观其出，志念深矣，常有以自下者。今子长八尺，乃为人仆御，然子之意自以为足，妾是以求去也。"其后夫自抑损。晏子怪而问之，以实对，荐以为大夫。

《汉书》曰：东方朔上书曰："臣朔少失父母，长养兄嫂。年十三学书，三冬文史足用。年二十二，长九尺三寸。"

又曰：车千秋长八尺余，体貌甚丽，武帝见而悦之。

又曰：金日磾，父以不降见杀，与母阏氏、弟纶俱没入官，输黄门养马。日磾长八尺二寸，容貌甚严，马又肥好，上异而问之，以本状对。上即日赐汤沐衣冠，拜为马监。

又曰：王商长八尺余，身体洪大，容貌绝人。单于来朝，见商而拜。

又曰：王莽夙夜连率韩博士言："有奇士，长一丈，大十围，来至臣府，曰欲奋击胡虏。自谓巨母霸，出于蓬莱东南，五城西北昭如海濒，轺车不能载，三马不能胜。即日以大车四马，建虎旗，载霸诣阙。霸卧则枕鼓，以铁着食，此皇天所以辅新室。"

又曰：朱云字子游，鲁人，少时通轻侠，借客报仇。长八尺余，貌甚壮，以勇力闻。年四十，乃变节从博士白子友受《易》。

《东观汉记》曰：冯勤字伟伯，魏郡人。曾祖父杨，宣帝时为弘农太守，有八子，皆为二千石，赵、魏间荣之，号“万石”焉。兄弟形皆伟壮，唯勤祖偃长不满七尺，常自谓短陋，恐子孙似之，乃为子伉娶长妻，生勤，长八尺三寸。

又曰：贾逵长八尺二寸，京师为之语曰：“问事不休贾长头。”

华峤《后汉书》曰：赵壹字元淑，汉阳人，体貌魁梧，身长八尺，美须眉，望之甚伟。

范晔《后汉书》曰：虞延字子大，陈留人。延生，其上有物若一匹绢，遂上升天，占者以为吉。及身长六尺六寸，腰带十围，力能扛鼎。

又曰：大将军袁绍总兵冀州，遣使要郑玄，大会宾客。玄最后至，乃延升上坐，身长八尺，饮酒一斛，秀眉明目，容仪温伟。

又曰：郭林宗仪貌魁岸，身八尺，声如钟。

袁弘《汉纪》曰：长乐卫尉马腾，其长八尺，身体洪大，面鼻雄异，而性贤厚，人多敬之。

《魏志》曰：许褚字仲康，长八尺余，大十围，容貌雄异，勇力绝人。

《晋书》曰：羊祜身长七尺三寸，美须眉，太原郭奕见之曰：“此今之颜子也。”

《晋书·载记》曰：刘曜子胤，风骨俊茂，爽朗卓然，身长八尺三寸，发与身齐，多力善射、骁捷如风云，曜因以重之。

《三十国春秋》曰：燕征其东莱太守王鸾。鸾身长九尺，腰带十围，贯甲跨马，不据鞍由镫。燕王德见而奇其魁伟，赐之食，一进一斛余。德惊曰：“所啖如此，非耕而能饱？但才貌不凡，堪为贵人，可以一县试之。”由是拜逢陵长，甚有治绩。

崔鸿《前秦录》曰：鹿缊字处默，西平人也。身长八尺，腰带十围，清辩善论，雄武便弓马，孝友贞亮，声高一时。

车频《秦书》曰：苻坚时有申香，长十尺以上，为拂盖郎。

裴景仁《秦书》曰：姚苌围苻坚，遣仆射尹纬诣阙陈事。坚见纬貌魁梧，志气秀杰，腰带十围，瑰伟异常，惊而问曰：“卿于朕世，何为所作？”纬答曰：“尚书令史。”坚笑曰：“卿宰相才也。”

《宋书》曰：南郡王义宣为荆州刺史，白皙美须眉，身长七尺五寸，腰带十围。

《齐书》曰：王茂先身长八尺，洁白美容仪。齐武帝布衣时，常见之，叹曰："王茂先年少堂堂如此，必为公辅。"

又曰：刘善明，平原人也。长八尺九寸，质素，不好声色。

《北齐书》曰：肃宗孝昭皇帝，讳演，字延安。聪敏有识度，深沉能断，不可窥测。身长八尺，腰带十围，仪表望风，迥然独秀。

《周书》曰：庾信字子山，幼而俊迈，聪敏绝伦。博览群书，尤喜《春秋左氏传》。身长八尺，腰带十围，容止颓然，有过人者。

《三国典略》曰：寇俊归老，不复朝觐，天王思与相见，乃令入朝。俊身长八尺，须发皓然，容止端详，音韵清朗。天王与之同席而坐，因访洛阳故事，不觉屡为前膝。

《唐书》曰：李义琰身长八尺，博学多识。高宗每有顾问，言皆切直。

《孟子》曰：曹文公弟曹交问曰："闻文王七尺，汤九尺，今交九尺四寸，食粟而已，如何则可？"

《淮南子》曰：朱儒问天高于修人，曰："吾不知。"曰："子虽不知，犹近之于我也。"故凡问事，必于近之者。

《吴越春秋》曰：伍子胥见吴王僚，僚望其颜色，甚可畏，长一丈，大十围，眉间一尺。王僚与语三日，辞无复者。胥知王好之，每入言，倍有勇壮之气。

《帝王世纪》曰：季历之妃生文王昌，身长十尺。

又曰：禹长九尺九寸，殷汤长九尺。

《凉州记》曰：吕光字世明，连结豪贤，好施待士，身长八尺四寸，目重瞳子，左肘生肉印。性沉重，质略宽大，有度量。时人莫之识，唯王猛布衣时异之，曰："此非凡人。"

《司马彪序传》曰：朗祖父俊，字元异，博学好古，倜傥有大度，长八尺三寸，腰十围。仪状魁岸，行与众有异，乡党宗族，咸影附焉。

祖冲之《述异记》曰：苻健皇始四年，有长人见，身长五丈，语人张靖曰，今当太平。新平令以闻，健以妖妄召靖，系之。是月霖雨，河、渭泛溢，蒲坂津监登于河中流得大屐一只，长九尺三寸。足迹称屐，指长尺余，文深七寸。

《琐语》曰：齐景公伐宋，至曲陵，梦见大君子甚长而大，大下而小上，其言甚怒，好仰。晏子曰："若是则盘庚也。夫盘庚之长九尺有余，大下小上，白色而髯，其言好仰而声上。"公曰："是也。""是怒君师，不如违之。"遂不伐宋也。

《世说》曰：满宠、宠子伟、伟子奋，皆长八尺。

长绝域人

《河图玉板》曰：从昆仑以北九万里得龙伯国，人长三十丈，生万八千岁而死。从昆仑以东得大秦国，人长十丈。从此以东十万里得佻吐凋国，人长三丈五尺。从此以东千里得中秦，人长一丈。

《龙鱼河图》曰：天之东西南北极各有铜头铁额兵，长三千万丈，三千亿万人。天之东西南北极各有金刚敢死力士，长三千万丈，三千亿万人。天中有太平之都，有都甲食鬼铁面兵，长三千万丈，三千亿万人。

《尚书·洪范五行传》曰：长狄之人，长盖五丈余也。

又曰：秦始皇时有大人身长五丈，足迹六尺。夷狄服，见于临洮。天戒秦曰：勿大行夷狄之道，将受其祸云。

《左传·文下》曰：冬十月，败狄于咸，获长狄侨如。富父终甥摏其喉，以戈杀之，埋其首于子驹之北门，以命宣伯。得臣，因名宣伯。曰侨如，以旌其功。

《公羊传·文公》曰：长狄兄弟三人，一者之齐，王子城父杀之；一者之鲁，叔孙得臣杀之。则未知其之晋者也。

《谷梁传·文公》曰：鲁文公十一年，叔孙得臣败狄于咸，获长狄也，兄弟三人，迭害中国，得臣善射，射中其目，身横九亩，断其首而载之，眉见于轼。

《春秋考异邮》曰：长狄兄弟三人，各长百尺。狄者阴气，时中国衰，有夷狄萌。

《家语》曰：吴伐越，隳会稽，获巨骨一节，专车载焉。吴子使来聘鲁，以问孔子，孔子曰："丘闻昔禹致群臣于会稽之山，防风氏后至，禹戮之，其骨节专车。"客曰："防风何守也？"子曰："汪罔之君，守封嵎之山，为漆姓。在虞夏商为汪罔氏，于周为长翟氏，今曰大人。"客曰："人之长极几何？"子曰："长者不过十丈，数之极也。"

《魏略》曰：天竺国人皆长一丈八尺，车邻国男女皆长一丈八尺。

《魏志》曰：咸熙二年，襄武县言有大人见，长三丈余，迹长三尺六寸。白发，着黄单衣，戴黄巾，呼人王始语，云今当太平。

《列子》曰：渤海之东有大壑焉，中有五山：一曰岱舆，二曰员峤，三曰方壶，四曰瀛洲，五曰蓬莱。群圣居之，帝使巨鳌十五举首而戴之，迭为三番。龙伯之国有大人，一钓而连六鳌，合负而归。于是，岱舆、员峤二山沉于大海。帝冯怒，侵灭龙伯之国，使小。至伏羲、神农时，其国人犹长数十丈。

《淮南子》曰：东方之人长一丈。

《孙绰子》曰：海人与山客辩其方物，海人曰："横海有鱼，额若华山之顶，一吸万顷之波。"山客曰："邓林有木，围三万寻，直上千里，傍荫数国。东极有大人，斩木为策，短不可杖，钓鱼为鲜，不足充餔音逋。"

《山海经》曰：东海之外大荒之中有波谷山者，有大人之国，有大人之市，名曰大人堂。有一人蹲其上，张其两臂。

《汉武故事》曰：公孙卿至东莱，云见一人长五丈，自称巨公，牵一黄犬、把一黄雀，欲谒天子，因忽不见。

《神异经》曰：东南有人焉，周行天下。其长七丈，腹围如长，箕头，箕头，发烦乱也。不饮食。朝吞恶鬼三千，暮吞二百，但吞不咋。此人以鬼为饭，以雾露为浆，名天郭，一名食耶，吞食耶鬼。一名黄父。黄父，鬼俗人，依此名两名之。

又曰：西北海外有一人焉，长二千里，两脚中间相去千里，腹围一千六百里，但饮天酒天酒，甘露也。五，不食五谷鱼肉，忽有饥时，向天乃饱。好山海间，不犯百姓，不干万物，与天地同生，名无路之人，言无路者，高大不可为路也。一名仁《礼》曰：仁也。一名信，与天地俱生而不没曰信。一名神。

又曰：西南大荒中有人焉，长一丈，其腹围九尺，践龟蛇，戴朱鸟，左手凭青龙，右手凭白虎，知河海斗斛，识山石多少，知天下鸟兽言语，知百谷草木盐苦，名曰圣，一名哲，一名先通，一名无不达。凡人见拜者，令人神智。

又曰：东南隅大荒之中有朴父焉。夫妇并高千里，腹围百辅，百辅，围千里也。天初立时，使夫妻导开百川，懒不用意，谪其夫妻并立东南，男露其势，女彰其杀，气息如人，不畏寒暑，不饮不食。须黄河清，当复更使其夫妻导百川。

《蜀王本纪》曰：秦襄王时，宕渠郡献长人二十五丈六尺。

《括地图》曰：大人国孕三十六年而生，生儿白首长丈。

《外国图》曰：大秦国人长一丈五尺，猿臂长胁，好骑骆驼。

辛氏《三秦记》曰：敦煌西尽大秦，隔海，心无忧，遇善风不经二十日得渡；心忧，数年不得渡。该曰：心无忧患，不经二旬；心若忧患，远离三春。士人贤直，男女皆长一丈，端正。国主风雨不和，则让贤而治之。

郭子《横洞冥记》曰：有支提国人长三丈二尺，有三手，一手当胸，手足三指。

太平御览卷第三百七十八 人事部十九

短中国人

《左传·襄上》曰：臧纥救鄫侵邾，败于狐骀。臧纥，武仲也。鄫属鲁，故救之。狐骀，邾也。国人诵之曰："我君小子，朱儒是使，朱儒朱儒，使我败于邾。"襄公初弱，故曰小子；臧纥短小，故曰朱儒。

《家语》曰：高柴，齐人，字子羔，长不过六尺，状貌甚恶，为人笃孝，居鲁见知。

《史记》曰：秦倡朱儒优旃。始皇时置酒，天雨，陛者寒，旃矜之。乃大呼曰："汝虽长，尚雨立；我虽短，故幸休。"始皇乃使皆代。

《汉书》曰：严延年为人短小精干，敏捷于事。虽子贡、冉有通于政事，不能继也。

又曰：楼护为人短小，精辩论议，常依名节，与谷永俱为五侯上客。

又曰：东方朔待诏公车，奉禄薄，未得省见。久之，朔绐音追。驺朱儒，师古曰：朱儒，短人也；驺，厩之御驺也。曰："上以若曹无益于县官，耕田力作固不及人，临众处官不能治民，从军击虏不任兵事，无益于国用，徒索衣食，今欲尽杀若曹。"侏儒大恐，啼泣，朔教曰："上即过，叩头请罪。"居有顷，闻上过。朱儒皆号泣顿首，上问何为，对曰："东方朔言上欲尽诛臣等。"上知朔多端，召问："何恐朱儒为？"对曰："臣朔生亦言，死亦言。"朱儒长三尺余，奉一囊粟，钱二百四十。"朱儒饱欲死，臣朔饥欲死。"上大笑，因使待诏金马门。

又曰：郭解为人短小、恭俭，诸公以此重之。

又曰：蔡义为丞相，时年八十余，短小。常两吏挟乃能行。

又曰：张苍不满五尺，苍父八尺余，苍子复长八尺，及孙毅长六尺余。

又曰：宣帝时渤海盗贼起，上以龚遂为太守，召见。遂形貌短小，帝见，心内轻焉，及对，赐黄金乘传去。

谢承《后汉书》曰：汝南周滂，字次彦。世祖到常山，问可治兵者谁，滂舅以滂对。世祖见滂短小，以为不能将帅，滂对有词理，拜颍川府丞。

《东观汉记》曰：张重日南计吏，形容短小。明帝问云："何郡小吏？"答曰："臣日南计吏，非小吏也。"

袁宏《汉纪》曰：阴后短小，举止时有失仪，左右掩口而笑。

《魏志》曰：乐进字文谦，容貌短小，胆烈，从高祖为帐下吏。

《魏氏春秋》曰：魏武王姿貌短小，神明英彻。

《吴录》曰：张蕃字仲辅，为人短小，顾谭以短戏之曰："朱儒朱儒有何德？令我思君罔极。"

臧荣绪《晋书》曰：山涛子淳元，尪疾不仕。世祖闻其短小而聪敏，欲见之。涛面答："淳元自谓形容宜绝人事。"不肯受诏，论者奇之。

沈约《宋书》曰：王敬弘形状短小而坐起端方。

刘璠《梁典》曰：徐摛起家太学博士，周舍举曰："臣外弟徐摛形质陋小，若不胜衣，而堪此选。"乃为晋安王侍读。

崔鸿《前凉录》曰：宗丑字仲业，慷慨有大志，清素敦朴，不好华竞，形状短小，体有鳞甲，仕至西平太守。

《三国典略》曰：齐孟业有盛名。初，司州牧清河王岳闻业名，召为法曹，见其容貌短小，笑而不言。及寻断决之处，乃谓业曰："卿决断之明，可谓有过躯之用。"

《晏子春秋》曰：晏子短小，使楚，楚人为小门而迎晏子。晏子曰："使狗国者从狗门入，今臣使楚，不当狗门入。"王曰："全齐无人耶？使子为使。"晏子曰："齐之临淄，张袂成帷，挥汗成雨，何为无人？使贤者使于贤国，使不肖者使于不肖之国，以婴为不肖，故使王耳。"

孙卿子《非相》曰：帝舜短，周公短，楚叶公子高微小短瘠，行若不胜衣，而定楚国。

《说苑》曰：齐遣淳于髡到楚，为人短小，楚王甚薄之。谓曰："齐无人而使子来，何长也？”对曰：“臣无所长。臣腰中七尺之剑欲斩无状王。”王曰：“止，吾但戏子耳。”即与髡共饮酒。

《博物志》曰：齐桓公猎得一鸣鹄，宰之，嗉中得一人，长三寸三分，着白圭之袍，带剑持车，骂詈瞋目。后又得一折齿，方圆三尺，问群臣曰：“天下有此及小儿否？”陈章答曰：“昔秦胡充，一举渡海，与齐鲁交战，伤折版齿。昔李子敖于鸣鹄嗉中游，长三寸三分。”

《纂文》曰：汉光武时，颍川张仲师长二尺二寸。亦出王充《论衡》。

《古文琐语》曰：齐景公伐宋，至曲陵，梦见有短丈夫宾于前。晏子曰：“君所梦何如哉？”公曰：“其宾者甚短，大上小下，其言甚怒，好俯。”晏子曰：“则如是伊尹也。伊尹甚大而短，大上小下，赤色而髯，其言好俯而下声。”公曰：“是矣。”晏子曰：“是怒君师，不如违之。”遂不果伐宋。

《方言》曰：鮆䉢蒲揩切，短也，江湘之会谓之鮆昨启反。

又曰：癠，桂林之中谓短䉢，东扬之间谓之俯。今俗呼小为䉢䅶也。俯言俯视，因名云。

《汝南先贤传》曰：周举字宣光，姿貌短陋，有晏子之风。

陆胤《广州先贤传》曰：徐徵字君外，为人短小果敢。

刘彦明《燉煌实录》曰：氾溍字世震，博学，善属文，为人短小。弱冠，屡陈损益。

《续搜神记》曰：司徒蔡谟亲亲有王蒙者，单独，常为蔡公所收养。蒙长才及三尺，似为无骨，登床辄令人抱上。

桓谭《新论》曰：谚云：朱儒见一节而长短可知。

短绝域人

《诗含神雾》曰：东北极有人长九寸。

《家语》曰：孔子曰：“僬侥氏长三尺，短之至也。”《国语》同。

《魏略·西域传》曰：短人国在康居西，男女皆长三尽，众甚多。

《康在长老传》曰：常有商行迷惑失道而到此国，国中甚多珠，夜光明，商度此国去康居可万余里。

《魏志》曰：倭南有朱儒国人，其长三四尺，去女王国四千余里。

《列子》曰：从中州以东三十万里得僬侥国，人长一尺六寸。东北极有人名竫，人长九寸。

《山海经》曰：周饶国为人短小，着冠带。一曰僬侥国。郭璞曰：其人长三尺。

《汉武故事》曰：东郡送一短人，长七寸，衣冠具足，疑其山精。常令在案上行，召东方朔问，朔至，呼短人曰："巨灵，汝何忽叛来？阿母还未？"短人不对，因指朔谓上曰："王母种桃三千年，一作子，此儿不良，已三过偷之矣，遂失王母意，故被谪来此。"上大惊，始知朔非世中人。短人谓上曰："王母使臣来告陛下求道之法，唯有清净，不宜躁扰。"复五年，与帝会言，终不见。

《神异经》曰：西北荒中有小人焉，长一寸，围如长，朱衣玄冠，乘轺车，导引有威仪。人遇其乘车，并食之，其味辛楚，终不为虫豸所咋，并识万物名字，杀腹中三虫。

又曰：西海之中有鹄国，男女皆长七寸，自然有礼，好经论、跪拜，寿三百岁，人行如飞，日千里。百物不敢犯之，唯畏鹄。鹄遇吞之，上寿三百岁，在鹄腹不死，而鹄一举千里。张华注曰：此陈章对齐桓公云："西海之外鹄国，男女皆七寸也。"

《广志》曰：东方有人，长三尺，君长出行，导卫威仪，有若中国人。又有小人如蝼蛄，手撮之，满手得二十枚。

《外国图》曰：僬侥国人长一尺六寸，迎风则偃，背风则伏，眉目具足，但野宿。一曰僬侥长三尺，其国草木夏死而冬生，去九疑三万里。

王子年《拾遗记》曰：员峤山有陀移国，人长三尺，寿万岁。广延之国，人长二尺。

郭璞《山海经图赞》曰：僬侥极么，门可反。竫人唯小，四体具足，眉目才了。

肥

《说文》曰：肥，多肉也。腴，腹下肥也。

《礼记·礼运》曰：安之以乐而不达于顺，犹食而弗肥也。四体既正，肤革充盈，人之肥也。

《左传·哀下》曰：鲁哀公至自越。郭重仆，孟武伯恶重，曰："何肥也！"公曰："是食言多矣，能无肥乎？"公与大夫始有恶。

《公羊传·宣公》曰：楚庄王围宋，子反乘堞而窥宋城，见华元曰："何如？"华元曰："易子而食，析骸而炊。"子反曰："吾闻围国者，钳马而秣之，使肥者应客，是何子之情也？"华元曰："吾闻君子见人之恶则矜之，小人见人之恶则幸之。吾见君之，是以情也。"

《家语》曰：弱土之人肥。

《汉书》曰：陈平少时家贫，好读书，有田三十亩，独与史伯居。伯常耕，纵平游学。平为人长大美色，人或谓平："贫何食而肥若是？"其嫂疾平不亲家产，曰："亦食糠覈音纥，京师人谓粗麸为纥头也。耳。有叔如此，不如无有！"伯闻，逐其妇。

又曰：张苍当斩，解衣伏质，长大肥白如瓠。王陵见而怪其美士，乃言于沛公，赦勿斩。

《东观汉记》曰：梁鸿妻同郡孟氏女，状丑而肥，力举石臼，择对不嫁，愿得如鸿者，后因妻鸿。

谢承《后汉书》曰：梁国车成，字子威。兄恩都。为赤眉贼所得，欲脔之。成叩头曰："兄瘦我肥，欲得代之。"贼感其义，俱放之。

《后汉书》曰：虞延字子大，陈留东昏人也。腰带十围，力能扛鼎。

又曰：东平王苍，腰带八围，显宗甚重之，诏曰："日者问东平王处家何等最乐，言为善最乐，其言甚大，副是腰腹矣。"

又曰：尸董卓于市。天时始热，卓素充肥，脂流于地，守尸吏燃火置卓脐中，光明达曙。

《后汉典略》曰：马腾字寿成，扶风茂陵人，马援后也。长八尺余，身体洪大，面鼻雄异而性贤厚，人多敬之。

《魏志》曰：司马懿奏免曹爽。桓范逾城出，为爽画二策，爽不能用，范怒爽曰："肥奴！曹子丹好人，生卿五六头肉，今桓范随卿灭门也。"

《晋书》曰：王戎子万有美名，少而大肥，戎令食糠而肥愈甚，年十九卒。

《晋中兴书》曰：兖州既有八伯之号，其后更置四伯：大鸿胪陈留江渊以能食为谷伯，豫章太守陈留史畴以大肥为大伯，散骑侍郎高平张嶷以狡妄为猾伯，卢陵太守羊曼以很戾为琐伯，盖拟古之四凶。

《晋书》曰：孝武即位，桓温入朝，拜高平陵，问左右殷涓形状，答者言肥短，温云："向亦见在帝侧。"

《后赵书》曰：王洛生，石勒欲挫其权豪。洛生在狱自刺腹，深五寸。洛生肥盛，不陷中，重以刀溃其腹，出胃而死。

《宋书》曰：前废帝狂悖无道，诛害群公，忌惮诸父，并聚之殿内，殴捶凌曳，无复人理。始兴王休仁及太宗、山阳王休佑，形体并肥壮，帝乃以竹笼盛而秤之，以太宗尤肥，号为猪王。

又曰：沈昭略性狂俊，不事公卿，尝至娄湖苑逢王景文子约，张目视之曰："汝是王约也，何乃肥而痴？"约曰："汝沈昭略耶，何乃瘦而狂？"昭略抚掌大笑曰："瘦已胜肥，狂又胜痴。"

又曰：范晔长不满七尺，肥黑，秃眉鬓。善弹琵琶，能为新声。

《梁书》曰：安陵王大春字仁经，少博涉书传，性孝谨，体貌瑰伟，腰带十围。

《隋书》曰：王世续字阐熙，容貌魁岸，腰带十围，风神爽拔，有杰人之表。

《尸子》曰：闵子骞肥。子贡曰："何肥也？"子骞曰："吾出见其美车马，则欲之；入闻先王之言，则又欲之。两心相与战，今先王之言胜，故肥。"

《韩子》曰：子夏见曾子曰："何肥也？"对曰："战胜故肥。"曾子曰："何谓也？"子夏曰："吾入见先王之义则荣之，出见富贵又荣之，二者战于胸臆，今先王之义胜，故肥。"

《淮南子》曰：继子得食，肥而不泽，情不相往来也。適子怀于燕，慈母喻于利，情相往来也。

《吴质别传》：诏特进以下会质间，曹真肥，朱铄臞，质召俳优使说肥、臞。真曰："卿欲部曲将遇我耶？"遂争而罢。

《诸葛恪别传》曰：孙权常问恪："何以自娱而更肥泽？"恪对曰："臣闻富润屋，德润身。臣非敢自娱，修己而已。"

《异苑》曰：晋司隶校尉高平满奋字武秋，丰肥，肤肉溃裂，每至署夏，辄膏汗流溢。其有爱妾，夜取以燃照，炎灼发于屋表。奋大恶之，悉盛而埋之。暨永嘉之乱，为胡贼所烧，皎若烛光。

《会稽典录》曰：董孝治，勾章人。家贫，采薪供养，得甘果，奔走以献母，母甚肥悦。邻人家富有子，不孝，母甚瘦。不孝子疾孝治母肥，常苦辱之，孝治不报。及母终，负土成坟，鸟兽助其悲号。丧竟，杀不孝子置冢前以祭，诣狱自系，会赦得免。

《方言》曰：益、梁之间，凡讳其肥盛谓之臁如掌切，肥貌也。

《博物志》曰：京邑有一人失名姓，食啖兼十许人，遂肥不能动。其父曾作远方长吏，彼县令故义共传食之，一二年中，一乡为俭。

张显誓曰：古谚云：尧舜至圣，身如脯腊；桀纣无道，肥肤三尺。

《语林》曰：孟业为幽州，其人甚肥，或以为千斤。武帝为称之难，其大臣乃作一大秤挂壁。业入见，武帝曰："朕欲自称有几斤？"业答曰："陛下欲称臣耳，无烦复劳圣躬。"于是称业，果得千斤。

《世语》曰：太祖父嵩在太山，太祖令太山太守应劭送家诣衮州。陶谦密遣数十骑掩捕嵩家。嵩惧，穿后垣先出，其妾肥不得出，逃于厕，与妾俱被害。

又曰：庾公造周伯仁，曰："君何所欣悦而忽肥？"庾曰："君复何所忧惨而忽瘠？"伯仁曰："吾无所忧，直是清虚日来，滓秽日去。"

《物理论》曰：谷气胜元气，其人肥而不寿。

瘦

《释名》曰：省，瘦也。臞省，约少之言也。《说文》曰：羸，委也；瘠，瘦也。

《周礼·地官·司徒》曰：坟衍之人皙而瘠。下平衍也。

《左传·襄二十一年》曰：楚子使薳子冯为令尹。访于申叔豫，豫曰："国多宠而王弱，不可为也。"遂以疾辞。方暑，阙地下冰大夫老疾受水。而床焉。重茧衣裘，《礼记》王藻曰："纩为茧、缊为袍也。"鲜食而寝。楚子使医视之，复曰："瘠则甚矣！血气未动。"乃使子南为令尹。

《汉书》曰：张汤子安世女孙敬，为霍氏外属妇。霍氏反，当相坐，安世瘦臞，形于颜色。宣帝赦敬，以慰其意。

《东观汉记》曰：和熹邓后自遭大忧，及新野君仍丧，诸兄尝悲伤思慕，羸瘦骨立，不能自胜。

又曰：庞萌字明。兄为赤眉所得，欲啖之，萌诣贼，叩头言："兄年老羸瘠，不如萌肥健，愿代兄。"贼义而不啖。

谢承《后汉书》曰：杨彪见汉祚将移，遂称脚挛，不复行，积十余年。后子修为曹操所杀，操见彪，问曰："公何瘦甚？"对曰："愧无日磾先见之明，犹怀老牛舐犊之爱。"操为之改容。

《献帝春秋》曰：司空攻吕布于下邳，吕布登西北白楼上，城陷，士擒以诣司空，布曰："明公何瘦？"司空曰："所以瘦，不早相得故耳。"司空，曹操也。

《三辅决录注》曰：张氏得钩，何氏得算，故三辅旧语曰："何氏算，张氏钩；何氏肥，张氏瘦。"言何氏有肥人辄贵，瘦人辄贱；张氏瘦者辄贵，肥者辄贱。故二族以钩、算知吉凶，以肥瘦知贵贱。

《文子》曰：神农形悴，尧瘦，将欲利万人也。

《韩子》曰：宓子贱治单父。有子见之曰："何瘁也？"曰："官事急，忧之，故臞。"有子曰："昔舜鼓五弦之琴，歌《南风》之诗，而天下治。今单父细，治之而忧，治天下将奈何？故无术御之，虽瘁臞，未有益也"。

《世说》曰：邓竟陵免官，后赴山陵，过见大司马桓公，问曰："卿何以更瘦？”徐广《晋记》曰：邓遐勇力绝人，气盖当世，人方樊哙，为桓温参军，数从征伐，为冠军将军、竟陵太守。枋头之役，温既怀耻忿，目忌惮遐，因免遐官。遐曰：“有愧于叔达，不能不恨恨于破甑。”

《述异记》曰：甄法崇，永初中为江陵令，在任严明。于时，南平缪士为江安令，丧官。至其年末，崇在厅事上，忽见一人从门入云：“缪江安通法崇。”法崇知士已亡，因问：“卿貌何故瘦？”答曰：“我生时所行善，不补恶，今系苦役，穷剧理尽。”

魏明帝手诏曹植曰：“王颜色瘦弱，何意耶？腹中调和不？今者食几许米？又啖肉多少？见王瘦，吾甚惊，宜当节水加餐。”答诏表曰：“近得赐御食，拜表谢恩。寻奉手诏，愍臣瘦弱。奉诏之日，泣涕横流。虽武、文二帝所以愍怜于臣，不复过于明诏。”

太平御览卷第三百七十九 人事部二十

美丈夫上

《尚书·洪范》曰：二，五事：一曰貌容仪。

《毛诗》曰：云谁之思？西方美人。笺云，思问室之贤者。彼美人兮。西方之人兮。笺云，彼美人，谓硕人也。

又曰：叔于田，巷无居人。叔，大叔段也。岂无居人，不如叔也，洵美且仁。洵，信也。

又《淇奥》曰：有匪君子，如金如锡，如圭如璧。宽兮绰兮，猗重较兮。

又《猗嗟》曰：猗嗟昌兮，颀而长兮。昌，盛也。颀，长貌也。抑若扬兮，抑美色，扬广扬。美目扬兮。好目扬眉。巧趋跄兮，射则臧兮。

又《小戎》曰：文茵畅毂，驾我骐馵。言念君子，温其如玉。

又《卢令》曰：卢令令，其人美且仁。卢重环，其人美且鬈鬈，好貌。读当为奴。权，勇壮也。卢重鋂，其人美且偲。偲，才也。

又《汾沮洳》曰：彼其之子，美如英。美如英，殊异乎公行。

又曰：彼其之子，美如玉。美如玉，殊异乎公族。

《左传》曰：宋公子鲍，美而艳。

又曰：子太叔，美秀而文。

又曰：冉竖射陈武子，中手，冉竖，季氏臣。失弓而骂武子骂詈以告平子，曰："有君子白皙，鬒须眉，甚口。"平子曰："必子强也。"子强，武子字。

《尔雅》曰：美士为彦。

《论语》曰：堂堂乎张也，言子张，容貌盛。难与并为仁矣。

《孝经》曰：容止可观，进退可度。

《家语》曰：息土之民美。

《汉书》曰：张子房，状貌如美妇人。

又曰：直不疑，状貌甚美。

又曰：班伯少受《诗》于师丹。大将军王凤荐伯宜劝学，召见宴昵殿中，容貌甚丽，诵说有法，拜中常侍。

又曰：公孙弘对策时百余人，太常奏弘第居下，天子擢弘对为第一。召入见，容貌甚丽，拜为博士，待诏金马门。

又曰：张苍好书律历。秦时为御史，主柱下方书，亡归。沛公略地过武阳，苍当斩，解衣伏质，美丽长大，肥白如瓠。王陵见美，乃言沛公，赦之。后为御史大夫。及为相，事陵如父。陵死，苍洗沐，常先朝陵夫人。上食，后归。

又曰：陈平少时家贫，好读书，长大美色而肥，或谮平于汉王曰："平虽贫，美丈夫，如冠玉耳。"注曰：此王比平。

又曰：董偃始与母卖珠为事，年十三随母至馆陶公主家。左右言其姣好，主召见，曰："吾为母养之。"因留第中，教书射御。年十八乃冠，出则执辔，入则侍内，甚温软。以主故，诸公接之，名称城中，号曰董君。

又曰：车千秋姓田，为高寝郎。戾太子败，千秋讼太子冤。上颇知太子无他意，乃召见千秋。千秋长八尺余，体貌甚丽，帝悦之，曰："此高庙神灵使公，公当遂留辅我。"后年老，乘小车上殿，故号车氏。

又曰：董贤，字圣卿。云阳人也。为太子舍人。哀帝时为郎，传漏在殿，为人美丽，哀帝望见，悦其仪貌，拜为黄门郎。

又曰：江充召见太一宫，自请愿以所常被服衣冠见上，上许之。魁岸，容貌甚壮。帝望见而异之，谓左右曰："燕、赵固多奇士。"

又曰：王商长八尺余，体甚鸿大，容貌绝人。单于来朝，仰视，迁延却退。天子闻而叹曰："真汉相也。"

又曰：东方朔目如悬珠，齿如编贝。

又曰：司马相如车骑雍容，闲雅甚都。都，闲雅之称也。

又曰：薛宣好威仪，进止雍容，细甚可观。

又曰：霍光白皙疏目，美鬓髯也。

《后汉书》曰：徐防字谒卿，沛国人也。体貌矜严，占对可观，显宗异之，特授尚书郎。

又曰：新野功曹邓衍，以戚小子侯。每预朝会，容姿趋步，有出于众。显宗目之曰："朕之容貌，岂若此人？"时赐与焉。衍虽有容仪，而无实行，未尝加礼。

又曰：蔡邕字伯喈，谓从弟谷曰："董卓性刚难济，吾且遁逃山东以待，如何？"谷曰："君状异恒人，每行，观者盈集，以此自匿，不亦难乎？"乃止。

谢承《后汉书》曰：杨乔为尚书，容仪伟丽，数上言政事。桓帝爱其才貌，诏妻以公主。乔固辞不听，还，闭口不食，七日而死。

《东观汉记》曰：杜诗荐伏湛曰："仪貌堂堂，国之辉光，智略谋虑，朝之渊薮。"

又曰：马援自还京师，数被进见。为人明白，眉目如画。闲进对，尤善述前事，每言及三辅长者至闾里少年，皆可观。皇太子、诸王闻者，莫不属耳忘倦。

又曰：虞延字子大，陈留人也。上东巡，路过小黄，高帝母昭灵后园陵在焉。时延为督邮，诏呼见，问园陵事。延进止从容，跪拜可观，其陵树株蘖皆谙其数。帝善之。

《魏志》曰：邢颙字子昂，时人称"德行堂堂邢子昂"。文帝以为太常。

《吴志》曰：诸葛恪，字元逊。《江表传》曰："恪辩论应机，莫与为对。孙权见而奇之。谓父瑾曰："蓝田出美玉，真不虚也。"

又曰：朱据字子范，吴郡人。有姿貌膂力，又能论难。黄武初，征拜五官中郎将。权迁建邺，征尚公主，拜左将军，封云阳侯。谦虚接士，轻财好施。

又曰：孙韶字公礼，为边将，不进见十余年。权还建邺，乃得朝觐，问诸要害，远近人马众寡，将卒名字具识之，所问咸对。身长八尺，仪貌都雅。权悦曰："吾久不见公礼。"

又曰：吕范字子衡，汝南人。有容观姿貌。邑人刘氏，家富女美，范求之。母嫌，欲勿与范亲，刘氏曰："观吕子衡，宁当久贫者耶？"遂与之婚。

又曰：孙桓仪容端正，聪明博学，能论议应对。孙权常称为"宗室颜渊。"

又曰：张纯少厉操行，学博才秀，切问捷对，容止可观。拜郎中。

《晋书》曰：裴楷字叔则，为吏部侍郎，风神高迈，容仪俊爽，博涉群书，特精义理。时人谓之玉人。

又曰：尚书闵鸿见陆云，奇之："此儿若非龙驹，则是凤雏。"

又曰：潘岳字安仁，荥阳中牟人。才名冠世，出为河阳令，有异政，累迁给事中。美姿仪，少时常挟弹出洛阳，群妪相遇者悉连手萦绕，以果掷之。盈车而归。

又曰：王恭字伯季，累迁为青、兖二州刺史。美姿仪，人或多目之，云："濯濯若春日柳。"恭尝被鹤氅裘，涉雪而行，孟昶窥见之，叹曰："神仙中人。"

又曰：卫玠字叔宝，河东安邑人也。龆龀年乘白羊车入市，见者咸曰："谁家璧人？"遂号为璧人。王武子，玠之舅也，尝与同游，语人曰："昨日与吾外甥并坐，若珠玉在侧，朗然映人，觉我形秽。"及长，好言玄理。武子每闻玠言，叹息绝倒。故时人语曰："卫玠谈道，武子绝倒。"玠妻父乐广有重名，议者以为"妇公冰清，女婿玉润。"为太子洗马。以国乱至江夏。玠亡其妻，征南将军山简以女妻之。至豫章，大将军王敦谓长史谢鲲曰："昔王辅嗣吐金声于中朝，此子复玉振于江表。"后求往建邺，敦遣之，京师人闻其姿容，观者如堵，不见者辄叹之。

又曰：王衍字夷甫，有美貌，幼清辩。仕至太尉，尝执玉柄麈尾，与手无别。人为之义，口中雌黄，为世间之一龙。义理有所不安者，即随改之。妻郭氏，贾后之亲。藉势，聚敛无厌，夷甫患之，口不言钱。妻试之，令婢以钱绕床，夷甫曰："好举阿堵物！"

又曰：石苞字仲容，渤海南皮人也。雅旷有智，容仪伟丽，不修小节。故时人为之语曰："石仲容，姣无双。"

又曰：嵇康长七尺八寸，美音气，好容色，土木形骸，不自藻饰。人以为龙章凤姿，天质自然。

又曰：王戎字濬冲，幼颖悟，神彩秀彻。视日不眩，裴楷目之曰："戎眼烂烂，如岩下电。"

又曰：王蒙字仲祖，美姿容。尝览镜自照，称其父字曰："王文开生如此儿耶！"尝帽破，入市买之，群妪悦之，争遗其帽。

又曰：刘琰、谢尚论中朝人物，刘琰云："杜乂肤清，卫叔宝神清。"为有识所重如此。

又曰：韩寿，武帝时为掾，有姿容。太尉贾充有室女，见寿美，心悦之。充有异香，女窃与寿带之。充怪以问婢，婢以告充，乃以女妻之。

又曰：王戎谓王衍神姿高彻，如瑶林琼树，自是风尘外物。

又曰：文帝器重魏舒，每朝会坐罢，目送曰："魏舒堂堂，人之领袖也。"

又曰：桓温字元子，宣城太守彝之子也。生未期而大原温峤见之，曰："此儿有奇骨，可试使啼。"及闻声，曰："真英物也。"年长，豪爽有气概，姿貌甚伟。

又曰：王衍神情明秀，王澄曰："兄形似道，而神锋大俊。"

《晋中兴书》曰：王矩字令式，美容貌。每出行，观者盈路。

《宋书》曰：谢庄字希逸，美容仪，善谈论属文，好玄理，为文帝所赏。帝一见之，辄叹曰："蓝田出美玉，岂虚也哉！"

又曰：盖道风姿貌端雅，容止可观，中书郎范述见而奇之曰："此荆楚仙人也。"

又曰：谢晦美风姿，善言笑，眉目分明，鬓发如墨，涉猎文义，朗赡多通。时人以方杨德祖，微将不及，晦闻犹以为恨。

《齐春秋》曰：世祖尝于华林园宴集，使群臣各出所能，王俭曰："臣少为书生，请诵《封禅书》。"跪前诵之。容止可观，音吐蕴藉。上大悦曰："乐哉！"

《梁书》曰：陶洪景，字通明，特爱松风，每闻其响，欣然为乐，有时独游泉石，望见者以为仙人。

又曰：王茂字休远，太原祁人也。身长八尺，美容观。武帝布衣时见之，叹曰："王茂年少，堂堂如此，必为公辅之器。"

崔鸿《十六国春秋·前凉录》曰：辛綝弟理，美姿貌。张骏欲夺其妻，以寡妹妻之，理割鼻自誓。骏大怒。徙理敦煌，遂以忧死。

又曰《前赵录》曰：游子远，幼有姿貌，聪亮好学。年十五至洛阳，张华见而奇之，曰："此儿雅洁洪方，精公才也。"

又曰：《后赵录》曰：张谧美姿貌，幼有逸气，太守陆云见而异之，谓傅喜曰："吾闻冀州多名童，故不虚也。"

又曰：刘光，弱冠美姿仪，自称佛太子，从大秦来，当至小秦国，易姓名为季子杨。游于鄠县爰赤眉家，颇见其妖状，转相扇惑，聚千人于南山，僭称号。镇西石广击斩之子鄠，颈无血，十余日而面犹如生。

《北齐书》曰：崔陵子瞻，字彦通，聪明有文情，善容止，神彩凝然。杨愔曰："昔裴瓒在晋也，为中书郎，情高迈，每于禁门出入，宿卫者肃然动容。崔生堂堂之貌，亦当无愧裴子。"

又曰：王昕字元景，北海剧人也。生九子，并风流蕴藉，世号王氏九龙。

又曰：刘祎五子，并有志行，为世所称。璇字祖玉，聪敏机悟，美姿仪，为其舅北海王昕所爱。顾座曰："可谓珠玉在傍，觉我质秽。"

又曰：李绘字恭文，仪貌端伟。河间邢晏，即绘第五舅也。与绘清言，叹其高远。每称曰："若披云雾，如对珠玉。"

又曰：北平阳贞字仁坚，世祖第五子，沉审宽恕，太祖称之曰："此儿得我凤毛。"

又曰：陆卬，字云驹，洛阳人也。昆弟六人，并魏蓝田公主元氏所生。故邢邵尝谓人云："蓝田生美玉，岂虚也！"

《十二国史》曰：邹忌为齐相，身长八尺余，体肥丽，朝服衣冠，窥照自视，谓其妻曰："我与城北徐公，孰美？"妻曰："君美。"徐公，齐之美者也。忌不信，复问妾，妾曰："君美。"旦日，客从外来。忌复问之，客亦曰："徐公不如君。"及徐公来，忌孰视之，自以为不如，因思之曰："吾妻之美我，私我也；妾之美我，畏我也；客之美我，有求于我也。”于是入朝见威王曰:“臣诚不如徐公,而臣妻妾及客皆言臣美,或私畏于臣,或有求于臣。今齐地千里,宫女左右莫不私王,朝廷之臣莫不畏王,四境之内莫不有求于王。由此观之,王蔽甚矣。”王曰:“善。”乃下群臣吏民,能面刺寡人过者,受上赏。

又曰:美男破老,美女破居。

《北史·后魏书》曰咸阳王禧弟树,字秀和,一字君立,美姿貌,有将略,位宗正卿。后奔梁,梁武尤器之,封为魏郡王。

《陈书》曰:韩子高,会稽山阴人。本家微贱,年十六犹总角,才敏过人,容貌美丽,状似妇人。

又曰:谢哲字颍豫,陈郡阳夏人也。美风仪,举止蕴藉,襟情朗然,为士君子所重。

又曰:萧允字叔然。兰陵人也。风神凝远,通达有识鉴,容止蕴藉,动合规矩。

又曰:王玚字子玙,司空冲之第十三子,沉静有器局,美风仪,举止蕴藉。

又曰:宜郡王叔明,字照,高宗第六子也。仪容美丽,举止柔弱,状似妇人。

《隋书》曰:燕王倓,字仁安,敏慧,美姿仪。炀帝于诸孙中特所钟爱,常置左右。好读书,重儒素,有若成人,良娣早终,每至忌日,未尝不流涕呜咽,帝由是益奇之。

又曰:元善,洛阳人也。以风流蕴藉,俯仰可观,音韵清朗,听者忘倦,由是为后进所归。

《语林》曰:何平叔美姿仪而绝白,魏文帝疑其着粉,夏月与热汤饼,既啖,大汗出,随以朱衣自拭,色转皎然。

又曰:王右军目杜弘治曰:“面如凝脂,眼如点漆,此神仙中人也。”

《异苑》曰:鄢阳陈忠女,名丰,邻人葛勃有美姿,丰与村中数女共聚络丝,戏相谓曰:“若得婿如葛勃,无所恨也。”

太平御览卷第三百八十 人事部二十一

美丈夫下

《唐书》曰：张知謇，蒲州河东人，徙家于岐。少与兄知立、知晦、弟知然励志读书，皆明经擢第，仪质瑰伟，眉目疏朗，晓立理文而清介自守，故公卿争进之。

又曰：崔湜，美姿仪，有才名，弟液、涤及从兄莅并有文翰，居清要。每宴私之际，自比东晋王导、谢安之家。谓人曰："吾之门及出身，历官未尝不为第一，丈夫当先据要路以制人，岂能默默受制于人。"液尤善五言，湜叹曰："海子，我家之神龟也。"海子，即液小名，官至殿中侍御史。

又曰：卢承庆美风仪，博学有才干。贞观初，为秦州都督府户曹参军，因奏河西军事，太宗奇其明辩，擢拜考功员外郎，迁民部侍郎。太宗尝问历代户口数，承庆叙夏商后迄于周隋，皆有依据。上嗟赏之，令兼检校兵部侍郎，知五品选事。

《庄子》曰：盗跖谓孔子曰："长大美好，人见而悦者，此吾父母遗德，丘虽不吾誉，吾不自知耶！"

《傅玄子》曰：蒯躬字叔孝，性方严，有容仪，人望而畏之。有过其门者，皆整衣改容。

《郭子》曰：潘安仁、夏侯湛并有美容貌，常同行，人谓之连璧。

又曰：谢哲字颖豫，陈郡人也。美风仪，举止蕴藉，而襟情豁然，为士君子所重。

《郭林宗别传》曰：林宗游洛阳，见河南尹李膺，膺大奇之，于是名震京师。复归乡里，衣冠诸儒送至河上，车数千两。林宗唯与膺同舟而济，众宾望之，以为神仙焉。

晋《谢安别传》曰：王珣以疾辞职，岁余卒，桓玄与会稽王导子书曰："珣神情朗悟，经史明彻，风流之美，公私所寄，忽尔丧失，叹悼之深，岂但风流相悼而已。"

《荀氏家传》曰：荀悦字仲豫。俭之子。俭早卒，悦年十二能说《春秋》。家贫无书，每之人间所见篇读，一览多能诵记，性静，美姿容。

又曰：荀羡字令则，七岁随父在石头。苏峻爱其姿神，数唤之。年十五，拟国婚之选，不欲连姻帝室，乃遁长沙。监司追寻，不得已，遂尚浔阳公主。风气英秀，明须眉，俯仰眄睐，容止可则。

皇甫谧《逸士传》曰：或问许子将："荀靖与荀爽孰贤？"子将曰："二人皆玉也，慈明外朗，叔慈内润。"

《何晏别传》曰：何晏，南阳人，大将军进之孙。遇害，魏武纳晏母，晏小，养于魏宫，至七八岁，惠心天悟，形貌绝美。武帝欲以为子，每扶将游观，令与诸子长幼相次。晏微觉之，坐则专席，止则独立，或问其故，答曰："礼，异姓不相贯。"

《管辂别传》曰：诸葛原与管辂别，戒以二事，言："卿乐酒，量温克，然不可保，宁当节之。即卿有水鉴之才，所见者妙，仰观如神，祸如膏火，不可不慎也。

《吴地记》曰：陆闳字子春，畅子也。姿容如玉，威仪秀异。光武升台而见，伟之，笑曰："南方故多佳人。"

《三国典略》曰：李绘仪貌端伟，神情朗俊。舅河间邢晏每与之言，叹其高远，称之曰："若披烟雾，如对珠玉，宅相之奇，良在此甥。"文襄嗣业晋代，山东诸郡其特降书征者，唯绘、清河太守辛术二人而已。

又曰：梁杨白花，字长茂，武都仇池人，大眼之子也。少有勇力，容貌瑰伟。

又曰：山公目嵇叔夜之为人也，岩岩若孤松之独立。

又曰：稽叔夜之为人，其醉也隗峨，如玉山之将颓。

又曰：卫玠从豫章下，人久闻其姿，观者如堵，玠先有羸疾，发遂死，时人谓看杀卫玠。

又曰：人叹王恭形茂者，濯濯如春月柳。

又曰：王右军见杜洪理，叹曰："肤如凝脂，眼如点漆，此神仙中人也。"

又曰：裴叔则有俊彩容仪，脱冠、粗服、乱头皆好。有人见之，曰："裴叔则如玉山行，光映照人也。"

又曰：时人目李宣国如玉山之将摧。

又曰：卫伯玉为尚书令，见乐广与朝中名士谈义，奇之曰："自昔诸子弟造之曰：此人水鉴也，莹然若披云雾而睹青天。"

又曰：抚军问孙兴公："刘真长何如？"曰："清简令淑。""王仲祖何如？"曰："温润恬和。"

又曰：范豫章谓王荆州范宁王悦。曰："卿风流俊望，真后来之秀。"王曰："不有此舅，焉有此甥。"王氏谱曰：坦之娶阳范。注：女宁姊，姊生悦。

又曰：庾子嵩目和峤，森森如千丈之松，虽磊砢有节目，施之大厦，有栋梁之用也。

杨松玠《谈薮》曰：张绪字思曼，少而闲雅，风流吐纳，观者忘疲。永明主见灵和殿前，柳条嫩弱，披靡可爱，嗟赏曰："此杨柳风流可爱，似张绪少年。"

宋玉《风赋》曰：楚襄王时，宋玉休归，唐勒谗之于王。王谓玉曰："体貌容冶，口多微辞，不亦薄乎？"玉谓王曰："身体容冶，受之二亲；口多微辞，闻之圣人。"

陈沈炯《长安少年行》曰：长安美少年，骢马铁连钱。陈王装脑勒，晋帝铸金鞭，步摇如飞燕，剑锷似舒莲。去来新市北，遨游大道边。

美妇人上

《周易》曰：冶容诲淫。

《毛诗》曰：窈窕淑女，君子好逑。

又曰：静女其姝，俟我于城隅。匪女之为美，美人之贻。姝，美色也。

又曰：云谁之思，美孟姜矣。

又曰：彼美孟姜，询美且都。有女同行，颜如舜英。舜英，不槿也。

又曰：野有蔓草，零露溥兮。有美一人，清扬婉兮。

又曰：齐侯之子，卫侯之妻。东宫之妹，邢侯之姨，谭公唯私，手如柔荑，肤如凝脂。领如蝤蛴，齿如瓠犀。秦首娥眉，巧笑倩兮，美目眄兮。

又曰：彼美淑姬，可以晤歌。

又曰：有女如玉。

又曰：有女如云。

又曰：娈彼诸姬。娈，好貌。

《左传》曰：叔向欲娶申公巫臣氏，其母曰："吾闻甚美必有甚恶，而天钟美于是，将必是以有败也。昔有仍氏生女，鬒黑而甚美，光可以鉴，名曰玄妻。乐正后夔娶之，生伯封，古诸侯，发美曰鬒。实有豕心。夔舜典乐。夫有尤物，尤，异也。足以移人。苟非德义，必有祸。"

又曰：宋华父督见孔父之妻于路，目逆而送之，曰："美而艳。"色美曰艳。

又曰：卫侯自城上见巳氏之妻发美，使髡之，以为吕姜髢。

又曰：郑有徐吾犯之妹甚美，公孙楚与公孙黑争聘之。

《公羊传》曰：骊姬者，国色也。其颜色，一国之选。

又曰：邾娄颜夫人者，妪盈女，国色也。

《尔雅》曰：美女为媛。

《国语》曰：恭王游于泾上，密康公从，三女奔之，其母曰："必致之于王。夫兽三为群，人三为众，女三为灿。今以美物归汝，而何德以堪之。"康公弗献，一年，王灭密。贾逵注曰：灿，美也。

《战国策》曰：晋文公得南威，三日不朝，遂推南威而远之，曰："后代必有以色亡国者。"

又曰：阴姬与江姬争为后，司马喜为阴姬，乃谓赵王曰："臣闻赵，佳丽之所出也。今至境，入都邑，殊无美者，臣未尝见人如中山阴姬者。其眉目准额权衡偃月，乃帝王之后，非诸侯姬也。"赵王大悦，欲请之，司马喜归谓中山君曰："赵王非贤主也，乃欲请阴姬。王宜立以为后，以绝赵王之意。"中山君遂立为后。

又曰：张仪之楚，见楚王曰："彼周、郑之女，粉白黛黑，立于衢闾之间，非知而见之者，以为神。"王曰："楚，僻陋之国，寡人未见中国之女如此之美！"乃资以珠玉使行。后郑袖闻之，大恐。令人谓张子曰："闻君将之晋，有千金斤，请供刍秣。"张子请王觞之。王召郑袖而觞之。张子再拜曰："仪有死罪。仪行天地遍矣，未尝见人如此之美也！而仪言得美人，是欺王也。"王曰："吾固知天下无若是两人矣。"

《史记》曰：纣囚西伯，而闳夭之徒以有莘氏美女献纣，纣大悦，乃放西伯。

又曰：汉武帝时，尹夫人与邢夫人同时幸，武帝有诏不得相见。尹夫人自请武帝，愿见邢夫人，帝令他夫人饰，从者数十人来前。尹夫人见之，曰："非邢夫人。"帝曰："何以知之？"对曰："观其体貌形状，不足以当人主。"有诏邢夫人。邢夫人故衣独身来，尹夫人望见，曰："真是矣。"于是乃低头而泣，自痛其不如也。谚曰："美女入室，恶女之仇。"

《汉书》曰：孝武李夫人，本以倡进。初，夫人兄延年性知音律，善歌舞，侍上，起舞歌曰："北方有佳人，绝世而独立。一顾倾人城，再顾倾人国。宁不知倾城与倾国，佳人不可得。"上叹息曰："善！世岂有此人乎？"平阳主因言延年有女弟。上乃召见之，实妙丽善舞。李夫人少而早卒，上怜悯焉。图画其形于甘泉宫。

华峤《后汉书》曰：梁冀妻孙寿，色美而善为妖态，作愁眉、啼妆、堕马髻、折腰步、龋齿笑以为媚惑。

《东观汉记》曰：赵喜与友人韩仲伯欲出武关，仲伯以其妇有色，恐有强暴者，而已受其害，欲弃之。喜责怒仲伯，以泥涂其妇面，载以鹿车，身自推，每逢贼，辄为求哀。言其病，遂脱。

又曰：初，光武闻阴丽华美，心悦，叹曰："娶妻当得阴丽华。"后为皇后。

《汉武故事》曰：又起明光宫，发燕赵美女二千人充之，率取十五以上二十以下，年满四十者出嫁。凡诸宫美人可七八千，帝从行郡国，载 之后车，与上同辇者十六人，员数恒使满，皆自然美丽，不使粉白黛黑，侍衣轩者亦如之。

《魏略》曰：初，袁绍子熙纳甄后，熙出奔幽州，后留侍姑。及邺破，绍妻及后坐堂皇上。绍妻自抟。文帝语："袁夫人云何如此？令新妇举头！"姑乃捧后令仰，帝就视，见其颜色非凡，称叹之。太祖为迎也。

《吴志》曰：周瑜从孙策攻皖城，得乔公两女，国色也。策自纳大乔，瑜纳小乔。

又曰：孙权步夫人以美丽得幸，宠冠后庭。

王隐《晋书》曰：阮籍邻家处女有才色，籍不与亲，生不相知。未嫁而死，籍往哭，尽哀乃去。

《晋阳春秋》曰：荀灿字奉倩，常曰："妇人者，才智不足论，自宜以色为主。"骠骑将军曹洪女，有美色，灿于是聘焉，容服帷帐甚丽，专房宴寝。历数年后，妇偶病亡。未殡，傅嘏往唁，灿不哭，神伤曰："佳人难再得。"痛悼不已，岁余亦亡。

邓粲《晋纪》曰：杜韬至长沙，掠前始兴太守尹虞二女，皆国色也。将妻之，曰："我父二千石，终不为贼作妇。"遂自杀焉。

又曰：谢鲲邻家有美女，鲲挑之，女织梭投之，折其两齿。

干宝《晋纪》曰：石崇有妓曰绿珠，美如玉，善舞。孙秀使人求焉，崇方登凉观，临清水，妇人侍侧。使者以告崇，崇尽出妇妾数十人以示之，皆蕴兰麝而披罗縠，使者曰："君侯服御丽矣，然本受命，旨索绿珠。"崇勃然曰："绿珠，吾所爱，不可得也。"使者曰："愿加三思。"崇曰："不然。"使者还以告，故秀劝赵王伦杀之。

崔鸿《十六国春秋·前赵录》曰：刘聪使大鸿胪李恒聘太保刘商女，谓恒曰："此女辈皆姿色超世，且太保于朕，实自不同。"恒曰："太保裔自有周，与圣源实别。"聪大悦，赐金六十斤。

又曰：崔鸿《后赵·石虎》：郑后名樱桃，晋冗从仆射郑世达家妓也。在中猥妓中，虎数叹其貌于太妃，太妃给之。

又曰：前秦初，苻坚灭燕，慕容冲妹年十四，有殊色，坚纳之。

车频《秦书》曰：苻坚时，新罗献美女，国在百济国东。

《三十国春秋》曰：后梁吕超杀其君纂，后杨氏国色，超将妻焉。谓其父桓曰："后若自杀，祸必及宗。"桓以此言告后，后曰："大人本卖女与氐羌，以图富贵，一之以甚，其可再乎？"桓不能强，乃自杀。

《唐书》曰：乔知之尤称俊才，所作篇咏，时人多讽诵之，则天时累除右补阙，迁右司郎中。知之有侍婢，曰窈窕娘，美丽善歌舞，为武承嗣所夺。知之怨惜，因作《绿珠篇》以送与婢。婢感愤自杀。承嗣大怒，因讽酷吏罗织，知之下狱死。

《南史·恩幸传》曰：阮佃夫见庐江何恢有妓张耀华美。为广州刺史，将发，要佃夫饮，设乐，见张氏悦之，频求此人。恢曰："不可。"佃夫拂衣出户，曰："惜指失掌邪！"遂讽有司，以公事弹恢。

太平御览卷第三百八十一 人事部二十二

美妇人下

《庄子》曰：西施、毛嫱，人之所美也。鱼见之深入，鸟见之高飞。

《尹文子》曰：齐有黄公者，好谦卑。有二女皆国色，常谦辞毁之，以为丑恶。丑恶之名远布，年过而一国无敢聘者。卫有鳏夫失时冒娶之，果国色。

《阙子》曰：西施自窥于井，不恃其美，犹佐汤沐；尧舜自窥于世，不恃其贤，犹须才德。况中庸而距谏！嫫母自窥于井，以为媚于西施；桀纣自窥于世，以为贤于尧舜。

《韩子》曰：魏王遗楚王美女，王甚悦之。

《慎子》曰：毛嫱、西施，天下之至姣也，衣以皮褐则见者皆走，易以玄锡则行者皆止。

《淮南子》曰：曼颜皓齿，形夸骨佳，不待脂粉芳泽而美者，西施、阳文也。许慎注曰：阳文，楚好女也。

又曰：蔡之幼女，卫之稚质，纂组奇彩，抑黑质，扬赤文，纂组，织纪也，如今之绶也，没黑见赤其工也。汤禹之智不能逮也。言不能及二国女之行也。

《神仙传》曰：介象字元则，会稽人。入山求仙，见谷上有石，皆紫色，如鸡子，象取二枚，见一美人，被五彩。象向之叩头，乞长生，女曰："汝急送手中物，还着故处。汝未应取此。"象乃送石还，女授丹方一首。

《穆天子传》曰：赤乌之人献二女于天子，女聪、女列。赤乌氏，美人之地也。

《刘向列传》曰：萧史者，秦穆公时人，善吹箫，能致孔雀白鹤。穆公女弄玉好之，公以妻焉，一朝随凤飞去。

《汉武内传》曰：西王母乘紫云之辇，履玄琼之舄，下辇上殿，呼帝共坐，命侍女许飞琼鼓云和之簧。

《续列女传》曰：曹节弟破石为越骑校尉。越骑营伍伯妻有美色，破石从求之，伍伯不敢违。妻执意不肯行，遂自杀。

《襄阳耆旧记》曰：楚襄王游云梦，望朝云之余，上有云气，宋玉曰："昔先王游高唐，怠而昼寝，梦一妇人，暖乎若云，皦乎若星，将行未至，如浮如倾，对曰：我帝季女，名曰瑶姬，未行而丧，封乎巫山之台，精魂为草，实为灵芝。"

《西京杂记》曰：卓文君好眉色，如望远山，脸际常若芙蓉，肌肤柔如脂。十七而寡，为人放诞风流，故悦长卿之才，而越礼焉。长卿作《美人赋》以自刺。

王子年《拾遗记》曰：魏文帝所爱美人，姓薛名灵芸，常山人也。灵芸年十七，容貌绝世。时明帝选良家子入宫，灵芸别父母，歔欷累日，泪下沾衣。至升车就路之时，玉唾壶承泪，壶即如红色。及至京师，壶中之泪凝如血矣。

又曰：蜀先主甘后，沛人，生微贱，里中相者云："此后后贵，位极宫掖。"及后长，体貌特异。年十八，玉质柔肥，态媚容冶。先主置后白绡帐中，户外望者如月下聚雪。河南献玉人高三尺，乃取玉人置后侧，常称："玉人之所贵，比德君子，况为人形，而不可说乎！"后与玉人洁白齐色，观者殆相乱惑。嬖者非唯嫉于后，亦妒在玉人。后欲毁之，乃诫上曰："昔子罕不以玉为宝，《春秋》美之。今吴、魏未灭，安以妖玩经怀，勿复进也？"上乃彻玉人，众嬖皆退。当时以甘后为神智妇人。

又曰：吴王潘夫人父坐法，夫人输入织室，容态少俦，江东绝色。同幽者百余人，谓夫人曰"神女"，敬而远之。有司陈于吴主，使图其容。夫人忧戚不食，减瘦改形。工人写之以进吴主，主见喜，以虎魄如意抚案嗟曰："此神女也！愁貌尚能感人，况在欢乐！"乃纳于后宫。

又曰：孙亮作缘琉璃屏风，每于月下清夜舒之。常爱宠四姬，皆振古绝色：一名朝姝，二名俪居，三名洁华，四名洛宝。

又曰：周成王时有因祇国，去王都九万里，献女工一人，善于工巧，体貌轻洁，被纤罗杂绣之衣，长袖修裾。风至，则结其襟带，恐飘摇不能自止。善织，以五色丝引而结之，则成文锦。

《吴会分地记》曰：土城者：勾践时索美女，欲以献吴，于罗山得西施、郑旦，作土城贮之，使近道习见人，令贤傅母教之三年。

段龟龙《凉州记》曰：隐王美人张氏，色艳，出家为道。乃自投门楼，双股频折，口诵经，颜色自若，俄而死。

《邺中记》曰：广陵公陈逵妹，才色甚美，发长七尺，石虎以为夫人。

《三国典略》曰：崔孝芬取贫家子贾氏以为养女，有姿色。腾纳之，请以邑号。

又曰：齐武成曾有疾，自云初见空中有五色物，稍近变成一美妇人，去地数丈，亭亭而立。徐之才云："此至灵所致"，即进汤服一剂，便觉稍远；又服，还变成五色物。数剂疾平。

《帝王世纪》曰：纣以鬼侯为三公，鬼侯有女美，而进之于纣，纣悦之。妲己乃泣而谮之，纣怒鬼侯女，遂杀之，而醢鬼侯。

何集《续帝王世纪》曰：张天锡疾笃。阎、薛二姬并有国色，天锡谓曰："吾死 之后，汝二人岂可更为他妻？"皆曰："尊若不讳，请效死尊前，誓无他志。"二人自杀。天锡有瘳，追悼二姬，葬以夫人礼。

《说苑》曰：齐王起九重之台，募国中有画者，赐之钱，狂卒敬君居常饥寒，妻端正。敬君工画，贪赐画台，去家日久，思念其妻，像向之嬉笑。旁人瞻见之，以白王，王即设酒与敬君相乐，谓敬君曰："国中献女无好者，以钱百万，谓妻可乎？不者，杀汝。"敬君憧惶听许。

又曰：太祖下邺，文帝先入袁尚府，有妇女被发垢面，立绍妻后，文帝问之，答曰："是熙妻"，顾揽发，以袖拭面，姿貌绝伦。遂纳之。

《世说》曰：汉元帝宫人既多，乃令画工图之，欲有呼者，辄披图召焉，其中皆行货赂。王昭君，姿容甚丽，志不可苟求。工遂毁为甚丑，终身不召。后匈奴来和，求美女于帝，以昭君充行，既召见而叹之。

又曰：桓宣武平蜀，以李势妹为妾，主始不知，既闻，与数十婢拔白刃袭之。温尚明帝女南康长公主。正值梳头，发籍地，肤色玉耀，不为动容。徐曰：“国破家亡，以至今日，若能见杀，乃其本怀。”主惭而退。

《俗说》曰：宋祎是石崇妓绿珠弟子，有色，善吹笛，后在晋明帝处。帝疹患笃，群臣进谏：请出宋祎，帝曰：“卿诸人谁欲得之？”阮遥集时为吏部尚书，对曰：“愿以赐臣。”即与之。

《典说》曰：司隶冯方女，国色也，避地扬州，袁术登城见而遂纳焉。诸妇害其宠，绐言将军以贵人有志节，但见时示忧色，必长见敬重。冯氏如其言，术益哀之。诸妇因绞悬之厕，言自杀。术诚以为不得志而死，乃厚葬之。

《方言》曰：娥、嬴音盈，好也。秦曰娥言娥娥也。宋谓之嬴言嬴嬴也。秦晋之间，凡好而轻者谓之娥。自关而东，河洛之间谓之媌，今关西人亦呼好为媌，吾交切。或谓之姣，言姣洁也，音交。赵魏燕岱之间曰姝，音妹，亦四方通语耳。或曰妦。言妦容也，音蜂。自关而西，秦、晋之间故都曰忓。秦旧都，今扶风雍县也。晋旧都，今太原晋阳县也。其俗通呼好为忓，五干切。

又曰：釥错眇切、嫽洛夭切好也。青徐海岱之间曰釥，或谓嫽。今通呼小姣洁喜好者为嫽眇。好，凡通语也。朦庞鸡鹩丰也。自关而西，秦晋之间凡大貌谓之朦，或谓之庞。丰，其通语也。娃乌佳切。媠诺过切。窕途了切。艳，美也。吴楚衡淮之间曰娃，南楚之外曰媠，宋卫晋郑之间曰艳，陈楚周南之间曰窕。自关而西秦晋之间，凡美色或谓之好，或谓之窕。故吴有馆娃之宫，秦有棠音七娥之台。秦晋之间美貌谓之娥，美状为窕，美色为艳，美心为窈。奕、偞，容也。自关而西凡美容谓之奕，或谓之媟。弈弈、媟媟，皆轻丽之貌也。

《竹书纪年》曰：桀伐岷山，献女于桀，二女曰琬，曰琰。桀受女，刻其名于苕华之玉，苕是琬，华是琰。

《楚辞》曰：姱容修态絚洞房，娥眉慢睩目腾光。

又曰：粉白黛黑施芳泽。

又曰：美人既醉朱颜酡。

又曰：室中之观多珍怪，兰膏烛明华容备。

《山海经》曰：丹山西即巫山也，帝女居焉。宋玉所谓我帝之季女，名曰瑶姬。其间首尾一百六十里，谓之巫峡，盖因山为名也。

崔豹《古今注》曰：魏文帝宫人有莫琼树、薛夜来、陈回衣、陈巧笑。琼树始制蝉鬓，望之缥缈如蝉翼，故号曰“蝉鬓”。

桓谭《新论》曰：或曰陈平为高帝解平城围，隐而不传，子能知乎？曰：“陈平说阏氏，言汉有美女，其容貌天下无有，今急驰使归迎，欲进单于，单于见必爱之，则阏氏言之单于而得免也。

《六韬》曰：纣囚文王羑里。散宜生受命而行宛怀、条涂之山。山有玉女三人，宜生得之，因费仲而献之于纣，以免文王。

何承天《纂文》云：孚瑜，美色也。

服虔《通俗文》云：容丽曰媌莫豹切，形美曰婧汤火切，容媚曰婠乌活切，南楚以好为娃乌佳切，肥骨柔弱曰婐乌果切娜奴果切，颊妍美曰妩媚，容茂曰嬫羊灼切。

《越绝书》曰：越王勾践得采薪二女西施、郑旦，以献吴王。

崔骃《七依》曰：闾娵之孕既丽且闲，紫唇素齿，雪白玉辉，回眸百万，一笑千金。孔子倾于阿谷，浮屠忘其桑门，彭祖飞而溶集，王乔忽而堕云。

司马相如《上林赋》曰：若夫青琴、宓妃之徒皆古神女名也。绝殊离俗，妖冶闲都，靓妆刻饰。

又《美人赋》曰：臣之东邻有一女子，玄发丰艳，蛾眉皓齿，颜盛色茂，景曜光起。离宫闲馆，寂寞重虚；门阁昼掩，暧若仙居。芳香郁烈，黼帐高张；有女独处，婉然在床；奇葩逸丽，素质艳光。辞不具载。

蔡邕《协初赋》曰：其在近也，若神龙彩鳞翼将举。其既远也，若披云扫汉见织女。

陈思王《洛神赋》曰：其形也，翩若惊鸿，蜿若游龙。荣辉秋菊，华茂春松。仿佛兮若轻云之蔽月，飘飘兮若流风之回雪。远而望之，皎若太阳升朝霞；迫而察之，灼若芙蕖出绿波。醲纤得中，修短合度。

肩若削成，腰如约素。延颈秀项，皓质呈露。芳泽无加，铅华弗御。丹唇外朗，皓齿内鲜。明眸善睐，靥辅承权。辞不具载。

曹植《扇赋》曰：情骀荡而外得，心悦豫而内安。增吴氏之姣好，发西子之玉颜。

阮籍《清思赋》曰：靥白玉以为面，披丹霞以为衣。袭九英之曜精，佩瑶光以发辉。

袁弘《夜酣赋》曰：开金扇，坐琼筵。卫姬进，郑女前。形窈窕以纤弱，艳妖冶而清妍。似春兰之齐秀，象明月之双悬。

宋玉《神女赋》曰：楚襄王游于云梦之浦，使宋玉赋高唐之事。王梦神女，其状甚丽，王异之。明日以白玉，玉曰："其梦若何？"王曰："见一妇人，状甚奇异，抚心定气，复有所梦。其始来也，耀乎。若白日初出照屋梁；其少进也，皎乎若明月舒其光。秾不短，纤不长，步裔裔兮耀殿堂。忽兮改容，婉若游龙乘云翔。"王曰："此盛矣，试为寡人赋之。"玉曰："夫何神人妖丽兮，含阴阳之渥饰。被华藻之可好兮，若翡翠之奋翼。其象无双，其极毛嫱。"

又《登徒子赋》曰：夫天下之佳人，莫若楚国。楚国之丽者，莫若臣里。臣里之美者，莫若臣东家之子。东家之子，增之一分则太长，减之一分则太短，着粉太白，施朱太赤，眉如翠羽，肌如白雪，腰如束素，齿如含贝。

又《高唐赋》曰：昔者先王尝游高唐，怠而昼寝，梦一妇人曰："妾巫山之女也，为高唐之客。"辞曰："妾在巫山之阳，高唐之岨，朝为行云，暮为行雨，朝朝暮暮，阳台之下。"王曰："朝云始出状若何？"玉对曰："其始出也，晰兮若松榯；其少进也，晰兮若姣姬扬袂。障日而望所思，忽兮改容，偈兮若驾驷马，建羽旌。湫兮如风，凄兮如雨。风止雨霁，云无处所。"

王粲《神女赋》曰：发似玄鉴，鬓类刻成。质素纯皓，粉黛不加。朱颜熙曜，晔若春华。口譬含丹，目若澜波。美姿巧笑，靥辅奇牙。

傅毅《舞赋》曰：郑女出进，二八饰侍。眉连娟以增绕，目流睇而横波。

刘桢《鲁都赋》曰：众媛侍侧，鳞附盈房。娥眉青眸，颜若濡霜。含丹吮素，巧笑妍详。掖耀日之珍笄，珥明月之珠珰。圭衣纷袿，振佩鸣璜。

应玚《神女赋》曰：腾玄眸而俄青阳，离朱唇而耀双辅。红颜晔而和妍，时调声以笑语。

张衡《舞赋》曰：裾若飞烟，袖如回雪。窣若霆震，瞥若电灭。于是粉黛施兮玉质灿，朱簪挺兮缁发乱。

谢灵运《江妃赋》曰：小腰微骨，朱颜皓齿。绵视腾采，靡肤腻埋。天台二娥，宫庭双媛。青袿晨接。紫衣形见，或飘翰凌烟，或潜泳浮海。万里俄顷，寸阴未改。辞不具载。

魏文帝《与繁钦书》曰：今之妙舞，莫巧于绛树，清歌莫激于宋腊。

《古诗》曰：青青河畔草，郁郁园中柳。盈盈楼上女，皎皎当窗牖。娥娥红粉妆，纤纤出素手。

又曰：燕赵多佳人，美者颜如玉。被服罗衣裳，当户理清曲。音响一何悲，弦急知柱促。愿为双飞燕，衔泥巢君屋。

梁简文帝《晚景出行诗》曰：细树含残影，春闺散晚香。轻花鬓边堕，微汗粉中光。

梁徐悱妻诗曰：东家挺奇丽，南国擅容晖。夜月方神女，朝霞喻洛妃。

晋阮籍诗曰：妖冶闲都子，英曜何芬葩。玄鬓发朱颜，睇盼有光华。

又曰：西方有佳人，皎若白素光。被服织罗衣，左右佩双璜。

又诗曰：二妃游江滨，逍遥顺风翔。交甫怀玉佩，婉娈有芬芳。

左思《娇女诗》曰：吾家有娇女，娇女皦白皙。小字为纨素，口齿自清历。鬌发覆广额，双耳似连璧。明朝弄梳台，黛眉类扫迹。五言。

傅玄歌曰：有女怀芬芳，媞媞步东厢。蛾眉双翠羽，明眸发清光。丹唇翳皓齿，秀颜若圭璋。巧笑露靥辅，众媚不可详。令仪希世出，无乃古毛嫱。首戴金步摇，耳系明月珰。

李延年歌曰：北方有佳人，绝世而独立。一顾倾人城，再顾倾人国。岂不言倾城国，佳人难再得！

陆机《艳歌行》曰：美目扬玉泽，蛾眉象翠翰。

古乐府《陌上桑行》曰：日出东南隅，照我秦氏楼。秦氏有好女，自言名罗敷。罗敷善蚕桑，采桑城南隅。青丝为笼绳，桂枝为笼钩。头上发堕髻，耳中明月珠。

鲍昭《堂上行》曰：晖晖朱颜酡，纷纷织女梭。满堂皆美女，目我对湘娥。筝笛更弹吹，高唱好相和。

曹植《美女篇》曰：美女妖且闲，采桑岐路间。桑条芬苒苒，落叶何翩翩。攘袖见素手，皓腕约金环。头上金雀钗，腰佩翠琅玕。

太平御览卷第三百八十二　人事部二十三

丑丈夫

《释名》曰：丑，臭也，如臭秽也。

《说文》曰：丑，音蚩酉反，可恶也。

又曰：丈，十尺也，从手而持十也。

又曰：夫，从一大，象人形也。一象簪形。冠而既簪，人二十而冠，成人也。故成人曰丈夫。

《尚书》曰：《洪范》六极：五曰恶。孔安国曰："丑，陋也。"

《毛诗》曰：不见子都，乃见狂且。注曰："狂且，狂丑之人。"

《左传》曰：贾大夫貌恶，娶妻而美，三年不言不笑，御以如皋，射雉获之，其妻始笑。

又曰：叔向适郑，鬷蔑恶，恶，丑貌也。欲观叔向，从使之收器者而往，立于堂下。一言而善。叔向将饮酒，闻之，曰："必鬷明也。"下，执其手以上，曰："昔贾大夫恶，娶妻而美，三年不言不笑，如皋射雉获之。其妻始笑而言。贾大夫曰：'才之不可以已，我之不能射，汝遂不言不笑夫。'今子少不飏，言丑貌，不发扬。子若无言，吾几失子。"

又曰：宋华元为植，巡功。植，将主也。城者曰："睅其目，皤其腹。睅，出目。皤，大腹。"

《广雅》曰：仳、倠、媒、婄、佁、䚹、𩒨、㚊、嗚、睢、顡、鶻、䫏，丑也。仳，鼻之切。倠，火遗切。婄，音倍。佁，音台。䚹，蒲比反。𩒨，差文切。㚊，丁可切。嗚，许为切。睢，音隹。顡，古来切。鶻，音骨。䫏，音欺。

《家语》曰：高柴字子羔，长不满六尺，状貌甚恶，为人笃孝，知名孔氏之门，仕为郕宰。

又曰：耗土之人丑。

《史记》曰：秦相蔡泽魋颜蹙頞。頞，鼻茎也。

又曰：澹台灭明字子羽，状貌甚恶，欲事孔子，孔子以为材薄。既而受业，退而修行，行不由径，非公事不见卿大夫。南游至江，弟子三百人从之，设取予去就，名施乎诸侯。孔子闻之曰："吾以言取人，失之宰予；以貌取人，失之子羽。"

《汉书》曰：田蚡，孝景帝皇后同母弟也。辩有口，学《盘盂》诸书，为人貌寝而贵。

又曰：诏求能为韩诗者蔡义，召见悦之，擢为光禄大夫，代杨敞为相。时年八十余，短小无鬓眉，貌似老妪，行步偻伛，常使挟乃行。

又曰：张良貌若妇人。

范晔《后汉书》曰：周举字宣光，汝南人也。姿貌短陋而博学。

《东观汉记》曰：永平中征承宫为博士，迁左中郎，数纳忠谏，论议切直，名播匈奴。时单于遣使求欲得见宫，诏敕宫自整饰，宫对曰："夷狄炫名，非识实也。臣状丑，不可以示远，宜选长大威容者。"帝乃以大鸿胪魏应代之。

《魏志》曰：管辂容貌丑，无威仪，言语不择非类。

又曰：王粲字仲宣，山阳高平人也。年十七，往荆州依刘表，表以粲貌寝而体通脱，不甚重也。

《晋书》曰：孙秀尚河东公主，形陋短小，奴仆之下者也。

又曰：左思貌丑而口讷。

又曰：张孟阳每出，人恶之，辄掷瓦砾盈车。

王隐《晋书》曰：刘伶字伯伦，长六尺，貌甚丑悴，常携一壶酒，使人荷锸自随，以为死便埋也。

孙严《宋书》曰：桓护之，字彦宗。少倜傥不拘小节，形状短陋，而气干强果。

又曰：少帝幼而狷急，轻脱险迅，细形黄貌色，长颈鸟喙嘶声。

《齐书》曰：张融形貌短丑，精神清彻。王敬则见融革带宽，谓曰："革带太急。"融曰："既非步吏，急带何为？"

又曰：萧坦之肥黑无鬓，语声嘶，时人号为萧痖。刚很专执，群小畏而憎之。

崔鸿《十六国春秋·前赵录》曰：郭氾字子游，上郡人也。父士为县卒，随巫而遇一女子于路，巫曰："此女生贵子，君亦有贵子，可相纳之，当兴君门。"士纳之，生氾，长不满七尺，丑极。当时朴讷无慧，后为县卒，感愤游学，师事安平赵孔曜，曜见而伟之曰："此生有公骨，其当贵达。"

又曰：《前秦录》曰：苻雄字元才，赵建武中拜龙骧将军，貌丑头大而足短，故军称为大头龙骧。

又曰：徐成纯直亮，素为王猛所知，长不满六尺，丑极当时。

车频《秦书》曰：苻坚六岁戏于路，司隶徐统见而异焉。而问曰："苻郎，此官街，小儿戏不畏缚耶？"答曰："吏缚犯事者，不缚小儿戏。"统语左右曰："此儿有王霸相。"左右曰："此儿状貌甚丑，而君以为相贵异，何也？"曰："非尔等所知也。"

《南史》曰：刘韫，人材凡鄙，为明帝所宠。在湘州，雍州使善画者图其形，出行卤簿羽仪，常自披玩。尝以图示征西将军，蔡兴宗戏之，阳若不解画者，指韫形问之曰："此何人？"韫曰："是我。"其庸底类如此耶。

《北史》曰：后魏广陵侯衍弟钦，中书监尚书右仆射、仪同三司，钦色尤黑，故时人号为黑面仆射。

《唐书》曰：李辅国本名静忠，短小貌陋，颇知书计，高力士见之，收在左右，与诸奴为伍。年四十余矣，为小宦掌厩中文帐，后迁至封成国公也。

又曰：苏世长容貌丑陋，颇有学识，性滑稽，言杂谐调，隋大业中为都水使者。炀帝尝谓之曰："卿面何类駈驴？"世长再拜，叫呼，以手据地，蹙项败面，为駈驴之状。群臣掩口而笑，炀帝大悦，赐帛百匹。

又曰：贞观十五年，文德皇后崩，百官衰绖。率更令欧阳询状貌丑异，众或指之，许敬宗见而大笑，为御史所劾，左授洪州都督府司马。

《周史》曰：慕容彦超，吐浑部人也。父亮以彦超贵，累赠至三师。彦超即汉高祖之同产弟也，尝冒姓阎氏，体黑面胡，故谓之阎昆仑。

《庄子》曰：厉人夜半生子，其父取火视之，恐其似己也。厉人，丑人也。

又曰：鲁哀公问仲尼："卫有恶人焉，曰哀骀佗。丈夫之与处者，思而不能去也。妇人见之，请于父母，曰'与为人妻，宁为夫子妾'者，十数而未止也。是必有以异乎人也。寡人召而观之，果以恶骇天下。"

又曰：支离疏者，颐隐于脐，肩高于顶，会撮指天，五管在上，两髀为胁也。

《孙卿子》曰：卫灵公有臣曰公孙吕，身长七尺，面长三尺而广三寸，名动天下。

《孔藂子》曰：子高见齐王，齐王问谁可为临淄宰，称管穆焉。王曰："管穆容貌陋，民不敬他。"答曰："夫见敬在德，且臣所称其能也。君不闻晏子乎，长不满六尺，面状丑恶，齐王上下莫不崇焉。以穆体形方之，犹贤之远矣。"王乃以管穆为临淄宰也。

《尸子》曰：禹长颈鸟喙，面目颜色亦恶矣。天下犹独贤之。

《吕氏春秋》曰：陈有恶人曰敦洽雔麋，椎颡，色如漆也。

又曰：列精子高德行于齐，湣王所敬，着布衣，白缟冠，会朝步堂下。谓侍者曰："我好丑何如？"侍者曰："公艳。"出而窥井，叹曰："恶丈夫也。人之阿齐王实不良而言良，亦其我之侍者也。"

周斐《汝南先贤传》曰：周燮字彦祖，钦颐折頞，貌甚丑，母欲不举，其父曰："吾闻诸圣贤人状皆有异于人，兴我宗者必此儿。"遂育之。

《梁冀别传》曰：子嗣为河南尹。嗣一名胡狗，时年十六，容貌甚陋，不胜冠带，道路见者，莫不嗤笑焉。

《司马徽别传》曰：刘综欲候徽，先使左右问其存亡。徽锄园，左右问马君所在，徽曰："我是徽。"头面丑陋。问者骂之曰："即欲求司马公，何等田奴，而称徽？"更刷头饰服而出，左右叩头而谢之。

《续搜神记》曰：桓大司马从南州来，拜简文皇帝陵，问左右商涓形貌，有人答："涓为肥短，黑色，形甚丑。"公云："吾见之亦如此。”意恶之，还州遂病，无几而薨。

谢绰《宋拾遗记》曰：何尚之、颜延年少年好为嘲调，二人并短小，常谓颜公为猴，颜亦以何为猴，常共游戏西池。颜问路人云：“二人谁似猴？”路人指何曰：“彼似猴耳，君乃真猕也。”

束晳《发蒙记》曰：丑男䰡蔑，丑女钟离春。

《世说》曰：王广娶诸葛诞女。入室，言语始交，王语妇曰：“神色卑下，殊不似公休。”妇曰：“大丈夫不能仿佛彦云，而令妇人比踪英杰！”

崔骃《博徒论》曰：博徒见农夫戴笠持耨以芸蓼荼，面目骊黑，手足胼胝，肤如桑朴，足如熊蹄，蒲伏垄亩，汗出调泥，乃谓曰：“子触热耕芸，背上生盐，胫如烧椽，皮如领革，锥不能穿，行步狼跋，脚戾胫酸。谓子草木，支体屈伸；谓子禽兽，形容似人。何受命之薄，禀性不纯？”

桓谭《新论》曰：余尝与郎泠喜出见一老翁，粪上拾食，头面垢丑，不可忍视。喜曰：“安知此非神仙。”余曰：“道必形体，如此无以道焉。”

《风俗通》曰：齐有一女，二家求之。其家语其女曰：“汝欲东家则左袒，欲西则右袒。”其女两袒。父母问其故，对曰：“愿东家食而西家息。”以东家富而丑，西家贫而美也。

《新序》曰：齐有田巴先生者，行修于外。王闻其贤，聘之，将问政焉。田巴先生改制新衣，拂饬冠带，顾谓其妾，妾曰：“佼。”将出门，问其从者，从者曰：“佼。”过于淄水，自照视，丑恶甚焉。遂见齐王。齐王问政，对曰：“今者大王召臣，臣问妾，妾爱臣，谀臣曰佼；问从者，从者畏臣，谀臣曰佼。臣至临淄水而观，然后知丑恶也。今王察之，齐国治矣。

《会稽录》曰：任奕字安和，句章人也。为人貌寝，无威仪。

刘谧之《庞郎赋》曰：其头也则中骼而上下锐，额平而承枕四起。

繁钦《三胡赋》曰：莎车之胡，黄自深精，员耳狭颐；康居之胡，焦头折頞，高辅陷无，眼无黑眸，颊无余肉；罽宾之胡，面象炙猬，顶如持囊，隈目赤眦，洞頞印鼻。

朱彦时《黑儿赋》曰：世有非常人，实为彼玄士。禀兹至缁色，内外皆相似。卧如骊牛骤，立如乌牛跱。忿如鸖鹆斗，乐似鸬鹚喜。

丑妇人

《周易》曰：老妇士夫，亦可丑也。

《韩诗外传》曰：齐王厚送女，欲妻屠门肚，肚辞以疾。其友劝之曰："子孙死腥臭之肆而已乎，何以辞之？"肚应曰："其女丑。"其友曰："何谓也？"肚曰："吾肉善如量而去苦少耳；吾肉不善，虽以他附益之，尚犹不雠。今厚送子，子丑故耳。"其友下问女，果丑，目如擗杏，齿如编蟹。

《东观汉记》曰：梁鸿同郡孟氏，其女名光，状貌丑而黑，力能举石臼，择而不嫁，至年三十，鸿闻而聘之。

王隐《晋书》曰：武帝为太子纳妃，谋久不决；上欲娶卫瓘女，杨后欲娶贾充女。上曰："卫公女有五可，贾公女有五不可。卫家种贤而多子，端正而长白；贾家种妒而少子，丑而短黑也。"

《唐书》曰：张万福典泗州时，遇德宗幸奉天，李希烈反，陈少游悉令管内刺史送妻子杨州以为质。万福独不肯，谓使者曰："为某白相公，万福妻老且丑，不足烦相公意。"独不送。

又曰：中宗好与朝臣狎戏。韦庶人微时，有一乳母，实蛮婢也，既老且丑，齿发秃落，制于后宫，刻列花烛，嫁为御史大夫窦怀贞妻。俗谓乳母之婿曰阿遮，怀贞每进表状，列其官位，必曰"国遮"，欣然有自负之色。

《庄子》曰：阳子之宋，宿于逆旅。逆旅人有妾二人，其一人美，其一人恶，恶者贵而美者贱。阳子问其故，逆旅小子对曰："美者自美，吾不知其美也。"阳子曰："弟子记之，行贤而去自贤之行，何往而不爱哉。"

《郭子》曰：许允妇是阮德如妹，甚丑，交礼竟，许允无复入理。桓范劝之曰："阮嫁丑女与卿，故当有意，宜察之。"许便入见，妇即出，提裙裾停之。许谓妇曰："妇有四德，卿有几？"答："新妇所乏唯容。士有百行，君有其几？"许曰："皆备。"妇曰："君好色，不好德，何谓皆备。"许有惭色，遂雅相重。

刘向《列女传》曰：齐孤逐女者，其状甚丑，三逐于乡，五逐于里，过时无所容，乃造襄王之门而求见。王辍食而起，谨敬。左右曰："三逐于乡者不忠，五逐于里者少礼，何足为遽？"王曰："子不识也。夫牛鸣而马不应者，异类。故此人必有异者。遂见，与之语而嘉之。

又曰：齐宿瘤者，东都采桑之女闵王之后也。闵王，宣干字也。项有大瘤，故号曰宿瘤。初，闵王游至东，百姓尽观，宿瘤女采桑如故。王召问曰："寡人出游，车骑甚众，百姓无长少弃事来观，汝不视，何也？"对曰："妾受父母教采桑，不受教观大王。"王曰："此女也惜，惜其宿瘤。"女曰："中心何谓，宿瘤何伤？"王大悦，曰："此贤女也！"命后车载之。女曰："女不受父母之教而随大王，是奔女也。"王大惭曰："寡人失之。贞女，一礼不备，虽死不从。"及归，遣使奉礼，加金百镒娉迎之。父母惊惶，欲洗沐为衣裳，女曰："变容更服，恐见不识。"于是如故随使者。闵王归，见诸夫人告曰："今日出游，得一圣女。"及至，诸夫人见者皆大笑。王曰："未饬耳。饬与不饬，相去十百。"女曰："饬与不饬，相去千万不足言，何独十百也！"王曰："何以？"对曰："昔者尧舜桀纣俱为天子，尧舜安于节俭，茅茨不剪，采椽不斫，后宫衣不曳地，食不重味，至今数千岁天下归善；桀纣不自饬仁义，为高台榭、深池泽，后宫蹈绮縠，弄珠玉，身死国亡，为天下笑，至今千余岁天下归恶。由是观之，饬与不饬相去千万。"闵王大感，立以为后。期月之间，化行邻国，诸侯朝之，侵三晋，惧秦楚，立帝号。及女死，燕遂屠齐。

又曰：齐锺离春者，齐无盐邑之女。锺离，姓；春，名也。其为人极丑无双：臼头深目，长壮大节，卬鼻结喉，顶上少发，折腰出胸，皮肤若漆，行年三十，无所容入，行嫁不售，流弃莫执。于是乃拂拭短褐，自诣宣王，愿乞一见。见谒者曰："晏齐之不售女也。闻大王之圣，愿备后宫之扫除，顿首司马门外。”谒者以闻，宣王方置酒于渐台，左右闻之，莫不掩口而笑。王曰：“此天下强颜女子也。”乃召见之，谓曰：“昔先王为寡人娶妃匹，皆以备有列位者。今夫人不容乡里布衣，而欲千万乘之主，有何异乎？”锺离春曰：“窍慕大王之美义耳。”王曰：“然。何善？”曰：“尝隐善。”王曰：“试一行之。”言未卒，忽不见。王大惊，立发隐书而读之，久不能解。明日复召之，但扬目衔齿，举手拊膝曰：“殆哉！如此者四矣。王曰：“愿闻命。”对曰：今大王之国，西有横秦之患，南有强楚之讎，外有二国之难，内聚奸臣，众人不附。春秋四十年壮男不立，故不务众子而务众妇，尊所好而忽所恃，一旦山陵崩坠，社稷不定，此一殆也。渐台五层，黄金白玉，琅玕翡翠，万人疲极，此二殆也。贤者伏匿于山林，谄谀强行于左右，邪伪立于本朝，不得通入，此三殆也。酒浆流湎，以夜继昼，女乐俳优，纵横大笑，外不修诸侯之礼，内不康国家之理。此四殆也。”王暗然无声，喟然而叹曰：“痛乎！无盐君之言。”于是立坏渐台，罢女乐，退谄谀，去雕琢，选兵马，实府库，辟四门，招进直言，卜择吉日，立太子，拜无盐君以为王后。齐国大安，皆丑女之力也。

习凿齿《襄阳记》曰：黄承彦，沔南名士也，谓诸葛孔明曰：“君择妇否？有丑女黄头黑色而才堪相配。”孔明许焉，即载送之。时人为笑乐，乡里为之嗟曰：“莫作孔明择妇，正得河外丑女。”

束皙《发蒙记》曰：丑男䰕蔑，丑女锺离春。

《通俗文》曰：不媚曰嫱音畜，可恶曰嬒乌会反，大丑曰奞呼交切，丑称曰娭乌在反。

何承天《纂文》曰：嫫母，丑人也。

《楚辞》曰：西施媞媞而不得见兮，嫫母勃屑日侍而。

又曰：圭璋杂于甑室，陇廉与孟陬同宫。举世以为常俗，固将愁苦而终穷。

刘思真《丑妇赋》曰：才质陋且俭，姿容剧嫫母。鹿头猕猴面，椎额复出口。折頞靥楼鼻，两眼䶑一交切。如臼。肤如老桑皮，耳如侧两手。

宋玉《登徒子好色赋》曰：登徒子妻，蓬头挛牛善反耳，齞牛美反唇历齿，旁行伛偻，又疥且痔。

太平御览卷第三百八十三 人事部二十四

寿老

《说文》曰：老，考也。

《释名》曰：六十曰耆。耆，指也，不从力役，指事使人也。七十曰耄，头发耄耄然也。八十曰耋。耋，铁也，皮肤变黑，色如铁也。九十曰鲐背，背有鲐文也；或曰黄耇，鬓发变黄色也。耇，垢也，皮色骊悴，恒如有垢也。或曰胡耇，皮如鸡胡也；或曰冻梨，皮有班黑，如冻梨色也；或曰儿齿，大齿落尽，更生细齿，如小儿齿也。百年曰期颐。颐，养也。老惛不复知服味善恶，孝子期于尽养道也。老，朽也。老不死曰仙。仙，迁也，迁入山也。

《周礼·夏官·司马》曰：中春，罗春鸟，献鸠以养国老。是时鹰化为鸠，鸠与春鸟变旧为新，以宜养左，助生气也。

《礼记·曲礼上》曰：六十曰耆，指使；七十曰老，而传；八十曰耋，九十曰耄，百年曰期颐。郑玄注曰：耄，荒吸也。期，要也；颐养，不知衣服食味，孝子尽养之道也。

又曰：大夫七十而致仕，若不得谢，则必赐之几杖；行役以妇人从；适四方，乘安车，自称曰“老夫”。

又《檀弓上》曰：子夏丧其子而丧其明。曾子吊之，子夏哭曰：“天乎！予之无罪。”曾子怒，曰：“吾与汝事夫子于洙、泗之间，退而老于西河之上。使西河之民疑汝于夫子，尔罪一也。”

又曰：《王制》曰：“养耆老以致孝。”

又曰：凡养老，有虞氏以燕礼，夏后氏以飨礼，殷人以食礼。周人修而兼用之，五十养于乡，六十养于国，七十养于学，达于诸侯。五十异粮，六十宿肉，七十贰膳，八十常珍，九十饮食不离寝，膳饮从于游可也。五十始衰，六十非肉不饱，七十非帛不暖，八十非人不暖，九十虽得人不暖矣。

又曰：五十杖于家，六十杖于乡，七十杖于国，八十杖于朝。九十者，天子欲有问焉，则就其室，以珍从尊养之。七十不俟朝，二夫士之差者，揖君则退。八十曰告存，每月致膳。九十曰有秩。秩，常也，有常膳。有虞氏养国老于上庠，养庶老于下庠。夏后氏养国老于东序，养庶老于西序。殷人养国老于右学，养庶老于左学。周人养国老于东胶，养庶老于西胶。

又曰：君子耆老不徒行，庶人耆老不徒食矣。

又曰：《文王世子》曰：文王谓武王曰："汝何梦矣？"武王对曰："梦帝与我九龄。"帝，天也。文王曰："古者谓年龄，齿亦龄也。我百，尔九十，吾与尔三焉。"文王九十七而终，武王九十三而终。

又《祭义》曰：先王之所以治天下者五：贵有德，贵贵，贵老，仁长，慈幼。贵老，为其近于亲也。

又曰：虞、夏、殷、周，天下之盛王也，未有遗年者。年之贵乎天下久矣，次乎事亲也。

又曰：天子巡守，诸侯待于竟，天子先见百年者。

《左传·隐公》曰：石碏使告于陈曰："卫国褊小，老夫耄矣，无能为也。"

又《僖公上》曰：王使宰孔赐齐侯胙，将下拜，孔曰："且有后命。天子使孔曰：以伯舅耋老，加劳，赐一级，无下拜。"

又《僖公下》曰：秦晋围郑，佚之狐言于郑伯曰："国危矣，若使烛之武见秦君，师必退。"公从之。辞曰："臣之壮也，犹不如人。今老矣，无能为也。"

又《襄公三十年》曰：晋悼夫人食舆人之城杞者。绛县人或年长矣，无子，而往与于食。有与疑年，使之年。使言其年。曰："臣小人也，不知纪年。臣生之岁，正月甲子朔，四百有四十五甲子矣，其季于今三之一也。"吏走问诸朝，师旷曰："鲁叔仲惠伯会郤成子于承匡之岁也。七十三年矣。"

又《襄三十一》曰：穆叔至自会，见孟孝伯，语之曰："赵孟将死矣。其语伦，不似民主。且年未盈五十，而谆谆焉如八十、九十者，弗能久矣。"

又《昭玄》曰：天王使刘定公劳赵孟于颍，馆于洛汭。刘子曰："美哉禹功！子盍亦远绩禹功，而大庇民乎？"对曰："老夫罪戾是惧，焉能恤远？吾侪偷食，朝不谋夕，何其长也？"刘子归，以语王曰："谚所谓老将至而耄及之者，其赵孟之谓也。"

又《昭三》曰：齐侯田于莒，卢蒲嫳见，泣且请曰："余发如此种种，余奚能为？"种种，短也，自言衰老不能复为害。

又《昭公十三》曰：楚灵王至乾溪，闻群公子之死也，自投于车下，曰："人之爱其子也，亦如余乎？"侍者曰："甚焉，小人老而无子，知挤于沟壑矣。"

《尚书·盘庚》曰：汝无侮老成人，无弱孤有幼。

又《洪范》曰：五福：一曰寿。百二十年。

又《无逸》曰：自时厥后，立王生则逸，生则逸，不知稼穑之艰难，不闻小人之劳，唯耽乐之从。自时厥后，亦罔或克寿。以耽乐之故，从是其后，亦无有能寿考。

又《吕刑》曰："唯吕命，王享国百年，耄荒。"言吕侯见命为卿时，穆王以享国百年，耄乱荒忽，虽老而能用贤以扬名。

《论语·里仁》曰：父母之年不可不知，一则以喜，一则以惧。孔子曰：见其寿老则喜，见其衰老则忄瞿。

又《微子》曰：齐景公待孔子曰："若季氏，则吾不能；以季、孟之间待之。"曰："吾老矣，不能用也。"孔子行。

《尔雅》曰：肴，老也。

《尚书中候》曰：齐桓公欲封禅，谓管仲曰："寡人日暮，仲父年艾。"

《韩诗外传》曰：楚丘先生见孟常君，孟常君曰："先生老矣，春秋高矣，多遗忘矣，何以教文？"先生曰："使我投石超距，追车赴马，逐麋鹿，搏虎豹，吾则老矣。使我探计谋，设精神，决嫌疑，出正辞，尚诸侯，吾乃始壮耳，何老之有！”孟常君勃然汗出至踵，曰：“文过耳。”

又曰：齐桓公见敏丘人，曰：“叟年几何？”对曰：“臣年八十三。”公曰：“美哉，寿也！”

《论语谶》曰：仲尼曰：“吾闻尧舜等游首山，观河渚，乃有五老游河渚：一老曰，河图将来告帝期；二老曰，河图持龟告帝谋；三老曰，河图将来告帝书；四老曰，河图将来告帝图；五老曰，河图将浮龙衔玉，包金泥玉，检封盛书。五老飞为流星，上入昴。宋均注曰：“浮龙游于水。”

《周书》曰：文王在鄗，召太子发曰：“呜呼，我身老矣！吾语汝：我所保与我所守，汝勤之，我传之子孙。吾厚德而广惠，信忠而志爱，不为骄役，不为泰靡，括柱而茅茨，为民爱费也。”

《战国策》曰：昔者秦魏为与国，齐、楚约攻魏，魏使人求救于秦，冠盖相望，秦救不出。魏人有唐祖者，年九十余，谓魏王曰：“老臣请西说秦，令兵出，可乎？”曰：“敬诺。”遂约车遣之。见秦王，秦遽发兵救之。

《史记》曰：秦使百里奚子孟明视、蹇叔子西乞术将兵行。行日，百里奚、蹇叔二人哭之。缪公闻而怒，二老曰：“臣非敢沮君军，军行，臣子与往；臣老，迟还恐不相见，故哭耳。”

又曰：蔡泽从唐举戏之，乃曰：“富贵吾所自有，吾所不知者寿也，愿闻之。”唐举曰：“先生之寿，从今以往者四十三岁。”蔡泽笑而谢去，谓其御曰：“吾持粱啮肥，跃马疾驱，怀黄金之印，结紫绶于腰，揖让人主之前，食肉富贵，四十三年足矣。”

又曰：《王翦传》曰：始皇问李信：“吾欲攻荆，用几何人而足？”信曰：“不过用二十万人。”始皇问王翦，翦曰：“非六十万人不可。”始皇曰：“王将军老矣，何怯也？”李将军壮勇，其言是也。“翦因谢病归，老于颍阳。

又曰：上置酒，太子侍。四人从太子，年皆八十有余，鬓眉皓白，衣冠甚伟。上怪之，问曰："彼何为者？"四人前对，各言名姓，曰：东园公，角里先生，绮里季，夏黄公。上乃大惊，曰："吾求公数岁，公避逃我，今公何自从吾儿游乎？"四人皆曰："陛下轻士善骂，臣等义不受辱，故恐而亡匿。窃闻太子为人仁孝，恭敬爱士，天下莫不延颈欲为太子死者，故臣来耳。"上曰："烦公幸卒调护太子。"

又曰：伏生者，伏生名胜。济南人，故秦博士也。孝文欲求能治《尚书》者，天下无有，闻伏生能治，召之。是时伏生年九十余，老不能行，乃召太常掌故朝错往受之。

又曰：武帝使束帛加璧、安车驷马迎申公，弟子二人乘轺传从。见天子，天子问治乱之事，申公时已八十余，对曰："为治者不在多言，顾力行何如耳。

又曰：李少君以祠灶却老，方见上，自谓七十。尝从武安侯饮，坐中有年九十余老人，少君乃言与其大父游射处，老人为儿时从其大父行，识其处，一坐尽惊。

《汉书》曰：文帝玄年，诏："老者非帛不暖，非肉不饱。今岁首不时使人存问长老，又无布帛酒肉之赐，将何以佐天下子孙孝养其亲哉？具为令有司，请令县道八十以上赐米人月一石，肉二十斤、酒五斗；其九十以上又赐帛人二匹、絮三斤。赐物及当廪鬻米者，长吏阅视，丞若尉致之。"

又曰：冯唐，赵人也，以孝着，为中郎署长，应劭曰：此云孝子郎。事文帝。文帝辇过，问唐曰："父老何自为郎，家安在？"具以实对。

又曰：张苍食乳，女子为乳母。妻妾百数，曾孕子者不复幸。犹是百余岁乃卒。

又曰：张安世，宣帝下诏曰："安世守职秉谦，以安宗庙，着节老臣，令朝朔望号称祭酒。"

又曰：石建为中郎令。建老白首，万石君尚无恙。每五日洗沐归谒亲，入子舍，窃问侍者，取亲中裙厕牏，身自浣洒，复予诸侍者。子孙咸孝，然建特为甚。

又曰：贡禹上书曰："臣禹犬马之齿八十一，血气衰竭，耳目不聪，非能复有补益，所谓素餐尸禄、污朝之臣也。乞骸及身生归乡里，死无恨矣。"

《续汉书》曰：仲秋之月，县皆案户比民年七十者授之玉杖，长九尺，端以鸠为饰。鸠者，不咽之鸟，欲老人不咽，所以受民也。是月也，祠老人星于国南远郊。

《东观汉记》曰：马援字文渊，建武二十年，刘尚击武陵五溪蛮夷，深入，军没。援因复请行。年六十二，帝愍其老，未许之。援自请曰："臣尚能披甲上马。"帝令试之。援据鞍顾盼，以示可用。帝笑曰："矍铄哉，是翁也！"遂遣援。

又曰：闵仲叔客安邑，老病家贫，不能买肉，日买一片猪肝，屠或不肯为断。安邑令候之，问诸子何饮食，对曰："但食猪肝，屠者或不肯与。"令出敕市吏，后买辄得。叔怪问，其子道状，乃叹曰："闵仲叔岂以口腹累安邑耶？"遂去之。

又曰：班超自以久在绝域，年老思土，上疏曰："臣常恐年衰，奄忽僵仆。不敢望到酒泉郡，但愿生入玉门关。"

《魏志》曰：田豫为并州刺史，征为卫尉。屡乞逊位，太傅司马宣王以豫克壮，书喻未听。豫书答曰："年过七十而以居位，譬犹钟鸣漏尽而夜行不休，是罪人也。"遂称疾笃。拜太中大夫，食卿禄。年八十二薨。

《晋书》曰：华表，太始中迁太常卿。数岁，以老病乞骸骨，诏以"表清贞素履，有老成之美，而以疾固辞。今听如所上，禄赐与卿同。"

又曰：刘实字子贞，少贫，卖牛衣，好学。历吏部尚书，封修阳子。怀帝复授太尉，辞以老。九十一薨。

又曰：祖逖进镇雍丘，略定河外，躬自劝督农桑，克己施下，百姓感悦。置酒大会耆老，中坐流涕曰："某等老矣，更得父母，死将何恨！"

又曰：周访少时遇善相者陈训，谓访与陶侃曰："二君皆位至方岳, 功名略同, 但陶上寿, 周下寿, 优劣在年耳。”

《齐书》曰: 虞玩之, 字茂瑶, 年老有疾, 请退, 表曰: “四十仕进, 七十悬车, 壮即驱驰, 老宜休息, 知足不辱, 臣知足矣。”

《后魏书》曰: 毕众敬笃, 老乞还桑梓, 朝廷许之。临还, 献其珠珰四具, 银装剑一口, 刺虎矛一枚, 仙人绫百匹。文明太后与高祖引见于皇信堂, 赐酒馔车一乘, 马三匹, 绢二百匹, 劳遣之。

又曰: 罗结, 代人, 世祖初为散骑常侍, 迁侍中, 总三十六曹事, 年一百七岁, 精爽不衰。世祖以其忠悫, 甚见信。待诏听归老, 赐太宁东川以为居业, 并为筑城, 即号曰罗侯城, 至今犹在。

又曰: 刁雍以耆年特见优礼, 锡以几杖, 剑履上殿, 因致珍羞焉。尝经笃疾, 几死, 见有神明救之, 言福门子, 当享长年。后卒于洛州刺史。

又曰: 尉元许致仕, 诣阙谢老, 引见于庭。命升殿劳宴, 赐以玄冠素服。又诏充三老, 给上公之禄。

《唐书》曰: 太宗将伐辽东, 召李靖入阁, 赐坐御前, 谓曰: “公南平吴会, 北清沙漠, 西定慕容, 唯东有高丽未服, 公意如何?” 对曰: “臣往者凭藉天威, 薄展微效。今残年朽骨, 唯拟此行, 陛下若不弃老臣, 病其瘳矣。” 帝愍其羸老, 不许。

又曰: 严绶材器不逾常品, 事兄嫂过谨, 为时所称。常以宽柔自持, 位跻上公, 年至大耋。前后统临三镇, 皆号雄蕃。所辟士, 亲睹为将相者凡九人, 其贵寿如此。

《周史》曰: 萧愿字唯恭, 梁宰相顷之子也。初, 愿之曾祖仿, 唐僖宗朝入相。接客之次, 愿为儿童, 效仿传呼之声, 仿谓客曰: “余岂敢以得位而喜, 所幸奕世寿考, 吾今又有曾孙在目前矣。” 及愿长, 事父母, 以孝称, 后为兵部郎。卒之时, 年七十余, 母犹在堂, 一门寿考, 人罕及者矣。

《鬻子》曰: 鬻子年九十见文王, 文王曰: “嘻, 老矣。” 鬻子曰: “若使臣捕虎逐鹿则老矣, 使臣策国事则臣年尚少。” 因立为师。

《庄子》曰: 盗跖曰: “人上寿百岁, 中寿八十, 下寿六十。

《孟子》曰：老吾老，以及人之老。

又曰：伯夷避纣，居北海之滨；太公避纣，居东海之滨。闻文王作，兴曰："盍归乎来！吾闻西伯善养老者。"二老者，天下之大老也，而归之，是天下之父归之。天下之父归之，其子焉往？

《抱朴子·内篇》曰：余亡祖鸿胪少卿时，尝为临沅令，云此县有廖氏，家世寿老，或出百年，或八九十。徙去，生子孙转多夭折。人有居其故宅，复累世寿。由此觉是宅所为，疑其井水殊赤，乃试掘井左右，得古人埋丹砂数十斛，去井数尺，此丹砂汁因泉水渐洿入井，是以饮其水而得寿。况乃持丹砂而服之乎？

《六韬》曰：文王祖父寿百二十而没，王季百年而没，文王寿九十七而没。

《国语》曰：齐宣王出游，路见闾丘先生，长老十三人谒齐王，王赐之田。众老皆拜，闾丘先生独不拜。又赐无役，诸老复拜，闾丘先生又不拜。宣王疑而问之，对曰："来见大王所望者三：愿赐臣寿，赐臣富，赐臣贵。"王曰："天命有长短，非寡人所制，无所寿先生；仓粟虽盈，备灾畜，无以富先生；大官无阙，小官卑贱，无以贵先生。"先生曰："所望愿王选良吏，臣少得寿焉；使人以时役，无烦苛，此臣所以得富焉；使少者敬长者，长者敬老者，此臣所以得其贵也。王赐臣田，田不租，仓廪虚；赐臣无役，则官无所使，非所望也。"王曰："赐先生为相，可乎？"先生曰："臣得三愿足矣，安用为相。"

又曰：子奇年八十，齐君任为东阿。既行，而君悔焉，使人追之，嘱使者曰："未至，追令还；已至勿追。"未至东阿，使者反之。齐君问故，使者曰："臣见子奇同载者皆白首矣。夫老者之知，少者之决，此必能治东阿矣。"王曰："善哉。"

又曰：昔卫武公年九十五，儆于国曰："苟在朝者，无谓我老耋至而舍我也。必恭恪于朝夕以儆我，闻一二之言，志诵纳之以训道。"

《汉武故事》曰：上尝辇至郎署，见一老翁须皓白，衣服不完。上问曰："公何时为郎，何其老矣？"对曰："臣姓颜名驷，江都人也。文帝时为郎。”上问曰：“何不遇也？”驷曰：“文帝好文，臣好武；景帝好老，臣又少，陛下好少，臣已老。是以三世不遇。”上感其言，拜为会稽都尉。

《新序》曰：孔子见宋荣启期，年老白首，衣弊服，鼓琴自乐。孔子问曰：“先生老而穷，何乐也？”启期曰：“吾有三乐：天生万物以人为贵，吾得为人，一乐也；人生以男为贵，吾得为男，二乐也；人生命有伤夭，吾年九十余，是三乐也。贫者士之常，死者人之终，居常以守终，何不乐乎？”

《说苑》曰：楚文王伐郑，使王子革、子露居二子出游，老人戴畚从而乞食焉。不与，搏而夺之畚。

又曰：晋平公问师旷曰：“吾年七十，欲学恐晚，如何？”对曰：“暮不炳烛耶？臣闻少而学者如日出之阳，壮而学者如日中之光，老而学者如炳烛之明，孰与昧行乎？”公曰：“善哉，善哉！”

《申鉴》曰：学寿不至寿，可以尽命。

《新论》曰：余前为王翁典乐大夫，见乐家书记。文帝时得魏文侯时乐人窦公，百八十岁，两目皆盲。文帝奇之，问：“何能服食而至此耶？”对曰：“年十三失明，父母哀之，教使鼓琴，日讲习以为常事，臣不能道引，无所服饵也。”谭以为少盲，恒逸乐，所以益性命也。

《神仙传》曰：淮南王安好道术，八公乃诣门。门者见其垂白，不进。八公皆化成童子，色如桃花。门吏白王，王迎之，登思仙之台，张锦绮之帷，设象牙之床席，燔百和之香，进碧玉之几，执弟子礼。八公还成老人，授之要道。及郎中雷被谮安，安与八公升天，所践石皆陷。今人马之迹在焉。

王子年《拾遗录》曰：昔老聃当周之末，居反景日室之山，与世人绝迹。唯有黄发老叟五人，或乘虎豹，或乘鸿鹄，衣毛羽之服，眉覆于目，耳垂至肩，两眸子皆黑，方面玉洁，手握青筠之杖，出入于日室之中，与老子谈天文之数。

《述异记》曰：尹雄年九十，头生角，角半寸。

《世说》曰：顾悦与简文同年而早白，简文问曰："卿何以先老？"答曰："蒲柳之姿，望秋而先落；松柏之质，逢霜而弥盛。"

应璩诗曰：昔有行道人，陌上见三叟。年各百余岁，相与锄禾莠。住车问三叟，何以得此寿？上叟前置辞，室内妪粗丑。中叟前置辞，量腹节所受。下叟前置辞，暮卧不覆首。要哉三叟言，所以能长久。

太平御览卷第三百八十四 人事部二十五

幼智上

《说文》曰：幼，小也。

《释名》曰：儿始能行曰孺子，孺，弱也。十五曰童，故《礼》有阳童。牛羊之无角者曰童，山无草木亦曰童，言未巾冠似之。

《左传·僖下》曰：楚子将围宋，使子文治兵于暌，终朝而毕，不戮一人。子玉复治兵于蒍，终日而毕，鞭七人，贯三人耳。国老皆贺子文，子文饮之酒。蒍贾尚幼，后至，不贺。子文问之，对曰："不知所贺。子之传政于子玉，曰：以靖国也。靖诸内而败诸外，所获几何？子玉之败，子之举也。举以败国，将何贺焉？且子玉刚而无礼，不可以治民。过三百乘，其不能以入矣。苟入而贺，何后之有？"

又曰：秦师过周北门，左右免胄而下。超乘。王孙满尚幼，观之曰："秦师轻而无礼，必败。轻则寡谋，无礼则脱。脱，易也。入险而脱，又不能谋，能无败乎？"

又《成公下》曰：晋栾书、中行偃使陈滑杀厉公，使荀罃、士鲂逆周子于京师而立之，生十四年矣。悼公周公。大夫逆于清原，周子曰："孤始愿不及此。虽及此，岂非天乎！抑人之求君，使出令也，立而不从，将安用君？二三子用我今日，否亦今日，恭而从之，神之所福也。"傅言少而有才，所以能自固。对曰："群臣之愿也，敢不唯命是听。"

《战国策》曰：文侯疾，故使张唐相燕，弗肯行，少庶子甘罗请行之。文侯叱甘罗，曰："夫项橐七岁，为孔子师，今臣年十二，君其试焉，奚遽言叱？"乃见张卿，说而行之。

又曰：王孙贾年十五，事闵王。其母曰："汝朝出而晚还，则吾倚门而望；汝暮出不还，则吾倚庐而望汝。汝事王，王出走，不知其处，汝尚何归？"王孙贾乃入市中，罗曰："淖齿乱齐杀王，欲与我诛者，袒右！”市人从者四百人，与之诛淖齿。

《史记》曰：项羽击陈留、外黄，不下。数日，已降，项王令男子年十五以上诣城东，欲坑之。外黄令舍人儿年十三，往说项王曰：“彭越强劫外黄，外黄恐，故且降，待大王。大王至，又皆坑之，百姓岂有所归心？从此以东，梁地十余城皆恐，莫肯下矣。”项王然其言，乃赦外黄当坑者。

《汉书》曰：贾谊，洛阳人。年十八，以能诵《诗》《书》，称于郡中。河南守吴公闻其秀才，召置门下，甚爱之。乃言贾谊年少，颇通诸家之书，文帝召以为博士。

又曰：翟方进，汝南上蔡人，年十三失父，给事太守府为小吏，号迟钝不及事，数为掾史所辱。方进自伤，乃诣京师受经学。

《后汉书》曰：任延字长孙，南阳宛人也。年十二，为诸生，学于长安，明《诗》、《易》、《春秋》，显名太学，学中号为“任圣童”。

《续汉书》曰：黄琬字子琰，江夏人，少失父母而辨惠。祖父琼，初为魏郡太守。建和元年正月日蚀，京师不见，梁太后诏问所蚀多少，琬年七岁，在傍曰：“何不言日蚀之余，如月之初？”琼大惊，即以其言应诏，后深奇爱之。时司空盛元疾，琼遣琬候问，会江夏上蛮贼事到府，元发书，视毕，微戏琬曰：“江夏大邦而蛮多士少。”琬举手对曰：“蛮夷猾夏，责在司空。”

又曰：应奉字世叔，聪明，自为童儿，及长，凡所经历，莫不暗记，读书五行并下。

又曰：乐恢字伯奇，京兆长陵人。父为县吏，得罪，令收将杀之。恢时年十一，常于府寺门昼夜号泣，令闻之，即解其父。

又曰：陈蕃字仲举，汝南平舆人。年十五，常闲处一室而庭宇芜秽。父友同郡薛勤来候之，谓蕃曰：“孺子何不洒扫以待宾客？”蕃曰：“丈夫处世当除天下，安事一室乎？”勤知其有清世志。

《东观汉记》曰：马援子客卿，幼而歧嶷，年六岁，能应接诸公，专对宾客。尝有死罪亡命者来过，客卿逃匿不令人知。外若讷而内沉敏。援甚奇之，以为将相器，故以客卿字焉。

又曰：班固字孟坚，年九岁，能属文，诵诗赋。及长，遂博贯载籍，九流百家之言，无不穷究。学无常师，不为章句，举大义而已。性宽和容众，不以才能高人，诸儒以此慕之。

又曰：丁鸿年十三，从桓荣受《欧阳尚书》，三年而明章句，善论难，为都讲，遂笃志精锐，布衣荷担，不远千里。

又曰：张堪字君游，年六岁受业长安，治《梁丘易》，才美而高，京师号曰圣童。

又曰：邓禹字仲华，南阳新野人。年十三，能诵《诗》，受业长安。时上亦游学京师，禹年虽幼，而见上知非常人，遂相亲附。及汉兵起，即策杖北渡，追及上于邺。

又曰：承宫，琅琊姑幕人。少孤，年八岁，为人牧猪。乡里徐子盛明《春秋经》，授诸生数百人。宫过其庐下，见诸生讲诵，好之，因弃其猪而听经。猪主怪其不还，来索，见宫，欲笞之，门下生共禁止，因留精舍门下，樵薪。

又曰：鲁恭父建武初为甘陵太守，卒官。时恭年十二，弟丕年七岁，昼夜号踊不绝声，郡中赙赠无所受。归服丧，礼过成人。

又曰：吴佑字季英，陈留长垣人。父恢，为南海太守。佑年十二，恢欲杀青简以写经书，佑谏曰："今大人逾越五岭，远在海滨，其俗旧多珍怪。此书若成，则载之兼两。昔马援以薏苡兴谤，王阳以衣囊邀名。嫌疑之间，诚先贤所慎也。"恢乃止，抚其首曰："吴氏世不乏季子矣。"

又曰：和熹邓后年五岁，太夫人为断发，夫人年老目冥，并中后额，虽痛忍而不言。左右怪问之。后言曰："难伤老人意，故忍之。"

又曰：黄香字文强，江夏安陆人。年九岁失母，思慕憔悴，殆不免丧，乡人称其至孝。年十二，博览传记。京师号曰："日下无双，江夏黄香。"

《英雄记》曰：曹纯字子和，年十四丧父。承父业，富于财，僮使人仆以百数，纯纲纪督御之，不失其理。好乐学问，敬爱学士，学士多归焉。由是为远近所称，年十六为黄门郎。

《汉杂事》曰：陈寔字仲弓。汉末，太史家瞻星，有德星见，当有英才贤德。同游者书下诸郡县，问颍川郡上事。其日有陈太丘父子四人，俱共会社，小儿季方御，大儿元方从，抱孙子长文此是也。

《魏氏春秋》曰：袁氏之败也，孔融与太祖书曰："武王伐纣，以妲己赐周公。"太祖后见，问之，对曰："以今度之，想其当然尔。"融被收，二子年八岁，时方奕棋，端坐不起。左右曰："而父见执，不起何也？"二子曰："安有巢毁而卵不破者乎？"

《魏志》曰：锺会字士季，颍川长社人，太傅繇小子也。少敏惠夙成。中护军蒋济着论，曰："观其眸子，足以知人。"会年五岁，繇遣见济，济甚异之，曰："非常人。"

又曰：贾逵字梁道，河东襄陵人。自为童戏弄，常设部伍，祖父习异之曰："汝大必为将帅。"口授兵法数万言。

又曰：杨俊同郡王象，少孤，时为人仆隶，年十七八，见使牧羊而私读书，因获捶楚。俊美其才质，即赎象着家，娉娶立屋，然后与别。

又曰：刘廙字恭嗣，南阳安众人。年七岁，戏讲堂上，颍川司马德操抚其头曰："孺子，孺子，黄中通理，宁自知不？"

又曰：司马朗字伯达，河内温县人。年九岁，人有称其父字者，朗曰："慢人者，不敬其亲。"客谢之。十二，试为童子郎。

又曰：王粲，为中郎蔡邕见而奇之。时邕显着，贵重朝廷，常车骑填巷，宾客盈坐。闻粲在门，倒屣迎之。及至，年既幼弱，容状短小，一坐尽惊。邕曰："此王公孙也，有异才，吾不如也。吾家书籍文章，尽当与之。"

又曰：陈群字长文，颍川许昌人。祖父实，父纪，叔父谌，皆有盛名。群为儿时，实常奇之，谓宗人父老曰："此儿必兴吾宗。"

又曰：常林字伯槐，河内温人。年七岁，父党造门问林曰："伯先在不？汝何不拜？"林曰："对子字父，何拜之有？"于是咸共嘉之。

又曰：曹休字文烈，太祖族子。年十余岁，见太祖，太祖谓左右曰：

"此吾家千里驹也。"使与文帝同止，见待如子。常从征讨，使领虎豹骑。

又曰：夏侯惇字元让，沛国谯人。年十四岁，求师就学，人有辱其师者，惇杀之，由是以烈气闻。

《吴书》曰：虞翻少好学，有才气。年十二，客有候其兄者，不过翻，翻追与书曰："仆闻琥珀不授腐草，磁石不授曲针，过而不存，不亦宜乎？"客得书异之。

又曰：沈友字子正，吴郡人。年十一，华歆行风俗，见而异之，因呼："沈郎，可登车语乎？"友逡巡却曰："先生衔命，将以裨补先王之教，齐风俗也，而轻脱威仪，犹负薪救火，无乃更崇其炽乎？"歆惭曰："自桓、灵来，未有幼童若此者。"

又曰：陆绩年六岁，于九江见袁术，术出橘与绩，绩怀三枚，去，拜辞堕地，术曰："陆郎作宾客而怀桔乎？"绩跪答曰："欲归遗母。"术大奇之。

《蜀志》曰：诸葛亮子瞻，字思远。亮与兄瑾书曰："瞻今已八岁，聪惠可爱，嫌其早成，不为重器耳。"

《晋书》曰：王戎幼而颖悟，神彩秀彻，视日不眩，裴楷见而目之曰："戎眼烂烂，如岩下电。"年六七岁，于宣武场观戏，猛兽在槛中唬阚震地，众皆奔走，戎独立不动，神色自若。魏明帝于阁上见而奇之。

又曰：王澄字平子，生而警悟。虽未能言，见人举动便识其意。衍妻郭性贪鄙，欲令婢路上担粪，澄年十四，谏郭以为不可。

又曰：中宗太子绍，幼而聪哲。年数岁，尝置中宗膝上。会长安使来，中宗因问曰："汝谓日与长安孰远？"对曰："日远。"中宗问其故，答曰："不闻人从日边来，然可知耳。"中宗异之。明日会群臣，又问之，对曰："日近。"中宗失色曰："何异昨日之言？"对曰："举目见日，不见长安。"由是益奇之。

又曰：王舒字允之，总角时尝从从伯敦。敦与钱凤谋逆，而允之时饮酒帐中卧，悉闻其言，虑敦疑之，便于卧处吐涕狼藉。敦果疑，遣看之，见吐唾，以为醉。

又曰：谢尚字仁祖，豫章太守鲲之子。幼有至性。八岁，风神夙悟。鲲尝携之送客，或曰："此儿一座之颜回也。"尚应声曰："座无尼父，焉识颜回。"宾客莫不叹异。年十七，遭父忧，丹阳尹温峤吊之，尚号哭极哀。既而收涕告诉，举止有异常童，峤甚奇之。

又曰：韩康伯早孤，家贫。年数岁，母为作襦子，令康伯捉熨。母谓曰："且着，寻为汝作裤。"伯曰："已足，不复烦。"母问其故，答曰："如火在熨斗中而柄亦热。今既着襦，皆当暖也。"母异之。

王隐《晋书》曰：王俭字元衡。内史下邳陈邵擅名徐州，邵闻俭年十四，善属文，请作祝文。邵谓郡客曰："此生为文，有可观采。"命为督邮主簿。邵迁给事，俭每为定表。

《晋中兴书》曰：谢安字安石。年四岁，桓彝见而叹曰："此儿风神秀彻，后当不减王东海。"总角，神识深敏，气宇条畅，丞相王导知之，由是着名。

又曰：范宣，陈留人。年十岁，能诵《诗》、《书》。尝以刀伤手，捧手改容，人问："痛耶？"答曰："受全之体，而致毁伤，不可处耳。"少好学，手不释卷，博览众书，善三《礼》。

又曰：戴逵字安道，谯国人。少博学，好谈论，善属文，能鼓琴，工书画，其余巧艺，靡不毕综。总角时，以鸡卵汁溲白瓦屑作郑玄碑，又为文，手自刻字。文既绮藻，器亦妙绝。时人莫不惊叹，知其深敏。

《宋书》曰：刘秀之字道宝，少孤贫，有志操。十许岁时，与诸儿戏于前渚，忽有大蛇来，势甚猛，无不颠怖惊呼，秀之犹不动。众并异焉。

又曰：王僧达，幼聪敏。弘为州县，僧达六七岁，遇有通讼者，窃览其辞，谓为有理。及入，讼者亦进，弘意其小，留左右，僧达为申理，暗诵不失一句。

又曰：徐湛之，幼与弟淳之共车行，牛奔车坏，左右人驰来赴之。湛之先令取弟，众咸叹其幼而有识。

又曰：蔡兴宗字兴宗。幼为父廓所重，谓有己风，与亲故书曰："小儿四岁，神气似可，不入非类室，不与小人游，故以兴宗为之名，兴宗为之字。”

《齐书》曰：王慈字伯宝，琅琊临沂人，司空僧虔子也。八岁，外祖宋江夏王义恭施宝物，恣听所取，慈唯取素琴、石砚。义恭善之。

又曰：傅昭六岁而孤，哀毁如成人。为外祖所养，十岁于朱雀航卖历日，雍州刺史袁顗见而奇之。顗尝来昭所，昭读书自若，神色不改。顗叹曰：“此儿神情不凡，必成佳器。”

又曰：顾协从祖右光禄大夫张永，尝携内外孙侄游武丘山，协年数岁，永抚之曰：“儿欲何戏？”协曰：“儿正欲枕石漱流。”永叹息曰：“顾氏兴于此子。”及长，好学，以精力称。

又曰：顾欢年六七岁，父使驱田中雀，遂作《黄雀赋》而归。雀食稻过半，父怒将挞之，见赋乃止。

《梁史》曰：沈璞字道真，林子少子也。童孺时，神意闲审。武帝召见，奇璞应对曰，谓林子曰：“此非常儿也。”初除南平王左常侍。

《陈书》曰：王元规八岁而孤，兄弟三人，随母依舅氏往临海郡，时年十二。郡土豪刘瑱者，资财巨万，欲妻以女。母以其兄弟幼弱，欲结强援，元规泣谓曰：“姻不失亲，古人所重。岂得苟安异壤，辄婚非类！”母感其言而止。

崔鸿《十六国春秋·前凉录》曰：辛攀字怀远，年七岁，随父爽在京师。北地程晓，爽之亲友，目攀而笑曰：“犁牛骍犊，孺子之谓。”攀曰：“戏及人亲，非雅训也。”晓及众宾大奇异之。

又《后赵录》曰：徐光字季武，顿丘人。父聪，以牛医为业。光幼好学，有文才。年十三，嘉平中王阳攻顿丘，掠之，令主秣马，光但书柱为诗赋，而不亲马事。阳怒，挞之，啼呼终夜不止。左右以白阳，阳召光，付纸笔，光立为颂，阳奇之。

又《夏录》曰：吐谷浑拾寅者，拾虔国之弟也。年数岁，犹大啼哭，母氏念忧其不惠，父树洛干曰：“此儿吾家骊肩驯驹，伯乐尚不能目之，而况庸人哉！终成吾门户者，必在此子。”年六七岁，而器识不恒，或谓之神童。

《后魏书》曰：裴骏字神驹，河东闻喜人。幼而聪惠，亲表异之，称为神驹，因以为字。骏从弟子安祖少而聪惠，年八九岁就师讲诵《诗》，至《鹿鸣》篇，语兄云：“鹿虽禽兽，得食相呼，而况人也？”自此之后，未尝独食。

又曰：任城王澄之子顺，字子和。年九岁，师事乐安陈丰，初书王羲之《小学篇》数千言，昼夜诵，旬有五日，一皆通利。丰奇之，白澄曰：“丰十五从师，迄于白首，耳目所经，未见此，江夏黄童，不得无双也。”澄笑曰：“蓝田生玉，何容不尔。”

《三国典略》曰：赵隐字彦深，年五岁，母傅便孀居。傅谓之曰：“家贫儿小，何以能济？”隐泣而言曰：“若天矜儿，大当仰报。”年十岁，司徒崔光奇之，谓宾客曰：“古人云：观眸子足以知之，此儿必当远至。”

太平御览卷第三百八十五 人事部二十六

幼智下

《唐书》曰：李百药字重规，隋内史令德林子也。为童儿时多疾病，祖母赵氏故以百药为之名。七岁解属文。父友齐中书舍人陆乂、马元熙尝造德林宴集，有读徐陵文者，云“既取成周之禾，将刈琅琊之稻”，并不知其事。百药时侍立，进曰：“《传》称鄅人藉稻。杜预注云：鄅国在琅琊开阳。”乂等大惊异之。

又曰：褚亮字希明，幼聪敏好学，善属文，博览无所不至，经目必记于心。喜游名贤，尤善谈论。年十八，诣陈仆射徐陵，与商榷文章，深异之。陈后主闻而召见，使赋诗，江总及诸词人在坐，莫不推善。

又曰：陈叔达，陈宣帝子。年十余岁侍宴，赋诗十韵，援笔便就。仆射徐陵甚奇之。

又曰：刘仁轨，尉氏人也。幼少恭谨，好学。遇隋末丧乱，不遑专习，每行坐所在，辄书空画地，由是博涉文史。

又曰：权德舆，生四岁能属诗；七岁居父丧，以孝闻；十五为文数百篇，编为《童蒙集》十卷，名声日大。

又曰：蒋乂字德源，史官吴兢外孙。以外舍富坟、史，幼便记览不倦。七岁时，诵庾信《哀江南赋》数遍，而成诵在口，以聪悟强力闻于亲党间。

又曰：高郢子定，幼聪警绝伦。七岁时读《尚书·汤誓》，问郢曰：“奈何以臣伐君？”郢曰：“应天顺人，不为非道。”又问曰：“用命赏于祖，不用命戮于社，是顺人乎？”父不能对。

《列子》曰：孔子东游，见两小儿辩日。问其故，一小儿曰：“我以为日始出去人近，而日中时远。”一儿曰：“我以为日出时远而日中近。”一儿曰：“日初出大如车盖，及中才如盘盖，此不为远者小而近者大乎？”一儿曰：“日初出苍苍凉凉，及其中如探汤，此不为近者热而远者凉乎？”孔子不能决。两小儿笑曰：“孰为汝多知乎？”

《尸子》曰：蒲衣生八年，舜让以天下。周王太子晋生八年，而服师旷。

《鲁连子》曰：齐之辩士田巴辩于狙丘，议于稷下，毁五帝，罪三王，訾五伯，离坚白，合同异，一日而服千人。有徐劫者，其弟子曰鲁连，连谓徐劫曰：“臣愿得当田子，使之必不复谈，可乎？”徐劫言之巴曰：“余弟子年十二，然千里驹也。愿得待议于前，可乎？”田巴曰：“可。”鲁连得见，曰：“今楚军南阳，赵伐高堂，燕人在辽，国亡在旦暮，先生将奈何？”田巴曰：“无奈何。”鲁连曰：“危不能为安，亡不能为存，无贵学士矣。今先生之言，有似枭鸣，出声，人皆恶之，愿先生勿复谈也。”田巴曰：“谨受教。”明日，见徐劫曰：“先生之驹乃飞兔騕褭也，岂特千里哉！”

《孔丛子》曰：孟子居尚幼，请见子思。子思见之，甚悦其志，命子上侍坐焉。礼敬子居甚崇，子上不愿也。客退，子上请曰：“白闻士无介不见，女无媒不嫁，孟孺子无介而见，大人说敬之，白也未喻，敢问。”子思曰：“然。吾昔从夫子于郯，遇程子于途，倾盖而语，终日而别。命子路将束帛赠焉，以其道同于君子也。今孟子居，孺子也，言称尧舜，性乐仁义，世所希有也。事之犹可，况加敬乎？”

又曰：子和为临晋令，寝疾不瘳，乃命其二子留葬。二子，长曰长彦，年十有二；次曰季彦，年十岁。父友西洛人姚进先有道，征不就，养志于家。长彦、季彦常受教焉，既除丧，有先人遗书，兄弟相勉，讽诵不倦。于时蒲坂令许君然造其宅，劝使归鲁，奉以车二乘。辞曰：“载柩而反，则违父遗命；舍墓而去，则心所不忍。”君然曰：“以孙就祖，于礼为得，愿子无疑。”答曰：“若以死有知也，祖犹邻宗族焉。父独留此，不已剧乎？吾其定矣。”遂还其居。于是甘贫，研精坟典，十余年间，会徒数百。故时人为之语曰：“鲁孔氏好读经，兄弟讲诵可不听。学士来者有声名，不过孔氏那得成。”

《郭子》曰：梁国杨氏子，年九岁，甚聪慧。孔君平诣其父，父不在，乃呼儿为设果，有杨梅，孔指以示儿："此实君家果。"儿应声答曰："未闻孔雀是夫子家禽。"

《周书》曰：晋平公使叔誉于周，见太子晋，与之言，五称三而穷。

《李固列传》曰：固被诛，弟子汝南郭亮始成童，游学洛下，乃诣阙上书乞收固尸。不许，因往临，哭丧不去，太后闻而诛之。

《孔融别传》曰：孔文举年四岁时，与诸兄弟共食梨，引小者，人问其故，答曰："我小儿，法当取小。"由此宗族奇之。

又曰：融十岁，随父诣京师，闻汉中李公清节直亮，慕之，欲往观其为人。遂造公门，谓门者曰："我是公通家子孙也。"门者白之，公曰："高明父祖，常与孤游乎？"跪而应曰："先君孔子与明公先李老君，同德比义而相师友，则融与公累世通家。"坐众数十人莫不叹息，咸曰："异童子也！"太中大夫陈炜后至，曰："人小了了，大或未能佳。"少府寻声答曰："君之幼时，岂当惠乎？"李公抚抃大笑。顾少府曰："高明长大，必为伟器。李范晔《后汉书》云，诣李膺也。"

《何宴别传》曰：晏时小养魏宫，七八岁便慧心大悟，众无愚知莫不贵异之。魏武帝读兵书有所未解，试以问宴，晏分散所疑，无不冰释。

《邴原别传》曰：原字根矩，十一丧父，家贫早孤，邻有书舍，原过其傍而泣。师问曰："童子何罪？"原曰："一则愿其不孤，二则羡其得学。"师亦哀原之言而为之曰："童子苟有志，我徒相教，不求费也。"于是遂就书，一岁之间，诵《孝经》《论语》。

《管辂别传》曰：辂年八九岁，便喜仰视星辰，得人辄问其名，夜不肯寐。自言："家鸡野鹄，犹尚知时，况于人乎？"与比邻儿共戏土壤中，辄书地作天及日月星辰。每答言说事，语皆不常，宿学耆人不能折之，皆知其当有大异之才。时年十五，来在官舍，始读《论语》及《易》，便开源布华，辞义斐然。于时黉上诸生四百余人，皆伏其才。琅琊太守单子春雅有才度，闻辂一黉之俊，欲见之，父遣辂造之。大会宾客百余人，辂既年少惧失精神，请先饮三升清酒，然后与言。子春大喜，便酌酒，独使饮之。子春曰："吾自欲与辂旗鼓相当。"于是唱大语之端，遂经乎阴阳。子春及众士卒共攻劫，论难风起，而辂答对，言皆有余。至日向暮，酒食不得。子春语众人曰："此年少盛有才器，听其言语，正似司马子游猎之赋，何其磊落雄壮，英神秀茂，必能明天文地理变化之数。"于是发声徐州，号之神童。

《傅宣别传》曰：宣字世和，北地泥阳人，年十三而着《河桥赋》，有文义。

《傅嘏别传》曰：嘏字昭先，年八岁丧母，号泣不绝声，自然之哀，同于成人。年十四始学，疑不再问，三年中诵五经，皆究其义，群言无不综览。

《何祯别传》曰：祯，庐江潜人。父他，字文奇，有俊才，早卒。祯在孕而孤，生遇荒乱，归依舅氏。龆龀乃追行丧，哀泣合礼，乡邑称焉。十余岁，耽志博览，研精群籍，名驰淮、泗。

《杜祭酒别传》曰：君在孩抱之中，异于凡童，举宗奇之。年六七岁，在县北郭与小儿辈为竹马戏，有车行老公停车视之，叹曰："此有奇相，吾恨不见。"

《徐邈别传》曰：君讳邈，字仙民，东莞人。岐嶷，朗慧，聪悟，七岁涉学，诗赋成章。

《赵至别传》曰：至字景真，代郡人。流客缑氏，令新之官，至年十三，与母共道傍观，母曰："汝先世本非微贱家也，世乱流离，遂为士伍耳。后能至此不？"至答曰："可耳。"便求就师读书。早起，闻父耕叱牛声，释书而泣。师问其故。答曰："自伤不能致荣，使老父不免勤苦。"师大异之，称其当为奇器。

《傅畅自叙》曰：畅字洪迎，年四岁，散骑常侍扶风曾叔虎以德量喜与余戏，常解衣折被，脱余金环与侍者，谓余当吝惜之。而经数日不索。遂于此见名，言论甚重。

《孝子传》曰：华光字荣祖，彭城人。年七岁欲见父像，求画其父形像，朝夕拜谒。母有病辄呼天祷祠，母即瘳愈，每得珍甘，置父像前。

《刘向别传》曰：杨信字子乌，雄第二子，幼而明慧。雄笔《玄经》，不会子乌，令作《九数》而得之。雄又疑《易》“羝羊触藩”，弥日不就。子乌曰：“大人何不云荷戟入榛？”

《列子传》曰：孔融被诛初，女七岁，男九岁，以其幼弱得寄他舍。主人有遗肉汁，男渴而饮之，女曰：“今日之渴岂得久活，何赖知肉味乎？”兄号泣而止。或言于曹操，遂尽杀之。及收至，女谓兄曰：“若死者有知，得见父，岂非至愿。”延颈就刑，颜色不变。

《文士传》曰：张惇字子纯，与张俨及朱异俱童少，往见骠骑将军朱据。据闻三人才名，欲试之，曰：“为吾赋一物，然后坐。”俨赋犬曰：“守则有威，出则有获。韩卢宋鹊，书名竹帛。”纯赋席曰：“席为冬设，簟为夏施。揖让而坐，君子攸宜。”异赋弩曰：“南岳之干，钟山之铜，应机命中，获隼高墉。”据大欣悦。

又曰：桓驎字元凤，沛国龙亢人，伯父焉知名，官至太尉。驎精敏，年十三、四在焉坐，有宿客为诗曰：“甘罗十二，杨乌九龄。昔有二子，今则桓生。参差等踪，异世齐名。”驎即应声答曰：“邈矣甘罗，超等绝伦。卓彼杨乌，命世称贤。嗟予蠢弱，殊才侔年。仰慚二子，俯愧过言。”

又曰：刘桢字公干，少以才学知名。年八九岁能诵《论语》、诗论及篇赋数万言，警悟辩捷，所问应声而答，当其辞气锋烈，莫有折者。

又曰：阮瑀少有俊才，应机捷丽，就蔡邕学，叹曰：“童子奇才，朗朗无双。”

又曰：王弼字辅嗣，山阳高平人。幼聪达，年十余岁便能诵《诗》《书》，读《庄》《老》，善通其意。

又曰：杜育童孺，奇才博学，能著文章，心解性达，无所不综，一时称为舞阳杜孔子。

《三辅决录》曰：张既字德容，为儿童，郡功曹游殷察异之。殷先归，敕家设宾馔，及既至，殷妻笑曰：“张德容童昏小儿，何异于客哉？”殷曰：“方伯之器也。”殷遂与既论霸王之略，飨讫，以子楚托之。

《海内先贤传》曰：童子汝南谢广、河南赵建，年十二通经，诏以为二童应化，而皆拜郎中。

《汝南先贤传》曰：郭亮童幼之年则有尚义之心。年十四始欲出学，闻颍川杜周甫精黉，多长杜，亮造门而师学焉。朝受其业，夕已精讲，动声则宫商清畅，推义则寻理释结。周甫奇而伟之。

又曰：黄宪字叔度，世贫贱，父为牛医。颍川荀淑尝至颍阳，遇宪于逆旅，时年十四，淑竦然异之，揖与语，移日不能去。谓曰："子，吾之师表也。"既而前至袁阆所曰："子国有颜子，宁识之乎？"阆曰："君见叔度耶？"

《零陵先贤传》曰：周不疑字文直，长安人。始婴孩时已有奇异，至年十三，曹公闻之欲拜识，既见，即以女妻之，不疑不受。时有白雀瑞，儒林并已作颂，不疑见操授纸笔，立令复作。操异而奇之。

《广州先贤传》曰：董正字伯和，南海人。少有令姿，贫寒不戚，耽意术籍，志在规俗。年十五，通《毛诗》、三《礼》、《春秋》。

《会稽先贤传》曰：淳于长通年十七说《宓氏易经》，贯洞内事万言，兼《春秋》，乡党称曰圣童。

《益部耆旧传》曰：张霸字伯饶，蜀郡城都人也。年数岁，知礼义，乡人号为张曾子。七岁通《春秋》，复欲进余经。父母曰："汝小，未能也。"霸曰："我饶为之。"故字伯饶。

《会稽典录》曰：王充字仲任，为儿童游戏，不好狎侮，父诵奇之，七岁教书数。

又曰：馀姚伍贱，字士微。父为仓监，失去官谷薄，领罪至于死。贱为执笔，检校相当，由是见异，号为神童。

《江氏家传》曰：江蕤字世林，年十一始知樗蒲，数以为游。祖母费为说往事，有以博弈破业废身者。于是即弃五木，终身不以为戏。

《荀氏家传》曰：勖字公鲁，年十二能通《春秋》、属文。从外祖锺繇甚奇之，常称此儿当继司空。

又曰：荀淑子爽字慈明，一名谞。幼而好学，年十二能通《春秋》、

《论语》，太尉杜乔见而称之曰："可为人师。"爽遂耽思经书，庆吊不行，征命不应，颍川为之语曰："荀氏八龙，慈明无双。"

《华阳国志》曰：童子李余，涪人。兄夷杀人亡命，母慎当死。余年十三，诣吏代母死。吏以余年小，不许，因自刎死。吏以白令，令哀伤，言郡，郡上书出慎。太守与令，以家财葬余，图画府庭。

《凉州记》曰：武王吕光，字世明，以石氏建武四年生，夜有光辉，举舍异之，因名曰光。年十岁，与诸兄弟于里巷阙军戏，群童咸推为主，割土处中，部分行伍，乡党皆称之。

《世语》曰：崔骃有文才，不其县令往造之，骃子瑗年九岁，书门曰："虽无干木，君非文侯，何为入我里闾？"令见之，问骃，曰："必儿所书。"召瑗使书，乃书曰："君使臣以礼，臣事君以忠。"

又曰：徐孺子年九岁，常月下戏，人语之曰："若令月中无物，极当明矣。"徐曰："不然。譬如人眼中有瞳子，无此可不暗乎？"

又曰：孔文举有二女，大者六岁，小者五岁。父眠，小者床头盗酒饮之。大儿谓曰："酒以行礼，何以不拜？"答曰："偷酒那得复行礼。"

又曰：夏侯称，字叔权。自孺子而好合聚童儿，为之渠帅，戏必为军旅战阵之事，有违者辄严以鞭捶，众莫敢逆。父渊阴奇之，使读《项羽传》及兵书，不肯，曰："能则自为耳，安能学人？"年十六，渊与之畋，见奔虎，称驱马逐之，一箭而倒。名闻太祖，太祖把其手喜曰："我得汝矣。"与文帝为布衣之交，每宴会，气陵一座，辨士不能答。世之高尚者从之游。弟荣，字幼权，幼聪慧，七岁能属文，诵书日千言，经目辄识。文帝闻而请焉。宾客百余人，人奏一刺，悉书其乡邑姓，世所谓爵里刺也，示之一过而使遍谈，不谬一人。帝深奇之。汉中之败，荣年十三，左右提之走，不肯，曰："君亲在难，焉所逃死！"乃奋剑战，遂殁。

又曰：孙盛为庾公记室参军，从猎，其第二儿齐庄俱行。庾公不知，忽于猎场见齐庄，时年七、八岁，谓曰："君亦复来耶？"应声答曰："所谓无小无大，从公于迈。"

又曰：何晏年七岁，明慧若神，魏武帝奇爱。以晏母在宫内，欲以为子。晏乃画地令方，自处其中，曰："何氏之庐。"

又曰：锺会少有令誉。年十二三，魏文帝闻之，语父繇曰："可令卿二子来。"于是命见，毓面有汗，文帝问曰："卿面何以独汗？"毓对曰："战战惶惶，汗出如浆。"复问会："卿何不汗？"对曰："战战栗栗，汗不得出。"

又曰：王戎七岁，常与诸小儿游，看道傍有李树，子压枝折，诸儿竞走取之，唯戎不去。人问之，答曰："树在道边而子多，苦李也。"取之信然。

又曰：王浚冲、裴叔则二人总角，诣锺上季。客问锺："向二童是谁？"锺曰："裴楷清通，王戎简要。二十年，此二贤当为吏部尚书，冀尔时天下无复滞才。"

《语林》曰：孙策，年十四诣袁术，俄而外通刘豫州来，孙便求去。袁曰："刘豫州何若？"答曰："英雄忌人。"既出，下东阶，而刘备从西阶上，但得转顾视孙足，行殆不复前矣。

又曰：刘道真年十六，在门前弄尘，垂鼻至胸。洛下年少乘车从门过，曰："年少甚塠堌。"刘便随车问为恶为善尔，刘曰："令君翁亦塠堌，毋亦塠堌。"上，呼回反；下，徒回反。

太平御览卷第三百八十六 人事部二十七

健

《释名》曰：健，建也。能有所建为也。

《左传·庄公》曰：宋万弑闵公于蒙泽，曹师伐之。南宫长万奔陈，以乘车辇其母，一日而至。乘车，非兵车也。驾人曰辇。宋去陈二百六十里，言万之多力。宋人请南宫长万于陈，陈人使妇人饮之酒，而以犀革裹之，比及宋，手足皆见。

又曰：初，雩，讲于梁氏，女公子观之。圉人荦自墙外与之戏。子般怒，使鞭之。公曰："不如杀之，是不可鞭。荦有力焉，能投盖于稷门。"盖，覆地。稷门，鲁南城门。走而自投接其屋之桷，反覆门上。

又《宣公下》曰：晋魏颗见老人结草以抗杜回。杜回，秦之力人也。

又《成公上》曰：高固入晋师，磔石以投人，禽之而乘其车，系桑本焉，以徇齐垒。

又《成公下》曰：晋楚交战，叔山冉搏人以投，中车，折轼。晋师乃止。

又《襄公十年》曰：晋荀偃、士丐请伐逼阳，逼阳人启门，诸侯之士门焉。见门开，故攻之。悬门发，郰人纥抉之以出门者。纥，郰邑大夫，仲尼父叔梁纥也。狄虒弥建大车之轮而蒙之以甲为橹，狄虒弥，鲁人。蒙，覆也。橹，大盾也。左执之，右拔戟，以成一队。百人曰队。孟献子曰："《诗》所谓有力如虎者也。"主人悬布，堇父登之，及堞而绝之。坠则又县之，苏而复上者三。主人辞焉，乃退。

又《哀公下》曰：楚白公作乱，劫惠王。子西以袂掩面而死。子期曰："昔者吾以力事君，不可以弗终。"抉豫章以杀人而后死。以效其多力。豫章，大木。

《史记》曰：秦王有力好戏，士任鄙、乌获、孟说皆至大官。王与说举龙文赤鼎，绝膑而死。

又曰：范雎说秦昭王曰："乌获、任鄙之力，成荆、孟贲、庆忌、夏育之勇。"

又曰：张良常学淮阳，东见沧海君，得力士，为铁椎重百二十斤。秦皇东游，良与客俱击秦皇博浪沙中，误中副车。秦皇大怒，大索天下，求贼甚急。张良乃更姓名，亡匿于下邳。

《汉书》曰：项羽在鸿门，沛公与张良在坐。樊哙闻事急，乃拔盾入。初入营，营卫止哙，哙直撞入，立帐下。羽见之，问："为谁？"良曰："沛公参乘樊哙也。"羽曰："壮士！赐之卮酒、彘肩。"哙既饮酒，拔剑切肉食之。羽曰："能复饮乎？"曰："臣死且不辞，岂特卮酒也。"

又曰：甘延寿字君况，北地郁郅人。少以良家子善骑射，为羽林，投石拔距绝于等伦，常超逾羽林亭楼，由是迁为郎。

又曰：淮南王长，力能扛鼎，广陵王胥手搏熊罴。

又曰：上官桀从武帝上甘泉，天大风，车不得行，解盖授桀。桀奉盖，虽风常属车；雨下，盖御。上奇其才力，迁未央厩令。

又曰：彭城王翌，身长八尺七寸，骁干过人，能手举殿梁，超过平阳。

《楚汉春秋》曰：项梁尝阴养士，最高者多力拔树以击地。

《东观汉记》曰：盖延字巨卿，身长八尺，弯弓三百斤，以气势闻。

又曰：阴兴字君陵，为期门仆射。从上出入，常操小盖，疾风暴雨，屏翳左右，泥涂隘狭，自投车下，脱袴解履，涉淖至膝。

又曰：祭肜字次孙，力贯弓三百斤，入为大仆。从至鲁，帝指子路室曰："此太仆室也。"

范晔《后汉书》曰：虞延字子太，陈留人。延生时有物如匹练直升天。长八尺六寸，力能扛鼎。

又曰：董卓膂力过人，双带两鞬，左右驰射，为羌胡所畏。

《魏志》曰：许褚字仲康，长八尺余，大十围，容貌雄毅，勇力绝人。汉末，聚宗族坚壁以御寇贼。贼攻壁，褚令男女聚石如盖者。褚飞石掷之，所值皆碎。以牛与贼易食，牛奔还，褚一手逆曳牛尾，行百步，贼遂不敢取牛。褚后事太祖，以力如虎而痴，号曰"痴虎"。

又曰：典韦，陈留人，形貌魁梧，膂力过人。

又曰：吕布字奉先，五原人也。以骁武给并州刺史丁原。为骑都尉，便弓马，膂力过人，号为飞将。

《英雄记》曰：袁绍父成，字文开。名壮健，贵戚权豪自大将军梁冀以下，皆与交结恩好，言无不从，故京师谚曰："事不谐，诣文开。"

《江表传》曰：太祖与马超单马会语，超负其多力，常置六斛米囊，东西走马，辄掣米囊以量太祖轻重。许褚瞋目瞪盼，超曰："闻君有健将虎侯那在？"太祖指褚，超乃止。太祖寻知之，叹息良久，曰：几为狡虏所欺。"

王隐《晋书》曰：吴彦字士则，吴郡人。有文武才干，长八尺余，膂力如虎。

《晋中兴书》曰：庾阐父东，以勇力闻。世祖时，西域遣一使胡，趫趮音巢勇果，自谓无敌，晋人不敢与校。世祖募求勇敢之士，唯东应选，遂爆杀胡，勇闻殊俗。晋令曰："选三部司马，皆限力举千二百斤以上；前驱司马，取使大戟；由基司马，取能挽一石七斗以上弓。"

沈约《宋书》曰：丁昨骁勇有气力，时人为之语曰："勿跋扈，付丁昨。"

萧子显《齐书》曰：张敬儿为持节，督雍梁二州刺史。部伍泊沔口，敬儿舴艋过江，诣晋熙王燮。中江遇船覆，左右丁壮者各走，余二小吏没，舱下呼叫，张敬儿两掖挟之，随船覆仰，常得在水上。如此翻覆行数十里，方得迎接。

又曰：东昏侯有膂力，能担白虎幢。自制杂色锦伎衣，缀以金花玉镜，众宝逞诸意态。

崔鸿《十六国春秋·秦录》曰：姚兴将军王奚仲，骁悍有膂力。去其弓槊，持短兵出堡，与赫连勃勃力战，众多伤。勃勃乃羁縻图之，断其水路，堡民执奚仲出降，勃谓奚仲曰："卿忠臣也，朕方与卿共平天下。"奚曰："若蒙大恩，速死为惠。"乃与所亲数十人自刎而死。

又《前赵录》曰：郭默字玄雄，河内怀人，世以屠沽为业。默壮勇拳捷，能贯甲跳三丈堑，时人咸异之，曰："此儿必兴郭氏。"河内陆允，世之豪民，望见以女妻之。

又曰：陈安字虎侯，家世农民。安少慷慨，曰："大丈夫当乘轩杖节，安能久执犁锄乎？"遂东游京师，颇学书算，读《魏书》见许褚而慕之，乃自字虎侯。遇晋室丧乱，遂凭结司马宾。骁壮果毅，武干过人，多力善射，持七尺刀贯甲，奔及驰马。

又《前秦录》曰：张蚝音刺。本姓弓，上党泫氏人也。膂力过人，能却曳牛走，张平爱而子之。淫于平妾，知而责之。蚝惭，割阴以自誓，遂为阉人。坚甚宠之，常侍左右，终为名将。所在有殊功，称邓羌、张蚝"万人敌"也。

又《后赵录》曰：张弥，字巨秦，汲郡人。晋永嘉中，与梁臣戍武德城，石勒攻之，城溃，弥随例当坑，大呼曰："官当活健儿，何以杀也？"勒曰："有何健事而求活也？"弥曰："武德西城上，大声督战，时警备严设，使贼不入，正是张弥。"勒笑曰："降儿能尔，正自奇健。"乃赦之。

《赵书》曰：汲桑，清河则丘人。年二十余，力扛百钧，呼闻数里，时人服之。

又曰：刘灵，阳平人，年二十余，常期役于县，力制奔牛，走及驰马。

《后魏书》曰：孝文帝有膂力，年十余岁，能以指弹碎羊髀骨。

又曰：元淑字买仁，有膂力，弯弓三百斤，善骑射。

又曰：陈留王虔，姿气魁杰，膂力绝人。每以常矛短刀大作之，犹患其轻，后缀铜铃于刃下，其弓力倍如常人，以其殊异于世。虔常临阵以槊刺人，遂贯胸高举，以示于众。又尝以一手顿槊于地，骑马伪退，敌人争取，引不能出。虔引弓射之，一箭杀其二人，摇槊之徒，亡魄奔散，乃命人取槊而反。每从征伐，乃率偏将先登陷阵，勇冠当时。

又曰：卫王仪，长七尺五寸，容貌甚伟，美鬓髯，有算略。少能舞剑骑射，膂力过人，弓将十石。陈留公虔槊大见称异，时人云"卫王弓，桓王槊"也。

又曰：韩茂字元兴，尝从太宗征丁零。时大风，旌旗皆偃仆，茂于马上持幢，初不倾倒。太宗讶其膂力。

又曰：伊馥，代人也，善射多力，曳牛却行。

《三国典略》曰：周贺若敦尝从太祖校猎于甘泉宫，围人不齐，兽多越逸，太祖大怒。围内唯有一鹿，俄亦突围而走，敦跃马驰之，鹿上东山，敦弃马步逐山半，掣之而下，太祖大悦。

《周书》曰：韩雄，河东垣人也。少敢勇魁岸，膂力绝人。工骑射，有将帅才略。

又曰：窦炽字光成，性宽明有伟略，美鬓髯，身长八尺二寸，善骑射，膂力过人。

《隋书》曰：鱼俱罗，冯翊下邽人也。身长八尺，膂力雄壮，言闻数百步。

《墨子》曰：纣有勇力之人，生捕兕虎，指画杀人。

《晏子》曰：昔夏之衰也，有推侈大戏；殷之衰也，有费仲、恶来，足走千里，手制兕虎。

《子思子》曰：中行穆伯手捕虎。

《列子》曰：公仪伯以力闻诸侯，周宣王备礼聘之。公仪伯至；观形，懦夫也，宣王心惑，曰："汝之力何以？"对曰："臣之力能折春螽之股，胜秋蝉之翼。"王作色曰："吾之力者能分犀兕之革，曳九牛之尾，犹憾其弱。"公仪伯曰："臣之师有商丘子者，力无敌于天下，而六亲弗知，未尝用其力故也。"

又曰：魏黑郊杀丘邴章，邴章之子来丹谋复仇。丹气甚猛，形甚露，计粒而食，从风而趋，誓手剑以屠黑郊。黑郊悍志绝众，力抗百夫，筋骨皮肉，非人类也。延颈承刃，披胸受矢，芒锷摧屈，而体无痕。负其才力，视来丹犹雏鷇也。

《孟子》曰：有冯妇，善搏虎。

《尸子》曰：中黄伯余左执太行之獿音猱，右搏雕虎，唯象未与吾试，愿为牛与象斗以自试。

又曰：飞廉、恶来力角犀兕，勇搏熊虎也。

《孔丛子》曰：孔鲋谓陈王曰："梁人有阳由者，其力扛鼎，伎巧过人，骨腾肉飞。

《淮南子》曰：孔子勇复孟诸，足蹀狡兔，不以力闻。

《六韬》曰：纣之卒握炭流汤者十八人，崇侯虎等举五百石重沙二十四人。

《山海经》曰：中曲之山有怀木，食之多力。

《穆天子传》曰：有虎在於葭中，七萃之士曰高奔戎，生捕以献天子，乃命为柙而畜之东虞，是曰虎牢。

《吕氏春秋》曰：孔子之劲能招国门之关。招，举也。《淮南子》同也。

又曰：赵氏，中山之多力者，曰："吾兵衣铁甲，操铁杖以战，所击无不碎，所冲无不陷，以车投车，以人投人。"

《春秋外传》曰：少室为简子右，闻牛谈有力，请与之戏，不胜，致右焉，简子许之。使少室为宰，曰："知贤而让，可以训矣。"

《蜀王本纪》曰：秦王知蜀王好色，乃献女五人。蜀王遣五丁迎女，还梓潼，见大蛇入山穴，一丁引其尾不出，五丁共引蛇，山乃崩。

《说苑》曰：勇士孟贲，水行不避蛟龙，陆行不避虎狼，发怒吐气，声响动于天。

王充《论衡》曰：语称纣力能索铁伸钩，抚梁易柱，言其多力也。

《风俗通》曰：颖川张钦，字孟孝。吴楚反，与亚夫常为前锋，陷阵溃围，傍人观曰："壮哉此君！"钦闻自矜，遂死军。

《方言》曰：𨇨，膂力也。东齐曰𨇨，宋鲁曰膂，膂力也。郭璞曰：律𨇨，多力貌。

《通俗文》曰：强健曰䮊音翅。

《曹肇别传》曰：肇之弟纂，字德思，力举千钧，明帝宠之，寝止恒同。尝与戏，赌衣物，有所获，辄入御帐取而出之。

《石虎别传》曰：虎字季龙，勒从弟，年十七八，身长七尺五寸，好弓马射猎，迅健有勇力。同时等类多畏惮之。

《异苑》曰：荆州上明浦常有蛟杀人，死者不脱岁。升平中，邓遐为太守，素勇健，入水觅蛟，曳出斩之，至今不复有患。

《博物志》曰：石蕃，卫臣也，有勇力，背负千二百斤沙。

《西京杂记》曰：江都王劲捷，能超七尺屏风。

任豫《益州记》曰：元帝为丞相，有力士锺齐，本吴人，百斛米分为三担，担从渚入市五六里。

《世说》曰：周处年少时，凶强使气，为乡里所患。时义兴水中有蛟，山中有虎，并皆犯暴百姓。议与人为"三横"，而处尤极。或说处使杀蛟虎，遂入击蛟，或没或出，行数十里，经三日夜，乡里皆谓死，更相庆，处竟杀蛟而出，始知为人情所患。处遂自改励，终为忠臣孝子。

《楚辞》曰：魂兮来归无上天，一夫九首，拔木九千。言有一丈夫身有九段，强梁多力，从朝至幕，能拔木九千也。

张衡《西京赋》曰：乌获扛鼎，都庐寻橦。

羸

《说文》曰：羸，瘘也。

《释名》曰：羸，累也，恒累于人也。

《东观汉记》曰：和熹太后遭新野君丧，悲伤思慕，羸瘦骨立，不能自胜。

王隐《晋书》曰：皇甫谧表从武帝借书，上送一车书与谧，谧羸病，手不释书，历观今古，无不皆综。

又曰：尚书令傅玚久羸瘦，上令太官给乳酪。

《吴越春秋》曰：子胥与要离见于吴王，要离对曰："臣吴国之东阡陌人，细微无力，迎风则偃，背风则仆，大王有命，臣不敢尽死。"

《吕氏春秋》曰：吴王欲杀王子庆忌而莫之能杀，吴王患之。吴王之友曰要离谓王曰："臣请杀之。"吴王曰："汝拔剑不能举臂，上车不能登足，汝能杀之？"要离曰："请必能。"吴王曰："诺"。

《世说》曰：何晏字平叔，体弱不胜重服。

又曰：李钦是茂曾第六子，清贞有远操，而少羸病，不肯婚宦。居住临海，常往兄侍中墓下。既有高名，王丞相辟为公府掾。钦得板命，笑曰：茂弘乃复以一爵假人。

又曰：丞相去见卫洗马，曰："居然有羸形，虽复终日调畅，犹若不堪罗绮。"

太平御览卷第三百八十七 人事部二十八

黑子

《汉书》曰：高祖左股有七十二黑子。

又《贾谊传》曰：今淮阳之比大诸侯，仅如黑子之着面，不足以有所禁御。

范晔《后汉书》曰：黄昌字圣真，迁蜀郡太守。初，昌为州书佐，其妇宁于家，遇贼被获，遂流转入蜀为民妻。其子犯事，乃诣昌讼。昌疑母不类蜀人，因问所由，云："本会稽黄昌妻也，尝为贼所掠至此。"昌惊曰："何以识黄昌邪？"曰："昌左足心有黑子，常自言当至二千石。"昌乃出足示之，因相持泣，还为夫妻。

《楚国先贤传》曰：来阳顾绍，字伯蕃，年十八为郡门下干，迎太守许荆，视荆跖下而笑。荆怒问之，绍曰："见明府跖下有黑子，绍足亦有之，欣而故笑。"

汗

《说文》曰：汗，身液也。

《释名》曰：汗，涅也。出其衣涅涅然。

《易·涣卦》曰：涣汗其大号。

《史记》曰：苏秦说齐王曰："临淄举袂成帷，挥汗成雨。"

《东观汉记》曰：光武诏曰："平阳丞李善称故令范迁于张堪，令人面热汗出，其赐堪家杂缯百匹，以表廉吏。"

《献帝传》曰：旧仪三公领兵见，令虎贲执刃扶之，曹操顾左右，汗流背，自后不敢复朝请。

《江表传》曰：孙权即尊位，请会百官，归功周瑜。张昭举笏欲褒赞功德，未及言，权曰："如张公计，今已乞食矣。"昭大惭，伏地汗出。

《魏志》曰：初，太和中中护军蒋济上疏，宜遵古封禅。诏曰："闻济斯言，使吾汗出流足。"

王隐《晋书》曰：华表字伟容，平原高唐人。侍中石苞朝出，表问国家如何，苞曰："武帝更生也。"表闻，汗出沾背。

《晋书》曰：大司马桓温来朝，顿丘新亭召侍中王坦之、吏部尚书谢安石，将害之。坦之恐，将欲出奔，谢安止之曰："晋祚存亡，在此一行，君何所逃？"既见温，坦之前，大惧，仓惶倒执手板，汗流沾衣。安石后至，从容高视良久，坐定，谓温曰："安闻诸侯有道，守在四方，明公何须壁后置人？"温笑曰："不能不尔。"遂却兵欢语，移日而罢。

《续晋阳秋》曰：桓玄尝诣会稽王道子，道子已醉，对玄张眼属四坐云："桓温作贼。"玄见此辞，势难测，伏席流汗。长史谢重敛板正色曰："故大司马公废昏立明，功全社稷。风尘之论，宜绝圣听。"

《唐书》曰：张又新等构李绅，贬端州司马，朝臣表贺，又至中书贺宰相。及门，门者止之曰："请少留，缘张补阙在斋内与相公谈。"俄而又新挥汗而出，旅揖群臣曰："端溪之事，又新不敢多让。"人皆辟易惮之。

《淮南子》曰：今夫徭者，揭镬锸，负笼土，徭，役也。笼，受土笼也。盐汗交流，喘息薄喉。白汗碱如盐，故曰盐。

《风俗通》曰：传曰后稷触冬垦田，流汗而种，田不生者，人力非不至，天时不与。

《世说》曰：锺毓、锺会少有令誉，年十三，魏文帝闻之，召见，问毓曰："卿何汗？"曰："战战惶惶，汗出如浆。"复问会："卿何不汗？"对曰："战战栗栗，汗不敢出。"

又曰：桓公既废太宰父子，仍上表欲除之，简文手答书云："所不忍言，况过于言？"桓又重表，简文复手答云："若使晋祚灵长，明公便应奉行此诏；若大运去矣，请避贤路。"桓公读诏，手战汗流，于此而止。

《语林》曰：何晏美姿容，明帝见之，谓其傅粉，赐之汤饼。晏食之，汗出流面，以巾拭之，色转皎然。

扬雄《长杨赋》曰：高祖鞮鍪生虮虱，甲胄被沾汗。

左思《齐都赋·序》曰：连衽有云覆之阴，挥汗有雨洒之濡。

又《吴都赋》曰：流汗霡霂，则中逵泥泞。

《司马迁书》曰：每念斯耻，汗未尝不发背沾衣。

唾

《说文》曰：唾，口液也。

《左传·文下》曰：晋文公获秦三帅，文嬴请之。先轸朝，问秦囚。公曰："夫人请之，吾舍之矣。"先轸怒曰："武夫力而拘诸原，妇人暂而免诸国。隳军实而长寇仇，亡无日矣。"不顾而唾。

《史记》曰：孟尝既废而复用，冯驩迎之。未到，孟尝君太息曰："文尝好客，遇客无所敢失。文一日废，皆背文而莫顾文者，如复见面，文必唾面。"

《战国策》曰：赵太后新用事，秦急攻之，求于齐，曰："必以长安君为质，兵乃出。"大臣强谏，太后谓左右曰："复言长安君为质者，老妇必唾其面。"

沈约《宋书》曰：仆射谢景仁，性矜严整洁，居宇清丽，每唾，转唾左右人衣，事毕，即听浣濯。每欲唾，左右争来受之。

《赵书》曰：石虎娉崔氏为夫人，无宠。所爱郑夫人有百日女病，谓崔与药，以告。后石虎作威问之，崔言："外舍见小子以少唾其容，作实非药也。"后石乃射之一箭，通中而死。

《秦记》曰：苻朗渡江，尝与朝士宴集。时贤并机蓐壶席，朗欲夸之，唾则令小儿跪而张口就唾而含出，坐者为不及之远矣。

《吕氏春秋》曰：齐庄公之时，有士曰宾卑聚，梦有壮士，白缟之冠，练布之衣，素屦，黑剑，从而叱之，唾其面，惕然而寤，徒梦也。终坐不决，明日，召其友而告之曰："吾少好勇，无所挫辱。今夜辱，吾将索之，得之则可，不得将死。"每朝立于衢，三日不得，退而自刎。

又曰：伍员出奔过郑，问许公，许公东向唾。员知所归矣，乃奔吴。

《庄子》曰：蚿谓蛇曰："子见夫唾者乎？喷则大者如珠，小者如雾，杂而下者不可胜数也。"

《风俗通》曰：彭祖寿年八百岁，犹恨唾远。

《周生烈子》曰：人君其尊重矣，音声振于金玉，咳唾甘于醴泉。

《九州春秋》曰：公孙瓒曰："始天下兵起，吾谓其唾掌可决。"

《樊英别传》曰：樊英既见陈毕，西南向唾，天子问其故，对曰："成都今日失火。"后蜀郡太守上火灾，言时云雨从东北来，故火不为害。

《列仙传》曰：丁次卿欲还峨眉山，语主人云："当相为作漆，以罂十枚，盛水覆口，从唾之。一日乃发，皆成漆。"

《神仙传》曰：楚夫人者，刘纲妻也，俱行道术，各自言胜。纲唾盘中水即成鲤鱼，夫人唾盘中水成獭，食鱼。与试术，事事不如。

《述异记》曰：有人乘船从下流还县，有一人通身黄衣，担两笼黄瓜，求寄载之。黄衣人乞食，船主与之。船适至岸下，乃唾盘上，径上岸直入去。船主取向食器视之，见盘上唾悉是黄金。

《列异传》曰：南阳宗定伯，年少时夜行逢鬼，问鬼所忌，鬼答云："唯不喜人唾。"伯便担鬼着头上急持行之，径至市中，下着地，化为一羊，卖之。恐其变化，唾之。得钱五千。

《幽明录》曰：汉武帝在甘泉宫有玉女降，尝与武帝围棋相娱。女风姿端正，帝密悦，乃欲逼之，玉女唾帝面而去，遂病疮经年。故《汉书》云"避暑甘泉宫"，此其时也。

赵壹《嫉邪赋》曰：势家多所宜，咳唾自成珠。披褐怀金玉，兰蕙化为刍。

洟泪洟事已多见在"泣"篇

《说文》曰：洟，鼻液也。

《周易·离卦》曰：六五，出涕沱若，戚嗟若，吉。

《毛诗·邶·柏舟》曰：之子于归，远送于野。瞻望弗及，泣涕如雨。

又《谷风·大东》曰：眷言顾之，潸焉出涕。

《礼记·檀弓上》曰：孔子合葬于防，封之，崇四尺。孔子先反，门人后。雨甚至。孔子问曰："尔来何迟也？"曰："防墓崩。"孔子泫然流涕，曰："吾闻之，古不修墓。"

又曰：孔子至卫，遇旧馆人之丧，入而哭之哀。出，使子贡脱骖而赙之。子贡曰："脱骖于旧馆，无乃已重乎？"夫子曰："予向者入而哭之，遇一哀而出涕；予恶夫涕之无从也。小子行之！"

又曰：将军文子之丧，既除丧而后越人来吊。主人练冠待于庙，垂涕洟。

又《内则》曰：父母唾涕不见。辄刷去之。

《左传·襄四》曰：孟孙卒。臧孙入，哭甚哀，多涕。出，其御曰："孟孙之恶子也，而哀如是。季孙若死，其若之何？"

《公羊传·哀公》曰：西狩获麟。孔子曰："孰为来哉？孰为来哉？"反袂拭面，涕沾袍。何休注曰："袂，衣襟。"

《史记》曰：苏秦说鬼谷先生，泪下沾襟。

《东观汉记》曰：来歙、盖延攻公孙述，蜀人大惧，使客刺歙未死。驰告盖延，延见歙，悲哀不能仰视，歙叱曰："欲属以军事，而乃效儿女之涕泣乎？"

又曰：更始害齐武王，光武饮食语笑如平常，独居辄不御酒肉，枕席有涕泣处。

萧子显《齐书》曰：鱼复侯子响，字云音，世祖弟四子也。死时年二十二，上怜子响死，后游华林见猿对树跳子鸣，上留目久之，因呜咽流涕。

崔鸿《后燕录》曰：秦宦人光祚先入晋，晋以祚为河北郡。至是来归，慕容垂见祚，流涕曰："秦主知我理深，吾事之亦尽。淮南之败，吾效忠节，每思畴昔之顾，未尝不中宵忘寝。"祚亦歔欷。

又曰：慕容熙苻后卒，制百寮于宫内，设位哭，令沙门素服，使有司按检哭者，有泪以为忠孝，无则罪之。于是群臣振惧，莫不含辛以为泪焉。

《尸子》曰：曾子每读《丧礼》，泪下沾襟。

又曰：费子阳谓子思曰："吾念周室将灭，涕泣不可禁也。"子思曰："然今一人之身，忧世之不治，而涕泣不禁，是忧河水浊而泣清也。"

《邴原传》曰：原五幼孤，过学舍而泣。师曰："何泣？"原曰："孤者易感。夫学者皆有父母也，一则显其不孤，二则显其学。故恻然涕零。"师哀原，曰："欲书取书，不须费也。"

《管宁别传》曰：宁身长八尺，龙须秀目。每祭，未尝不伏地流涕。

《三齐略》曰：郑司农常居其城南山中教受。黄巾乱，乃遣生徒崔琰，诸贤于此挥涕而散。所居山下，草如薤叶，长尺余许，坚纽异常，时人名为康成书带。

《世说》曰：晋元帝过江饮酒，王茂弘与帝有旧，流涕谏之。帝许之，从是遂断。

《语林》曰：王太保作荆州，有二儿亡，一儿还葬旧茔，一儿留葬。太保垂涕曰："不忘故乡，仁也；不恋本土，达也。唯仁与达，吾二子有焉。"

《素问》曰：肝液为泪。

欠

《释名》曰：欠，嵚也。开张其口，唇嵚嵚然也。

《说文》曰：欠，张口出气也。

《礼记·曲礼》曰：侍坐于君子，君子欠伸、撰杖屦、视日之蚤暮，侍坐者请出矣。

又《内则》曰：在父母舅姑之所，不敢欠伸、跛倚、睇视。

《宋元嘉起居注》曰：尚书仆射孟顗于后堂敕见，亢声大欠，有违仪礼，被劾，诏无所问。

嚏音帝

《释名》曰：嚏，声乍嚏而出也。

《毛诗·卫风》曰：寤言不寐，愿言则嚏。

《礼记·月令》曰：季秋行夏令，则人多鼽嚏。

又《内则》曰：在父母舅姑之所，不敢哕噫嚏咳也。哕，于越切。噫，于界切。咳，开代切。

太平御览卷第三百八十八　人事部二十九

声

《周书》曰：师旷见周太子晋，太子曰："吾闻汝知人年寿，幸以告我。"师旷曰："汝色赤白，声火声，不寿。"太子曰："余后三年上宾于帝，汝慎无言，殃将及汝。"三年而死。

《毛诗·关雎序》曰：情发于中，故形于声；声成文，谓之音。

《左传·宣上》曰：初，楚司马子良生越椒。子文曰："必杀之。是子也，熊虎之状，而豺狼之声，弗杀，必灭若敖氏。谚曰：狼子野心，是乃狼也，其可畜乎？"

又《襄十八》曰：晋人闻有楚师，师旷曰："不害。吾骤歌北风，又歌南风。南风不竞，歌咏八风，南风音微，故曰不竞。唯歌南北风者，听晋楚也。多死声。楚必无功。"后楚师败。

又《昭二十八年》曰：伯石始生，子容之母走谒诸姑，曰："长叔姒生男。"姑视之，及堂，闻其声而还，曰："是豺狼之声也。狼子野心，非是，莫丧羊舌氏矣。"遂不视。

《春秋演孔图》曰：伊尹大而短，赤色而髯，好俯而下声。

《家语》曰：孔子在卫，昧旦晨兴，颜回侍侧，闻哭声甚哀。子曰："回，汝知此何所哭？"对曰："非但为生离别也。"子曰："何以知之？"对曰："回闻恒山之鸟生四口，羽翼既成，将分于四海，其母悲鸣送之，哀声有似于此。"孔子使问哭者，果曰："父死，家贫，卖子以葬，与之长诀。"子曰："回也，善于识矣。"

《史记》曰：初，楚成王将以商臣为太子，语令尹子上，子上曰："商臣，蜂目豺声，忍人也，不可立之。"王弗听。

又《秦始皇本纪》曰：大梁人尉缭曰："秦王为人隆准，长目鸟喙，鹰呼豺声，少恩而虎狼心。"

《战国策》曰：楚襄王为太子之时，为质于齐。怀王薨，太子辞于齐王，齐王曰："与我地五百里则归子。"太子曰："臣今有傅，请问傅。"傅曰："献之。"齐归太子。太子归即位，齐使来求地，上柱国子良曰："王身出玉声，许万乘之齐，而弗与，则不信，后不可以结约诸侯矣。"

《后汉书》曰：卢植字子干，身长八尺二寸，音声如钟。

《东观汉记》曰：更始纳赵萌女为后，有宠，遂委政于萌，日夜与妇人饮宴后庭，群臣欲言事，辄醉不能见。时不得已，乃令侍中坐帷内与语，诸将识非更始声，出皆怨之。

华峤《后汉书》曰：何熙字孟孙，少有大志，身长八尺五寸，体貌魁梧，善仪容。举孝廉，为谒者，赞拜殿中，音动左右。

《江表传》曰：关羽欲袭鲁肃，甘宁与羽俱会益阳。濑浅，将渡，宁有所约，令羽遥闻之，曰："此甘宁声也。"遂不敢渡。

王隐《晋书》曰：王褒少立操尚，非礼不动，音声清高，辞气雅正。

《汉晋春秋》曰：王敦为扬州刺史，潘滔曰："处冲蜂目已露，但豺声未发，今树之江外，是见贼也。"

《梁书》曰：吕僧珍字元瑜，东平范人也。始童儿时，从师学，有相工历观诸生，指僧珍谓博士曰："此人有奇声，封侯相也。"

《梁太清实录》曰：中宗讳绎，字世诚，高祖第七子也。既长而壮，□□□聪明博涉，殆谓生知，声若撞钟，辩如河泻。

《越绝书》曰：越栖会稽，行成于吴，引兵而去。勾践将降吴，吴王许之，子胥大怒，声若哮虎，曰："此越未战而服，天以赐吴，其可逆天乎！臣唯君王急制之。"吴王不听。

《庄子》曰：曾子居卫，缊袍无表，三日不举火，十年不制衣，正冠而缨绝，捉衿而肘见，纳履而踵决，曳屣而歌《商颂》，声若出金石。

《贾谊书》曰：豫让衅面变容，吞炭变声，必执襄子，一夕而五易处。

《风俗通》曰：声所以五者，系五行也；音以八者，系八风也。

《新序》曰：原宪见子贡曳杖行歌，声若金石。

《郭林宗别传》曰：林宗仪貌魁梧，身长八尺，音声如钟，当时以为准的。

《裴楷别传》曰：贾充等治法律，楷亦参典其事。事毕，诏专读奏平章当否，楷善能讽诵，音声解畅，执刑书，穆若清咏焉。

《异苑》曰：陈思王尝登鱼山，临东阿，忽闻岩岫里有诵经声，清道深亮，远谷流响，肃然有灵气。不觉敛襟祗敬，便有终焉之志，即效而则之，今梵唱皆植依拟所造。

《项氏始学篇注》曰：有龙渊者，桓灵时善相人也，于听音声尤妙。二千石相者，龙渊下床赞之；令长，起侍赞之；白六百石以下，皆坐而言之。先相张济，当以财得三公。济常依渊以观，视有相者辄往求之。会解渎侯往相，至门问："当有至相，何忧贫乎？"侯去，渊谓济曰："可厚事之。"济遂往，尽为偿债，别数百万修居业。桓帝崩，无嗣，解渎侯入为天子，而济遂至司空。

《世说》曰：蔡司徒说，在洛阳见陆机兄弟住参佐廨中，三间瓦屋，士龙住东头，士衡住西头。龙为人文弱可受，士衡长七尺余，声作钟声，言多慷慨。

又曰：杜预为荆州刺史镇襄阳。时有宴集大醉，辄闭斋独眠，不听人前后。常醉，闻斋中呕吐，其声甚若，莫不侧足悚懆。有一小吏便开户看之，正见床上有大蛇垂头床边吐，都不见人。

《语林》曰：胡广本姓黄，五月生，父母置瓮中投之于江流。下闻有小儿啼声，往取，因以为子，遂登三司。广后不治本亲服，世以为讥。

又曰：王武子葬夕，孙子荆哭之甚悲，宾客莫不垂涕。哭毕，向灵坐曰："卿好我作驴鸣，今为卿作驴鸣。"因作驴鸣，似真声，宾客莫不笑。孙闻笑，顾谓曰："诸君不死，令王武子死。"宾客莫不皆怒。

又曰：董仲道常在客宿，与王孙隔，共语同行。人曰："此人行，必为乱。"后果为乱阶。

色

《说文》曰：皙，人色白也，皤，老人色也。

《韩诗外传》曰：闵子始见夫子，有菜色，后有刍豢之色。子贡问其故。闵子曰："吾出蒹葭之中，入夫子之门，闻夫子切磋之教，窃乐之。出见羽盖龙旂，又乐之。二者相攻胸中，是以有菜色。今被夫子之文，出见羽盖龙旂，视如粪土，是以有刍豢之色。"

《尚书大传》曰：撞钟，蕤宾在外者皆金声，在内者皆玉色。

《礼记·表记》曰：是故君子缞绖则有哀色，端冕则有敬色，甲胄则有不可辱之色。

又曰：君子不失色于人，不失口于人。

又曰：《玉藻》曰："立容德，色容庄。"

又曰：盛气阗实阳休，玉色。言身中气盛，阗蒲若阳气之休，物王色，言不变也。

又《文王世子》曰：文王之为世子也，朝于王季日三。其有不安节，则内竖以告文王，文王色忧，行不能正履也。

《左传·僖上》曰：齐桓公与蔡姬乘舟于囿，荡舟。公惧，变色。

又《定十四》曰：卫太子蒯聩谓戏阳速曰："从我而朝少君，少君见我，我顾，乃杀之。"速曰："诺。"乃朝夫人。夫人见太子，太子三顾，速不进。夫人见其色，啼而走曰："蒯聩将杀余。"见太子色变，知其欲杀己。

又《哀上》曰：肉食者无墨。墨气色下。

《公羊传·桓公》曰：宋督杀其君与夷及其大夫孔父。孔父存，则殇公不可得杀。于是先攻孔父，杀之皆死。孔父正色立于朝，则人莫敢过而致难于其君，孔父可谓义形于色矣。

《论语·公冶长》曰：巧言、令色、足恭，左丘明耻之，丘亦耻之。

又《阳货》曰：巧言、令色，鲜矣仁。

又曰：子张问："令尹子文三仕为令尹，无喜色；三已之，无愠色。何如？"子曰："忠矣。"

又《乡党》曰：立不中门，行不履阈。过位，色勃如也。屏气似不息者。出，降一等，逞颜色，怡怡如也。上如揖，下如授。勃如战色，足缩缩如有循。享礼，有容色。私觌，愉愉如也。愉愉，颜色和。

又曰：色思温，貌思恭。

又曰：车中不内顾，不疾言，不亲指。色斯举矣。颜色不善则失之。

又《阳货》曰：色厉而内荏，譬诸小人，其犹穿窬之盗也与？

又《颜渊》曰：子张问："士何如斯可谓之达矣？"子曰："何哉，尔所谓达者？"子张对曰："在邦必闻，在家必闻。"子曰："是闻也，非达也。夫达也者，质直而好义，察言而观色，虑以下人。夫闻也者，色取仁而行违，居之不疑。"

又《究问》曰：贤者辟世，世主莫得而臣。其次辟地，去乱国，适理蚌拢其次辟色，色斯举矣。其次辟言。有恶言乃去。

《汉书》曰：李广出右北平，胡急击，矢下如雨，汉兵死者过半。会暮，吏士无人色。言惧甚也。

又曰：李陵降，边塞以闻，上欲陵战死，召陵毋及妇，使相者视之，无死丧色。

又曰：汲黯好游侠，任气节，行修洁。其谏，犯主之颜色。常慕袁盎之为人。上方招文学儒者，黯曰："陛下内多欲而外施仁义，奈何欲效唐、虞之治乎？"上怒变色而罢朝。公卿皆为黯惧。

《魏氏春秋》曰：嵇康寓居河内，与之游者未尝见其喜愠之色。《世说》同。

《魏志》曰：夏侯玄格量弘济，临斩颜色不变，举动自若。

《续晋阳秋》曰：刘毅至黑，时人谓之铁色。

又曰：初，太宗诸子继夭，乃令扈谦卜，云后房有一女当诞二男。帝乃召相者，示诸宠妾，皆曰非其人。又示诸妇，时织坊中有一人，形长色黑，宫人谓之昆仑。至，相者惊曰："此其人也。"帝以大计幸之，生烈宗也。

《前秦录》曰：苻坚举国伐晋，登城而望晋军，见部伍齐整，八公山上草木皆类人形，怃然有惧色。

《后赵录》曰：延熙玄年，石虎遣丞相郭殷持节入，废弘为海阳王。弘安步就车，容色自若，百官莫不流涕。

《春秋后语》曰：魏文侯谋事而当，群臣莫之逮者。逮，及也。朝而喜色，吴起进曰："昔楚庄王朝而有忧色，申公巫臣问曰：'君有忧色何也？'庄王曰：'吾闻诸侯择师，王者择友，霸者自足，而群臣莫之若者亡。今以不谷之不肖而议于朝，群臣莫能逮，吾国其几于亡乎？几，近。吾是以忧色。'"

《山海经》曰：不死民，为人黑色，寿考，不死。

《郭子别传》曰：林宗秀立高跱，詹然渊渟。蔡伯喈告卢子干、马日磾曰："为天下作碑铭多矣，未尝不有惭色，唯郭先生碑颂，无愧色耳。"

《列仙传》曰：桂父象林人色，时白、时黄、时赤。

《竹林七贤论》曰：王戎女适裴氏，用匮，女为贷钱一万，久而不还。女归，戎色不悦。遽还钱，乃怿。

《濑乡记》曰：老子为人，黄色美眉。

《孙卿子》曰：皋陶之色如削瓜。

《燕丹子》曰：荆轲入秦，秦王陛戟而见燕使，钟鼓并发，群臣皆呼万岁，秦武阳大恐，面如死灰色。

《郭子》曰：卢志于众中问陆士衡："陆抗是卿何物？"答曰："如卿于卢毓。"士龙失色。既出户，谓兄曰："何至于此？彼或有不知。"士衡正色曰："我父祖名播海内，宁有不知识者！"疑两陆优劣，谢安以此定之。

《世说》曰：石崇要王敦入学戏，见颜渊像，石叹曰："若与人同升孔子堂，去人何必有间？"王曰："子贡去卿差近？"石正色曰："士处世当令身名俱泰，何至以瓮牖语人？"

影

《尚书·大禹谟》曰：惠迪吉，从逆凶，唯影响！

《东观汉记》曰：西羌祖爰剑为秦所奴隶，而亡藏岩穴中，见焚，有影象如虎，为蔽火，得不死。诸羌以为神，推以为豪。

《魏略》曰：何晏性自喜，行步顾影。

《山海经》曰：寿麻之国，正立无影，疾呼无响。郭璞注曰："言其形气有异于人。"

又曰：长留山，神白帝少昊居之。主司反影。日西入则反影东照，言司察之也。

《孙卿子》曰：夏首之南有人曰涓蜀梁，其人愚，宵行俯见其影，以为伏鬼；仰见其发，以为立魅，倍道而走。比至其家，失气而卒。

《庄子》曰：有畏影恶迹而去之走者，足举逾数而迹逾多，走逾疾而影不离。自以为尚迟，疾走不休，绝力而死。不知处阴以休影，处静以息迹，愚亦甚矣。

又曰：罔两问影曰："曩子行，今子止；曩子坐，今子起。何其无特操与？"影曰："吾有待而然者耶？"罔两，影外之微阴也。

《太玄经》曰：老子行则灭迹，立则隐影。

《风俗通》曰：陈留有富室，公年九十无子，取田家为妇，一交接而死。后生男，其女诬其淫佚有儿。争财，数年不能决。丞相邴吉曰："吾闻老公子不耐寒，又无影。"时岁八月，取同岁小儿解衣裸之，此儿独言寒。又日中独无影。大小叹息，因与其财。

《抱朴子》曰：韩终丹久服，立日中无影。

《列仙传》曰：河间王家老舍人自言父世见玄俗，玄俗无影。王呼着日中，实无影。

《地镜图》曰：人行日月中无影者，神仙人也。与虚合体，故居日月中无影。履霜无迹，火中无影也。

迹

《史记》曰：姜嫄为帝喾元妃，出野见巨人迹，心欣然践之，而身动如孕。期月而生后稷，故《诗》曰："履帝武敏歆。"武，迹也。

王子年《拾遗》曰：石崇筛沉水之香如麋末，布置席上，使所爱者践之，无迹者即赐真珠百琲，若有迹者，便节其饮食，令体轻弱。故中国相戏曰："尔非细骨轻躯，那得百琲真珠？"

又曰：燕王时广延之国献善舞者二人，王设麟文之席，散荃芜之香，使二人舞其上。弥日无迹，体轻故也。

《述征记》曰：齐有龙盘山，上有大脚，姜嫄所履迹。

盛弘之《荆州记》曰：零陵县石上有夸父迹。

又曰：湘东阴山县北数十里有武阳、龙靡二山，上悉生松柏美木。龙靡山有盘石，石上有仙人迹及龙迹。传云昔仙人游此二山，常税驾此石。又于其所得仙人遗咏。

太平御览卷第三百八十九 人事部三十

嗜好

《礼记·檀弓上》曰：孔子与门人立，拱而尚右。二三子亦皆尚右。孔子曰："二三子之嗜学也。我则有姊之丧故也。"二三子皆尚左。丧，上右，阴也；吉，上左，阳也。

又《祭义》曰：先王之孝也，心志嗜欲不忘乎心。

又《祭统》曰：不齐则于物无防也，嗜欲无止也。及其将斋也，防其邪物，讫其嗜欲，耳不听乐。

《左传·闵公》曰：卫懿公好鹤，鹤有乘轩者。及有狄人之难，国人皆曰："鹤实有禄位，余焉能战？"遂败。

又《僖中》曰：齐侯好内，多内宠，内嬖如夫人者六人。

《左传·襄公》曰：郑伯有好田而嗜酒，为窟室，而夜饮酒，击钟焉，朝至未已。朝者曰："公焉在？"家臣故谓伯有为公。其人曰："吾公在壑谷。"壑谷窟室。

又《昭公》曰：莒子庚舆虐而好剑，苟铸剑，必试诸人。

又《哀上》曰：曹伯阳即位，好田弋。曹鄙人公孙强好弋，获白雁，献之。

《公羊传·僖公》曰：虞公贪而好宝，及为晋所灭，抱宝牵马而出。

《国语》曰：屈到嗜芰。有疾，召其宗老而属之："祭我必以芰。"子木曰："夫子不以私欲奸国之典。"言不犯常法。遂不用。

《论语·公冶长》曰：子曰："十室之邑，必有忠信如丘者焉，不如丘之好学也。"

又《雍也》曰：哀公问："弟子孰为好学？"孔子对曰："有颜回者好学，不迁怒，不贰过。不幸短命死矣。"

又《卫灵公》曰：子曰："吾未见好德如好色者也。"

《家语》曰：子路见孔子，曰："汝何好？"对曰："好长剑。"孔子曰："加之以学，岂可及乎？"子路曰："南山有竹，不揉自直，斩而用之，射达于犀兕。以此言之，何用学焉？"子曰："括而羽之，所达深矣。"

《史记》曰：魏文侯问曰："吴起何如人？"李克曰："起贪而好色，然其用兵，司马穰苴弗过也。"于是魏文侯以为将，拔秦五城。

又曰：范增说项羽曰："沛公居山东之时，贪于财货，好美姬，入关财物无所取，妇人无所幸，此其志不在小。"

《汉书》曰：济东王彭离，昏暮私与其奴亡命少年数十人行剽，杀人取财物以为好。以是为好喜之事也。

又曰：汉家言律历者，本张苍。苍好书，无所不观，无所不通。

又曰：朱买臣字翁子，吴人也。家贫，好读书，不治产业。

又曰：陈遵嗜酒。每大饮，宾客满座，辄闭门，取客车辖投井中，虽有急不能出。

《续汉书》曰：刘宽简略嗜酒，不好盥浴。

《东观汉记》曰：耿弇字伯昭，扶风人。少好学，习文业。常又令试骑士，建旗鼓，肄驰射，由是好将帅之事。

又曰：姜诗字士游，广汉雒人。以佣作养母。赤眉贼经其里落，云："不可惊孝子"。母好饮江水，儿取水溺死。恐母知，诈云行学，岁岁作衣投于江中，俄而涌泉，出于舍侧，味如江水。

又曰：更始韩夫人尤嗜酒，每侍饮，常侍奏事，辄怒曰："帝方对我饮，正酣，何此时持事来乎？"起，褫破书案。

谢承《后汉书》曰：马武字子张，南阳人。为人好酒，豁达，敢直言。时在御前，面折同列，以为笑乐。

《典略》曰：荆州牧刘表跨有南土，子弟骄贵，并好酒。设大针于杖端，客有醉寝伏，辄以劖锄御切。刺，验其醒醉。

《晋书》曰：王济好弓马，尝乘一马，着连乾鄣泥，前有水，终不肯渡。济云："此必是惜鄣泥。"使人解去，便渡。故杜预谓济有马癖。

《晋中兴书》曰：郭璞性轻易，不持威仪，嗜酒好色，或过度。其友人干宝常诫之曰："此非适性尔。"璞曰："吾所受有本限，用之恒恐不尽，乃忧为害乎？"

《后魏书》曰：辛少雍，字季仲。少有孝行，尤为祖父绍先所爱。绍先爱食羊肝，常呼少雍共食。及绍先卒，少雍终身不食羊肝。

《宋书》曰：庾炳之，性好洁，士大夫造之者，去未出户，辄令拭席洗床。时陈郡殷冲亦好净，小人非净浴新衣，不得近左右。士大夫小洁，每容接之。炳之好洁反是，冲每以此讥焉。

又曰：谢灵运出为永嘉太守，郡有名山水，灵运素所爱好，出守既不得志，遂肆志游遨，遍历诸县，动逾旬朔。

又曰：刘邕所啖食，每异于人。性嗜疮痂，以为味似蝮鱼。常诣孟灵休，灵休先患灸疮，疮痂落床上，邕因取食之。灵休大惊。邕答云："性之所嗜。"灵休疮痂未落者，悉褫取以贻邕。邕既去，灵休与何勖书曰："邕向顾见啖，遂举体流血。"南康囚史二百许人，不问有罪无罪，递互与鞭，鞭痂常给邕膳。

《齐书》曰：何佟之，字士威，庐江人也。性好洁，一日之中洗涤者十余过，犹恨不足，时人称为水淫。于时又有遂安令刘为，性弥净洁。县中洒扫，郭邑无横草，水湔尘秽，百姓不堪命，坐免官。

又曰：王思远，琅琊临沂人也。好简洁。衣服垢秽，方便不前，形象新楚，乃与促膝。虽然，既去 之后，犹令二人交帚扫其坐处。

又曰：明帝好食逐夷，以银钵盛蜜渍之，一餐数钵。谓王景文曰："此味颇足不？"景文曰："臣夙好此味，贫素致之甚难。"帝甚悦。食逐夷积多，胸腹不息，气将绝，疾大困，一食渍汁犹至三斗，终以此卒。

《管子》曰：吴王好剑而国士轻死。

《墨子》曰：晋文公好士之恶服，大夫牂羊之裘，韦以带剑，大帛之冠。越王好士勇，自焚其室曰："越国之宝悉在此中！"王自鼓，蹈火而死者百余人。

《孟子》曰：曾皙嗜羊枣而曾子不忍食羊枣。羊枣，大枣也。

《庄子》曰：子张见鲁哀公，哀公不礼。曰："臣闻君好士，不远千里以见公。今见公之好士也，有似叶公子高之好龙。叶公好龙，室中雕文，画以为龙，于是天龙闻而下之，窥头于牖，拖尾于堂。叶公见之，弃而还走，失其魂魄，五神无主。是叶公非好龙也，好夫似龙而非龙也。今君非好士也，好夫似士而非士也。"《新序》同。

《尹文子》曰：昔齐桓公好紫，阖境不鬻异彩。

又曰：齐宣王好射，所用弓不过三石，以示左右。左右引之，皆曰："此不下九石。"而宣王终身自以为用九石。

《韩子》曰：齐桓公好服紫，一国尽服紫。当时十素不得一紫，公患之。管仲曰："君欲止之，何不试勿衣也？谓左右曰：吾甚恶紫之臭。"公曰："诺。"于是三日，境内莫有衣紫。

又曰：楚恭王与晋厉公战于鄢陵，楚师败，恭王伤目。其战之时，司马子反渴而求饮，谷阳竖操觞酒而进之。子反曰："此酒也。"竖曰："非也。"饮之。子反为人嗜酒，弗能绝口。

又曰：公仪休相鲁而嗜鱼，一邦皆争买鱼而献之，公仪子不受。

又曰：邹君好服长缨，左右皆服缨，缨甚贵，邹君患之，问左右，左右对曰："君服之，百姓亦多服，是故贵也。"邹君因先自断其缨而出，国中皆不服长缨。

贾谊曰：文王使吕望傅太子发，发嗜鲍鱼，公不与，曰："鲍鱼不登于俎，岂有非礼而可养太子哉！"

《说苑》曰：魏文侯封太子击于中山，三年不往来，赵仓唐曰："君何不遣人使大国。"太子曰："愿之久矣，未得可使者。"对曰："臣愿奉使。"于是遣仓唐緤北犬奉晨凫献之。文侯曰："击爱我，知我所嗜好。"《韩诗外传》同。

《风俗通》曰：赵王好大眉，民阔半额；楚王好广领，国人没颈。

《文士传》曰：嵇康性绝巧，好锻。家有盛柳树，乃激水圜之。夏天甚凉，恒居其下自锻。有人就者，康不受其直。

《孝子传》曰：隗通字君相，犍为僰道人。母好饮江脊水，常乘船捷致，漂浚辛苦。忽然有横石特起直江脊，后取水无复劳剧。

又曰：陈遗为郡主簿，母好食铛底焦饭，常持一囊盛之悬案下。

《郭子》曰：陆士衡初入雒，张公云宜诣刘道真。于是二陆既往。刘尚在哀制，性嗜酒，礼毕，初无他言，唯问："东吴有长柄胡卢，卿得种不？"陆兄弟殊失望，乃云："悔往。"

《世说》曰：谢遏年少玄也，好着紫罗香囊。太傅患之，而不欲伤其意，赌得而焚之。

又曰：林公好鹤，往剡东时，有人遗其双鹤。少时翅长欲飞，林公意甚惜之，乃铩其翮。鹤骞翥不能复起，乃舒翼反头视之，如似懊恼意。林公曰："既有凌霄之姿，何肯为人作耳目近玩？"养令翮成，遂飞去。

又曰：王武子好驴鸣。既葬，文帝临其丧，顾语同游曰："王子好驴鸣，可各作声以送赴。"客皆一时作驴鸣。

《语林》曰：王武子死，孙子荆哭之甚悲，宾客莫不垂涕。哭毕，向灵座曰："卿尝好我作驴鸣，今我为君作驴鸣。"声似真，宾客皆笑。孙闻之曰："诸君不死，而令王武子死。"宾客皆怒焉。

又：戴叔鸾母好驴鸣，叔鸾每为驴鸣，以乐其母。

又曰：祖约少好财，阮遥集好屐，并常自经营，同是一累而未判其得失。有诣祖，见料视财物，客至，并当不尽，余两小盝以置背后，倾身障之，意未能平。或有诣阮，正见自蜡屐。因叹曰："未知一生当着几两屐！"神甚闲畅。于是胜负始分也。

又曰：王子猷尝暂寄人空宅住，使令种竹。或问："暂住何烦尔？"啸咏良久。直指竹曰："何可一日无此君！"

《语林》曰：张湛好于斋前种松柏，袁山松出游好令左右挽歌。时人谓张屋下陈尸，袁道上行殡。

曹植《求祭先王表》曰：先王喜鳆鱼，臣前以表，徐州臧霸遗鳆鱼二百枚，足自供事。

容止

《毛诗》曰：《臣工·振鹭》，二王之后来助祭也。二王，夏、殷也。其后，杞宋也。“振鹭于飞，于彼西雍。我客戾止，亦有斯容。”笺云：自鸟集于西雍之泽，言所集得其□□□。有斯容，言威仪之若鹭然也。

《礼记·玉藻》曰：君子之容舒迟。足容重，举欲迟也。手容恭，高且正也。目容端，不睇视也。口容止，不妄动也。声容静，不哕咳也。头容直，不倾顾也。气容肃，似不息也。立容德，如有予也。色容庄。勃如战色。坐如尸。尸，居神位，敬慎也。燕居告温温。告，谓教使也，诗云：温温恭人。凡祭，容貌颜色，如见所祭者。丧容累累，羸惫貌也。色容颠颠，忧思貌也。视容瞿瞿梅梅，不审貌也。言容茧茧。声气微也。戎容暨暨，果毅貌也。言容詻詻，教令严也。色容厉肃，仪形貌也。视容清明；察于事也。立容辨卑、毋谄。辨，读为贬。自贬卑，谓声磬折也。

又《表记》曰：容貌以文之，衣服以移之。是故君子服其服，则文以君子之容；有其容，则文以君子之辞。

《左传·定下》曰：邾隐公来朝。子贡观焉。邾子执玉高，其容仰。公受玉卑，其容俯。子贡曰：“以礼观之，二君者，皆有死亡焉。”

《论语·子张》曰：曾子曰：“堂堂乎张也，难与并为仁矣。”言子张容仪盛而于仁道薄，难勉进。

《汉书》曰：薛宣好威仪，容止甚可观。

又曰：息夫躬，河内阳人也。少受《春秋》，通览《诗》、《书》，容貌壮丽，为众所异。

又曰：江充召见大台宫，自请以所常被服见上。上许之。充衣纱縠单衣，冠步摇冠。为人魁岸，容貌甚壮。帝望见而异之，谓左右曰：“燕、赵固多奇士。”

又曰：武帝即位，征天下贤良，待以不次之位，自衒鬻者以千数。东方朔上书曰：臣朔年二十二，长九尺三寸，目若悬珠，齿若编贝。

又曰：王商为丞相。河平四年，单于来朝，引见。丞相坐未央庭中，单于前，拜谒商。商起，离席与言，单于仰视商貌，大畏之，迁延却退。天子闻而叹曰：“此真汉相矣！”

又曰：司马相如，字长卿，蜀郡成都人也。至临邛，富人卓王孙请之。相如时从车骑，雍容闲雅，甚都。都，美也。诗曰：不见子都。王孙有女文君，新寡，窃从户窥，心说而好之，遂夜奔相如。

又曰：儁不疑，字曼倩，渤海人也。武帝末，郡国盗贼群起，暴胜之为直指使者。至东海，素闻不疑贤，请与相见。望见不疑容貌尊严，衣冠甚伟，胜之躧履起迎。

《续汉书》曰：侯霸字君房，河南人。为人矜严，有威容，家累千金，不事产业，笃志诗书，师事房玄，常为都讲。

《东观汉记》曰：上过颖阳，祭遵以县吏数进见，上爱其容仪，署为门下吏。

又曰：虞延，字子太，陈留人。为都督邮，世祖闻而奇之，二十年东巡，路过小黄。高帝母昭陵后园陵在焉。时延为都督邮，诏呼引见，问园陵之事。延进旨从容，跪拜可观，其陵树株柏皆谙其数，俎豆牺牲，颇晓其礼。帝善之，敕延从驾西尽郡界，赐钱及剑带佩刀还郡。

又曰：杜诗荐伏湛疏曰："湛容貌堂堂，国之光辉，智略谋虑，朝之渊薮。龆龀励志，白首不衰。实足以先后王室，名足以光示远人。柱石之臣，宜居辅弼。

《英雄记》曰：袁绍生而孤，幼为郎，容貌端正，威仪进止，动见仿效。弱冠除复阳长，有清能名。

《吴书》曰：张纯字玄基，少厉操行，学博才秀，切问捷对，容止可观，拜郎中，补广德令。治有异绩，擢为太子辅义都尉。

《吴录》曰：滕胤年十二，孤单茕独，为人白皙，威仪可观。每正朔，朝会修觐，在位大臣见者莫不叹赏。

《魏志》曰：延康玄年，蜀将孟达率众降。达有容止可观，文帝甚器爱之，使达为新城太守，加散骑常侍。

《蜀志》曰：魏文帝察黄权有局量，试欲惊之，遣左右请权，未至之间，累催相属，马使奔驰，交错于道，官属莫不褫魄，而权举止颜色自若。后领益州刺史。大将军司马宣王深器之，问权曰："蜀中有卿辈几人？"权笑而不答曰："不图明公见顾之重。"

《蜀志》曰：彭永年，广汉人，身长八尺，容貌甚伟，姿性骄傲，多所轻忽，唯敬同郡秦子敕。

《吴志》曰：张昭容貌矜严，有威风。权常曰："孤与张公言，不敢妄也。"举邦惮之。

王隐《晋书》曰：王褒少时立操尚，非礼不动，非法不言，身长八尺四寸，容貌绝异，音声清亮，辞气韶雅。

沈约《宋书》曰：元凶弑逆，义宣发哀，即日便举兵，张畅为元佐，位居僚首，哀容俯仰，荫映当时。举哀毕，变服，着黄韦裤褶，出射堂简人，音姿容止，莫不瞩目，见之者皆愿为尽命。

又曰：羊欣字敬先，少静默无竞于人，美言笑，善容止，遍览经籍，尤长隶书。

贾谊《新书》曰：朝廷之容，师师然，翼翼然，整以敬。祭祠之容，遂遂然，粥粥然，敬以婉。军旅之容，愊然肃然，固以猛。丧纪之容，怮然慑然，若不还。

《顾谭别传》曰：谭字子嘿，吴人。常慕贾谊之为人，身长七尺八寸，少言笑，容貌矜整，有圭璋，威重，未常失色于物。非其人，或终日不言。

《颜含别传》曰：颜髦字居道，含之子也。少慕家业，惇于孝行，仪状严整，风貌端美。桓公见而叹曰："颜侍中，廊庙之望也。"

《桓邵别传》曰：邵字敬伦，丞相之第五子，清贵简素，风姿甚美，而善治容仪。虽家人近习，莫见其怠堕之貌。温见而称之曰："可谓凤雏。"《郭子》同。

《三辅决录》曰：窦叔高，名玄，为上郡计吏。朝会数百人，仪状绝众，天子异之。诏以公主妻之，出，同辈调笑焉。叔高时已自有妻，不敢以闻。方欲迎妇与诀，未发，而诏召叔高就第成婚。

《益部耆旧传》曰：张肃有威仪，容貌甚伟，弟松为人短小，不持节操，然识达精果，有才干。刘璋乃遣诣曹公，曹公不甚礼，杨修深器之。修以所撰兵书示松，饮宴之间，一省即便暗诵，修以此异之。

《会稽典录》曰：贺邵善容止，正其衣冠，尊其瞻视，动静有常，与人交久益敬之。至于官府，左右那见其跣坐，常着袜，希见其足。

《荀氏家传》曰：荀羡，风器英秀，识准标贵，明须眉，美音气，俯仰顾盼，容止可则。

《世说》曰：太尉总角时常造公，司徒王衍神情明秀，风姿详雅，山公嗟叹者良久。既去，目之而言曰："何物老妪生此宁馨儿，然恐误天下生民者，未必非此人。"

又曰：崔琰字季圭，声姿高朗，须长四尺，甚有威重。武帝见匈奴使，自以形陋，不足以雄远国，使季圭代，自捉刀立床头。既毕，令间谍问曰："魏王何如？"答曰："王雄望非常，然床头捉刀人，此乃英雄也。"魏武追杀其使。

又曰：裴令公有容仪，脱冠冕、粗服乱头皆好，时人以为玉人。

又曰：时人见嵇中散，叹曰："萧肃如长松下风，高而且深。"山公曰："嵇叔夜岩岩若孤松之独立。及其醉也，如玉山之将颓。"

又曰：王右军见杜弘治，叹曰："面如凝脂，眼如点漆，此神仙中人也。"又时人谓右军："飘若游云，矫若惊龙。"

又曰：海西时，诸公每朝，朝堂犹暗，唯会稽王来，轩轩若朝霞举。

太平御览卷第三百九十 人事部三十一

言语

《说文》曰：直言曰言，语议曰语。

《释名》曰：言，宣也，宣彼此之意也。语，叙也，叙己所欲说述也。

《易·系辞》曰：同心之言，其臭如兰。

又曰：子曰："书不尽言，言不尽意。"

又曰：君子出其言善，则千里之外应之，况其迩者乎？出其言不善，则千里之外违之，况其迩者乎？言出乎身，加乎民；行发乎迩，见乎远。言行，君子之枢机；枢机之发，荣辱之主也。

又曰：将叛者其辞惭，中心疑者其辞枝，吉人之辞寡，躁人之辞多，诬善之人其辞游，失其守者其辞屈。

《尚书·益稷》曰：帝曰："来，禹！汝亦昌言。"咎繇谋九德，故呼禹使亦陈昌言也。

又《无逸》曰：其在高宗，时旧劳于外，爰暨小人，作其即位，乃或谅暗，三年不言；其唯不言，言乃雍。

又《秦誓》曰：予誓告汝群言之首。

《毛诗·雨无正》曰：哿矣能言，巧言如流，俾躬处休。笺云：巧，犹善也。谓以事类风切，如水之流急，忽然而过之，故不悖逆，使身居安休如之也，乱世之言顺而为上也。

又《小弁》曰：君子毋易由言，耳属于垣。笺云：犹用也，王毋轻用谗人之言，将有属耳，于垣壁听也。

又《巧言》曰：巧言如簧，颜之厚矣。

又《都人士》曰：彼都人士，狐裘黄黄。其容不改，出言有章。

又《荡之什》曰：白圭之玷，尚可磨也；斯言之玷，不可为也。

《礼记·玉藻》曰：动则左史书之，言则右史书之。

又《少仪》曰：言语之美，穆穆皇皇。

又《中庸》曰：故君子语大，天下莫能载焉；语小，天下莫能破焉。君子言顾行，行顾言也。

又《表记》曰：天下无道，则言有枝叶。

又曰：子曰："事君，大言入则望大利，小言入则望小利，大言可以立大事，小言可以立小事。立，谓君受。故君子不以小言受大禄，不以大言受小禄。"

又《缁衣》曰：子曰："王言如丝，其出如纶。王言如纶，其出如綍。故大人不倡游言。游，浮也，不可用之浮也。可行也，不可言也，君子弗言也。可言也，不可行也，君子弗行也。则民言不危行，而行不危言也。"

《左传·僖中》曰：介子推曰："言，身之文也。身将隐矣，焉用文之，是求显也？"

又《襄二十五年》曰：仲尼曰："言以足志，文以足言。足，犹成也。不言，谁知其志？言之无文，行而不远。"

《左传·昭公》曰：晋叔向适郑，鬷蔑恶，欲观叔向，从收器者立于堂下。一言而善。叔向闻之曰："必鬷明也。"

又《定上》曰：郑子太叔卒，晋赵简子为临，甚哀，曰："黄父之会，贾逵解曰：黄父会在昭五年。夫子语我九言，曰：无始乱，无为乱始。无怙富，无恃宠，无违同，无傲礼，无骄能，无复怒，无谋非德，无犯非义。"

又《哀上》曰：吴舍卫侯。卫侯归，效夷言。子之尚幼，曰："君必不免，其死于夷乎！执焉，而又说其言，从之固矣。"

《论语》曰：诗三百，一言以蔽之曰："思无邪。"

又曰：君子欲讷于言而敏于行。

又曰：定公问："一言而可以兴邦，有诸？"孔子对曰："言不可以若是其几也。人之言曰：为君难，为臣不易。如知为君之难也，不几乎一言而兴邦乎？"

又曰：言语：宰我，子贡。

又曰：群居终日，言不及义，好行小惠，难矣哉！

又曰：君子不以言举人，不以人废言。

又曰：有德者必有言，有言者不必有德。

又曰：可与之言而不与言，失人；不可与言而与之言，失言；智者不失人，亦不失言。

又曰：侍于君子有三愆：言未及之而言谓之躁，言及之而不言谓之隐，未见颜色而言谓之瞽。

又曰：子曰："予欲无言。"疾时利口多言无贤也。子贡曰："子如不言，则小子何述焉？"子曰："天何言哉？四时行焉，百物生焉，天何言哉？"

《孝经》曰：口无择言，身无择行，言满天下无口过。

《家语》曰：仲孙何忌问于颜回曰："仁者一言而必有益于仁，智者可得仁乎？"颜回曰："一言而有益于知，莫若蒙；一言而有益于仁，莫如恕。"

又曰：颜回问孔子曰："小人之言有同乎？君子者不可不察也。"子曰："君子以行言，小人以舌言。"

又曰：孔子北游登农山，子路、子贡、颜回侍侧。孔子四望，喟然叹曰："二三子各言尔志。"子路进曰："由愿得白羽若月，赤羽若日，钟鼓之音上振于天，旌旗纷纷下蟠于地，由当一队而敌之，必也攘地千里，搴旗执馘，使二子者从我焉。"夫子曰："勇哉。"子贡复进曰："赐愿使齐楚合战，两垒相当，旗鼓相望，埃尘连接，挺刃交兵，赐缟衣白冠，陈说其间，推论利害，使二国释患，唯赐能之，使夫二子者从我焉。"夫子曰："辩哉。"回曰："愿得明王圣主而相之，敷其五教，导以礼乐，使城郭不修，沟池不越，铸剑戟为农器，放牛马于原薮，室家无离旷之思，千载无斗战之患，使由无所施其勇，赐无所用其辩。"孔子曰："美哉，德之大也！"

《史记》曰：孔子适周，问礼于老子。老子曰："子所言者，其人与骨皆已朽矣，独其言在耳。"辞去，而老子送之曰："吾闻富贵者送人以财，仁人者送人以言。吾不能富贵，窃仁人之号，送子以言，曰：'聪明深察而近于死者，好议人之非也；博辨弘大而危其身者，发人之恶者也。为人子者，无以有已也。'"《家语》同。

又曰：沛公至灞上，召秦父老曰："秦苛法：诽谤者族，偶语弃市。"

《汉书》曰：汉王与项羽临广武间而语。

又曰：太尉周勃迎代王，请间，宋昌曰："所言公，公言之；所言私，王者无私。"

又曰：石建奏事于上前，即有可言，屏人乃言极切。至庭见，如不能言。上以是亲而礼之。

又曰：袁盎求见丞相申屠嘉，良久乃见。因跪曰："愿请间。"丞相曰："使君所言公事，之曹与长史掾议之，吾且奏之；则私，吾不受私语。"盎即起。

《东观汉记》曰：马援谓官属曰："吾从弟少游常哀吾慷慨大志，曰：士生一世，但取衣食裁足，乘下泽车，御款段马，为郡掾吏，守坟墓，乡曲称善人，斯可矣。当吾在浪泊、里间，虏未灭之时，下潦上雾，毒气熏蒸，仰视乌鸢跕跕堕水中，卧念少游平生时语，何可得也。"

《蜀志》曰：庞统字士玄，襄阳人。少时朴钝，未有识者。颍川司马徽清雅有人伦鉴，统弱冠往见徽，徽采桑树上，统桑下共语，自昼达夜。徽甚异之，称统当为南州士之冠冕，由是显名。

《晋书》曰：武帝问孙皓曰："闻南人好汝语，颇为不？"皓因举觞奉帝而言曰："昔为汝国邻，今为汝国臣。劝汝一杯酒，愿汝寿万春。"帝悔之。

沈约《宋书》曰：谢庄，孝建元年迁左卫将军。初，世祖尝赐庄宝剑，庄以与豫州刺史鲁爽别。后叛，世祖因宴集，问剑所在，答曰："昔与鲁爽别，窃为陛下杜邮之赐。"上甚悦也，当时以为知言。

《邓析书》曰：一言而非，驷马不能追；一言而急，驷马不能及。

《晏子》曰：曾子将行，晏子送之曰："君子赠人以轩，不若赠人以言。"

《老子》曰：多言数穷，不如守中。善言无瑕谪。

又曰：信言不美，美言不信。

又曰：天之道，不言而善应。

《墨子》曰：子禽问曰："多言有益乎？"墨子曰："虾蟆、蛙黾日夜而鸣，舌干，擗然而不听。今鹤鸡时夜而鸣，天下振动。多言何益？唯其言之时也。"

《孙卿子》曰：赠人以言，重于金石珠玉；伤人以言，重于刀戟；观人以言，美于黼黻文章，听人以言，乐于钟鼓琴瑟。

又曰：《金人铭》曰："周太庙右阶之前有金人焉，三缄其口而铭其背曰：我古之慎言人也。戒之哉，无多言，无多事！多言多败，多事多害。"《皇览》云：出《太公金匮》。《家语》、《说苑》又载。

《庄子》曰：言者所以在意也，得意而忘言。吾安得忘言之人与之言哉？

《说苑》曰：梁君出猎，见白雁群。梁君下车，彀弓欲射之。道有行者观，劝梁君止，雁群骇，梁君怒，欲杀行者。其御公孙龙下车对曰："昔者齐景公之时，天旱三年，卜之曰：必以人祠乃雨。景公曰：吾昔所以求雨者，为吾民也。今以人祠乃雨，寡人将自当之。言未卒，天大雨方千里。今主君以白雁故而欲杀之，无异于狼虎。"梁君援其首与上车，归入郭门，呼万岁，曰："乐哉！"今日猎也，独得善言。"子思子曰："同言而信，信在言前。"

《申子》曰：明君治国，三寸之机运而天下定，方寸之谋正而天下治。一言正而天下定，一言倚而天下靡。

《淮南子》曰：人有多言者，百舌之声也。

又曰：得万人之兵，不若闻一言之当。

《新序》曰：晋文逐麋而失迹，问农夫老古曰："麋何在？"老古以足指曰："如是行往。"公曰："寡人问子，子以足指，何也？"老古振衣而起曰："虎豹之居也，厌闲而之近，故得；鱼鳖之居也，厌深而之浅，故得；诸侯之居也，厌众而远游，故亡其国。"公恐，归曰："寡人逐麋而失之，得善言，故有悦色。"栾武子曰："其人安在？"公曰："吾未与来也。"栾武子曰："取人之言，而弃其身，盗也。"公曰：

“善。”遂载老古与俱归。

《杨子》曰：大哉，圣人言之至也！开之，廓然见四海之内；闭之，寂然不睹墙垣之里。良玉不雕，至言不文。

贾谊《新书》曰：言有四术：言敬以礼，朝廷之言也；言文有序，祭祀之言也；并气折声，军旅之言也；言若不足，丧纪之言也。

《郭子》曰：孙安国盛字安国。往殷中军许共语，殷，名浩也。往返精苦，客主无间。左右进食，冷而复暖者数四。彼我奋掷，尘麈尾毛悉随落满餐饭中，宾主遂至暮忘餐。殷方语孙卿曰：“公勿作强口马，我当并卿控。”孙亦曰：“卿勿作穴鼻牛，我当穿卿颊。”

《尸子》曰：言美则响美，言恶则响恶。

《五帝本纪》曰：黄帝弱而能言。

《神仙传》曰：老子生而能语。

《卫玠别传》曰：太尉王君见阮千里而问曰：“老庄与圣教同异？”阮曰：“将无同。”太尉善其言，辟之为掾，世号曰“三语掾”。王君嘲之曰：“一言可召，何假于三？”阮曰：“苟足天下民望，亦可无言而辟，复何假于一？”

《管辂别传》曰：裴冀州、何、邓二尚书及乡里刘太常、颍川兄弟，常归服之，辂曰：“自与此五君共言论，使人精神清发，至昏不暇寐。自此已下，殆白日欲寝。”

《零陵先贤传》曰：张飞尝就刘巴宿，巴不与语，遂忿恚。诸葛亮谓巴曰：“张飞虽实武人，敬慕足下。足下虽天素高亮，宜少降意。”曰：“丈夫处世，当交四海英雄，如何与兵子语？”备闻之，怒曰：“孤欲定天下，而子初专乱之！”

《括地图》曰：太极山采华之草，一日服之，通万里语。

《世说》曰：晋文王称阮嗣宗天下之至慎，每与之言，言及玄远，未尝臧否人物。

又曰：诸葛瑾为豫州，遣别驾到台，语云：“小儿知谈，卿可与语。”于张辅吴座中相遇，别驾呼恪“咄咄郎君”。恪因嘲之曰：“豫州乱矣，何咄咄之有？”答曰：“君明臣贤，未闻有乱。”恪复云：“昔唐尧在上，四凶在下。”答曰：“非唯四凶，亦有丹朱。”

又曰：或问王济云：“昨游有何语议？”济曰：“张华善说《史》、《汉》，裴逸民叙前言往行，衮衮可听，王戎道子房、季札之间，陶然玄着。”

又曰：郝隆为桓公南蛮参军。三月三日作诗，不能者罚酒。隆揽笔作一句云：“娵隅跃清池。”桓曰：“娵隅是何物？”答曰：“蛮名鱼为娵隅。”桓曰：“作诗何以作蛮语？”隆曰：“千里投公，始得蛮府参军，那得不作蛮语？”

又曰：裴仆射，时人谓言谈之林薮。

又曰：殷中军浩尝至刘尹所，惔，字真长。殷理屈而游词不已，刘亦不复答。殷去乃言曰：“田舍儿学人作尔馨语。”

又曰：陆士龙、荀鸣鹤未相识，俱会于张茂先座。张介令共语，以其并有大才，可勿作常谈。陆抗手曰：“云间陆士龙。”荀曰：“日下荀鸣鹤。”陆曰：“既开青云睹白雉，何不张尔弓，挟尔矢？”荀曰：“本谓云龙骙骙，乃是山鹿野麋。兽微弩强，是以发迟。”张乃拊手大笑。

又曰：王武子、孙子荆各言乡里土地人物之美。王云：“其地坦而平，其水淡而清，其人廉且贞。”孙云：“其山崔嵬以嵯峨，其水泙渫而扬波，其人磊阿而英多。”

又曰：宋处宗甚有思理才，常买得一长鸣鸡，爱养之甚，至恒笼盛着窗间。鸡遂作人语，与处宗谈语，极有言思，终日不辍。处宗因此言遂大进。

又曰：谢太傅一生语未尝误，每共说，退后叙说向言皆得次第。后忽一误，自知当必死，其年而薨。

又曰：桓南郡与殷荆州语次，因作了语。顾恺之曰：“火烧平原无遗燎。”桓曰：“白布缠棺树旒旐。”殷曰：“投鱼深渊放飞鸟。”次复作危语。桓曰：“矛头淅米剑头炊。”殷曰：“百岁老翁攀枯枝。”顾曰：“井上辘轳安婴儿。”殷有一参军在坐，云：“盲人骑瞎马，夜半临深池。”殷曰：“咄咄逼人！”仲堪眇目故也。

苏彦《语箴》曰：利轻春露，害重冬霜。蘧蒢充室，戚施满堂。

孙楚《反金人铭》曰：晋太庙左阶前有石人焉，大张其口，而书其胸曰：“我古之多言人也。无少言，少言少事，则后生何述焉。夫唯立言，名乃长久。胡为块然，坐缄其口？”

太平御览卷第三百九十一　人事部三十二

笑

《说文》曰：哑，笑也。咥，大笑。听，笑貌也。忻，笑喜也。

《易·同人卦》曰：先号咷而后笑。

又《震卦》曰：震来虩虩，笑言哑哑。

又《旅卦》曰：鸟焚其巢，旅人先笑后号咷。

《毛诗·邶·终风》曰：终风且暴，顾我则笑。谑浪笑傲，中心是悼。

又《硕人》曰：巧笑倩兮，美目盼兮。

又《氓》曰：兄弟不知，咥其笑矣。咥咥然笑。总角之宴，言笑晏晏，信誓旦旦。晏晏，和柔也。

又《蓼萧》曰：燕笑语兮。

《礼记·檀弓》曰：鲁人有朝祥而暮歌者，子路笑之。笑其为乐速也。夫子曰："由，尔责於人，终无已夫。三年之丧，亦已久矣。"

《礼斗威仪》曰：君乘土而王，其民好大笑。

《乐动声仪》曰：人情喜则笑。

《左传·宣下》曰：晋侯使郄克征会于齐，齐顷公帷妇人，使观之。郄子将登，妇人笑于房。

又昭十六曰：晋韩起聘于郑，郑伯享之。子产戒曰："苟有位于朝，无有不共恪。"孔张后至，立于客间，执政御之，适客后。又御之，适县间。客从而笑之。事毕，富子谏曰："夫大国之人，不可不慎也。几为之笑，而不陵我。"言数见笑，则心陵侮我也。

又昭二十四曰：晋士弥牟逆叔孙于箕。叔孙使梁其踁待于门内，曰："余左顾而咳，乃杀之。右顾而笑，乃止。"

又昭二十八年曰：昔贾大夫貌恶，娶妻而美，三年不言不笑。御以如皋，射雉，获之，其妻始笑而言。贾大夫曰："才之不可以已，我不能射，女遂不言不笑。”

《谷梁传》曰：成公曰：“季孙行父秃，晋郤克眇，卫孙良夫跛，曹公子首伛，同聘于齐。齐使秃者御秃者，眇者御眇者，跛者御跛者，伛者御伛者。萧同叔子处台笑之。客不悦，相与立胥闾而语，移日不解。齐有知者曰：“齐患必在此始也。”

又昭公曰：楚灵王围吴朱方，执齐庆封，将杀之。使人令于军中曰：“有若齐庆封杀其君者乎？”封曰：“子一息我亦且一言，曰：有若楚公子围杀其兄之子麇而代之为君者乎？”军人粲然皆笑。

《论语·宪问》曰：子问公叔文子于公明贾曰：“信乎！夫子不言不笑，不取乎？”公明贾对曰：“以告者过也。夫子时然后言，人不厌其言。乐然后笑，人不厌其笑。义然后取，人不厌其取。”

又《阳货》曰：子之武城，闻弦歌之声，夫子莞尔而笑曰：“割鸡焉用牛刀？”莞尔，小笑貌。

《史记》曰：吴王问孙子兵法。孙子曰：“愿得大王宠姬二人以为军阵长。”吴王曰：“诺。”使二夫人为军队长，各将一队。令宫女三百被甲而立，告以兵法，令随鼓进退。令曰：“闻一鼓皆庄，二鼓操兵，三鼓皆为战形。”于是，宫女皆掩口而笑。孙子操枹击鼓，三令五申，其笑如故。孙子怒，目如明星，声如骇虎，发上冲冠，鬓旁绝缨。顾谓执法曰：“取鈇锧引夫人斩之。”

又曰：有躄者盘散行汲。赵平原君美人居楼上，临见，大笑之。明日躄者到门曰：“臣不幸癃病，而君之后宫临而笑臣。臣愿得笑臣者头。”应曰：“诺。”居岁余，宾客门下舍人稍稍引去者过半。平原怪之。一人前对曰：“以君之不杀笑躄者，君为爱色而贱士，即去耳。”平原乃斩美人头，自造门进躄者，因谢焉。其后门下乃复稍稍来。

又曰：高祖奉玉卮为太上皇寿曰：“始大人常以臣无赖，不能治产业，不如仲力，今某之业所就孰与仲多？”殿上群臣皆呼万岁，大笑为乐。

又曰：孟尝君之赵，赵平原君客之。赵人闻孟尝君贤，皆出观之。

皆笑曰："始以薛公为魁然也，今视之眇小丈夫耳！"

《汉书》曰：公孙弘为人谈笑多闻。师古曰：善于谈笑而又多闻也。

又曰：匡衡字稚圭。好学，诸儒为之语曰："无说诗，匡鼎来。匡说诗，解人颐。"如淳曰：使人笑不能止。

《东观汉记》曰：光武微时与邓晨观谶，云刘秀当为天子。或言国师公刘秀当之。光武曰："安知非仆乎？"建武三年，上征邓晨还京师，数宴见，说故旧平生为忻乐。晨从容谓帝曰："仆竟辩之。"帝大笑。

又曰：初，桓荣遭仓卒困厄时，尝与族人桓元卿俱捃拾投，闲辄诵诗。玄卿谓荣曰："卿但尽气尔，当安复施用时乎？"荣笑而不应。后荣为太常，元卿来候荣，诸子谓曰："平生笑君尽气，今何如？"元卿曰："我农民，安能预知此！"

又曰：桓荣为博士，入会庭中。诏赐奇果，受者皆怀之，荣独举手奉以拜。帝笑止之曰："此真儒生也。"愈见敬厚。

《魏志》曰：贾诩字文和。文帝为五官将，而临淄侯植才名方盛，各有党，有夺宗之议。太祖又问诩，嘿然不对。太祖曰："与卿言而不答，何也？"曰："思袁本初、刘景升父子也。"太祖大笑。于是，太子遂定。

又曰：明悼毛皇后父嘉，本典虞车工，卒暴富贵。明帝令朝臣会其家饮宴，其容止举动甚痴騃，语辄自谓侯身。时人以为笑。

《蜀志》曰：马忠为人宽济有度量，但谈啁张流切。大笑，忿怒不形于颜色。

王隐《晋书》曰：杜预伐吴，军入城，至都督孙歆帐下，生将歆诣预。王浚先列，得歆头。而预生送歆洛中，大笑。

《晋中兴书》曰：石勒与李阳相近。阳性刚愎，每岁与争沤麻池，共相打扑，互有胜负。勒贵，召阳，引入言及平生酒醋，宣阳肘曰："卿年老，臂中故有力不？颇复与人斗耶？孤往昔数被卿尊拳，卿亦数遭孤毒手。"因大笑。赏赐甚厚。即日拜阳奉车都尉，除始兴太守。时有醉胡乘马径入府门，勒问门吏冯翥："向走马入门为是何人而不弹白？"翥见问，惶遽误对忘讳："向有醉胡乘马驰来，即以呵问，胡人难与语，非小吏所制。"勒笑曰："胡正自难与言。"其后章武太守樊坦入辞，居贫，衣服甚陋，曰："樊章武贫耶？朝服何以坏恶？"坦性疏谬，对曰："顷遇羯胡，资财荡尽，是以穷弊。"勒大笑曰："羯胡贼乃尔，大恶，取君物尽。"坦汗流而不敢谢。勒赐坦衣，恕而不问。

萧子显《齐书》曰：征张敬儿为护军将军常侍如故。敬儿武将不习朝仪，闻当内迁，乃于密室中屏人学揖让答对。空中俯仰，如此竟日。妾侍窃窥笑焉。

崔鸿《丨八国春秋·后赵录》曰：桃豹字安步，范阳人。少时以胆勇骑射称，尝攘臂大言曰："大丈夫遭遇魏太祖，不封万户侯位上将者，非丈夫也。"时类笑之，豹骂言："尔鼠子辈，安知君子豹变之志乎！"后起中原，豹为十八骑之雄，事勒甚恭。

又《南燕录》曰：慕容德。建平四年妖赋王始聚众于太山莱芜谷，自称太平皇帝。置署公卿。父固为太上皇，兄林为征东，弟秦为征西。讨擒之将刑焉，市人皆骂之曰："何为妖妄，自贻族灭，父兄今并何在？"始曰："太上皇蒙尘于外，征东征西为乱兵所害，朕躬虽存，复何聊赖。"其妻赵氏怒之曰："君正坐口过以至于此，如何临死犹有狂言。"始曰："皇后何不达天命？自古及今，岂有不亡之国。"行刑者以刀环筑之，始曰："朕当崩，终不改号。"德闻而笑谓左右曰："荧惑之人，死由狂语，何可不杀。"

《南史》曰：宋司徒褚彦回送相州刺史王僧虔，阁道坏，坠水。仆射王俭马惊跣下车。谢超宗抚掌笑曰："落水三公，堕车仆射。"

《唐书》曰：马周疏曰："人主每见前代之亡，则知其政教之所由丧，而皆不知其身之失。是知殷纣笑夏桀之亡，而幽厉亦笑殷纣之灭，隋炀帝大业之初，又笑齐魏之失国。今之视炀帝亦犹炀帝之视齐魏，不可不诫。"

又曰：李义府貌状温恭，与人语必嬉怡微笑，而褊忌阴贼，既处权要，欲人附己，微忤意者，辄加倾陷。故时人言：“义府笑中有刀。”

《战国策》曰：楚王游于云梦，有狂兕触车径轮。弯弓而射，应发而殪。仰天而笑曰：“乐矣！今日之游。万岁千秋之后，谁与此同乐乎？”安陵君泣涕数行而进曰：“臣入则侍纶席，出则陪万乘，万岁千秋之后，愿得身灭黄泉，先辱蝼蚁。”王大悦。

《晏子》曰：景公置酒太山之上。酒酣，公四面望，喟然叹曰：“寡人将去此堂堂国而死耶！”左右泣者三人，曰：“臣细人也，犹将难死，而况公乎！”晏子搏髀仰天大笑曰：“乐哉！今日之饮也。”公怒曰：“笑何也？”对曰：“臣见怯君一、谀臣三，是以大笑。”公惭而更辞。

《老子》曰：下士闻道，大笑之。不笑不足以为道。

《列子》曰：晋文公出，会欲伐卫。公子鉏仰而笑，公问何笑。曰：“臣之邻人有送其妻适私家者，道见桑妇悦而与言，然顾视其妻，亦有招之者。臣窃笑之。”公悟其言，乃引师还。未至，而有伐其北鄙者矣。

《庄子》曰：齐桓公田于泽，见鬼焉。公反，诶音熙诒音怡为病，数日不出。齐士有皇子告敖者曰：“臣闻野有委蛇恶，闻雷车之声，则捧其首而立，见者殆乎。”霸公辗然笑曰：“此寡人所见也。”不终日而病去。

又曰：造适不及笑，献笑不及排。所造皆适，则忘适矣，故不及笑。排者，推移之谓也。夫礼，哭必哀，献笑必乐，哀乐存怀，则不能与适推移矣。

又曰：盗跖谓孔子曰：“人上寿百岁，中寿八十，下寿六十，除病瘐死丧忧患，其中开口而笑者，一月之中，不过四五日而已矣。

《邓析子》曰：故体痛者口不能不呼，心悦者颜不能不笑。

《孟子》曰：曾子曰：“胁肩谄笑，病乎夏畦。”胁肩，竦体也。谄笑，强笑也。此言其言劳苦，甚于仲夏之月治畦、灌园之勤也。

《吕氏春秋》曰：戎尝寇周，幽王击鼓，诸侯皆至。褒姒大悦而笑。王欲褒姒之笑，数数击鼓。诸侯至，无寇。及真寇至击鼓，而诸侯不来，遂为戎所灭。

又曰：强令之笑则不乐，强令之哭则不悲，不由中心也。

《淮南子》曰：强哭者虽疾不哀，强欢者虽笑不乐。戴哀者见歌而泣，戴乐者见哭而笑。

《说苑》曰：楚魏会于晋阳，将以伐齐。齐王患之，使人召淳于髡曰："楚魏谋，欲伐齐，愿先生与寡人共之。"淳于髡大笑而不应。王怫然作色曰："先生以寡人国为戏乎？"淳于髡对曰："臣不敢以王国为戏也。臣怜之祠田也。以奁饮与一鲋鱼，其祝曰：'下田洿耶，洿耶，下田也。得谷百车。鸡堁者宜禾。'鸡堁，鸡肝黑土。臣笑其所以祠者少，而所求者多。"王曰："善。"赐之千金，革车百乘，立为上卿。

又曰：赵简子举兵伐齐，有被甲而笑者。简子曰："子何笑？"对曰："臣乃有宿笑。"简子曰："有以说之则可，无则死。"对曰："当桑之时，臣邻家夫与妻俱之田，见桑中女，因追之，不能及。其妻怒而去之。臣笑其旷也。"简子曰："今吾伐国失国，是吾旷也。"还师而归。

《论衡》曰：天怒则隆隆雷声，天喜应哑哑而笑。那不闻笑也？

桓子《新论》曰：关东语曰："人闻长安乐，则出门西向笑。知肉美味，则对屠门而大嚼。"

《郭子》曰：王浑与妇锺氏共坐，见武子从庭前过。浑谓妇曰："生儿如是，足慰人意。"妇笑曰："若使新妇得配参军，生儿故可不翅如此。"参军是浑中弟，名沦，字太冲，为晋文王大将军。从征寿春，遇疾亡。时人惜焉。

《世说》曰：二陆入洛，而士龙不诣张公。公问士衡，云何以不来。机曰："有疾，恐公不悉，故未敢自见。"俄而，云诣华。华为人多姿质，又好帛缠鬓，云见而大笑，不能自已。士龙尝着衰帻上船，因水中自见其影，便大笑不能已，几落水中。

又曰：王大将军尚主，如厕，见漆箱中盛干枣以塞鼻。王谓厕上果，食，遂为之尽。既还，婢擎金漆盘盛水，琉璃碗盛澡豆，王因倒豆着水中饮之，谓是干饭。群婢莫不笑。

又曰：殷荆州有所识作赋示之，殷甚以为有才。语王恭："适见新文甚可观。"便于手中亟出之。王既读，殷笑不自胜。王看竟，既不笑亦不言好恶，但以如意点之而已。殷怅然自失。

《语林》曰：吊王武子。客正哭，见孙子荆驴鸣，变声成笑。

又曰：董昭失势，久为卫尉。昭乃厚加意于侏儒。正朝大会，侏儒作董卫尉啼，面叙太祖时事，举坐大笑。明帝怅然不怡，月中以为司徒。

《曹瞒别传》曰：太祖为人佻易无威仪，每与人谈论戏弄，言确尽无所隐。及欢悦大笑，至以头投诸案中，肴膳皆沾污巾帻。

《琐语》曰：师旷御，晋平公鼓瑟，辍而笑曰："齐君与其嬖人戏，坠于床而伤其臂。"平公命人书之曰："某年某月，齐君戏而伤。"问之于齐侯，笑曰："然。有之。"

《东方朔别传》曰：朔于上前射覆，中之。郭舍人亟屈，被榜。上辄大笑。

又曰：南山有木，名曰柘。良工材之，可以射，射中人情，如掩兔。舍人数穷，何不早谢。上乃搏髀大笑也。

《荀勗别传》曰：司徒缺，帝问其人。勗曰："魏文用贾诩为公，孙权笑之。"

《神异经》曰：东方有人，不妄语，恒笑。仓卒见之，如痴。张华注曰：今人痴好笑，本此。

《搜神记》曰：孙綝杀徐光而无血。后綝上蒋陵，有大风荡綝车，顾见光在松树上附手笑之。俄而綝诛。

《蜀记》曰：谯周字允南，巴西人。体貌素朴，无造次辩论之才。诸葛亮领益州牧，命周为劝学从事。初见，左右皆笑，既出，有司请推笑者。亮曰："孤犹不能忍，况左右乎？"

黄义《仲交广记》曰：合浦尹牙为郡主簿，太守到官三年不笑。牙问其故，曰："父为太尉所杀。"牙乃辞，至洛为太尉养马。三年，断其头而还南。

《正论》曰：搔癣之为悦，先笑而后愁。

《养生要诀》曰：人语笑欲令至少，不欲令声高，若过误笑，损肺肠，精神不足。

《楚词·九歌》曰：若有人兮山阿，披薜荔兮带女萝，既含睇兮又宜笑。

宋玉《登徒子赋》曰：腰如约素，齿如含贝。嫣然一笑，惑阳城，迷下蔡。

太平御览卷第三百九十二 人事部三十三

吟

《释名》曰：吟，严也。其声本出于忧愁，故声严肃，使听之凄叹也。

《说文》曰：吟，叹也。

《毛诗·关雎序》曰：吟咏情性，以讽其上。

《东观汉记》曰：梁鸿常闭户吟咏、书记，遂潜思着书十余篇。

《魏志》曰：管辂随军而行，过毋丘俭墓。下，倚树哀吟，精神不乐。人问其故，辂曰："林木虽茂，无形可久；碑诔虽美，无后可守。玄武藏头，苍龙无足，白虎衔尸，朱雀悲哭，四危以备，法当灭族，不过二载应至矣。"卒如其言。

《蜀志》曰：诸葛亮字孔明。早孤，躬耕垅亩，好为《梁甫吟》，每自比于管、乐。

《唐书》曰：蔡允恭，荆州江陵人。有风采，解缀文雅，善吟咏。炀帝所属词赋，多令讽诵之。

《庄子》曰：北门成问黄帝曰："帝张咸池之乐于洞庭之野。吾闻之，蔼蔼默默，乃不自得。"帝曰："吾奏以阴阳之和，烛以日月之明，其声能长，虑之不知，望之不见，矘然立于四虚之通，倚槁梧而吟。"

又曰：庄子谓惠子曰："今子外乎？子之神劳乎？子之精依树而吟，处槁梧而瞑。"

《文士传》曰：李康清廉有志节，不能和俗，为乡里豪右之所共害，故官涂不进。作《游山九吟辞》曰："盖人生天地之间。若流电之过户牖，轻尘之栖弱草矣？"

《湘中记》曰：涉湘千里，但闻渔父吟。中流相和，其声绵邈也。

盛弘之《荆州记》曰：新城郡瀫初觐切水，别有一溪，其傍有白马塞。孟达登之叹曰："金城千里！"遂为《上瀫吟》。彼方人犹传此。声韵凄激，其哀思之音乎。

《西京杂记》曰：相如将聘茂陵人为妾，文君作《白头吟》。

《盐铁论》曰：曾子倚山而吟，山鸟下翔。

《世说》曰：韩寿美姿容，贾公辟为掾。充每聚会，其女于青琐中看，见寿，心甚悦之。乃问其婢"识此人不？"婢说是其先主。女内怀存想，发于吟咏。婢后往寿家，具说如此，并言女色丽。寿闻之，心动，乃因婢通意。婢以白女，女大喜，乃期往宿。寿趫捷绝人，乃逾墙而入，家中莫知。自是贾公觉女悦畅，有异于常。

《陈武别传》曰：陈武字国本，休屠胡人。常骑驴牧羊。诸家牧竖十数人，或有知歌谣者，武遂学《太山梁父》、《幽州马客吟》及《行路难》之属。

阮籍《乐论》曰：汉顺帝上恭陵，过樊濯，闻鸣鸟而悲，泣下横流。曰："善哉！鸟鸣。"使左右吟之。使声若是，岂不佳乎！此谓以悲为乐也。

王粲《登楼赋》曰：钟仪幽而楚奏，庄舄显而越吟。

啸

《说文》曰：啸，吟也。

《杂字解诂》曰：啸，吹声也。

《毛诗·江有汜》曰：之子归，不我过。不我过，其啸也歌。笺：大啸蹙口而出声也。

又《白华》曰：啸歌伤怀，念彼硕人。

《后汉书》曰：南阳太守成瑨委功曹岑晊。郡中谣曰："南阳太守岑公孝，弘农成瑨但坐啸。"

《汉晋春秋》曰：桓帝幸樊城，百姓莫不观。有一老父独耕不辍。议郎张温使问焉，父啸而不答。

《魏略》曰：诸葛亮在荆州游学，每晨夜，常抱膝长啸。

《魏氏春秋》曰：阮籍少时，尝游苏门山。山有隐者，莫知其姓名。有竹实数斛，臼杵而已。籍从之，与谈太古无为之道，五帝三王之义。萧然曾不经听。籍乃对之长笑，清韵响亮。苏门生攸尔而笑。籍既降，苏门生亦啸，若鸾凤之音。

《晋阳春秋》曰：嵇康见孙登，对之长啸，逾时不言。康辞还，曰："先生竟无言乎？"登曰："惜哉！"

《晋中兴书》曰：桓石秀风韵秀彻。叔父冲尝与石秀共猎，猎徒甚盛，观者倾坐。石秀未尝瞻盼，啸咏而已。

《晋书》曰：石勒年十四，随邑人行贩洛阳，倚啸上东门。王衍见而异之，谓左右曰："向胡雏吾观其声，视有奇志，将恐为天下之患。"驰遣收之，会勒去。

又曰：谢弈，桓温辟为安西司马，犹推布衣之好。在温座岸帻啸咏，无异常日。温曰："我方外司马。"

又曰：王徽之在吴中，一士大夫家有好竹，欲往观之。乃遥造竹下，讽啸良久。主人洒扫请坐，徽之不顾。将去，主人乃闭门。徽之尽欢而去。

又曰：谢鲲邻家高氏有女，常往挑之。女方织，以梭投，折鲲齿。既归，微然长啸。曰："犹不废我啸也。"

《赵书》曰：石勒屯葛陂，值天雨不息。勒长史刀应劝勒降晋，勒愀然而啸。张宾劝勒还北，勒攘臂曰："宾计是也。应宜斩。"

《吴越春秋》曰：越王念吴，欲复之，乃中夜抱柱而哭。哭讫，承之以啸。于是群臣咸曰："君王何愁心之甚也。夫复雠诛敌非君王之忧，自是臣下之急务。"

又曰：吴王阖闾将欲伐楚，登台南向而啸。有顷而叹，群臣莫有晓王意者。子胥乃荐孙子。孙子者，吴人，名武，善为兵法，僻隐幽居，世人莫知其能。

《英雄记》曰：向栩为性卓诡不凡，好读《老子》，状如学道，又复似狂。居尝灶北坐，被发，喜长啸。人客从就，辄伏不视。人有于栩前独拜，栩不答。

《山海经》曰：玉山者，是西王母所居也。西王母其状如人，豹尾，虎齿，而善啸，蓬发戴胜。蓬发，乱发。胜，玉胜也。

《庄子》曰：童子夜啸，鬼数若齿。

《孙登列传》曰：孙登字公和，汲郡共县人。清静无为，其情志悄如也。好读《易》、弹琴，颓然自得。观其风神，若游六合之外。当魏末，共处北山中，以石室为宇，编草自覆。阮嗣宗闻登而往焉，适见公和苫盖，被发端坐岩下鼓琴。嗣宗自下趋进，既坐，莫得与言。嗣宗乃嘹嘈长啸，与琴音谐会，雍雍然。登乃攸尔而笑，因啸和之。妙响动林壑，风气清太玄。

《竹林七贤论》曰：阮籍字嗣宗，性乐酒，善啸，声闻百步。箕踞啸歌，酣放自若。时苏门山中忽有真人在焉。籍亲往寻其人于岩巅，遂登岭从之，箕坐相对。籍乃商略终古以问之，仡然不应，籍因对之长啸。有顷，彼乃断然叹曰："可更作。"籍又啸，意尽退还半岭，闻岭巅酋然有声，若数部鼓吹。顾瞻，乃向人之啸也。《世说》同。

《王廙别传》曰：王道与庾亮游于石头，会遇廙至。是日迅风飞帆，廙倚楼而长啸，神气甚逸。

王子年《拾遗记》曰：太始二年，南方有因霄之国，人皆善啸。大丈夫啸闻百里，妇人啸闻五十里。如笙竽之音，秋冬则声清高，春夏则声沉下。人舌尖处倒向喉内，亦云有两舌重沓，以爪徐徐刮之，则啸声逾远。故《吕氏春秋》云"反舌殊乡之国"，即此之谓也。

《列女传》曰：鲁漆室之女者，过时未适人。当穆公之时，君老太子幼，女倚柱而啸。邻人妇从谓曰："何啸之悲也？子欲嫁乎？"女曰："吾忧鲁君老而太子少也。"

《西京杂记》曰：东方生善啸。每一曼声长啸，尘落瓦飞。

《郭子》曰：刘道真少时，刘宝，字道真，高平人，安北将军。渔钓而畲于草泽。善歌啸，闻之者无不留连。有一老妪识其非常人，甚乐歌啸，乃杀豚进。道真食豚尽，了不谢。

《世说》曰：晋文王德盛功大，坐席严敬，拟于王者。唯阮籍在坐，箕踞啸歌，酣饮自若。

又曰：刘越石为胡骑所围，数重，窘迫无计。刘依夕乘月登楼清啸，胡贼闻之，皆凄悲长叹。

又曰：谢太傅盘桓东山时，与孙兴公诸人泛海戏。风起浪涌，诸人色动，并唱使还。太傅神情方雅，王逸少吟啸不言。

又曰：王子猷尝寄人空宅，便令种竹。啸咏良久，直指竹曰："何可一日无此君。"

又曰：谢万北征，尝以啸咏自高，未尝抚慰众士。谢公谓曰："汝为元帅，宜数唤诸将慰劳之。"万都无其说，直以如意指四座曰："诸公皆是劲卒。"诸将甚怨之。

《搜神记》曰：赵炳尝临水从舡人乞渡，舡人不许。炳乃张盖坐其中，长啸呼风，乱流而济。

《浔阳记》曰：桓宣穆使人寻庐山，见一人谓之曰："君过前岭，必逢二年少相随长啸，试要问之。若不与言者，可速去。"此人过岭，果见二年少以袂掩鼻长啸，状如恶兽。呼不与言。

《神境记》曰：营道郡西有灵源山，有石髓紫芝者。有采药此山闻林谷间有长啸者。今樵人往往犹闻焉。

《异苑》曰：浔阳姑石在江之坻。初，桓玄西下，令人登之，中岭，便闻长啸，声甚清彻。至峰顶，见一人箕踞石上啸。旨曰："啸者，其气激于喉中而浊，谓之言；激于舌端而清，谓之啸。言之浊可以通人事，达情性，啸之清可以感鬼神，致不死。出其言善，千里应之；出其啸清，万灵授职。故古之学道者重矣。"

又曰：太上道君授于西王母，西王母授于南极真人，南极真人授于广成子，广成子授于啸父，啸父授于务光，务光授于舜，舜演之为琴以授禹。自后而废。续有晋太行山仙君孙公得之，乃得道而无所授焉。阮嗣宗所得少分。其后堙灭，不复闻矣。

又曰：啸有一十五章：一曰权舆，啸之始也；二曰流云，乃古之善啸者，听韩娥之声而写之；三曰深溪虎，古之善啸者，听溪中虎声而写之；四曰高柳蝉，古之善啸者，听而写之；五曰空林夜鬼，古之善啸者，夜过空林，闻而写之；六曰巫峡猿，古之善啸者，闻而写之；七曰下鸿鹄，出于师旷，演清角之音，善啸者写之；八曰古木鸢；九曰龙吟，皆啸者闻而写之；十曰动地，出于孙公，其音亦师旷清征也；十一曰苏门，孙公隐苏门山之作也；十二曰刘公命鬼，仙人刘根之所为也；十三曰阮氏逸韵，阮籍所作也；十四曰正章，深远极大，非常声也；十五曰毕者，五音之极，而大道毕矣。

晋成公绥《啸赋》曰：逸群公子体奇好异，傲世忘荣，绝弃人事。于是，延友生，集同好，精性命之至机，研道德之玄奥，邈跨俗而遗身，乃慷慨而长啸。发妙声于丹唇，激哀音于皓齿。响抑扬而潜转，气冲郁而熛起。协黄宫于清角，杂商羽于流征，飘游云于泰清，集长风乎万里。谅自然之至音，非丝竹之所拟。

桓玄《与袁宜都书论啸》曰：读卿歌赋，序咏音声皆有清味，然以啸为仿佛有限不足以致幽旨，将未至耶？夫契神之音，既不俟多瞻而通其致。苟一音足以究清和之极，阮公之言不动苏门之听，而微啸一鼓，玄默为之解颜，若人之兴逸响唯深也哉。

袁山松答书曰：啸有清浮之美，而无控引之深。歌穷渊根之致，用之弥觉其远。至乎吐辞送意，曲究其奥，岂唇吻之切，发一往之清吟而已。若夫阮公之啸，苏门之和，盖感其一奇，何为征此，一至大疑啸歌所拘邪！

颦

《韩子》曰：韩昭侯使人藏弊裤。或曰："君亦不仁矣，弊裤不以赐左右而藏之。"昭侯曰："吾闻明君颦有为颦，笑有为笑，裤之与颦，笑相去远矣。吾必待有功，故藏之未有与也。"

《庄子》曰：西施病心而颦，其里之丑人见而美之，归亦捧心而颦。其里之富人见之，坚闭门而不出，贫人见之，挈妻子而走之。夫彼知美颦，而不知颦之所以美。

嵇康《高士传》曰：于陵仲子，齐人。常归省母。人馈其兄鹅，仲子颦蹙曰："恶用是鶂鶂者哉？"

太平御览卷第三百九十三　人事部三十四

坐

《释名》曰：坐，挫也。骨节挫屈也。“小人群党，坐于王床。”王床者，王者床。

《毛诗·车邻》曰：既见君子，并坐鼓瑟。

《礼记·曲礼上》曰：夫为人子者坐不中席。

又曰：离坐离立，无往参焉。

又曰：男女不杂坐。

又曰：立毋跛，坐无箕。

又曰：有忧者侧席而坐，有丧者专席而坐。

又曰：虚坐尽后，食坐尽前。

《左传·襄二十六》曰：伍举奔晋，声子遇之郊，班荆相与食。班，布；荆，坐。

又襄二十七年曰：卫子鲜奔晋。公使止之，不可。及河，又使止之。止使者而盟于河，托于木门，木门，青向。不向卫国而坐。怨之深也。

又定四曰：申包胥如秦乞师，勺饮不入口七日。秦哀公为之赋《无衣》，九顿首而坐，秦师乃出。

《春秋演孔图》曰：孔子长十尺，大九围，坐如蹲龙，立如牵牛。

《尔雅》曰：妥，安坐也。

《汉书》曰：单父人吕公，善沛令，避仇从之，客，因家焉。沛中豪杰吏闻令有重客，皆往贺。萧何为主吏，主进，进者，会礼之财也，主赋剑礼，进为之师也。令诸大夫曰：“进不满千钱，坐之堂下。”高祖为亭长，乃给为谒曰：“贺钱万。”实不持一钱谒入。吕公大惊，起迎之门。吕公者，好相人，见高祖状貌，因重敬之，引入坐上坐。

又曰：上幸上林，皇后、慎夫人从。其在禁中，常同坐。及坐，郎署袁盎却慎夫人坐，慎夫人怒，不肯坐。上亦怒，起。盎曰："陛下既已立后，慎夫人乃妾，妾主岂可以同坐哉？"

又曰：茂陵徐生上疏言："霍氏泰盛。"后霍氏诛灭，而告霍氏者皆封。人为徐生上书曰："臣闻客有过主人者，见其灶直突旁有积薪。客谓主人，更为曲突，远徙其薪，不者且有火患。主人嘿然不应。俄而，家果失火。邻里共救之，幸而得息。于是，杀牛致谢。其邻人灼烂者在于上行，余各以功次坐，而不禄言曲突者。"

又曰：高祖使陆贾赐赵他印，为南越王。贾至，尉他魋结基倨见贾。基倨，谓伸其两肢而坐也，亦曰箕距。

又曰：谚曰："千金之子，坐不垂堂。"

又曰：陈遵字孟公。时列侯有与陈遵同姓者，每至，门人曰陈孟公，坐中莫不震动。既至而非，因号其人曰陈惊坐。

《东观汉记》曰：上幸谯。使王霸攻周建，贼雨射城中，中霸前酒尊，霸安坐不动。

又曰：隗嚣围来歙，上自将救之。围解，置酒高会，赐歙班绝席，坐在诸将之右。

谢承《后汉书》曰：汝南薛惇字子礼，为北海长。家贫，坐无完席。妻曰："白居，无俸禄给子孙，复无完席耶？"惇以善席与，自坐败者。

又曰：郑敬字次都。钓于大泽，折芰而坐，以荷荐肉，瓠瓢盛酒，琴书自娱。

范晔《后汉书》曰：袁术僭号，人情离叛，欲北至青州从袁谭，曹操使刘备邀之还寿春，至江亭坐箦床而叹曰："袁术乃至于是乎？"欧血而死。

又曰：孔融性宽容，少忌，好士，喜诱益后进。及退闲职，宾客日盈其门。常叹曰："坐上宾恒满，尊中酒不空。吾无忧矣！"与蔡邕素善，邕卒后，有虎贲士貌类于邕，融每酒酣，引与同坐。

又曰：郑公业谏董卓曰："张孟卓东平长者，坐不窥堂。"言不妄视也。

《吴书》曰：孙权遣于禁还，群臣送禁。虞翻谓禁曰："卿勿谓吴无人，吾谋适不用耳。"禁虽为翻所恶，然犹盛叹翻。魏文帝为翻设虚坐。

《蜀志》曰：费祎为诸葛亮司马。值军帅魏延与长史杨仪相憎，每并坐论，延或举刃拟仪，仪泣涕横集。祎常入坐其间，谏喻分别，终亮之世，各尽延、仪之用也。

又曰：王平字子均，西宕渠人。生长戎旅，手不能书，所识不过十字。而口授作书，皆有意理。使人读《史》《汉》书记《传》听之，备知其义。从朝至夕，端坐俨然也。

《吴志》曰：步骘字子山，与广陵卫旌俱以种瓜自给。会稽焦征羌，郡之豪族。骘等修刺奉瓜，征羌见之，隐几坐帐中，设席于地坐骘、旌。旌忿耻，骘神色自若。

邓粲《晋记》曰：裴遐性恬和。同类有试遐者，推堕床下。遐拂衣还坐，言无异色。

《汉晋春秋》曰：王褒父仪为文帝所杀，未尝西向坐，示不臣也。

《晋中兴书》曰：陶淡字处静。年十五，便服食绝谷。家累千金，僮客百数，淡终日端拱，绝不婚娶。居临湘县山中，立小草屋，裁足容身。时还家，设小床独坐，不与人共。

《何晏别传》曰：宴小时，武帝雅奇之，欲以为子。每挟将游观，命与诸子长幼相次。晏微觉，于是，坐则专席，止则独立。或问其故，答曰："礼，异族不相贯坐位。"

《孟嘉别传》曰：庾亮领江州，嘉为从事。褚褒为豫章，出朝。亮正旦大会，时彦悉集，嘉坐次第甚远。褒问亮曰："闻有孟嘉其人，何在？"亮曰："在坐。卿但自觅。"褒观众人，指嘉谓亮曰："将无是乎？"亮欣然笑。嘉为褒所得，乃益重嘉焉。

皇甫谧《高士传》曰：管宁常坐一木榻，五十余年。榻上当膝皆穿。

《六韬》曰：文王出田，见吕尚坐茅而渔，乃再拜与归。

又曰：纣之时，妇女坐之绮席。

《晏子》曰：景公猎，休，坐地食。晏子后至，灭葭而席。公不悦曰："子席何也？"对曰："臣闻介胄坐阵不席，狱讼不席，狱户不席，三者皆忧也，臣不敢以忧侍坐。"

《孟子》曰：晋平公之于亥唐也，入云则入，坐云则坐，食云则食，虽蔬食菜羹未尝不饱。

《庄子》曰：原宪处鲁，居环堵之室，匡坐而弦歌。

《风俗通》曰：延嘉中，常侍坐，单超、左悺、音贯。徐璜、具瑗、唐衡在帝左右，纵其奸慝。时人谓之语曰："左回天，徐转日，具独坐。"言其信用，甚于圆转。

又曰：汝南陈伯敬，行必举步，坐必俨然。

《郭子》曰：何次道充，字次道。往王丞相，许丞相以麈尾𥕛床，呼何共坐，云："来，来，此是君位。"

《世说》曰：魏明帝使后弟毛曾与夏侯太初共坐，时人谓之蒹葭倚玉树。

《语林》曰：马融算浑天不合，召郑玄令算，一算便决。及玄业成辞归，融心忌焉，玄亦疑有追者，乃坐桥下，在水上据屐。融果转戒欲敕追之。告左右曰："玄在土下、水上，据木，此必死矣。"遂罢追。

《俗说》曰：王僧敬神明俊彻，为一时之标。桓玄时集聚宾客，莫有出其右者。王在坐，都不复觉有余人。坐无王，便觉殷仲文、谢益寿为佳。王僧敬兄弟列坐斋中，见之若神。小人从户前过，皆肃然毛竖。嵇康《绝交书》曰："危坐一时，痹不得摇。"

卧

《说文》曰：眠，翕目也。寝，病卧也。卧，休也。

《释名》曰：卧，化也。其精神变化不与觉时同也。寐，谧也；谧，静无声也。寝，侵也，损事功也。瞑，泯也，无知泯泯也。

《礼记·玉藻》曰：君子寝恒东首。郑玄注曰：首生气也。

又《乐记》曰：魏文侯问于子夏曰："吾端冕而听古乐，则唯恐卧；

听郑卫之音，则不知倦。”

《论语·公冶长》曰：宰予昼寝。子曰：“朽木不可雕也，粪土之墙，不可污也，于予与何诛。”诛，责。

又《乡党》曰：寝不尸。布展手足，似尸象。

《史记》曰：吴起为将，与士卒最下者同衣食。卧不设席，行不乘骑。

又曰：上自将击黥布，群臣居守，皆送至灞上。留侯病，自强起，至曲邮，因说上令太子为将军，监关中军。上曰：“子房虽疾强卧，而傅太子。”

《汉书》曰：黥布反，上疾，欲使太子击之。吕后承间为上泣曰：“上虽疾，强载辎车，卧而护之，诸将不敢不尽力。”

又曰：上欲废太子。吕后使建成侯吕泽劫张良曰：“君常为上谋臣，今上欲易太子，君安得高枕而卧？”

又曰：汲黯拜淮阳太守，黯伏谢不受。上曰：“君薄淮阳耶？顾淮阳吏民不相得，吾徒得君，重卧而治之。”

又曰：初，武帝遣昭帝以讨莽、何罪功，封金日磾为秺侯。日磾以帝少不受封，辅政岁余，病困。大将军光白封，日磾卧授印绶，一日薨。

又曰：吴楚反，乏粮，饥，欲退数挑战。周亚夫终不出。夜，军中惊，内相攻击，扰乱至于帐下。亚夫终卧不起，须臾亦定。

又曰：董贤常与上卧起。尝昼寝，偏籍上衣袖，上欲起，恐动贤，乃断袖而起。

又曰：王莽军师外破，大臣内叛，忧懑不能食，但饮酒啖鳆鱼。读军书倦，因凭几寝，不复就床。

《后汉书》曰：彭宠自立为燕王。其妻数恶梦，又多见变怪。五年春，宠斋，独在便室，仓头子密等三人因宠卧寝寐，共缚宠着床。告外吏云：“大王斋禁，皆使吏休。”

《东观汉记》曰：吴汉击富平，获索二贼于平原。明年春，贼率五万余人，夜攻汉营，军中惊乱，坚卧不动。

又曰：上在邯郸宫，昼卧温明殿。耿弇入，造床下，请间。因说曰：

“今更始失政，天下可驰檄而定。”

又曰：杨政常过杨虚侯马武，武称疾卧，欲令政拜床下。政入户，径上床坐，武恨，语言不怿。政因曰：“蕃臣不思求贤报国而骄天下英俊，今日摇动者，刀入胁。”左右大惊。

《蜀志》曰：先主既定益州，广汉太守夏纂请秦密为师友祭酒，领五官掾，称曰仲父。密称疾卧在茅舍，纂将功曹石佑、主簿王并即密第宴谈，密卧如故。

沈约《宋书》曰：羊欣字敬玄。从父不疑为乌程令。年十二时，王献之为吴兴太守，甚知爱之。献之常夏月入县，欣着新绢裙昼寝，献之书数幅而去。欣书本工，因此弥善。

《锺离意别传》曰：严遵者，与光武皇帝俱为诸生。游涉他县同门精学。暮夜宿，二人寒不得寝卧，更相谓曰：“后若豪贵，忆此之难，宜勿相忘。”

《罗含别传》曰：罗含，字君章。少尝昼卧，梦一鸟文色异常，径飞入口。

《杜祭酒别传》曰：君新作被，腝眠觉晏起，乃叹：“腝便眠使人不起！”异事，因令看陌上有寒人，举被乞之，常眠布被中。

《会稽典录》曰：陈修字奉迁。少为郡干。受《韩诗》《谷梁》《春秋》，家贫为吏，常出檐，上下恒食乾糒音备。每至正腊，偃卧不起。同僚请，不肯往，其志操如此。

《吴越春秋》曰：楚平王遣使者封函印绶，追召子胥。子胥以夜半时卧觉，忽而仰天悲叹，言曰：“父兄俱死，当谁归乎？”泣下交流。恐为楚所得，乃贯弓执矢，步出东郭。

《韩子》曰：堂谿公见昭侯曰：“今有白玉卮无当，有瓦器有当，君渴，将何以？”曰：“以瓦器。”公曰：“为人主漏泄群臣之语，犹玉卮无当也。”昭侯于是每与公话事归，辄独卧，唯恐梦言泄于妻妾。

桓谭《新论》曰：成帝幸甘泉，诏杨子云作赋。倦卧，梦其五藏出在地，以手收内入。觉，大少气，一年卒。

《郭子》曰：王长史病笃，王仲祖也。寝卧灯下，转麈尾视之，叹曰："如此人，曾不得四十。"及亡，刘尹临殡，以璧柄麈尾着棺中，因恸绝。

《世说》曰：袁绍年少时，曾遣人夜以剑掷魏武，小，不着。魏武拨之，其后来必高。因怗卧床上，剑至果高。

又曰：郝隆，七月七日出日中仰卧。人问何以，答曰："我晒书也。"

《语林》曰：王子敬在斋中卧，偷入斋取物幞装，一室之内，略无不尽。子敬卧而不动，偷遂复登床，欲有所觅。子敬因呼曰："偷儿，青毡是我家旧物，可特置不？"于是，群贼始知其不眠，悉置物惊走。

睡

《左传》宣上曰：赵宣子谏，灵公患之，使鉏麑贼之。鉏麑，晋力士也。晨往将朝尚早，坐而假寐。不解冠而睡。麑退而叹曰："不忘恭敬，民之主也。贼民之主，不忠；弃君之命，不信。有一于此，不如死也。"触槐而死。

《汉书·礼乐志》曰：魏文侯最为好音，而谓子夏曰："听古乐则欲寐，及闻郑、卫之音，予不知倦焉。"

又曰：陈咸字子康。父万年，尝病，召咸教戒于床下。语至夜半，咸睡，头触屏风，万年大怒，欲杖之。咸叩头谢曰："具晓所言。大人教咸谄也。"万年乃不复言。

《晏子》曰：景公田于梧丘，夜犹早。公坐睡而梦，有五大夫比面称无罪。公觉，召晏子，晏子对曰："昔君灵公田，五大夫骇兽，故断其头而葬之，命之曰五大夫之丘。"命人掘而葬之。

《世说》曰：魏武云："我眠中不可妄近，近便斫人，亦不觉，左右宜深慎。"此后，佯睡，所幸人窃以被覆之，因便斫杀。自后，安眠，人莫敢近者。

《郭子》曰：许侍中、顾司空入王丞相帐中眠。事具帐部。

《益部耆旧传》曰：何祗为成都令。尝眠睡，其觉悟便得奸诈。咸畏祗之发摘。或以为有术得知之，无敢复欺者。

太平御览卷第三百九十四 人事部三十五

行

《易·困卦》曰：臀无肤，其行趑趄。

《毛诗·谷风》曰：行道迟迟，中心有违。迟迟，舒行貌。

又《黍离》曰：彼黍离离，彼稷之苗。行迈靡靡，中心摇摇。

又《载驱》曰：汶水汤汤，行人彭彭。

又《我行其野》曰：我行其野，蔽芾其樗。昏姻之故，言就尔居。

又《蟋蟀杕杜》曰：独行踽踽。

《礼记·仲尼燕居》曰：行则有随，行而无随，则乱于涂也。

又《玉藻》曰：君与尸行，接武；尊者尚徐蹈半迹。大夫，继武；迹相及也。士，中武。迹间容迹。端行，颐霤如矢；弁行，剡剡起屦。凡行，容惕惕。直疾貌也。凡行，谓道路也。

《左传·襄二十六》曰：卫献公使与宁喜言，宁喜告蘧伯玉。伯玉曰："瑗不得闻君之出，敢闻其入。"遂行从近关出。

《论语·述而》曰：子曰："三人行，必有我师焉。"

《史记》曰：伍子胥曰："为我谢申包胥。吾日暮途远，吾故倒行而逆施之。"譬如人行，前途尚远，日势已暮，救在颠倒疾行，何得责无顺行礼。

《汉书》曰：袁盎使吴，见守，从史适在守盎校为司马。司马曰："君第去，臣亦且亡。辟吾亲，君何患？"乃以刀决帐，盎解节旄，履，步行七十里。着屐步行而逃亡。

《吴书》曰：孙策讨山越，斩其渠帅。悉令左右分行逐贼，独骑与虞翻相得山中。翻曰："危事也。"令策下马。"此草深，卒有警急，马不及人。翻善用矛，请在前行。"得平地，劝策乘马。策曰："卿无马奈何？"答曰："翻能步行，日可三百里。明府试鞭马，翻能疏步属之。"

《东方朔别传》曰：武帝问朔曰："公孙丞相、倪大夫等，先生自视何与此哉？”朔曰：“臣观其臿齿牙，树颊胲，音改吐唇吻，擢项颐，结股肱，连脽音谁。尻，逶蛇其迹，行步偊旅。臣朔虽不肖，尚兼此数子。”

《神仙传》曰：黄卢子者，姓葛名越，年二百八十岁，行及走马。王真者，上党人也，年十七八，乃学道，服食胎息之术，行及走马，力兼数人。河上公者，莫知其姓名也，又能行及走马。头上常有五色气，高丈余。孔安者，鲁人也，行气服铅丹。有陈和者，乐安人也，重之，求事安。遂受其方合药服之，二百余年，头色转黑，气力百倍，行及走马也。

《列仙传》曰：沈建者，丹阳人也，世为长史。建独好导引服食之术。一日行五百里，能举千斤。

《葛仙公别传》曰：孙坚欲害仙公。驰马往，逐见仙公徐行，逐之不及。

步

《释名》曰：徐行曰步。步，捕也。如有所司，捕务安详也。

《尔雅》曰：堂下谓之步。

《礼记·王制》曰：古者以周尺八尺为步，今以周尺六尺四寸为步。

又《祭义》曰：故君子跬步而弗敢忘孝也。

《汉书》曰：息夫躬曰：“匈奴饮马于渭水，边境雷动，四野风起，京师虽有武蜂精兵，未有能窥左足而先应者也。”窥，音跬。半步曰跬步也，言一举足也。

又曰：蔡义河内温人也。以明经为给事大将军幕府。家贫常步行，礼不逮众。门下好事者相合为义置犊车，令乘之。

又曰：盖宽饶为人刚直高节。家贫，俸禄数千，半以给吏人，为耳目，为司隶，常步行。

《续汉书》曰：李固少有俊才，雅志好学，为三公子。常躬步行驱驴负书从师。

范晔《后汉书》曰：杨震转涿郡太守，子孙常蔬食步行。

《魏志》曰：崔林字德儒，清河东武城人也。除鄢陵长，家贫无单车匹马，步行之官。

《庄子》曰：寿陵余子学步于邯郸，未得其能，失其故步，匍匐而归。以此效比两失之。

《白虎通》曰：人践三尺，法天地人也。再举足为步，备阴阳也。

《郭子》曰：王丞相拜司空。廷尉作两角髻、葛裙，拄杖临路边窥之，叹曰："人言阿龙超，导小名赤龙。阿龙故自超。"不觉步至台门。

《方言》曰：半步为跬。

《世说》曰：阮宣子常步行，以百钱挂杖头，至酒店上便独酌酣畅。

趋

《说文》曰：趋，低头疾行也。赴，直行也。

《释名》曰：疾行曰趋。趋，赴也，赴所期也。

《毛诗·鱼藻》曰：绵蛮黄鸟，止于丘隅。岂敢惮行，畏不能趋。

《礼记·曲礼》曰：遭先生于道，趋而进，正立拱手。不与之言，则趋而退。

又曰：帷簿之外不趋。堂上不趋。执玉不趋。

《论语·乡党》曰：没阶趋进翼如也。

《尔雅》曰：门外谓之趋。

《汉书》曰：上欲自击陈狶，周昌泣曰："始皇攻破天下，未曾自行，今上行，是无人可使者乎？"上以为爱我，赐入殿门不趋。

又曰：万石君诸子入里门，趋至家。

走

《释名》曰：疾趋曰走。走，奏也，促有所奏至。

《礼记·玉藻》曰：凡君召以三节，二节以走，一节以趋。节，所以明信也。使使召臣急则持三，缓则持一。《周礼》曰：镇圭以檄守，其余未闻也。如今汉使者持之节。

《左传·僖下》曰：卫叔武将沐，闻君至而喜。捉发走出，前驱射而杀之。

又昭三十一年曰：荀跞以晋侯之命唁公，且曰："寡君使跞以君命讨于意如，意如不敢逃死，君其入也。"公曰："君惠顾先君之好，施及亡人，将使归，粪除宗祧以事君，则不能见夫人已。所能见夫人者，有如河！"夫人谓季孙也。荀跞掩耳而走。

《公羊传》曰：定公曰：阳虎窃宝玉而走。

又哀公曰：齐景公谓陈乞曰："吾欲立舍何如？"陈乞曰："君欲立，臣请立之。"陈乞欲言不可，恐景公杀阳生。阳生曰："吾闻子将不立我也。"陈乞曰："吾不立子者，所以生子也。"与之玉节而走之。节，信也。折王与阳生为后当迎之。

《尔雅》曰：中庭谓之走。

《史记》曰：周昌常入奏事，高帝方拥戚姬。昌还走，帝逐得，骑昌项问曰："我如何主也？"昌仰曰："桀纣主也。"

《东观汉记》曰：上降颖阳，虽得入，意不安。门下有击马着鼓者，马惊，硠音郎磕音搕邓晨起，走出视之，乃马也。

《魏略》曰：曹真字子丹，沛郡人。本姓秦，养曹氏。或云其伯父南宿与太祖善，共平袁术。部党与太祖相攻，劫太祖出，为寇所追，走入秦氏，伯南开门受之。寇问所在，答云："我是寇。"遂害之。由此太祖思其功，遂变其姓。

《江表传》曰：陆逊破刘备于夷陵。备舍船步走，烧皮铠以断道，使挽车走入白帝。

《晋书》曰：陈安字虎侯。骁壮果毅，武干过人，多力善射，持七尺刀贯甲，奔及驰马。

又曰：唐彬字儒宗，鲁国邹人也。少便弓马，好游猎。身长八尺，走及奔鹿，强力绝人。

《后魏书》曰：伊馛扶拂切代人也。少而勇健，走及奔马，善射多力，曳牛却行。

《赵书》曰：刘灵，阳平人也。年二十余，常厮役于县。走及驰马。

《前秦录》曰：苻坚大败，为流矢所中。遁走甚饥。民有进壶飧豚髀者，坚食之，大悦。

《隋书》曰：麦铁杖，始兴人也。骁勇有膂力，日行五百里，走及奔马。每以渔猎为事，不治产业。

《吴越春秋》曰：庆忌，僚子也。勇为人所闻，走及奔马。

《吴氏春秋》曰：今与骥俱走，则人不胜骥矣。居其车上，则骥不胜人。

又曰：有莘氏女子采桑，得婴儿于空桑之中，献之其君，令养之，察其所以然。曰："其母居伊水之上，孕，梦神告曰：臼出水而东走，千里邑尽为水，身化为空桑。"故命之曰伊尹。

《战国策》曰：昔曾参处费，鲁人有与曾参同姓名者杀人。人告其母曰："曾参杀人。"曾参母投杼逾墙而走。

《楚汉春秋》曰：淮阴武王反，上自击之。张良居守。上体不安，卧輼车中，行三四里，留侯走，东追上。簪堕，被发。及輼车，排户曰："陛下即弃天下，欲以王葬乎，以布衣葬乎？"上骂曰："若翁天子也，何故以王及布衣葬乎？"良曰："淮南反于东，淮阴害于西，恐陛下倚沟壑而终也。"

《庄子》曰：藏舟于壑，藏山于泽，谓之固矣。然则，夜半有力者负之走，而昧者不知。

《荀卿子》曰：伯禽将归国，周公谓之曰："君子力如牛，不与牛争力；走如马，不与马争走；智如士，不与士争智。"

《淮南子》曰：渔者走渊，木者走山。

又曰：躄者见虎不走，非勇也。

又曰：飞不以尾，挫尾则飞不能远；走不以手，缚手则走不能疾。

《抱朴子》曰：柠木实之赤者饵之，一年，老者少。昔道士梁须年七十，服之，年百三十岁，能夜读书，走及马。柠，丁李切；又音楮。

《世说》曰：锺会撰《四本论》始毕，甚欲使嵇公一见。置怀中。既诣定，畏其有难，不敢相示。因出户，遥掷，面便走。

《俗说》曰：桓公豹奴善骑乘，亦有极快马。时有一诸葛郎，自云能走与马等。桓车骑以百匹布置埒头，令豹奴乘与诸葛竞走，先至者得布。便俱走，诸葛常与马齐，欲至埒头，去布三丈许，诸葛一跳坐布上，遂得之。

《鲁女生别传》曰：鲁女生，长乐人也。少好学道，初服饵胡麻，乃求绝谷八十余年，日更少壮，面如桃花，日行三百里，走及獐鹿。

跳

《释名》曰：跳，条也，如草木枝条务上行也。

《左传·僖下》曰：魏犨束胸见使者曰："以君之灵，不有宁也。"距跃三百，曲踊三百。距跃，超越也。曲踊，跳踊也。

崔鸿《十六国春秋·前赵录》曰：刘翌骁干过人，能一手举殿柱，跳过平阳门出。

《神仙传》曰：壶公者，不知何许人也。从远方来，卖药得钱与饥冻者。常悬一壶于坐上，日入后，跳入壶。市掾费长房于楼上见之，知非常人，身为扫除，并进饼饵。公令房共跳入壶中，但见楼观重门，侍者数十人。

蹲

王隐《晋书》曰：王长文字德睿。州辟别驾，不就。追求之，乃于成都卖熟市见长文蹲地啮胡饼。州知不屈，乃送还家。

《山海经》曰：大荒之外，有大人之堂。有一大人踆其上，张其两臂。

郭璞《游仙诗》曰：安见山林士，拥膝对岩蹲。

王褒《僮约》曰：奴入市，不得夷蹲旁卧、恶言丑骂。

太平御览卷第三百九十五 人事部三十六

沐

《说文》曰：沐，濯发也。

《毛诗·淇澳·伯兮》曰：自伯之东，首如飞蓬。岂无膏沐，谁适为容？

《大戴礼·夏小正》曰：五月蓄兰为沐浴。

《礼记·曲礼上》曰：居丧之礼，头有疮则沐。

又《檀弓下》曰：石骀仲卒，骀仲，卫大夫也。无適子，有庶子六人。卜所以为后者，曰："沐浴佩玉则兆。"五人皆沐浴佩玉。石祁子曰："孰有执亲之丧而沐浴佩玉者乎？"不沐浴佩玉。石祁子兆，卫人以龟为有知。

又《内则》曰：五日则燂汤请浴，三日具沐。

《左传·僖中》曰：初，晋侯之竖头须，守藏者，窃藏以逃。文公出时。尽用以求纳之。求纳文公。及入，求见，公辞以沐。谓仆人曰："沐则心覆，心覆则图反，宜吾不得见也。居者为社稷之守，行者为羁绁之仆，国君而雠匹夫，惧者甚众矣。"仆人以告，公遽见之。

又僖下曰：卫叔武将沐，闻君至而喜。捉发走出，前驱射而杀之。公知其无罪，枕股而哭之。

又哀下曰：齐子我夕，夕视事。陈逆杀人，逢之，陈逆子行陈氏宗也，子我逢之。遂执以入。执逆至朝。陈氏方睦，使疾，而遗之潘沐，备酒肉焉。潘米汁可以沐头。

《论语·宪问》曰：陈成子弑简公，孔子沐浴而朝，请讨之。

《家语》曰：凡丧，小功已上，虞祔练祥之，祭皆沐浴，且祭日沐浴为斋洁也。

《史记》曰：周公戒伯禽曰："我文王之子，武王之弟，成王之叔，于天下亦不贱矣。然我一沐三握发，一饭三起以待士，犹恐失天下之贤人。"

《汉书》曰：窦皇后弟广国，字少君。四五岁时，家贫，为人所略。上书自陈，左右见，问之，曰："姊去我西时，与我诀传舍中，丐沐，沐我、饭我乃去。"后持之而泣也。

又曰：邓通愿谨，不好外交。虽赐沐浴，不欲出。于是，文帝赐通巨万。

又曰：吴王遗诸侯书曰："楚元王子淮南三王，或不沐洗十余年，怨入骨髓。言心有所怀，志不在洗沐也。欲壹有所出之久矣。谓发兵也。"

又曰：张安世字子孺。少以父任为郎用善书至给事尚书。精力于职，沐浴未尝出。

又曰：董贤，每赐沐浴，不肯出。常留中视医药。上以贤难归，诏令贤妻得通引籍殿中，止贤庐。

又曰：张苍德安国侯王陵。及贵父事陵。陵死后，苍为丞相，洗沐常先朝陵夫人，上食，然后敢归家。

又曰：孔光典枢机十余年，守法度，修故事。沐日归休，兄弟妻子燕语，终不及朝省政事。

邓粲《晋记》曰：春陵长易雄起兵讨王敦，欲活之，使还邑舍洗沐。众人皆贺，雄曰："吾梦乘车，挂肉其傍。肉必有筋，筋者，斤。吾其死也。"敦果刑雄。

《晏子春秋》曰：景公之嬖妾婴子死，公守之三日，不食，不去左右。晏子入，曰："育术客与医俱言曰能生死者，闻婴子疾，请治之。"公喜，起曰："病犹可为乎哉？"晏子曰："客之通也，使君洁沐浴饮食，彼亦将有鬼神之事焉。"公曰："诺。"屏而沐浴。晏子令棺人敛之而复曰："医不能治病也，敛矣。不敢不以闻。"公作色不悦曰："吾为君给而已矣。"

《庄子》曰：孔子见老聃，聃新沐被发似非人。孔子曰："先生体若槁木，似遗物乎！"老子曰："吾游物之初。"孔子出，告颜渊曰："丘之道，其犹醯鸡。"司马彪注曰：醯鸡，酒上飞蠛。

《韩子》曰：古谚曰："为政若沐也。"虽有弃发之劳，而有长发之利也。

又曰：僖侯将沐，汤中有砾。问之，曰："当有人欲代汤者。"

《吕氏春秋》曰：昔者，禹一沐而三捉发，一食而三起，以礼有道之士。

《淮南子》曰：汤沐具而虮虱相吊，大厦成而燕雀相贺。

《六韬》曰：文王闻杀崇侯虎，归至酆，令具汤沐。

《论衡》曰：子日沐，令人爱，卯日沐，令人白头。案：人之爱憎，头之白黑，在乎自然。但使嫫母子日沐，能令人爱耶？使十五童子卯日沐，能令发白耶？

《世本》曰：秦穆公作沐。

《异苑》曰：北海任诩字彦期。从军十年乃归。临还，握粟出卜。师云："非屋莫宿，非食时莫沐。"诩结伴数十，暮遇雷，相庇于岩下。窃忆非屋莫宿之戒，遂负檐栉沐。岩崩，压停者悉死。至家，妻先与外人通情，谋共杀之，请以湿发为识。妇宵则劝诩令沐，复忆非食时莫沐之忌，收发而止。妇惭愧负怍，乃自沐焉。散发同寝。通者夜来，不知妇也，斩首而去。

《楚辞》曰：浴兰汤兮沐芳华，采衣兮若英。

又《渔父》曰：吾闻新沐者必弹冠，新浴者必振衣，安能以身之察察，受物之汶汶乎！

浴

《说文》曰：浴，洒身也。

《礼记·内则》曰：五日则燂汤请浴，外内不共湢音逼浴。逼，浴室也。

《礼记·儒行》曰：儒有澡身而浴德。常自清洁于身，沐浴于德也。

《左传·僖中》曰：晋公子重耳及曹，曹共公闻其骈胁，欲观其裸。浴，薄而观之。

又文下曰：齐懿公之为太子也，与邴歜之父争田，不胜。及即位，乃掘而刖之，而使歜仆。仆御。纳阎职之妻，而使职参乘。五月，公游于申池。二人浴于池，歜以扑抶职。抶，捶。扶，击。职怒。歜曰："人夺汝妻而不怒，一抶汝庸何伤？"职曰："与刖其父而弗能病者，何如？"乃谋杀懿公。

《国语》曰：庄公将杀管仲，齐使者请之而来，以与使者。比至，三衅三浴之。衅，香堇也。

《论语·先进》曰：子路、曾皙、冉有、公西华侍坐。子曰："点！尔何如？"鼓瑟希，铿尔，舍瑟而作。对曰："暮春者，春服既成。冠者五六人，童子六七人，浴乎沂，风乎舞雩，咏而归。"夫子喟然叹曰："吾与点也！"

《续汉书》曰：耿恭在疏勒得出，至玉门，唯余十三人。衣履穿决，形容枯槁。郎将郑众为恭以下沐浴，易衣冠。

又曰：灵帝时，江夏黄氏之母浴化为鼋，入于深渊。其后时时出见。初浴簪一银钗，见犹在其首。

《山海经》曰：大荒之中，有渊正方，四隅皆通。言渊四海皆旁通。北属黑水，南属大荒。北旁名曰少和之渊，南旁名曰纵渊。音乌悬反。舜之所浴也。言常在中澡洗。

《庄子》曰：仲尼问于太史韬曰："卫灵公为灵，何也？"太史韬曰："是固灵也。灵公妻有三人同浴。"男女同浴，此无礼也。

又曰：鹄不日浴而白。

《韩子》曰：燕人李季好远游。其妻私通他人。季忽归，私通者在内，其妻令被发直出门。季曰："何人耶？"妻曰："无人。"季曰："吾见鬼耶！"妻曰："取五牲屎浴。"季曰："诺。"乃浴以狗屎。

《说苑》曰：秦缪公见百里奚牛肥，公曰："牛何以肥？"对曰："臣饮食之以时，使之不暴，有险先后之以身，是以牛肥。"公知其君子，令有司具沐浴为衣冠。坐与语，公大悦。

《外国图》曰：方江之上暑湿，生男子三年而死。有黄水，妇人入浴，出则乳矣。去九嶷二万四千里。

丘渊之《征齐道理记》曰：朱灵城东，有管宁旧宅。宅前有水，是宁常所澡浴处。

石虎《邺中记》曰：石虎金华殿后，有虎皇后浴室三间。徘徊反宇，栌檘隐起，彤采刻镂，雕文粲丽。四月八日，九龙衔水浴太子之像。又太武殿前沟水注浴时，沟中先安铜笼疏，其次用葛，其次用纱。相去六七步，断水。又安玉盘，受十斛。又安铜龟，饮秽水。出后脚入诸公主第，沟亦出建春门东。又显阳殿后有皇后浴池，上作石室，引外沟水注之室中。临池上有石床。

《世说》曰：桓车骑桓冲也不好着新衣。浴讫，妇固送新衣。车骑大怒，催使将去。妇便持还，传语云："衣不经新，何由而故？"桓大笑而着之。

《幽明录》曰：桓温内怀无君之心。时比丘尼从远来，夏五月，尼在别室浴，温窃窥之。见尼裸身先以刀自破腹，出五藏，次断两足，及斩头、手。有顷，浴竟。温问："向窥见，尼何得自残毁如此？"尼云："公作天子，亦当如是。"温惆怅不悦。

盥

《说文》曰：盥，洒面也。澡，洒手也。洗，洒足也。

《尚书·顾命》曰：盥以异同，秉璋以酢。太保以盥手洗异同实洒。

《礼记·内则》曰：子事父母，鸡初鸣，咸盥漱。

又曰：进盥，少者奉盘，长者奉水，请沃盥。奉卒，授巾。盘，盛盥水者。

《左传·僖中》曰：怀嬴奉匜沃盥，既而挥之。怀嬴怒曰："秦、晋匹也，何以卑我？"

《后汉书》曰：刘宽简略，嗜酒，不好盥浴。澡手曰盥。京师以为谚。

《唐书》曰：虞世南受学于吴郡顾野王，经十余年，精思不倦或累旬不盥栉。

《庄子》曰：阳子居遇老子，老子中道仰天叹曰："始以汝为可教也，今不可也。”阳子居不答。至舍，进盥漱巾栉，脱履户外，膝行而前曰：“向者，弟子欲请问夫子，夫子行，不问。今间矣，请问其过。”

《管子》曰：冬日不盥，非爱水也；夏日不炀，非爱火也。为不适于身。

《风俗通》曰：案里语：“厚哉鲍管，探肠按腹。”不清，然尚不盥，何共财而生喜怒也。

游

《毛诗·邶·柏舟·谷风》曰：就其深矣，泳之游之。

《左传·庄公十八年》曰：楚武王迁权于那处，使阎敖尹之。及文王即位，巴人叛楚而伐那处，取之，遂门于楚。阎敖游涌而逸。敖既不能守城，又游涌水而走。

《庄子》曰：颜渊问于仲尼曰：“吾尝游乎觞深之渊。津人操舟若神，吾问焉。曰：‘操舟可学耶？’曰：‘吾善游者’数，若乃夫没人则未尝见舟而便操之者也。吾问焉而不吾告，敢问何谓也？”仲尼曰：“善游者之数能忘水也，若乃夫没人之未尝见舟而便操之也。彼视渊若陵，视舟之覆，犹其车却也。”

又曰：孔子观于吕梁，悬水三十仞，流沫三十里，鼋鼍鱼鳖之所不能游也。有一丈夫游之，以为有苦而欲死者也。使弟子并流而拯之，数百步而出。被发行歌而游于塘下。孔子从而问焉。曰：“蹈水有道乎？”曰：“吾无道，吾始乎故，长乎性，成乎命。与齐俱入，与汩偕出，从水之道而不为私焉。此吾所以蹈水也。”

《吕氏春秋》曰：有道江上者，见人方引婴儿而投之江中，婴儿啼。人问其故。曰：“此其人父善游。”使其父虽善游，其子岂遽能游之哉！

《淮南子》曰：食水者善游而耐寒。鱼属也。

万震《南州异物志》曰：合浦之人习水善游，俯视增潭，如猿仰株。入如沉鼋，出如轻凫。蹲泥剖蚌，潜窃明珠。

太平御览卷第三百九十六 人事部三十七

溺

《大戴礼》曰：武王践祚曰：“盥盘之铭，与其溺于水，宁溺于人。”不可救。

《礼记·檀弓上》曰：死而不吊者三：谓轻生忘孝。畏，人或时以非罪攻己，不有以说之死之者，孔了畏于匡是也。压，行止危险之下。溺。不乘桥船。

又《缁衣》曰：子曰：“小人溺于水，君子溺于口，大人溺于人，皆在其所亵也。夫近于人而溺人，德易狎而难亲也，易以溺人。”

《左传·哀下》曰：越围吴。晋赵孟使楚隆问吴王。王曰：“勾践将生忧寡人，死之不得矣。”王曰：“溺人必笑，吾将有问也。史黯何以得为君子？”对曰：“黯也，进不见恶，退无谤言。”王曰：“宜哉。”

《东观汉记》曰：邓训字平叔。永平中，治滹沱石臼河，从都卢至羊肠仓，欲令通漕。太原吏民苦转远，所经三百八十九隘，前后没溺死者不可胜算。建初三年，拜训谒者，使监领其事。更用驴辇，岁省亿万，计活徒士数千人。

《后汉书》曰：廉范西迎父丧至葭萌，载船触石破没，范抱持棺柩遂俱沉溺。众伤其义，钩求得之，仅免于死。

《魏志》曰：管辂族兄孝国，居在斥丘，辂往从之，与二客会。客去后，辂谓国曰：“此二人天庭及口耳之间同有凶气，异变俱起，双魂无宅，流魄于海，骨归于家，少许时并当死也。”复数十日，二人饮酒醉，夜共载，牛惊下道入漳河中，皆即溺死也。

又曰：帝幸许昌，杜畿居守。受诏作御楼船于陶河。试船，遇风没。帝为之流涕，诏曰：“昔冥勤其官而水死，稷勤百谷而山死，故尚书仆射杜畿于孟津试船，遂至覆没，忠之至也，朕甚愍焉。”追赠太仆，谥曰戴侯。

《吴录》曰：孙策《讨黄祖表》曰："臣讨黄祖，斩首二万余级，其赴水溺死二万余口。船六十余艘，财物山积。"

《唐书》曰：封德彝。隋开皇末，江南作乱，内史令杨素往征之，署为行军记室。泊船海曲。素夜召之，德彝坠于水中，人救免溺。乃易衣以见，竟寝不言。素后知，问其故。答曰："私事也，所以不白。"素甚嗟异之。

《庄子》曰：至德者火弗能热，水弗能溺，寒暑弗能害，禽兽弗能贼。

《孟子》曰：淳于髡曰："嫂溺，则援之以手乎？"孟子曰："嫂溺不援，是豺狼也。"

《吕氏春秋》曰：洧水大，有富人溺死。有人得富者尸，请赎而求金甚多。富人党以告，邓析曰："但安之，必无买此者。"得尸者患其不赎，又告邓析。邓析曰："但安之，必无人更卖。"

又曰：子路拯溺者。其人拜之以牛，子路受之。孔子曰："鲁人必拯溺矣。"

又曰：荆人欲袭宋，使人先表灌水。灌水瀑溢，荆人不知，循表而夜涉，溺死者千有余人。

《淮南子》曰：与溺者金玉，不如与之一寻常之缠。

又曰：父溺，则揽父发而整之，非敢憍侮，以救死也。

《说苑》曰：梁相死，惠子欲之梁。渡河而遽堕水中。船人救之，曰："居船楫之间而溺，无我则子死矣。子何能相梁乎？"惠子曰："居广艘长楫之间，则不如子。至安国家、全社稷，子之比我，蒙蒙如未视之驹。"

曹毗《神女杜兰香传》曰：神女姓杜，字兰香。自云家昔在青草湖，风溺，大小尽没。香时年三岁，西王母接而养之于昆仑之山，于今千岁矣。

《异苑》曰：蜀郡张贞行船覆，溺死。贞妇黄因投江就之，积十四日，执夫手俱浮出。

又曰：河内荀儒字君林。乘冰省舅氏，陷河而死。兄伦求尸，积日不得。设祭冰侧，笺与河伯。投笺一宿，岸侧冰开，尸首执笺浮出，伦又笺谢。

又曰：颍川荀茂远，景平中至南康，夜梦一人，头有一角，为远筮曰：“君若至都，必得官。”问是何职。答曰：“官生于林。”于是而寤，未解所况，因复寐。又梦部伍至杨州水门，坠水而死。作棺既成，远入中自试，恨小。即见殡瘗葬渚次。怅然惊觉，以告母兄。船至水门过，果落江而殒，丧仪一如其梦。

《幽明录》曰：蔡廓作豫章郡。未发，大儿始迎妇在渚，次儿欲渡妇船，衣挂船头，遂堕水，即没。徐羡之作扬州，登敕两岸，厚赏渔人及昆仑，共寻觅至二更，不得。妇哀泣之间，仿佛如梦，闻声告之曰：“吾今在卿船下。”以告婢，婢曰之。令水工没觅，果见坐在舡下。初出水颜色如平生。

《三辅决录》曰：文帝窦后名猗，清河观津人也。父遭秦之乱，隐身渔钓，坠渊而卒。景帝即位，后登尊号，遣使者更填父所坠渊而筑起大坟，观津城南青山是也。

《益部耆旧传》曰：孝女叔光雄者，犍为人也。父泥和，永建初为县功曹，乘船堕水物故，尸丧不归。号泣昼夜，心不图存。所生男女二人并数岁，雄乃各为囊盛珠环以系儿，数为决别之辞。家人每防闲之。后稍懈，因乘小船于父堕处恸哭，遂自投水死。弟贤，其夕梦雄告之：“却后六日，当共父同出。”至期伺之，果与父相持江上，郡县表上为，雄立碑，图像其形焉。

《博物志》曰：澹台子羽渡水，子溺死。将葬之，灭明曰：“此命也，吾岂与蝼蚁为亲戚，鱼龟为仇雠？”遂以葬之。

又曰：南郡宜城王子山，到太山从鲍子真学算。到鲁，赋灵光殿。归渡湘水溺死，时年二十许。其弟子玉亲见之。

《乐府解》曰：《公无渡河》朝鲜津卒霍里子高妻丽玉所作。子高晨起刺船，有一白首狂夫，被发提壶，乱流而渡。其妻呼而止之，乃遂溺死。于是，援箜篌而歌曰：“公无渡河。”

相似

《春秋历命序洛书》曰：人皇出于提地之日，九男九兄弟相似，别长九国。

《家语》曰：孔子适郑，与弟子相失，独立东郭门。或谓子贡曰："东门有一人焉，其形长九尺有六寸，河目而隆颡。其头似尧，其项似皋陶，其肩似子产，而腰已下不及禹三寸。"

《孔丛子》曰：苌弘语周文公曰："吾观仲尼有圣人之表，其状河目而隆颡，是黄帝之形也。修肱而龟背，其长九尺有六寸，是成汤之容体也。然言称先王，躬履谦让，洽闻强记，博物不群，抑亦圣人之兴者也！"

《史记》曰：孔子既没，弟子思慕。有若状似孔子，相与共立为师，如夫子时。

又曰：楚相孙叔敖临死属其子，贫困往见优孟。乃为叔敖衣冠，振掌谈语，岁余像叔敖，王与左右不能别，欲以为相。优孟曰："孙叔敖尽忠为楚令尹，死，其子负薪。楚相不足为也。"王乃封敖子。

《汉书》曰：夏阳人，姓成名方遂。居湖，以卜筮为事。有故太子舍人尝从方遂卜，谓曰："子状貌甚似卫太子。"方遂心利其言，几得以富贵，即诈自称诣阙。廷尉建召乡里识知者张宗禄等，方遂坐诬罔不道，要斩东市。

又曰：冯立字圣卿。迁西河上郡守。立居职公廉，治行略与兄野王相似，而多知有恩贷，好为条教。吏民嘉美野王，与立相代为太守，歌之曰："大冯君，小冯君，兄弟继踵相因循，聪明贤知惠吏民，政如鲁、卫德化钧，周公、康叔犹二君。"

《汉献帝春秋》曰：孝灵皇帝王美人生皇子协。协生十余日，何皇后妒杀美人。灵帝母永乐董太后摄养协，号曰董侯。董侯八岁，能读诗书。

《魏志》曰：初，高勾丽王生能开目视，国人恶之。及长，果凶虐，数寇钞。曾孙位生亦能开目视，国人恶之。勾丽呼相似为位，以似其曾祖，故名曰位。

《晋书》曰：桓玄闻义军起，忧惧曰："何无忌刘牢之外甥，酷似其舅。共举大事，何虑不成。"

又曰：蜀人王富作乱，郡县讨平之。初，诸葛孔明有盛德于蜀土，子瞻又身死王事，蜀人思之。为瞻不死，故将谓王富曰："君状貌甚似诸葛亮，君因此思克复以霸巴蜀。"

《晋中兴书》曰：王允之字渊猷，年在总角，从伯敦知之，谓为似己，入则共寝。

檀道鸾《晋阳秋》曰：初，议以吴隐之为黄门郎，而隐之貌似太宗，上不忍见，故改焉。

《齐书》曰：谢弘微性严正，举止必修礼度。时有蔡湛之者，及见谢安兄弟，谓人曰："弘微貌类中郎，而性似文靖。"

《梁书》曰：王筠字元礼，琅琊人。年十六，为《芍药赋》。沈约曰："王郎非唯额似袁公，见人辄矜。王郎见人必误笑，唯此条不能酷似耳。"袁粲即筠外祖也。

《唐书》曰：王孝杰，雍州新丰人。高宗末，西讨吐蕃，战于大非川，为贼所获。吐蕃赞普见孝杰垂泣曰："貌类吾父！"厚加敬礼。

《孟子》曰：昔者，孔子殁，子夏、子游、子张以有若似圣人，欲以所事孔子事之，强曾子。曾子曰："不可，江汉以濯之，秋阳以暴之，皓皓乎不可尚已。

刘昭《幼童传》曰：汉孝昭帝讳弗陵，武帝少子也。年五六岁，壮大。武帝云："类我。"甚奇之。

《江表传》曰：孙皓夫人死，皓哀愍，葬于苑中。皓治丧于内，半年不出。国人见葬太奢丽，皆谓皓已死，所葬者是也。皓舅子何都颜状似皓，云都代立也。

《孔融别传》曰：融为太中大夫虎贲士。貌似蔡邕。每酒酣，辄引与同坐。曰："虽无老成人，尚有典刑。"

《续搜神记》曰：吴兴施续为吴寻阳督，能言论。有门生亦有意理，常秉无鬼论。门生后渡江，忽有一单衣白帢客来，因共言语，遂及鬼神。客辞屈，乃语曰："仆便是鬼，何以云无？受使来取君。"门生请乞酸苦，鬼问"有似君者不？"云："施续下都督与仆相似。"鬼许之，便与俱归。与都督对坐，鬼手中出一铁凿，可长尺余，正自打之，放凿便去。顾语门生慎勿道。俄而，都督云头痛。还所住，至食时便亡。

《说苑》曰：孔子之匡，简子将杀阳虎。孔子似之，甲士以围孔子之舍。子路怒，奋戟将下斗。孔子止之，曰："夫歌，予和汝。"子路歌，孔子和之，三终而甲罢。

《风俗通》曰：陈国张伯喈弟仲喈妇炊于灶下，至井上，谓喈曰："我今日妆好不？"伯喈曰："我伯喈也。"妇大惭愧。其夕时，伯喈到，更衣，妇复逐牵其背曰："今旦大误，谓伯喈为卿。"答曰："我故伯喈也。"盖亲密无过夫妇，然尚如此，况于初未相见而责先识之乎！

《世说》曰：桓豹奴是王混外甥，形似舅，桓甚讳之。宣武云："不恒似时似耳，恒似则形，时似是神。"桓愈不悦。

又曰：魏黄初末，吴人发长沙王吴芮冢，容貌如故。吴卒发者见淮南吴纲曰："君何类长沙王？"纲曰："先祖也。"去纲近五百年。

《语林》曰：张衡死，蔡邕母始怀孕。此二子才貌甚相类。时人云："邕是衡之后身。"

又曰：桓温自以雄姿风气，是司马宣王、刘越石一辈器。有以叱王大将军者，意大不平。征苻健还，于北方得一巧作老婢，乃是刘越石妓女。一见温入，潸然而泣。温问其故，答曰："官家甚似刘司空。"温大悦。即出外修整衣冠，又入，呼问："我何处似司空？"缇答曰："眼甚似，恨小。面甚似，恨薄。须甚似，恨赤。形甚似，恨短。声甚似，恨雌。"宣武于是弛冠解带，不觉惛然而睡。不怡者数日。

偶像

《说文》曰：偶，桐人也。

《尚书·说命》曰：高宗梦得说，使百工营求诸野，得诸傅岩。王庸作书以诰曰："以台正于四方，台恐德弗类，兹故弗言，恭默思道，梦帝赖予良弼，其代予言。"乃审厥像，俾以形旁求于天下。孔安国注曰：审所梦之人刻其形象以旁求之，放于民间。说筑傅岩之野，唯肖。傅氏之岩在虞、虢之界，肖似所梦之形也。

《史记》曰：孟尝君将入秦，宾客谏，不听。苏代谓曰："今旦，代从外来，见木偶人与土偶人相与语。"木偶人曰："天雨，子将败矣。"土偶人曰："我生于土，败即归土。今天雨，流子而行，未知所止息也。今秦，虎狼国也，而君欲往，如有不得还，无乃为土偶人所笑乎！"孟尝君乃止。

《国语》曰：越灭吴，范蠡遂乘轻舟而浮于五湖，莫知其终极。越王命工以良金写范蠡之状，朝礼之。环会稽三百里，以为范蠡地。

《春秋后语》曰：秦欲攻安邑，恐齐救之，则以宋委于齐曰："宋王无道，为木人以像寡人，射其面。寡人地绝兵远，不能攻也。王苟能破宋，有之，寡人如自得之。"

《战国策》曰：孟尝君将入秦，苏秦谓曰："今臣经淄上，有土偶人与桃梗人相与语。"桃梗谓土偶人曰："子西岸土也，八月雨降，淄水至，则子残矣。"曰："吾残则复西岸。子东园梗也，刻削为人，淄水至则去，漂然将何所之矣。"孟尝乃止。

《汉书》曰：匈奴畏郅都之威，刻木像都之状，交弓射之，莫能中。

《魏志》曰：鲍信与太祖击黄巾，信乃斗死。太祖购求信丧不得，乃刻木如信形，祭而哭之。

《魏略》曰：时苗字德胄，钜鹿人。少清白为人，疾恶。出为寿春令，令行风靡。扬州治在其县，时蒋济为治中。苗以初至任，欲谒济。济素好酒，适会其醉，不能见苗，苗怨恨，还刻木为人，署曰："酒徒蒋济"。立之于坛，旦夕射之。

《江表传》曰：孙权使朱儁往喻关羽，令降。羽乃作像人于城上而潜遁。

又曰：孙皓以张布女为美人，棒杀之。后思其颜色，使工巧刻作美人形，恒置坐侧。

《隋书》曰：柳謇字顾言，本河东人也。拜秘书监，封汉南县公。帝退朝之后，命入阁，言宴讽读，终日而罢，恩若朋友。帝犹恨不能夜召，于是，命匠刻木偶人，施机关，能坐起拜伏，似于謇。帝每在月下对酒，辄令宫人运之于坐，与相酬酢而为欢笑。

《唐书》曰：丘行恭从太宗讨王世充，会战于邙山之上。太宗与诸骑相失，唯行恭独从。寻有□骑数人追及太宗，矢中御马。行恭乃回骑射之，贼不敢复前。然后，下马拔箭，以其所乘马进太宗。贞观中，有诏刻石为人马，以像行恭拔箭之状，立于昭陵阙前。

又曰：侯君集灭高昌国，拜麹智盛为左武卫将军。及太宗崩，刊石像智盛之形，列于昭陵玄阙之下。

又曰：天宝中，天下州郡皆铸铜为玄宗真容，拟佛像之制。

又曰：天宝五年，于太清宫刻石为李林甫、陈希烈像，侍于圣容之侧。

《孝子传》曰：丁兰早孤，不识其母，乃刻木作母而事之。

车频《秦书》曰：姚苌为符坚神像，战求其利。军中士众出入并惊恐，皆云畏苻主像。苌严鼓斩之，以首送苻登。

《抱朴子》曰：张华作《博物志》曰："黄帝仙去，其臣左彻者削木为黄帝像，帅诸侯奉之。"亦见《汲冢书》。

太平御览卷第三百九十七　人事部三十八

叙梦

《毛诗·鸡鸣》曰：虫飞薨薨，甘与子同梦。笺云：虫飞薨薨，东方旦明之时，我犹乐与君子卧而同梦，言亲爱之也。

又《节正月》曰：召彼故老，讯之占梦。笺云：君臣在朝侮玄老，召之不问政事，但问占梦而已，不尚道德而信征祥也。

《尚书·泰誓》曰：朕梦叶朕卜。袭于休祥，戎商必克。

《周礼·春官下》曰：太卜掌三梦之法：一曰《致梦》，二曰《觭梦》，三曰《咸陟》。梦者，人之精神所寤，可占者也。致梦，言梦之所至也。夏后氏作焉。咸，皆也。陟之言得也，周人作焉。觭，读如诸，戎椅之椅，亦德也。亦言梦所得，殷人作焉。

又《春官·占梦》曰：掌其岁时，观天地之会，辩阴阳之气。以日月星辰占六梦之吉凶，一曰正梦，无所感动，平安自梦。二曰噩梦，谓惊愕而梦也。三曰思梦，觉时所思念之而梦。四曰寤梦，觉时道之而梦。五曰喜梦，喜悦而梦。六曰惧梦。恐惧而梦。季冬聘王梦，献吉梦于王，王拜受之。聘，问也。梦者，事之祥吉凶之占，在日月星辰。季冬日穷于次月，穷于纪星，回于天数将几终，于是发弊而问焉，若休庆之云尔，因献群臣之吉梦于王归美焉。

《左传·昭七》曰：郑子产如晋。晋侯有疾。韩宣子曰："寡君寝疾，于今三月矣。并走群望，晋望祠山川走往祈祷。有加而无瘳。今梦黄熊入于寝门，其何厉鬼也？"对曰："以君之明，子为大政，其何厉之有？昔尧殛鲧于羽山，其神化为黄熊，入于羽渊，实为夏郊，三代祠之。晋为盟主，其或者未之祀也乎？"韩子祀夏郊，晋侯有间。间，差也。

又昭七曰：楚子成章华之台，愿与诸侯落之。祭之为落，台今在华容城内。太宰薳启强来召公，公将往，梦襄公祖。祖祭道神。梓慎曰："君不果行。襄公之适楚也，梦周公祖而行。今襄公实祖，君其不行。"子服惠伯曰:“行也,先君未尝适楚,故周公祖以道之。襄公适楚矣,而祖以道。君不行,何之?”三月公如楚。

《论语》曰:孔子曰:“甚矣吾衰也!久矣吾不复梦见周公。”

谢承《后汉书》曰:范式字巨卿,山阳金乡人。仕郡为功曹。与汝南张邵字玄伯为友。后玄伯寝疾,笃,同郡郅君章殷子微省视之。玄伯临终叹曰:“恨不见吾死友。”寻乃卒。式忽梦见玄伯,玄冕垂缨,屣履屐而呼曰:“吾以某日死,某时葬,永归黄泉。子未我忘,岂能相及。”式觉而惊,悲叹赴之。

《魏志》曰:周宣字孔和。为太史。尝有问宣者曰:“吾夜梦见刍狗,其占何也?”宣答曰:“君欲得美食耳。”有顷,出行,果遇丰膳。后又问:“昨夜复梦见刍狗,何也?”宣曰:“欲堕车折脚,宜戒慎之。”顷之,果如宣言。后又问:“昨夜梦见刍狗,何也?”宣对曰:“君家欲失火,当护之。”俄遂火起。已而语宣曰:“前后三时,皆不梦也,聊试君耳,何以皆验耶?”宣对曰:“此神灵动君使言,故与真梦无异也。”又问:“三梦刍狗,而其占不同,何也?”宣曰:“刍狗者,祭神之物,故君始梦当得饮食也。祭祀讫,则刍狗为车所轹,故中梦当堕车脚也。刍狗既车轹之,后必载以为樵,故后梦忧失火也。”宣之叙梦,凡此类也。

《后魏书》曰:庄帝永安中,北海王颢入洛。庄帝北巡,城阳王徽投前洛阳令寇祖仁。祖仁闻尔朱兆捕徽,乃斩首送之。兆梦徽曰:“我有金二百斤,马一百匹,在祖仁家,卿可取之。”兆于上悬祖仁首于树,以石坠足,鞭之求金、马。祖仁死,时人以为立报。

崔鸿《十六国春秋·前凉录》曰:索紞字叔彻。善数术、占梦。孝廉令狐策梦立冰上与冰下人语。紞曰:“冰上有阳,冰下为阴,阴阳事也。士如归妻,迨冰未泮,婚姻事也。君在上与冰下人语,为阴阳介事,君当为人媒,冰泮而婚成。”策曰:“老夫耄矣,不为媒也。”会太守田邈因策为子求张公征女,仲春而婚。郡主簿张宅梦走马上山,还舍三周,但见松柏,不知门处,紞曰:“马为离,离为火,祸也。人上山为凶字。但见松柏，墓门像也，不知门处。为无门也。三周，三期也。后三年必有大祸。宅果与贾摹等谋反，伏诛焉。”兴平问紞曰：“我昨夜梦舍马舞，数十人向马拍手，何也？”紞曰：“马者，火也。舞为火起，向马拍手，救火人也。”平未归而火起。郡功曹张邈尝奉使诣州，夜梦狼啖一脚。紞曰：“脚肉被啖，为却字。”会东虏反，遂不行。张斌当举孝廉，梦竖竿中天。紞曰：“此未字也。”斌果停。凡所占梦，莫不中验。

皇甫谧《帝王世纪》曰：黄帝梦大风，吹天下之尘垢皆去。又梦人执千钧之弩，驱羊数万群。帝寤而叹曰：“风为号令，执政者。垢去土解，清治者。天下岂有姓风名后者也哉？夫千钧之弩，异力能运者也。驱羊数万群，是能善牧者也。天下岂有姓力名牧者也？”于是，依二梦之占而求之，得风后于海隅，登以为相。得力牧于大泽，进以为将。

又曰：汤思贤梦见有人负鼎抗俎，对己而笑。寤而占曰：“鼎为和味，俎者割截，天下岂有人为吾宰者哉？”初，力牧之后曰伊挚，耕于有莘之野，汤闻以币聘。有莘之君留而不进。汤乃求婚于有莘之君。有莘之君遂嫁女于汤，以挚为媵臣。至亳，乃负鼎抱俎见汤也。

《列子》曰：觉有八征，梦有六候。奚谓六候？一曰正梦，二曰噩梦，三曰思梦，四曰寤梦，五曰喜梦，六曰惧梦。此六者，神所交也。一体之盈虚消息，皆通于天地，应于物类。故阴气壮则梦涉大水而恐惧，阳气壮则梦涉大火而燔焫，阴阳俱壮则梦生杀。以浮虚为疾者则梦扬，以沉实为疾者则梦溺。藉带而寝则梦蛇，飞鸟衔发则梦飞。将阴梦火，将疾梦食。饮酒者忧，歌舞者哭。故神遇为梦，形接为事，古之真人其觉自忘，其寝不梦。

又曰：西极之南隅有国名古莽。阴阳之气所不交，寒暑亡辩。日月之光所不照，昼夜亡辩。其民不食不衣而多眠，五旬一觉，以梦中所为者实，觉之所见者妄。

又曰：周之尹氏大治产。其下趣役者侵晨昏而弗息，有老役夫筋力竭矣，夜则昏惫而熟寐。而昔昔梦为国君，游燕宫观，恣意所欲，其乐无比。觉则复役人。有慰喻其勤者，役夫曰："人生百年，昼夜各分。吾昼为仆夫，苦则苦矣。夜为人君，其乐无比，何所怨哉！"尹氏卢锺家业，心形俱疲，昏惫而寐。昔昔梦为人仆，趋走作役，无不为也，数骂杖挞，无不至也。尹氏病之，以访其友。其友曰："若夜梦为仆夫，苦逸之复，数之常也。若欲觉梦兼之，岂可得耶？"

又曰：黄帝十有五年，昼梦游于华胥氏之国。其国在弇州西，台州北，不知距齐国几千万里也。非舟车足力之所及。彼中无师长，无嗜欲。不知乐生，不知恶死，无夭殇。不知亲己，不知疏物。帝寤，怡然而召辅相而告之曰："朕思有以养身治物之道，弗获疲而睡。若此，知至道不可以情求。朕得之矣！"

《庄子》曰：梦者，阴阳之精也。心所喜怒，则精气从之。

又曰：梦饮酒者，旦而哭泣。梦哭泣者，旦而田猎。此寤寐事变也。方其梦也，不知其梦，梦之中又占其梦焉。觉而后知其梦。

又曰：昔者，庄周梦为胡蝶，栩栩然胡蝶也。自喻适志与！不知周也。俄然觉，则蘧蘧然周也。不知周之梦为胡蝶与？胡蝶之梦为周与？

《傅子》曰：梦攀日月，觉而不上天庭。梦入九泉，寤而不及地下。高宗得说，偶中耳。

《淮南子》曰：若人万化，而未始有极也。弊而复新，其为乐可胜计耶！譬若梦，梦为鸟而飞于天，梦为鱼而没于渊。方其梦也，不知其梦也，觉而后知其梦也。今将有所大觉，乃后知今此之为大梦也。

《博物志》曰：太公为灌坛令。于时，文王梦见一妇人哭于道，因问其故。答曰："吾是太岳之女，嫁为西海之妇。吾行往来必以暴风疾雨。今灌坛令当吾道，吾不敢以暴风疾雨过也。"梦觉，遂召太公。三日果有暴风疾雨过其灌坛也。

《始兴记》曰：林水源里有石室。室前盘石上行罗十瓮，中悉是饼银。采伐过之，不得取之，取必迷闷。晋孝武、太玄初，封驱之家奴窃三饼，归发看，有蛇螫之而死。其夜驱之梦神语之曰："君奴不谨，盗银三饼，即日显戮。"觉，奴已死，银由在，复还之矣。

《论衡》曰：赵简子梦见天帝也。以梦占之，知楼台山陵，官位之象也。人梦上楼，升山陵，辄得官位，实楼台山陵非官位也。则智简子梦见帝，非天帝也。

《世说》曰：卫玠总角时，尝问乐广梦。乐云："是想。"卫曰："神形所不接而梦，岂是想？"乐曰："因也。"卫思因不得，遂成病。乐闻，故命驾为剖析之。卫病即小差。乐叹曰："此儿胸中当必无膏肓。"

《梦书》曰：梦者，像也，精气动也。魂魄离身，神来往也。阴阳感成，吉凶验也。梦者，语其人，预见过失，如其贤者，知之自改革也。梦者，告也，告其形也。目无所见，耳无所闻，鼻不喘嗅，口不言也。魂出游，身独在。心所思念忘身也。受天神戒，还告人也。受戒不精，忘神口言也。名之为寤，告符臻也。古有梦官，世相傅也。

又曰：昔圣帝明王之时，神气昭然先见，故尧梦乘龙上太山，舜梦击天鼓，禹梦其手长，汤梦布令天下，后皆有天下。桀梦疾风坏其宫，纣梦大雷击其手，齐桓梦为大禽所中，秦二世梦虎啮其马。王者梦之，皆失天下。

《黄帝针经》曰：歧伯曰："正邪外袭内，而未定舍也。反淫于藏，荣卫俱行，而与魂魄飞扬，使人卧不得安而梦喜。气淫于府，则有余于外，不足于内。气淫于藏，则有余于内，不足于外。阴气盛则梦涉大水而恐惧，阳气盛则梦涉大火而燔灼，阴阳俱盛则梦相杀毁伤。上盛则梦飞，下盛则梦堕。甚饱则梦与，甚饥则梦取。肝气盛则梦怒，肺气盛则梦恐惧，心气盛则梦喜笑，脾气盛则梦歌乐，体重身不举。肾气盛则梦脊两解，不属其气。客于心则梦见丘山熘火。客于肺则梦飞扬，见金铁之奇物。客于肝则梦山林树木。客于脾则梦见丘陵大泽，坏屋风雨。客于肾则梦临渊没居水中。客于膀则梦游行。客于胃则梦饮食。客于大肠则梦田野。客于小肠则梦聚邑街衢。客于胆则梦斗讼自刳。客于阴则梦接内。客于顶则梦斩首。客于足则梦行走而不能及，居深井内。客于股肱则梦礼节拜跪。"

王子年《拾遗录》曰：融高西有梦草，茎似蓍柯，采之为占，则知吉凶。怀之以占梦，立知祸福。

吉梦上

《尚书·说命》曰：高宗梦得说，盘庚弟，小乙子，名武丁，德高可尊，故号高宗，梦得贤相，名曰说。使百工营求诸野，得诸傅岩。使百官以所梦之形象经营求之于外野，德之于傅岩之溪。

《毛诗·鸿雁·斯干》曰：吉梦维何？维熊维罴，维虺维蛇。大人占之：维熊维罴，男子之祥；维虺维蛇，女子之祥。

又《鸿雁·无羊》曰：牧人乃梦，众维鱼矣，旐维旟矣。大人占之：众维鱼矣，实维丰年；旐维旟矣，室家溱溱。

《左传·僖下》曰：晋侯梦与楚子搏，搏，手搏也。楚子伏已而盬其脑。盬，唼也。子犯曰："我得天，楚伏其罪，吾且柔之矣。"晋侯上向故得天，楚子下向地故伏其罪也。脑所以柔物。

又宣上曰：郑文公有贱妾曰燕姞，梦天使与己兰，曰："余为伯儵。余，而祖也。以是为而子。以兰有国香，人服媚之如是。"既而文公见之，与之兰而御之。生穆公，名之曰兰。

又昭元曰：昔武王邑姜方震大叔，邑姜，武王后，齐太公女也，怀胎为震大叔，成王之弟虞。梦帝帝，天也。为己曰："余命而子曰虞，将与之唐，属诸参而蕃育其子孙。"

又哀下曰：宋景公无子，取公孙周之子得与启，畜诸公宫，未有立焉。公卒，得梦启北首而寝于卢门，卢门，宋东门也，北首死处在门外，失国之象也。己为乌而集于上，咮加于南门，尾加于桐门，桐门北至。曰："余梦美，必立。"乃立得。

《春秋元命苞》曰：尧为天子，梦白帝遗吾马喙子。其母为扶，始升丘，睹白帝上有云虎，感己生皋陶。此尽梦所见告之辞也。云虎，有云状如虎。尧聘，索状如。问之如尧言，征与语，明于刑法。

《周书》曰：文王去商在程。正月既生魄，大姒梦见商之庭产棘。小子发取周庭之梓树乎阙间，梓化为松柏棫柞。寤惊，以告文王。王及太子发并拜。告梦受商之大命于皇天上帝。

《史记》曰：秦文公梦黄蛇自天下属地，其口止于鄜衍。李奇曰：鄜，昔乎山；阪曰衍。问史敦，敦曰："此上帝之征，君其祠之。"

又曰：王太后母曰臧儿，嫁为槐里王仲妻，生两女，长女嫁为金王孙妇。臧儿卜女当贵，乃夺金氏，内之太子宫。太子幸爱之，生三女一男。男方任身时，王美人梦日入怀。太子曰："此贵征也。"孝景帝即位，王夫人为皇后，其男为太子。景帝崩，太子袭号为武皇帝。

《汉书》曰：高祖薄姬内后宫，岁余不得幸。始，姬与管夫人、赵子儿相爱，约曰："先贵无相忘。"已而，管夫人、子儿先幸汉王。汉王四年，坐河南城，四幸灵台，此两美人侍而薄姬不得见。二人相与笑薄姬初时约。汉王问其故，两人俱以实告。汉王心凄然怜薄姬。是日，召欲幸之。对曰："昨梦龙据胸。"上曰："是贵征也！吾为汝成之。"幸，有身，生文帝。

太平御览卷第三百九十八 人事部三十九

吉梦下

《东观汉记》曰：诸将皆劝光武即位。乃召冯异。上曰："我昨夜梦乘赤龙上天，觉悟心中动悸。"异因下席拜贺曰："此天命发于精神也。"异遂与诸将定议上尊号。

又曰：永平三年春，有司奏请立长秋宫，以率八妾。上未有所言。皇太后曰："马贵人德冠后宫。"遂登至尊。先是数日，后梦有小虫飞，无数，随着身入皮肤中复飞出。

又曰：和熹邓皇后尝梦扪天体。荡荡正青，滑如磄磃，有若钟乳，若仰嗽之。以讯占梦，言尧梦攀天而上，汤反天舐之，皆圣王之梦。

范晔《后汉书》曰：蔡茂梦坐太极殿上，有三穗禾。茂跳取之，得其中穗，辄复失之。以问郭贺，贺离席庆曰："大殿者，官府之形象也。极而有禾，人臣之禄也。取其中穗，是中台之位也。于字，禾失为秩也。"旬月而茂征焉，辟贺为掾。

谢承《后汉书》：华松家本孤微。其母夜梦两伍伯夹门言，司隶在此。松年十五，师事丁子然，学《春秋》，十九当冠，出，诸生曰："此宰相之器也。"

《魏书》曰：程昱少时，常梦上太山，两手捧日。昱私异之，以访荀彧。及兖州平，乃赖昱得完三城。于是彧以昱梦白太祖，太祖曰："卿当终为吾腹心。"昱本名立，太祖乃加其上日，更名昱。

张勃《吴录》曰：武烈皇帝母有身，梦肠出绕吴昌门。孙坚妻吴氏，梦月在其怀而生长沙桓王。又梦月在怀而生大皇帝。

又曰：丁固字子贱，会稽山阴人。宝鼎中，拜司徒。初为尚书，梦松树生其腹上，谓人曰："松字十八公也。后十八年为公乎？"遂如梦焉。

《蜀志》曰：蒋琬字公琰。夜梦有一牛头在门前，流血滂沱。问占梦赵直，直曰："夫见血者，事分明也。牛角及鼻，公字之象。君位卒当至公。"

《吴志》曰：孙休字子烈。封琅琊王。居会稽。梦乘龙上天，顾不见尾。觉而异之。孙皓废休立，七年薨。孙皓悉诛其子。

又曰：吴王孙权潘夫人，会稽句章人。得幸，有身。梦有似龙头授己者，己以蔽膝受之。遂生孙亮。

王隐《晋书》曰：陶侃字士衡，鄱阳人。少渔于雷泽，梦背上生八翅，飞入天门，见门非常，欲入不敢而下。侃后都督八州诸军事。

又曰：陶侃为广州，梦有司马与侃铠者。长史陈协以为：司马者，国姓也。铠者，捍御之器。节下当进位。泰兴二年，侃加平南将军。

又曰：邓殷为淮南太守。梦行水边，见一女子，虎在后来，荡断鞶囊。占者以为：水边有女，汝字也。断鞶囊者，新虎头代故虎头也。不作汝阴当汝南也，果迁汝阴。

《续晋阳春秋》曰：李太后在会稽王宫，梦两龙枕膝，日月入怀。其后果以相者之言，见幸太宗。凡生烈宗会稽王道子，及鄱阳公主焉。

王韶之《晋安帝纪》曰：刘敬宣在齐，梦丸土吞之。而于梦中占者答曰："此服土吞也。"既觉，喜曰："丸者，桓也。桓既吞矣，我当复本土。"旬日中间，玄败，遂得归。

陆机《晋书武纪》曰：王浚之在巴郡也，梦悬四刀于其上，甚恶之。浚主簿李毅拜贺曰："夫三刀为州，而见四为益一也。明府其临益州乎？"后果为益州刺史。

《晋书》曰：罗含字君章，襄阳人。少时，梦五色鸟入怀，遂取吞之。含觉，胸中如吞物，意谓不吉，乃告叔母朱氏。朱氏曰："此鸟有文章，汝当善文章矣。"果如其言。众人谓之荆楚之松竹。荆州刺史桓温以为江左之清秀也。

《晋书载纪》曰：刘聪之在孕也，母张氏梦日入怀。寤而以告元海。元海曰："此吉征也，慎勿言。"十五月而生聪焉。

《南燕录》曰：慕容德，皝少子也。皝每对诸夫人言：妇人梦日入怀，当生天子。后孙夫人任身，梦日入其脐中。后昼寝生德。

《宋书》曰：晋安王子勋于寻阳城南设坛即位。子勋语左右曰："昨夜梦乘龙上天，俯视不见其头。"众咸失色，莫有对者。着作郎孙毅进曰："《易》称'见群龙无首'，吉祥也。"众乃大悦。

又曰：刘穆之尝梦与宋武帝泛海，遇大风，惊，俯视船下，见二白龙侠船。既而，至一山，山峰耸秀，意甚悦。及武帝克京城，从何无忌求府主簿，无忌进穆之。帝曰："吾亦识之。"即召焉。

又曰：沈庆之尝梦引卤簿入厕中，庆之甚恶入厕之鄙。时有善占梦者为解之曰："君必当大富贵，然未在旦夕。"问其故，答曰："卤簿故是富贵容，厕中所谓后帝也。知君富贵不在今王。"

《后魏书》曰：宣武帝名恪，孝文帝长子也。母曰高氏，初梦为日所逐，避于床下。化为龙，绕己数匝。寤而厩悸，遂娠而生帝也。

《后周书》曰：柳霞幼而爽迈。其世父庆远特器异之，谓霞曰："吾昔逮事，伯父太尉公尝语吾云：我作一梦，梦汝登一楼，甚峻丽。吾以坐席与汝。汝后名官必达，恨吾不及见耳。吾向聊复昼寝，又梦将昔坐席还以赐汝。汝之官位当复及吾。特宜勉励，以应嘉祥也。"

又曰：高琳字秀琳。其先高丽人。母尝祓禊泗滨，卧，遇见一石，光彩朗润，遂持归。是夜，梦见一人衣冠若仙者，谓曰："夫人向所持来石，是浮磬之精耳。君受之必生令子。"母惊寤，举身流汗。俄而，有娠。及生琳，因以名字焉。及长，有大度知略。从文帝累有战功，位至开府仪同三司。

《三国典略》曰：高欢尝梦履众星而行，觉而内喜，遂倾产以结客。

又曰：宇文永贵，昌黎大棘人也。母初孕贵，梦有老人抱一儿授之曰："赐尔是子，俾寿且贵。"及生，形类所梦，故以"永贵"字之。

又曰：齐阳休之幼年，将仕，梦邺城东南有大冢，上有铜柱，跗为莲花。休之从西北而登，以手捉柱，柱右转。梦中咒曰："三匝而止。"柱如其言。荣贵之后，所居之宅，竟在其地。

又曰：祖珽知齐太上有大志，深自结纳。尝启曰："昨梦大王乘龙上天，愿深自爱。"太上大喜。即位 之后擢拜中书侍郎。

又曰：梁孝玄字世诚。梁武第七子也。小字七苻。初，梁武梦眇目僧执香炉称托生王宫。既而，采女石氏侍，始褰户幔，有风回裾，梁武帝意感，幸之。采女梦月堕怀中，遂孕孝玄。载诞之夕，举室光明，室中有非常香气及紫胞之异。

《梁书》曰：江淹少，梦见人授之五色笔，因而有文章。后十余年，忽梦一丈夫，自称郭璞，谓淹曰："前借君笔，可相还。"淹梦中探怀中笔。自此后，不复有文章。时称淹才尽。

又曰：郑灼少事皇侃。灼性精勤，尤明三礼。少时尝梦皇侃谓曰："郑郎开口。"侃因唾灼口中，自后义理益进。

又曰：何点少时尝患渴，经岁不愈。后在吴中石佛寺僧建讲，昼寝梦一道人，形貌非常，授丸一掬，梦中服之而馋拢

《陈书》曰：高祖微时，尝游义兴，馆于许氏。梦天开数丈，有四人朱衣捧日而至，纳之帝口。及觉，腹内犹热。

《南史》曰：徐陵字孝穆。母藏氏，尝梦五色云化为凤，集左肩上，已而诞陵。年数岁，家人携以候沙门释宝志。宝志曰："此天上石麒麟也。"

《唐书》曰：李峤，赵州赞皇人。隋内史侍郎玄操从曾孙也。代为着姓，父镇恶襄城令。峤早孤，事母以孝闻。为儿童时，梦有神人遗之双笔，自是渐有学业。弱冠举进士。

又曰：尹知章绛州翼城人。少勤学。尝梦神人以大凿开其心，以药内之。自是，日益开朗，尽通诸经义。未几，而诸师反北面受业焉。

又曰：张荐字孝举。深州陆泽人。祖鷟，字文成。聪惊绝伦，书无不览。为儿童时，梦紫色大鸟五彩成文降于家庭。其祖谓之曰："五色赤文，凤也。紫文，鸑鷟也，为凤之佐。吾儿当以文章瑞于朝廷。"因以为名字。

又曰：天宝中，安禄山自范阳入朝。肃宗观其凶姿，有勃逆之状，

言之于太上皇。太上皇易之，不纳。上恐危社稷，遂精诚祈梦。其夜，梦故内侍胡普寂等三人，持案覆以黄帊，自天而下，至上前，有素版丹书，文章甚多。既寤，所记者唯四句，曰："厥不云乎，其唯其时。上天所保，福禄不亏。"十四年十一月甲子，禄山果于范阳称兵向阙。

又曰：刘沔，初为忠武小校，从李光颜讨淮西，为捉生将。前后遇贼兵，战，锋刃所伤，几死者数四。尝伤重卧草中，日黑不知归路，昏然而睡。梦人授之双烛曰："子方大贵。此行无患，可持此而还。"既行，炯然有双光在前。

《晏子春秋》曰：景公病水十数日。夜梦与二日斗，不胜。晏子朝，公说之曰："我其死乎？"对曰："使人以迎占梦。"至，晏子说公梦告之。占梦者请反其书，晏子曰："无反书。"曰："所病者阴也，日者阳也，一阴不胜二阳，故病将愈也。"以是对。占梦者入，以晏子言对。居三日，公病大愈。公且赐占梦，占梦者曰："此非臣之言，晏子教臣。"

《李蜀书》曰：武帝讳雄，始祖第三子。始祖后方娠，梦双虹自门升天，一蛇中断。及生，后常言：三子若成人，必有先亡者，有大贵者。后果李荡早卒，李雄王蜀。

《林邑记》曰：林邑俗谓上金为紫磨金，夷俗谓上金为杨迈金。初，范杨迈母怀身，梦人铺杨迈金席与其生儿。儿落席上，金色光起，昭晰艳耀。及其生也，名曰杨迈。后袭王位，能得人情。

皇甫谧《帝王世纪》曰：文王自程徙都酆。季秋之月甲子，赤雀衔丹书入酆，止于文王之户，言天命归周之意。先是文王梦日月之光着身。

《会稽先贤传》曰：吴侍中阚泽字德润，山阴人也。在母胎八月而叱声震外，年十三，夜梦名字炳然县在月后，遂升进也。

《异苑》曰：郑康成师马融，三载无闻。融鄙而遣还。玄过树阴假寐，梦见一老父以刃开其心，谓曰："可以学矣！"于是，遂返，精洞典籍。

又曰：太原郭登之字仲靖。义熙初，诸葛长民欲取为咨议，登之不乐。后为南康太守。卢循之反，长民以其无先过也，将加大辟。梦一神人以乌角如意与。虽是寤寐中，殊自指约。既觉，在其侧，可长尺余，形制甚陋。郭遂得，无他。屡经显官。后徒入关，赍以自随，插着步差中，忽失所在。

《幽明录》曰：谢安石当桓温之世，恒惧不全。夜忽梦乘桓舆行十六里，见白鸡而止，不得复前。莫有解此梦。及温亡，后果代居宰相，历十六年而得疾。安方悟云：“十六里者，十六年，见鸡住者，今太岁在酉。吾病殆将不起。”少日而卒。

又曰：吴兴钱乘，孙权时曾昼卧，久不觉，两吻沫出者数升。其母怖而呼之，曰：“适见一老公，食以熇筋，恨未尽而呼之。”乘本尫瘠，既尔之后，遂以力闻。官至无难监。

太平御览卷第三百九十九　人事部四十

应梦

《礼记·文王世子》曰：文王谓武王曰："汝何梦矣？"武王对曰："梦帝与我九龄。"帝，天也。文王曰："汝以为何也？"武王曰："西方有九国，君王其终抚诸"文王曰："非也，古者谓年为龄，齿亦龄也。我百，尔九十，吾与尔三焉。"九龄，九十年之祥也。文王以忧勤损寿。武王以安乐延年。与汝三者，明傅业于汝，汝受而成之。文王九十七而终，武王九十三而终。

《左传·僖公下》曰：楚子玉自为琼弁、玉缨，未之服也。先战，梦河神谓己曰："畀余，余赐汝孟诸之麋。"

又成公上曰：鞍之战，晋韩厥梦子与厥父谓己曰："避左右。"故中御而从齐侯。邴夏曰："射其御者。君子也。"公曰："谓之君子而射之，非礼也。"射其左，越于车下；射其右，毙于车中。

又昭七曰：郑子产聘于晋。晋侯有疾，韩宣子曰："寡君寝疾，于今三月矣。并走群望，有加而无瘳。今梦黄熊入于寝门，其何厉鬼也？"对曰："以君之明，子为大政，其何厉之有？昔尧殛鲧于羽山，其神化为黄熊，以入于羽渊，实为夏郊，三代祀之。晋为盟主，其或者未之祀乎。"韩子祀夏郊，晋侯有间。间，愈也。

又昭七曰：铸刑书之岁二月，或梦伯有介而行，介，甲也。曰："壬子，余杀带也。明年壬寅，余又将杀段也。"及壬子，驷带卒。国人益惧。齐、燕平之月壬寅，公孙段卒，国人愈惧。

又昭四曰：晋荀吴帅师灭陆浑。韩宣子梦文公携荀吴而授之陆浑，宣子，韩起。文公，晋文公。荀吴，仲行穆子也。故使穆子帅师献俘于文宫。

又昭三十一年曰：十二月辛亥朔，日有蚀之。是夜也，赵简子梦童子羸而转以歌。转，婉转也。旦占诸史墨子曰："吾梦如是，今而日蚀，何也？”对曰：“六年及此月也，吴其入郢乎？终亦弗克。”

《汉书》曰：孝文帝尝梦欲上天，不能进。有一黄头郎推之上天，顾见其衣后穿。觉而之渐台，见郎邓通衣后穿，即梦中所见也。因而宠之。

又曰：卫太子为江充所谮败。久之，田千秋上急变，讼太子冤曰：“子弄父兵，罪当笞。天子之子过误杀人，当何罪哉？臣尝梦见一白头翁教臣言。”是时，上颇知太子惶恐无他意，乃大感寤。召见千秋谓曰：“父子之间，人所难言也，公独明其不然，此高庙神灵使公教我，公当遂为吾辅佐。”立拜千秋为大鸿胪。

又曰：韦玄成为丞相，言孝文太后寝园宜如礼，勿复修。奏可。后岁余上寝疾，梦祖宗谴罢郡国庙。上少弟楚孝王亦梦焉。上召问匡衡，议欲复之。衡深言不可。

《东观汉记》曰：桓帝时张奂为武威太守，其妻怀孕，梦带奂印绶登楼而歌。占曰：“必生男。复临此郡，命终此楼。”既而生子猛，建安中为武威太守。前郡守邯郸商为猛所杀，据郡反。为韩遂所攻，自知必死，乃登楼自烧而终。

《魏志》曰：文帝问周宣曰：“我昨夜梦有青气自地属天。”宣曰：“天下当有贵女子死。”是时，帝已遣赐甄后玺书。文帝复问周宣曰：“吾梦摩钱文欲令灭而更明。何？”曰：“陛下家事，而太后不听，故更明耳。”时治弟植罪，逼于太后也。

《晋书》曰：明帝时，张茂梦得一大象。问人曰：“何祥？”对曰：“君为大郡，然而不善。”或问其故，曰：“象者，大兽。兽者，守也。故当为大郡。然象以齿见焚，必为人害。”后为吴国内史沈充所害。

又曰：明帝太宁元年，王敦谋逆。帝与王导、温峤等决计征之。敦屯于湖阴，帝欲察其营垒，乃乘骏马微行至湖阴。敦方昼寝，梦日环其城，惊起曰：“此必黄须鲜卑奴来，何以不缚之？”

又曰：简文见谶云：“晋氏祚尽。”昌明及孝武之在孕也，李太后梦神人谓之曰：“汝生男以昌明为字。”及生，东方始明，因以名焉。简文后后悟，为之流涕。

《后魏书》曰：高祖迁洛，谓任城王澄曰："朕昨夜梦一老公，头鬓皓白，正理冠服，拜立路左。朕怪而问之。自云晋侍中嵇绍，故此奉迎。神爽卑惧，似有求焉。"澄对曰："晋世之乱，绍以身卫主，殒命御侧，亦是晋之忠臣。"于是求其兆域，遣使吊祭焉。

又曰：庄帝在藩，任城王顺梦一段黑云从西北直来，触东南上，日月俱破，复翳诸星，天地昼暗。俄云消雾解日出。庄帝复闾阖门入登太极殿，呼万岁者三。百官咸加朝服。既觉，占之曰："黑，云气之恶者，北方之色，必有北敌乱京师。日君象，月后象，星百官象，以此言之，京邑其当祸乎？"后如其梦。

又曰：卢元明为中书侍郎。友人王由寓居颍川，忽梦见由携酒就之言别，因赋诗赠，乃觉。玄明忆其十字云："自兹一去后，朝市不复游。"元明叹曰："必有他故。"经三日，果闻为乱兵所杀。寻其日，乃是发梦之夜。

又曰：郦范字世则，范阳涿人。范尝夜梦阴毛拂踝。他日说之。时齐人有占梦者曰史进云："豪盛于齐下矣。使君临抚东秦，道光海、岱，必当重牧全齐，再禄营丘矣。"范笑而答曰："吾将为卿，必验此梦。"果如其言，为青州刺史。

又曰：裴安祖闲居养志，不出城邑。曾行，值天热，舍于树下。有鸷鸟逐雉，雉急投之，遂触树而死。安祖愍之，乃取置阴地，徐徐护视，良久得苏。安祖喜而放之。后夜梦一丈夫，衣冠甚伟，著曲领，向安祖再拜。安祖怪而问之，此人云："感君前日见放，故来谢德。"闻者异焉。

《北齐书》曰：张亮字伯德，西河隰城人也。拜太中大夫。薛琡常梦于山上挂丝，以告亮，且占之曰："山上丝，幽字也。君其为幽州乎？"数月，出为幽州刺史。

又曰：宋颍为凉州刺史。颍前妻邓氏亡后十年，梦见白颍拜曰："新妇今被处分，为高崇妻，故来辞别。"颍见崇言之，崇数日而卒。

《梁书》曰：吉士瞻少时，梦得一积鹿皮，而数之有十一领。及觉，喜曰：“鹿者，禄也。吾当居十一禄乎？”自其后，仕进莅者九，及除二郡，心恶之。遇疾，不肯疗。普通七年，卒于郡。

《梁后略》曰：初，贺革之往江陵也，意甚不悦。过别御史中丞江，革以情告之。答曰：“吾尝梦主上遍见诸子，唯至湘东王所，手脱帽以与之。此人后必当辟，卿其行乎。”革因颔之，遂往荆州。

《三国典略》曰：江陵平梁御史中丞沈炯迁长安，太祖授仪同三司，甚礼待之。炯恐太祖爱其文才，恒闭门却扫，无所交游。时有文章，随即毁弃，不令流布。尝独行经汉武通天台，为表奏之，陈己思归之意。奏讫，其夜炯梦见有宫禁之所，兵卫甚严，炯便以情事陈诉。闻有人言：“甚不惜，放卿几日可至，若一月内见关出，此恐不复由我。”寤而异之。当时以为恍忽，十余日，便有命还，遂与王克等并得东归。

又曰：阴子春尝为东莞太守。时青州刺史三神念毁坏，临海神庙，当座栋上有一大蛇，役夫下擒，入于海水。尔夜，子春梦见一人诣其府云：“有人见苦，被坏宅舍，既无所托，欲憩此境。”子春心密记之。经二日，方知神念毁庙。因办牲醑，立宇祠之。数日，梦一朱衣人谢曰：“得君厚惠，当以州相报。”经月余，魏军欲袭朐山。子春预知，设伏摧破。梁武以为南青州刺史。

《陈书》曰：武帝初受禅之日，其夜有会稽人傅史普直省，梦人自天而下，著朱衣武冠，导从数十，手持板，板上有字。傅视之，其文曰：“陈氏五主三十四年。”遂凌空而上。旦白黄门侍郎孔宗范，叹曰：“吾事去矣，其为子孙忧乎！”自武帝已后并废帝五主，自永定初讫祯明末，共三十四年。

《晏子春秋》曰：景公举兵将伐宋，过太山。公梦见二丈夫，意怒甚盛。公问占梦，曰：“师过太山不用事，太山神怒也。”公问晏子，晏子曰：“非太山之神也。宋之先汤与伊尹也。汤修以长髯，兑上而丰下，倨身高声。伊尹黑短蓬头而髯，丰上兑下，偻身下声。”公曰：“然。”

又曰：景公田于梧宫，夜犹早。公坐睡，梦有五丈夫北面称无罪。

公觉，召晏子告所梦。公曰："我其尝杀无罪欤？"晏子对曰："昔先君灵公田，五丈夫骇兽，故并断其头葬之，命曰五丈夫之丘。岂此耶？"命人掘其葬处求之，则五头同穴而存焉。公嘉之，命吏葬之。

《庄子》曰：宋元君夜半梦人被发而窥阿门，曰："予自宰之渊为清江使河北之所，渔者豫且得予。"北君觉，召占梦者占之。占梦者曰："此神龟也。"君乃刳龟以卜，七十钻而无遗策。

又曰：匠石之齐，至于曲辕，曲辕之道。见栎社树，其大蔽千牛。曰："是不材之木也，故能若是之寿。"匠石归，栎社见梦曰："汝将比予于文木耶？楂梨桔柚果蓏之属耶？实熟则剥，剥，击也。剥则辱，大枝折，小枝泄，泄亦折也。此以其能，苦其生者也。予求无所可用久矣，乃今得之。

《吕氏春秋》曰：尹儒学御三年而无得焉。夜梦受秋驾御法于其师。明日，往朝其师，而谓之曰："吾非爱道也，恐子之未可教也。今日将教子以秋驾。尹儒反走，北面再拜曰："今昔臣梦受之。"先为其师言所梦，因授秋驾也。

《贾谊书》曰：文王昼卧，梦人登城而呼己曰："我东北陬之腐骨也，速以人君葬我。"文王曰："诺。"觉召吏使视之，信有焉。文王曰："速以人君葬之。"吏曰："此无主，请以大夫礼。"王曰："吾梦中已许之矣，奈何背之也。

桓谭《新论》曰：扬子云亦言：成帝时上甘泉，召使作赋。子云为之，卒暴，倦卧，梦其五藏出在地，以手收内。及觉，大少气，病一岁，卒。

《世说》曰：王东亭尝梦人以大笔与之，管如椽子大。既觉，语人云："他日当有大手笔事。"少日，烈宗晏驾，哀策谥议，王所作。

《辛氏三秦记》曰：昆明池，汉武停船立之，习水战也。中有灵沼神池，云尧时治水讫停船池，通白鹿源。人钓鱼于此，纶绝而去，梦于汉武，求去其钩。明日，帝戏于池，见大鱼衔索。帝曰："岂非昔时所梦也。"取而去其钩，放之。

《博物志》曰：灵帝时，辽西太守黄翻上言：海边有流尸，露冠绛衣，感翻梦曰："我伯夷弟孤竹君也。求见掩藏。"吏民有嗤者，皆死。

《虞翻别传》曰：翻注《易》奏上曰："臣都吏陈挑梦臣与道士相遇，放发被鹿裘布，《易》六爻，烧其三以饮臣。臣乞尽吞之，道士曰：《易》在天，三爻足矣。岂臣受命应当知经？"

皇甫谧《高士传》曰：桓帝好老子之书。夜梦见老子，乃诏于陈为老子立祠。

《三辅决录》曰：予以去冬修夜思而未之得也。忽然而寝，梦此黄发之叟，姓为玄明，字曰子真，与寐言，言必有中。梦中指言褒贬之事。予授其人，子真评之析微通理，善否之间无所依违。因命操笔者书之，谓之决录。

《襄阳耆旧记》曰：楚襄王与宋玉游于云梦之野，将使宋玉赋高唐之事。望朝云之馆，上有云气崒乎直上，忽而改容。须臾之间，变化无穷。王问宋玉曰："此何气也？"对曰："昔者先王游于高唐，怠而昼寐。梦一妇人，暧乎若云，焕乎若星。将行未至，如浮如停。详而视之，西施之形。王悦而问焉。曰："我，帝之季女也，名曰瑶姬。未行而亡，封巫山之台。精魂依草，实为茎之媚而服焉，则与梦期。所谓巫山之女、高唐之姬，闻君游于高唐，愿荐枕席。"王因而幸之。

《汉武故事》曰：上自封禅后，梦高祖坐明堂。群臣亦梦。于是，祀高祖于明堂。

《列异传》曰：吴选曹令史长沙刘卓得病，梦一人以白越单衫与之，语曰："汝着此衫，汗，即火烧，便洁也。"觉，果有衫在侧。后汗，便火烧之。

《搜神记》曰：有周揽力感切啧音责者，贫而好道。夫妇夜耕，息卧，梦天公过而哀之，敕有以给与。司命案录籍云："此人相贫，限不过此。唯有张车子应赐钱千万，车子未生，请以借之。"天公曰："善。"曙，觉言之。于事，所为辄得，赀至千万。先时，有张妪者，常往揽啧家佣赁，合有身，月满当孕，便遣出，驻车屋下，产得儿。主人往视，问言："当名汝儿作何？"妪曰："今在车下，梦天告之，名为车子。”揽啧乃悟。自是居日衰减。车子长大，富于周家。

《续搜神记》曰：承俭者，东莞人。葬后十年，忽夜与其县令梦云：“没故民承俭今见劫，明府急见救。”令便敕外内装束往冢上。日已向出，天忽大雾，对面不相见，但闻冢中汹汹破棺声。有二人坟上望，但雾冥不见人往。令既至，收得冢内三人。坟上二人遂得逸走。棺未坏，令即使人修复之。即其夜，又梦俭云：“二人虽得走，民悉志之。一人面上有青志如藿叶；一人豚其前两齿折。明府但案此寻觅，自得也。”令从其言追捕，皆擒获。

又曰：宗渊字叔林，南阳人。晋太元中，为寻阳太守。有数十头龟付厨，敕旦且以二头作臛。便着潘汁，瓮中养之。其暮，梦有十丈夫，并著乌布袴褶，自反缚，向宗渊叩头若求哀。明日，厨人宰二龟。其暮，复梦八人求哀如初。宗渊方悟，令勿杀。明夜，还梦见昨八人来跪谢恩。于是惊觉，明朝自入庐山放之，遂不复食龟。

又曰：荆州刺史殷仲堪布衣时，在丹徒忽梦见一人自说己是会稽上虞人，死亡浮丧飘江中，明日当至。君有济物之仁，岂能见移着高燥处，则恩及枯骨。殷明日与诸人共江上看，果见一棺逐水流下飘。飘至殷坐处，令人牵取题如梦所。即移着岗上，酹以酒饭。其夕，又梦此人来谢恩。

又曰：嘉兴徐泰，幼丧父母。叔父隗养之，甚于所生，隗病，侍甚谨。三更中，梦二人乘船持箱上泰床头，发箱出簿书示曰：“汝叔应死。”泰即于梦中下地叩头。良久曰：“汝县有同姓名人不？”泰思得，语鬼云：“有张隗，不姓徐。”此人云：“亦可强逼，念汝能事叔父，当为汝受之。”遂不复见。

《异苑》曰：高平檀茂崇，以义熙中丧亡。其母沛郡刘氏，昼眠梦见崇手捉团扇，云：“崇年命未尽，横被灾厉，方永违离，今以此扇奉别。”母涕惊觉，果于屏风门得扇。上皆如蜘蛛网络，抚执悲恸。

又曰：海陵如皋县东城村边海岸崩，见一古墓，有方头漆棺，以朱题云：“七百年堕水，玄熹二十年坠于县巘和盖。”从潮漂沉，辄溯流还本处。村人朱护等异而启之，见老姥年可七十许，璠头着袿古携切，鬓发皓白，不殊生人。钗髻衣服，粲然若新。送终器物，枕履悉存。护乃赍酒酺施于柩侧。尔夜，护妇梦见姥云："向获名贶，感至无巳，但我墙屋毁废，骸形飘露。今以值一千，托为治护也。"置钱便去。明觉，果得。即用改殓，移于高阜焉。

《述异记》曰：陈留周氏婢民与入山取樵，忽梦见一女子曰："吾目中有刺，烦为拔之，当有厚报。"此婢乃见朽棺髑髅，草生眼中，便为拔草。即于某处得一双金指环。

《灵魂志》曰：濡须口有一大舶船覆在水中，水小时便出见。尝有渔人夜宿其傍，以船系之。但闻筝笛弦管之音。梦人驱遣云："勿近官妓。"此人惊觉，即移船去。传云是曹公载妓船覆于此。于今存在。

《知琼传》曰：弦超字义超，梦神女从之。自称天上玉女，姓成，字知琼。早丧父母，天帝愍之，遣令得下嫁。如此三四旦，觉寤钦想，显然来游。乃驾辎軿车。从八婢，自言我天帝玉女，遂为夫妇。赠诗二百余言，又著《易》七卷。超皆能通其旨。

太平御览卷第四百　人事部四十一

凶梦

《礼记·檀弓》曰：夫子蚤作，负手曳杖，逍遥于门，歌曰："泰山其颓乎！梁木其坏乎！哲人其萎乎！"既歌而入，当户而坐。子贡闻之，曰："泰山其颓，则吾将安仰？梁木其坏，哲人其萎，则吾将安放？夫子殆将病也？"遂趋而入。夫子曰："赐！尔来何迟也！夏后氏殡于东阶之上，则犹在阼也。殷人殡于两楹之间，则与宾主夹之也。周人殡于西阶之上，则犹宾之也。而丘也，殷人也。予畴昔之夜，梦坐奠于两楹之间。夫明王不兴，而天下其孰能宗予？予殆将死也。"盖寝疾七日而没。

《左传·成公上》曰：晋侯梦大厉，被发及地，搏膺而踊，呼曰："杀余孙，不义。厉鬼，赵氏之先祖也。余得请于帝矣！"坏大门及寝门而入。公惧，入于室。又坏户。公觉，召桑田巫。巫言如梦。巫言鬼怒如公所梦。公曰："何如？"曰："不食新矣。"六月丙午，公欲麦，使甸人献麦。将食，张，如厕，陷而卒。小臣有晨梦负公以登天，及日中，负晋侯出诸厕。遂以为殉。

又《成公下》曰：晋楚将战，吕锜梦射月，中之。退入于泥。占之曰："姬姓，日也。异姓，月也。必楚王也。射而中之，退入于泥，亦必死矣。"及战，射恭王，中目。王召养由基，与之两矢，使射吕锜，中项伏韬。以一矢复命。言一发而中之。

又《成下》曰：初声伯梦涉洹，洹水出汲县，林虑县东北，至魏郡长乐县入清水也。或与己琼瑰，琼玉、瑰珠也。食之。泣而为琼瑰，盈其怀。泪下化为珠玉薄怀。从而歌曰："济洹之水，赠我以琼瑰。归乎！归乎！琼瑰盈吾怀乎！"惧不敢占也。还自郑，至于狸脤而占之曰："余恐死，故不敢占也。今众繁而从余三年矣，而无伤也。"言之，至暮而卒。繁多也，傅诚数占梦。

又襄王曰：齐侯伐我北鄙。中行献子将伐齐，梦与厉公讼，弗胜，厉公，献子所杀者。公以戈击之，首坠于前，跪而戴之，奉之以走，见梗阳之巫皋。梗阳，晋邑也，在太原。巫皋，名也；梦并见之。他日，见诸道，与之言，同。巫亦梦见献子与厉公讼。巫曰："今兹主必死。若有事于东方，则可以逞。"献子许诺。

又昭四曰：初，穆子去叔孙氏，及庚宗，成十六年避侨如之难奔齐。庚宗，鲁地。遇妇人，使私为食而宿焉。适齐，梦天压己，弗胜。穆子梦也。顾而见人，黑而上偻，深目而豭喙，号之曰"牛助余"，乃胜之。及反鲁，所宿庚宗之妇人献以雉。献穆子。问其姓，问有子不？对曰：余子长矣，能奉雉而从我矣。"召而见之，则所梦也。未问其名，号之曰牛。曰："唯。"皆召其徒，使视之，遂使为竖。竖，官。傅言、从梦未必吉。

又哀上曰：初，曹人或梦众君子立于社宫，而谋亡曹。曹叔振铎请待公孙强，许之。振铎，曹始祖也。旦而求之曹，无之。戒其子曰："我死，尔闻公孙强为政，必去之。"及曹伯阳即位，好田弋。曹鄙人公孙强好弋，获白雁，献之。且言田弋之说。因访政事，大悦之。有宠，使为司城以听政。梦者之子乃行。强言霸说于曹伯，从之，乃背晋而攻宋。宋人伐曹，晋人不救而曹亡。

又哀下曰：卫侯梦于北宫，见人登昆吾之观，卫有观在古昆吾氏之虚。被发北面而噪曰："登此昆吾之虚，绵绵生之瓜。绵绵，瓜初生也。余为浑良夫，叫天无辜。"公亲筮之，胥弥赦占之，赦，卫筮史。曰："不害。"与之邑，寘之，而逃奔宋。言卫侯无道，卜人不敢以实对，惧难而逃。

《国语》曰：晋献公伐虢。虢公梦在庙有神人，面白毛，虎爪，执钺立于西阿之下。公惧而走。神曰："无走。帝命使晋袭于尔门。"公拜，稽首。觉，召使嚚占之，对曰："如君之言，则蓐收也。天之形神也。"公使囚之，且使国人贺梦。舟之侨告其族曰："众谓虢亡不久矣，吾今乃知之。外内无亲，其谁救之。吾不忍俟。"将其族适于晋。六年，虢乃亡。

《史记》曰：始皇梦与海神斗，如人状。乃令人入海赍捕钜鱼具，而自以连弩候大鱼出射之。遂并音旁海西。至平原津而病。

又曰：秦二世梦白虎啮其左骖马，杀之。问占梦人，曰："泾水为祟"二世乃斋望夷宫。阎乐杀之。更立子婴为王。

又曰：初，赵盾在时梦见叔带持要而哭，甚悲，已而笑，拊手而歌。盾卜之，兆绝而后好。赵史援占曰："此甚恶，非君之身，乃君之子，然亦君之咎。"至赵翔被杀，下宫，及赵武，还故位。

《汉书》曰：昌邑王梦见青蝇之矢积殿东西阶。王乃问龚遂，对曰："营营青蝇，止于蕃，恺悌君子，无信谗言。陛下察之。"王终不改。

《续汉书》曰：郑玄梦孔子造曰："起，今年岁在辰，来年岁在已。"既悟以谶占之，知命当终。有顷，寝疾而卒。

又曰：周盘字伯坚。朝会集诸生讲论终日。因令其二子曰："吾日者梦见先师东里先生，与我讲于阴堂之奥。"既而，长叹："岂吾齿之尽乎！"其月望日，无病忽终。

《东观汉记》曰：公孙述梦有人语之曰："公子系十二为期。"觉，语其妻。对曰："朝闻道，夕死尚可，况十二乎！"

《魏志》曰：邓艾字士载。初，艾当伐蜀，梦山上而有流水。以问弥虏护军爰邵。邵曰："案《易卦》，山上有水曰蹇。蹇，繇利西南，不利东北。孔子曰：蹇利西南，往有功也。不利东北，其道穷也。往必克蜀，殆不还乎。"艾怃然不乐。

又曰：文帝问周宣曰："吾梦殿屋两瓦堕地，化为鸳鸯，此何谓耶？"宣对曰："后宫当有暴死者。"帝曰："吾诈卿耳。"宣对曰："夫梦者，意耳。苟形言，便占吉凶。"言未卒而黄门令奏，宫人相杀。

《蜀志》曰：魏延字文长，义阳人。延梦头上生角，以问占梦赵直。直诈延曰："夫骐麟有角而不用，此不战而贼自破之象也。"退而告人曰："角之为字，刀下用也。头上用刀，其凶甚矣。"延后果诛。

又曰：关羽初出军围樊，梦猪啮其足。语子平曰："今年衰矣！"果寻被杀。

《晋书》曰：郭瑀，敦煌人也。符氏之末，略阳王穆起兵酒泉以应。张大预遣使招瑀，瑀与同郡索嘏应之。穆后信谗欲诛嘏，瑀谏不从，旦夕祈死。夜梦乘青龙上至屋而止。寤而叹曰："龙飞在天，今止于屋。屋之为字，尸下至也。龙飞至尸，吾其死也。古之君子不卒内寝，况吾正士乎！"遂还酒泉南山赤岩阁，饮气而卒。

又曰：惠帝时，陆机为长沙王乂征河间王果。夜梦黑幕三重绕车，机擘出不得。明旦被杀。其日大风拔木，时人以为陆氏之冤。

又曰：张华方昼卧，忽梦见屋坏。觉而恶之。是夜难作，称召，华遂与裴頠俱被收。

又口：伪赵石虎昼寝永安宫。梦群羊从东北负鱼而来。邺东北土高丈余，鱼羊满其上。寤，乃问佛图澄，曰："不祥也，国其败乎！"

又曰：温峤为骠骑，镇武昌。至牛渚矶，水深不可测，云其下多怪。峤遂毁犀角而照之，须臾见水族万品。其夜，梦人谓峤曰："与君幽明道隔，何意相照？"峤恶之。忽中风。至镇，旬日而卒。

又曰：扬雄为舂阳令，举兵拒王敦。城陷，为敦所擒。初，雄被执之日，其夜梦乘车挂肉其傍。占曰："夫肉必有筋，斤也。车傍于斤，吾其戮乎？"寻为王敦害之。

《续晋阳秋》曰：符坚之遣慕容垂，侍中权翼谏不听。于是翼乃夜私遣壮士，要路而击之。垂是夜梦行路，路穷，顾见孔子墓傍坟有八。觉而心恶之，召占梦者占之，曰："行路穷，道尽也，不可行。孔子名丘，八以配丘，此兵字，路必有伏兵。深宜慎之。"于是，垂遂别路而进，翼伏兵遂不擒之。

《前凉录》曰：张骏，十二年五月，骏有疾。梦出游，不识其处，见一玄龟，向之张口而言："更九日当有嘉问。"遂经九日而卒。

《前赵录》曰：刘曜末年，梦三人金面丹唇，东向逡巡，不言而退。曜拜履其迹。太史令任义曰："三者，历运之极。东为震，王者之始次也。金为兑，物衰落也。唇丹不言，事之毕也。逡巡揖让，舍之道也。为之拜者，屈伏于人。履迹而行，慎不出，疆兵必大起。"远在三年，曜为石勒所擒。

《前燕录》曰：慕容儁夜梦石虎啮其臂。觉，遂痛。恶之，曰："死胡安敢梦生天子？"使掘之，数其罪，鞭其尸，投之漳水。俄，寝疾而死。

沈约《宋书》曰：少帝凶暴日甚，沈庆之犹尽言谏诤。遣庆之从子攸之赍药赐庆之死，时年八十。初，庆之梦有人以两匹绢与之，谓曰："此绢足度。"庆之语人曰："老子今年不免，两匹八十尺也，度无盈余矣！"

《后魏书》曰：玄熙于任城王澄薨前，梦有人告之曰："任城当死。死后二百日外，君亦不免。若其不信，试看任城家。"熙梦中顾瞻任城第舍，四面墙崩无遗堵焉。熙恶之，觉而告所亲。及熙之死，果如所梦。

又曰：崔浩构害李顺，基萌已成。夜梦秉火爇顺寝室，火作而顺死。浩与室家群立而观之。俄而，顺弟息号哭而出曰："此辈吾贼也！"以戈击之，悉投于河。悟而恶之，以告馆客冯景仁。景仁曰："此真不善也！非复虚事。夫以火爇人，暴之极也。且兆始恶者终殃，积不善者无余庆。厉阶成矣，公其图之。"浩曰："吾方思之而不能悛。"至后而族。

《三国典略》曰：齐李铉字宝鼎，渤海南皮人也。春夏务农，秋冬入学，经疏之多发自于铉。婴疾在床，夜梦孔子忿其广为疏例，系而捶之。既寤之后，其疏例焚。寻而病愈。

《齐书》曰：武帝初登位，梦金翅鸟下殿食小龙子无数，乃飞上天。及明，帝即位，诛高武子孙并尽。明帝名鸾故也。

又曰：武帝时，雍州刺史张敬儿未贵，梦所居村社树欻高数十丈。为雍州，又梦社树直上天。俄反，伏诛。

《梁书》曰：武帝初，沈约齐末建议废齐和帝。后梦和帝以刀断其舌，约大惧，召巫言，与梦同。竟忧卒。

《唐书》曰：太宗时，徐庆为征辽判官。有一典不得姓名。庆在军，忽梦已化为羊，为典所杀。觉，惧，流汗至晓。典判案，庆问曰：

“汝夜有梦否？”典云：“梦公为羊，某屠之。”由是，庆不食羊。则天时，庆至司农少卿、雍州司马，时典已任大理狱丞。后庆被诬与内史令裴炎通谋，应接英公徐敬业扬州反，被执送大理。忽见丞押狱，庆流涕谓曰：“征辽之梦，今当应之。”及被戮，竟是丞引之。

又曰：杜牧知命年得病，自为墓志、祭文。又尝梦告曰：“尔改名毕。”逾月，奴自家来告曰：“炊将熟而甑裂。”牧曰：“皆不祥也。”俄又梦书片纸曰：“皎皎白驹，在彼空谷。”寤而叹曰：“此过隙也。吾生于角，昴毕于角，为第八宫。吾之甚厄也。予自湖守迁舍人，木还于角足矣。”其年以疾终。

又曰：韦温为宣歙观察使。明年，疡生于首，谓爱婿张复鲁曰：“予任校书郎时，梦二黄衣人赍符来追，及浐将渡，一人续至曰：彼坟至大，功须万日。遂不涉而寤。计今万日矣，与公诀矣。”明日卒。

又曰：崔湜与尚书右丞卢藏用同配流，俱行。湜谓藏用曰：“家弟承恩或冀宽宥，因迟留不速进。行至荆州，梦于讲堂照镜。”曰：“镜者，明象。吾当为人主所明也。”以告占梦人张申。申退曰：“讲堂者，受法之所。镜者，于文为立见金，此非吉征。”其日，追使至，缢于驿中。

《唐新语》曰：毋煚俱永切直集贤，无何，以热疾暴终。初煚梦着衣冠上北邙山，亲友相送。及至山顶，回顾不见一人。意甚恶之。及卒，僚友送葬北邙山，咸如所梦。

《吕氏春秋》曰：齐庄公之时，有士曰宾卑聚。梦有壮士从而叱之，唾其面，惕然而寤。然夜坐自不快。明日召其友而告之曰：“吾年六十而无所挫辱，吾将索之，得之则可，不得将死之。”每朝立乎衢，三日不得，退而自杀。

桓谭《新论》曰：博士弟子韩生，连三夜有恶梦。以问人，人教晨起厕中祝之三旦，人告以为祝诅捕治，数日死。

《玄晏春秋》曰：十二月乙丑夕，梦至京师。自庙出，见车骑甚众。以物呈庙云：“诛大将军。”曹爽寤以告梁析，析曰：“君欲曹人之梦乎？朝无公孙疆。”予曰：“爽无叔振之请，苟失天机，败离矣，何待于疆？”

《益部耆旧记》曰：何袛尝梦井中生桑。以问占梦赵直，直曰：“桑非井中之物，然桑字四十下有八，君寿恐不过此。”后果如直言。

《管辂别传》曰：辂见何尚书。何曰：“顷连梦青蝇数十，来在鼻上，驱之不肯去，何也？”辂曰：“夫鼻者，艮也。天中之山而蝇集之，位峻者危，轻豪者亡。”后遂被诛。

《搜神记》曰：吴时，嘉兴徐伯始病，使道士吕石安神座。石有弟子戴本、王思二人，居在海盐，伯始迎之以助。石昼卧，梦上天，北斗门下见外鞍马三匹，云：“明日当以一迎石，一迎本，一迎思。”石梦觉，语本、思：“如此，死期至。可急还与家别。”不卒事而去。伯始怪而留之。曰：“惧不见家也。”间一日，三人同日死。

《续搜神记》曰：会稽谢奉与永嘉太守郭伯猷善。谢忽梦郭与人于浙江上争樗蒲钱，为水神所责。堕水死，己营理郭凶事。既觉，便往郭，许共围棋。良久，谢云：“卿知吾来意不？”因说所梦。郭闻之怅然，云：“信与人争，如卿所梦，何期太的□也。”须臾如厕，便倒气绝。谢断理之如所梦。

《异苑》曰：符坚将欲南师也，梦葵生城内。明以问妇。妇曰：“若征军远行出，难为将也。”坚又梦地东南倾，复以问。云：“江左不可平也。君无南行，必败之应也。”坚不从，卒败。

又曰：陈郡殷灵均，义熙中为桂阳太守。梦人缚将去，形神乖散。复有一人云：“且置在作衡阳，当取之。”殷惊寤惆怅。永初三年，除衡阳郡，知冥理难避，辞，不免。寻寝疾而亡。

《述异记》曰：陶继之为秣陵令，杀劫。其中一人是大乐伎，不为劫，而陶逼杀之。将死，曰：“我实不作劫，遂见枉杀。若有鬼，必自诉理。”少时，陶梦见此伎来云：“诉天得雪，今来相取。”遂跳入陶口中，仍落腹而倒。俄而，陶遂病死。

又曰：姚苌既杀符坚，与符登相拒于陇东。苌夜梦坚将天帝使者勒兵驰入苌营，以矛刺苌，正中其阴。苌惊觉，阴肿痛。明日遂死。

又曰：张骏有疾，梦出游观，不识其处。甘泉涌出，有一玄龟向骏张口言曰：“更九日，当有嘉问好消息。”忽然而觉。自书记之，封在筒中，人不知也。因寝疾，经九日而死。

《幽明录》曰：魏武帝猜忌晋宣帝子非曹氏纯臣。又尝梦三匹马在一槽中共食，意尤憎之。因召文明二帝告以所见，并云：“防理自多，无为横虑。”帝然之。后果害族移器，悉如梦焉。

又曰：王丞相茂弘，梦人欲以百万钱买大儿长豫。丞相甚恶之。潜为祈祷者。备材作屋，得一窖钱，料之百万亿。大惧，一皆藏闭。俄而，长豫亡。

又曰：陇西秦嘉字士会，隽秀之士。妇曰徐淑，亦以才美流誉。桓帝时，嘉为曹掾赴洛，淑归宁于家。昼卧，流涕覆面。嫂怪问之，云：“适见嘉自说往津乡亭病亡。二客俱留，一客守丧，一客赍书还，日中当至。”举家大惊。书至，事事如梦。

《集异记》曰：阳平宋堇，善解梦。有孙氏求官，睡得梦双凤集其两拳，以问堇。堇曰：“凤皇非梧桐不栖，非竹实不食，卿当大凶，非苴杖即削杖也。”后孙氏果遭母丧。

又曰：张天锡在凉州，梦一绿色狗，形甚长，从城东南欲齰张。张床上避一匝，乃堕地。后符坚遣狗长往破张，着绿地锦袍，从东南门入，皆如梦焉。

太平御览卷第四百一　人事部四十二

叙圣

《左传·成公上》曰：圣人与众同欲，是以济事。

又成公下曰：春秋之称，微而显，志而晦，婉而成章，尽而不污，惩恶勸善，非圣人谁能修之。

又曰：诸侯将见子臧於王而立之。子臧辞曰："圣达节圣人应天命，不拘掌礼。次守节，为君非吾节也。虽不能圣，敢失守乎！"

又曰：唯圣人能外内无患。自非圣人，外宁必有内忧。骄亢则忧患生也。

又襄公三年曰：臧武仲如晋，雨，过御叔。在邑将饮酒，御叔鲁御邑大夫。曰："焉用圣人！武仲多知，时人谓之圣。我将饮酒而已，雨行，何以圣为？"

又昭公四曰：季武子问于申丰曰："雹可御乎？"对曰："圣人在上，无雹，虽有，不为灾。"

又曰：《书》曰："圣作则。"逸书则法也。

又曰：臧孙纥有言曰："圣人有明德者，若不当世，其后必有达人。今其将在孔丘乎！"

又哀公下曰：圣人不烦卜筮，惠王其有焉。不疑故不卜也。

《礼记·乐记》曰：作者之谓圣，述者之谓明。明圣者，述作之谓也。

又《坊记》曰：圣人之制富贵也，使民富不足以骄，贫不至于约，贵不慊于上，故乱益亡。

又《中庸》曰：夫妇之愚，可以与知焉；及其至也，虽圣人亦有所不知焉。夫妇之不肖，可以能行焉；及其至也，虽圣人亦有所不能焉。

又曰：舜其大孝也与！德为圣人，尊为天子，富有四海之内。宗庙飨之，子孙保之。

又曰：诚者，天之道也；诚之者，人之道也。诚者不勉而中，不思而得，从容中道，圣人也。

又曰：大哉圣人之道！洋洋乎发育万物，峻极于天。

《毛诗·狼跋》：美周公也。周公摄政，远则四国流言，近则王不知。周大夫美其不失其圣也。不失其圣者，闻流言不惑，王不知不怨，终立其志，成周之王道，致太平，复成王之位。

又《节南山·巧言》曰：秩秩大猷，圣人莫之。

《周易·乾卦》曰：云从龙，风从虎，圣人作而万物睹。

又曰：其惟圣人乎？知进退存亡而不失其正者，其唯圣人乎？

又《蒙卦》曰：蒙以养正，圣功也。

又《豫卦》曰：圣人以顺动，则刑罚清而民服。

又《观卦》曰：圣人以神道设教而天下服矣。

又《咸卦》曰：天地感而万物化生，圣人感人心而天下和平。

又《恒卦》曰：圣人久于其道而天下化成。

又《鼎卦》曰：圣人亨以享上帝，而大亨以养圣贤。

又《系辞》曰：《易》有圣人之道四焉：以言者尚其辞，以动者尚其变，以制器者尚其象，以卜筮者尚其占。夫《易》，圣人之所以极深研几也。唯深也，故能通天下之志；唯几也，故能成天下之务；唯神也，故不疾而速，不行而至。子曰"《易》有圣人之道四焉"者，此之谓也。

又曰：备物致用，立成器以为天下利，莫大乎圣人。是故天生神物，圣人则之；天地变化，圣人效之；天垂象，见吉凶，圣人象之；河出图，洛出书，圣人则之。《易》有四象，所以示也。

又曰：天地之大德曰生，圣人之大宝曰位。

又曰：上古穴居而野处，后世圣人易之以宫室。上栋下宇，以待风雨，盖取诸大壮。上古结绳而治，后世圣人易之以书契。百官以治，万民以察，盖取诸夬。

又曰：昔者，圣人之作《易》也，将以顺性命之理。是以立天之道曰阴与阳，立地之道曰柔与刚，立人之道曰仁与义。

《尚书·伊训》曰：敢有侮圣言，逆忠直，时谓乱风。狎侮圣人之言而不行，拒逆忠直之规而不纳。

又《说命》曰：股肱唯人，良臣唯圣。手足具乃成人，有良臣乃成圣。

又《洪范》曰：睿作圣。于事无不通谓之圣。

又曰：圣时风若。君能通理则时风顺之。

又《多方》曰：唯圣罔念作狂，惟狂克念作圣。唯圣人无念于善，则为狂人；唯狂人能念于善，则为圣人。

又《君陈》曰：凡人未见圣，若不克见。既见圣，亦不克由圣。

《论语·雍也》曰：子贡曰："如有博施于民而能济众，何如？可谓仁乎？"子曰："何事于仁，必也圣乎！尧舜其犹病诸！"

又《述而》曰：子曰："圣人吾不得而见之矣！得见君子者，斯可矣。"

又曰：子曰："若圣与仁，则吾岂敢？"孔子谦，不敢自名仁圣。

又《子罕》曰：太宰问于子贡曰："夫子圣者与？何其多能也？"子贡曰："固天纵之将圣，又多能也。"

又孔子曰：君子有三畏：畏天命，畏大人，畏圣人之言。小人不知天命而不畏也，狎大人，侮圣人之言。

又子贡曰：有始有卒者，其唯圣人乎？

《孝经》曰：非圣人者，无法。

《春秋潜潭巴》曰：里社鸣，此里有圣人，百姓归之。社里之居也，鸣则教令行。□教令则圣人能行之也。

《大戴礼》曰：哀公问曰："何谓圣人？"孔子对曰："所谓圣人者，知通于大道，应变而不穷。配于天地，参于日月。"

又曰：圣人有国，则日月不食，星辰不孛。

《尚书考灵曜》曰：五百载，圣纪符。五百，法天地之数也。王命长，故以为五百载也。符，图书也。

又曰：四千五百六十岁，精及天数，握命人起，河出图，圣受思。郑玄注曰："圣，谓尧也。天握命，人当起者，河乃出图，尧受而思之，以受历数也。

《尚书大传》曰：圣人在位，其君子不诵无用之言，其工不作无用之器，其商不通无用之物。

又曰：圣人者，民之父母也。母能生之，能食之；父能教之，能诲之。圣王，曲备之者也，能生之，能食之，能教之，能诲之也。为之城郭以居之，为之宫室以处之，为庠序之学以教诲之，为之列地制亩以饮食之。故《书》曰："作民父母以为天下王。"此之谓也。

《韩诗外传》曰：舜生于诸冯，迁于负夏，卒于鸣条，东夷之人也。文王生于歧周，卒于毕郢，西夷之人也。地之相去千有余里，然得志而行乎中国，如合符节，孔子曰："先圣后圣，其揆一也。"

又曰：成王之时，有三苗贯桑而生，同为一秀。比三年，果有越裳氏重九译而至，献白雉于周公，曰："道路悠远，山川幽深，故重译而来朝。"周公辞曰："吾子何以见赐也？"译曰："吾受命国之黄发曰：久矣！天之不迅风疾雨也，海之不波溢也，三年于兹矣。意者中国殆有圣人，盍往朝之。"

又曰：辟土殖谷者，后稷也。决江疏河者，禹也。听狱执中者，皋陶也。然而有圣名者，尧也。

《史记》曰：周西伯猎，遇太公于渭之阳。与语，大说，曰："自吾先君太公曰：当有圣人适周，周以兴。子真是耶！"

又曰：王子比干，直言谏纣。纣怒曰："吾闻圣人之心有窍，信有诸乎？"

又曰：秦穆公谓内史廖曰："吾闻邻国有圣人，敌国之忧也。今由余贤，寡人之患，将如奈何？"

又曰：唐举相蔡泽，曰："吾闻圣人不相，殆先生乎？"

《管子》曰：圣人若天，然无私覆；若地，然无私载。

《老子》曰：绝圣弃智，民利百倍。

又曰：圣人无常心，以百姓心为心。

《庄子》曰：圣人之生也，天行；其死也，物化。静而与阴同德，动而与阳同波。不为福先，不为祸始。

又曰：以德分人，谓之圣。

又曰：夫圣人鹑居而縠苦候切食，鸟行而无章。天下有道则与物皆昌，天下无道则修德就闲。

又曰：至人无己，神人无功，圣人无名。

又曰：夫川竭而谷虚，丘夷而渊实。圣人已死，则大盗不起。

《文子》曰：圣人同死生，愚人亦同死生。圣人之同死生，明于分理也；愚人之同死生，不知利害所在也。

又曰：圣人随时而举事，因资而立功。守清道，拘雌节，因循而变应，常后而不先。

又曰：圣人以仁义为绳。中绳之谓君子，不中绳之谓小人。

《列子》曰：龙叔谓文挚曰："吾有疾，子能已乎？"文挚即命龙叔背明而立，文挚向明而望之。既而曰："嘻！吾见子之心矣。方寸之地虚矣！几圣人也。子心六孔通流，一孔不达。今圣智为病者，或由此乎？"

又曰：商太宰见孔子曰："丘，圣者欤？"答曰："丘非圣者。""三王圣者欤？"答曰："三王善任智勇者，圣则丘弗知。"曰："五帝圣者欤？"答曰："五帝善任仁者，圣则丘弗知。"曰："三皇圣者欤？"答曰："三皇善因时者，圣则丘不知。"曰："然则孰者为圣？"孔子曰："西方圣者，不治而不乱，不言而自信，不化而自行，荡荡乎民无能名焉！"

又曰：庖牺、女娲、神农、夏后，蛇身、人面、牛首，此非人之状，而有大圣之德。

《尸子》曰：圣人之身犹日也。夫日圜尺，光盈天地。圣人之身小，其所烛远矣。圣人正己而四方治，故曰："天地之大府"。

《慎子》曰：天有明而不忧人之暗，地有财而不忧人之贫，圣人有德而不忧人之危。

《范子》曰：圣人之变，如水随形，形平则平，形险则险。

《随巢子》曰：大圣之行，兼爱万物，疏而不绝。贤则欣之，不肖则矜之。

《孙卿子》曰：神固之谓圣人。圣人者，道之管也。天下之道管此矣。

又曰：天下无二道，圣人无二心。神人无功，圣人无名。圣人者，天下利器也。

《商子》曰：圣人之制民也，如高下制水，如燥湿制火也。

《申子》曰：百世有圣人，犹随踵而生。

《韩子》曰：伊尹为宰，百里奚为虏。此二人者，圣人也，然犹不能无役身而进。

《孟子》曰：子夏、子张、子游皆有圣人一体，冉有、伯牛、闵子、颜渊，具体而微。自生民以来，未有盛于孔子者也。

又曰：孔子登东山而小鲁，登太山而小天下。故观于海者难为水，游于圣人之门者难为言。

《鹖冠子》曰：圣人者，后天地而生，而知天地之始；先天地而亡，而知天地之终。

《孔丛子》曰：悬子问子思曰："吾闻同声者相求，同志者相好。子之先君见子产则兄事，而世谓子产仁爱，称夫子圣人，是谓圣通事仁爱乎？未喻其人之孰先也？"子思曰："昔季孙问言，游亦若子之言也。子游答曰：'以子产之仁爱譬夫子，其犹浸水之与膏雨。'康子曰：'子产死，郑大夫舍玦佩，妇女舍珠瑱，巷哭三月，琴瑟不作；夫子之死，吾未之闻鲁人之若是也。'子游曰：'夫浸水所及也则生，所不及则死，民皆知焉。膏雨之所生也，广莫大焉。民之受赐也，普矣！莫识其由来者也。'"

《淮南子》曰：圣人不贵尺璧而重寸阴，时难得而易失。故圣人守清道而抱雌节。清，和静也。雌，柔弱也。

又曰：圣人之道犹中衢樽耶！过者，斟酌多少，各得所宜。

又曰：唯圣人为能知权。言而必信，期而必当，天下之高行也。

又曰：圣人若镜，不将不迎。

又曰：文王知而好问，故圣。

又曰：孔子无黔突，墨子无暖席。是故圣人蒙耻辱以干世主者，非贪禄慕位欲事天下之利，除万民之害也。神农憔悴，尧瘦臞，其俱也。舜微黑，禹胼胝。由此观之，忧劳百姓，亦甚矣！

又曰：古者，圣人劳形尽虑，为民兴利除害，焦天下之忧，而平海内之事。圣人之忧民也，如此其明矣。

《河图》曰：黄帝曰："凡人生一日，天帝赐算三万六千，又赐纪二千。圣人得三万六千七百二十，凡人得三万六千。一纪主一岁，圣人加七百二十。

《吕氏春秋》曰：圣人之于事，似缓而急，缓谓无为，急谓无功。似迟而速，待时也。

又曰：圣人南面而立，以爱利民为心。号令未出而天下皆延颈举踵矣，则精通乎民矣！

《家语》曰：所谓圣者，德合天地，睹者不识其邻。

又曰：圣人能以天下为一家，以中国为一人者，非意之所为也。必知其利，达于其患，然后乃为之。

又曰：孔子在卫，冉求言于季孙曰："国有圣人而不能用，欲以求治，是犹却步而欲求及前人也。"

《神异经》曰：西南大荒中，有人身长一丈，腹九尺。践龟蛇，戴朱鸟。左手冯青龙，右手冯白虎。知河海斗斛，识山石多少，知天下鸟兽言语，识士人所道，知百谷可食，识草木盐苦，名曰圣。俗曰圣人。一名哲，俗曰睿哲。一名先，俗曰知先。一名通，俗曰通达。一名无不达。凡人见拜，令人神智。此人天下神圣也。

《六韬》曰：太公曰："圣人守无穷之府，用无穷之财，而天下治。"

《说苑》曰：圣人之于百姓也，其犹赤子乎！饥者食之，寒者衣之，育之长之，唯恐其不至于大也。

杨方《五经钩沉》曰：圣人之生，必资于阴阳。阴阳之理，即圣人所尽。但尽阴阳之理，则玄照之本自见。此谓不求自知而理尽自然者也。

扬子《法言》曰：或问："孔子之时，诸侯有知孔子圣者欤？"曰："知之。""若知之，则曷为不用？"曰："不能。"曰："知圣而不能用，可得闻乎？"曰："用之，则弃其所习，逆其所从，强其所劣，损其所能。非天下之至圣，孰能用之！"

又曰：震风陵雨，然后知厦屋之为帡幪也。虐政虐世，然后知圣人之为郛郭也。

又曰：圣人之言似于水火，测之而益深，穷之而益远。火，用之而弥明，宿之而弥壮。

又曰：圣人之言远如天，贤者之言近如地。

又曰：或曰："圣人之道若天。天则常矣，奚圣人之多变也？"曰："圣人固多变。子游、子夏得其书矣，未得所以书也；宰我、子贡得其言矣；未得所以言也；颜渊、闵子得其行矣，未得其所以行也。圣人之书、言、行，天也，其少变乎？"

又曰：圣人虎别，其文炳也；如虎之别百兽，炳然殊异。君子豹别，其文蔚也；有蔚文章，次虎。辩人理别，其文萃也。

又曰：或问圣人表里。曰："威仪文辞，表也；德行忠信，里也。"

《论衡》曰：上天之心在圣人之胸，其谴告在圣人之口。世无圣人，安得知天变动？

《风俗通》曰：圣者，声也，通也。言其闻声知情，通于天地，调畅万物。

荀悦《申鉴》曰：圣不至圣，何以尽性？

《傅子》曰：圣人之道如天地，诸子之异如四时。四时相反，天地合而通之。

袁准《正书》曰：圣人之治也，若平地焉，聋盲跛蹇皆能履之。法若丘陵也，非有逸足不能超也。

又曰：唯圣知圣，唯贤知贤，信乎！

蒋子《万机论》曰：圣不独立，知不独治。神武之主，亦须佐辅。

王衍论曰：圣人尽众妙，体至当，故不求有所示而物自亲之。

姚信《士伟》曰：圣人高不可极，深不可测，穷神知化，独见先识。仁若春阳，信若影响。此所禀于天也。

又曰：神州何以专生圣人？圣人曾不产于绝域乎？推此论之，明神州者处乾坤之正，钟日月之精，地形爽垲，源流清畅。其生民也，长短应数，仪状端正，音声得节，性理调良。

《图墓书》曰：青鸟乃默，皆圣人也。记人生死所由。

《琴操》曰：孔子使颜渊执辔，到匡郭外。颜渊举策指匡穿垣，曰："往，与阳虎正从此入。"匡人闻其言，孔子既似阳虎，告匡君曰："往者阳虎，今复来矣。"乃令桓魋围孔子，数日不解。弟子皆有饥色。于是，孔子仰天而叹曰："君子固穷乎？"子路闻孔子之言，悲感，悖然大怒，张目奋剑，声如钟鼓。孔子曰："由！来！今汝欲斗名为戮我于天下，为汝悲歌而感之，汝皆和我。"由等唯唯。孔子乃引琴而歌，音曲甚哀。有暴风击拒，军士僵仆。于是，匡人乃知孔子圣人，瓦解而去。

太平御览卷第四百二 人事部四十三

叙贤

《周礼·地官》曰：以贤制爵，则民慎德。

《礼·大学》曰：君子贤其贤而亲其亲。

《诗·黍离》曰：丘中有麻，思贤也。庄王不明，贤人放逐，国人思之而作是诗也。丘中有麻，彼留子嗟。留大夫氏，子嗟，字也。丘中麻麦，子嗟所治。笺云：子嗟放逐，于朝去治，卑贱之识。

又曰：《白驹》，大夫刺宣王也。刺其不能留贤者也。皎皎白驹，食我场苗。絷之维之，以永今朝。宣王之末，不能用贤者，有乘白驹而去。笺云：愿去者乘其白驹，来者食我场中之苗，絷绊之欲留也。

《书·大禹谟》曰：野无遗贤，万邦咸宁。

又曰：任贤勿贰，去邪勿疑。

又《说命》曰：爵罔及恶，德唯其贤。

又曰：唯后非贤不乂，唯贤非后不食。

又《武成》曰：建官唯贤，莅事唯能。

又《旅獒》曰：所宝唯贤，则迩人安。

《易》曰：坤地卦：天地变化，草木蕃。天地闭，贤人隐。

又《大畜》曰：不家食，吉。养贤也。

又《颐》曰：天地养万物，圣人养贤以及万民。

又《系辞》曰：可久，则贤人之德；可大，则贤人之业。

《论语·里仁》曰：君子见贤思齐焉，见不贤者而内自省也。齐，等也。省，察也，察己得无然也。

又《雍也》曰：贤哉，回也！一箪食，一瓢饮，在陋巷。人不堪其忧，回也不改其乐。贤哉，回也！箪，笥也。贫者，人之所忧，而颜志道有所乐，故深贤之。

又《述而》曰：冉有曰：伯夷、叔齐何人也？子曰：“古之贤人也。”

又《卫灵公》曰：臧文仲其窃位者欤？知柳下惠之贤而不与立。柳下惠，鲁士师展禽也，邑名柳下，谥曰惠也。

又《子张》曰：叔孙、武叔毁仲尼。子贡曰：“仲尼不可毁也。他人之贤者，丘陵也，犹可逾也；仲尼，日月也，无得而逾焉。”

《春秋繁露》曰：气之清者为神，人之精者为贤。治身以练神为宝，治国以积贤为道。

《大戴礼》曰：帝入西学，上贤而贵德。

《乐动声仪》曰：召公，贤者也，明不能与圣人分职，常战栗恐惧。故舍于树下而听断焉。劳身苦体，然后乃与圣人齐。是《周南》无美而《召南》有之。

《韩诗外传》曰：魏文侯问狐卷子曰：“父贤足恃乎？”对曰：“不足。”“子贤足恃乎？”对曰：“不足。”“兄贤足恃乎？”对曰：“不足。”弟贤足恃乎？“对曰：“不足。”“臣贤足恃乎？”对曰：“不足。”文侯勃然作色而怒曰：“寡人问此五者于子，子一一以为不足者何也？”对曰：“父贤不过尧，而丹朱放。子贤不过舜，而瞽瞍拘。兄贤不过周公，而管叔诛。臣贤不若汤、武，而桀纣伐。君欲治，从身始，人何恃？”

《国语》曰：智宣子将以瑶为后。宣子，荀寅。瑶，宣子之子知伯也。智果曰：“不如霄也。”知果，荀氏之族也。霄，宣子庶子也。宣子曰：“霄也佷。”佷戾不从人也。对曰：“霄之佷在面，瑶之佷在心。心佷败国，面佷不害。瑶之贤于人者有五，其不逮者一。美鬓长大则贤，鬓，发鬓也。射御足力则贤，伎艺必给则贤，巧文辩惠则贤，强毅果敢则贤。若是，而甚不仁。以其五贤陵人，而以不仁行之，其谁能待之？若果立瑶也，知宗必灭。”弗听，智果别族于太史为辅氏。太史掌氏姓也。及智氏之亡也，唯辅果在。

又曰：臼季使，舍于冀野。臼季，胥臣。冀野，晋地。见冀缺耨，其妻馌之，相敬如宾。耨，耘田也。野馈曰：馌字音晔。从而问之，冀芮之子也，与之归。既复命，进之曰："臣得贤，敢以告。"文公曰："子何以知其贤？"对曰："臣见其贤不忘敬也。"公使为下军大夫。

《史记》曰：燕昭王于破燕 之后即位，卑身厚币，以招贤者。谓郭隗曰："齐因孤之国乱袭破燕，孤极知燕小力少，不足以报。然得贤士与共国，以雪先王之耻，孤之愿也。先生视可者，得身事之。"郭隗曰："王必欲致士，必从隗始。况贤于隗者，岂远千里哉！"于是，昭王为隗改筑宫而师事之。

又曰：伯禽就封于鲁，周公戒伯禽曰："我文王之子，武王之弟，成王之叔父，我于天下亦不贱矣。然我一沐三握发，一饭三起以待士，犹恐失天下之贤人。子之鲁，慎无以国骄人。"

又曰：楚昭王聘夫子，夫子往焉。路出东，蔡大夫谋曰："夫人贤者，所刺讥皆中诸侯之病，若用于楚，则陈、蔡危矣。"遂使兵拒之，孔子不得行。

《家语》曰：孔子谓宓子贱曰："子治单父，众悦，何施而得之？"对曰："此地民有贤于不齐者，不齐事之，事而禀度焉，皆教不齐以治道。"孔子叹曰："昔尧舜听天下务求贤以自辅，夫贤人，百福之宗，神明之主也。惜乎！不齐之所治小也。"

又曰：子夏问于孔子曰："颜回之为人奚若？"子曰："回之信贤于丘。"曰："子贡之为人奚若？"子曰："赐之敏贤于丘。"曰："子路之为人奚若？"子曰："由之勇贤于丘。"曰："子张之为人奚若？"子曰："师之庄贤于丘。"子夏避席而问曰："然则，四子者何为事先生？"子曰："居，吾语汝！夫回能信而不能反，反，谓反信也。君子言不必信，唯义所在也。赐能敏而不能诎，诎，人唯辩敏，亦宜有折屈时也。由能勇而不能怯，师能庄而不能同。言人虽务□庄，亦当有和同时也。兼四子者之有以易吾，吾弗与也。此其所以事吾而不及也。"

又曰：孔子读史至楚复陈，夏征舒杀其君，楚庄王讨之，取陈而有之，申叔时谏庄王，庄王从之，乃复陈国也。喟然曰："贤哉，楚庄王！轻千乘之国而重一言之信，非申叔时之忠，弗能建其义。非庄王之贤，弗能受其训。"

又曰：所谓贤者，德不逾闲，闲，法。行中规绳。

又曰：哀公问于孔子曰："当今之君，孰者最贤？"孔子对曰："丘未之见，抑有卫灵公乎？"公曰："吾闻其闺门之内无别，而子次之贤，何也？"孔子对曰："臣论其朝廷行事，不论其私家之际也。"公曰："其事何也？"孔子曰：灵公之弟曰公子渠，牟其智足以治千乘，其信足以守之，灵公爱而任之。又有士曰王林者，见贤必进之，而退与分其禄，是以卫国无游放之才，灵公知而尊之。又有士曰庆足者，国有大事则必起而治之，国无事则退客贤，言其所以退，欲以容贤与朝。灵公悦而敬之。又有大夫史鰌，以道去，卫灵公郊舍三日，琴瑟不御，必待史鰌之入而后敢入。臣以此取之难，次之贤，不亦可乎！"

《孔丛子》曰：鲁人有公仪潜者，厉节行道，恬于荣利，不事诸侯。子思之与友。穆公因子思欲以为相，谓子思曰："公仪子必辅寡人。寡人三分鲁之一。"子思对曰："如君之言，则公仪愈所不至也。若饥渴待贤，纳用其言，仪虽蔬食饮水，亦愿在下风。今徒以高官厚禄钓饵君子，无信人之意，公仪子则终身不蹑乎君之庭矣。且臣不任为君操竿，不钓以伤守节之士也。"

又曰：子思自齐反卫，君馆而问曰："先生鲁国之士，不以卫褊小，犹步玉趾而慰存之，愿有赐于寡人。"子思曰："羁旅于此而辱君之威尊，亟临荜门，其荣多矣。欲报君以财币，则君府藏已盈，而伋又贫。欲报君以善言，恐未合君心，而徒言不听也。愿有报君者，唯达贤耳。"君曰："固寡人所愿也。"

《任子》曰：夫贤人者，至德以为己心，行道以为己任。处则不求私名，仕则不求私宠。不为其身，不阿其君。积礼义于朝，播仁风于民。使天下之人翼翼焉向戴其君之尊，欣欣焉歌舞其君之德。

《文子》曰：山有猛兽，林木为之不斩。野有螫虫，葵藿为之不采。国有贤臣，折冲千里。

《列子》曰：牛缺者，上地之大儒也。至邯郸，遇盗于耦沙之中，尽取其衣装车。牛步而去，视之欣然无忧苦之色。盗追而问其故，曰：

“君子不以所养害其所养。”盗曰：“嘻，贤矣！”既而相谓曰：“彼之贤，往见赵君，使以我为事，必困我。”乃相与追而杀之。

《孙卿子》曰：古之贤人贱为布衣，贫为匹夫，然而非礼不进，非义不受。

《庄子》曰：以财分人谓之贤。

《尹文子》曰：尹文子见齐宣王，王叹国寡贤。尹文子曰：“使国悉贤，孰处王下？”王曰：“国悉不肖，可乎？”尹文子曰：“国悉不肖，孰理王朝？”王曰：“贤与不肖皆无，可乎？”尹文子曰：“不然。有不肖，故王尊于上，臣卑于下。进贤退不肖，所以有上下也。”

王孙子曰：“赵简子猎于晋山之阳，抚辔而叹。董安于曰：“敢问何叹？”子曰：“吾有食谷之马数千，多力之士数百，欲以猎兽也。吾恐邻国养贤以猎吾也。”

《文子》曰：虎豹之驹未成，而有食牛之气。鸿鹄之翼未合，而有四海之心。贤者之生亦然也。

又曰：国之所以不治者三：不知用贤，此其一也；或求贤不能得，此其二也；虽得弗能尽，此其三也。

《申子》曰：千里有贤者，是比肩而立。

《韩子》曰：晋平公问叔向曰：“吾群臣孰贤？”对曰：“赵武贤。武之立如不胜衣，言如不出口，然其所举士者数十人，皆令得其意，而公家甚赖之。况武子之生也不利其家，死不托其孤。臣敢以为贤。”

《孟子》曰：国君进贤，如不得已，将使卑逾尊，疏逾戚，可不慎欤！左右皆曰贤，未可也。诸大夫皆曰贤，未可也。国人皆曰贤，然后察之，见贤焉，然后用之。

《吕氏春秋》曰：伊尹出空桑之中，长而贤。汤闻伊尹，使人请之有侁氏，有侁氏不可。伊尹亦欲归汤。汤于是请取妻于有侁氏。有侁氏喜，使伊尹为媵，送女。故贤主之求有道之士，无不以也。有道之士求贤主，无不行也。相得然后乐。不谋而亲，不约而信，相为殚知竭力，犯危行苦，志欢乐之，此功名所以大成也。

又曰：百里奚之未遇时，亡虢而虏，饭牛于秦，鬻以五羊之皮。公孙枝得而悦之，献诸缪公。三日请属事。公曰：贾之五羊之皮而属事，无乃为天下笑乎！"枝曰："信贤而任之，君之明也。议贤而下之，臣之忠也。君为明君，臣为忠臣，彼为信贤，境内将服，敌国且畏，夫谁暇笑哉！"遂用之，谋无不当，举必有功，号曰："五羖大夫。"

又曰：史台谓申向曰："吾所患者不知贤。"申向曰："人之患不在乎不言用贤，而在乎不诚用贤。夫言用贤者，口也。却贤者，行也。言行相反，而欲贤者用，不肖者废，不亦难乎！人主诚用贤，则境内贤者出矣，天下贤者至矣。"

又曰：得十良马，不如得一伯乐。得十良剑，不如得一欧冶。得地千里，不如得一贤人。

又曰：魏文侯过段干木之闾而轼，其仆曰："君胡为轼？"曰："此非段干木之闾欤！干木，盖贤者也。吾安敢不轼！"

又曰：赵简子将袭卫，使史墨行瞶之。瞶，视也，音贵。期以一月，六月而反复。简子曰："何其久也？"对曰："谋利而得害，犹弗察也。蘧伯玉为相，史鮲佐焉。孔子为客，子贡使令于君前，甚听。君听其言。《易》曰：涣其群，元吉。涣者，贤也。群者，众也。元者，吉之始也。涣其群，元吉者，其佐多贤。"简子案兵而不动。

《周书阴符》曰：凡治国有三常：一曰君以举贤为常，二曰官以任贤为常，三曰士以敬贤为常。夫然，虽百代可知也。

京房《易飞候》曰：何以知贤人？隐师曰："视四方有大云五色，具而不雨，下，贤人隐也。

《易参同契》曰：天道无适莫，常传与贤者。

黄石公《三略》曰：伤贤者，殃及三世。蔽贤者，身当遭害。达贤者，福流子孙。嫉贤者，其名不令。

陆贾《新语》曰：圣人居高处上，则以仁义为巢。乘危履倾，则以圣贤为杖。

《说苑》曰：周公卜居曲阜，命龟曰："作邑于山之阳，贤则茂昌，不贤则速亡。”

又曰：夫朝无贤人，犹鸿鹄之无羽翼。是故绝江海者，托于船。致远道者，托于乘。欲霸王者，托于贤。

又曰：明君在上，慎于择士，务于求贤，设四佐以自辅，有英俊以治官。

又曰：伯禽与康叔封朝成王，见周公。三见而三笞。康叔骇色谓伯禽曰：“有商子者，贤人也。与子往见之。”康叔与伯禽见商子曰：“吾二子者朝乎成王，见周公，三见而三笞，其说何也？”商子曰：“二子盍相与观南山之阳，有木焉，名曰桥。”二子者往观乎南山之阳，见桥竦然，实高而仰。反以告商子。商子曰：“仰者，父道也。”商子曰：“二子盍相与观乎南山之阴，有木焉，名曰梓。”二子者往观乎南山之阴，见梓勃焉，实而俯。反以告商子。商子曰：“俯者，子道也。”二子者，明日见乎周公。入门而趋，登堂而跪。周公拂其首，劳而食之，曰：“安见君子？”二子对曰：“见商子。”周公曰：“君子哉，商子也！”

又曰：孔子之郯，遭程子于涂，倾盖而语终日。有间，顾谓子路曰：“取束帛以赠先生。”子路不对。有间，又顾谓曰：“取束帛以赠先生。”子路屑然对曰：“由闻之也。士不中间而见，中间，谓绍介也。女无媒而嫁，君子不行也。”孔子曰：“诗不云乎：野有蔓草。零露团兮。有美一人，清阳婉兮。邂逅相遇，适我愿兮。今程子天下之贤士，于是不赠，终身弗见也。”

《六韬》曰：文王举贤若何？太公曰：“案察实，选才任能，名实俱得也。”

《物理论》曰：在金石曰坚，在草木曰紧，在人曰贤。千里一贤，谓之比肩。故语曰：“黄金累千，不如一贤。”

杜氏《幽求》曰：周封千里而已，八州之地，皆以禄贤。

《抱朴子》曰：桓文汉高鼓，群贤以为六翮，托豪杰以为舟楫。

《傅子》曰：或问近世大贤君子，若荀令君之仁，荀军师之智，斯可谓近世大贤人士君子矣。荀令君仁以立德，明以举贤，行无谄渎，谋能应机。孟轲称五百年而有王者，其间必有命世者，其荀令君乎！

桓谭《新论》曰：以贤代贤谓之顺，以不肖代不肖谓之乱。

《论衡》曰：贤圣之君察知佞臣，若视俎上之脯，指掌中之文。

《风俗通》曰：贤，坚也。坚中廉外。

《白虎通》曰：王者即位，先封贤者，忧民之急也。故列土为疆，非为诸侯；张官设府，非为卿大夫。皆为民也。

《越绝书》曰：子胥正而信，范蠡智而明，皆贤人也。

《潜夫论》曰：南面之大务，那急于知贤。

《异苑》曰：汝南陈仲躬与诸息侄就颍川荀季和父子。于时，德星为之聚。太史奏曰："五百里内有贤人集。"

《列女传》曰：卫灵公与夫人夜坐，闻车声辚辚，至阙而止，过阙复有声。公问曰："知此为谁？"夫人曰："此必蘧伯玉也。"问"何以知之？"曰："妾闻礼下公门式路马，所以广敬也。夫忠臣不为昭昭信节，不为冥冥堕行。今伯玉卫国贤大夫也，仁而有智，敬于事上，此其人必不以暗昧废礼，是以知之。"公使视之，果伯玉也。反戏之曰："非也。"夫人进觞再拜贺之。公曰："子何以贺？"之曰："始，妾谓独有伯玉，今卫复有与之齐者，是君有二贤臣也。国多贤臣，则国之福也。"

《西京杂记》曰：汉文帝为太子，立思贤苑以招宾客。

周斐《汝南先贤传》曰：黄宪洁静通理，齐圣广渊，不矜名以诡时，不抗行以矫俗。论者咸曰："颜子复生乎汉之代矣。"

《语林》曰：贤者，国之纪，人之望，自古帝王皆以之安危。故《书》曰："唯后非贤不乂，唯贤非后不食。"昔者，周公体大圣之德，而勤于吐握，由是天下之士争归之。向使周公骄而且吝，士亦当高翔远去，所至寡矣。

王褒《圣主得贤臣颂》曰：夫贤者，国家之器用也。君人者，勤于求贤，而逸于得人。故圣主必待贤臣而弘功业，俊士亦候明主以显其德。千载一会，论说无疑。翼乎如鸿毛之遇顺风，沛乎若巨鱼之纵大螯。其意如此，则胡禁不止，曷令不行！

锺子《刍荛论》曰：贤者之处世，犹金玉生于沙砾，豫章产乎幽谷，下不进之于上，则无由而至矣。

太平御览卷第四百三　人事部四十四

道德

《礼记·中庸》曰：天命之谓性，率性之谓道，修道之谓教。道也者，不可须臾离也；可离，非道也。

又曰：大哉圣人之道！洋洋乎发育万物，峻极于天。优优大哉！礼仪三百，威仪三千，待其人然后行。故曰："苟不至德，至道不凝焉。"

又曰：天下之达道五，所以行之者三。曰：君臣也，父子也，夫妇也，昆弟也，朋友之交也，五者天下之达道也。知、仁、勇三者，天下之达德也。

又曰：君子之道四，丘未能一焉：所求乎子以事父，未能也；所求乎臣以事君，未能也；所求乎弟以事兄，未能也；所求乎朋友先施之，未能也。庸德之行，庸言之谨，有所不足，不敢不勉。

又曰：君子之道，造端于夫妇，及其至也，察乎天地。子曰："道不远人，人之为道而远人，不可以为道。"

又《学记》曰：玉不琢，不成器。人不学，不知道。

又曰：大道不器。谓圣人之道，不如器施于一物也。

又《乐记》曰：君子乐得其道，小人乐得其欲。以道制欲，则乐而不乱；以欲忘道，则惑而不乐。道，谓仁义也。欲，谓邪淫也。

《尚书·大禹谟》曰：罔违道以干百姓之誉。失道求名，古人贱之。

又《洪范》曰：无有作好，遵王之道。言无有乱为私好恶，动必循先王之道。

又《旅獒》曰：志以道宁，言以道接。在心为志，发气为言，皆以道为本，故君子勤道。

《周易·系辞》曰：知周乎万物而道济天下。

又曰：一阴一阳之谓道。

《论语·学而》曰：敏于事而慎于言，就有道而正焉。有道谓有道德者。正谓问事是非也。

又《公冶长》曰：子谓子产有君子之道四焉：其行己也恭，其事上也敬，其养民也惠，其使民也义。

又曰：子曰："天下有道则见，无道则隐。邦有道，贫且贱焉，耻也。邦无道，富且贵焉，耻也。"

又《卫灵公》曰：子曰："人能弘道，非道弘人。"

又曰：君子谋道不谋食。

又曰：天下有道，则礼乐征伐自天子出。

又曰：君子学以致其道。

又《子张》曰：子贡曰："文武之道，未坠于地，在人。贤者识其大者，不贤者识其小者，莫不有文武之道焉。"

又《颜渊》曰：季康子问于孔子曰："如杀无道，以就有道，何如？"孔子对曰："子为政，焉用杀？子欲善，而民善矣。君子之德风，小人之德草。草上之风，必偃。"欲使季康子先自正也。偃，仆也。草加之以风无不仆者，犹民之化于下。

《大戴礼》曰：笃仁而好学，多闻而顺道。天子疑则问，应而不穷者谓之道。道者，导天下之道。

《老子》曰：道可道，非常道。王弼曰：可道，指事造形，非其常道可道。

《庄子》曰：鱼相造乎水，人相造乎道。

子思子曰：天下有道则行有枝叶，天下无道则言有枝叶。

又曰：祝牧谓其妻曰："天下有道，我黻子佩；天下无道，我负子戴。"

又曰：原宪处鲁，居环堵之室，上漏下湿，匡坐而弦歌。匡，正也。子贡乘大马，中绀而表素，轩车不容巷，往见原宪。原宪正冠蹤履，杖藜应门。子贡曰："嘻！先生何病也？"原宪应之曰："宪闻无财之谓贫，学道而不能行之之谓病。今宪贫也，非病也。"子贡逡巡而有愧色。

《文子》曰：夫道德者，匡邪以为正，治辞以为定，上下之仪也。上有道德即下有仁义。积道德者，天与之，地助之，鬼辅之。

《鬻子》曰：发政施令为天下福，谓之道。

《公孙尼子》曰：道为智者设，贤为圣者用。

《淮南子》曰：圣人之道若中衢樽，过者斟酌，虽多少不同而各得其宜也。

杨子《法言》曰：仲尼道犹四渎，经营中国，终入大海。

又曰：君子之道有四：简而易用也，要而易守也，炳而易见也，法而易言也。

又曰：圣人重其道而轻其禄，众人重其禄而轻其道。

《盐铁论》曰：以道德为城，文王是也。以道德为胄，汤武是也。

桓谭《新论》曰：三皇以道治，五帝以德化。王道纯粹，其德如彼；霸道驳杂，其功如此。

王逸《正部》曰：仲尼门人哺道醇饮道宗。

《昌言》曰：道德仁义，天性也。织之以成其物，练之以致其情，莹之以发其光。

《任子》曰：道德之怀民，犹春阳之柔物也。履深冰而不寒，结本条而不折。

《杜氏幽求子》曰：盖道清淡以无为为家，恬虚寂静，弘广多包，岂非圣人所宅乎！

又曰：有道之国，其鬼不神。

崔元始《正论》曰：国不信道，工不信度，亡可待也。

《傅子》曰：君子审其宗而后学，明其道而后行。

《中论》曰：道之于人，甚简且易，不如采金攻玉涉艰难也。

《符子》曰：为道者日损而月章，为名者日章而月损。

《释名》曰：德，得也，得事宜也。

《周礼·地官·师氏》曰：一曰至德，二曰敏德，三曰孝德。至德，中和之德。敏德，仁义顺时。孝德，尊祖爱亲。

《礼记·学记》曰：礼乐皆得，谓之有德。德者，得也。

又《祭义》曰：天子有善，让德于天。

又《中庸》曰：虽有其位，苟无其德，不敢作礼乐焉。虽有其德，苟无其位，亦不敢作礼乐焉。

又曰：小德川流，大德敦化，此天地之所以为大也。

又《表记》曰：以德报德，则民有所劝。

又《大学》曰：富润屋，德润身。

《左传·桓公》曰：臧哀伯谏曰："君人者，将昭德塞违以临照百官，犹惧或失之，故昭令德以示子孙。

又僖公中曰：庸勋亲亲，昵近尊贤，德之大者也。

又曰：德以柔中国，刑以威四夷。

又口：太上以德抚民。

又文公上曰：孝敬忠信为吉德，盗贼奸藏为凶德。

又宣公上曰：楚子观兵于周疆，定王使王孙满劳楚子。楚子问鼎之大小轻重焉。对曰："在德不在鼎。"

又成公上曰：四王之王也，禹、汤、文、武。树德而济同欲焉。

又襄公二十四年曰：太上有立德，其次有立功。

又昭公三曰：盛德必百世。

《毛诗·荡·烝民》：德輶如毛，民鲜克举之。

《尚书·舜典》曰：玄德升闻，乃命以位。玄谓幽潜，潜行道德，升闻天朝，遂见征用。

又《大禹谟》曰：皋陶迈种德，德乃降。黎民怀之。迈，行；种，布也。皋陶布行其德，下治于民，民归服之。

又曰：唯德动天，无远不届。

又《仲虺之诰》曰：德日新，万邦唯怀。志自满，九族乃离。

又曰：尔唯德罔小，万邦唯庆。尔唯不德罔大，坠厥宗。

又《太甲》曰：德唯治，否德乱。为政以德，则治不以德则乱。

又《咸有一德》曰：非天私我有商，唯天佑于一德。非商求于下民，唯民归于一德。德唯一，动罔不吉；德二三，动罔不凶。

又《泰誓》曰：同力度德，同德度义。力钧则有德者胜，德钧则秉义者胜。

又曰：受有亿兆夷人，离心离德。予有乱臣十人，同心同德。

又曰：树德务滋，除恶务本。立德务滋长；去恶务除本。

又《洪范》：五福，四曰攸好德。所好者德，福之道。

又《旅獒》曰：玩人丧德，玩物丧志。以人为戏弄则丧其德。

又《蔡仲之命》曰：皇天无亲，惟德是辅。

又《周官》曰：作德，心逸日休；作伪，心劳日拙。为德直道而行，于心逸豫而名日美。

又《君陈》曰：黍稷非馨，明德唯馨。

《周易·坤卦》象曰：地势坤，君子以厚德载物。

又《系辞》曰：富有之谓大业，日新之谓盛德。

《论语·为政》曰：为政以德，譬如北辰，居其所而众星拱之。德者无为犹北辰之不移而众星拱之。

又《里仁》，子曰：德不孤，必有邻。

又《先进》曰：德行：颜回、闵子骞、冉伯牛、仲弓。

又《宪问》：子曰：有德者必有言，有言者不必有德。

又曰：骥不称其力，称其德也。骥，古之善马也。德谓在五御之威仪。

又《季氏》曰：远人不服，则修文德以来之。

《尚书大传》曰：有德者，尊其位而重其禄。

《史记》曰：一年种之以谷，十年树之以木，百年来之以德。

《东观汉记》曰：张谌字子孝，右扶风人。以笃行纯淑，乡里归德。虽居幽室暗处，自整顿三辅，以为仪表。

又曰：淳于恭字孟孙，北海淳于人。以谦俭推让为节。人有刈恭禾，见之，念其愧，因伏草中，至去乃起。恭家井在门外，上有盆，邻里牧牛儿争饮牛。恭恶其争，多置器其上，为预汲水满之。小儿复争，恭各语其家父母。父母乃禁怒之。里落皆化而不争。

《三辅决录》曰：冯豹字德文。母为父所出，后母遇之甚酷。豹事之愈谨，时人为之语曰："道德彬彬冯德文。"

王隐《晋书》曰：庾衮字叔褒，颍川人。少遭大疫，二兄亡，次兄毗又疫。其疠气方炽，衮父母诸弟皆出，避家。衮独不出，诸父强之，不可，曰：“衮性不畏病。”纳浆粥扶持，不舍昼夜，省柩哀临，十有余旬。病既歇，家乃反，而衮亦无患害。宗党叹曰：“异哉！此子能守人之所不能守，能行人之所不能行。”

《晋中兴书》曰：卫玠字叔宝。常以人有不及，可以情恕；非意相干，可以理遣。故终身不见其喜愠。

《齐书》曰：张绪字思曼，为吏部尚书。每朝见，太祖目送之，谓王俭曰：“绪以位尊我，我以德贵绪。”

又曰：王秀之字伯奋，为南郡内史、州西曹。苟丕欲交秀之，拒而不纳。报丕书曰：“仆以德为宝，足下以位为宝。各宝其宝，于此敬宜也。”

《老子》曰：上德不德，是以有德；下德不失德，是以无德。上德之人唯道用其德故能有德，下德而德之必有失焉。

《文子》曰：山高者其木修，地广者其德厚。

又曰：闭九窍，灭志意，弃聪明，反无识，含阳吐阴，而与万物同德也。

《庄子》曰：至德之世，不尚贤，不使能。

《韩子》曰：善为吏者树德，不能为吏者树怨。

《孟子》曰：周于利者凶年不能杀，周于德者邪世不能乱。

《鹖冠子》曰：德及万人者谓之豪，德过百人者谓之英。

《孔丛子》曰：晏子长不过六尺，齐国莫不宗焉；赵文子身如不胜衣，相晋国以宁：诸侯敬服其德故也。

扬子《法言》曰：耕道而得道，猎德而得德。

《傅子》曰：上德之人，其济万物也，犹天之有春秋，时至自生，非德之力。

《太公金匮》曰：德行则福，德废则覆。

《易参同契》曰：道成德就，潜伏俟时。

《海内先贤行状》曰：王烈字伯善。时有盗牛者，主得之。盗者曰：

“我邂逅迷惑，从今将改。子既赦宥，幸无使王烈闻之。”

又曰：戴良字叔鸾。高才磊硌，英声远播。少者怀之，长者慕之。乡里缙绅，下至黎庶，莫有忿争之家。

又曰：徐孺子征聘未尝出门，赴丧不远万里。常事江夏黄公薨，往会其葬。家贫无以自供，赍磨镜具自随，每至所在，赁磨取资，然后得前。既至，设祭哭毕而返。陈仲举为豫章太守，召之则到，馈之则受，但不服事，以成其节。

又曰：仇览字季智。学通五经，选为亭长。民有孙元，少孤，与母居，诣览告元不孝。览谢遣之，属母归，勿言，方为教之。后览赍礼诣元，为陈孝子供养之意。元遂感激，卒为孝子。时令河内王涣，政尚清严，闻览得元不治，心独望之，乃问览“在亭不治不孝，得无失鹰鹯之志乎？”对曰：“窃以鹰鹯不如凤皇，故不为也。”涣感览言，用损威刑。

《会稽典录》曰：郑弘字巨君，为郡督邮上计史。时计掾勾章任尚，居素温富，乘鲜车，驾肥马。弘恒在后，尚辄骂，弘无愠容。弘、尚在京师游学还郡，俱见府君。府君所问，弘无不对，而尚不知出。又问弘：“掾行道数相折辱，何以不答？”弘谢曰：“过奉显使无光国之美，马羸行迟面，恐失期贺，以相催促，自是其宜。愚闻两虎俱斗，大者必伤，小者必死，两为无益，故不敢答。”府君叹曰：“此谓长者，太守所不能也。”

《汝南先贤传》曰：黄宪字叔度。不矜名以诡时，不抗行以矫俗。窥其门者莫敢践其庭，睹其流者不能测其深。时人论曰：“颜渊复生乎！”

《襄阳耆旧记》曰：庞德公子奂，字世文。晋太康中，为牂牁太守。去官归乡里，居荆南白沙乡。里人宗敬之，相语曰：“我家池中龙种来里中化其德，少壮皆代老者担。”

《陈寔别传》曰：寔字仲躬，颍川人。自为儿童不为戏弄等类所归。寔在乡间，平心率物，其有诤讼，辄求判正，晓譬曲直，返无怨者。至乃叹曰："宁为刑罚所加，不为陈君所断。"时岁荒民俭，有盗夜入其室，止于梁上。寔阴见之，乃起自整拂，呼命子孙，正色训之曰："夫人不可不自勉，不善之人未必本恶，习与性成，遂至于此，如梁上君子矣。"盗大惊，自投于地，稽首归罪。实徐譬之曰："视君状貌，不似恶人，宜深克己反善。然此当由困贫。"令遗绢二匹。自是，县无复盗窃。

《荀氏家传》曰：荀彧德行周备，名重天下，海内英俊咸嘉焉。

又曰：锺繇以为："颜子既没，能备九德百行、不二其过者，唯荀彧乎！"或问繇曰："君推荀君，比之颜子，自以不及，其可得闻乎？"繇曰："夫明君师臣，其次友之。以太祖之聪明，每大事常先咨之荀彧，是则古师友之义也。吾等受命而行，犹或不尽，去固远耶。"

《潘勗别传》曰：勗宽贤容众，与天下人等休戚，同有无，不以家财为己有。

《任嘏别传》曰：嘏字照先，乐安人。幼以至性见称。遇荒乱，家贫，卖鱼。会官发鱼，鱼贵数倍。嘏取直如常。会太祖创业，召海内至德。嘏应其举，为临淄侯庶子。

阴德

《左传·宣公下》曰：魏颗败秦师于辅氏，获杜回，秦之力人也。初，武子有嬖妾，无子，武子疾，命颗曰："必嫁是。"疾病，则曰："必为殉。"及卒，颗嫁之。曰："病疾则乱，吾从其治也。"及辅氏之役，颗见老人结草以亢杜回，亢，御也。杜回踬而颠，故获之。夜梦之曰："余，而所嫁妇人之父也。尔用先人之治命，余是以报。"

《汉书》曰：于定国父于公为县狱吏，郡决曹狱平罗文法者，于公所决皆不恨。其闾门坏，父老方共治之。于公谓曰："少高大闾门，令容驷马高盖车。我治狱多阴德，未曾有所冤，子孙必有兴者。"至定国为丞相。

又曰：邴吉字少卿，鲁国人。为丞相，宽大好礼。初，吉有阴德于孝宣帝微时。帝即位，众莫知之，吉亦不言。吉从大将军长史迁至御史大夫，帝闻将封之，会吉病甚，将使人加绶而封之。及其生也。太子太傅夏侯胜曰："此未死也。臣闻有阴德者，必飨其乐，以及子孙。今未获其乐而病，非其死病也。"后果愈。乃封博阳侯，终飨其禄。

《后汉书》曰：何敞六代祖比干学《尚书》于晁错，注云：比干字少卿，经明行修，兼通法律，为汝阴县狱吏决曹掾，平活数千人。后为丹阳都尉。征和三年三月辛亥，天大阴雨，比干在家，中日梦贵客车骑满门。觉以语妻，语未已而门有老妪，年可八十余，头白，求寄避雨，雨甚而衣履不沾雨渍。止，送至门，乃谓比干曰："公有阴德，今日赐公策以广公之子孙。"因出怀中符策，状如简，长九寸，凡九百九十枚，以授比干曰："子孙佩印绶者如此算。"

又曰：和熹邓后叔父陔言：常闻活千人者子孙有封。兄训为谒者，使修石臼河，岁活数千人。大道可信，家必蒙福。初，太傅禹叹曰："吾将百万之众，未尝妄杀一人，其后代必有兴者。"

又曰：永平中，楚王英谋为逆事，下郡覆考。明年，三府举袁安，能理剧，拜楚郡太守。是时，英辞所连及系者数千人。显宗怒甚，吏案之急，迫痛自诬，死者甚众。安到郡，不入府，先往按狱，理其无明验者，条上出之。府丞掾吏皆叩头争，以为阿附反虏，去与同罪，不可。安曰："如有不合，太守自当坐之，不以相及也。"遂分别其奏。帝感悟，即报许，得出者四百余人。

又曰：虞诩字升卿。祖经为县狱吏，决狱平。尝曰："东海于公，高其里门，而其子定国卒至丞相。吾决狱六十年矣，虽不及于公，其庶几乎。吾子孙何必不为九卿耶！"故字诩曰升卿。

谢承《后汉书》曰：陈重字景公，豫章宜春人。举孝廉，在郎署。有郎负息钱数十万，债主日至，剪求无已。重乃密以钱代还。郎后觉知而厚辞谢之。重曰："非我之为。将有同姓名者。"终不言惠。

《吴志》曰：锺离牧字子幹，会稽山阴人。少居永兴，自垦稻田二十余亩。临熟而县民识之。牧曰："本以田荒，故垦之耳。"遂以稻与县人。

沈约《宋书》曰：沈道虔，吴兴武康人。少仁爱，好《老》、《易》。郡州府凡十二命皆不就。有人窃其园菜者，外还见之，乃自逃隐，候窃者取足去后，乃出。

《唐书》曰：载初中，徐有功为大理丞。时酷吏来俊臣等构陷无辜，公卿震恐，有功独存乎恕。诏下大理者，有功皆议出之，前后济活数十百家。

《吕氏春秋》曰：宋景公时，荧惑在心。问子韦，子韦对曰："祸在君，可移宰相。"公曰："宰相所与治国家。"曰："移于民。"公曰："民死谁与为君？"曰："移于岁。"公曰："岁饥民必死。"子韦北面再拜曰："君有至德之言三，天必赏君。"荧惑果三徙舍。

《贾谊书》曰：楚惠王食寒菹得水蛭。王不欲以饮食伤人，乃吞之。令尹避席再拜而贺曰："臣闻天道无亲，唯德是辅。"是夜，惠王之后溷而蛭出，其久病心肠之积皆愈。

又曰：孙叔敖之为儿也，出游归，遂忧而不食。母问其故，泣而对曰："今旦见两头蛇，恐死。"其母曰："今蛇安在？"曰："敖闻见两头蛇者必死，吾恐人又见之，杀而埋之。"母曰："无忧，汝不死矣。吾闻有阴德者，天必报之以福。"果不死矣。

《高士传》曰：初，晋宣帝布衣时，与胡昭有旧。昭同郡周士等谋欲害帝，昭闻而涉险邀士于齐渑之间，止士。不肯。昭泣以示诚，士感义，乃止。昭虽有阴德于帝，口终不言。

《续齐谐记》曰：杨宝年九岁时，至华阴山北，见一黄雀为鸱枭所搏，坠于树下，为蝼蚁所困。宝取之以归，置巾箱中，唯食以黄花。百余日，毛羽成，乃飞去。其夜，有黄衣童子向宝再拜曰："我王母使者，君仁爱救拯，实感成济。"以白环四枚与宝曰："令君子孙洁白，位登三公，事当如此数矣。"

《会稽典录》曰：郑弘为灵文乡啬夫。民有弟用兄钱者，未还之。嫂诣弘诉之。弘卖中单即今之汗衫也。为叔还钱。兄闻之惭愧，遣其婢索钱还弘，弘不受。

又曰：夏香字曼卿，永兴人。门侧有大井，傍设水瓮。里中儿童各竟饮牛，争水共斗。香预为汲水，多置器瓮，由是无争，专以德化。香至四节先庆酌二亲，退赍酒肴，劳问里中父老，以此为常。

《益部耆旧记》曰：王忳常诣京师，于空舍中见一书生疾困，愍而视之。书生谓忳曰："我当到洛而得病，命在须臾。腰下有金十斤，愿以相赠，死后乞藏骸骨。"未及问姓名而绝。忳即鬻金一斤，营其殡葬，余金悉置棺下，人无知者。后归数年，县署忳大度亭长。初到之日，有马驰入亭中，其日，风飘一绣被复堕忳前。即言于县，马遂奔走，牵忳入他舍，主人见之，喜曰："今擒盗矣！"问忳得马，忳说其状并绣被。主人怅然良久，乃曰："被随飘风与马俱亡，卿何阴德而致此二物？"忳自念有葬书生事，因为说之。道书生形貌及埋金之处。主人惊曰："是我子，姓金名彦，前往京师不知所在，何意卿乃葬之。大恩久不服，天以此彰卿德耳。"忳悉以被马还之，彦父不取，又厚遗忳。忳辞让而去。时彦父为州从事，因告新都令，假忳休息，与俱迎彦丧。余金且存。由是显名。

《广州先贤传》曰：罗威字德仁，南海番禺人也。有邻家牛数食其田禾，既不可止，遂为断刍多着牛家门中，不令人知。数如此，牛主惊怪，不知为谁。阴察求之，乃觉是威。自后更相约率收拾牛犊，不敢复践伤于威田。

《豫章耆旧志》曰：施阳字季儒，迁舒令及之官，道经江夏，遇寇贼兴起，劫夺阳物。贼去后，车上席下尚有五千钱，追以与贼。

《荀氏家传》曰：荀遂字仲阳。夫人有至行。时岁荒饥，有余米粜之，夫人恒掾斛，籴者倾量辄过本。时人号曰掾斛夫人。

太平御览卷第四百四 人事部四十五

师

《韩诗外传》曰：智如源泉，行可以为表仪者，人师也。

又曰：哀公问于子夏曰："五帝有师乎？"子夏曰："臣闻黄帝学乎太颠，颛顼学乎禄图，帝喾学乎赤松子，尧学乎务成子附，舜学乎尹寿，禹学乎西王国，汤学乎贷子相，文王学乎锡畴子斯，武王学乎太公，周公学乎郭叔，仲尼学乎老聃。此十一圣人，未遭此师，则功业不能著乎天下，名号不能传乎后世。"

《尚书》曰：德无常师，主善为师。

《周礼·地官下》曰：师氏掌以媺诏王，告王以善道也。《文王世子》曰：师也者，教之以事而喻诸德者也。以三德教国子，居虎门之左，则司王朝、掌国中得失之事以教国子弟。凡国之贵游子弟学焉。

《大戴礼》曰：帝入大学，承师问道。

《礼记·檀弓上》曰：事师无犯而无隐，左右就养无方，服勤至死，心丧三年。心丧戚容如父而无服也。

又《学记》曰：君子知至学之难易，而知其美恶，然后能博喻；能博喻，然后能为师；能为师，然后能为长；能为长，然后能为君。故师也者，所以学为君也，是故择师不可不慎也。

《记》曰"三王四代唯其师"，其此之谓乎？凡学之道，严师为难。师严，然后道尊；道尊，然后民知敬学。是故君之所不臣于其臣者二：当其为尸，则弗臣也；当其为师，则弗臣也。尸，主也，吻祭主。大学之礼，虽诏于天子，无北面，所以尊师也。善学者，师逸而功倍，又从而庸之。不善学者，师勤而功半，又从而怨之。

又曰：记问之学，不足以为人师。师无当于五服，五服不得不亲。

又《文王世子》曰：师也者，教之以事而喻诸德者也。

《左传·襄公三十一年》曰：郑人游于乡校乡人之学校。以论执政。论政得失。然明谓子产："毁乡校如何？"患人于中谤议国政。子产曰："其所善者，吾则行之。其所恶者，吾则改之。是吾师也，若何毁之？"

《谷梁传》昭公曰：子既生，不免乎水火，母之罪也。成童不就师傅，父之罪也。就师学问无方，心老不通，师之罪也。

《论语·为政》曰：温故而知新，可以为师矣。

又《述而》曰：三人行，必有我师焉。

《孔丛子》曰：子思居鲁，穆公师而尊之。

《春秋后语》曰：甘罗请张唐相燕，吕不韦叱曰："我自请不行，汝安能行之？"甘罗曰："夫项橐七岁为孔子师，今臣十二岁矣。"曰："君其试臣，何遽叱乎？"

《史记》曰：孔子既没，弟子思慕。有若状似孔子，弟子相与立为师，师之如夫子时。

又曰：曹参为齐相，乃避正堂，舍盖公而师之。齐果大治。

又曰：邹子如燕，昭王拥彗先驱，请列弟子之座而受业，筑碣石宫，身往亲师之。

又曰：文王为西伯，鬻熊者为文王师，有功于文王。及武王灭殷，未之封也。成王学勤事之后，封其曾孙熊绎为楚子。

《汉书》曰：初，梁相褚大通五经，为博士时，倪宽为弟子。及御史大夫缺，征，褚大夫自以为得御史大夫。至雒阳，闻倪宽为之，褚大笑。及至，与宽议封禅于上前，大不能及，退而服曰："上诚知人也。"

又曰：龚胜既归乡里，二千石长吏初到官，皆至其家，如师弟子之礼。

又曰：严彭祖字公子，东海下邳人。与颜安乐俱事眭孟。弟子百余人，唯彭祖、安乐为明。质问疑谊，各持所见。孟曰："《春秋》之意，在二子矣！"孟死，彭祖、安乐各颛门教授。

又曰：窦皇后兄弟长君、少君。绛侯灌将军等曰："吾属命乃悬两人。此两人所出微，不可不为择师傅。"于是，乃选长者之有行者与居。长君、少君由此为退让君子，不敢以富贵骄人。

又曰：张良称曰："今以三寸舌为帝者师，封万户，位列侯，此亦布衣之极，于良足矣。"

又曰：张禹成就弟子尤著者：淮阳彭宣至大司空，沛郡戴崇至少府九卿。宣为人恭俭有法度，而崇恺悌多智，二人有异行。禹心亲爱崇，敬宣而疏之。崇每候禹，常责师置酒设乐与弟子相娱。禹将崇入后堂饮食，妇女相对，作优人管弦铿锵极乐，昏夜乃罢。而宣之来也，禹见之于便坐，讲论经义，日晏赐食，不过一肉卮酒相对，宣未尝得至后堂。及两人皆闻知，各自得。服虔曰：各为得宜也。

又曰：晁错，颍川人也。学申商刑名于轵张恢生所，轵县之儒生，姓张名恢。与洛阳宋孟、刘带同师，以文学为太常掌固。

又曰：孔霸亦治尚书，事太傅夏侯胜，昭帝末年为博士，宣帝时为太中大夫，以选授皇太子经迁詹事、高密相。元帝即位，征霸以师，爵关内侯，号褒成君。常为师教帝今成就，故曰褒成君。

又曰：张禹初为师，以上难数对己问经，为《论语章句》献之。

《后汉书》曰：廉范初师事薛汉，后辟公府。会薛汉坐楚王事诛，故人门生莫敢收视。范独往收敛之。吏闻，显宗大怒，召入诘责。范叩头曰："臣无状，愚戆，心为汉等皆已伏诛，不胜师资之情，罪当万死。"因贳之。

谢承《后汉书》曰：董春字纪阳，会稽馀姚人。少好学，师事侍中祭酒王君仲，受古文《尚书》。后诣京房授《易》，究极圣旨，条列科义。后还为师，立精舍，远方门徒学者常数百人。

《东观汉记》曰：显宗即位，尊桓荣以师礼。常幸太常府，令荣坐东面，设几杖，会百官，骠骑将军东平王苍以下荣门生数百人，天子亲自执业，每言"太师在是"。既罢，悉以太官供具赐太常家，其恩礼如此。永平二年，辟雍初成，拜荣为五更，每大射，养老礼毕，上辄引荣及弟子升堂执经，自为下说。

又曰：显宗以张酺受皇太子业，甚得辅导之体。章帝即位，出拜东郡。元和二年，东巡狩，幸东郡，引酺及门生并郡掾吏并会庭中。帝先备弟子之仪，使酺讲《尚书》一篇，然后修君臣之礼。赏赐殊特。

《续汉书》曰：李膺性简亢，无所交接，唯以同郡荀淑、陈寔为师友。

又曰：杨政从代郡范升学。升尝为出妇所告，坐系狱。政乃肉袒以箭贯耳，抱升子潜伏道傍，候车驾过，泣涕辞请，有感帝心。诏曰："乞杨生师。"即为放出升。

范晔《后汉书》曰：欧阳歙字王思，乐安千乘人，为大司徒。坐汝南赃罪千余万，发觉下狱。平原孔震年十七，闻狱当断，驰之京师，行到河内获嘉县，自系，上书求代歙死。曰："伏见臣师大司徒欧阳歙，为儒宗八世博士，乞杀臣以代歙命。"书奏而歙已死狱中。

又曰：郑玄字康成，北海高密人也。事扶风马融。融门徒四百余人，升堂进者五十余生。融素骄贵，玄在门下三年不得见，乃使高业弟子传授于玄，日夜寻诵，未尝怠倦。会融集诸生考论图说，闻玄善算，乃召见于楼上。玄因从质诸疑义，问毕辞归。融喟然谓诸门人曰："郑生今去，吾道东矣！"

又曰：锺皓字季明，颍川长社人。以笃行称，为士大夫所慕。李膺尝叹曰："锺君至德可师。"

《魏志》曰：夏侯惇字元让，年十四，就师学。人有辱其师者，惇杀之。

又曰：荀攸字公达。文帝在东宫，太祖谓曰："荀公达人之师表，汝当尽礼敬之。"攸曾病，世子问病，独拜床下。其见尊异如此。

《晋书》曰：高贵乡公之入学也，将崇先典。乃命王祥为三老，侍中郑小同为五更。祥南面几杖，以师道自居。帝北面乞言。

又曰：王承为东海王越记室。越与世子毗书曰："习礼度不如式瞻仪形，讽味遗言不如亲承音旨。王参军人伦师表，尔其师之。"

徐爰《宋书》曰：武帝登祚，加颜延之金章紫绶，领湘东王师。

《后魏书》曰：阳平王之子钦托高僧寿为子求师。师至未几逃去，钦以让僧寿。僧寿性滑稽，乃谓钦曰："凡人绝粒，七日乃死，始经五朝，便尔逃遁去。"钦乃大惭。于是，待客稍厚之。

裴景仁《前秦记》曰：符坚幸太学，问博士经典。博士卢壶对曰："周官礼注，未有其师。韦逞母宋传其父业，得周官音义。自非此母，无可授后。"坚于是就宋立讲室书堂，生徒百二十人，隔绛纱幔而授业焉。拜宋爵号宣文君，赐侍婢十人。

崔鸿《后秦录》曰：初，姚泓之为太子，受经于太学博士淳于岐。岐病在家，泓以师者人之表范，传先圣之训，加在三之义，不可以不重。亲诣省疾，拜于床下。

又《前燕录》曰：刘赞字彦真，平原人也。经学博通，为世纯儒，贞清非礼不动。慕容廆重其德学，使太子晃师事之。

又《后赵录》曰：张跃，清河武城人也。学敏才达，雅善清谈，勤伟其仪辩。拜世子卫军长史。敕世子曰："张长史，人之表范，汝其师之。"案《世说》或曰：王、赵、邓，"王参军人伦师表，尔其师之。"谓王安期、邓伯道、赵礼之也。

《唐书》曰：贺德仁，越州山阴人。少与从兄德基俱事国子祭酒周弘正，咸以词学见称。时人语曰："学行可师贺德基，文质彬彬贺德仁。"德仁仕陈，至吴兴王友。入隋，授豫章王府记室参军。王以师资礼之，恩遇甚厚。

又曰：员半千本名余庆，与彦先同师事学士王义方，甚嘉重之，尝谓曰："五百年生一贤，足下当之矣！"因改名半千。及义方卒，半千与彦先皆制师服丧，毕而去。

《六韬》曰：文王卜田，史扁布卜曰："田于渭之阳，将得焉。非熊非罴，非虎非狼，天遗汝师，以之佐昌。"文王乃齐戒三日，田于渭阳。卒见吕尚，坐茅以渔。文王再拜，乃与之归。

《老子》曰：善人者，不善人之师。

《孙卿子》曰：干将、莫耶、钜阙、辟闾，此皆古之良剑也，然而，不加砥砺，则不能利；不得人力，则不能断。骅骝、骐骥、纤离、绿耳，此皆古之良马也，然而，必前有衔辔之制，后有鞭策之威，加之造父之御，然后一日而致千里。夫人虽有性质美而心辩智，必将求贤师而事之，择良友而友之。

又曰：国将兴，必尊师重傅。尊师重傅则法度存。师术有四，传习不与焉。尊严而惮，可以为师；耆艾而信，可以为师；诵说不懈，可以为师；知微而论，可以为师。

又曰：夫达师之教也，弟子安焉、乐焉、休焉、游焉、肃焉、严焉。此六者得于学，则邪僻之道塞焉；此六者不得于学，则君不能令于臣，父不能令于子，师不能令于徒。

《鹖冠子》曰：伊尹酒保，太公屠牛，管子作革，百里官奴，海内荒辞，立为世师。

《庄子》曰：尧之师曰许由，许由之师曰啮缺，啮缺之师曰王倪，王倪之师曰被衣。

又曰：善卷，尧闻其得道之士，乃北面而师事之。蒲衣八岁，而舜之师。

又曰：申屠嘉兀者也，与郑子产同师伯昏无人。

《列子》曰：列子既师壶丘子林，友伯昏瞀人，反居南郭，从之处者百数。

《吕氏春秋》曰：魏文侯师子夏。

又曰：神农师悉诸，黄帝师大挠，帝颛顼师伯夷父，帝喾师昭，帝尧师子州支父，帝舜师许由，禹师大成挚，汤师小臣，文王、武王师吕望、周公旦，齐桓公师管夷吾，晋文公师咎犯、随会，秦穆公师伯里奚、公孙枝，楚庄王师孙叔敖、沈申，吴王师伍子胥、文之仪，越王勾践师范蠡。此十圣六贤，未见不尊师者也。

《淮南子》曰：段干木，晋之大驵，为文侯师。

《海内先贤传》曰：仇览字季智。郭太赍刺从之。曰暮求留宿。明旦，太下床朝之曰："君非太友，乃太师也。"

《荀氏家传》曰：爽字慈明，幼而歧嶷，大学儒林咸叹服之。年十二，太尉杜乔师焉。

江微《陈留志》曰：楼望字次子，雍丘人也。少受《春秋》于少府丁子然，以节操称。建武二十八年，赵孝王闻其名，遣大夫赍玉帛聘望为师。不受。

《邴原别传》曰：原旧能饮酒。自行后八九年间，酒不向口。单行负笈，苦身持力至陈留，则师韩子助，颍川宗陈仲躬，涿郡则卢子干。临归，师友以原不饮酒，会米肉送原。原曰："本能饮酒，但以荒思废业，故断之耳。今当远别，因见况饯，可以一饮宴。"于是，每坐饮，终日不醉。

太史公《素王妙论》曰：计然者，蔡丘濮上人。其先晋国公子也，姓辛氏，字文当，南游越，范蠡师事之。

扬子《法言》曰：务学不如务求师，师者，人之模范也。

又曰：一巷之市必立之平，一卷之书必立之师。

又曰：李仲元，一世之师也。见其貌者，肃如也；观其行者，穆如也。

桓谭《新论》曰：该言三岁学，不如三岁择师。

又曰：昔殷之伊尹，周之太公，秦之百里奚，虽咸有天才，然皆年七十余乃升为王霸师。

《论衡》曰：通书千篇以上，万卷已下，敷畅壅闭，审定文议而以教授为人师者，通人也。

《潜夫论》曰：天地之所贵者，圣人。圣人之所尚者德义。德义之所成者，智也。智之所求者，学问也。虽有至圣，不生而知；虽有至知，不生而能。故《志》曰："黄帝师风后，颛顼师老彭，帝喾师融，尧师务成，舜师纪后，禹师黑始，汤师伊尹，文武师姜尚，周公师庶季，孔子师老聃。若此言之而信，则人不可以不就师矣。夫此十一君者，皆上圣也，犹待学问，其智乃博，其德乃硕，而况于凡人乎！"

《符子》曰：玄冥子谓由有子曰："子有师乎？"由有子曰："吾将以万物为师矣。"

韦昭《辩名》曰：古者，称师曰先生。

应璩《百一诗》曰：子弟可不慎，慎在选师友。师友必良德，中才可进诱。

太平御览卷第四百五 人事部四十六

宾客

《尚书大传》曰：舜为宾客，禹为主人。于时，卿云聚，俊乂集，百工相和而歌卿云。

《尚书·洪范》曰：三，八政，七曰宾。礼宾客，无不敬。

《周礼·天官上》曰：太宰之职，以八统诏王，八曰礼宾。小宰以官府之六联合邦治，二曰宾客之联事。凡朝觐会同、宾客，以牢礼之法掌其牢礼委积。

又曰：膳夫，凡王祭祀，宾客食，则彻王之胙俎。

又《春官·大宗伯职》曰：以飨燕之礼，亲四方之宾客。宾客，朝聘者也。

《礼记·曲礼上》曰：凡与客入者，每门让于客。客至于寝门，则主人请入为席，然后出迎客。客固辞，主人肃客而入。肃，进也。进，谓导也。主人入门而右，客入门而左。

《礼记·王制》曰：天子、诸侯无事，则岁三田，一为乾豆，二为宾客。

《左传》曰：襄公二十三年曰：季武子无適子，公弥长，而爱悼子，欲立之。访于臧纥曰："饮我酒，吾为子立之。"季氏饮大夫酒，臧纥为客。为上宾。既献，臧孙命北面重席，新樽洁之。召悼子，降，逆之。

又昭元曰：赵孟、叔孙豹、曹大夫入于郑，郑伯兼享之。及享，具五献笾豆于幕下。赵孟辞，私于子产曰："武请于冢宰矣。"乃用一献。赵孟为客，礼终乃宴。

又昭公二十五年曰：会于黄父，谋王室也。王室有子朝乱谋定之。赵简子令输王粟，具戍人。曰："明年将纳王。"纳王于王城也。宋乐大心曰："我不输粟，我于周为客，二王后后为宾客。若之何使客？"

《史记》曰：孟尝君名文，姓田氏。父曰靖郭君田婴。使主家待宾客，宾客日进，名声闻于诸侯。婴卒，文代立，是为孟尝君。孟尝君在薛招致宾客，以故倾天下之士。食客数千人，无贵贱，一与文等。孟尝君待客坐语，而屏风后常有侍史，主记君所与客语，问亲戚居处。客去，孟尝君已使使存问，献遗其亲戚。孟尝君曾待客夜食，有一人蔽火光。客怒，以饭不等，辍食辞去。孟尝君起，自持其饭比之。客惭，自刎。士以此多归孟尝君。客无所择，皆善遇之。人人各自以为孟尝君亲己。

又曰：平原君赵胜者，赵之诸公子也。诸子中，胜最贤，喜宾客，宾客盖至者数千人。

又曰：魏公子毋忌者，魏昭王少子，安僖王异母弟也。公子为人，仁而下士。士无贤不肖，皆谦而礼交之。士以此，方数千里争往归之。致食客三千人。当是时，诸侯以公子贤，多客，不敢加兵谋魏十余年。

又曰：春申君者，楚人也。名歇，姓黄氏。考烈王元年，以黄歇为相。是时，齐有孟尝，赵有平原，魏有信陵，方争下士招致宾客，以相倾夺，辅国持权。是时，楚复强，赵平原君使人于春申君，春申君舍之于上舍。赵使欲夸楚，为玳瑁簪，刀剑室以珠玉饰之，请命春申君客。春申君客三千余人，其上客皆蹑珠履以见赵使，赵使大惭。

又曰：吕不韦，阳翟大贾人也。秦太子政立为王，尊不韦为相国。是时，魏有信陵君，楚有春申君，赵有平原君，齐有孟尝君，皆下士喜宾客以相倾。不韦以秦之强，羞不如，亦招致士，厚遇之，至食客三千人。是时，诸侯多辩士，如荀卿之徒，著书布天下。不韦乃使其客人人著其闻，集论曰《吕氏春秋》。

又曰：单父人吕公，善沛令，避仇从之客，因家沛焉。沛中豪杰吏闻令有客，皆往贺。萧何为主吏，孟康曰：主吏，功曹也。主进，文颖曰：主敛礼进。诸大夫曰："不满千钱，坐之堂下。"高祖为亭长，素易诸吏，乃绐为谒曰："贺钱万。"实不持一钱。

又曰：司马相如，字长卿。素与临邛令王吉善。吉曰："长卿久客，旅游不遂，可来过我舍。”于是，相如后往临邛中富人卓王孙。程郑相谓曰：“令有贵客，为具召之。”

《战国策》曰：污明见春申君，候间三月而后得见。谈卒，春申君大说之。污明欲复谈，春申君曰：“仆已知先生悉矣。”污明慨然曰：“臣请为说之：君之贤实不如尧，臣之能不及舜，夫以贤舜事圣尧，三年而后乃相知也。今君一旦而知臣，是君圣于尧而臣贤于舜也。”春申君曰：“善。”乃召门吏为先生著客籍，五日一见。

《汉书》曰：蒯通见曹相国曰：“妇人有夫死三日而嫁者，有幽居守寡不嫁者，足下即欲求妇，何取？”曰：“取不嫁者。”通曰：“然则求臣亦犹是也。彼东郭先生、梁石君齐之俊士也，隐居不嫁，未尝卑节下意以求仕也，愿足下使人礼之。”曹相国曰：“敬受命。”以为上客。

又曰：公孙弘徒步数年，至宰相，封侯。于是，起客馆，开东阁以延贤人，与参谋议。弘身食一肉脱粟之饭，故人宾客仰衣食奉禄皆以给之，家无所余。其后李蔡与石庆为丞相，府客馆丘墟而已。

又曰：苏建尝责：“大将军至尊重，天下之贤士大夫无称焉。愿将军观古名将所招选者，勉之哉！”青谢曰：“自魏其武安之厚宾客，天子常切齿。彼亲侍士大夫，招黜贤不肖者，人主之柄也。人臣奉法遵职而已，何与招士。”

又曰：大将军既益尊，姊为皇后，然汲黯与抗礼。或说黯曰：“天子欲群臣下大将军，大将军尊贵诚重，君不可以不拜。”黯曰：“夫以大将军有揖客，反不重也。”大将军闻，愈贤黯。大将军，卫青也。

又曰：楼护字君卿，为人短小，精辩论，听之者皆竦然。与谷永俱为五侯上客。

又曰：成都侯王商子邑为大司马，贵重，商故人皆敬事邑。唯楼护自安如旧节，邑亦父事之，不敢有阙时。请召宾客，邑居樽下，称贱子上寿，坐者百数皆离席伏，唯护独东向正坐。

又曰：郑当时为太子舍人。每五日洗沐，常置驿马诸郊，请谢宾客，以夜继日，常恐不遍。年少官薄，然其知交皆天下名士。

又曰：郑当时始与汲黯列为九卿，中废，宾客益少。当时死，家亡余财。先是，下邳翟公为廷尉，宾客亦填门，及废，门外可设雀罗。后复为廷尉，宾客欲往，翟公大署其门曰："一死一生，乃知交情。一贫一富，乃知交态。一贵一贱，交情乃见。"

又曰：陈遵嗜酒。每大饮，宾客满堂，辄关门取客车辖投井中，虽有急，终不得去。

又曰：张竦免官，以列侯居长安，贫无宾客。时时好事者从之质疑问事、论道经书而已。

又曰：张楷治《严氏春秋》、《古文尚书》，门徒常数百人，宾客慕之，自父党宿儒皆造门。

谢承《后汉书》曰：傅贤迁廷尉。贤素廉正，自掌法官，无私宾客。

袁山松《后汉书》曰：陈蕃迁豫章，在郡不接宾客。独坐一室。唯徐孺子来，为置对榻，去则悬之。及征为尚书令，送之者亦不出郭门。

《东观汉记》曰：崔瑗爱士，好宾客。盛修肴膳，殚极滋味，不问余产。

张璠《汉记》曰：孔融拜太中大夫，虽居家失势，宾客日满其门。爱才乐士，常若不足。每叹曰："坐上客常满，樽中酒不空，吾无忧矣。"

《英雄记》曰：袁绍居雒阳西北陬，不妄通宾客。非海内知名，不得相见。

《魏略》曰：刘备屯于樊城。诸葛亮见备，备以诸生意待之。坐集既毕，众宾皆去而亮独留，备亦不问其所言。备性好毦，时适有旄牛尾与备者，备因手自结之。亮乃进曰："明将军当复有远志，但结毦而已！"备知亮非常人，乃投毦而答。由此知亮，乃以上客礼之。

《魏志》曰：蔡邕贵重朝廷，常车骑填巷，宾客盈里。坐闻王粲在门外，倒屣迎之。

《蜀志》曰：简雍字宪和，涿郡人。少与先主有旧，随从先主至荆州。雍与麋竺、孙乾共为从事中郎，常为谈客。

《吴志》曰：孙权以鲁肃、诸葛瑾等为宾客。

又曰：诸葛融每会宾，合樽促席，问众客所能。或有博弈，或有樗蒲、投壶。于是，甘果继进，清酒徐行，融周流观之，终日不倦。

王隐《晋书》曰：嵇喜为太仆厩长。冯陵知其英俊，待以宾友之礼，以状表上。

《宋书》曰：袁粲字景倩，陈留人。闲默寡言，善吟讽。独酌园庭，以此自适。居负南郭，时策杖独游，素寡往来，门无杂客。文士过见，不过一两人。

《南史》曰：谢瞻兄晦，时宋台右卫，权遇已重，于彭城还都，迎家宾客辐凑。时瞻在家，惊骇谓晦曰："吾家以远退为业，汝遂势倾朝野，此岂门户福耶？"

萧子显《齐书》曰：谢超宗坐公事免，诣东府门自通。其日风寒惨厉。太祖谓四座曰："此客至，使人不衣自暖矣。"超宗既坐，饮酒数瓯，辞气横出。太祖对之甚欣，拔为骠骑咨议。及即位，转黄门郎。

《后魏书》曰：崔道固为刘义隆诸子参军事。使向青州募人，长史已下皆诣道固。道固诸兄逼道固所生母自致酒炙于客前。道固惊起接取，谓客曰："人家无力，老亲自执劬劳。"诸客皆知其兄等所作，咸起拜谢其母。母谓道固曰："我不足以报贵宾，汝宜答拜。"诸客皆叹美。

《三国典略》曰：周获梁俘王褒、王克、刘瑴、宗懔殷不害等至长安。太祖喜曰："晋氏平吴之利，二陆而已。今定楚之功，群贤毕至，可谓过之矣。"乃谓褒及克曰："吾即王氏甥也，卿等并吾之舅氏，当以亲戚为情，勿以去乡分意。"皆厚礼待，引为宾客。

《尹文子》曰：康衢长者，字僮曰善搏，字犬曰善噬。宾客不过其门者三年。长者怪而问之，人以实对。于是改之，宾客复往。

《淮南子》曰：客有见人于孚子者。客出，孚子曰："子之客独有过，望我而笑之，是慢也。谈论而不称师，是叛也。交浅而言深，是乱也。"客曰："望君而笑，是公也。谈论不称师，是通也。交浅而言深，是忠也。"故客一体也，或以为君子，或以为小人，从视之异。

《说苑》曰：魏文侯与大夫饮酒，使公乘不仁为觞政曰："饮不釂子曜切。者，浮以大白。"文侯饮而釂，公乘不仁举白浮君，君视而不应。侍者曰："不仁退，君已醉矣。"公乘不仁曰："前车覆，后车诫。盖言其危。为人臣者不易，为君亦不易。今君已设令，令可不行乎？"君曰："善。"白而饮之。以公乘不仁为上客。

又曰：燕昭王问于郭隗曰："寡人地狭民寡，齐人削取八城，匈奴驱驰楼烦之下，以孤之不肖，得承宗庙，恐亡社稷，存之有道乎？"隗曰："帝者之臣，其名臣也，其实友也。霸者之臣，其名臣也，其实仆也。危国之臣，其名臣也，其实虏也。今王将东面目指气使以求臣，则厮役之臣至矣。南面听朝，不失揖让之礼求臣，则人臣之臣至矣。北面等礼相亢，下之以色，不乘势以求臣，则朋友之臣至矣。西面拘指逡巡而退以求臣，则师傅之才至矣。王诚欲兴道，隗请为天下之士开路。"于是，燕王常置郭隗为上客。

《三辅决录》曰：频阳游殷字季齐，初为郡功曹。有童子张既者，时未知名，为郡书佐。殷察异之，敕既过家，具设宾馔。及既至，妻笑曰："君甚勃乎！张德容童昏小儿，何异客哉？"殷曰："卿勿怪，乃方伯之器也。"殷遂与论霸王之事。飨讫，以子楚托之。

《列女传》曰：孟尝君食客三千人。厨有三列，上客食肉，中客食鱼，下客食菜。齐市中有乞食人冯煖，经冬无裤，面有饥色，愿得上厨。

又曰：汉中杨子拒妻字大英，子仲珍有高名。常请客，母盛为供具，从窗中窥客。罢，让之曰："吾视汝所交皆不及己，此自损之道也。"后岁余，复请宾客，皆耆德秀士。母观之，喜曰："吾无忧矣！"

《华阳国志》曰：任熙字伯远。开门待宾客朝，无少长，必有供膳。

《陆绩别传》曰：孙策在吴，张纮为上客，共论四海未安，当用武治而平之。绩年少，末坐，遥，大声言曰："昔管仲相齐桓公，九合诸侯，一匡天下，不用兵车。孔子曰：远人不服，修文德以来之。今论者不务道德之术，而唯当用武，绩虽童蒙，窃所未安。"

《世说》曰：孙长乐兄弟就谢公宿，言至骏杂。刘夫人在壁后听之，具闻其论。谢公明还问刘："昨客何以？"刘答曰："亡兄未有如此宾客。"谢深有愧色。

《郭子》曰：桓大司马病笃。桓温，字子玄也。谢公省病，谢安，字安石也。从东门入。桓遥瞩而叹曰："吾门中不久复见如此客。"

《苏州志》曰：通贤桥东有吴丞相顾雍宅，自雍至孟，名著四代。常居此宅，门无杂宾，投刺摄齐者，不过一时英俊。

《俗说》曰：谢仆射、陶太常诣吴领军。坐久，吴留客作食。日已申，使婢卖狗供客。比得一顿食，殆无复气可语。

太平御览卷第四百六　人事部四十七

叙交友

《释名》曰：友，有也。相保有也。

《说文》曰：友，爱也。同志为友。

《周易》曰：君子上交不谄，下交不黩。

又曰：朋从尔思。

又曰：君子以朋友讲习。

又曰：西南得朋，东北丧朋。

又曰：二人同心，其利断金。同心之言，其臭如兰。

又曰：上下交而其志同。由此观之，交乃人伦之本务，王道之大义，非特士友之私志也。

又曰：出门同人。

又曰：君子定其交而后求。

又曰：嗟尔朋友。

又曰：朋来无咎。

《毛诗》曰：《伐木》，燕朋友故旧也。自天子至于庶人，未有不须友以成者也。亲亲以睦，友贤不弃，则民德归厚矣。伐木丁丁，鸟鸣嘤嘤，嘤其鸣矣，求其友声。

又曰：虽有兄弟，不如友生。

又曰：朋友攸摄，摄以威仪。摄，助也。

又曰：既见君子，我心则喜。

又曰：岂无他人，唯子之好。

又曰：言念君子，温其如玉。

又曰：未见君子，忧心忡忡。

《礼记》曰：君子不尽人之欢，不竭人之忠，以全交。

又曰：君子之交淡如水，小人之交甘如醴。君子淡以成，小人甘以坏。

又曰：儒有合志同方，营道同术；并立则乐，相下不厌；久不相见，闻流言不信。义同而进，不同而退。其交友有如此者。同方、同求，志行也。闻流言不信，不信其友所行，被毁而谤之。

又曰：随武子利其君子忘其身，忘其身不遗其友。

又曰：父母在，不许友以死。

又曰：寡妇之子，不有见焉，弗与为友。

又曰：见父之执友，不谓之进，不敢进。

又曰：子夏曰："吾离群而索居，亦已久矣。"

又曰：僚友，称其弟也；执友，称其仁也；交游，称其信也。

《周礼》曰：司谏纠万民之德，而劝之朋友。

又曰：孝友任恤。注：任信于友，道恤忧患也。

《论语》曰：益者三友，损者三友。友直、友谅、友多闻，益矣。友便僻、友便佞、友善柔，损矣。便僻，巧譬喻也。善柔，夸毗也。便佞，辩以为佞也。

又曰：晏平仲善与人交，久而敬之。

又《卫灵公》曰：居是邦也，事其大夫之贤者，友其士之仁者。

又曰：子贡问友，子曰："忠告而善道之，不可则止，无自辱焉。忠言以告之，不从则止之。"

又曰：君子以文会友，以友辅仁。

又曰：故旧无大故，则不弃。

又曰：子夏之门人问交于子张。子张曰："子夏云何？"曰："可者与之，其不可者拒之。"子张曰："君子尊贤而容众，嘉善而矜不能。我之大贤与！于人何所不容？我之不贤与！人将拒我，如之何其拒人也？"

又曰：与朋友交，言而有信。虽曰未学，吾必谓之学矣。

又曰：有朋自远方来，不亦乐乎！

又曰：老者安之，朋友信之。

又曰：子路曰："愿车马、衣轻裘，与朋友共，弊之而无憾。"

又曰：事君数，斯辱矣。朋友数，斯疏矣。

又曰：无友不如己者。

又曰：朋友切切偲偲。

又曰：匿怨而友其人。

《礼记》曰：独学而无友，则孤陋而寡闻。

《孝经》曰：士有争友，则身不离于令名。

《大戴礼》曰：上亲贤则下择友。

又曰：与君子游，如入兰芷之室，久而不闻其芳，则与之化矣。与小人游，如入鲍鱼之肆，久而不闻其臭，则与之化矣。是故君子慎其去就。

《家语》曰：孔子曰："吾死之后，商也日益，谓与贤己者交；赐也日损，好悦不若己者交。故君子慎所交。"

又曰：孔子曰："自季氏赐我千钟，而友益亲。"

又曰：孔子曰："夫子产于民为惠主，于学为博物。晏子于君为忠臣，于行为恭敏。故吾皆以兄事之而加爱敬焉。

又曰：夫内行不修，身之罪也。行修而名不彰，友之罪也。故君子入则笃行，出则友贤。

《汉书》曰：下邳翟公为廷尉，宾客亦填门。废，外可设雀罗。复为廷尉，宾客又来。翟公大署其门曰："一死一生，乃知交情。一贫一富，乃知交态。一贵一贱，交情乃见。"

《魏志》曰：胡质云："古人之交也，取多知其不贪，奔北知其不怯，闻流言而不信，故可终也。"

《庄子》曰：凡交，近则必相靡以信，远则必忠之以言。

《孟子》曰：万章曰："敢问友。"孟子曰："不挟长，不挟贵，不挟兄弟。而友者，友其德也，不可以有挟也。"

又曰：舜尚见帝，帝馆甥于贰室，迭为宾主。是天子而友于匹夫也。

《谯子·齐交》曰：譬之于物，犹素之白也，染之以蓝则青。游居交友，亦人之所染也。韩起与田苏处而成好仁之名，甘茂事史举用显齐秦之功，曹参师盖公致清静之治，窦长君兄弟出于贱隶，谨恭师友，皆为退让君子。语曰："蓬生麻中，不扶自直。"此言虽小，可以喻大。必得其人，千里同好。固于胶漆，坚于金石。穷达不阻其分，毁誉不疑其实。

《邹子》曰：昔邢高、吕安饮于市，仰天泣。二子非有丧之哀伤，相知之晚耳。君子所以勤于接贤，汲汲于结善，欲以立名者也。

《吕氏春秋》曰：荆有善相人者，言无遗策，闻于楚国。庄王见而问焉。曰："臣非得相人，能观人之友也。布衣，其友皆孝悌纯谨，如此者，家必日益，此谓吉人也。居官事君，其友皆诚信有行，好善，如此者，事君日益，此谓吉臣也。人主也，朝臣多贤，左右多忠，主有失，皆敢交争，此谓吉主也。臣非能相人，能观人之友。"王曰："善。"于是，取士不懈，乃大霸。

《晋阳春秋》曰：知几其神乎，古人以为难。交疏而吐诚，今人以为难。

《风土记》曰：越俗，性率朴，意亲好合，即脱头上手巾，解要间五尺刀以与之为交。拜亲跪妻，定交有礼，俗皆当于山间大树下，封土为坛，祭以白犬一、丹鸡一、鸡子三，名曰"木下鸡犬五"。其坛也，人畏不敢犯也。祝曰："卿虽乘车我戴笠，后日相逢下车揖。我虽步行卿乘马，后日相逢卿当下。"

《白虎通》曰：朋友之道有四焉：近则正之，远则称之，乐则思之，患则死之。

仲长子《昌言》曰：幽闲则攻己之短，会同则述人之长。负我者，我加厚焉。未有与人交若此而见憎者也。

《要览》曰：诸葛亮曰："势利之交，难以经远。士之相知，温不增华，塞不改叶，能贯四时而不衰，历夷险而益固。"

刘钦《新议》曰：夫交接者，人道之始。纪纲之大要，名由之成，事由之立。

又曰：交之于人也，犹唇齿之相济。

又曰：才非交不用，名非交不发，身非交不立。

扬子《法言》曰：朋而不心，面朋也；友而不心，面友也。

周昭《新撰》曰：交之为道，起自羲皇。造化之初，君臣始立，而有人伦上下之叙，象天地交泰以左右于民也。唐虞三代，莫不因之。故交全情亲，则国安治强；交败情乖，则国危治弱。立交者，欲其亲也。是故百姓不亲，禹作司徒，疏者能睦。廉颇相如忍忿以崇厚，陈平周勃感陆生而相亲，所以安赵于强敌，定汉于几殆。此交接之大义，帝王之极务，闻之于《易》曰："交乃人伦之本务，王道之大义也。"

《魏文帝集论》曰：大阴阳交，万物成；君臣交，邦国治；士庶交，德行光。同忧乐，共富贵，而交道备矣。

阮子《政论》曰：夫交游者俦党结于家，威权倾其国，或以利厚而比，或以名高相求，同则誉广，异则毁深。朝有两端之议，家有不协之论。至令父子不同好，兄弟异交友。破和穆之道，长诤讼之源。

锺会《刍荛论》曰：凡人之结交，诚宜盛不忘衰，达不弃穷，不疑惑于谗构，不信受于流言，经长历远，久而逾固。而人多初隆而后薄，始密而终疏，斯何故也？皆由交静不发于神气，道数乖而不同，权以一时之术，取仓卒之利，有贪其财而交，有慕其势而交，有爱其色而交，三者既衰，疏薄由生。

东方朔《与公孙弘书》曰：盖闻爵禄不相责以礼，同类之游，不以远近为是。故东门先生居蓬户空穴之中，而魏公子一朝以百骑日造之；吕望未尝与文王同席而坐，一朝让以天下半。夫丈夫相知，何必以抚尘而游，垂发齐年，偃伏以日数哉！

《离骚》曰：交不忠信兮怨长。

晋潘岳《阳肇诔》曰：余以顽蔽覆露重阴，仰追先达执友之心也。

《古歌辞》曰：结交在相知，骨肉何必亲。甘言无忠实，世薄多苏秦。

又曰：采葵莫伤根，结交莫羞贫。伤根葵不生，羞贫交不成。

交友一

《左传》曰：吴公子札聘于齐，说晏平仲。躬于郑，见子产，如旧相识。

又曰：郑子皮卒，子产哭且曰："吾已无为为善矣！唯夫子知我。"注云：无人智己之善，故曰吾已。

又曰：伍员与申包胥友。包胥，楚大夫。其亡也，谓申包胥曰："我必覆楚国。"复，执也。申包胥曰："勉之！能覆之，我必能兴之。"及昭王在随，申包胥如秦乞师。

《尚书大传》曰：散宜生、闳夭、南宫括三子，学乎太公。太公见三子，知为贤人，遂酌酒切脯，除为师学之礼，约为朋友。

《家语》曰：孔子遇程子，倾盖而语终日，甚相悦。顾谓子路曰："程子天下之贤士。"取束帛以赠之。

《史记》曰：赵有处士毛公藏于博徒，薛公藏于卖浆家，魏公子无忌从比二人结交游也。

又曰：苏秦之先达，张仪候之数日乃见。坐于堂下，食以仆妾之餐。告舍人曰："仪才吾不及，恐以小利忘求进，故辱之。"仪怒入秦。苏君使舍人赍金帛车马，阴结助之。卒相秦也。

又曰：蔺相如望见廉颇，引车避匿。廉颇闻之，肉袒负荆，至蔺相如门谢罪曰："鄙贱之人，不知将军宽之至此也。"卒相与欢，为刎颈之交。

《汉书》曰：汉王与韩信为金石之交。

又曰：卫青姊子夫，得入宫，幸上。皇后，大长公主女也，无子，妒之。大长公主捕青，囚，欲杀之。其友公孙武与壮士往夺之，故得不死。上闻，乃召青为建章监侍中。赏赐数日间累千金。

又曰：卢绾，丰人。与高祖同里。绾亲与太上皇相爱。高祖、绾同日生，里中持羊酒贺两家。两家亲相爱，生子同日，壮又相爱。

又曰：两龚皆楚人。胜字君宾，舍字君倩。二人相友，著名节，故时号之"楚两龚"。

又曰：王吉字子阳，京兆人也。少与贡禹为友。及阳仕至益州刺史，贡闻之，拂冠以待之。阳遂荐称焉。世称“王阳在位，贡公弹冠”，言其取舍同也。

又曰：张耳，大梁人。陈余亦大梁人也，好儒术。余年少，父事耳，相与为刎颈之交。

又曰：郑崇弟立与高武侯傅喜同门学，相友善。喜为大司马，荐崇，哀帝擢为尚书仆射。

又曰：陈遵少孤，与张竦俱为京兆吏。竦学通达，以廉俭自守。而遵放纵不拘。操行虽异，然而相友善之。

太平御览卷第四百七 人事部四十八

交友二

范晔《后汉书》曰：孔融，宙之子也。十岁从父诣京师。时河南尹李膺简重，敕外云："自京非当世才艺、英贤、通家子孙，辄不得进。"融故造其门，云："我与公积代通家子孙。"膺乃召见，问："父祖尝与仆有恩旧？"曰："然。吾先君孔子与君先人李老君同德比义，而相师友，则融与君岂非积代通家也。"众奇之。

又曰：第五伦始以营长诣郡尹鲜于褒，见而异之，署为吏。后褒坐事左转高唐令，临去，握臂诀曰："恨相知晚。"

又曰：肃宗始修古礼，巡狩方岳。崔骃上《四巡颂》，帝叹之，谓侍中窦宪曰："知崔骃乎？"对曰："班固数为臣说之，然未见。"帝曰："公爱班固而忽崔骃，叶公之好龙也。可试见。"骃候宪，宪倒屣迎，笑谓骃曰："吾受诏交公，何得薄我哉？"遂揖入也。

又曰：锺皓，字季明，颍川长社人。皓少以笃行称。同郡陈实，年不及皓，皓引与为友。

又曰：张叔升，字彦真，陈留尉氏人也。有大志，叹曰："人生于世，白驹过隙耳，安能曲道媚世俗哉！"守外黄令，遇党锢去官。道逢友人班荆而语曰："今阙下阉宦专权。"因相向而泣。有老父过之曰："嗟乎，二大夫何泣之悲！龙不隐鲜，凤不藏翼，一世网罗，泣将何及？"二人欲与之言，不顾而退，升竟以党锢下狱死。

又曰：任末，字叔本。游京师，教授十余年。友人董奉德于洛阳病亡，末躬推车，载奉德致于墓所，由是知名也。

又曰：梁鸿友人高恢，字伯达，少好《老子》，隐华阴山。及鸿东游，思恢作诗。远不复相见，恢亦高抗，终身不仕。

又曰：陈蕃、李膺之败，何颙以与蕃、膺善，遂为宦者所陷，乃改名姓，亡匿汝南间。所至皆亲其豪杰，有声荆豫之域。袁绍慕之，私与往来，结为奔走之交。

又曰：孔奋，字君鱼，扶风茂陵人也。守姑臧长，治贵仁平。太守梁统深相敬待，不以官属礼之，常迎入大门，引入见母。

又曰：李燮，字德公。所交皆舍短取长，好成人之美。颍川荀爽、贾彪虽俱知名，而不相能，燮并交二子，情无适莫，世称其平正。

又曰：王允，字子师。同郡郭林宗一见奇之，曰："王生一日千里，王佐才也。"遂定交。

谢承《后汉书》曰：范式为荆州刺史。友人南阳孔嵩，贫有亲老，乃变名姓，佣于新野县，县吏遣嵩为式导驺，式见而识之，呼嵩，把臂谓曰："子非孔仲山耶？"对之叹息。式敕县代嵩，嵩以佣未竟，不肯去。

又曰：陈蕃既被害，友人陈留朱震，时为铚令，闻而弃官，哭而收葬。

又曰：许敬，字鸿卿，汝南人。与同郡周伯灵为交友。伯灵早亡，卿育养其子。

又曰：马寔，字伯骞。勤结英雄，所欲友接，负笈荷担，不远万里。山阳王畅未仕时，寔慕高名，往见之，届畅门投刺，欲不肯见，使从者拒之云："行历未旋。"寔留连，日日往伺之，谓从者曰："夫孝子事亲，行不逾日，而至今不归，非孝子也。欲待与相见，如凶于路，往而不友，哭之以为死交。"畅闻其言，叹息壮志，因执其手，揖引与入。美谈毕，请入见母，饮宴定好而别。寔临退，执畅手诀曰："太上立德，其次立功。幸俱生盛明之世，免砖瓦之姿，托为丈夫，当建名后载，不可为空生徒死之物，秽天壤之间。"

又曰：雷义，字仲公，豫章人。举茂才，让友人陈重，字景公。刺史不听，义遂阳狂披发走，不应命。乡里为之语曰："胶漆自谓坚，不如雷与陈。"

又曰：范式，字巨卿，山阳金乡人。少游太学，与汝南张劭为友。劭字元伯。二人并告归乡里。式谓元伯曰："后二年当还，将过拜尊亲，见孺子焉。"乃共克期。至日，卿果到，升堂拜母，饮尽欢而别。后元伯寝疾笃，同郡郅君章、商子微晨夜省亲。元伯临尽，曰："恨不见死友！"寻卒。式梦元伯玄冕垂缨而呼曰："吾死当以某日葬，子岂能相及？"式觉而悲赴之，便服朋友之服，投其葬日。未届，而丧已发引，至坑，将窆，而柩不肯进。其母抚之曰："元伯岂有望也？"停柩移时，见有素车白马，哭而来，母曰："必巨卿也。"既至，叩丧言曰："行矣元伯，死生异路，永从此辞。"会葬者千人，皆挥涕。式执绋引，柩乃前进。式留止冢次，修坟树而退。

又曰：范式尝至京师，受业太学。时诸生长沙陈平子同在学，与式未相见，而平子被病，曰："山阳范式，烈士也，可托死。吾殁，但以尸埋巨卿户前。"乃裂素为书遗巨卿。既终，妻从其言。式行适还，有书见瘗，怆然感之，向坟揖哭，为死友。乃营护妻儿，身自送丧于临湘。未至四五里，乃委素书于柩上，哭别而去。

袁山松《后汉书》曰：吴佑放猪长桓泽中，诵经而行。北海公沙穆游太学，资乏，变服为佣，与佑凭舂。遂为交于杵臼之间。

华峤《后汉书》曰：洛阳庆鸿，慷慨好义，廉范与为刎颈之友。时人称曰："前有管、鲍，后有庆、廉。"

司马彪《续汉书》曰：李膺性简亢，无所交接，唯以同郡荀淑、陈实为时友。

《东观汉记》曰：杨政尝过马武，称疾，见政对几据床，欲令政拜床下。政入户，前排武，径上床坐。武恨，言语不怿。政因把武臂责之曰："卿蒙恩，称蕃臣，不思求贤报国，而骄天下英俊。"会信阳侯至，责数武，合为朋友也。

又曰：尹敏，字幼季。与班彪相厚，每相与谈，常对案不食，昼至暝夜即彻具。

又曰：朱晖同县张堪有名德，每与相见，常接以友道。晖以堪宿望盛名，未敢安之。堪至，把晖臂曰："欲以妻子托朱生。"晖举手不敢答。堪后仕为渔阳太守，晖自为临淮太守，绝相闻见。时南阳饥，堪妻子贫穷，晖乃自往候视其困，分所有以赈给之。

又曰：郅恽友人董子张者，父先为乡人所害。及子张病，将终，恽往候之。子张病涕，视恽，不能言。恽曰："吾知子不悲夭命，而痛仇不复也。"子张但目击而已。恽即起，将客遮仇人，取其头以示子张。子张见而气绝。

又曰：赵喜为赤眉兵所围，迫急，乃亡走，与友人韩仲伯等数十人，携小弱，越山出武关。仲伯以妇色美，虑有强暴者，而己受其害，欲弃之于道。喜怒不听，以泥涂妇面，载以鹿车，身推之。每逢贼欲逼夺，喜辄言病，以此得免。

又曰：闵仲叔恬静养神，弗役于物。与周党相友，党每过仲叔，共含菽饮水。

又曰：应顺，字仲华，汝南人。少与同郡许敬善。敬家贫，亲老无子，为敬去妻更娶。

《魏志》曰：荀攸，彧从弟也。太祖令曰："孤与荀公达周旋二十余年，初无毫毛可非者。"

又曰：公达，贤人也。所谓"温良恭俭让以得之"。孔子称"晏平仲善与人交，久而敬之"，公达即其人也。

又曰：曹真，字子丹，太祖族子也。真少与宗人曹遵、乡人朱赞并事太祖，遵、赞早亡，真愍之，乞分所食邑封遵、赞子。诏曰："太司马有叔向抚孤之仁，笃晏婴久要之分。君子成人之美，听分真邑赐遵、赞子爵关内侯，各五百户。

又曰：崔琰，字季珪，清河东武城人也。少朴讷，好击剑，尚武事。琰友人公孙方早卒，琰抚其孤息，若己子。

又曰：陈矫，字季弼，为郡功曹。过太山，太山守薛悌异之，结为亲友。戏峤曰："以郡吏交二千石，不亦可乎！"悌后为魏郡及尚书令，皆代矫。

《魏略》曰：赵歧，字台卿。藏匿避难，买饼市中。孙嵩见歧非常人，呼而问之，遂与俱归。嵩先入，白母曰："出行乃得死友。"迎上堂，享之极欣，藏歧复壁中。

又曰：华歆，字子鱼，平原人。灵帝时与北海邴原、管宁俱游学，三人相善，故时人号三人为龙，谓原为龙腹，宁为龙尾，歆为龙头。

《魏氏春秋》曰：嵇康寓居河内，与之游者，未尝见其喜愠之色。与陈留阮籍、河内山涛、向秀、籍兄子、瑯琊王戎、沛人刘伶相与友善，游于竹林，号曰七贤。

《吴志》曰：孙策创业，命张昭为长史，抚军中郎将，升堂拜母，如比肩之旧。文武之事，一以委昭。

又曰：吴范，字文则。与亲故交接有终始。素与魏滕同邑相善为交。滕尝有罪，吴主权责怒甚，敢有谏者处死，范谓滕曰："与汝偕死。"滕曰："死而无益，何死？"范曰："安能虑此，坐观汝耶！"乃髡头自缚诣门下，使铃下以闻。铃下不敢，曰："必死不可！"范曰："汝有子耶？"曰："有。"曰："使汝为吴范死，子以属我。"铃下曰："诺。"乃排阁入。言未卒，权大怒，欲投以戟。逡巡出走，范因突入，叩头流血，言与涕并。良久，权意释，免滕。

又曰：周瑜，长壮有姿貌。孙坚兴义兵讨董卓，徙家于舒。坚子策与同年，独相友善，瑜推道南宅以舍策，升堂拜母，有无共通。

又曰：鲁肃，字子恭，临淮东城人。周瑜知其奇也，遂相亲结，定乔、札之分。

又曰：鲁肃代周瑜之当陆口，过吕蒙屯下。肃意尚轻蒙，或说肃曰："吕将军功日显，不可以故意待也，君宜顺之。"肃遂往诣蒙，酒酣，蒙问肃曰："君受重任，与关羽为邻，将何计略，以备不虞？"因为画五策。肃于是越席就之，拊其背曰："吕子明，吾不知卿才略所及乃至于此。"遂拜蒙母，结友而别。

《吴录》曰：张温，字惠怒。英才瑰伟，遂以礼躬延见召，对词雅淹润。帝攻容前席拜中郎，聘蜀，与诸葛全结金兰之好焉。

《蜀志》曰：马谡音缩字幼常。才气过人，好论军计。谡临终与诸葛亮书曰："明公视谡犹子，谡视明公犹父，愿深殛鲧兴禹之义，使平生之交不亏此，谡虽死无恨于黄泉也。"于时十万之众为之流涕。亮自临祭，待其孤遗若平生。

又曰：张裔字君嗣，蜀郡成都人也。少与犍为杨恭友善，恭早死，遗孤未数岁，裔分居事恭母如母。恭息长大，为之娶妻，买田宅产业，使立门户。

又曰：杨戏，字文然。为人笃于旧故，与巴西韩俨、黎韬童幼相亲，后俨痼疾废顿，韬无行见捐，戏经纪振恤，恩好如初。

《晋书》曰：王龚，字孝伯。清操过人，才地自负，恒有宰相之望。与王沉齐名，友善。

又曰：桓温，字元子，宣城太守彝之子也。与庾翼友善，恒相期以宁济之事。翼荐温于明帝曰："桓温少有雄略，愿勿以常人遇之。"

又曰：陆机，吴人也。文章冠代。至太康末与弟云造太常张华。华素重其名，如旧相识，曰："伐吴之役，利获二俊。"

又曰：周馥，字祖宣。馥少与友人成公简齐名，俱起家为诸王友学。

又曰：纪瞻慎行好施，老而弥笃。少与陆机兄弟相亲善。及机被诛，瞻恤其家，及嫁机女，资送同于所生。

又曰：郑袤，字叔林。荥阳开封人也。少孤，随叔父浑避难江东。时华歆为豫章太守，浑往依之，歆素与袤父泰友善，抚养袤如己子。

《晋中兴书》曰：郗超所交皆一时秀美，虽寒门后进亦拔而友之。死之日，贵贱操笔为诔者四十余人。其为物所宗贵如此。

又曰：胡母辅之，字彦国。少擅高名。有王尼者，出寒微，辅之、庾顗、王澄等，共为美谈。尼以门役送护军府，辅之等乃赍羊酒诣门。吏以闻护军，曰："诸名士以羊酒来，当有以。"既入，先过尼，尼已给府养马，辅之等坐厩下，与尼炙羊饮酒而去，竟不见护军。护军大惊，乃与尼长假。

又曰：东瓯沃壤，名士多乐居之，太傅谢安未仕时，亦居东土，共王羲之、孙卓、李充、许询、道林，皆文义冠世，共相友昵。

又曰：鲁公贾谧参管朝政，京洛人士无不倾心。渤海石崇之徒，年皆长谧，并以文才降节事谧，共相朋昵，号曰二十四友。

又曰：羊曼，字祖延。颓纵宏狂，饮酒诞节。与温峤、庾亮、阮放、桓彝同志友善，并为中兴名臣。时州里称陈留阮放为宏伯，高平郗鉴为方伯，太山胡母辅之为达伯，济阴卞壶为裁伯，陈留蔡谟为朗伯，陈留阮孚为诞伯，高平刘绥为委伯，而曼为黠伯，凡八伯，盖拟古之八隽。

又曰：薛兼与同郡纪瞻、广杨、闵鸿、吴郡顾荣、会稽贺循同志友善。初入洛，司空张华见而叹息曰“南金也”。

又曰：华谭所友人袁甫者，字公胄，历阳人。少能言议，与谭齐名，友善。太安中入洛，谭与甫书曰：“诚以枯泽非应龙之渊，棘林非鸾凤之窟。昔食其自匿监门，非高祖不长揖；孔明躬稼南阳，非刘氏不驰驱。望云霄而遇翮，见鸿渐之轻羽；瞻长途而高鸣，知骐骥之迅足。”

又曰：王濛少而不羁，不为乡闾所齿。晚节克修，遂有风流美誉，与沛国刘惔齐名、友善。时人以濛比袁耀卿，惔比荀奉倩。

何法盛《晋中兴书》曰：庾翼，字雉恭。时京兆杜乂、陈郡商浩并才名冠世，而翼弗之重，每语人曰：“此辈宜束之高阁，俟天下平然后议其所任耳。”唯与桓友善，在总角之中，便相期终始。

又曰：肃祖之在东宫，与温峤、庾亮并布衣之好。

《晋阳秋》曰：陆抗、羊祜、魏边将推乔，札之好。抗尝遗祜酒，祜亦馈抗药，各推心服之。

太平御览卷第四百八　人事部四十九

交友三

《宋书》曰：晋安帝义熙初，高祖命瑯琊王弘为徐州治中从事吏，不就，隐于会稽，与鲁国孔淳之为莫逆交。

又曰：何点，字子晳，庐江灊人也。宋征为庶子，不就。与陈郡谢瀹、吴国张融、会稽孔稚珪为莫逆之交。

王智深《宋纪》曰：孔淳之隐居剡山，尝遇桑门法崇于三山，披衿领契，自以为得意之交。

《齐春秋》曰：檀超，字悦祖，高平金乡人也。少而负气。始为南徐州西曹书佐，与别驾萧惠开抗礼。惠开，自以地位居前，稍相凌驾。而啸傲不以地势推之，谓惠开曰："我与卿并有何等官阀？俱是国家征时外戚耳。何以一爵高人！"惠开欣然，更为刎颈之交。

《齐书》曰：刘悛，字士操，彭城安上里人也。从驾登蒋山，上数叹曰："贫贱之交不可忘。"顾谓悛曰："此况卿也。今日与卿尽布衣之交游。"悛起拜谢。

又曰：柳世隆，字彦绪，河东解县人。宋太尉元景弟也。当时名士张绪、王延之、沈淡之徒，雅相钦慕，以为君子之交。

又曰：刘善明素与崔思祖友善，闻死恸哭，仍得病卒。

又曰：孔稚珪，字德璋，会稽人也。早立名誉，当时名士陆惠晓、谢瀹、张融、何点、沈渊，相与为君子之交。

《梁书》曰：何逊，字仲言，东郡郯人也。弱冠举秀才，南乡范云见其答策，大相称赏，因结忘年交好。自是一文一咏，云辄嗟赏。

又曰：张缅弟缵迁尚书吏部，河东裴子野曰："张吏部有喉舌之任。"子野性旷远，自云年出三十，不复诣人。初未与缵遇，便相推重。因为忘年交。

又曰：萧介，性高简，少交游，唯与族兄琛、从兄眕音轸素、及洽、从弟俶等文酒赏会，时人以比谢氏乌衣之游。

又曰：高祖性不好声色，颇慕高名，与裴子野、刘显、萧子云、张缵及当时才秀为布衣交。

何玄之《梁典》曰：刘许，字彦度。与陈留阮籍、李绪申金兰之契。筑室钟阜之傍，共听内义，钻寻奥典。

《魏书》曰：夏侯尚，字伯仁。有筹画智略，文帝器之，为布衣之交。

《后魏书》曰：眭夸，一名昶，赵郡高邑人也。少与崔浩为莫逆之交。

《北齐书》曰：崔瞻与赵郡李概为莫逆之交。概将东还，瞻与之书曰："仗气使酒，我之恒弊，诋诃指切，在卿尤甚。足下告归，吾于何闻过也？"

又曰：袁聿修历任清华，在郎署之日，值赵彦深为水部郎中，同在一院，因成交友。彦深后被沙汰停私，门生藜藿，聿修犹以故情，存问往来。

又曰：裴谳鱼列切之，字士平。不妄交游，唯与陇西辛术、赵郡李绘、顿丘李构、清河崔瞻为妄年之交。

《后周书》曰：柳弘，字光道，河东解县人。少聪颖，工草隶，博涉群书，词彩丰赡。与弘农杨素为莫逆之交。

又曰：张轨，济阴临邑人也。少好学，志识开朗。初在洛阳，家贫，与乐安孙仁为莫逆之交，每易衣而出，以此见称。

又曰：黎景希，字季明，河间鄚音莫人也。好占玄象，颇知术数，而落魄音托不事生业。与范阳卢道源为莫逆之交。

又曰：韦敻休政切，字弘远。志尚夷简，澹于荣利。周弘正乃造敻，谈谑尽日，恨相遇之晚也。后请敻至宾馆，敻未赴。弘正乃赠诗曰："德星犹未动，真车讵肯来。"当时所钦挹如此。

《南史》曰：谢弘微性宽博，无喜愠。末年尝与友人棋，友人西南棋有死势，复一客曰："西风急，或有覆舟者。"友人悟，乃救之。弘微大怒，投局于地。识者知其暮年之事，果以此岁终。

《北史》曰：卢怀仁，有行捡，善与人交。与瑯瑘王衍、陇西李寿之情好相得，尝语衍云："昔太丘道广、许劭知而不顾，嵇生峭立钟会遇而绝言语，处季孟之间，去其太甚。"衍曰："然。"

《三十国春秋》曰：敦煌太守李暠古老切表于段业，暠称尽忠不贰，横为李嗣所谗，请业杀嗣。暠自归司败，业乃杀嗣，遣使谢暠，初，嗣与暠结刎颈之交，嗣常以宗族托暠曰："我身犹子身，勿为疑也。"及是暠反为嗣所构，暠乃恨之。

又曰：姚苌单骑度淮，见豫州刺史谢尚于寿阳，幅巾以待之，一面如旧相识。

又曰：王镇恶随宋高祖入关中。初，镇恶流寓崤渑，崤渑人李方厚待之。镇恶曰："待吾仁英雄主，取万户侯，乃厚相报。"方笑曰："本县足矣。"镇恶力不绝人，不闲弓马，略通诸子兵书，纵横有智计，以此成名。及是，李方尚在，镇恶升堂拜母，表方渑池令。

《陈书》曰：江总聪敏，笃学有文。范阳张缵、瑯琊王筠、南阳刘之遴，并高才硕学，总时少有名，缵等雅相推重，为忘年友。

又曰：陆景文，字叔辩。少有胆略，武勇，与陈武帝有布衣之旧。

《隋书》曰：李密与杨玄感为刎颈之交，尤好兵书，常皆在口。

《唐书》曰：武德中元敬为秘书郎，太宗召为天策府参军，兼直记室。薛收与元敬俱为文学馆学士。时房、杜等处心腹之寄，深相友托。元敬畏于权势，竟不之狎。如晦常云："小记室不可得而亲，不可得而疏。"

又曰：于休烈，河南人也。贞观中任左仆射，为十八学士。心性贞悫，机鉴敏悟。自幼好学，善属文，与会稽贺朝万齐融、延陵包融为文词之友，齐名一时。

又曰：王琚，怀州河内人也。少孤而聪敏，有才略，好玄象合炼之学。神龙初，尝谒驸马王同皎，同皎甚器之。言及谋刺武三思事，琚义许之，与周璟、张仲之为忘年之友。

又曰：萧昕，河南人也。开元中，首举博学宏词，授阳武簿，后迁左拾遗。昕尝与布衣张镐友善，表荐之曰："如镐者，用之则为王者师，不用之则幽谷一叟尔。"玄宗擢镐拾遗，后为将相。

又曰：权皋，德舆之父，大历中卒于家。元和中谥曰："贞孝"。初，皋卒，韩洄、王定为服朋友之丧，李华为其墓表，以为"分天下善恶，一人而已"。

又曰：杜伏威，齐州章丘人也。少为盗，与乡人辅公佑为刎颈之交。公祏姑家公牧羊为业，公佑数攘羊以馈之。

又曰：杨凭，字虚受。为左散骑。少负气节，与母弟凝、凌相爱，皆有名。重交游，与穆质、许孟容、李鄘、王仲舒为友，故时人称穆、许、李之交。

又曰：朱敬则，亳州永城人也。长寿中，为右补阙。家代孝义称。敬则倜傥，早以词学知名。与左史江融、尚书左仆射魏元忠相友善。

又曰：刘黑闼，贝州漳南人也。与窦建德少相友善。家贫无以自给，建德每资之。黑闼所费至尽，而不以为疑，建德亦弗之间也。

又曰：刘孝孙者，荆州人也。祖贞周，石台太守。孝孙弱冠知名，为当时词人。虞世南、蔡君和、孔德绍、庾自直、刘斌等登临山水，结为交会。

又曰：陆象先弟监察御史景倩，吏部侍郎景融，大理正景献，河南令景裔，皆有美誉。僧一行少时，与象先昆弟友善，常谓人曰："陆氏兄弟皆有才行，古之荀、陈，无以加也。"

又曰：杨纂，华州华阴县人也。父文伟，隋温州刺史。纂略涉经史，尤明时务。少与瑯琊颜师古、敦煌令狐德棻音芬。友善。大业中，进士举，终为考功郎中。

又曰：张道源尝与友人客游，友人病，中宵而卒，道源恐惊扰主人，遂共尸卧，达曙方哭，亲步营送至其本乡。后仕隋，为监察御史。

又曰：孔绍安，越州山阴人也，陈吏部尚书奂之子也。少以文词知名。年十三，入隋，徙居京兆鄠县。闭门读诵，集数十万言。时有词人孙万寿，与绍安笃忘年之好。绍安大业末为监察御史。

又曰：李密，长安人也。父宽，隋上柱国、蒲山公。密开皇中袭父爵，年始弱冠。尚书令杨素见而奇之，谓其子玄感曰：“李密智计不穷，尔所不及，可与为友。”玄感遂倾心礼遇，定为刎颈之交。

又曰：刘裔之，徐州彭城人也。少有学业，与隋信都丞孙万寿、宗正卿李百药为忘年之交。

又曰：柳宗元移柳州，时刘禹锡得播州，宗元谓所亲曰：“禹锡有母，今为郡蛮方，绝域万里，如何与母偕行？吾于禹锡为执友，胡忍见其若是？”即草奏，请以柳州授禹锡，自往播州。禹锡易连山。

又曰：张九龄，素与中书侍郎严挺之、尚书左丞袁仁敬、右庶子梁升卿、御史中丞卢怡结交友善。挺之等皆有才干，而交道终始不渝，甚为当时所称也。

太平御览卷第四百九　人事部五十

交友四

《庄子》曰：子祀、子舆、子犁、子来四人相与语曰："孰能知死生存亡之体，吾与之友矣。"四人相见而笑，莫逆于心。遂相与为友。

又曰：孔子与柳下季为友。

又曰：桑扈、孟子、琴张三人相与为友。

《孟子》曰：舜上见帝，帝馆于贰宫，迭为宾主。是天子交匹夫也。

《史记》曰：管夷吾、鲍叔牙二人相友。管仲曰："吾始困时，尝与鲍叔贾，分财利多自与，鲍叔不以我为贪，知我贫也。吾尝为鲍叔谋事而更穷困，鲍叔不以我为愚，知时有利不利也。吾尝三仕三见逐于君，鲍叔不以我为不肖，知我不遭时也。吾尝为君三战三北，鲍叔不以我为怯，知我有老母也。生我者父母，知我者鲍叔也。"

《傅子》曰：杜畿至许，见侍中耿纪，共语终夜。尚书令荀彧家与纪屋相比，夜闻畿言，异之。至旦，遣谓纪曰："不有国士，何以居位？"既见畿，如旧相识，遂进畿于朝。

《郭子》曰：冀州刺史杨准二子，乔字国彦，髦字士彦，清平有识，俱总角为成器。准与裴頠、乐广友善，遣见之，頠谓准曰："乔及卿，髦小减也。"广谓准曰："乔自及卿，髦尤精出。"准笑曰："我二儿之优劣，乃裴、乐之优劣。"论者许之。

《鲁连子》曰：舜耕于历山而交益，陶于河滨而交禹。

《孔丛子》曰：子高游赵，平原君客之。有邹文节与子高相友善，及将还鲁，诸故人诀。既毕，文节送行，三宿；临别，文节流涕交颐，子高徒抗手而已，分背就路。其徒问之曰："先生与彼之子善，彼有恋恋之心，凄怆流涕；而先生厉声高揖，无乃非亲亲之谓乎？"子高曰："始吾谓之大丈夫，乃今知其妇人也！人生则有四方之志，岂鹿豖也哉，而常群聚乎？”

又曰：秦庄子死，孟武伯问孔子曰：“古者同僚有服乎？”答曰：“闻诸老聃，昔虢叔、闳夭、太颠、散宜生、南宫括五者同僚，比德以赞文武。及虢叔死，四人为服。古之达礼者行之。

《韩诗外传》曰：宋玉因其友事襄王，王待玉亦无异。

《江表传》曰：吴有程普者，颇以年长，数凌侮周瑜。瑜折节下容，终不之与校。普后自敬服而亲重之，乃告人曰：“与周公瑾交，若饮醇醪，不觉自醉。”

袁宏《山涛别传》曰：陈留阮籍、谯国嵇康，并高才远识，少有悟其契者。涛初不识，一与相遇，便为神交。

《列士传》曰：六国时，羊角哀与左伯桃为友，闻楚王贤，俱往仕。至梁山逢雪，粮尽，度不两全，遂并粮与角哀。哀至楚，楚用为上卿。后来收葬伯桃，伯桃墓逼近荆将军陵，而伯桃告云：“我日夜被荆将军伐之。”哀乃加兵，未知胜否，云：“我向地下看之”，遂自刎死。

《道学传》曰：杜京产，建武初征之。产曰：“庄周持钓，岂为白璧所回避！”不就。会稽孔道征亦守志，产与友善。

又曰：薛彪之闻陶隐居，委绂架石室，与蒋负刍邻居接宇。彪叹曰：“彼二人者，可为道友，何为久滞东川？”于是命棹来归，便相就共住，日夕讲习。

又曰：潘洪，字文盛，山阴人。幼辞家入山，修禀上法。陶贞白见而悦之，遂与投分，共游诸处，寻求真书。

又曰：许迈，字远游。少与高阳许询并治高节，同志齐名。询能清言，兼有词藻；迈博学，亦善属文。

《广州先贤传》曰：董正，字伯和，番禺人也。隐士南阳车遂，字德阳，闻正令名，不远万里，径来投正。正道同志合，恩如伯仲。数年中遂得病，正为倾家救恤，疾笃命绝，停尸于堂。殡敛之礼，如同生身，自送丧于南阳。

《殷氏世传》曰：殷褒，字元祚，渤海府君之子。河南郑廉，始出寒贱，又未知名，见而友之。廉父常居肆，乃就拜其父于市，众皆惊。廉由是显名，位至司徒。

《荀氏家传》曰：荀羡与沛国刘真长、太原王仲祖、陈郡商洪源并著情契。太宗时居阿衡之任，虚中诱纳，宾友贤哲，与羡等数人为布衣之好。

又曰：荀粲简贵，不能与常人交接，所交者皆一时俊杰。粲卒，至葬，夕赴者十余人，皆同年名士也。哭之感动路人。

嵇康《高士传》曰：逢萌、条房、李云、王尊，同时相友，世号之四子。

《海内先贤传》曰：颍川锺皓，字季明，为郡功曹，时陈寔为西门亭长。皓深礼之，与同分义。皓辞公府，太守问谁可代君，皓曰："明府必得其人，西门亭长可也。"

张隐《文士传》曰：祢衡与孔融作尔汝之交。时衡未满二十，融已五十，重衡才秀，忘年也。

《向秀别传》曰：秀，字子期。少为同郡山涛所知，又与谯国嵇康、东平吕安友善。其趋舍进止，无不必同；造事营生，业亦不异。常与康偶锻于洛邑，与吕安灌园于山阳，收其余利以供酒食之费。或率尔相携，观原野极游浪之势，亦不计远近；或经日乃归，复修常业。

《郭林宗别传》曰：郭泰，字林宗。入颍川则友李元礼，至陈留则结符伟明，之外黄则亲韩子助，过蒲亭则师仇季智也。

《英雄记》曰：袁绍不妄通宾客，好游侠，与张孟卓、何伯求、吴子卿、许子远、伍德瑜等皆奔走之友，不应辟命。

《荆州记》曰：陆凯与范晔为友，江南寄梅花一枝，来诣长安与晔，并赠诗曰："折花奉驿使，寄与陇头人。江南无所得，聊赠一枝春。"

虞预《会稽典录》曰：盛宪，字孝章。初为台郎，常出游，逢一童子，容貌非常。宪怪而问之，是鲁国孔融，年十余岁。宪下车执融手，载以归舍，与融谈宴，结为兄弟。升堂拜母曰："可贺宪母，昔有宪，宪今有弟。"

又曰：卓恕，字公行，上虞上也。与人期约，虽遭暴风疾雨，无不至者。尝从建邺辞太傅诸葛恪，恪问："何当复来？"恕答曰："某日当复亲覲。"至是日，恪停食候恕。至时，宾客会者皆以为稽，建邺相去千余里，道隔江湖，岂得如期。须臾，恕至，一坐尽惊。

又曰：贺劭，字兴伯，山阴人也。为人美姿容，动静有常，与人交，久而敬之。

又曰：虞伦，字孝绪，馀姚人也。与骆瑗为弹冠之友。

《吴录》曰：步骘与卫於同年相善，俱以种瓜自给，昼勤四体，夜诵经传。

《三辅决录》曰：游殷为胡轸所害，同郡吉伯房郭公休与殷同岁相善，为缌麻三月。

赵岐《三辅决录》曰：蒋诩，字元卿。舍中三径，唯羊仲、裘仲从之游，二仲皆雅廉逃名之士。

《华阳国志》曰：洛阳庆鸿，慷慨好义，廉范与为刎颈之交。时人称曰："前有管、鲍，后有庆、廉。"

《陈留志》曰：韦庾，字宣明，襄邑人也。常居园中，故世谓之园公。与河内轵人角里先生、绮里季、夏黄公为友，皆修道洁己，非义不践。当秦末避代入商洛山，隐居自娱。

《竹林七贤论》曰：嵇康，字叔夜，与东平吕安少相知友，每一相思，辄千里命驾。

又曰：山涛与阮籍、嵇康皆一面契若金兰。涛妻韩氏尝问涛，涛曰："吾当年可为交者，唯二人而已。"

崔豹《古今注》曰：郑弘行宦京洛，未至，夜宿一壖。如过、如缘二切。河边地也。于是逢旧友四人，四顾荒郊，村落绝远，酤酒无处，情抱不申。仍各以钱投水中，依评共饮，尽夕酣畅，皆得大醉。因名"沉酿川"。

刘向《说苑》曰：伯牙子鼓琴，其友锺子期听之，方鼓琴而志在于太山。锺子期听之，曰："善哉鼓琴，巍巍乎若太山！"少选之间，而志在流水。锺子期听之，曰："善哉鼓琴，汤汤乎若流水！"锺子期死，伯牙子屏琴绝弦，终身不鼓，以为时无足为鼓琴者。

《说苑》曰：魏文侯叹田子方曰："自友子方也，君臣益亲，百姓益附，吾是以知交士之功焉。"

《世说》曰：山公与嵇、阮契若金兰，山公妻韩氏，觉二人异于常，欲窥之。他日，二人来，妻窃窥之，公曰："二人何如？"妻曰："君殊不如。正当以识度相及耳。"公曰："伊辈亦当以我为胜。"

又曰：华歆与管宁、邴原相友，曾共锄园得金，宁以锄挥之，与瓦砾无异，歆捉而掷之。

又曰：荀臣伯远看友人疾，值胡贼攻郡。巨伯不忍去，贼既至，谓巨伯曰："大军至，一郡并空，汝何男子，轻大军而敢独止！"巨伯曰："有友人疾，不忍委之，宁以我身代友人之命。"贼知其贤，自相谓言："我辈无义之人而入有义之国。"疾促军而还，一郡并全。

又曰：陆机赴假还洛，辎重甚盛，戴渊与年少掠之。渊在岸上据胡床指挥，左右皆得其宜。渊既有风标锋颖，虽处鄙事，神气独异于众。机于船屋上，遥谓之曰："卿才如此，亦复作劫？"渊便流涕投剑归机，辞属非常。机弥重之，便与定交，咋笔荐焉。

又曰：夏侯称，字义权。年十六，与文帝为布衣之交。每宴，气凌一座，辩士不能答，代之高者多从之游。

又曰：支道林，丧法庆之后，精神殒丧，风味转坠。常谓人曰："昔匠石废斤于野人，牙生辍弦于锺子，推己外求良，不虚也。冥契既逝，发言莫赏；中心蕴结，余其亡矣。"后一年，支遂亦陨。

又曰：王爽与司马太傅饮酒，太傅醉呼王为小子。王曰："亡祖长史与简文帝为布衣之交，亡姊伉俪二宫，何小子之有！"

杨松玠《谈薮》曰：太原孙伯翳放情物外，栖志丘壑，与王令君高范将军云为莫逆之交。

《琴操》曰：《三士穷者，其思革子之所作也。其思革子、户文子、叔衍子三人相与为友，闻楚成王贤好士，三人俱往见之，于豪嵚岩之间，卒逢飘风暴雨，俱伏于空柳之下，衣寒粮乏，度不俱活。三人相视叹曰："与其饥寒俱死，岂若并衣粮于一哉！"二子以革子为贤，推衣与之。革子曰："生则同乐，死则共之。"固辞。二子曰："吾相与犹左右手也。左伤则右救，右伤则左劳，子不我受，俱死无名，可痛乎！"于是革子受之，二子遂冻饿而死。其思革子揭衣粮而去，往见楚王。王知其贤，用旨酒嘉肴设钟鼓乐之。革子有忧悲之色，楚王乃推樽罢乐，升琴而进之。其思革子援琴而鼓，作相与别散之志。

《孙楚牵招碑》曰：初，君与刘备少长河朔，英雄同契，为刎颈之交。有横波截流、柎翼横飞之志。俄而委质于太祖，备遂鼎足于蜀汉。所交非常，为时所忌，每自酌损乎季孟之间。

蔡邕《真定直父碑》曰：其接友也，审辩真伪，明于知人。度终始而后交，情不疏而貌亲。

夏侯湛《鲍叔像赞》曰：鲍子愔愔，式昭德音。绸缪陈仲，二人同心。厥芳犹兰，其坚如金。遥遥景迹，君子攸钦。

周祇《执友箴》曰：人亦可言，贵则易交。利重太山，道轻鸿毛。久而益敬，见之晏平。霜雪既至，劲柏冬青。

太平御览卷第四百十 人事部五十一

交友五

《傅干与张叔威书》曰：吾与足下，义结纨素，恩比同生。

《东方朔与公孙弘书》曰：爵禄不相责以礼，同类之游不以远近为故。东门先生居蓬户空穴之中，魏公子一朝以百骑造之。吕望未尝与文王同席而坐，一朝让以天下半。大丈夫相知，何必接尘而游，垂发齐年哉！

《张奥与延叔坚书》曰：吾与叔坚剖心相知，岂以流言相猜耶！

曹植《离友诗》曰：王旅旋兮背故乡，彼君子兮笃人纲，腾驾行兮归朔方，驰原隰兮寻旧疆。

郭璞《赠温峤诗》曰：人亦有言，松竹有林。及尔臭味，异本同岑。言以忘得，交以淡成。

谢朓《赠友人诗》曰：芳洲有杜若，可以订佳期。清风动帘夜，孤月照窗时。安得同携手，酌酒赋新诗。

陆倕《赠京邑僚友诗》曰：时逢世道泰，骞足步高衢。江间寒事早，夜露伤秋草。心属姑苏台，目送邯郸道。李、郭或同舟，潘、夏时方驾。欢娱终美景，敷文永清夜。捉膝岂异人，戚戚皆明娅。

萧钧《晚景游泛怀友诗》曰：龙门低御沟，凤辖转芳州。云峰初辩夏，麦气早迎秋。山翠余烟积，川平晚照收。浪随文鹢转，波逐彩鸳浮。风花轻未洛，岩泉咽不流。一辞金谷苑，空想竹林游。

潘岳诗曰：投分寄石友，白首同所归。

《古善哉行》曰：月没参横，北斗阑干，亲友在门，忘寝与餐。□□□□□□请交不许□□。

《后汉书》曰：侯霸欲友王丹，霸子见丹下车拜，丹答拜。霸子曰：“大人方愿交欢，奈何拜小子？丹曰：“君房有是言，丹未之许也。”

又曰：张霸迁侍中，时皇后兄虎贲中郎将邓骘当朝，贵戚闻霸名行，欲与为交，逡巡不答。众笑其不识世务。

《魏志》曰：将军张辽与其护军武周有隙。辽就刺史温恢求交胡质，质辞以疾。辽出遇质曰："仆安意于君，何以相孤如此？"质曰："古人之交也，多取知其不贪，奔北知其不怯，闻流言而不信，故可终也。武伯南身为雅士，往者将军称之，不辍于口，今以睚眦之恨，反成嫌隙。况质才薄，岂能终好？是以不愿也。"辽感其言，复与周平。

《蜀志》曰：刘巴，字子初。《零陵先贤传》曰："张飞尝就巴宿，巴不与语，飞遂忿恚。诸葛亮谓巴曰：飞虽实武人，爱慕足下。足下虽天爵素高，宜少降意。巴曰：丈夫处世，当交四海英雄，如何与兵子共语？"

《晋书》曰：解系，字少连，济南人也。系及二弟结、育，并清身洁己，甚有声誉。时荀勖门宗弘盛，勖诸子谓系等曰："我与卿为友，应向我公拜。"勖曰："我与君尊先使君亲厚。"系曰："不奉先君遗教。公若与先君厚，往日哀顿，当垂书问。亲厚之诲，非所敢承。"勖父子大惭。

《梁书》曰：庾诜，字彦实，新野人也。性纯夷简，罕所游狎。河东柳恽欲与之交，拒而不许。

《齐春秋》曰：王僧佑，字乔宗，亭然独立，不交当代名士。王思远之徒托意请交，并不降意。自天子及侯伯，未尝与一人游焉。

嵇康《高士传》曰：井丹，字太春，扶风人也。博学，故京师为之语曰"五经纷纶井太春"。未尝书刺候谒人。梁松请友，丹不肯见。后遂隐遁。

皇甫士安《高士传》曰：严遵，字君平，蜀人也。扬雄少从之游，数称其德。李温为益州牧，喜曰："吾得君平为从事矣。"雄曰："可备礼与相见，其人不可屈也。"王凤请交，不许，叹曰："益我财者损我神，生我名者杀我身。"故不仕。时人服之。

《世说》曰：何晏、邓飏、夏侯太初并求傅嘏交，而嘏终不许。诸人乃因荀粲说合之。傅曰："夏侯太初志大心劳，能合虚誉，诚所谓利口覆国之人。邓飏、何晏有为而躁，博而寡要，外好名利，而内无关籥。此三贤者，皆败德之人耳，远之犹恐罹祸，况可亲之哉？”后皆如其言。

又曰：南阳宗世林与魏武同时，而薄其为人，不与之交。及魏武作司空，总朝政，从容问宗曰：“可以交未？”答曰：“松柏之志甚存。”

世交

《后汉书》曰：孔僖，字仲和，鲁人也。祖父建少游长安，与崔篆仕王莽，为建新大尹。僖与崔篆、孙骃复相友善焉。

《晋书》曰：咸宁初，有司奏何劭及兄遵等受故鬲令袁毅货，虽经赦宥，宜皆禁止。事下廷尉，诏曰：“太保与毅有累世之交，遵等所取善薄，一皆置之。”

父子交

《左传·襄二十六年》曰：初，伍参与蔡太师子朝友，其子伍举与声子相善。声子，子朝之子也。伍举出奔郑，将遂奔晋。声子将如晋，遇之于郑郊，班荆相与食。班，布也。布荆坐地，朋友世亲也。

《魏书》曰：陈群，字长文，通达有识度，其所交皆父党也。鲁国孔融与群父纪友，又与群交。

王隐《晋书》曰：王戎随父浑在郎舍，时阮籍亦为郎。每诣浑，辄云：“与卿语不如阿戎谈。”戎时年十五，籍乃交焉。

《北齐书》曰：陆昂，字云驹，洛阳人也。父子璋，魏中书监。昂为河间邢劭所赏。邢又与子璋交游，尝谓子璋云：“吾以卿老蚌复出明珠。”

《高士传》曰：班嗣在京师，家有赐书，内足于财，父党杨子云已下莫不造门。

《唐书》曰：郗士美，字和夫。少好学，善记览。父友颜真卿、萧颖士辈，尝与之讨论经传，应对如流。既而相谓曰：“吾曹异日当交二郗之间矣。”

《汝南先贤传》曰：薛勤，字恭祖，仕郡为功曹。陈仲举时年十五，为父赍书诣勤。勤顾而察之，明日造焉。仲举父出迓勤，勤曰："足下有不凡子，吾来候之，不从卿也。"言义尽日。

《道学论》曰：许迈，字叔玄。清虚接真，遐栖世表，志在往而不返，故自改名"远游"。与王右军父子为世外之交。王亦辞荣，好养生之事，每造远游，未尝不弥日忘返。

束皙《吊萧孟恩文》曰：东海萧惠，字孟恩者，父昔为御史，与皙先君同僚。孟恩及皙，旦夕同游，分义早著。孟恩夫妇皆亡，门无立嗣。皙时有伯父、从兄之忧，未获自往，致文一篇，以吊其魂。

绝交

《毛诗·谷风》曰：《谷风》，刺幽王也。天下俗薄，朋友道绝焉。

又曰：伐木废，则朋友缺矣。

《史记》曰：相国曹参，始微时与萧何善，及为将相有隙。

又曰：越石父贤，在于缧绁之中。晏子出，遭之涂，解左骖赎之，载归。弗谢，入门。久之，石父请绝。晏子懼然，摄衣冠谢曰："晏虽不仁，免子于厄，何求绝之速也。"石父曰："不然。吾闻君子屈于不知己而伸于知己者。方吾在缧绁之中，彼不知我也。夫子既已感而赎我者，是知己；知己而无礼，固不如缧绁之中。"晏子于是延入为上客。

《汉书》曰：张耳、陈余始居约时，相然信死，岂顾问哉！及据国争权，卒相灭亡，势利之交，古人羞之，盖谓是矣。

又曰：萧育，少与陈咸、朱博为友，著闻当世。往者，有王阳、贡公，故长安人语曰："萧、朱结绶，王、贡弹冠。"言其相荐达也。始育与公卿子显名，咸最先进，年二十余为御史中丞。时朱博尚为杜陵亭长，为咸、育所举援，后遂并历刺史、郡守相，及为九卿，而博先至将军上卿，历位多于咸、育，遂至丞相。育与博后有隙，不能终，故世以友为难也。

范晔《后汉书》曰：许劭，少峻名节，好人伦，多所赏识，劭邑人李达，杜直有高气，劭初善之，而后有隙。

《东观汉记》曰：梁鸿初与京邑萧友善约不为陪臣，及友善为郡吏，鸿以书责之而去。

又曰：王良，字仲子，东海人。少清高。为司徒司直。以病归，一岁复征，至荥阳，疾笃，不任进道，乃过其友人。友人不肯见，曰："不有忠言奇谋而取大位，何其往来屑屑不惮烦也！"遂拒之。良惭，自后连征，辄称疾。

《魏志·锺会传》曰：王弼为人浅而不识物情，初与王黎、荀融友善，黎夺其黄门郎，于是恨黎，与融亦不终。

又曰：管宁与华歆同学，歆闻车马声出门，宁割席曰："子非吾友也！"

徐广《晋记》曰：相国掾魏讽有盛名，同郡任览与讽友善。郑袤谓览曰："讽奸雄，必以祸终，子宜绝之。"后讽果败。

《北齐书》曰：初，刘逖与祖班以文义相得，结陈、雷之契，又为弟俊聘班之女。将免魏彦深等也，以告逖，仍付密启，令其奏闻。彦深等颇知之，先自申理，班由是疑逖告其所为。及班被出，逖遂遣弟离婚，其轻交易绝如此。

《唐书》曰：韦澳，贯之之子也。大和六年擢进士第。兄温与御史中丞高元俗友善，温请用澳为御史，谓澳曰："高二十九持宪纲，欲与汝相面，汝必得御史。"澳不答。温曰："高君端士，汝不可轻。"澳曰："然恐无呈身御史。"终不诣元裕之门。

袁叔真《隐士传》曰：鹖冠者，或曰楚人也。隐居山林，衣弊履穿，以鹖为冠，莫测其名。因服成号，著书言道家事，冯煖尝师事焉。煖后显于赵。鹖冠子惧其荐已也，乃与煖绝焉。

《新序》曰：吴有士张胥鄙、谭夫吾前交而后绝。张胥鄙有罪，拘将死，谭夫吾合徒取之，出，于道而后知其夫吾。辍行而辞曰："吾义不同子，故前交而后绝。吾闻之，君子不以安肆志，不为危易行。吾今从子，是安则肆志，危则易行也。吾因子而生，不若反拘而死。"阖庐闻之，命吏释之。胥鄙辞曰："吾义不同于谭夫吾，故不受其任矣。今利以是出，诚以谭夫吾故免也。”遂触墙而死。谭夫吾闻之，曰：“致任而不受，佞也；不知而出之，愚也。佞不可以接上，愚不可以事君，吾行虚矣。人恶以吾力生，吾亦耻以此立于世。”乃绝颈而死。

后汉朱公叔《绝交论》曰：世之务交游也，甚矣！不惇于业，不忌于君，犯礼以追之，背公以从之，事替义退，公轻私重。

刘孝标《广绝交论》曰：骋黄马之剧谈，纵碧鸡之雄辩。于是有弱冠王孙、绮纨公子，道不挂于通人，声未遒于云阁。是曰“谈交”。鱼以泉涸而煦沫，鸟因将死而鸣哀。断金由于湫隘，刎颈起于苫盖，是曰“穷交”。驰骛之俗，浇薄之伦，无不操权衡，秉纤纩。衡所以揣其轻重，纩所以属其鼻息。若衡不能举，纩不能飞，虽颜冉、龙翰、凤雏，曾史、兰薰、雪白，视若游尘，遇如土梗。近世有乐安、任昉，见一善则盱冲扼腕，遇一才则扬眉抵掌，雌黄出于唇吻，朱紫由其月旦。于是冠盖辐凑，衣裳云合，辎軿击轊，坐客恒满。及瞑目东越，归骸洛浦。繐帐犹悬，门罕渍酒之彦；坟未宿草，野绝动轮之宾。藐是诸孤，朝不谋夕。自昔把臂之英、金兰之友，曾无羊舌下泣之仁，宁慕郈成分宅之德。太行孟门，岂云崭绝。是以耿介之士，疾其若斯。独立高山之顶，欢与麋鹿同群。

袁峤《与褚左军解交书》曰：皇太后践登正祚，临御皇朝，将军之于国，外姓之太上皇也。与将军游处，少长虽世誉，先后而臭味同归。平昔之交，礼与数而降；箕踞之欣，随位事而替。虽欲虚咏，濠肆脱落，仪制其能得乎？

稽康《与山涛绝交书》曰：足下见直木必不可以为轮，曲者不以为桷，盖不欲枉其天材，令得其所。不可自好章甫，强越人以文冕也。今但愿守陋巷，教子孙，时时与亲旧叙阔，陈说平生。浊酒一杯，弹琴一曲，志愿毕矣。

太平御览卷第四百一十一　人事部五十二

孝感

《孝经左契》曰：元气混沌，孝在其中。天子孝，天龙负图，地龟出书，大孽消灭，云景出游。

《孝经援神契》曰：庶人孝则木泽茂，浮珍舒恪草，秀水出神鱼。此庶人谓有德不仕，若曾子之孝，千里感母，能使其域致珍也。

《东观汉记》曰：明帝，光武弟四子，阴后所生。即祚，长思远慕，至逾年，乃率诸王侯公主、外戚、郡国计吏上陵，如会殿前礼。正月，上谒原陵，梦先帝太后如平生，亲率百官上陵，其日降甘露，积于树，百官取以荐。会毕，上伏御床视太后镜奁中物，感恸悲涕，令易脂泽妆具。左右皆泣，莫能仰视。

又曰：姜诗，字士游，广汉雒人。遭值年荒，与妇佣作养母。贼经其里，束兵安步，云"不可惊孝子"。母好饮江水，儿常取水溺死。夫妇痛，恐母知，诈云行学，岁作衣投于江中，俄而涌泉，出于舍侧，味如江水，井旦出鲤鱼一双。

谢承《后汉书》曰：方储，字圣明，丹阳歙人。幼丧父，事母。母终，自负土成坟，种奇树千株，白兔游其下。

《魏略》曰：程坚，字谋角，南阳人。居贫，以磨镜给养。母丧，哀号。枥下有马，每闻坚哭辄泪出，暂辍刍草。

《晋书》曰：王祥，性至孝。继母朱氏不慈，犹令除扫牛下，祥愈恭谨。父母有疾，衣冠不解。母令守柰实，每风雨至，抱树而立。母又思黄雀炙，忽有十数黄雀飞入幕，以供母食。又母冬月欲食生鱼，祥脱衣剖冰求之，冰忽自解，双鲤跃出，乡里以为孝感所致。

又曰：吴隐之，字处默。年十岁，丁父忧，每号哭，行人为流涕。家贫，无人鸣鼓，每至号哭之时，有双鹤警叫，及祥练之夕，复有群雁俱集。时人咸以孝感所致。

《晋中兴书》曰：何琦，字万伦。遭母忧，停柩在殡，为邻火所逼，烟焰已交，家乏僮役，计无从出，乃匍匐棺所号哭而已。俄而风止火息，堂屋一间乃免。

又曰：乌程吴达往经饥馑，父母兄嫂及群从小幼之亲，十有三人。达病笃。邻里咸苇裹衣而埋之，亲属皆尽，存者唯达夫妇而已。家徒四壁，昼则佣赁，夜还烧砖伐木。夜在山中屡遇虎，虎下道避之。夫妻勤苦，期年中成七墓十二棺，邻里嘉上其志义，葬日悉出助之。太守张崇之义其志行，加羔雁之礼，命补功曹吏。达以门寒，固辞不就。

萧子显《齐书》曰：永兴王氏女，年五岁得毒病，两目皆盲。性至孝。年三十父死，临尸一叫，眼皆血出，小妹娥舐其血，左目即开。时人称为孝感。

崔鸿《十六国春秋·前赵录》曰：刘殷七岁丧父，哀毁过礼。曾祖母王氏，盛冬思堇。殷年九岁，乃于泽中恸哭，收泪视地，见有堇生焉，得斛余而归。食而不减，至堇生乃尽。其夜梦人谓殷曰："西篱下有粟。"寤而掘之，得粟十五钟焉。铭曰："七年粟百石以赐孝子刘殷。"自是食之，七年乃尽。

又曰：王延，字延元，西河人也。九岁丧母，后母卜氏遇之无道，延供事弥谨。卜恒取蒲穰及败麻头与延贮衣，其姑闻而问之，延知不言。卜盛冬敕延云：思生鱼。延求鱼不获，卜杖之流血。延寻汾叩凌而哭，得生鱼一只，长五尺。卜食之，积日不尽，尔乃心寤，抚延如亲子。

《秦记》曰：符健皇始元年，晋梁州刺史司马勋入秦州，获尚书赵琨，煞而弃其尸。琨子焕求父尸不得，乃悲号不已。俄有群鸟悲鸣，从山而来，来而复反，寻鸟向山而得父尸。

《南史》曰：潘综，吴兴乌程人也。孙恩之乱，妖党攻破村邑，综与父骠共走避贼。骠年老行迟，贼转逼，骠语："我不能去，汝走可脱，幸勿俱死。"骠因之坐地。综迎贼叩头曰："父年老，乞赐生命。"贼至，骠亦请贼曰："儿年少，自能走，今为孝子不去。老子不惜死，乞活此儿。”贼因斫骠。综抱父于腹下，贼斫综头面，凡四创。综当时闷绝。又一贼从傍来，相谓曰：“卿欲举大事。此儿以死救父，尔何可煞？煞孝子不祥。”贼乃止，父子乃得免。

《齐书》曰：匡昕，字令先，庐陵人。有至性，隐金华山，服食不与俗人交。母病亡，已经七月，昕奔还号叫，母即苏，皆谓孝感所致。

《齐春秋》曰：宗元卿，字希符。早孤，为祖母所养。祖母病，元卿在远辄心痛，大病则大痛，小病则小痛，如此常也。

又曰：焦华，父遗，曾病甚，冬中思瓜。华忽梦人谓之曰：“闻尔父思瓜，故送助养。”呼从者进之，华跪受。寤而瓜在手，香非常也。父食之而病愈。

又曰：刘灵哲，字文明。母病，祈祷至多，忽梦一人以药与之曰：“煮服之即差。”惊寤，于枕间得所梦之药，似竹根，服之立差。余根于斋前种，叶似蒬茈，莫有识者。

又曰：萧睿明，字景懠。在计切。母病风积年，昼夜祈祷。时寒，睿明下泪为冰，筋额上叩血出，亦冰不流。忽有一人以小石函授之，曰：“此能治丈夫百病。”睿明受之，忽不见人，以函奉母，唯有三寸绢丹，书为“日月”字。母即平愈。

又曰：解叔谦，字楚梁。母有疾，于夜庭中祈祠，闻空中云：“此疾无他，得丁公藤为酒便差。”即诣医及《本草》，皆无识者。乃求访至宜都，遥睹山中一老翁伐木，问其所用，答曰：“此丁公藤，治风尤验。”叔谦伏地流涕，具款求意。此公与之四段，并示渍酒法。叔谦拜领受之。复视翁，不见。依法为酒，母疾顿愈。

《梁书》曰：陆襄，字师伯。常卒心痛，医方须三斗粟浆。时属凝冬，日又暮矣，求乞无所，忽有老人诣门货浆，量如方斛。始欲酬直，无何失之。时以襄孝感致焉。

又曰：臧盾有孝性，随父宿直廷尉。母刘氏在宅暴亡，盾左手中指痛，不得寝。及晓，宅信果报凶问，其感通如此。

又曰：甄恬，字彦约。数岁丧父，哀戚有若成人。年八岁，问其母，恨不识父，悲泣累日。忽云有见形状，即其父也。及母亡，庐于墓，有鸟玄黄色，集于庐树。恬哭即鸣，止则无声。

《陈书》曰：吴明彻幼孤，性至孝。年十四，感坟茔未修，家贫无以取给，乃勤力耕种。时天下亢旱，苗稼焦枯。明彻哀愤，每之田中号哭，仰天自诉。居数日，有田还者云："苗已更生。"明彻疑其欺己，及往如言。秋而大获，足充葬用。

《三国典略》曰：柳遐，母尝乳间发疽，医云须人吮脓，遐应声即吮，旬日遂瘳。咸以为孝感所致。

《后魏书》曰：王崇，字乾邕，阳夏雍丘人也。母亡，扶而后起，鬓发堕落。未及迁葬，权殡宅西。崇庐于殡所，昼夜哭泣，鸠鸽群至。有一小鸟，素质黑眸，形大于雀，栖于崇庐，朝夕不去。母丧始阕，复丁父忧，哀毁过礼。是年，阳夏风雹，所经之处，禽兽暴死，草木摧折。至崇田畔，风雹便止，禾麦十顷，无所损落，及过崇地，风雹如初。咸称至行所感。

又曰：吴远达，河东闻憙人。父母为人所杀，四时号慕，悲感乡邻。及长报仇，避地永安。后欲改葬，岁月淹久，亡失坟墓，连年于闻憙旧乡推寻弗获，号哭之声，昼夜不止。周游巡历，叫诉神祇。忽于远达足下地陷，得父铭记。因迁葬曾祖以下三世九丧。

《后周书》云：张元，字孝始，芮城人。年十六，祖丧明三年，元居常忧泣。遂请七僧，燃七灯，七日七夜，转《药师经》行道。言曰："元为孙不孝，使祖丧明。今日燃灯光普施法界，愿祖目见明，元求代暗。"如此七日。其夜，梦见一老翁以金鞞疗其祖目，谓元曰："勿忧悲也，三日之后，祖目必差。"如期果明。

《唐书》曰：豫州人许坦，年十岁余，父入山采药。父为猛兽所噬，即号叫，以杖击之，兽遂奔走，父以得全。太宗闻而谓侍臣曰："坦虽幼童，遂能致命救亲，至孝自衷，深可嘉尚。"授文林郎，赐物五十段。

又曰：博州梁文贞，虢州阌乡人。少从征役，比回父母皆卒。文贞恨不获终养，乃穿圹为门，磴道出入，晨夕洒扫其中。结庐墓侧，未尝暂息。自是不言三十年，家人有所问，但画字以对。其后山水冲断驿路，更于原上开道，经文贞墓前。由是行旅见之，远近莫不钦叹。有甘露降茔前树，白兔驯扰。开元初，县令崔季友刊石以纪之。十四年，刺史许景先奏："文贞孝行特绝，泣血庐墓三十余年，请宣付史官。"

又曰：安金藏，神龙初丧母，葬于都南阙口之北，庐于墓侧，躬造石坟石塔，昼夜不息。原上旧无水，忽有涌泉自出。又有李树盛冬花开，犬鹿相狎。

萧广济《孝子传》曰：杜孝，巴郡人也。少失父，与母居，至孝。充役在成都，母喜食生鱼，孝于蜀截大竹筒盛鱼二头，塞之以草。祝曰："我母必得此。"因投中流。妇出渚乃见筒横来触岸，异而取视，有二鱼。含笑曰："必我婿所寄。"熟而进之，闻者叹骇。

又曰：邢渠失母，与父仲居，性至孝。贫无子，佣以给父。父老齿落，不能食，渠常自哺之，专专然代其喘息。仲遂康休，齿落更生，百余岁乃卒也。

又曰：隗通，字君相。母好饮江水，常乘舟楫置之，深浚艰辛，忽有横石特起，直趋江脊。后取水，无复劳剧。

又曰：辛缮，字幼文。母丧，精庐旁有大鸟，头高五尺，鸡首燕颔，鱼尾蛇颈，备五色而青，栖于门树。

又曰：文让养母至孝。及丧，不用僮仆之力，兄弟二人营筑其坟，暂归取粮，群鸟数千衔壤，俄而成坟。

《小说》曰：宋宜都王铿，三岁丧母。及有识，问母所在，左右告以早亡，便思慕蔬食，祈请幽冥求一梦见。至六岁，梦见一妇人，谓之曰："我是汝之母。"铿悲泣。旦说之，容貌衣服事事如平生也。

《世说》曰：郑子产善事母。奉命聘晋，道中心痛，遣人还家，起居问母。母曰："吾忽心体不调，忆想汝耳，更无他也。"

祖台《志怪》曰：吴中书郎盛仲至孝。母王氏失明，仲暂行，敕婢食母。婢乃取蛴螬蒸食之，母甚以为美，不知是何物。儿还，母曰："汝行后，婢进吾食甚甘，然非鱼肉。汝试问之。"既而问婢，婢服曰：

“实是螬蛴。”仲抱母恸哭，母目霍然立开。

宋躬《孝子传》曰：丘杰，字伟跱，吴兴乌程人也。遭母丧，以熟菜有味，不尝于口。病岁余，忽梦见母，曰：“死正是分别耳，何事乃尔荼苦！汝啖生菜，遇虾蟆毒，灵床前有瓯，瓯中三丸药可取服之。”杰惊起，果得瓯，瓯中有药，服之，下科斗子数升。丘氏世宝此瓯，宋大明七年灾火焚失之。

又曰：陈遗，吴郡人。少为郡吏，母好铛底焦饭，遗在役常带一囊，每煮食辄录其焦以贻母。后孙恩乱，聚得数升，常带自随。及逃窜，多有饿死，遗食此得活。母昼夜泣涕，目为失明，耳无所闻。遗还入户，再拜号咽，母豁然有闻见。

又曰：韩灵珍，东海郯人。丧母三年，贫无所葬，与弟灵敏共种瓜半亩，欲以营殡。及瓜熟采卖，每朝取，暮复生，大小如初。遂得充葬。

又曰：夏侯䜣，字长况，梁国宁陵人也。母疾，屡经危困，䜣衣不释带二年。母不忍见其辛苦，使出便寝息。䜣出便卧，忽见其父来曰：“汝母病源深痼，天常矜汝至孝，赐药在屋后桑树上。”䜣乃惊起，如言得药，而取水和进之，便得痊差。

又曰：宋承，字世林，父资丧，葬旧茔，负土作坟，不役僮仆，一夕间土壤自高五尺，松竹生焉。

又曰：韦俊，字文高，京兆杜陵人。尝与其父共有所之，夜宿逆旅。时多虎，将晓，虎绕屋号吼，俊乃出户当之。虎弭耳屈膝伏而不动，俊跪曰：“汝饥可食我，不宜惊吾亲老。”虎逡巡而退，屋人皆安全。

又曰：伍袭，字世长，武陵人。父没羌中，乃学羌语言、衣服，与宾客入构诸羌，令相攻。袭乘其仇戎雠羌，负丧而归。葬毕，因居墓所。每哭辄有鹿踞坟而鸣。汉法，死事之孤，皆拜郎中，而袭不忍受。吏迫之，乃掘室逃其中，吏不知处。

又曰：缪斐，东海兰陵人。父忽患病，医药不给。斐夜叩头，不寝，不食，气息将尽，至三更中，忽有二神引锁而至，求斐曰：“尊府君昔经见侵，故有怨报。君至孝所感，昨为天曹摄录。”斐惊起，视父已差，父云："吾昔过伍子胥庙，引二神像置地，当是此耳。"

又曰：纪迈，庐江人。本姓舒，以五月五日生，母弃之。村人纪淳妻赵氏养之。年六岁，本父母时来看，语曰："汝是我生。"迈泣涕告赵，赵乃具言始末。及年十岁，佣力所得，辄分二母各半。淳亡无子，迈乃斩衰三年；本父母继亡，又并齐衰心丧三年。赵欲为娶，赍酒米往婚家，道值醉人打赵，体闷。忽有一狗直至，衔迈衣若此者三。迈心动，走赴婚家，逢醉人适共举酌于草中。迈乃以担煞二醉人。赵归得平，乃诣县首，令宥之，乃誓不娶。后迈尝寝，忽有一女言姓卫，昨忽暴死，天神矜愍君无妻，故使相报。迈具说其状，母子至卫门外，果如言。送丧上车，牛不肯动，赵乃与主人具叙说之。主人开柩，女有气息，至晓便复苏语，具说始末，如赵所言，遂为夫妇。赵卒，迈绝复苏者日数四。迈年五十，尝病几死，梦神曰："君行至孝，延历将得百岁。"果九十七而卒。

又曰：王灵之，年十三丧父，二十年盐醋不入口。被病着床，忽有一人来问疾，谓之曰："滄橘当差"俄而不见。之庭中，橘树隆冬乃有三实，食之病寻愈。咸以至孝所感。

《会稽典录》曰：虞国，少有孝行，后为日南太守。常有双雁宿厅事，每出行县，飞逐其车。既卒于官，逐丧，还至馀姚，于墓前历三年乃去。

又曰：沈震，字彦威，乌程人。十岁遭饥荒，忽夜中有人告震曰："西篱下地中有米五十石，可供养旦夕。"即掘之，果获焉。

《风俗通》曰：杨范，字文端，齐人。齐宋之乱，母在县贼中采椹，藏于地，夜取之进母。如是非一，忽于地中得米十斛，上有字云："米十斛，赐孝子杨范，以资给母。"

刘向《孝子图》曰：郭巨，河内温人，甚富。父没，分财二千万为两分，与两弟，己独取母供养寄住。邻有凶宅，无人居者，共推与之居，无祸患。妻产男，虑养之则妨供养，乃令妻抱儿欲掘地埋之，于土中得金一釜，上有铁券云："赐孝子郭巨。"巨还宅主，宅主不敢受，遂以闻官。官依券题还巨，遂得兼养儿。

又曰：前汉董永，千乘人。少失母，独养父。父亡无以葬，乃从人贷钱一万。永谓钱主曰："后若无钱还君，当以身作奴。"主甚悯之。永得钱葬父毕，将往为奴，于路忽逢一妇人，求为永妻。永曰："今贫若是，身复为奴，何敢屈夫人为妻？"妇人曰："愿为君妇，不耻贫贱。"永遂将妇人至。钱主曰："本言一人，今何有二？"永曰："言一得二，理何乖乎？"主问永妻曰："何能？"妻曰："能织耳。"主曰："为我织千匹绢，即放尔夫妻。"于是索丝，十日之内千匹绢足。主惊，遂放夫妻二人而去。行至本相逢处，乃谓永曰："我是天之织女，感君至孝，天使我偿之。今君事了，不得久停。"语讫，云雾四垂，忽飞而去。

《广州先贤传》曰：丁密，字靖公。遭父忧，寝于冢侧，致飞凫一双游密庐旁小池。后遭母丧，密至所居一宿，故时双凫复来。时人服其至孝。

《朝野佥载》曰：崔浑为侍御史，清白温恭，能尽色养父母。母小不康，辄祈幽请以身代。母尝有疾，浑跪请病受己。有顷，觉疾从十指入，俄而遍身，母所苦遂愈。丁父艰，勺饮不入口，毁脊骨立，无何，不胜哀而卒。朝野伤心。

《御史台记》曰：崔希乔，清河人也。以孝悌称，解褐临清尉。丁母忧，哀毁殆至灭性。服阕，补郑县尉，清介公方，闻乎京邑，转郑县丞。所居堂，芝草生焉，一瞑而葩盖盈尺矣。州以状申，岁余，迁监察，出授并州兵曹，转冯翊令。人吏畏爱，风化大行，贫弱之辈，荷其仁恕，时有云如盖，当其厅事。斯须，五色杂彩周于县郭，道俗仰望。久之，以状闻，敕编诸国史。寻迁司勋员外。其并州厅前有丛苇，小鸟来巢，如鷦鷯矣。孕卵才数日，壳毁而见，已逾于母矣。枝且不胜，坠于地。月余，五色成文，如鹅，驯扰闲暇，无复惊惧，洎能飞翔，时归旧所。人到于今称为"兵曹鸟"。初居丧管城，每一哭，群鸟毕集，至千万数，墙宇皆遍，至有树条折者。周于原野，村邻嗟称之。每所居，其巢燕敷乳必返哺，逾旬后分飞矣。此孝义感通也。

《史系》曰：赵儁，字子奇，平阳岳阳人也。父聃为县西曹书佐，嗜酒，夜归里墅，横卧途中。儁年十八，见父归迟，即寻迎之。父醉，负而不胜，脱己衣覆之。是时，冬中沍寒方甚，儁单衣而已。岳阳山多鸷兽，夜有豹，视之，为之歧道而去。将旦，与父同归，县吏异之。时人以儁孝感所致。父卒，不呼相者，自营丘封。有白鹊常游于其家枣树，儁每朝夕临，鹊为之悲鸣，终丧而去。会潞帅刘稹反，家近潞封，军士齐讨，民散走。时儁母年八十余，唯一子，乃平其父墓，别以物识之。辇其母入文城西山，妻蹇步，舍之，至山数宿，妻方至。逃难者多，糇粮踊贵，儁拾橡实饴之，以木蜜供膳者终岁。建稹灭，复辇其母东归岳阳。丘陇悉为军盗所发，唯儁家墓得完，复起冢焉。母卒，哀毁过制，县令京兆韦伯伦知之，给米粟蠲其家。俊将葬母，贫鬻其子。质剂已定，其夜梦一人谓曰："尔舍东有钱百万。可自发之。"及旦，儁自舍东手掘之，果得钱符梦数焉。

太平御览卷第四百一十二 人事部五十三

孝上

《尔雅》曰：善父母为孝。

《毛诗·邶》曰：《凯风》，凯风，南风。美孝子也。卫之淫风流行，虽有七子之母，犹不安其室，故美七子能尽其孝道，以慰其母心。

又曰：《陟岵》，孝子行役，思念父母也。国小而而迫数侵削，役于大国，父子兄弟离散，而作是诗也。"陟彼岵兮，山有草木曰岵。瞻望父兮。"

又《谷风·蓼莪》，刺幽王也。民人劳苦，孝子不得终养尔。"蓼蓼者莪，匪莪伊蒿。蓼蓼，长大貌。莪已蓼长大，我视之以为非莪，反谓之蒿，谕己忧思，虽在役中，心不得精识其事。哀哀父母，生我劬劳。"

《尚书》曰：有鳏在下，曰虞舜。帝曰："俞，予闻。如何？"岳曰："瞽子。父顽，母嚚，象傲，克谐，以孝烝烝，乂不格奸。"

大戴礼曰：上敬老，则下益孝。

《礼记·曲礼》曰：凡为人子者，冬温而夏清，昏定而晨省。故州闾乡党称其孝也。孝子不服暗，不登危，惧辱亲也。服，事也，不于暗冥之中从事，谓卒有非常失礼也。

又《祭义》曰：曾子曰："孝有三：大孝尊亲，其次不辱，其下能养。"公明仪问于曾子曰："夫子可以为孝乎？"曾子曰："是何言与？是何言与！君子之所谓孝者，先意承志，谕父母于道。参直养者，安能为孝乎？曾子曰："身也者，父母之遗体也。行父母之遗体，敢不敬乎？居处不庄，非孝也。事君不忠，非孝也。莅官不敬，非孝也。朋友不信，非孝也。战阵无勇，非孝也。五者不遂，灾及于亲，敢不敬乎？亨熟膻芗，尝而荐之，非孝也，养也。夫孝，置之而塞乎天地，溥之而横乎四海。断一树，杀一兽，不以其时，非孝也。孝有三：小孝用力，中孝用劳，大孝不匮。慈爱忘劳，可谓用力矣。尊仁安义，可谓用劳矣。博施备物，可谓不匮矣。父母爱之，喜而弗忘。父母恶之，惧而无怨。父母有过，谏而不逆。父母既没，必求仁者之粟以祀之。此之谓终礼。”

又曰：先王之孝也，色不忘乎目，日常思父母之颜色。声不绝乎耳。心志嗜欲，不忘乎心。君子生则敬养，死则敬享，思终身弗辱也。

又曰：子曰：“舜其大孝也欤？德为圣人，尊为天子，富有四海之内，宗庙享之，子孙保之。故大德也，必得其位，必得其禄，必得其名，必得其寿。”

又曰：子夏既除丧而见，与之琴，和之而不和，弹之而不成声。夫乐之和，犹人心，虽丧之除而哀未已。作而曰：“哀未忘也。先王制礼，不敢过也。”

又曰：文王之为世子，朝于王季日三。鸡初鸣而衣服，至于寝门外，问内竖之御者曰：“今日安否何如？”内竖曰：“安。”文王乃喜。及日中又至，亦如之。及暮亦如之。其有不安节，则内竖以告文王，文王色忧，行不能正履。王季复膳，然后亦复初。

《左传》曰：郑庄公即位，姜氏爱共叔段，请京使居之。叔段袭郑，庄公伐京，遂置姜氏于城颍，而誓之曰：“不及黄泉，无相见也。”既而悔之，颍考叔曰：“君何患焉？若阙地及泉，隧而相见，阙，穿也。隧，埏也。其谁曰不然？”公从之。君子曰：“颍考叔，纯孝也。”

《孝经》曰：爱敬尽于事亲，而德教加于百姓，刑于四海，盖天子之孝也。高而不危，所以长守贵也，满而不溢，所以长守富也，盖诸侯之孝也。言满天下无口过，行满天下无怨恶，盖卿大夫之孝也。以孝事君则忠，以敬事长则顺，盖士之孝也。谨身节用以养父母，此庶人之孝也。

《孝经援神契》曰：天子行孝，四夷和平。

又曰：孝悌之至，通于神明，病则致其忧，憔悴消形，求医翼全。宋均注曰：“翼，羽翼，亲者也。”

《孝经说》曰：孝，畜也，养也。

《论语·学而》曰：父在观其志，父没观其行，三年无改于父之道，可谓孝矣。孝子父在无所自专，庶几于其善道而已。

又《为政》曰：子路问孝，子曰："色难。"言和颜色悦为难也。

《家语》曰：子路见孔子，曰："负重涉远，不择地而游；家贫亲老，不择禄而仕。昔者由也，事二亲之时，常食藜藿之实，而为亲负米百里之外；亲没之后，南游于楚，从车百乘，积粟万钟，累茵而坐，茵，褥。列鼎而食。愿欲食藜藿，为亲负米，不可复得也。枯鱼衔索，几何不蠹。二亲之寿，忽如过隙。"孔子曰："由也事亲，可谓生事尽力，死事尽思者也。"

又曰：曾参者，武城人，字子舆，志于孝道，故孔子因之作《孝经》。齐欲以为卿而不就，曰："吾父母老，食人禄则忧人事，吾不忍远亲而为人役也。"后母遇之无恩，而供养不衰。及其妻为藜蒸不熟，因出之，人曰："非七出也。"答曰："藜蒸小物耳，吾欲使熟而不用吾命，况大事乎！"遂遣之，终身不娶。其子请焉，告子曰："高宗以后妻杀孝己，尹吉甫以后妻放伯奇。吾上不及高宗，下不比吉甫，庸知其得免于非乎？"

《汉书》曰：梁孝王每闻太后病，口不能食。

又曰：金日磾母，教诲两子甚有法度，上闻而嘉之。母死，诏图画于甘泉宫，署曰"休屠王阏氏"，日磾每见画，常拜，向之涕泣。

《东观汉记》曰：汝郁，字叔异，陈国人。年五岁，母病，不能饮食，郁亦不肯饮食。母怜之，强为飧饭，欺言已愈。郁察母亲色不平，辄复不食。宗亲共奇异之，因字曰"异"。

又曰：萧彪，字伯文，京兆杜陵人，累官巴郡太守，父老，乞供养。父有宾客，辄立屏风后，应受使命。父嗜饼，每自买进之。

又曰：张霸，字伯饶，蜀郡成都人。年数岁，有所啖，必先让父母，乡里号曰："张曾子"。九岁通《春秋》，复欲进业，父母语："汝小何能多？"曰："霸饶为之。"故字伯饶。后作会稽太守。儿童歌曰："城上乌，哺父母，府中诸吏皆孝子。"

又曰：赵咨，字文楚，东郡燕人，大司农陈奇举咨至孝，躬率子孙耕农为养。盗尝夜往劫之，咨恐母惊惧，乃先至门迎盗，因设为食，谢曰："老母八十，疾病须养，居贫无储，乞少置衣粮，妻子余物，一无所请。"盗皆惭，奔走。

又曰：黄香，字文强。父兄举孝廉，贫无奴仆，香躬勤苦，尽心供养，冬无被裤，而亲极滋味，暑即扇枕，寒即以身温席。

又曰：鲍永，字君长，上党人。少有志操，事母至孝，妻常于母前叱狗，永即去之。

又曰：樊儵，字长鱼，事后母至孝。母常病痈，儵昼夜匍伏，不离左右，至为吮痈。

又曰：张表，字公仪，奉之子也。遭父丧，疾病旷年，目无所见，耳无所闻。服阕，医药救疗，历岁乃瘳。每弹琴，恻怆不能成声，见酒肉未尝不泣。宗人亲厚节会饮食宴，为其不复设乐。

又曰：廉范，字叔度，京兆人也。父客死蜀汉，范与客步负丧归。至葭萌，舡触石破没，范持棺柩，遂俱溺。众伤其义，钓求得之，仅免于死。

又曰：李充兄弟六人，出入更衣，家贫亲老，充妻劝异居。充使酿酒，会亲戚，充启其母曰："此妇劝异居，不可奉祭祀，请去之。"遂叱出其妇。

《吴志》曰：顾悌以孝悌廉直闻于乡党。每得父书，洒扫整衣服，设几筵，舒书其上，拜跪读书，应诺毕，复再拜。父终，水浆不入于口五日。孙权为作布衣一袭，强令悌释服。悌虽以公义自割，犹以不见。父丧，常画壁作棺柩、设象神，坐于下，对之哭泣。服未阕，卒。

臧荣绪《晋书》曰：长孙略，字文度。以富春车道少，动经江水，父难于风波，每行乘蓝车，略常步从，远者百里。每渡浦，则亲入水，扶持蓝车。

又曰：嵇绍，事母至孝，和色柔声，常若不足，谨身节俭，朝夕孜孜，亲执刀俎。非无使伎，以他人不如己之至诚也。

又曰：晋齐献王司马攸，字文猷，晋文少子。太后崩，执丧过哀，动必尽礼，左右或以稻米千饭丸、理中丸以进，王对之涕泣不食。经三年杖，然后能起。人有犯讳者，常悲不自胜。

又曰：王延九岁丧父，母卜氏遇之无道，延事之夏则扇枕席，冬则以身温之，盛寒体无全衣而亲极滋味。

王隐《晋书》曰：李胤，字宣伯，辽东人。祖父敏，汉末河内太守，为贼所迫逐，不知所终。其子追索，历年无所见。比居与父同年者亡，制服行丧。燕国徐邈与之同州里，劝令娉，妇孕生胤，遂绝房内。常礼重之，不堪其忧，数年而卒。胤母更适牵招，胤不识父，母又改行，有识之后，降食哀感，亦如遭丧之礼。以祖不知存亡，设木主以事之。由是发名。

又曰：郄诜对策上第，拜朝议郎。母忧去职。母苦病亡，不欲车载，家贫无以市买，乃于所住堂北壁假葬，朝夕拜告。养鸡种蒜，竭其力术。过三年，得马八匹，舆棺至冢冢，负土成坟。

《晋中兴书》曰：吴隐之，字处默，濮阳人。遭母忧，哀毁过礼。时与太常韩康伯邻居，隐之每哭，康伯母辄食，流涕悲不自胜，语康伯曰："吾若居铨衡之职，当用此辈人。"及康伯为吏部尚书，因进用之，遂历清显。

又曰：范宣八岁，后园挑菜，误伤指，大啼。问："痛耶？"答曰："非为痛，身体发肤不敢毁伤。"是以啼也。

又曰：后蜀李雄太子班。雄寝疾，班昼夜省侍，衣不解带。雄自少攻战，大被伤痍，至是多脓溃，班为吮脓，殊无难色。班即雄兄之子也。

《宋书》曰：孙法宗，一名宗之，吴兴人也。父随孙恩入海澨被害，尸骸不收，母兄并饿死。法宗年小流迸，至十六方得还。单身勤苦，霜行草宿，营办棺椁，造立冢墓，葬送母兄，俭而有礼。以父尸不测，入海寻求。闻世间论，是至亲以血沥骨，当悉凝没。乃操刀沿海，见枯骸则刻肉灌血，如此十余年，臂胫无完皮，血脉枯竭，终不能逢。缞绖终身，常居墓所，山禽野兽皆悉驯附，每逢鹿触网，必解放之。

又《孝义传》曰：崔怀顺，清河东武城人也。父耶利，鲁郡太守，宋元嘉中为魏所获。怀顺与妻房氏笃爱，闻父见虏，即日遣妻，布衣蔬食，如丧礼，岁时北向流涕。耶利后仕魏，书戒怀顺不许如此，怀顺得书更号泣。怀顺从叔模为荣阳太守，亦入魏，模子虽居处改节，不废婚宦。宋大明中，怀顺宗人冀州刺史元孙北使魏，魏人问之曰："崔邪利、模并力屈来归，二家子侄，出处不同，义将安在？"元孙曰："王尊叱驭，王阳回车，欲令忠孝并弘，臣子两遂。"泰始初，淮北入魏，怀顺因此归北。至代都，而邪利已卒，怀顺绝而后苏。载丧还青州，徒跣冰雪，土气寒酷，而手足不冻，时人以为之孝感。

又曰：华宝，晋陵无锡人也。父豪，晋义熙末戍长安，宝年八岁。临别，谓宝曰："须我还，当为汝上头。"长安陷，宝年七十不婚冠，或问之者，辄号恸弥日，不忍答也。

又曰：散骑常侍袁瑜，荐会稽郭道事继母至孝。家贫产子，忧不能字，谓其妻曰："伤慈以终孝，吾无恨也。"遂瘗之。

又曰：师觉援，字觉授，南阳温阳人也。与外兄宗少文，并有素业。以琴书自娱。于路忽见一人持书一函，题曰"至孝师君"。苫前，俄而不见。舍车奔归，闻家哭声，一叫而绝，良久乃苏。

又曰：谢曮，字宣镜。幼有殊行。年数岁，所生母郭氏久婴痼疾，曮晨昏温清，尝药捧膳，不阙一时，勤容戚颜，未尝暂改。恐仆役营疾懈倦，躬自执劳。母为病畏惊而微贱过甚，一家尊卑，感曮至性，皆纳履而行，屏气而语，如此十年余。

又曰：蔡昙智，乡里号蔡曾子。庐江何伯玙兄弟，里号为何展禽，并为高士沈顗所称，常云："闻蔡昙智之风，怯夫勇，鄙夫有立志；闻何伯玙之风，伪夫正，薄夫厚。"伯玙与弟幼玙俱厉节操，养兄孤子，及长为婚，推家业尽与之。安贫枯槁，诲人不倦。郡守下车，莫不修请。

又曰：余齐人，晋陵人也。少有孝行，为邑书吏。大明二年，父賨在家病亡，信未至，齐人谓人曰："比者肉痛心烦，有如割截。居常皇骇，必有异故。"信寻至，以父病报之，四百余里，一日而至。至门方知父死，号痛恸绝，良久乃苏。问父所遗言，母曰："汝父临终，恨不见汝。"齐人即曰："相见何难？"于是号叫殡所，须臾便绝。州县上言有司，奏改其里为"孝义里"，蠲租布，赐其谷百斛。

又曰：彭城刘悛，司空勔音免之长子。年十三，身长七尺三寸，以孝悌称。勔见害于朱雀街，悛兄弟平生不行此路，丧骨立杖而后起。悛为黄门郎，稍迁右卫，敕明帝山陵不获已。从朱雀街过，感恸而卒。

《齐书》曰：王文殊，字令章，吴兴故鄣人。父入魏，文殊思慕泣血，终身蔬食不衣帛，服麻缊而已。不婚，不交人物。吴兴太守谢瀹聘为功曹，不就。立小屋于具西端，揖拱其中。岁时伏腊月十五，未尝不北望长悲，如此三十余年。太守孔琇之表其行，郁林诏榜门，改所居为"孝行里。"琇，音秀，又因酉。

萧子显《齐书》曰：刘瓛胡官切有至性，祖母病疽经年，瓛手持膏药，渍指烂。母孔氏甚严明，谓亲戚曰："阿称便是今世曾子。"称，瓛小名也。

又曰：宗颐，字文德，南阳人也。世居南阳。父在家病亡，颐忽思恋涕泣，因假还。中路果得父凶问，颐便徒跣号咷出陶后渚，遇商人，附载西上，水浆不入口数日。常遇病，与母隔壁，忍病不言，啮被至碎，恐母哀己。吏部庾杲之尝往候之，设食枯鱼菜菹。庾云："我不能食此。"母闻之，自出常膳，鱼羹数种，杲之曰："卿过于茅季伟，我非郭林宗。"

又曰：傅琰，字季珪，北地灵州人也。美姿仪，除尚书左侍郎，迁尚书右丞。遂遭母丧，居南岸。邻家失火，延烧琰屋，抱柩不动，邻人竞求赴救，乃得俱全。琰肱髀之间已被烟焰。服阕，除江夏王录事。

《梁书》曰：沈崇傃，字思整，吴国武康人也。父怀明，宋兖州刺史。崇傃六岁丁父忧，哭踊过礼，及长，事所生母至孝。家贫，常佣书以养。天监二年，太守柳恽辟为主簿。崇傃之从恽到郡，还迎其母，未至而母卒，崇傃以不及侍疾，将欲致死，水浆不入口，昼夜号哭，旬日殆将绝气。兄弟谓曰："殡葬未申，遽自毁灭，非全孝之道也。崇傃心悟，乃稍进食。母权瘗去家数里，哀至辄之瘗所，不避雨雪，就坟哀恸，飞鸟翔集。夜常有猛兽来望之，有声状如叹息者。家贫无以迁厉，乃行乞经年，始获葬焉。既而庐于墓侧，自以初行丧礼不备，复以葬后更行服三年。久进麦屑，不啖盐酢，坐卧于单荐，因虚肿不能起。郡县举其至孝。梁武帝闻，即遣中书舍人慰勉之。乃诏令释服，擢补太子洗马，旌其门闾。崇傃奉诏释服，而涕泣如居丧，固辞不受官，乃除永宁令。自以禄不及养，哀思不自堪，未至县卒。

又曰：荀匠，字文师，颍阴人。晋太保勖九世孙也。祖琼，年十五，复父仇于城都市，以孝闻。宋元嘉末，渡淮赴武陵王义，为元凶追杀，赠员外散骑侍郎。父法超，仕齐为安复令，卒官。凶问至，匠号恸气绝，身体皆冷，至夜乃苏。既而奔丧。梁天监元年，其兄斐为郁林太守，征俚贼，为流矢所中，死于阵。丧还，匠迎于豫章，望舟投水，傍人赴救，仅而得全。及至，家贫不得时葬，居父忧并兄服，历四年不出庐户。栉括发，不复栉沐，发皆秃落。哭无时，声尽则系之以泣，目眦皆烂，形体枯悴，皮骨裁连，虽家人不复识，郡县以言，武帝诏遣中书舍人为其除服，擢为豫章王国左常侍。匠虽即官，而毁悴逾甚。外祖孙谦诫之曰："主上以孝临天下，汝过古人，故推汝为此职。非为君父之命难拒，故亦扬名后世，所显岂独汝身！"匠乃拜，竟以毁卒。

太平御览卷第四百一十三 人事部五十四

孝中

《陈书》曰：徐孝克，陵第三弟。事所生母，尽孝。每侍宴，无所食啖，至席散，当其前膳羞又损减。高祖密记以问中书舍人管斌，尝不能对。自是，斌以意伺之，见孝克取珍果内伸带，斌常莫能识其意，后更寻访，方知还以奉母。斌以启高祖，高祖叹嗟久之，乃敕所司，自今享孝克前馔，赐以饷其母。后属兵荒，母病，思粳米粥，不能得，而孝克终身不食粳米。

崔鸿《十六国春秋·前赵录》曰：太宰王详，字季海，性至孝。言及二亲，未尝不呜咽摧恸。每忌日，辄三日不食。

《燕书》曰：周存，字道名，上谷渔阳人。王彭祖叛，母遇寇离失。时所在分崩，州郡隔异，存谓难寻求，自河以北无不周遍，存亡无问。后传在昌黎，而存已属段氏。昌黎土地，燕之所统，存径投高祖，客之，为置酒于坐，问存："君失母来几年？相见当识否？"高祖言音未止，存涕泗覆面，寻声而对，辞甚悲酸。举坐莫不慷慨，高祖亦为之动容，由是意遇倍加。存停期月，不得母问，将辞归，高祖意欲留之而未显也。存觉微旨，陈谢曰："聂政、荆轲，刺客之流，意气之顾，甘死秦、韩。今明公无求于征用，而见接以国士，应终身奉给，以答厚恩。然老母未审存亡，弟小无所依倚，寝食未敢废心。昔徐庶指方寸以求辞，今存披肝以表情，愿明公恕之。"高祖矜而听去。

《后魏书》曰：赵琰，字叔起，天水人。为淮南王他府长史。时禁制甚严，不听越关葬于藉兆。琰积四十余年，不得葬二亲。及烝尝拜，未尝不婴慕卒事。每于时节，不受子孙庆贺。年馀耳顺，而孝思弥笃。岁月推移，坐迁窆无冀，乃绝盐粟，断诸肴味，二十年间，食麦而已。年八十卒。迁都洛阳，子应等乃还乡葬焉。

又曰：长孙虑，代人也。母因饮酒，其父真呵叱之，误以杖击，便即致死。真为县囚执，处以重坐。虑列辞尚书，乞虑身代父老命，使婴稚众孤得蒙存立。书奏云："虑于父为孝子，于弟为仁兄。寻情究状，特可矜感。"高祖诏特恕其父死罪，以从远流。

又曰：辛少雍，字季冲。陇西狄道人也。少聪颖，有孝行，尤为祖父绍先所爱。绍先性嗜羊肝，尝呼少雍共食。及绍先卒，少雍终身不食羊肝。

又曰：张彝，字庆宾，清河东武城人。太和中为给事黄门侍郎。后从驾南征，母忧解任。彝居丧过礼，送葬自平城达家，千里徒步，不乘车马，颜貌毁瘠，当世称之。

又曰：寇治，字祖礼，上谷人也。世宗时为荆州刺史。治兄弟并孝友敦睦，白首同居。父亡虽久，而犹于平生所处堂宇，备设帏帐几杖，以时节开堂列拜，垂涕陈荐，若宗庙然，吉凶之事必先启告，远出行返亦如之。

又曰：孝文帝以文明太后再周忌日，哭于陵左，绝膳二日，哭不辍声。

又曰：元顺，字子和，任城文宣王之子。遭父忧，哭泣呕血，身自负土。时年二十五，便有白发，免丧抽去，不复更生。除吏部尚书兼右仆射。上省登阶，见榻甚故，问都令史徐仵，仵对曰："此榻曾经先王所坐。"顺即哽塞，涕泣交流，久不能言。遂令换之。

又曰：杨弘三岁丧父，为母所养。母年九十三终，弘年七十五，哀毁过礼。三年服终，恨不识父，追服斩衰，誓终身命。经十三年，哀慕不改，为郡县乡闾三百余人上状称美。有司奏宜旌赏，复其一门，旌其纯孝。

《后周书》曰：乐运少好学，涉猎经史，而不持章句。年十五而江陵灭，运随例迁长安。其亲属等多被籍没，运积年为人佣保，皆赎免之。又事母及寡嫂甚谨。由是以孝义闻。梁故都官郎琅邪王澄美之，为次其行事，为《孝义传》。

又曰：荆可，河东猗氏人也。性质朴，容止有异于人。能苦身勤力，供养其母，随时甘旨，终无匮乏。及母丧，水浆不入口三日。悲号擗踊，绝而后苏者数四。葬母之后，遂庐于墓侧，昼夜悲哭，负土成坟。蓬发不栉沐，菜食饮水而已。然可家旧墓，茔城极大，榛芜至深，去家十余里。而可独宿其中，与禽兽杂处。哀感远近，邑里称之。大统中，可乡人以可孝行之至，足以劝励风俗，乃上言焉。太祖令州县表异之。及服终之后，犹若居丧。大冢宰晋公护闻可孝，特引见。与言论，时有会于护。护亦至孝，其母阎氏没于敌境，不测存亡。每见可，自伤久乖膝下，而重可至性。及辛之后，护犹思其纯孝，收可妻子于京城，常给其衣食。

《北齐书》曰：李元忠，母老多病患，乃专心医药，研习积年，遂善方伎。性仁恕，见有疾者，不问贵贱，皆为救疗矣。

又曰：李密，平棘人，元忠族弟。性方直，有行捡。因母病积年，得名医治疗不愈，乃精究经方，洞晓针药，母病乃除。

《唐书》曰：高祖尝宴侍臣，果有蒲桃，侍中陈叔达执而不食。问其故，对曰："臣母患口干，求之不得。"高祖曰："卿有母遗乎？"遂呜咽流涕。因赐帛百匹，以市甘珍。

又曰：欧阳通为中书舍人，调露中起服。每入朝，必徒跣至城门，然后着靴；直宿则席地籍藁。非公事不言，未常启齿。归必哀号无时。国朝夺情，唯通得礼。

又曰：聊城人王少玄者，父隋末于郡西为乱兵所害。少玄遗腹生，年十馀岁，问父所在，其母告之，因哀泣，便欲求尸以葬。时白骨蔽野，无由可辩，或曰："以子血沾父骨，即渗焉。"少玄乃刻其体以试之，凡经旬日，竟获父体以葬。尽礼病创，历年方愈。贞观中，本州闻荐，拜徐王府参军。

又曰：陈集愿，泷州开阳人也。代为岭表酋长。父龙树，钦州刺史。集原幼有孝行，父才有病，即终日不食。永徽中，丧父，呕血数升，枕服苫庐，悲感行路。资财田宅及僮仆三千余人，并以让兄弟。则天时，官至左豹韬卫将军。

又曰：元让，雍州武功人也。弱冠明经擢第。以母疾，遂不求仕。躬亲药膳，蒸蒸致养，不出闾里者数十年。及母终，庐于墓侧，蓬发不栉，菜食饮水而已。咸亨中，孝敬监国，下令表其门闾。永淳元年，巡察使奏让孝悌殊异，擢拜太子右内率府长史。后以岁满还乡里。乡人有所争讼，不诣州县，皆就让决焉。圣历中，中宗居春宫，诏拜太子司议郎。及谒见，则天谓曰："卿既能孝于家，必能忠于国。今授此职，须知朕意。宜以孝道辅弼我儿。"寻卒。

又曰：张志宽，河东人。隋末丧父，哀毁骨立，为州里所称。寇贼闻其名，不犯其闾。后为里尹，在县忽称母疾，急求归。县令问其故，志宽对曰："母尝有所苦，志宽亦有所苦。向患心痛，是以知母有疾。"令初怒曰："妖妄之词！"系于狱，外遣驰验之，果如斯言。令异之，以闻高祖，旌表门闾，就拜员外散骑侍郎。

又曰：裴敬彝，绛州闻喜人也。曾祖子通，隋开皇中太中大夫。母终，庐于墓侧，哭泣无节，目遂丧明。俄有白鸟巢于坟树。子通兄弟八人皆友悌著名，诏旌表其门，乡人至今称为"义门裴氏。"敬彝少聪敏，七岁解属文，性又端谨，宗族咸重之，号为"甘露顶"。年十四，侍御史唐临为河北巡察使，敬彝父智周时为内黄令，为部人所讼，敬彝诣临论其冤。临大奇之，因命作词赋，智周事竟释，特表荐敬彝，补陈王府典签。智周在官忽暴卒，敬彝时在长安，忽泣涕不食，谓所亲曰："大人每有痛处，吾即辄然不安。今日心痛，手足皆废，事在不测，得无戚乎？"遂请急还，倍道言归，果闻父丧，羸毁逾礼。事母复以孝闻。乾封初，累转监察御史。时母病，有医人许仁则，足疾不能乘马，敬彝每自背负。母卒，高祖特诏赠以缣帛，仍官造灵舆。服阕，拜著作郎，兼修国史。仪凤中，自中书舍人历吏部侍郎、左庶子。则天临朝，为酷吏所陷，配流岭南，寻卒。

又曰：给事中李日知，事母至孝。时母年老，常疾病，日知辄急，数日而鬓发变白。寻加朝散大夫。其母未受命妇，邑号而卒，将葬发引，吏人赍告身而至，日知于路上即时恸绝，久之乃苏。左右皆哀恸，莫能仰视。巡察使、卫州司马路敬潜闻其孝悌之迹，使求其状，日知辞让不报。服阕，累迁黄门侍郎。

《庄子》曰：夫事其亲者，不择地而安之，孝之至也。

《尸子》曰：孝子一夕五起，看其亲衣之厚薄，枕之高卑。

《淮南子》曰：公西华之养亲也，若与朋友处；曾参之养亲也，若事烈君严主。

又曰：孔子立孝，不过胜母之间。

《说苑》曰：曾子芸而误断其根，曾皙怒，援大杖击之。曾子仆，有顷乃苏，蹶然而起，进曰："曩者，参得罪大人，用力杖参，得无疾乎？"退屏鼓琴而歌，欲令皙知其平也。孔子闻之，告门人曰："参来勿内也。"曾子自以无罪，使谢孔子，孔子曰："汝不闻瞽叟有子名舜，舜事瞽叟，求之未尝不在侧，索而杀之未尝可得。小棰则待，大棰则走。今子委身以待暴怒，杀身以陷父不义，不孝孰是之大乎？"

《说苑》曰：韩伯逾有过，其母笞之，泣。曰："他日未尝泣，今日何泣也？"对曰："逾他日得笞常痛，今母力衰，不能使痛，是以泣也。"

《家语》曰：子路问于孔子曰："有人于此夙兴夜寐，耕芸树艺，手足胼胝以养其亲，然而名不称孝，何也？"子曰："意者，身不敬与？辞不慎与？色不悦与？有一于此，破其孝名。古之人有言曰："人与事，不女欺。今尽养亲之道，而无三者之阙，何为无孝之名乎？"孔子谓子路曰："举其身，非力之少，势不可也。夫内行不修，身之罪也；修身而身不彰，友之罪也。故君子入则笃行，出则交贤，何为无孝名也！"

《吕氏春秋》曰：乐正子春下堂伤足，瘳而数月不出，犹有忧色。门人问之，答曰："吾闻曾子曰：父母全而生之，子当全而归之。吾忘孝道，是以忧也。"

又曰：凡理国家者必先务本，务本莫过于孝。夫孝，三皇五帝之本务，而万事之纪也，执一术而百善至。

卢盘估《孝子传》曰：华光，字荣祖，彭城人。父亡六日，年四岁，问父所在。母辛送光至父冢，光再拜伏哭，欲留冢下。母抱归，悲咽三日不食。至年七岁，欲见父像，雇画师画其父像，朝夕拜谒如父。

师觉授《孝子传》曰：老莱子者，楚人。行年七十，父母俱存，至孝蒸蒸。常着班兰之衣，为亲取饮。上堂脚跌，恐伤父母之心，因僵仆为婴儿啼。孔子曰："父母老，常言不称老，为其伤老也。"若老莱子，可谓不失孺子之心矣。

又曰：闵损，字子骞，鲁人，孔子弟子也。以德行称。早失母，后母遇之甚酷，损事之弥谨。损衣皆藁枲为絮，其子则绵纩重厚。父使损御，冬寒失辔，后母子御则不然。父怒诘之，损默然而已。后视二子衣，乃知其故。将欲遣妻，谏曰："大人有一寒子，犹尚垂心。若遣母，有二寒子也！"父感其言，乃止。

又曰：程曾，字孝孙，桂阳人。年七岁丧母，哀号哭泣，不异常人。祖母怜之，嚼肉食之，觉有味便吐去。

萧广济《孝子传》曰：申屠勋，字君游，河内汲人。少失父，与母孤贫，佣作供养。夏天多蚊子，卧母床下，以身遮之。

又曰：宿仓舒，陈留尉氏人也。年七岁遭荒，父母饥苦。仓舒求自卖与颍川王氏，得大麦九斛。后王氏免之，累官，除上党太守。后寻觅父母，经太原南郭，忽见母，遂还旧居。母卒，悲号而死。

又曰：王悰，庐陵石阳人。父丧未葬，假瘗宅后，野火熛燎，悰力不能救，投火而死。

又曰：妫皓，字元起，吴郡馀杭人。父昆，南都太守，被劾入重罪。皓年十六，髡头诣阙，通章不省。皓不饮食，怀石腰中，但诣公卿。及行路时，辄出石置地，叩头流血覆面，莫不伤怀，遂奏理昆罪。

又曰：伏恭，字叔齐，琅邪东武人也。伯父大司徒湛，孝谨敦睦，世号"伏不斗"。恭事后母著孝，建武初累迁太仆。上临辟雍，于万人中拜司空，众以恭孝行，故先之。

又曰：朱百年，会稽山阴人。家贫，母以冬月亡，无絮，自此不衣绵帛。与同县孔凯善。时寒月，就孔宿，饮酒醉眠，孔以卧具覆之，百年觉，引去。谓孔子曰："绵定意温。"因流涕悲恸。

又曰：郭世道，会稽永兴人。年十四丧父，事后母勤身供养。妇生男，夫妇共议养此儿所废者大，乃瘗之。母亡服竟，追思未尝释衣。

又曰：桑虞，字子纲，魏郡黎阳人，晋黄郎冲之子。丧父，虞年十四，毁瘠过礼，日食百粒，以糁藜藿。

又曰：何子平，庐江灊人。事母至孝。为杨州从事，月俸得白米辄货市粟麦。人或问之，答曰："尊老不办，常得生米，何容得食白粲？"有赠鲑音珪者，不可寄家则不肯受。母丧，年将六十，有孺子之慕。宋大明末，饥荒，八年不得营葬，昼夜号叫。居室不蔽雨日，兄子伯与为葺治，子平曰："我情事未申，天地一罪人，屋何宜覆？"

《孟宗别传》曰：宗事母至孝，母亦能训之以礼。宗初为雷池监，奉鱼于母，母还其所寄，遂绝不复食鱼。后宗典知粮谷，乃表陈曰："臣昔为雷池监，母三年不食鱼；臣若典粮谷，臣母不可以三年不食米。臣是以死守之。"

《世说》曰：晋王祥事继母朱氏甚谨。家有奈树结子殊好，常使守之。时大风雨至，祥犹抱树而住。母常夜持刀往祥所暗斫之，值祥私起，刃及被而已。祥知母怪意不已，因跪前请死。朱氏于是感悟，爱之如己子。

《搜神记》曰：吴猛，蜀人。小儿时，在父母傍卧，时夏月多蚊，而终不摇扇，惧蚊虻之去我及父母也。

太平御览卷第四百一十四　人事部五十五

孝下

《汝南先贤传》曰：薛苞，字孟尝，西平人。好学笃行，丧母，以至孝闻。父娶后妻而憎苞，分之出宅。苞日夜泣不能去，被殴杖，不得已庐于外，旦入洒扫。父怒，又逐之。乃庐于里门，晨昏不废。积岁余，父母惭而还之。后行六年，丧；丧过于哀。既而弟子求分异居，苞不能止，乃中分其财。奴婢引其老者，曰："与我共事久，汝不能使也。"田庐取其荒者，曰："吾少时所治，意所恋也。"器物取朽败者，曰："我素所服食，身口所安。"弟子数破其产，续复赈给。

又曰：李笃，字君渊，汝南上蔡人。家贫夜赁写书，为母买肉一斤，粱米一升，妻子茹菜，有室无蕃。

又曰：周盘，字坚伯，安成人。江夏都尉遗腹子也。居贫约而养母俭薄，诵《诗》至《汝坟》末章，慨然而叹。

又曰：李鸿，字太孙，上蔡人。闺门孝友。弟仲为从父非报仇系狱，鸿便割发诣县通记，乞代弟，即自杀。仲得减死，子先亦以孝称。父丧，尝于床得父乱发，投而狂走，号叫擗踊。先后坐事当刑，诏以鸿、先义孝，一切减死。

又曰：殷烽，字子徵，上蔡人。生而有谨愿之性，其在襁负，母育之不劳。少岁出，得瓜果可食之物，辄进与其母，未尝先食。

《郭林宗别传》曰：茅容，字季伟，陈留人。年四十余，耕于野，时与等辈避雨树下，众皆夷倨，容独危坐。唯林宗见而奇异，与共言，因请寓宿。旦日，容杀鸡为馔，林宗谓为己设，既而以供其母，自以菜蔬与容同饭。林宗起拜之曰："卿贤乎哉！"因劝令学，卒以成德。

师觉授《孝子传》曰：赵狗幼有孝性。年五六岁时，得甘美之物，未常敢独食，必先以哺父，出辄待还而后食，过时不还则倚门啼以候父至。数年，父没，狗思慕羸悴，不冀成人，哭泣哀号，居于冢侧，乡族嗟称，名闻流著。汉安帝时，官至侍中。

周斐《汝南先贤传》曰：蔡顺，字君仲，有至孝之心。少丧父，奉养母，甘口之物，不敢先尝。母至婚家，因饮酒变吐，顺恐中毒，乃尝其吐。母生疮出脓，以口嗽之。

《海内先贤传》曰：陈实之子，故大鸿胪纪，字元方。纪至德绝俗，才达过人，烝烝色养，不离左右。豫州刺史嘉其至行，表上尚书，画像百城，以厉风俗焉。

孙盛《逸人传》曰：丁兰者，河内人也。少丧考妣，不及供养，乃刻木为人，仿佛亲形，事之若生，朝夕定省。后邻人张叔妻从兰妻借看，兰妻跪投木人，木人不悦，不以借之。叔醉疾来，酣骂木人，杖敲其头。兰还，见木人色不怿，乃问其妻，具以告之，即奋剑杀张叔。吏捕兰，兰辞木人去，木人见兰，为之垂泪。郡县嘉其至孝通于神明，图其形像于云台也。

《孝子传》曰：蔡邕性纯孝，母常滞病三年，邕自非寒暑变节，未尝解襟带，不寝寐者十旬。

又曰：鲍得小子曰昂，至孝过人。初得疾，经涉数年，常俯伏左右，衣不解带。

又萧广济《孝子传》曰：施延，字君子，少尽色养之道。赤眉之际，将母到吴郡海盐，赁为半路亭，每取卒月直以供养。督邮冯敷知其贤，与饮食论道，饷钱并不受。

王烈之《安成记》曰：县有孝子符表，以孝闻天下。年十六，其母姜氏有疾，侍省昼夜数十日。母一食，表亦一食；母不食，表亦不食。见母将绝，至性感咽而至于殡。俄顷，母父亦没，一日二丧在殡，葬于四望冈。太守王府君树双土阙，以表其墓。

《唐新语》曰：刘审礼，仪凤中为工部尚书。时吐蕃入寇，命审礼率兵十八万与吐蕃将论钦陵战于青海，王师败绩，审礼没焉。诸子诣阙，自拘请入蕃，以赎其父，诏许之。次子歧州司兵易从往蕃中省侍，比至而审礼已卒，易从昼夜泣血。吐蕃哀其志性，还其父尸。易从跣足万里，护榇归葬于彭城故茔。朝廷嘉之，赠兵部尚书，谥曰：“僖”。审礼，刑部尚书德威之子也。少丧母，为祖母所养。祖母元氏有疾，审礼亲尝药膳。及事继母亦以孝闻，与再从兄弟同居，家无异爨，阖门二百余口，人无间言。易从后为彭州长史，为周兴所陷。将刑，百姓荷其仁恩，竟解衣投于地，曰：“为长史祈福。”有司平准直十余万，易从一门仁孝而横遇冤酷，海内痛之。子升年十余岁，配流岭表，后六道使诛流人，升以言行忠信，为首领所保持，仅而获免。

又曰：长孙从直，赵公无忌之玄孙，年二十余，父元适为延州肤施令。从直随之官，肤施近边多蕃部落，往往劫掠城邑，前后不能制。元适初至，果遇蕃骑数十，劫掠县下。无适所从人吏二百人追之，及于近郊，贼皆歇鞍解甲。元适攻之，而所将人吏无甲胄，反为所败。从者皆走还，元适犹与战，遂为所执，缚之于树。将加屠戮，从直闻之，遂跣至父所，不惧锋刃，以身蔽父。群贼集矢射之，身如猬毛，又中数十刃，体无完处。从直死之，而州兵大至，父乃免。

《国史补》曰：杜羔有至性。其父为河北一尉而卒。母非嫡，经乱不知所之，羔常抱终身之戚。会兄为泽潞判官，常鞫狱于私第，有老妇辩对，见羔时出入，窃谓人曰：“此少年状类吾夫。”语问之，乃羔母也。自此迎侍而归。又往求先人之墓。邑中故老已尽，不知所询，馆于佛寺，日夜悲泣。忽视屋柱烟煤之下，见字数行，拂而视之，乃其父遗言：“我子孙若求吾墓，当于某村某家问之。”羔号泣而往，果有老父八十余，指其丘垅，因得归葬。羔官至工部尚书致仕。

《朝野佥载》曰：苏颋为中书舍人，父右仆射瓌卒，颋哀毁过礼。有敕起复，颋表固辞不起。上使黄门侍郎李日知就宅喻旨，终坐无言，乃奏曰：“臣见瘠病羸瘦，殆不胜哀。臣不忍言，恐其殒绝。”上恻然不之逼也。故时人语曰：“苏瓌有子，李峤无儿。”

《语录》曰：韦温，文宗朝欲以为翰林学士。韦以先父遗命恳辞。上后谓次对官曰：“韦温，朕每欲用之，皆辞诉，又安用韦温？”声色俱厉。户部侍郎崔蠡进曰："韦温禀其父遗命耳。"上曰："温父不令其子在翰林，是乱命也，岂谓之理乎？"崔曰："凡人子能遵理命，已是至孝，况能禀乱命而不改者。此则尤可嘉之，陛下不可怪也。"上曰："然。"乃止。

又曰：路隋年在龆龀丧其父，至十许岁，其母问曰："识尔父否？"隋呜咽无言，不识也。母曰："只尔一面。"隋后殒绝，以至成人，终身不揽镜，加以至行纯古，士大夫推之。朱崖慕其德，以爱女适隋之子。李太尉家有路郎，隋之子也。官至当州守，生资唯有琴十张。

《史系》曰：卢昭美，字子明，范阳人。五岁念《孝经》、《论语》，与童辈为师事之礼。至于父母字，坐则起而言。母刘因往兄之家饮酒归，夜连吐，昭美忧形于色，取其吐尝之。或诘其故，昭美对曰："母自外食，宁不知其毒邪！"行超抚而叹曰："卢氏之家有曾子矣。"时同里大称，河东裴安特异之，比昭美于蔡顺过之。母卒父早亡，家贫无以葬。殡讫，乃佣为无极酒家保，得月资，与女弟令备奠祭。酒家怪其衣服蓝缕，得直不以时价，责之。昭美且以情对，言发涕泗从横，酒妪为之咄嗟辍食，谓其四子曰："我为乃家妇，生不贫矣。又幸不以若父鎡錤，上音兹，下音其，锄也。方成衣食而日日意钱，顾乃家财充若费乎？我卒，若必不如此月佣，摧辱为母也。"四子俯伏，母尽以缘身衣被钗钏与昭美，令葬其母，赦其佣，免之。昭美归，悉以营奉母祔焉。又计其祥禫所费，市之余金，复赍还酒妪。其妻欲止之："奚不留为给家财，尽复为佣儿乎？"昭美怒，欲出其妻，其兄深劝止之。然虽同室，终不面焉。妻亦悔过，发愤而卒。

又曰：孟元方，字弘规，东平钜野人。八岁聪悟过人。父友，南阳邓恪来省会，其父出游邻县，母命元方接对。恪见群犬互嗥，戏元方曰："郎子姓孟，近犬必猛，为余叱之。"元方曰："尊客之前不叱狗。"恪曰："小儿解书语。"元方曰："邓老树村中来，真田舍则不知书。"恪大惭。后至父来，谓之曰："为孺子所辱，赖无人见。"元方应曰："子见父知，岂无人乎！"年十八，明经擢第。父母相次而卒，元方五十日未尝有笑容，唯以读书为业，颂《诗》至《蓼莪篇》，必哀咽号啕。情慕不已，则必径往冢所，抱树而哭。或日暮，则止栖柏庭，亦无恐惧之色。会昌末，有盗发其冢，而元方在河内夜梦告之，往到钜野修奉毕，捕其盗，手杀以祭，而乡里以为元方杀人。钜野令收捕之，搒音彭，又甫孟切。掠无一辞。盗冢家愈称冤，移狱及郡，将按致其罪。会贼家鬻物于市，为他冢家所识，又擒其弟焉。太守然后知元方无罪，赦之，而责其令。或问元方曰："何不自明？"元方曰："手杀之，何故自明。"后终于家。

又曰：毛摽，字表玄，宣城溧水人。少八岁，颖悟异于众子，日诵五百言。母锺氏连年病疾，标日夜祗奉，诸兄悉寝，唯标在母床侧，随呻吟之声至于枕前，衣不解带，蓬头垢面，虮虱盈身，曾不搔视，亲戚大嗟异。迎名医严颙与母诊脉，才言不济，摽号哭顿地；颙佯言可救。郎子善祗奉颙退而告曰："嗟乎！此子孝德若是，而亲疾不可救，天道奚处！"嗟叹良久。翌日母终，摽伏母手号哭，不食三日。家人仓卒之际遗烛致焚，举家出避火，唯摽抱其柩涕泣，火为之飞去邻舍，柩得免，莫不异之。将葬，摽羸瘠，杖不能起，扶持方行，犹蹈雪跣步四十里。太守命县宰就视，致粟帛给遗。及摽病革，诫其子贞曰："吾以家门修饰，遂及于此。吾生无益于人，死固不害于人。唯宜薄葬，止于周身。"贞奉其教行之，乡里称焉。

又曰：夏侯佩，字仪玉，谯郡人。三岁而孤，养于世母崔氏。九岁孝谨过人，同祖兄弟皆亏失于崔，崔抚佩叹息而泣曰："若三岁丧母，而我养汝，若孝于我，过于我生诸曹，百岁后，若善为我殡焉。"佩涕泣不胜，方知幼失父母。因日夜涕泣，问母封树。崔引至其城，佩恸哭而绝。崔遽救之，抱而归，再恸犹谓在冢畔。年十九岁，崔亡，若丧其母。崔氏之数子皆不终丧制，饮酒食肉。而佩最孤幼，群兄咸恶之，或夜相聚，携持佩，醽以酒，啖以肉，佩入而复吐数四。群兄笑以为乐，佩涕泣不自胜，皆曰："僧儿"。强而复吐，犹为悲，佩曰："诚感鞠育之恩得遂，庶几终天之报，所以不觉沾襟。"因大哭，群兄忍人也，皆为之流涕。每禘尝之礼，于世母神座，别致敬焉。年二十五卒于家，里人谓其封为夏侯孝子之墓。

又曰：卢操，字安节，河东人。幼勤学，九岁通《孝经》《论语》，随义解释，黉中父老谓之聪明儿。事继母张氏，以孝闻。张有三子，而操同产二人。张氏厚于三子，命操常执勤主炊，为三子设席。操弟多以疾辞，卧舍不出，而操服勤不以劳倦。张诲其子读书，咸以骄志。三人每出，张命操随驴以摧之，操执鞭引绳如僮仆。三子复谓曰："随驴，何如我读书！"操曰："不读书，所以逐驴。"后三子嗜酒佚荡，不敢抵忤于人。或至及门诟詈，词及母氏，而操为涕泣，拜而解之。恶少年咸曰："不谓三贼有令弟，某无故及长者门。"罗拜操而去。继母终，其二子已亡，而操训养逾于未亡日。哀毁过礼，庐于墓侧，每夕有狐狸罗列，散于庐左右，欲且而去者三年。时人以操在野，野兽为之卫侍，非孝感通于神明，其孰能逮于此。服阕，明经擢第归，上冢尽以报扬名之义，里巷荣之。调为临涣县尉，毗佐以宽仁，吏民至今称焉。操以官舍都屋尊老所处，不敢宁居，唯西庑而已。都屋设几筵神座祀之，出必告，反必面，过其庭，鞠躬如也。入门恭谨。其家居，常若奉尊者，无大嚎咄责之音，同僚服之。操每旦具冠带缙绅，读《孝经》一篇，然后视事，忌日则增其数。读至《丧亲》章，号咽不胜哀，追感之心如新丁故。操子昭有文名于世，次子云恭谨有父风，高尚好学。

又曰：刘师贞，字文通，彭城人也。早失其母，及长不记容状，哀慕之心不拘月制。至忌辰，终日涕泣，未尝寝食。忽梦见其状，谓之曰："我乃母也。若孝通神明，故我得建乃处。"师贞梦中大哭，多既觉，哀号逾甚，乃作偶人像以事之，朝夕起居反告如常，每荐亲新然后食。时人语曰："孝于何，通幽明？汉有丁兰，唐有师贞。"父福，年老患目，师贞朝夕膳食，非手则福不能食，居处号为严洁。或问其故，师贞曰："居处不庄，非孝也。"师贞偶疾卧，其父福暮食不安。师贞欻然起，号曰："是夜食之不精，羞果饼生生所致。"因师贞惊起而愈。兄有疾，鞠挟不差，师贞衣不解结，日一食，为读《道释经》，梦神人曰：

"若兄苦风，取胡王使者酒渍服愈。"师贞自求之药肆，皆不晓。因梦其母曰："胡王使者，羌活也。"觉而求之，兄遂疾愈。后考妣继丧，六年，有双白雀栖飞户间，除几筵之日，与师贞啁顿翅，状若号咷躃踊，久乃去。

《续定命录》曰：贾直言，父道冲。德宗朝，漏泄禁中事，帝怒赐鸩酒。直言白中使，请自执器以饮父，因自饮之，立死。酒自左足洞出，复生。使具奏，流其父并直言于南海，遇赦还。以劲直闻，为郓帅縻以郡职。刘悟殄东平之强，直言之谋也。朝廷以功就，征拜谏议大夫，悟上表乞留，委以戎事。太和初，授绛郡太守。每话所经之事，自云始饮鸠，志在必死，岑然觉毒沿五内至支节，其痛愈于钻灼，摩顶旋踵，不可名状，天阴则又甚焉。胗其胜及足胫，色皆如墨。有傍攻出六脓液，紫瘀臭败，逆抢人鼻，达数十步外，唯食啖无减，始知何逊之好不诬矣。自降除寿春，竟终天年，七十有六。

禄养

《韩诗外传》曰：曾子曰："吾尝仕为吏，禄不过钟釜，犹欣欣而喜者，非为多也，乐其养亲也。亲没之后，吾尝南游于楚，得尊官焉。堂高九仞，榱题三尺，车毂百乘，然犹北向而泣涕者，非为贱也，悲不见吾亲也。"

《家语》曰：子路见孔子曰："负重致远，不择地而行；家贫亲老，不择禄而仕。"

《后汉书》曰：庐江毛义有孝行，南阳张奉慕其名，往候之。坐定而府檄至，义捧檄而入，喜动颜色，奉心贱之。及义母死，去官行服，数征不至，奉叹曰："贤者固不可测。往者之喜，乃为亲屈也。斯盖所谓家贫亲老不择禄而仕也。"

谢承《后汉书》曰：周盘字坚伯，居贫养母，俭薄不充，诵《诗》至《汝坟》之卒章，慨然而叹，乃解韦带，就孝廉之举。

黄恭《广记》曰：南吴甫举茂才，累年不迁。甫有老母，年九十有余，乃上书自乞减品为四百石长，庶得其俸以养母。诏听除补南阳新蔡长。遂以甫为准，率减交趾茂才皆为四品也。

《晋书》：罗企生，字宗伯。多才艺。初拜左著作郎，以家贫亲老，补临汝令。

《世说》曰：李弘度尝叹不被遇。殷杨州知其家贫，问："君能屈志为百里不？"李答曰："《北门》之叹，久已上闻，穷猿奔林，岂暇择木？"遂作剡县。

太平御览卷第四百一十五 人事部五十六

孝女

《史记》曰：淳于缇萦者，齐人也。父淳于意，为太仓令，生女五人，萦最小。父犯罪当刑，乃骂其女曰："生女不生男，缓急非有益也。"萦自伤涕泣，随父至长安，诣北阙上书曰："父为吏，齐中皆称廉平。今坐法当刑，妾伤死者不可复生，刑者不可复续，虽欲改过自新，其道无由。妾愿没为官奴，以赎父之刑，使得自新。"汉文帝怜悲其意，原其父罪。

《汉书》曰：东海有孝妇，少寡无子，养姑甚谨，姑欲嫁之终不肯。姑告邻人曰："孝妇养我勤苦，我老，久累于壮，奈何？"其后，姑自缢死，姑女告吏曰："妇杀我母。"吏捕孝妇，自经服罪。于公以为此妇养姑孝闻，必不煞也。太守不听，于公争之不能得，乃抱其狱哭于府上，因辞疾去，遂煞孝妇。郡中枯旱三年。后太守至，于公曰："孝妇不当死，前太守强断之，当在是乎？"于是太守杀牛，自祭妇冢，天立大雨。

《后汉书》曰：和熹邓皇后讳绥，太傅禹之孙也。父训，护羌校尉；母阴氏，光烈皇后从弟女也。后年五岁，太傅夫人爱之，自为剪发。夫人年高目眊，误伤后额，忍痛不言。左右见者怪而问之，后曰："非不痛也，太夫人哀怜为断发，难伤老人意，故忍之耳。"

《晋书》曰：卫瓘及祸，太保主簿刘瑶等冒难收瓘而葬之。楚王伟之伏诛也，瓘女与国臣书曰："先君名谥未列，无异凡人，每怪王国蔑然无言。《春秋》之失，其咎安在？悲愤感慨，故以示意。"瑶等执黄幡，挝登闻鼓上言。

又曰：会稽寒人陈氏，有三女无男。祖父母年八九十，老无所知，又笃癃病。母不安其室，遇寒饥，女相率于西湖采菱，更日至市货卖，未尝亏怠，乡里称为"义门"。多欲取为妇，长女自伤茕独，誓不肯行。祖母寻相继卒，三女自营殡葬，为庵舍屋墓侧。

又曰：永兴概中里王氏女，年五岁，得毒病，两目皆盲。性至孝。年二十，父死，临尸一叫，眼皆血出，小妹娥舐其血，左目即开，时人称为孝感。

《唐书》曰：刘寂妻夏侯氏，滑州胙城人，字碎金。父长云，为盐城县丞，因疾丧明。碎金遂求离其夫，以终侍养。经十五年，兼事后母，以至孝闻。及父卒，毁瘠殆不胜丧，被发徒跣，负土成坟，庐于墓侧，每日一食，如此者积年。贞观中，有制表其门闾，赐以粟帛。

又曰：于敏直妻张氏，营州都督、皖城公俭之女也。数岁时父母微有疾，即观察颜色，不离左右，昼夜省侍，宛若成人。及稍成长，恭顺弥甚。适延寿公于钦明子敏直。初闻俭有疾，便即号勇自伤，期于必死。俭卒后，凶问至，号哭一恸而绝。高宗下诏，赐物百段，仍令史官编录之。

又曰：杨绍宗妻王氏，华州华阴人也。初年三岁，所生母亡，为继母鞠养。至年十五，父又征辽而没。继母寻亦卒。王乃收所生母及继母尸柩，并立父形像，招魂迁葬讫，又庐于墓侧，陪其祖母及父坟。永徽中，诏曰："故杨绍宗妻王氏，因心为孝，率性成道。年迫桑榆，筋力衰谢。以往在隋朝，父没辽左，招魂迁葬，负土成坟，又葬其祖父母等，竭此老年，亲加板筑。痛结晨昏，哀感行路。永言志行，嘉尚良深宜摽其门闾，用旌敏德。"赐物三十段、粟五十硕。

又曰：孝女贾氏，濮州鄄城人也。始年十五，其父为宗人玄基所害。其弟强仁年幼，贾氏抚育之，誓以不嫁。及强仁成童，思共报复，乃候玄基杀之，取其心肝，以祭父墓。遣强仁自列于县，有司断以极刑。贾诣阙自陈己为，请代强仁死。高宗哀之，特制贾氏及强仁免罪，移其家于洛阳。

又曰：汴州李氏孝女，年八岁，父卒，柩殡在堂十余载，每日哭泣无限。及年长，母欲嫁之，遂截发自誓，请在家终养。及丧母，号毁殆至灭性。家无丈夫，自营棺椁，州里钦其至孝，送葬者千余人。葬毕，庐于墓侧，蓬头跣足，负土成坟，手植松柏数百株。季昶列上其状，制特表其闾，赐以粟帛。

《颜氏家训》曰：张建女三岁丧母，灵床上屏风平生旧物，屋漏沾湿，出曝晒之，女子一见，伏床流涕。家人怪其不起，乃往抱持，荐席泪渍，精神丧沮，不能饮食。将以问医，诊脉云：“女肠断矣。”因耳便吐血，数日而亡。中外怜之，莫不悲叹。

《宣州图经》曰：宛陵管氏女，名瑶，年十七，与母同寝。母为虎所负去，瑶哀叫随之，因啮虎耳坠，方舍其母。瑶即负母归家，气绝。武帝表其门，以旌孝行。

王韶之《孝子传》曰：周青，东郡人。母疾积年，青扶持左右，四体羸瘦。村里乃敛钱营助汤药，母痊，许嫁同郡周少君。少君疾病，未获成礼，乃求青。母见青，嘱托其父母，青许之，俄而命终。青供为务十余年中，公姑感之，劝令更嫁，青誓以“匪石”。后公姑并自杀，女姑告青害杀。县收拷捶，遂以诬款，七月刑青于市。青谓监杀曰：“乞树长竿系白幡。青若杀公姑，血入泉；不杀者，血上天。”血乃缘幡竿上天。

宋躬《孝子传》曰：贾恩，会稽诸暨人也。母亡在殡，为灾火所烧，恩及妻伯号哭赴火。火不及去，邻近救助，棺器得免。恩、伯二人发肤焦裂，须臾俱死。玄嘉四年，榜门曰“孝”，蠲役三世。

师觉授《孝子传》曰：北宫氏女婴儿子者，齐人也。无兄弟而父母老，遂撤其环瑱，誓不适人，以奉养父母。国人闻之，莫不相率以孝请女。为赵王后齐使候问，使者曰：“北宫氏女婴儿子无恙耶？撤其环瑱，至老不嫁，以养父母，此助王率民出于孝者也。”齐王闻之，表其门以显异焉。

《异苑》曰：顺阳南乡县杨丰与息女香于田获粟。丰为虎所噬，香年甫十四，手无寸刃，乃扼虎颈，丰因获免。香以诚孝致感，猛兽为之逡巡。太守平昌孟肇之赐资谷，旌其门闾焉。

《列女传》曰：陈寡孝妇者，陈之寡妇人也。年十六而嫁，未有子。其夫当从戎，属孝妇曰：“我有老母，吾不还，汝肯善视吾母乎？”妇曰：“诺。”夫果死，妇养姑不衰。父母将嫁之，孝妇曰：“受人之托，岂可弃哉！”因欲自杀。父母惧，不敢嫁之。养姑二十八年，姑年八十四，寿乃尽，卖其田宅以葬之。

《列女后传》曰：珠崖二义者，珠崖令之后妻及前妻女也。女名初，生十三。珠崖多珠，继母连大珠以为系臂。及令死，当送丧还。法，内珠于关者死。继母弃之，其子男九岁，取之置其母镜奁中，皆不知也。及关候搜索，得珠奁中，吏曰："谁当坐者？"初谓是其继母取之，乃白曰："君不幸，夫人解系臂弃之，初心惜之，取置夫人镜奁中，夫人不知也。"母亦为然，怜之，乃曰："此珠，妾之系臂也。君不幸，妾解之，心不忍弃，而置镜奁中，妾当坐。"因此哭哀动旁人，关吏执笔，书不能就一字。关候垂涕，终日不能，乃曰："母子有义如此，吾宁可坐之，不忍加文。"后访讯，乃九岁男儿内焉。

又曰：酒泉庞孝妇者，赵君安之女也，名娥亲。君安为同县李寿所杀，而娥亲兄弟三人一时病亡，寿乃喜而自贺，以为莫己报也。娥亲闻之，阴思欲以报寿，备兵以伺寿十数年，于县门前斫杀寿讫，诣县自首。守长义之解印绶去，欲纵娥亲，娥亲曰："仇怨杀身，妾之分；治狱制罪，君之常理。何敢苟生以枉公法！"后遇赦得免。太常张奂闻，嘉之，礼以束帛。

又曰：颍川公孙何者，公孙氏之女，年十三，怨家报其父，父走得免。何与母俱亡，母先得见仇人，甚悦，争欲取心。何便驰出，叩头涕泣曰："老母常有笃疾，垂没之人安足残戮以塞忿哉！我是其儿，父母所怜，不如杀我。"遂杀之，而舍其母。

《会稽典录》曰：孝女曹娥者，上虞人。父盱，能弦歌，为巫。五月五日，于县溯江涛迎婆娑神，溺死不得尸骸。娥年十四岁，乃缘江号哭，昼夜不绝声。旬有七日，遂投江而死。县长改葬娥于道傍，为立碑焉。

《益部耆旧传》曰：孝女雄者，犍为人。父江和，为县功曹。县长遣江和拜檄谒郡太守，乘船堕湍水，物故，尸丧不归。雄号泣昼夜，心不图存。所生男二人，并数岁，乃各为作囊，盛珠环以系儿臂，数为诀别之辞。家人每防闲之，经百许日后稍懈，雄因乘小船于父堕处恸哭，遂自投水死。弟贤，其夕梦雄告之："却后六日，当共父出。"至期伺之，果与父相持浮于江上。郡县长表言为雄立碑，图像其形焉。

《续述征记》曰：梁邹城西有箎水，发源长城山，直北流于梁邹西，注济。或云齐之孝妇，诚感神明，涌泉发室内。事具水部。

《晏子春秋》曰：景公所爱槐，令吏守之，犯槐者刑，伤之者死。有不闻令，遇而犯之者，吏收而拘之，将加罪焉。其子女往晏子之家说曰："贱妾请有道于相国，妾闻明君不为禽兽伤人，今君以树木之故杀妾父，妾恐害明君之义。"晏子明日早朝，而复于君。公令吏罢守槐之役，出犯槐之囚。

《纪闻》曰：吴宣城郡青阳县有梅根冶孝女李娥。庙居会阜之巅，林木秀茂，周回十里，土人不敢樵采，敬而事之，日荐蘋藻。娥父吴大帝时为铁官，冶以铸军器，一夕，炼金竭炉而金不出。时吴方草创，法令至严，诸耗折官物十万，即坐斩，倍又没入其家。而娥父所损，折数过十万。娥年十五，痛伤之，因火烈，遂自投于炉中，赫然属天，于是金液沸涌，溢于炉口。娥所蹑二履浮出于炉，身则化矣。其金汁塞炉而下，遂成沟渠，泉注二十里，入于江水。其所收金凡亿万斤，沟渠中铁至今仍存。故吴俗每冶铜铁，必为娥立祠享而祈福。

《歙州图经》曰：章顼，歙县合阳乡人也。妻程氏与二女入山采药，程为暴虎衔啮去，二女冤叫，挽其衣裾与虎争力。虎乃舍之，程由是获全。时刺史刘赞嘉之，给汤药，蠲户税，改乡为"孝女"。

《宣室志》曰：郑邯，耕民也。天宝中母病，人教令啖杏实可愈。其妻杨氏曰："此非时之物，须劳苦以求之，冀上天哀悯而赐。子其佣耕侍疾，吾欲遍于邑里访之，庶比于解叔谦、丁公藤之感也。"乃至邻郡易君子之衣而行。忽于道傍莽秽中见一杏实，悲喜，再拜取之，洁涤而归。奉其姑曰："他郡有人悯其事，遗此一实。"姑喜食之，疾渐瘳。明年夏忽一日，雷风甚动，其屋庐殷殷然不断，若在檐宇。里人惊慑，遁去者不可胜计。杨氏泣告其姑曰："去冬以莽秽中杏实奉姑，给为郡人所遗，今天将谪妾以死，从此别矣。"乃伸臂立于庭，具诉其事。词未毕，忽有声若发其庭者，云物阴晦，默不可辩。既而杨氏觉其臂若捧千金，重莫能举。久方开霁，乃视之，有二金龙，长数尺，蟠绕其左右臂。龙顶上有字曰："赐杨氏"。自是其家日丰，至为富室。

太平御览卷第四百一十六　人事部五十七

友悌

《周礼·大司徒》曰：六行：孝、友、睦、姻、任、恤。

《礼记·曲礼》曰：亲戚称其慈也，寮友称其悌也。

又《礼运》曰：兄良，弟悌，夫义，妇听，家之肥也。

又《檀弓上》曰：子路有姊之丧，可以除之矣，而弗除也。孔子曰："何弗除也？"曰："吾寡兄弟而弗忍也。"孔子曰："行道之人皆弗忍也。"子路闻之，遂除之。

《春秋左传》曰：君义，臣行，父慈，子孝，兄友，弟敬，所谓六顺。

《毛诗陟岵》曰：陟彼岗兮，瞻望兄兮。兄曰："嗟！予弟行役，夙夜必偕。"偕，俱也。

又《鹿鸣·棠棣》曰：《棠棣》，燕兄弟也。闵管、蔡之失道，故作《棠棣》焉。周公吊二叔之不咸，而使兄弟恩疏，召公为作此诗而歌之，以亲之也。棠棣之华，萼不韡韡。笺云：承华曰萼，不当作拊，拊萼足得华之光明，其貌韡韡然，盛也兴者，喻弟以敬事兄，兄以荣覆弟，恩义之敬，亦韡韡然也。凡今之人，莫如兄弟。

又《邶·柏舟·二子乘舟》曰：《二子乘舟》，思伋、寿也。卫宣公之二子争相为死，国人伤而思之，而作是诗也。二子乘舟，泛泛其景。二子，伋、寿也。宣公为伋娶于齐女而美，公夺之，而生寿及朔。朔与其母诉伋于公，公令伋之齐，使贼先待于隘而杀之，寿窃其节而先往，贼杀之。伋至曰："君命杀我，彼何罪焉。"又杀之。国人伤其涉危，遂往如乘舟而无所薄也。

又曰：唯此王季，因心则友。则友其兄，则笃其庆。

《尚书·君陈》曰：唯孝友于兄弟，克施有政。

《论语》曰：孝悌也者，其为仁之本与！

又曰：孝乎！唯孝友于兄弟。

又曰：兄弟怡怡如也。

《尔雅》曰：善兄弟为友。

《汉书》曰：卜式，河南人也。以田畜为事。有少弟，式脱身出，独取羊百余口，田宅财物尽与弟。式入山牧，十余年，羊致千余头，买田宅。而弟尽破其产，式辄复分与之。

又曰：王商，字子威，涿郡蠡吾人也。商为太子中庶子，以肃敬敦厚称。父薨，商嗣为侯，推财以分异母诸弟，身无所受。

《东观汉记》曰：鲁恭，字仲康，扶风人。恭怜弟丕小，欲先就其名，托疾不仕。郡数以礼请，谢不肯应。母强遣之，恭不得已而西，因留新丰教授。丕举方正，恭乃始为郡吏。

又曰：汝南王琳，字巨尉。弟季出，遇赤眉，将为所捕。琳请自缚先季死，贼怜而放遣之。

又曰：赵孝，字长平。建武谷食尚少，孝得谷，炊将熟，令弟礼夫妻出。比还，孝夫妻共蔬食，礼夫妻归，告言已食，辄独饮之。积久，礼心怪之，疑，后掩伺见之，不肯食，出，遂共蔬食，兄弟怡怡，乡里归德。

又曰：孔奋笃于骨肉，弟奇在雒阳为诸生，分禄奉以供给其粮用，四时送衣，下至脂烛，每有所食甘美，辄分减以遗奇。

谢承《后汉书》曰：许荆兄子常报仇杀人，怨家会众操兵至荆家，欲杀之。会荆始从府休归，与相遇，因出门解剑长跪曰："前无状相犯，咎皆在荆不能相救。兄既早没，一子为嗣，如令死者，伤其灭绝。今愿杀身代之塞咎，虽死已往犹谓更生。"怨家扶起荆曰："许掾郡中称为贤，吾何敢相侵。"因遂委去。

又曰：李鸿，字奉逊。礼性仁孝，友于兄弟。弟育为人所侵辱，育后阴结客报怨，为执法吏所得，当伏罪。时未有立嗣。鸿为太尉掾在京师，伤育以养刷耻，门户断绝，因分代育，遂刻印还归。欲过家，恐见妻子，亏移其意，到县北亭预作记，乞代育通记，便饮鸩而之县。令省记，怛然惊感矣。

司马彪《续汉书》曰：山阳张俭，以忠正为中常侍侯览所忿疾。

览为刑章，下州郡召捕俭。俭与孔融兄褒有旧，亡投，遇褒出。时融年十五六，少之，不下告也。融知俭长者，有窘迫色，谓曰："吾独不能为君主乎？"因留舍藏之。后以人客发泄，觉知，国相已下密就掩，俭得脱走，登时收融及褒送狱。融曰："保纳藏舍者融也，融当坐之。"褒曰："彼来投我，罪我之由，非弟之过，我当坐之。"兄弟争死，郡县疑不能决，乃上谳，诏书令褒坐焉。融由是著名。

范晔《后汉书》曰：姜肱，字伯淮，彭城广戚人也。家世名族。肱与二弟仲海、季江俱以孝行著闻。其友爱天性，常共卧起。及各娶妻，兄弟相恋，不能别寝，以继嗣当立，乃递往就室。

又曰：锺皓，字季明，颍川长社人。少以笃行称。公府连辟，为二兄未仕，避隐密山。

王隐《晋书》曰：徐苗，字叔胄，高密淳于人。弟亡，临殡，口中有痈溃脓血，苗含去之。

《晋中兴书》曰：颜含，字弘都，瑯琊人。含次嫂繁氏，老而失明，含奉养必束带躬亲。尝省嫂病困，须得蚺蛇胆为药，而求不能得。平昼独坐，有一童子持一青囊授含，含开视，蛇胆也。童子逡巡出户，化成青鸿飞去。得胆，药成，嫂病即愈。

又曰：邓攸，字伯道，为石勒参军。勒过泗水，攸与乡人河东陈踞、平阳马恬共谋叛勒，破车以牛马负妻子入草中。又遇贼掠牛马去，攸语妻曰："吾弟早亡，唯有一息，今当步走，晢两儿恐尽死，不如弃我儿，抱弟子遗民。"妇乃从之。

崔鸿《十六国春秋·前赵录》曰：上郡王儁，字玄英，有干艺之称。俊年七八岁，随兄密子元直西如凉州，路中粮匮，密留元直于途，乞丐民间。比还，儁为贼所掠，元直逃免。密乃将元直追贼，叩头求哀曰："人情自当皆爱其子，但此弟未生，家君见背，孤遗相长，以至于今，请以元直易俊。"贼相谓曰："以子易弟，义之大也。于是以儁密受元直而去。密后亡，俊勺饮不入口者五日，虽服丧期年，而心丧六载。

又《前燕录》曰：有司奏中山蒲阴民刘洛县差充征，弟兴私代，背军逃归，州以本名捕斩。兴诣郡，列称逃是兴身，请求代洛死。洛又曰：“固陈已实正名，宜从宪辟。”兄弟争命，详刑有疑，暐曰：“洛应征辄留，兴冒名逃役，俱应极法。但兄弟竞死，义情可嘉，宜特原之。”

《南燕录》曰：有司奏沙门僧知夜入临淄人冷平舍，淫其寡嫂李氏。平与弟安国杀之。郡县按：平兄弟以杀人论，而平、安国各引手杀，让生竞死，义形急难。

《后秦录》曰：姚襄与李雄战，马中流矢死。弟苌下马以授襄曰：“汝可以免。”苌曰：“兄济此竖子，安敢害苌。”会救至，俱免。

《后魏书》曰：房景先沉敏方正，事兄恭谨，出告反面，晨昏参省，侧立移时，兄亦危坐，相敬如宾客。兄曾寝疾，景先侍汤药，衣冠不解，形容毁瘁。亲友见者莫不哀之。

《后周书》曰：裴宽，字长宽。弱冠为州里所称，与二弟汉、尼并知名。亲没，抚诸弟以笃孝闻。荥阳郑穆尝谓其从弟文直曰：“裴长宽兄弟，天伦笃睦，人之师表。吾爱之重之。汝可与之游处。”

《梁书》曰：张弘荣兄弟友爱，不忍暂离，虽各有室，常同卧起，世比之姜肱兄弟。

《唐书》曰：张嘉贞为并州长史。开元初，因奏事至京师，上闻其善政，数赏慰。嘉贞因奏曰：“臣少孤，兄弟相依以至今日。臣弟嘉佑，今授鄯州别驾，与臣各在一方，同心离居，魂绝万里。乞移就臣侧近，臣兄弟尽力报国，死无所恨。”上嘉其友爱，特改嘉佑为忻州刺史。

又曰：东都未平，梁宋间群盗连聚，或至二千余众，攻陷城邑。李澜守蕲县，力屈，为盗所执，将害之。澜弟渤诣盗，请代兄死；澜又请杀身留弟。兄弟争死，俱为盗所害。

又曰：杜佑子式方，性孝友，弟兄尤睦。季弟从郁，少多疾病，式方躬自煎调，药膳水饮，非经式方之手，不入于口。及从郁夭丧，终年号泣，殆不胜情，士友多之。

又曰：白居易弟行简，字知退。文笔有兄风，词赋尤称精密，文士皆师法之。居易友爱过人，兄弟相待如宾客。行简子龟儿，多自教习，以至成名。当时友悌，无以比焉。

萧广济《孝子传》曰：陈玄，字子元。陈侯太子。七岁丧母，父更娶周氏，有子曰昭。周氏谗玄，侯将杀玄。昭欲先死，玄不听，引白羊誓曰："孝者羊血逆上一丈三尺。"一如誓。后又谗之，侯怒，令玄自杀。玄投辽水，有大鱼负之，玄曰："我罪人也。"鱼乃去。昭从后来，问渔者，云："投水死矣。"昭气绝良久，曰："吾兄也。"又投水而死。

周景式《孝子传》曰：古有兄弟，忽欲分异，出门见三荆同株，接叶连阴，叹曰："木犹欲聚，况我兄弟，而欲殊哉！"遂还相为雍和矣。

宋躬《孝子传》曰：孙棘，彭城人，事母至孝。母临亡，以小儿萨属棘，特深友爱。宋大明五年，上募军伍，萨求代棘。及后军期应死，棘、萨争死。妻许氏又遥属棘曰："君当门户，岂可委罪小郎！且大家临终，以小郎属君，竟未有妻息；君已二儿，死复何恨！"太守张岱表闻，诏榜门。宋世祖感其悌友，乃普增诣弟封秩。

《列女传》曰：会稽石师安妻者，同郡吕氏之女也，名军。其兄遂犯法，军匿之。知不能免，乃请智者为辞，乞代兄遂之命，因自经县门。县官嘉有义，乃舍遂罪。

又曰：齐义继母者，齐二子之母也。当宣王时，有人斗死道者，吏讯之，二子立其傍，吏问之，兄曰："我杀之。"弟曰："非兄，乃我杀之。"期年不决。言于相，相不能决。言于王，王曰："若皆赦之，是纵有罪；若皆杀之，是诛无辜。其母必知子之情，善恶听其所杀活。"相召而问之。其母泣而对："杀少子。"相曰："小子，人所爱，今欲杀之，何也？"对曰："少者妾之子，长者前妻之子。"相言之于王，王美其义，皆赦其子。

又曰：郃阳友娣者，郃阳邑任延寿之妻也，字季儿。有三子。季儿兄季宗与延寿争事，延寿与其友田建阴杀季宗，建独坐死。延寿会赦，乃以告季儿，季儿曰："嘻！杀夫不义，事兄之仇亦不义，何面目以生！"季儿乃告大女曰："汝父杀吾兄，义不可以留，又终不嫁矣。吾去而死，善视汝弟。"遂自经死。

《海内先贤传》曰：范丹，字史云，清高亮直，让财千万与三弟。

《会稽先贤传》曰：陈业，字文理。业兄渡海倾命，同时依止者五十六人，骨肉消烂而不可记别。业仰皇天誓后土曰："闻亲戚者，必有异焉。"因割臂流血以洒骨。应时饮血，余皆流去。

《汝南先贤传》曰：缪肜，字豫公，郃阳人。兄弟四人，各求分异，至有争讼之言。肜默闭户自挞，大自骂曰："缪肜！汝修身谨行，将齐正风俗，如何近一家之中不能使之和协耶！"鞭两髀皆疮。于是诸姊及弟叩头自责，不复分矣。

张莹《汉南记》曰：阴庆为鲖阳侯，其弟员及丹皆为郎。庆以明《尚书》、修儒术推居弟，园田、奴婢、钱悉分与员、丹，庆但佩印绶而已。当代称之。

陈寿《益部耆旧传》曰：李孟玄修《易》《论语》，大义略举，质性恭顺。与叔子就同居。就有痼疾，孟元推所有田园，悉以让就，夫妇纺绩以自供给。

江微《陈留志》曰：李铨，平丘人也。少聪慧，有至行。铨兄，前母子，后母甚不爱也，而衣食皆使下铨。铨始年五岁，觉己衣服胜兄，即脱不着，须兄得己同，然后服之。其母遂不得有偏。及长，铨内匡顺母，外奉其兄，故闺门雍睦，为群族所称。

杜预《汝南记》曰：李充兄弟六人，贫无担石之储，易衣而出，并日而食。而妻窃谓充曰："今贫如是，我有私财，可分异独居，人多费极，无为空自穷也。"充请呼诸邻里，室家相对，前跪觞告其母，便顾其妻，叱而遣之。妇行，泣出门去。

颜延之《庭诰》曰：将责弟悌，务念为友。

太平御览卷第四百一十七　人事部五十八

忠勇

《左传·庄公》曰：齐侯田于贝丘，坠于车，伤足丧屦。反，诛屦于徒人费。诛，责也。弗得，鞭之见血。走出，遇贼于门，劫而束之。费曰："我奚御哉！"袒而示之背，信之。费请先入，诈欲助贼。伏公而出斗，死于门中。

又《文公上》曰：战于郩也，晋梁弘御戎，莱驹为右。战之明日，晋襄公缚秦囚，使莱驹以戈斩之。囚呼，莱驹失戈，狼瞫取戈以斩囚，禽之以从公乘，遂以为右。箕之役，先轸黜之而立续简伯。狼瞫怒。其友曰："盍死之？"瞫曰："吾未获死所。"其友曰："吾与汝为难。"瞫曰："《周志》有之，勇则害上，不登于明堂。死而不义，非勇也。共用之谓勇。吾以勇求右，无勇而黜，亦其所也。谓上不我知，黜而宜，乃知我矣。子姑待之。"及彭衙，既陈，以其属驰秦师，死焉。晋师从之，大败秦师。

又《宣公下》曰：楚围宋，宋人告急于晋。使解杨如宋，使无降楚，曰："晋师悉起，将至矣。"郑人囚而献诸楚，楚子厚赂之，使反其言，反言晋不救。不许，三而许之。登诸楼车，使呼宋人而告之。遂致其君命。楚子将杀之，使与之言曰："尔既许不谷而反之，何故？非我无信，女则弃之，速即尔刑。对曰："臣闻之，君能制命为义，臣能承命为信，信载义而行之为利。谋不失利，以卫社稷，民之主也。义无二信，信无二命。君之赂臣，不知命也。受命以出，有死无霣，又可赂乎？臣之许君，以成命也。死而成命，臣之禄也。寡君有信臣，下臣获考，考，成也。死，又何求？楚子舍之以归。

又《成公上》曰：鞍之战，齐逢丑父使公下，如华泉取饮。郑周父御佐车，宛茷为右，载齐侯以免。韩厥献丑父，郤献子将戮之。呼曰：

“自今无有代其君任患者，有一于此，将为戮乎！”郤子曰：“人不难以死免其君，我戮之不祥，赦之以劝事君者。”乃免之。

又《昭公二十年》曰：初，齐豹见宗鲁于公孟，为骖乘焉。将作乱，而谓宗鲁曰：“公孟子不善，子所知也。勿与乘，吾将杀之。”对曰：“吾由子事公孟，子假吾名焉，故不吾远也。虽其不善，吾亦知之。抑以利故不能去，是吾过也。今闻难而逃，是僭子也。使子言不信也。子行事，吾将死之，以周事子。”周，终也。齐氏用戈击公孟，宗鲁以背蔽之，断肱，以中宗鲁之肩，皆杀之。

《国语》曰：晋文公诛观骈胁之状以伐郑，郑复赦曹观公骈胁之状，故见伐也。郑人以名宝行成，公不许，曰：“与詹而师还。”詹，郑大夫叔詹伯也。詹请往，郑伯不许，詹固请曰：“一臣可以赦百姓，君何爱！”郑人以詹与晋人，晋人将烹之。詹曰：“臣欲尽辞。”而公听其辞。詹曰：“天降郑祸，使淫观状。臣曰：不可。夫晋公子贤明，若使复国，而得志于诸侯，祸不赦矣。今祸及矣。尊明胜患，智也。杀身赎国，忠也。”乃就烹，据鼎耳而疾号曰：“自今以往，忠以事君者，与詹同！”乃不杀。厚为之礼而归之。

《史记》曰：汉之三年，项王围汉王于荥阳。汉将纪信说汉王曰：“事已急矣，请为王诳楚，王可间出。”于是汉王夜出女子荥阳东门被甲二千人，楚兵四面击之。纪信乘黄屋车，传左纛，李斐曰：纛毛羽幢在乘与车衡。曰：“城中食尽，汉王降。”楚军皆呼万岁。汉王与数十骑从城西门出，走城皋。项王烧杀纪信。

《汉书》曰：莽何罗本姓马，明帝马后恐其先人有反者，易曰莽也。与江充相善，及充败卫太子，后上知太子冤，乃夷灭充宗族党与。罗惧及，遂谋为逆。金日磾视其志意非常，心疑之，阴独察其动静，与俱上下。何罗亦觉日磾意，以故久不得发。是时上行幸林光宫，服虔曰：甘泉一名林光。臣瓒案：林光本秦离宫，在甘泉。日磾小疾卧庐。何罗矫制发兵。明旦，上卧未起，何罗从外入。日磾心动，立入卧内户下。须臾，何罗裒臼刃从东厢上，见日磾，色变，走趍卧内欲入，行逆触宝瑟，僵。日磾得抱何罗，因传曰："莽何罗反！"上惊起，左右拔刃欲格之，上恐并中日磾，止勿格。日磾投何罗殿下，得擒缚之，穷治皆伏辜。

《东观汉记》曰：王郎遣将攻信都，信都大姓马宠等开城内之，收太守宗广及李忠母妻子，皆系狱，而令亲属招呼忠。时宠弟从忠为校尉，忠即时召见，责数以背恩反城，因格杀之。诸将皆惊曰："家属在人手中，杀其弟，何猛也！"忠曰："若纵贼不诛，则二心也。"上闻而美之，谓忠曰："今吾兵已成也，将军可归，救老母妻子。"忠曰："蒙明公大恩，思得效命，诚不敢内顾宗亲。"

又曰：信都反，为王郎所置信都王捕系邳彤父弟、妻子，使为手书呼彤曰："降者封爵，不降族灭。"彤涕泣报曰："事君者不得顾家。"

又曰：张步攻耿弇，时上在鲁，闻弇为步所攻，自往救之。未至，陈俊谓弇曰："虏兵盛，可且闭营休士，以须上来。"弇曰："乘舆且到，臣子当击牛酾酒以待百官，反欲以贼虏遗君父耶？"乃出大战，自旦及昏，复大破之。后数日，车驾至临淄，自劳军也。

范晔《后汉书》曰：温序，字次房，太原人。为护羌校尉。行部至襄武为隗嚣别将苟宇等所劫。宇谓序曰："子若与我并威同力，天下可图也。"序曰："受国重任，分当效死，义不贪生，苟背恩德。"宇等复晓譬之。序素有气力，大怒，叱宇等曰："虏何敢迫胁汉将！"因以节挝杀数人。贼众争欲杀之。宇止之曰："此义士，有死节，可赐以剑。"序受剑，衔须于口，顾左右曰："既为贼所迫杀，无令须污土。"遂伏剑而死。

《英雄记》曰：王允诛董卓，卓部曲将李傕、郭汜不自安，遂合谋攻围长安，城陷，吕布奔走。布驻马青琐门外，招允曰："公可去乎？"允曰："若国家社稷之灵，上安国家，吾之愿也。如其不获，则奉身以死之。"

《汉杂事》曰：景帝时，吴楚七国反，齐孝王狐疑，胶西济北二国围齐。齐使路中大夫于天子，还报曰："坚守！"比至二国围齐数重，无从入，二国与路中大夫盟曰："若反，言汉已破。"大夫许之。至城下望见齐王曰："汉已发兵百万，使太尉周亚夫击破吴楚，方引兵救齐，齐必坚守。"二国诛之。

《魏志》曰：许褚从征袁绍于官渡，徐他等谋为逆，以褚常侍左右，惮之不敢发。伺褚休下日，他等怀刀入。褚至下舍心动，即还侍。他等不知，入帐见褚，大惊。褚觉之，即击杀他等。太祖益亲信之。

又曰：诸葛恪围合肥新城，城中遣士刘整出围传消息，为贼所得，拷问所传语，贼谓整曰："诸葛公欲活汝，汝可具服。"整骂曰："我当必死为魏国鬼，不苟求活，逐汝去也。"终无他辞。又遣使郑像出城传消息，恪遣骑寻迹，得像归。面缚绕城，令整、像大呼，言大将军已还洛，不如早降。像更呼城中："大军近在围外，壮士努力！"贼以刀筑口，不使得语；遂大呼，令城中闻。诏追赐整、像爵关中侯。

又曰：王修，字叔治，北海人。魏国既建，为大农郎中令。徙为奉常。其后严才反，与其徒属数十攻掖门。修闻变，召车马未至，便将官属步至宫门。太祖在铜爵台望见之，曰："彼来者必王叔治也。"相国锺繇谓修曰："旧京城有变，九卿各居其府。"修曰："食其禄，焉避其难？居府虽旧，非赴难之义也。"

又曰：诸葛诞为镇东将军，杀杨州刺史乐綝，据寿春反。遣司马昭征之，斩诞。诞麾下三百人不降，昭令曰："不降皆斩！"众咸曰："愿从诸葛公，死不恨矣！"每斩一人，诸人颜色不变。时人谓之后代田横。

《蜀志》曰：邓艾伐蜀，遣书诱诸葛瞻："若降者，必表为瑯琊王。"瞻怒，斩艾使。遂战，大败，临阵死，时年三十七。众皆散。瞻长子尚与瞻俱殁。

又曰：先主奔荆州，曹公追之。先主弃妻子走，使张飞将二十骑距后，飞据水断桥，瞋目横矛曰："我张益得也，可来共决！"无敢近者。

又曰：严颜，巴郡人。益州牧刘璋使颜守巴郡，刘备入蜀围成都，璋出降备，诸郡皆伏，唯颜守而不屈。使将张飞攻巴郡，生擒颜，呵曰："汝见将军至，何得不降，今逆战乎？"颜曰："卿等无状，夺我州，我但有断头将军，无降将军。”飞怒，令左右斩之。颜曰：“斫头便斫，何怒耶！”飞壮其忠节，释之。

王隐《晋书》曰：嵇绍以天子蒙尘，奔诣行在。所值王旅不振，败绩于汤阴，百官左右皆奔散，唯绍俨然端冕，以身捍卫。兵交御辇，飞箭雨集，遂以见害。

《晋中兴书》曰：谯王承为湘州刺史，王敦遣参军桓罴说承。以刘隗专宠，令讨之，请承为军司马。承叹曰：“吾其死矣。地荒民饥，势孤援绝。赴君难，忠也；死王事，义也。得忠与义，亦复何求！”便唱义众府，长史长沙人虞悝慷慨有志节，共盟誓。囚桓罴，驰檄湘川。于是一州之内，并皆同赴。

又曰：苏峻反，桓彝为宣城内史，往赴朝廷。长史裨惠等咸以宜且按甲以谋，须众力齐集。彝厉色曰：“夫见无礼于其君者，诛之，如鹰鹯之逐鸟雀。今社稷之难而欲逡巡，将何以云！众力虽寡，义无宁处。”长驱往进。寻王师败绩，彝慷慨流涕，皆劝伪同，以纾交至之祸，如其不然，重兵必至。彝曰：“吾受国厚恩，不能死节，焉能忍辱与之通问！如其不济，此即命也。”遣俞纵进军。左右以力不敌，劝纵退军，纵曰：“吾承桓侯厚遇，本以死报。吾之不可负桓侯，犹桓侯不可负国也。”遂力战而死。峻遣韩晃因进军讨彝，力屈被害。

又曰：易雄，长沙浏阳人，为春陵令。闻王敦作逆，谯王承檄至，雄驰檄远近，列敦罪恶。俄而王师败绩，敦得肆暴收雄姑熟，以檄示焉，雄曰：“有之。惜雄位微力弱，不能救国难，安以生为！今日即戮，得为忠鬼，乃其愿也。”

沈约《宋书》曰：刘胡叛，淮南定陵人贾袭宗本县已为胡所得，率三十人救沈攸之。沈攸之言于建安王休仁，休仁拔为司徒参军督护，使还乡里招集，为胡所擒，以火炙之，问台军消息，一无所言，瞋目谓胡曰：“君称兵内侮，窥觎神器，未闻奇谟远略，而为炮烙之刑。仆本以身奉义，死亦何有。”胡乃斩之。

《后魏书》曰：河间公玄齐，烈帝之玄孙也。少雄杰魁岸，世祖爱其勇壮，引侍左右。从征赫连昌，世祖马蹶，贼众逼帝，齐以身蔽捍，决死击贼，乃退，世祖得上马。示曰："微齐以身蔽捍，几至危殆。"乃赐爵浮阳侯。

又曰：叔孙俊，字丑肆，少聪敏。年十五，内侍左右。朱提王悦怀刃入禁中，欲为大逆。俊觉悦举动有异，便引掣之，乃于悦怀中得两匕首，遂执悦杀之。

范亭《燕书》曰：孟高，字弘义，长壮有雄姿。慕容暐即位，左迁卫将军，出避难，将向龙都，禁卫四散，唯高及殿中将艾郎等十余骑从行。达福禄，逢贼，高独力战，贼射杀之。

《唐书》曰：刘感，岐州凤泉人。武德初，以骠将军镇泾州，薛仁杲率众围之，感婴城拒守，城中粮尽，遂杀所乘马以分将士，感一无所啖，唯煮马骨取汁，和木屑食之。城垂陷者数矣。长平王叔良援兵至，仁杲解围而去。感与叔良出战，为贼所擒。仁杲复围泾州，令感语城中云："援军已败，徒守孤城，何益也！宜早出降，以全家室。"感许之。及至城下，大呼曰："逆贼饥饿，亡在朝夕！秦王率数十万众，四面俱集，城中勿忧，各宜自勉，以全忠节。"仁杲大怒，执感于城边，埋脚至膝，驰骑射杀之。

又曰：张巡守睢阳，在围中，每战皆登城大呼，以助军势。眦血流面，牙齿皆咬碎。城将陷，巡西向拜曰："臣不能全孤城，今为贼凌逼，誓愿为鬼与贼为厉，以答圣明。"及城陷，尹子奇入城见巡，问曰："闻公每督战眦裂，啮碎牙齿。"因以大刀剔其口，见其存者不过三数。将存之，巡大詈之，贼党皆曰："此人必不为我用，又得众死心，不可留。"故害之。

《五代史》曰：后唐应顺末，少帝失位，自洛涉河与数百骑欲奔邺，时晋高祖改镇常山，亦自郡诣阙，夜与帝遇于获嘉东，遂俱入卫郡邮舍中。是夜，少帝伏甲，欲与徒臣谋害晋高祖，诈屏人对语。方坐于亭庑，帝密遣御士石敢袖锤立其后，伏甲者俄起，左右惊忧，敢素有勇力，拥晋高祖入一室，以巨木塞门。敢力当其锋，寻死焉。

《吕氏春秋》曰：荆庄襄王猎于云梦，射随兕，中之。申公子培劫而夺之。王曰："何其暴而不敬也？"命吏诛之。左右大夫皆进谏曰："子培，贤者也。又为王百倍之臣，此必有故，愿王察之也。"不出三月，子培疾而死。荆兴师，战于两棠，大胜晋，归而赏有功者。申公子培之弟进请赏于吏曰："人之有功也于军旅，臣之兄有功也于车下。"王曰："何谓也？"对曰："臣之兄犯暴不敬之名，触死亡之罪于王之侧，愚以忠于君王之身，而持千岁之寿也。臣之兄尝读故记曰：杀随兕者不出三月必死。是以臣之兄惊惧而争之，故伏其罪而死。"王令人发平府而视之，于故记果有，乃厚赏之。申公子培，其忠也可谓穆行矣。穆，美也。穆行之意，人知之不为劝，人不知之不为沮，行无高乎此者。

又曰：人杀卫懿公于荧泽，尽食其肉，独舍其肝。弘演使还，哭毕，呼天而号，尽哀而止，曰："臣请为褩。"博、卜二音，表也。因自出其肝，内懿公之肝。

《新序》曰：崔杼杀庄公，申蒯渔于海，将入死之，其御止之曰："君无道闻于天下，不可死也。"申蒯曰："安得食乱君之禄而死治君之事乎？"申蒯至门，曰："请入吊。"门者以告崔杼，杼令勿内。申蒯曰："汝疑我乎？吾与汝臂。"乃断左臂以与门者，以示崔杼。杼陈八列令其入，申蒯拔剑呼天，斗杀七列，未及崔子一列而死。

又曰：楚有士申鸣者，在家而养其父，孝闻于楚国。王欲授之相，申鸣辞不受。其父曰："王欲相汝，汝何不受乎？"申鸣对曰："舍父之孝子而为王之忠臣，何也？"其父曰："使有禄于国，立义于庭，汝乐吾无忧矣，吾欲汝之相也。"申鸣曰："喏。"遂入朝。楚王因授之相。居三年，白公为乱，杀司马子期，申鸣将往死之。父止之曰："弃父而死，其可乎？"申鸣曰："闻夫仕者，身归于君而禄归于亲，今去子事君，得无死其难乎？"遂辞而往，因以兵围之。白公谓石乞曰："申鸣者，天下之孝子也。往劫其父以事兵，申鸣闻之必来，来与之语。"白公曰："善。"则往取其父，持之以兵，告申鸣曰："子与吾，吾与子分楚国；子不与吾，子父则死矣。"申鸣流涕而应之曰："始吾父之孝子也，今吾君之忠臣也。吾闻之也，食其食者死其事，受其禄者毕其能。今吾已不得为孝子矣，乃君之忠臣也，吾何得以全身？”援桴鼓之，遂杀白公，其父亦死。王赏之百斤金。申鸣曰：“食君之食，避君之难，非忠臣也；定君之国，杀臣之父，非孝也。名不可两立，行不可两全也。如是而生，何面目立于天下？”遂自杀。

《襄阳耆旧传》曰：魏伐蜀，罗献为巴东太守。得刘禅委质定问，乃帅所部临于都亭三日。吴闻蜀已败，遂起兵西上，外托援救，内欲袭献城以固其国。遣盛曼等水陆到，说献以合同之计，献乃会议曰：“今本朝倾覆，吴为同盟，不恤我难而邀其利，可主降于北，臣求福于东乎？今守孤城，百姓未定，宜一决战以定众心。”遂衔枚夜击破曼，旋军保城，告誓将士，厉以节义，莫不用命。

《襄阳记》曰：刘备以习珍为零陵北部都尉，孙权遣潘濬讨珍，珍帅数百人登山自将，濬乃单将左右，自到山下交语。珍谓曰：“我必为汉鬼，不为吴臣矣。”濬攻，珍围守月余，粮箭并竭。珍谓群下曰：“珍受汉中王厚恩，不得不报之以死，诸君何为者耶？”乃伏剑自裁。

又曰：晋伐吴，张悌渡江战，吴军大败。诸葛靓过迎悌，悌不肯去，垂泣曰：“仲思，今是我死日，且我作儿童便为卿家丞相所扶，常恐不得其死，负名贤知，故今身殉社稷，复何所遁！”

《华阳国志》曰：曹公察关羽不安，使张辽以情问之，曰：“极知曹公待我厚，然吾受刘将军恩，不可背之。要当立效报公。”公闻而美之。是岁，袁绍遣颜良攻东郡太守刘延于白马，公使辽、羽为先锋，羽望见麾，策马刺良于万众之中，斩其首还。遂解延围。公即表封羽“寿亭侯，重加赏赐。羽尽封其物，拜书告辞，而归先主。

《周处别传》曰：氐贼齐万年为乱，乃以处为建威将军，进军大战，奋剑慷慨，仰天叹曰：“古者将受赈，凿凶门以出。盖有进无退。我为大臣，以身殉国，不亦可乎！”遂战死。

太平御览卷第四百一十八　人事部五十九

忠贞

《管子》曰：忠者，臣下之高行。

《孟子》曰：教人以善谓之忠。

《淮南子》曰：交浅而言深，是忠也。

《抱朴子》曰：竭身命以徇国、经夷险而一节者，忠臣也。

《说苑》曰：逆命利君谓之忠。

又曰：卑身贱体，夙兴夜寐，进贤不懈，数称往古之行事以厉主，意庶几有益以安国家，如此者忠臣也。

《礼记·文王世子》曰：为人臣者，杀其身有益于君，则为之。

又《檀弓》曰：公叔文子卒，其子戍请谥于君。君曰："昔者卫国有难，天子以其死卫寡人，不亦贞乎？"

《左传·隐公》曰：卫州吁弑桓公，石厚从州吁如陈。石碏使告于陈曰："此二人者，实弑寡君，敢即图之。"陈人执之而请莅于卫。君子曰："石碏，纯臣也，恶州吁而厚与焉。大义灭亲，其是之谓乎！"

又《僖公上》曰：晋献公使荀息傅奚齐，公疾，召之，曰："以是藐诸孤，言其幼贱，与诸子县藐。辱在大夫，其若之何？"对曰："臣竭其股肱之力，加之以忠贞。"公曰："何谓忠贞？"对曰："公家之利，知无不为，忠也。送往事居，偶俱无猜，贞也。"

又：《僖公中》曰：晋惠公卒。怀公立，命无从亡人。亡人，重耳。期期而不至，无赦。狐突之子毛及偃从重耳在秦，不召。怀公执狐突曰："子来则免。"对曰："子之能仕，父教之忠，古之制也。策名委质，贰乃辟也。贰，二心。辟，罪也。今臣之子，名在重耳，有年数矣。若又召之，教之贰也。父教子贰，何以事君？。"

又《宣公上》曰：楚子灭若敖氏，令尹子文其孙箴尹克黄箴尹，官名。使于齐，还，及宋，闻乱。其人曰："不可以入矣。"其人，克黄从臣。箴尹曰："弃君之命，独谁受之？"遂归，复命而自拘于司败。

又《襄公十四年》曰：楚子囊将死，遗言谓子庚："必城郢。"楚徙都郢，未有城郭。君子谓子囊忠，君薨不忘增其名，谓前年谥君为恭也。将死不忘卫社稷，可不谓忠乎？忠，民之望也。

又曰：晋人执季文子，舍之于苕丘。范文子谓栾武子曰："季孙于鲁，相三君矣。妾不衣帛，马不食粟，可不谓忠乎？"

《韩诗外传》曰：有大忠，有次忠，有下忠。以道覆君而化之，大忠也；以德调君而辅之，次忠也；以是谏非而死之，下忠也。周公于成王可谓大忠，管仲于桓公可谓次忠也，子胥于夫差可谓下忠也。

又曰：崔杼杀庄公。陈不占闻君有难，将死之，餐则失哺，上车失轼。仆曰："虽往，其有益乎？"不占曰："死君，义也；无勇，私也。"遂驱车。比至公门外，闻钟鼓战斗之声，遂骇而死。

《国语》曰：彘之乱，宣王在邵公宫。国人围之，邵公乃以其子代宣王，王长而立之。

《战国策》曰：吴入郢，棼冒勃苏嬴粮潜行十日而薄秦朝，鹤立不转，昼吟宵泣，七日不得告，水浆无入于口。秦王闻而走之，冠剑不相及，左奉其首，右濡其口。于是秦救楚，退吴师复楚。

《汉书》曰：初，吴王芮，高祖贤之，制诏御史："长沙王忠，其定著甲令"臣瓒曰：汉以芮忠故特王之，非故时令也。

又曰：匈奴求和亲，群臣议上前，博士狄山曰："和亲便。"上问张汤，汤曰："此愚儒无知。"狄山曰："臣固愚忠，若御史大夫汤，乃诈忠。"

又曰：王莽既篡，使者即拜龚胜为讲学祭酒。胜日"吾受汉家厚恩，无以仰报。今年老矣，旦暮入地，岂一身事二姓，下见故主哉！"胜因敕以棺敛丧事。语毕，遂不复开口饮食，积十四日而死。

《东观汉记》曰：上于大会中指王常谓群臣曰："此家率下江诸将辅翼汉室，心如金石，忠贞臣也。"是日迁常为汉中将军。

又曰：吴汉，性忠厚，笃于事上，自从征伐，常在左右，上未安，则侧足屏息，上安然后退舍。兵有不利，军营不完，汉常独缮檠其弓戟，阅其兵马，激扬吏士。上时令人视吴公何为，还言方作战攻具，上常曰："吴公差强人意，隐若敌国。"

又曰：上为大司马，以王霸为功曹令史，从渡河北，宾客随者数十人，稍稍引去，谓霸曰："颍川从我者皆去，而子独留，始验疾风知劲草。"

又曰：鲍昱，字文渊，拜司隶校尉，诏昱诣尚书，使封胡降檄。上遣小黄门问昱有所怪不？对曰："臣闻故事通官不着姓，又当司徒露布，怪使司隶而着姓也。"帝报曰："吾欲令天下知忠臣之子复为司隶。"

又曰：鲍永，字君长。行县到京兆、灞陵，过更始冢，引车入陌，欲下，从事谏止。永曰："亲北面事人，何忍车过其墓。虽以获罪，司隶不辞也。"遂下车，哭尽哀。西至右扶风，椎牛上荀谏冢。上闻之，问公卿曰："奉使如此，何如？"时太中大夫张堪对曰："仁者百行之宗，忠者礼义之主。仁不遗旧，忠不忘君，行之高者。"上悦之。

谢承《后汉书》曰：梁冀奏诛李固，固临命，与胡广、赵戒书曰："固受国厚恩，是以竭其股肱，不顾死亡，志欲扶王室，比隆文王，何图一朝梁氏迷谬，公等曲从，以吉为凶，成事为败？汉家衰微，从此始矣。公等受主厚禄，颠而不扶，倾覆大事，后之良史，岂有所私？固身已矣，于义得矣，夫复何言！"广、戒得书，悲惭长叹。

范晔《后汉书》曰：来歙、盖延、马成进攻公孙述将王元、环安于河池、下辩，陷之，乘胜遂进。蜀人大惧，使刺客刺歙，未绝，驰召盖延。见歙，因伏悲哀，不能仰视。歙叱延曰："虎牙何敢然！今使者中刺客，无以报国，故呼巨卿，欲相属以军事，而反效儿女子涕泣乎！刃虽在身，不能勒兵斩公邪！"延收泪强起，受所诫。歙自书表曰："臣夜人定后，为何人所贼伤，中臣要害。何人，谓不知何人。臣不敢自惜，诚恨奉职不称，以为朝廷羞。夫理国以得贤为本，太中大夫段褒，骨鲠可任，愿陛下裁察。又臣兄弟不肖，终恐被罪，陛下哀怜，数赐教督。"投笔抽刃而绝。

《魏志》曰：典韦拜都尉，太祖引置左右，将亲兵数百人，常绕帐。韦性忠至谨重，常昼立侍终日，夜宿帐左右，稀归私寝。

《英雄记》曰：曹操围张超于雍丘，臧洪从袁绍请兵，将赴其难，绍不听之。超城遂陷，张氏族灭，洪由是怨袁绍，不与通。绍增兵急攻，洪杀爱妾以食，兵将流涕，莫有离叛。城陷，生执洪，绍问："臧洪，何相负若是！今日服未？"洪据地瞋目曰："诸袁事汉，四世五公，可谓受恩。今王室微弱，因际会觖望非冀。惜洪力弱，不能为天下推刃报仇，何谓服乎！"绍命杀焉。洪邑人陈容在座，见洪当死，起谓绍曰："将军举大事，而先诛忠义，岂合天意！"绍惭，使人牵出，曰："汝臧洪俦，宁复汝为！"容顾曰："夫仁义岂有常，所蹈之则君子，背之则为小人。今日宁与臧洪同日死，不与将军同日生！"遂复见杀。在绍座者无不叹息。

《蜀志》曰：先主退军，义阳傅肜断后拒战，兵人几尽。吴将语肜令降，肜骂曰："吴狗！岂有汉将军降者！"遂战死。子佥为关中都督，景曜六年，又临危授命。论者嘉其弈世忠义。

《晋中兴书》曰：王敦欲谤帝以不孝于众，坐明帝罪，云："温太真在东宫久，最所知悉。"因厉声问峤，谓惧威必与己同。峤正色对曰："钩深致远，小人无以测君子，当今谅暗之际，唯有至性可称。"敦默然不悦，然惮其居正，不敢害之。

又曰：王敦作逆，石头既陷，王师败绩。周顗往诣敦，敦曰："伯仁，卿负我！"顗曰："公戎车犯顺，下官亲帅六军，不能其事，使王旅摧败，以此负公。"敦惮其正辞，不知所答。顗与戴渊俱被收，路经太庙，顗大言曰："天地先帝之灵，臣忠于社稷，王敦无道，陵虐天下，神祇有灵，当速杀敦，无令纵毒，以倾王室。"语未终，人以戟伤其口，不得复言，血流至踵，颜色不变。士庶聚观，皆为流涕，于石头南门外石上害之。

萧子显《齐书》曰：王敬则转安城王车骑参军。苍梧王狂虐，左右人不自保，敬则以太祖有威名，归诚奉事。每下直，辄往领军府。夜着青衣，扶匐道路，为太祖听察。

崔鸿《十六国春秋·前凉录》曰：麻秋以书诱致宛成都尉宋矩，矩至，谓秋曰："辞父事君，当立功义；功义不立，当守名节。矩终不背主覆宗，偷生于世。"乃先杀妻子自刎而死。秋曰："义士也。"命吏人葬之，重华嘉其诚节，赐振威将军。

又曰：前敦煌太守辛凭，陇西人也。唯有一子髦，至狄道省墓，遇辛宴反叛，为宴所执。凭劝张茂讨宴，茂曰："髦在彼如何？"凭曰："人臣奉主，岂顾子乎？"茂曰："汝纯臣。"赐爵关内侯。

又《前赵录》曰：王广，永嘉之乱聚族避世，及为杨州刺史，被蛮贼围一百一十日，外救不至，粮食罄绝，鸡犬雀鼠靡有。将士泣曰："将军忠于本朝，故有今难，岂有背将军理哉！"众相枕而死者五千人。

又《南凉录》曰：振武将军尉贤政固守，浩亹不下，炽盘招之曰："乐都已溃，卿妻子皆在，吾闻孤城独守，何所为也？"政曰："受凉王厚恩，为国家藩屏，虽知乐都已陷，妻子为擒，先归获赏，后顺受诛。然不知主存亡，未敢归命，妻子小事岂动怀！"盘乃遣虎台手书喻政，政曰："为国储不能尽忠，反面缚于人，弃父负君，亏万世之业。贤政义士，岂如汝乎？"

《三国典略》曰：齐平，东雍州刺史傅伏坚守不降。帝遣韦孝宽将伏子仁宽招伏曰："并州已平，故遣公儿来报，今授上大将军、武乡郡公，以金马脑二酒钟为信，公宜急下。"伏不受，谓孝宽曰："事君有死无贰，此儿为臣不忠，为子不孝，愿即斩，以示天下。"帝又遣高阿那肱等百余人临汾召伏。伏出军隔水相见，问至尊何在？阿那肱曰："已被捉获，别路入关。"伏仰天哭，率众入城，于厅事前北面哀号良久，乃降。帝见之曰："何不早下？"伏流涕而对曰："臣三代被任，草命不能自死，羞见天地。"帝执其手曰："为臣当若此，朕平齐国，唯见公一人。"乃自食一羊肋，以骨赐伏，曰："骨亲肉疏，所以相付。"授上仪同也。

《唐书》曰：隋屈突通与窦琮战于稠桑。通结阵以自固，窦琮纵通子寿令往谕之，通大呼曰："昔与汝为父子，今与汝为仇仇。"命左右射之。桑显和呼其众曰："京师陷矣，汝并关西人，欲何所去？"众皆释仗。通知不免，乃下马东南向再拜号哭，曰："臣力屈兵败，不负陛下，天地神祇，实所鉴察。"遂擒通送于长安。高祖谓曰："何相见晚耶？"通泣对曰："通不尽人臣之节，力屈而至此。"高祖曰："隋室忠臣也。"命释之。

又曰：冯立事隐太子，太子诛，左右悉散，立叹曰："岂有人生受其恩，死逃其难！"立乃率兵犯玄武门，杀将军敬君弘，谓其徒曰："微以报太子矣！"遂解兵而遁。俄来请罪，太宗数之。立对曰："出身事主，期之效命，当战之日，无所顾惮。"因歔欷，悲不自胜。太宗宥之。立谓所亲曰："逢莫大之恩，终当以死奉答。"俄而，突厥至便桥，立率数百人力战，杀获甚众。太宗深嘉叹之。

又曰：安金藏为太常工人，时睿宗为皇嗣。或有诬告皇嗣潜有异谋者，则天令来俊臣按之，左右不胜楚毒，皆欲自诬。唯金藏大呼，谓俊臣曰："公既不信金藏言，请剖心以明皇嗣不反。"则引佩刀自剖其胸，五藏并出，流血被地，气遂绝。则天闻之，令舁入宫中，遣医人却内五藏，以桑白皮纵合之，傅药，经宿乃苏。则天临视，叹曰："吾有子不能自明，不如尔之忠也。"即令停推，睿宗由是获免。

《新序》曰：陈恒弑简公而盟。盟者完其家，召他入曰："不盟，是弑父母也；盟之，是无君臣之礼。"乃盟，以免父母死，而自杀以礼其君。

又曰：智伯之时有士曰长儿子鱼，绝智伯而去之。三年，将东之鲁，而道闻伯死，曰："吾闻忠臣无余禄。吾闻智伯之死，动吾心，余禄加于我，至今尚存。将往，吾佐之。"遂反而死之。

《续说苑》曰：赵苞，汉灵帝时为武威守，夷戎畏其果毅。母及妻子自郡来，遇鲜卑万骑入塞，为其所掠。苞出击贼，陈步骑两万。鲜卑恐惧，出母示苞，苞悲号谓母曰："为子无状，欲以微禄奉养，不图作祸，今为王臣，不得顾私。"母曰："人各有命，何得毁忠节耶！立忠荣亲，孝莫大焉！行矣，勉之！"苞瞋目援桴，虏众碎斩其师，伏尸十里。

母妻子皆为贼所害。苞收母，殡敛，奏请归葬。天子策吊，封为列侯。葬讫，谓乡人曰："食禄避难不忠，杀母全义不孝，何面目立于天下？"遂自杀。

又曰：宦者田鹏事齐，至内侍中。齐主走青州，图入陈出觇，为周人所获，欧问齐王所在，给云"已去"。周人折其支，每折一支，辞色逾厉，四支俱绝而死。

《许肃别传》曰：肃为愍帝侍中，左卫将军麴武将与肃齐心拒守。而外救已退，城遂陷没，逼愍帝，送于平阳。肃后冒难侍左右，刘载乃以帝为归汉王，顷之，阴行鸩毒。帝因食心闷，欲见许侍中。肃弛诣贼相见，帝已不复能语。肃曰："不审陛下尚识臣不？"帝犹能执肃手流涕。肃歔欷登床，帝遂殂于扶抱之中，昼夜号泣，哀感异类。载外欲明己不害，乃伪责诸臣欲尽诛之。群臣迸窜，唯肃独曰："备位故臣愿乞得殡殓，然后就戮。"载特听许。事讫，诣载曰："国乱不能匡，君亡弗能死，举自莫非愧耻，将何颜以存？所以忍辱，正以山陵未毕故耳！微情已叙，甘就刑戮。"贼议之曰："此晋之忠臣，宜加甄赏。"载遂从议，故得全免。

《庾珉别传》曰：珉字子居，位列侍中。刘曜作乱，京都倾覆。珉时直在省，谓僚佐曰："吾必死此屋内。"既天子蒙尘，珉与许遐等侍从，曜设会，使帝行酒。珉至帝前，乃慨然流涕。曜曰："此动人心。"即时遇害。

太平御览卷第四百一十九 人事部六十

仁德

《释名》曰：仁，忍也。性恶杀，好善，含忍之也。

《礼记·经解》曰：上下相亲谓之仁。

又《中庸》曰：仁者，人也。亲亲为大。

又《表记》曰：子曰："仁有三，与仁同功而异情。与仁同功，其仁未可知也。与仁同过，然后其仁可知也。仁者安仁，知者利仁，畏罪者弘仁。"子曰："仁之为器重，其为道远，举者莫能胜也，行者莫能致也。取数多者，仁也。夫勉于仁者，不亦难乎！"子曰："中心安仁者，天下一人而已矣。"

又《缁衣》曰：子曰："禹立三年，百姓以仁遂焉，岂必尽仁？"言百姓效禹为仁，非本性能仁也。

又《大学》曰：一家仁，一国兴仁；尧舜率天下以仁而民从之。

又曰：仁者，以财发身；不仁者，以身发财。

又《儒行》曰：温良者，仁之本；敬慎者，仁之地；宽裕者，仁之作；逊接者，仁之能；礼节者，仁之貌；言谈者，仁之文；歌乐者，仁之和；分散者，仁之施。儒皆兼此而有之，犹且不敢言仁也。

又《乡饮酒义》曰：天地温厚之气，始于东北，盛于东南，此天地之仁义也。

《毛诗·生民》曰：《行苇》，忠厚也。周家忠厚，仁及草木。

《尚书·太甲》曰：民罔常怀，怀于有仁。民所归无常，以仁政为常。

又《泰誓》曰：虽有周亲，不如仁人。

《论语·里仁》曰：里仁为美，居仁者之里是为美。择不处仁，焉得智。求善居而不处于仁者之里，不得为有知。

又曰：君子无终食之间违仁。造次必于是，颠沛必于是。

又《颜渊》曰：颜渊问仁。子曰："克己复礼为仁。一日克己复礼，天下归仁焉。为仁由己，而由人乎哉？"颜渊曰："请问其目。"子曰："非礼勿视，非礼勿听，非礼勿言，非礼勿动。"颜渊曰："回虽不敏，请事斯语矣。"

又《颜渊》曰：仲弓问仁。子曰："出门如见大宾，使民如承大祭。己所不欲，勿施于人。在邦无怨，在家无怨。"仲弓曰："雍虽不敏，请事斯语矣。"

又《子路》曰：如有王者，必世而后仁。圣人受命而王，必父子相承，然后天下之民能仁也。

又《宪问》曰：子路曰："桓公杀公子纠，召忽死之，管仲不死。"曰："未仁乎？"子曰："桓公九合诸侯，不以兵车，管仲之力也。如其仁！如其仁！"重言如其仁者，九合诸侯功济天下，此仁为大代节仁小者也。

又《卫灵公》曰：民之于仁，甚于水火。水火，吾见蹈而死者，未见蹈仁而死者也。甚于水火，于仁最急也。

又曰：志士仁人，无求生以害仁，有杀身以成仁。

又《阳货》曰：子张问仁于孔子。孔子曰："能行五者于天下，为仁矣。"请问之。曰："恭，宽，信，敏，惠。恭则不侮，宽则得众，信则人任焉，敏则有功，惠则足以使人。"不敏人无侮慢之言。

又《微子》曰：微子去之，箕子为之奴，比干谏死。孔子曰："殷有三仁焉。"此三人，纣同姓人臣。微子知纣恶，而去之。箕子、比干不忍去，故或见奴，或见杀之。

《家语》曰：或问孔子曰："颜渊何人也？"曰："仁人也，丘弗如。"

《尔雅》曰：太平之人仁。

《大戴礼》曰：君子执仁志，先行后言。千里之外，皆兄弟也。

《尚书考灵耀》曰："春行仁政，顺天之常。

《尚书大传》曰：子张曰："仁者何乐于山也？"孔子曰："夫山者，岿然高。""岿然高则何乐焉？""夫山，草木生焉，鸟兽蕃焉，财用殖焉。生财用而无私为，四方皆伐焉，每无私予焉。出云风以通乎天地之间，阴阳和合，雨露之泽，万物以成，百姓以飨，此仁者之所乐于山者也。”

又曰：周人以仁接民，而天下莫不仁。故曰文矣。言文王仁，故谓之文也。

又曰：舜不登而高，不行而远，拱揖于天下，而天下称仁。

又曰：《誓》可以观义，《五诰》可以观仁，《甫刑》可以观诫，《洪范》可以观度。

《韩诗外传》曰：仁道有四：仁者有圣，仁者有知，仁者有德，仁者有谦。

《史记》曰：帝尧其仁如天，其知如神。

又曰：孔子适周，问礼于老子，辞去。老子送之曰："吾闻富贵者送人以财，仁人者送人以言，吾不能富贵，窃仁人之号，送子以言。"

又曰：高祖仁而爱人，喜施，意豁如也。

《汉书》曰：何武为人仁厚。

《后汉书》曰：王莽末，虞延从女弟，年在孩乳，其母不能活之，弃于沟中。延闻其号声，哀而收之，养至成人。

范晔《后汉书》曰：刘宽，字文饶，弘农人，迁南阳太守。温仁多恕。吏人愆过，但用蒲鞭罚之，示辱而已。

又曰：宣秉所得俸禄，辄以收养亲族，其孤弱者，分与田地。自无担石之储。《前汉书音义》曰：齐人名小罂为担，今江淮人谓一石为一担。担音丁滥切。

《齐书》曰：虞愿为晋安太守，郡出蚺蛇，胆可用为药。有人饷愿，愿放之二十余里。一夜，蛇还，归床下。复送四十里，经还复故处，愿令人更送，迟明乃复归，如此再三。时以为仁义之心所致。

又曰：江泌，字士清，性行仁义。衣弊虱多，以绵裹致之。食菜不食心，以其有生意也。

崔鸿《后燕录》曰：赵秋，字子武，汲郡朝歌人也。轻财好施。邻人李玄度，母死，家贫无以葬。秋谓其兄曰："赴死生，救不足，仁之本也。家有二牛以与之。”玄度得以葬。他年，秋夜行，见一老母遗秋金一饼，曰：“子能葬我，是以相报。子五十已后当富贵不可言，勿忘玄度也。”

《老子》曰：大道废，有仁义。

《文子》曰：积惠重厚，使万物欣欣，乐其性者，仁也。

《庄子》曰：仁义，先王之蘧庐。蘧庐，犹傳舍也。可能一宿，而不可以久处。古人假道于仁，托宿于义。

《庄子》曰：义人利物之谓仁。

《曾子》曰：伯夷、叔齐，仁者也。

《鬻子》曰：除天下之害，谓之仁。

《孟子》曰：齐宣王问：“交邻国，有道乎？”对曰：“唯仁者能以大事小，故汤事葛伯，文王事昆夷。”

又曰：君行仁政，斯民亲其上而死其长矣。

又曰：当今之时，万乘之国行仁政，民之悦之，犹解倒悬也。

又曰：夫仁，天之尊爵，人之安宅。

又曰：为富不仁矣，为仁不富矣。

又曰：为天下得人谓之仁。

又曰：三代之得天下也，以仁；其失天下也，以不仁。国之所以废兴存亡者亦然。天子不仁，不保四海；诸侯不仁，不报社稷；卿大夫不仁，不保宗庙；士庶人不仁，不保四体。今恶死亡而乐不仁，是犹恐醉而强酒也，

又曰：仁则荣，不仁则辱。今恶辱而居不仁，是犹恶湿而居下。

又曰：仁之胜不仁，犹水之胜火。

《荀卿子》曰：仁、义、礼、善之于人，譬之若货、财、粟、米之于家也。多有之者富，少有之者贫，无有之者穷。

《尸子》曰：仁则人亲之，义则人尊之，智则人用之也。

又曰：文王四乳，是谓至仁。

《六韬》曰：仁之所在者，天下归之。

《吕氏春秋》曰：工尹他为荆使于宋，司城子罕觞之。南家之墙，雠于前不直；犹犨出。西家之潦，经其宫而不止。工尹他问其故。子罕曰："南家，二人也为鞔。鞔，履，一曰靸也。吾将徙之。其父曰：'吾将鞔以食三世矣。今徙，是宋国之求鞔者不可。吾将不食也。'是弗徙也。西家高，吾庳，潦之经吾宫也利，故弗禁也。"工尹他归荆，适攻宋，工尹他谏于荆王曰："宋不可攻。其主贤，其相仁。"故释宋攻郑。

《新序》曰：魏文侯曰："仁人者，国之宝也。国有仁人，则群臣不争。"

《姚信士纬》曰：孟轲驱世士于仁义之域，行者步中正之途。

《抱朴子》曰：仁者为政之脂粉，刑者御世之辔策。

《符子》曰：《春秋华林传》曰："不知不言，其所以仁。"

延笃《仁孝论》曰：夫仁之有孝，犹四体之有心腹，枝叶有本根。仁以枝叶疏为大，孝犹心体充实为先。

曹植《仁孝论》曰：且禽兽悉知爱其母，知其孝也。唯白虎麒麟称仁兽者，以其明盛衰知治乱也。孝者施近，仁者及远。

《逸士传》曰：高凤，邻里有争财斗者，兵刃相加，凤脱衣巾为叩头曰："仁义逊让，不可废也。"

《会稽典录》曰：陈嚣，字子公，山阴人也。同县车妪，年八十余，无子，慕嚣仁义，欲求寄命。嚣以车妪有财产，未敢便许。乃咨于长者，长者佥曰："其宜。"嚣遂迎妪，朝夕定省，如其所亲，出家财以供肴膳。妪以寿终。嚣殡敛毕，皆勉其奴，令守妪墓。财物付与妪内外，宗族衣国。不入殡者，以置椁中。制服三月。由是著名流称上国矣。

仁恻

周公曰：文王在鄗，召太子发曰："吾语汝，童牛不服，童马不驰，是谓大仁。"

《乐嘉耀稽》曰：仁者有恻隐之心，本生于木。仁生于木，故恻隐出于自然也。

《礼记·表记》曰：中心憯怛，爱人之仁也。

《左传·文下》曰：邾文公卜迁于绎。史曰："利于民而不利于君。"公曰："苟利于民，孤之利也。天生民而树之君，以利之也。民既利，孤必与焉。"左右曰："命可长也，君何弗为？"邾子曰："命在养民。死之短长，时也。民苟利矣，迁也，吉莫如之。"遂迁于绎。邾文公卒，君子曰："知命也。"

《家语》曰：孔子曰："启蛰不杀，方长不折，此高柴之行。"

《汉书》曰：汲黯，字长孺，濮阳人。河内失火，烧千余家，上使黯往视之。还报曰："家人失火，烧比屋，延烧，不足忧。臣过河内，贫人伤水旱万余家，父子相食，臣谨以便宜，持节发河内仓粟以赈贫民。请归节，伏矫制罪。"上贤而释之。

《东观汉记》曰：曹褒在射声营，舍有停棺不葬百余所，褒亲自履行，问其意故。吏对曰："此等多是建武以来绝无后者。"褒怆然，为买空地，悉葬其无主者，设祭以祀之。迁将作大匠。时疾疫，褒巡行病徒，为致医药，经理饘粥，多蒙济活。

又曰：锺离意辟大司徒侯霸府，诏部送徒侯诣河内，时冬寒，徒病不能行。路过弘农，意辄移属县使作徒衣，县不得已与之，而上书言状，意亦具以闻。上得奏，以见霸，曰："君所使掾何乃仁于用心？诚良吏也。"

又曰：赵喜为赤眉所迫，亡走，遇更始亲属，皆裸跣涂炭，饥困不能前。喜见之悲感，所装缣帛资粮，悉以与之。

又曰：吴佑，字季英，陈留人。迁胶东侯相，政唯仁简，以身率物。民有相争诉者，辄闭阁自责，然后断其讼，以道譬之。或身对闾里，重相和解。自是之后，争隙省息矣。

又曰：崔篆为建新大尹，班春。所至之县，狴狱填满，篆垂涕曰："嗟乎！刑罪不中，乃陷民于阱。此皆何罪，而至于是？"遂平理，所出二千余人。掾吏叩头谏曰："诚仁者之心，然独为君子，将有悔乎！"篆曰："杀一大尹赎二千人，盖所愿也。"遂称疾去矣。

谢承《后汉书》曰：韩韶，字仲黄，颍川人。韶为嬴长。嬴邻境岁饥，多被寇，废耕桑，其民流入县界，求索衣粮者众。韶愍其饥困，开仓赈之，所廪赡万余户。主者争谓不可。韶曰："长活沟壑之民，而以此伏罪，可含笑入地也。"

范晔《后汉书》曰：史弼，字公谦，陈留人。为平原相。时诏书下举钩党，郡所奏相连及者多至数百，唯弼独无所上。诏书责曰："青州六郡，其五有党，平原，弼何理而得独无？"弼曰："先王疆理天下，画界分境，水土异齐，风俗不同，他郡自有，平原自无，胡可相比？若望上司诬陷良善，淫刑监罚，以逞非理，则平原之民户可为党，相有死而已所不能也。"从事大怒，即收郡僚械送狱，遂奏弼。会党禁中解，弼以奉赎罪免，济活者千余人。

《英雄记》曰：刘翊，字子相，颖川人。迁陈留太守。出关数百里，见士大夫病亡道次。翊以马易棺，脱衣殓之。又逢知故困饥于路，不忍委去，因杀所驾牛以救之。众人止之，翊曰："视没不救，非志士！"遂俱饿死。

《晋中兴书》曰：刘麟之，南阳人，少有信义。去家百余里，有一独媪病，将死，叹息，谓人曰："谁当埋我，唯有刘长史耳！何由令知？"麟之先闻其有患，故往候之。值其命终，乃身为治棺，殡送之。其仁爱恻隐若此。

《会稽典录》曰：盛吉，字君达，山阴人。拜廷尉。吉性多仁恩，务在哀矜。每至冬月，罪当断，夜省刑状，其妻执烛，吉手持丹笔，夫妻相向垂泣。所当平决。若无继嗣，吉令其妻妾得入经营，使有遗类，视事十二年，天下称其有恩。

《列女传》曰：隽不疑母，仁而善教。不疑为尹，行县录囚徒还，其母辄问所平活几何人。即不疑多所平反，平其事，反死为生也。母喜笑，为饮食，言语异于他时；或无出，母怒，为之不食。由是故不疑为吏，严而不残。君子谓不疑母能以仁教子。

《孟子》曰：君子之于禽兽也，见其生不忍见其死，闻其声不忍食其肉。是以君子远庖厨也。

《孟子》曰：恻隐之心仁之端，羞恶之心义之端，辞让之心礼之端，是非之心知之端。人有四端，犹有四体也。

《庄子》曰：古公亶父居豳，狄人攻之。事之以皮帛而不受，事之以珠玉而不受，狄人所求者地。古公亶父曰："与人兄居而杀其弟，与人父居而杀其子，吾不忍也，子皆免居矣。为吾臣与为狄臣奚以异？且吾闻之，君子不以所用害所养。"因杖策而去，民相连而从之，遂成国于岐山之下也。

《尸子》曰：驸马共为荆使于巴，见担鸩者，问之："是何以？"曰："所以鸩人也。"于是请买之，金不足，又益之车马。已得之，尽注之于江。

《韩子》曰：仁者，谓其中心欣然爱人也。其喜人之有福，而恶人之有祸。

《世说》曰：桓车骑时，有陈庄者为府将，性仁爱，虽存行阵，未尝杀戮。

太平御览卷第四百二十 人事部六十一

义上

《释名》曰：义者，宜也。裁制事物使合宜也。

《说文》曰：义者，己之威仪也。

《易·下系》曰：理财正辞，禁民为非，曰义。

《礼记·经解》曰：除去天地之害，谓之义。

《尚书》曰：以义制事。

《左传·隐公》曰：君子曰："石碏纯臣也，大义灭亲。"

《论语·里仁》曰：君子喻于义，小人喻于利。喻，犹晓也。

又曰：君子之于天下，无适也，无莫也，义之与比。

又曰：见义不为，无勇也。

《史记》曰：赵朔将下军，娶晋成公姊为夫人。景公三年，屠岸贾欲诛赵氏。贾始有宠于灵公，至景公时，为司寇，将作难，乃治灵公之贼。韩厥告赵朔趋亡，朔不肯，曰："子必不绝赵祀，朔死不恨。"韩厥许诺，称疾不出。贾不请而擅攻赵氏于下宫，杀赵朔、赵同、赵括、赵婴齐，皆灭其族。赵朔妻成公姊，有遗腹，走公宫匿。赵朔客曰公孙杵臼，杵臼谓朔友人程婴曰："胡不死？"程婴曰："朔之妇有遗腹，若幸而男，吾奉之；即女也，吾徐死耳。"居无何，而朔妇免身，生男。屠岸贾闻之，索于宫中。夫人置儿裤中，祝曰："赵宗灭乎，若号；既不灭，若无声。"及索，儿竟无声。已脱，程婴谓公孙杵臼曰："今一索不得，后必索之，奈何？"杵臼曰："立孤与死孰难？"程婴曰："立孤难耳。"杵臼曰："赵氏先君遇子厚，子为其难者，吾为其易者，请先死。"乃谋取他人婴儿负之，衣以文葆，匿山中。程婴出，谬谓诸将曰："婴不肖，不能立赵孤。孰予我千金，吾告其处。"诸将皆喜，许之，发师随程婴攻公孙杵臼，杀之。诸将以为赵氏孤儿已死，皆喜。然赵真孤乃反在，程婴卒与俱匿山中。居十五年，晋景公疾，卜之，大业不遂者为祟。景公问韩厥，知赵孤在，乃曰："大业之后绝祀者，其赵氏乎？夫自中衍者皆嬴姓也。中衍人面鸟噣，降佐殷帝大戊及周天子，皆有明德。下及幽、厉无道，而叔带去周适晋，事先君文侯，至于成公，世有功德，未尝绝祀。今吾君独灭赵宗，国人哀之，故见龟策。唯君图之。"景公问："赵尚有后乎？"韩厥具以实告。景公乃与韩厥谋立赵孤儿，召而匿之宫中。诸将入问疾，景公因韩厥之众以胁诸见赵孤。赵孤名武。诸将不得已，乃曰："昔下宫之难，屠岸贾为之，矫以君命，非然，孰敢作难！微君之疾，群臣固且请立赵后。今君有令，群臣之愿也。"于是召赵武、程婴遍拜诸将，诸将遂反与赵武、程婴攻屠岸贾，灭其族。复与武田邑如故。及赵武冠，为成人，程婴乃辞诸大夫，谓赵武曰："昔下宫之难皆能死。我非不能死，我思立赵氏之后。今赵武既立，成人复故位，我将下报宣孟与公孙杵臼。"赵武啼泣顿首固请，曰："武愿苦筋骨以报子至死，而子忍去我死乎？"程婴曰："不可。彼以我为能成事，今不报为不成。"遂自杀。赵武服齐衰三年，为之祭邑，春秋祠之，世世勿绝。

又曰：项王已死，楚地皆降汉。独鲁不下，汉乃引天下兵欲屠之。为其守礼义，主死节，乃持项王头示鲁，父兄乃降。即以鲁公礼葬项王。

又曰：乐毅去燕之赵，赵王欲图燕。毅泣曰："臣事昭王犹事大王，若获戾施在他国，终身不敢谋赵之徒隶，况燕昭王后嗣乎？"

又曰：栾布，梁人也。彭越为家人时，常与布游。及汉诛彭越，夷三族，枭首雒阳下，诏曰："有收视者，辄捕之。"布时为越使齐还，奏事彭越头下，祠而哭之。吏捕以闻，上召骂布："若与彭越反耶？吾禁人勿收，若独祠而哭之，与反明矣。趣烹之。"方提趣汤，布顾曰："愿一言而死。"上曰："何言？"布曰："方上之困彭城，败荥阳、成皋间，项王所以不能遂西，徒以彭王居梁地，与汉合从苦楚也。当是之时，彭王一顾，与楚则汉破，与汉则楚破。且垓下之会，微彭王，项氏不亡。天下已定，彭王剖符受封，亦欲传之万世。今汉一征兵于梁，彭王病不得从，而疑以为反。反形未见，以苛细诛之，臣恐功臣人人自危。今彭王已死，臣生不如死，请就烹。”上乃释布，拜为都尉。

《汉书》曰：楼护有故人吕公，无子，归护托身。护与吕公及妻与吕妪同食。护妻子颇厌吕公。护闻之，流涕责子曰：“吕公以穷老托身于我，义所当奉。”遂养吕公终身。

又曰：卫青日衰而霍去病日贵。青故人门下，多事去病辄得官爵，唯独任安不去。

又曰：卜式，河南人，初以田畜为事。弟奇，忽请于式，欲分财异居。式便脱身出，唯取羊百头，遂入山放牧。经十余年，十倍于初，却买田宅居焉。弟奇悉破其产矣，式辄复分与之。

《续汉书》曰：李固被诛，梁冀乃露固尸于四衢，令有敢临者加其罪。固弟子汝南郭亮，年始成童，左提章钺，右秉鈇锧，诣阙上书，乞收固尸，不许，因往临哭，陈辞于其前，遂守丧不去。夏门亭长呵之，亮曰：“亮含阴阳气以生，戴乾履坤。义之所重，岂知生命，何为以死相惧？”太后闻而不诛，乃听得襚敛归葬之。

又曰：梁冀讽有司劾杜乔，遂执系之，死狱中，与李固俱暴尸于城北，家属故人莫敢视者。乔故掾陈留杨匡闻之，号哭星行到洛，托为夏门亭吏，守卫尸丧，驱护蝇虫。都官从事执之以闻，太后义而不罪。匡于是带鈇锧上书诣阙，乞杜、李二公骸骨。太后许之。成礼殡殓，送乔丧还家，葬送行服，隐匿不仕。

又曰：袁忠子秘为郡门下议生。黄巾起，秘从太守赵谦击之，军败。秘与功曹封观等七人以身捍刃，皆死于阵，谦以得。诏复秘等门闾，号曰七贤。

又曰：陈蕃既被害，友人陈留朱震时为铚令，闻而弃官哭之。收葬蕃尸，匿其子逸于甘陵界中。事觉，系狱，合门桎梏，震受拷掠，誓死不言，故逸其得免。

又曰：史弼迁河东太守，断绝书属。中常侍侯览遣诸生赍书请之，并求假盐税。弼大怒，乃付安邑狱拷杀之。览遂诈作飞章，下司隶诬弼诽谤，槛车征。前孝谦魏劭，毁变形服，诈为家僮，瞻护于弼。弼遂受诬事，当弃市，劭与同郡人卖郡邸行赂于览，得减死罪一等，论输左校。时人或讥曰："平原行货免君，无乃甚乎？"陶丘洪曰："文王羑里，闳散怀金，史弼遭患，义夫献宝，亦何疑焉。"议者乃息。

又曰：李燮，字德公。初，李固既策罢，知不免祸，乃遣三子归乡里，时燮年十三。有顷难作，下郡收固三子，二兄受害，燮姊文姬乃告父门生王成曰："今委君以六尺之孤，李氏存灭，其在君矣。"成乃将燮入徐州界中，变名姓为酒家佣，而成卖卜于市，阴相往来。梁冀既诛而灾眚屡见。明年，史官上言宜有赦令，又当存录大臣冤死者子孙，于是求固后。燮乃以本末告酒家，酒家具车重厚遣之。后王成卒，燮以礼葬之，感伤旧恩，每四节为设上宾之位而祠焉。

又曰：李膺门生皆禁锢，侍御史景毅子实为膺门徒，未有录牒，故不谴。毅慨然曰："本谓膺贤，遣子师之，岂可以漏脱名籍，苟安而已！"遂自表免归，时人义之。

后汉段颎讨羌，凉州刺史郭闳贪其功，稽留颎军。义从者日役久，恋乡，悉反叛于闳，罪归颎，颎坐征，下狱，输左校。羌凉覆没营场，吏人守门讼颎，诏问状，颎谢罪，不敢言枉，京师称之为长者焉。

又曰：雷义，字仲翁，为尚书郎。同时郎坐事当居刑，义默自表取罪论免。同台郎觉之，委位白上，乞赎义罪。顺帝皆除其罪。

《东观汉记》曰：杜林弟成物故，隗嚣乃听林持丧东归。既遣而悔，追令刺客杨贤于陇遮杀之。贤见林身推鹿车，载致弟丧，乃叹曰："当今之世，谁能行义？虽小人，何忍杀义士。"乃亡去。

又曰：鲍永，字君长，为司隶校尉，行县到京兆灞陵，过更始冢，引车入陌，欲下，从事谏止之，永曰："亲北面事人，过其墓，虽以获罪，司隶不辞也。"遂下车，哭尽哀。西至右扶风，椎牛上苟谏冢。上问公卿曰："奉使如此，何如？"时太中大夫张堪对曰："仁者百行之宗，忠者礼义之至也。仁不遗旧，忠不忘君，行之高者也。"上悦。

又曰：肃宗崩，廉范奔赴敬陵。时庐江郡严麟奉章吊国，俱会于路。麟乘小车，途深马死，不能自进。范见而愍然，命从骑下马与之。不告而去。麟事毕，不知马所归，缘路访之。或谓麟曰："故蜀郡太守廉叔度，好周人穷，今奔国丧，当是耳。"麟亦素闻范名，以为然，即牵马造门，谢而归之。世伏其好义。

又曰：李善，字次孙，南阳人，本同县李元苍头。建武中疫疾，元家相继死没，唯孤儿续始生数旬，而有资财千万。诸奴婢私共计议，欲谋杀续，分财产。善乃潜负续逃亡，隐山阳瑕丘界中，亲自哺养，乳为生续。孩抱奉之不异长君，有事辄长跪请白，然后行之。闾里感其行，皆相率修义。续年十岁，善与归本县，修理旧业，告奴婢于长吏，悉收杀之。时锺离意为瑕丘令，上书荐善行状。

又曰：索卢放，字君阳，东郡人。署门下掾。更始时，使者督行郡国，太守有事，当斩。放前对曰："方今天下苦王氏之虐政，戴仰汉德。传车所过，未闻恩泽，而斩郡守，恐天下惶惧，各自疑也。使有功不如使有过。"遂解衣而前，愿代太守斩，使者义而赦之，由是显名。

又曰：魏谭，字少闻，王莽末，政乱，盗贼起，人民相食。谭为夷所得，等辈数十皆缚束，当稍就啖。见谭貌谨敕，独放，令主炊养。有夷长公哀谭，谓曰："汝曹皆当以次死，哀纵汝，急宜去。"谭不肯去，叩头曰："我常为诸君主炊养，食馨肉肌香，余皆菜食，羸瘦，肉腥臊不可食，愿先等辈死。"长公义之，即相谓此儿有义，可哀纵也。贼遂皆放之，数十人皆得脱。

又曰：更始即位，舞阴大姓李氏拥城不下。更始遣柱天将军李宝降之，不肯。云："闻宛之赵氏有孤孙喜，信义著闻，愿得降之。"更始征喜，使诣舞阴李氏，遂降。

又曰：桓典，字公雅，举孝廉为郎中。居无几，国相王吉以罪被诛，故人亲戚莫敢至者。典独弃官帐敛归葬，服丧三年，负土成坟，为立祠堂，尽礼而去。

又曰：刘平，字公子，楚郡人。更始时，天下乱，平弟仲为贼所杀。其后贼忽然而至，平扶侍其母，奔走逃难，抱仲遗腹女而充其子。母欲还取之，平不听，曰：“力不能两活。仲不可以绝类。”遂去不顾，与母俱匿野泽中。平朝出求食，逢饿贼，将烹之，叩头曰：“今旦为母求菜，老母等归为命，愿得归，食母毕，还就。”因涕泣，贼哀而遣之。平还，食母讫，因白曰“属与贼期，义不可欺。”遂还诣贼。众皆大惊，相谓曰：“常闻烈士，今乃见之。去矣，吾不忍食子。”于是得全。

又曰：汝南王琳，字巨尉，年十余岁。弟季出，遇赤眉贼，将为所哺。琳自缚，请先季死，贼矜而放遣。

谢承《后汉书》曰：天下乱，人相食。赵孝弟礼，为饿贼所得。孝闻之，即自缚诣贼曰：“礼久饥羸瘦，不如孝肥饱。”贼大惊，放之。谓曰：“可归！更持米糒来。孝求不能得，复往报贼，愿就烹。众异之，遂不害。”

又曰：姜肱，字伯淮，彭城人。肱与二弟仲海、季江，俱以孝著闻。肱尝与季江谒郡，夜于道遇盗，欲杀之。兄弟争死，贼遂两释，但夺衣资。既至郡中，见肱无衣，怪问，肱托以他辞，终不言盗，盗闻而感悔，后乃就精庐，求见征君，肱与相见，皆叩头谢罪，而还所略物。肱不受，劳以酒食而遣之。

又曰：刘翊，字子相，陈国人也。张季礼尝吊师丧。大冰寒，车毁牛病，不能进，罢曳道路。翊行于汝南界中逢之，素与疏阔，下马与语，便推所乘牢车强牛与之，供其资粮，不告姓名。

又曰：梁国车章为县功曹令。黄拳为人所诬，章证其无罪，当下笔立辞，乃以斧斫右手五指，闭口死狱中。

又曰：会稽戴就为郡仓曹掾，太守为州所奏，见收，持吏以鉄针刺手爪中，使以把土，就十爪皆堕地，终无挠辞。

又曰：张俭为东部督邮。时中尝侍侯览，残暴百姓。俭举劾览，遏绝章奏，并不得通。遂上书告俭与同郡二十四人为党，俭得亡命，止李笃家。外黄令毛钦操兵到门，笃引钦谓曰：“张俭知名天下，而亡非其罪。纵俭可得，宁忍执之乎？”钦因起抚笃曰：“蘧伯玉耻独为君子，足下如何自专仁义？”笃曰：“笃虽好义，明延今日载其半矣。”钦叹息而去。

又曰：彭修，州辟从事。时贼张子林等数百人作乱，修与太守俱出讨贼，贼望见车马，竞交射之，飞矢雨集。修以身障捍太守，而为流矢所中死，太守得全。贼素闻其恩信，即杀弩中修者，余悉皆降散。言曰："自为彭君故降，不为太守服也。"

《魏志》曰：阎温，字伯俭，天水西城人，守上邽令。马超奔上邽，郡人任养举众迎之。温止之，不能禁，乃驰还州。超复围州甚急，乃遣温密出，告急于夏侯渊。贼围数重，温夜从水中潜出。明日，贼见其迹，遣追逐，得之。执温还诣超，解其缚，谓曰："今成败可见，若从吾言，反谓城中东方无救，此转祸为福之计也。不然，今为戮矣。"温伪许之，超乃载温诣城下。温向城大呼曰："大军不过三日至，勉之！"超怒数之曰："足下不为命计耶？"温曰："夫事君有死无贰，而公乃欲令长者出不义之名，吾岂苟生者乎？"超遂杀之。

又曰：董卓迁帝长安，幽州牧刘虞署田畴为从事，奉使得报，驰还，未至，虞已为公孙瓒所害，畴至，谒祭虞墓，陈发章表，哭泣而去。瓒闻之大怒，购求获畴，谓曰："汝何哭刘虞墓，而不送章报于我？"畴答曰："汉室衰颓，人怀异心，唯刘公不失忠节。章报所言，于将军未美，恐非所乐闻，故不进也。且将军方举大事，以求所欲，既灭无罪之君，又仇守义之臣，诚行此事，则燕、赵之士将皆蹈东海而死，岂忍从将军者。"瓒壮其对，不诛。

又曰：初，济阴王思与梁习俱为西曹令史。思直日白事，失太祖旨。太祖大怒，教召主者，将如重辟。时思近出，习代往对，已被收执，思乃驰还，自陈己罪，罪应受死。太祖叹息之，不言，嗟思之识分，曰："何意吾军中有士二人乎？"

又曰：牵招，字子经。袁绍辟为督军从事，绍卒，又事子尚。后，辽东送袁尚首，悬在马市，牵招睹之悲感，设祭头下。太祖义之。

又曰：庞淯字子异，初以凉州刺史从事守破羌长，会武威太守张猛反，杀刺史邯郸商，猛令："敢有临商丧，死不赦。"淯闻之，弃官，昼夜奔走，号哭丧所讫，诣猛门，怀匕首，欲因见以杀猛。猛知其义士，敕遣不杀，由是以忠烈闻。

《魏略下》：脂习除大医令，与孔融亲善。会融被诛，当时许中与融善者，莫敢收恤，而习独往，抚而哭之曰："文举卿舍我而死，复当与语者。"哀叹无已。太祖收习欲理之，寻以其事直见原。

《蜀志》曰：曹公东征，擒关羽以归，拜为偏将军，礼之甚渥。曹公壮羽为人，而察其无久留意，谓张辽曰："卿试以情问之。"辽以问羽，羽叹曰："吾极知曹公待我厚，然吾受刘将军恩，誓以共死，不可背之，吾终不留。吾要当立效以报曹公，而后乃归。"辽以羽言报曹公。公曰："事君不忘其本，天下义士也。度何时去？"辽曰："受公恩必效力而后去也。"及羽杀颜良，曹公知其必去，重加赏赐。羽拜书告辞而奔先主，左右欲追之。曹公曰："彼为其主，勿追也。"

《吴志》曰：陆瑁同郡徐愿，居会稽，素不相识，临死遗瑁书，托孤。瑁为起坟，收导其子，养之。

王隐《晋书》曰：邓攸遭石勒乱，负母妻行入草，遇贼失牛马。攸语其妻："吾弟早亡，唯有遗民，今当步担两儿，便当尽死，不如自弃儿，抱遗民，吾后犹当有儿。"妇乃从之。

又曰：赵王伦害张华之时，洛中震悚。唯阎缵诣东市，号哭吊尸，而抚之曰："早语君逊位，而不肯去，今果不免祸。"

干宝《晋纪》曰：宣王讨王陵，发令狐遇冢，暴尸。兖州武吏东平马隆托庐三年，种植松柏。一州之士愧之。

《汉晋春秋》曰：文王诛锺会，为功曹向雄收葬。王召而责之。雄曰："昔先王掩骸埋胔，仁流枯骨，当时岂先卜其功罪而后葬哉！今王诛既加，于法已备，雄感义收葬，法教无阙，法立于上，教弘于下，以此训物，雄曰可矣，何使雄背死违生，以立于时？殿下仇忿，枯骨捐之中野，百岁之后，为臧获所笑，岂仁贤所掩哉！"王悦，与宴谈而遣之。

《三十国春秋》曰：成都王颖御长沙王乂于建春门，陆机败，遁走。颖诛机及弟云，夷三族。机，吴人，而在宠族之上，人多恶之。成都王嬖人孟玖，素不快于云，及机建门之败，机众多丧。牵秀谮之于颖，言机持两端，孟玖复构之于内，使牵秀斩机。初，机之专征，请孙承为后军司马，至是收承下狱，考捶数百，两髁骨见，终言机冤。吏知承义烈，谓承曰："二陆之痛，谁不知枉？君何不爱身？"承仰天曰："陆君兄弟，世之奇士，有顾于吾，吾危不能济，死复相诬，非吾徒也。"乃夷三族。承门人费慈自诣颖，明承之冤。承喻之曰："吾唯不负二陆，死自吾分，卿何为尔邪？"慈曰："仆又安负君而求生乎？"固明承冤，玖又疾之，亦并见害。

太平御览卷第四百二十一　人事部六十二

义中

《晋书》曰：郗鉴，字道徽，高平金乡人，汉御史大夫虑之玄孙。初，鉴值永嘉丧乱，在乡里穷馁，乡人以鉴名德，传共饴之。时兄子迈、外生周翼并小，常携之就食。乡人曰："各自饥困，以君贤，欲共相济耳，恐不能兼有存。"鉴于是独往，食讫，以饭着两颊边，还吐与二儿，后并得存，同过江。迈位至护军，翼为剡县令。鉴之终也，翼追扶育之恩，解职而归，席苫心丧三年。

又曰：颜含有孝行。兄畿服药多，死于医家。含迎归，开棺复生。母妻家人日益勤倦，含弃官侍兄，疾十三年，曾无劳怠。

又曰：颜含嫂病困，须蚺蛇胆不能得，含忧叹累日。忽有一童子持青囊授含，乃蛇胆也。童子忽化为青鸟飞去。

何法盛《晋中兴书》曰：纪瞻，字士远。历阳太守沛国武嘏，临亡，以家后不立，遂手书寄托，瞻悉迎接，为居宅，衣食取足，有若骨肉。少与陆机兄弟亲善，机一门被诛，瞻复相营恤，机女吻嫁之。由是士称其笃义。

《宋书》：龚颖，遂宁人也。少好学，益州刺史毛璩辟为劝学从事。璩为谯纵所杀，故佐吏并逃亡，颖号哭奔赴，殡送以礼。纵后设宴延颖，不获已而至，乐奏，颖流涕起曰："北面事人，亡不能死，何忍举觞闻乐，蹈迹逆乱乎？"纵大将谯道福引出，将斩之。道福母即颖姑也，跣出救之，救免。及纵僭号，备礼征，又不至，乃胁以兵刃，执志弥坚，终无回改，至于蜀平，遂不屈节。

又曰：张进之，永嘉安固人也。为郡中大族。少有志行，历五官主簿，永宁、安固二县领校尉。家世富足，经荒年散财，救赡乡里，遂以贫罄，全济者多。太守王味之有罪当见收，逃避进之，供奉经时，尽其诚力。味之尝避地堕水沉没，进之投水拯救，相与沉沦，危而得免。时劫掠充斥，每入村抄暴，至进之门，辄相约勒，不得侵犯，其义信所感如此。

又曰：孙棘，大明五年，发三五丁，弟萨应充行，坐违期不至，棘自诣郡辞，引已为家长，令弟不行，罪当在已，乞以身代。萨应又辞自引。太守张岱疑其不实，以棘、萨各置一处。报云："听其相代。"颜色庄悦，甘赴死焉。棘妻许氏又寄语嘱夫曰："君当门户，岂可委罪小郎。且大家临亡，以小郎嘱君，今竟未婚娶，家道不立，君已有三子，死复何恨。"岱依事表上，孝武帝诏特原罪。

又曰：蔡廓，字子度。事兄轨如事父，家内大小，咨而后行。公私赏赐，一皆纳轨，有所咨，须就典者请之。曾从武帝在彭城，妻郗氏书求夏服，时轨为给事郎中。廓答曰："知须夏服，给事自应相供，无庸别寄。"

崔鸿《十六国春秋·前赵录》曰：江都王延年，年十五丧二亲，奉叔父孝闻。子良孙及弟从子为唊人贼所掠，延年追而请之。贼以良孙归延年，延年拜请曰："我以少孤为叔父所养，此叔父之孤孙也，愿以子易之。"贼曰："君义士也。"免之。

又《后赵录》曰：石勒谓右长史张宾曰："邺，魏之旧都，吾将营建，可任也？"宾曰："晋故东莱太守赵彭，忠亮笃敏，将军若任之以邺，必能允副神规。"勒于是征拜魏郡太守。彭至泣而辞曰："臣往曾策名晋室，食其禄矣，且受人荣宠，复事二姓者，臣志所不为，且岂愚臣之狷志，恐亦明公之所不许。有死而已，未敢闻命。若赐其余年，全臣一介之愿者，则明公大造也。"于是赐安车驷马，养以卿秩。

又《蜀志》曰：李安，字武龙，少养外家罗氏。玄康八年，避地入蜀，从李特征伐，以勇烈闻。李骧引为帐下督，数有战功，甚信爱之。罗尚之遣隗伯攻郫也，骧逆战不利，被伤落马，卧未能起，士众皆散。唯安与任回在左右。伯从数千骑来，叱安曰："罗武龙吾所取有人，卿宜避我。"安瞋目呵之曰："吾不相与。"因前马刺之，伯逡巡而退。

又《前凉录》曰：张世度，敦煌人，幼以孝让著称。游学京师，遇中州大疫，乡人宗族死于京师数十人。世度年十六，收恤殡葬，识者嘉之。

吴均《齐春秋》曰：上不豫南康王緗于弟赐死，独江泌守尸，昼夜号泣，悲动路人。于时，诸王并见诛剪，故旧无敢瞻看，唯泌及衡阳王子浚，侍读严植，各为营理丧事，时人高其节。泌字士清，济阳人也。

《后魏书》曰：阳固，字敬安，北平无终人。性俶傥，不拘小节，博览篇籍，有文才。清河王怿辟太尉从事中郎。怿为玄乂所害，朝野震悚。诸子及门生僚吏莫不虑祸，隐避不出。固独诣丧所，尽哀恸哭，良久乃还。仆射游肇闻而叹曰：“虽栾布、王修何以尚也。”

《唐书》曰：李密既降，徐勣尚守黎阳仓，谓长史郭恪曰：“魏公既归于唐，我士众土地皆魏公之有也。吾若上表献之，即是自邀富贵，吾所耻也。今宜具录以启魏公，听公自献，则魏公之功也。”及使者至，高祖无表，甚怪之。使者具以闻，高祖大悦曰：“徐勣感德推功，真忠臣也。”即授黎州总管，赐姓李氏。

又曰：李纲孙安仁，永徽中为太子左庶子。属太子被废，归于陈邸，宫僚皆逃散，无敢辞送者。安仁独涕拜辞而去，朝野义之。后卒于恒州刺史。

又曰：王义方，泗州涟水人也。少孤贫，事母甚谨，博通五经，而謇傲独行。初举明经，因诣京师。中路逢徒步者，自云：“父为颍上令，闻病笃，倍道将往焉，徒步不前，计无所出。”义方以所乘马与之，不告姓名而去。

《老子》曰：大道废，有仁义。

又曰：失道而后德，失德而后仁，失仁而后义，失义而后礼。

《文子》曰：世治则以义卫身，世乱则以身卫义。

又曰：体君臣，正上下，明亲疏，存危国，继绝世，立无后者，义也。

《墨子》曰：墨子之齐，遇故人。故人曰：“今天下莫为义，独子为义，不若已。”墨子曰：“今有子十人，一人耕，九人处。耕者不可以不急，何则？食者众而耕者寡也。今天下莫为义，子宜劝我，何以止我！”

又曰：世俗君子视义士不若视负粟者，今有人负粟，息于路侧，欲起而不能。君子见之，无长少贵贱，必起之，何也？曰：义也。今为义之君子，奉承王之道以语之，纵不悦而行，又从而非毁之，则是世俗之君子之视义士也，不若视负粟者。

《列子》曰：桀纣唯重利而轻道，是以亡。人而无义，唯食而已，是鸡狗也。强食磨角，胜者为利，是禽兽也。为鸡狗禽兽，而欲人之尊已，不可得也。

《孟子》曰：鱼我所欲，熊掌亦我所欲，二者不可兼，舍鱼取熊掌；生亦我所欲，义亦我所欲，二者不可得兼，舍生取义。

孙卿子曰：仁、义、礼、善之于人也，譬之货、财、粟、米之于家也，多有之者富，少有之者贫，至无有者穷。

《六韬》曰：义之所在，天下归之。

《尸子》曰：贤者之于义，曰贵乎？义乎？曰：义！是故尧以天下与舜。曰富乎？义乎？曰：义！是故子罕以不受玉为宝。曰生乎？义乎？曰：义！故务光投水而殪。三者，人之所重，而不足以易义。

又曰：十万之军无将军，必大乱。夫义，万事之将也。国之所以立者，义也；人之所以生者，亦义也。

又曰：莒有石焦原，广数寻，长五十步，临百仞之溪。有以勇见莒公者，却行剂踵焉。莒国莫之敢近，已独剂踵焉，所以服莒国也。夫义之为焦原也，亦高矣。是故贤者之于义也，必且剂踵焉，所以一世也。

《韩子》曰：义者，君臣上下之礼，父子贵贱之差也。

《贾谊书》曰：齐桓公之始霸，翟人伐燕，桓公为燕北伐翟至孤竹。桓公归，燕君送于齐地百六十里，问于管仲曰："礼，诸侯相送，固出境乎？"管仲曰："非天子不出境。"公曰："然则燕君畏而失礼也，寡人恐后世以寡人为能存燕而欺之也。"乃令燕君旋车，割燕君所至而与之。诸侯闻桓公之义，而皆服之。

《淮南子》曰：君子非义无以生，失义则失其所以生；小人非嗜欲无以活，失嗜欲则失其所以活。故君子惧失义，小人惧失利。

《盐铁论》曰：阻险不如阻义也。

《说苑》曰：白公胜既杀令尹司马，欲立王子闾以为王。王子闾不肯，劫之刃。王子闾曰：“见国灭而志王，不仁；劫白刃而失义，不勇。吾虽死不予从也。”白公强之不可，遂缢而杀之。

《新序》曰：白公之难，楚人有庄善者，辞其母曰：“充其亲而死其君，可谓义乎？”庄善曰：“吾闻事君者，内其禄而外其身；今所以养母者，君之禄也，身安得无死乎？”遂辞而行。比至公门，三废车中，其仆曰：“子惧矣，何不及乎？”庄善曰：“惧者，吾私也；死君，公义也。吾闻君子不以私害公。”遂刎到而死。

《风俗通》曰：巴郡太守太山任望，字伯闓，为司徒掾。同产弟子，杀人系狱。望自劾去，星行电征，便道诣府，露首肉袒，辞谢太守。李固请与相见，望顿头流血，自说弟薄命早亡，以遗孤为托，望失义方之教，自陷罪恶。息男国既豫知情，幸有微胤，乞以代之。言甚哀切，李公于是原活出之。

又曰：俗说齐人有空车行，鲁人有负釜者，便持釜置车中，行二百里，临别取釜，不相问，亦不谢。后车家系狱当死，釜主径往篡之，穿壁未达，曰：“极哉！”车者怒，不肯出。釜主惭，欲俱死。明日，主者以事白齐君，齐君义而原之。

《说苑》曰：子路曰：“不能甘勤苦，不能恬贫穷，不能轻死亡，而曰我行义，吾弗信也。”

又曰：燕昭王使乐毅伐齐，闵王亡。燕之初入齐也，闻盖邑人王歜贤，令军曰：“环盖邑三十里，毋入。”以歜之故。已而，使人谓歜曰：“齐人多高子之义，吾以子为将，封子万家。”歜固谢。燕人曰：“子不听，吾引三军而屠盖邑。”王歜曰：“忠臣不事二君，贞女不更二夫，齐王不听吾谏，故退而耕于野。国既亡，吾不能存，今又劫之以兵，为君将，是助桀为暴也。生而无义，固不如烹。”遂悬其脰树枝，自奋绝脰而死。齐士大夫闻之曰：“王歜布衣犹不背齐向燕，况在位食禄者乎？”乃相聚如莒，求诸公子，立为襄王。

又曰：左儒友于杜伯，皆臣周宣王，宣王将杀杜伯而非罪也。左儒争之于王，九复之而王不许也。王曰：“别君而异友，斯汝也。”左儒对曰：“臣闻之，君道友逆则顺君以诛友；友道君逆则率友以违君。”王怒曰：“易而言则生，不易而言则死。”左儒对曰：“臣闻古之士不枉义以从邪，不易言以求生，故臣能明君之过以死杜伯之无罪。”王杀杜伯，左儒死之。

《说苑》曰：佛肸以中牟县叛，设禄邑炊鼎，曰：“与我者受邑，不与我者烹。”中牟之士皆与之。城北余子田基独后至，祛衣将入鼎，曰：“田基之义，轩冕在前，非义不乘，斧钺于后，义死不避。”遂祛衣将入鼎。佛肸止之。赵简子屠中牟，得而取之。论有功者，用田基为始。基曰：“吾闻廉士不耻人，如此受中牟之功，则中牟之士终身惭矣。”遂襁负其母南徙于楚，楚王高其义，待以司马。

《新序》曰：白公胜拔剑而属之于屈卢曰：“子与我将舍之，不与我将杀之。”屈卢曰：“吾闻之，知命之士见利不动，临死不恐，为人臣者，时生则生，时死则死，是谓之礼。故人上知天命，下知人臣之道，其有可劫乎？子不推之。”白公胜乃入其剑。

《汝南先贤传》曰：王恢，字仲通。太守郭纡同为主簿。诏书发筋角，纡亲里，竟辜较之。恢谏纡曰：“明府为藩屏大臣，事当从公，听恣私曲，何以为治？”纡不从。有告言之者，诏书案问，事当传考。纡见恢曰：“太守负君，今当何以图之？”恢曰：“明府不须为忧。明府年六十，恢年七十，先明府生十有余年，不于今日效命，将复何有？”遣诣考所，自引受罪，言太守不知之。因郁气不食而死，郡以无事。

《广州先贤传》曰：尹牙，字猛德，合浦人。太守南阳终宠忧见颜色，常用怪焉。牙造膝伏见：“明府四节悲叹，有惨瘁之思者，何也？”宠曰：“父为周张所害，重仇未报，是以长愧也。”牙乃佣仆自贬，吏役而至于宛陵，与张校圉交通，竭节于张，伺其间隙，出入三年。乃先醉张左右近侍，以夜解纵诸马，令之乱骇，张果出，问其故，牙因手刃张首而还。

《楚国先贤传》曰：应余，字子正，为郡公曹。是时，吴蜀不宾，山民背叛，余与太守东里衮逃窜得出。贼便射衮，余以身当箭，被七疮。因谓贼曰："我以身代君，已被重疮，若身死君全，殒殁无恨。"因仰天号泣，涕血俱下如雨。贼见其义烈，释衮不害。

《会稽典录》曰：张京从戎西州，军罢还归，各给车牛。京同里寡母与三子从军，子各物故，见京还，不能自致，悲伤歔欷。京以载之，牛羸道死，京入辕引轭，妻子单步。

又曰：孟英，字公房，上虞人，为郡掾史。王凭坐罪，未应死。太守下县杀凭，凭家诣阙称冤。诏书下州检拷，英出定文书，悉著英名，楚毒惨至，辞色不变。言："太守病，不关众事。英以冬至日入占病，因窃印以封文书，下县杀凭，非太守意也。"系历冬夏，肉皆消烂，遂不食而死。

《豫章志》曰：龚硕，字显先，为下江督邮。太守会稽谢斐获罪，于时大皇帝幸寻阳，硕乃具作章陈斐事，候大驾于道，叩头流血。时大风寒雪之后，血流成冰。上乃为之住驾省章，斐事见理。

繁钦《丘俊碑》曰：故右扶风都尉主簿有者，从都尉讨叛胡，官兵败绩，卒伍奔散。都尉临阵堕马，俊于是下马授甲，以身御寇，遂臻致死战场。都尉乘俊马得免。

《桂阳先贤画赞》曰：朱阳罗陵，果而好义。郡汲府君为州章。陵被掠拷，参加五毒，援刀截舌，以着盘中，献之廷尉，群公义之，事得清理。

《会稽先贤传》曰：陈业，字文理。郡守萧府君卒，业与书佐鲁双率礼送丧。双道溺于水，业因掘泥扬波，摇出其尸。又业兄度海，复见倾命，时同依止者乃五六人，骨肉消烂而不可记别。业仰皇天，誓后土，曰："闻亲戚者，必有异焉。"因割臂流血，以洒骨上，应时得血住，余皆流去。

《续齐谐记》曰：田真兄弟三人，家巨富，而殊不睦。忽共议分财，金银珍物各以斛量。田业生资平均如一，唯堂前一株紫荆树，花叶美茂，共议欲破为三，人各一分，待明就截之。尔夕，树即枯死状，火燃，叶萎枝摧，根茎焦悴。真至，携门而往之，大惊，谓语弟曰：“树本同株，闻当分析，所以焦悴，是人不如树木也。”因悲不自胜，便不复解树，树应声，遂更青翠，华色繁美。兄弟相感，更合财产，遂成纯孝之门。真以汉成帝时为太中大夫。

《西京杂记》曰：曹敞在吴章门下，时辈谓敞好斥人过，为轻薄，世人皆以为然。及章后为王莽所杀，门生无敢收葬者，皆更易姓名以从他师。敞时为司徒掾，独称章弟子，收而葬之。方知谅直者不见容于凡辈矣。平陵人生立敞碑于吴墓，在龙首山南岭上。

《汝南先贤传》曰：阚敞，字子张，平舆人。仕郡，为五官掾。时太守第五常被征，临发仓卒，有俸钱百三十万留付敞。敞埋着堂上，遂遭世仓卒，道路断绝。敞年老饥羸，其妻曰：“第五府君所寄钱，可取自给，然后偿之。”敞曰：“吾穷老，何明当有用故君之财耶！道通当送，饥寒何损？”常举门遭疫，妻子皆死。常病临困，唯有孤孙，年九岁，常谓之曰：“吾寄故五官掾平舆阚敞钱三十万。”气遂绝。后孙年长大，步担至汝南问敞，敞见之悲喜，与共临发阱，钱乃百三十万。孤孙曰：“亡祖临终，言有三十万耳，今乃百三十万，不敢当也。”敞曰：“府君病困气索，言谬误耳。郎无疑也。”

《傅子》曰：太祖既诛袁谭，枭其首，令曰：“敢有哭之者，戮及妻子。”于是王叔治、田子泰相谓曰：“生受辟命，亡而不哭，非义也；畏死亡义，何以立世？”遂告其首而哭之，哀动三军。军正白行其戮，太祖曰：“义士也，赦！”

刘彦明《敦煌实录》曰：童巽，字文举，学有才。太守京兆谅举巽上掾，历主簿功曹。谅卒官，巽衰绖送丧，道遇寇虏，众皆散走，巽身蔽柩，哭呕血。贼欲破棺，巽叩头救请，头破血流。贼义释之，由是显名。

太平御览卷第四百二十二 人事部六十三

义下

《战国策》曰：孟尝君出记，问门下诸客："谁习计会，能为文收债于薛者？"冯驩曰："能。"于是载券契而行，辞曰："收债毕，何市而反？"孟尝曰："视吾家所寡有者，乃为之。"至薛，召诸民当偿债者，悉来合券。遍合。乃矫命以债赐诸民，烧其券。民称万岁。长驱到齐，晨而求见。孟尝怪其疾，正衣冠而见之，曰："债毕收乎？来何疾也！何市而反？"驩曰："君云视吾家所寡有者，臣窃计，君宫中珍宝满内府，狗马实外厩，美人充后宫，君家所寡有者，义耳！窃以为君市义。"曰："市义奈何？"曰："君有区区之薛，不能扶爱其民因而贾利之！臣窃矫君命，以债赐诸民，因烧其券，民称万岁，乃臣所以为君市义也。"孟尝君不悦，曰："诺！先生休矣！"后期年，孟尝就国于薛。未至百里，民扶老携幼迎君道中。孟尝君顾谓驩曰："先生所为文市义者，乃今日见之。"

又曰：秦缩高，鄢陵人也。其子仕秦，秦以为管守。魏信陵君攻之不下，乃使人谓鄢陵君曰："遣缩高来，吾将仕之，使为持国尉。"鄢陵君曰："小国不能必使其民，使者自往请，使吏导使者。"至，缩高曰："君之命高也，将使攻管也。夫父攻子守，人之大笑也。见臣而下，是背主也。父杀子背，亦非君善，敢再辞。"使者以报，信陵君大怒，遣使谓鄢陵君曰："鄢陵之地，亦犹魏也。今吾攻管而不下，则秦兵不返，社稷必危矣！愿君生束缩高而致之。若君弗致，吾将十万之师，以造君城下。"鄢陵君曰："吾先君成侯，受诏襄王，以守此地，受太府之宪，曰：子杀父，臣杀君，有常不赦。国虽大赦，降城亡子不得预焉。今缩高不受大利，以全父子之义，而君曰生致之，是使我负襄王之诏而废太府之宪。虽死，终不敢行也！"缩高闻之，曰："信陵君为人悍而自用，此辞反，必为国祸。吾以全己为人臣之义矣，岂可使吾君有魏患乎！”乃之使者舍，自刎颈而死。信陵君闻之，大惊。服缟素，出舍，使使者谢鄢陵君曰：“无忌，小人也！困于思虑，敢再拜释罪。”

《英雄记》曰：袁绍以臧洪为东都太守，时曹操围张超于雍丘。洪始闻超被围，乃徒跣号泣，并勒所领将，赴其难。从绍请兵，而绍竟不听之。超城遂陷，张氏族灭。洪由是怨绍，绝不与通。绍增兵急攻，洪城中粮尽，厨米三斗，使为薄糜遍颁众。又杀其爱妾以食，兵将咸流涕，无能仰视，男女七八千相枕而死，莫有离叛。城陷，生执洪。绍谓曰：“臧洪，何相负若是！今日服未？”洪据地瞋目曰：“诸袁事汉，四世五公，可谓受恩。今王室衰弱，无辅翼之意，而欲因际会，觖望非冀。惜洪力劣，不能推刃为天下报仇，何为服乎？”绍乃命杀之。洪邑人陈容在坐，见洪当死，起谓绍曰：“将军今举大事，欲为天下除暴，而先诛忠义，岂合天意？”绍惭，遣人牵出，谓曰：“汝非臧洪俦欤？空复尔为！”容顾曰：“夫仁义岂有常所，蹈之则君子，背之则小人。今日宁与臧洪同日死，不与将军同日生。”遂复见杀。在绍坐者无不叹息。

又曰：袁谭既死，弟熙、尚为其将焦触张南所攻，奔辽西乌桓。触自号幽州刺史，陈兵数万，杀白马盟曰：“违命者斩！”各以次歃。至别驾代郡韩珩，曰：“吾受袁公父子厚恩，今其破亡，智不能救，勇不能死，北面曹氏所不能为也。”一坐为珩失色。触曰：“举大事，当立大义，事之济否，不待一人，可卒珩志，以厉事君。”曹操闻珩节，甚高之，屡辟不至。

又曰：公孙瓒，字伯珪，为上计吏部。太守刘基为事被征，伯珪御重到洛阳，身执徒养。基将徙日南，伯珪具豚米，于北邙上祭先人，觞醊祝曰：“昔为人子，今为人臣，当诣日南。日南多障气，恐或不还，与先人辞于此。”再拜，慷慨而起，观者莫不歔欷。刘在道得赦，俱还。

《魏略》曰：郭宪，字幼简，西平人，以仁笃，为一郡所归。韩约失众，从羌中还，依宪。众人多欲取约以邀功，而宪责之言：“人穷来归我，云何欲危之！”遂拥护，厚遇之。其后，约病死，而田乐、杨达等就斩约头，当送之，逵等欲条疏，著宪名，宪不肯在名中，言：“我常不忍生图之，岂忍取死人以要功乎？”逵等乃止。时太祖方攻汉中在武都，而逵等送约首到，太祖宿闻宪名，及视条疏，怪不在中。以问逵，逵等具以情对。太祖叹其至义，乃表例与逵等赐爵关内侯。

《列士传》曰：羊角哀、左伯桃二人相与为死友，欲仕于楚，道遥山阻，遇雨雪不得行，饥寒无计，自度不俱生也。伯桃谓角哀曰：“天不我与，深山穷困，并在一人，可得生官，俱死之后，骸骨莫收。内手扪心，知不如子，生恐无益，而弃子之器能，我乐在树中。”角哀听伯桃入树中而死，得衣粮前至楚。楚平王爱角哀之贤，嘉其义，以上卿礼葬之。角哀梦见伯桃曰：“蒙子之恩而获厚葬。然正苦荆将军，家相比欲役使吾，吾不能听也。与连战不胜，今月十五日，当大战以决胜负。得子则胜，否则负矣。”角哀至期日，陈兵马诣其冢上，作三桐人，自杀，下而从之。君子曰：“执义可为世规。”

《唐新语》曰：陆南金博涉经史，言行修谨。开玄初，太常少卿卢崇道犯罪，自岭南逃归，匿于南金家。俄为仇人所发，诏侍御史王旭按之。崇道辞引南金，旭处以极法。南金弟赵壁请代兄死，南金执称弟实自诬，身请当罪。兄弟争死，旭问其故，赵壁曰：“兄且是嫡，又能干家事，亡母未葬，小妹未嫁，自唯幼劣，生无所益，身自请死。”旭列上其状，玄宗嘉而宥之，张说、陆象先等咸相钦重，累迁库部员外郎。南金祖士季为隋越王侗记室，兼侍读。侗称制，授著作郎。时王世充将行篡夺，侗谓士季曰：“隋有天下三十余载，朝廷文武岂无忠烈者乎？”士季对曰：“见危授命，臣之宿心。今请因其启事，便加手刃。”后事泄，充遂停士季侍讲。贞观初，为大学博士而卒矣。

又曰：毕构，性至孝，丁继母忧，有两妹皆在襁褓，构乳养嫁遣之。及其亡也，二妹初闻，哀恸气绝者久之。言曰：“虽兄弟无三年之礼，吾倚鞠养，岂同常人！”遂行三年服。朝野闻之，莫不称叹。构弟栩任太府主簿，留司东都，闻构疾，星驰赵京，侍医药者累月。既而哀毁骨立，变服视事逾年，未尝言笑，深为朝野所重。构尝为益州长史兼按察使，多所举正，风俗一变。玄宗降玺书慰之曰："卿孤洁独行，有古人之风，自临蜀川，弊化顿易。览卿前后执奏何异破枉求奸？诸使之中，在卿为最。"终户部尚书。

又曰：李憼为贝州刺史，甘露遍于庭树。邑人曰："美政所致，请以闻。"憼谦退，寝其事。历官十七政，俸禄先兄弟嫂侄，谓其子曰："吾厚汝曹以衣食，不如厚之以仁义，勿辞弊也。"天下莫不嗟尚之！

又曰：姚崇少不慕学。年逾弱冠，尝过所亲，见修文殿《御览》，阅之甚喜。遂耽坟史，以文华著名，历牧常、杨，吏人并建碑纪德，再秉衡轴。天下钦其公直。外生任并、任异少孤，长于崇家。乃与之立家产，谓之曰："汝与吾无间然矣。"惜殊宗而代疏，命与其子连名，冀无以别也。时人美之。

又曰：孟景休，事亲以孝闻。丁母忧，毁瘠逾礼，殆至灭性。弟景伟，年在襁褓，景休亲乳之，乳为之丰。及葬，时属祁寒，跣履雪霜，脚指堕而复生如初。景休进士擢弟，历监察御史、鸿胪丞，为来俊臣构陷，遇害。时人伤焉。

义妇

《南史·孝义传》曰：吴兴秉公济妻姚氏，生二男。而公济及兄愿公乾伯并卒，各有一子，姚养育之，卖田宅为取妇。自与二男寄止邻家。明帝诏为其二子婚，表闾复徭役。

又：会稽永兴吴翼之母丁氏，少丧夫，性仁爱。遭年荒，分衣食以饴里中饥饿者，邻里救借，未尝违。同里陈攘父母死，孤单无亲戚，丁收养之。及长，为营婚娶。又同里王礼妻徐，荒年客死，丁阴为买棺器，自往敛葬。玄徽末，大雪，商旅断行，村里比室饥饿，丁自出盐米，计口分赋。同里任侨家露四丧无以葬，丁为办家椁。有三调不登者，代为遂。丁长子妇王氏守寡，执志不再醮，州郡上言，诏表门闾蠲租税。

崔鸿《十六国春秋·前赵录》曰：冠军乔晞，攻界休克之，其令贾潭抗节不降。晞怒杀之。其妻宗氏，年二十余，有姿色，晞欲纳之。

宗骂曰："屠各奴，何有害人之夫，而欲加无礼于尔母乎？何不促杀我？"遂仰天大哭。亦杀之。

《唐书》：独孤武都谋叛，王世充归于我。其子师仁，方三岁。世充以其幼不杀。乳母王英兰，髡钳求入保养，世充许之。英兰扶乞所得与师仁。唯自啖土饮水，而竟为采拾，窃师仁至京师。高祖嘉之，封永寿乡君。

又曰：阳三安妻李氏，雍州泾阳人也。事舅姑以孝闻。及舅姑亡没，三安亦死。二子孩童，家至贫窭。李昼则力田，夜便纺缉，数年间，葬舅姑及夫并夫之叔侄兄弟七丧，深为远近所嗟尚。太宗闻而异之，赐帛二百段，遣州县恤存之。

又曰：郑义宗妻卢氏，幽州范阳人也，卢彦衡之女也。略涉书史，事舅姑甚得妇道。尝夜有强盗数十人，持杖鼓噪，逾垣而入。家人悉逃窜，唯有姑独在堂。卢冒白刃往至姑侧，为贼捶击之，几至于死。贼去后，家人问曰："群凶扰横，人尽奔逃，何独不惧？"答曰："人所以异于鸟兽者，以其有仁义也。昔宋伯姬守义赴火，流称至今，吾虽不敏，安敢忘义？且比邻有急，尚相赴救，况在姑，而可弃委！若万一危祸，岂宜独生！"其姑每云：古称，岁寒然后知松柏之后凋，吾今乃见卢新妇之心矣。"贞观中卒。

又曰：冀州鹿城女子王阿足者，早孤无兄弟，唯姊一人。阿足初适同县李氏，未有子而夫亡。时年尚少，又多娉之，为姊年老孤寡，不能舍去，遂誓不嫁，以养其姊。每昼营田业，夜便纺绩，衣食所须，无非阿足出者。如此二十余年，及姊亡，葬送以礼。乡人莫不称其义行，竞令妻女求与相识，后数岁，竟终于家。

又曰：楚王灵龟妃上官氏，上邽人也。父怀仁，右金吾将军。上官氏年十八，归于灵龟，继楚哀王后，本生具存，朝夕侍奉，恭谨弥甚。凡有新味，非舅姑啖讫，未曾先尝。经数载，灵龟薨。及将葬，其前妃阎氏，嫁不逾年而卒，又无近族，众议欲不举之。上官氏曰："夫神而有灵，宁可使孤魂无记。"于是备礼同葬。闻者莫不嘉叹。服终，诸兄弟姊谓曰："妃年尚少，又无所生，改醮异门，礼仪恒范。"妃思之，掩泣对曰："丈夫以义烈标名，妇人以守节为行，未能即先大马殉沟壑，宁可复饰妆袨服有他志乎？"遽将截鼻割耳以自誓。诸兄姊知其志不夺，叹息而止。寻卒。

《说苑》曰：齐遣兵攻鲁，见一妇人将两小儿走，抱小而挈大。顾见大军且至，抱大而挈小。使者甚怪，问之。妇人曰："大者妾夫兄之子，小者妾之子；夫兄子者公义也，妾之子者私义也，宁济公而废私耶！"使者怅然，贤其辞，即罢军。还对齐王说之曰："鲁未可攻也，匹妇之义尚如此，何况朝廷之臣乎？"

《列女传》曰：卫宗二顺者，卫宗室灵主之夫人及傅妾也。秦灭卫，君角封灵主世家，使奉其祀。灵主死，夫人无子而守寡。傅妾有子代，后夫人谓傅妾曰："孺子养我甚谨，子奉祭祀而妾事我，我不聊，愿出居外。"傅妾泣曰："夫人岂欲使灵氏受三不祥耶？公不幸早终，是一不祥；夫人无子而妾有子，是二不祥；今夫人将出居外，妾居内，是三不祥。"欲自杀，其子止之，不听。夫人惧，遂终年供养不替。

又曰：鲁孝义保者，鲁孝公称之保母。初孝公父武公与长子恬、中子戏朝周宣王。宣王立戏为鲁太子。武公薨，戏立，是为懿公。孝公于时号公子称。恬之子伯御与鲁人作乱，攻杀懿公而自立，求称于宫中，将杀之。义保闻伯御欲杀称，乃衣其子以称之衣，卧于称之卧处。伯御杀之，义保遂抱称以逃。周天子杀伯御，立称为孝公。鲁人高义保之义，故谓之"义保"。

又曰：河南贞义者，乐羊子之妻。羊子出学将友人归，贞义截发卖以供其费。后羊子得遗金一饼以与贞义，贞义曰："妾闻君子不以利污行。"羊子惭而弃之。

又曰：杞梁名殖，齐人也，为大夫。庄公袭莒，约车五乘载士，殖不与，归而不食。母曰："汝生有义，死有名，五乘尽汝下也。"殖遂至莒，获甲首。公止之曰："共同齐国。"殖曰："不与五乘，少吾勇也；临敌止吾以利，污吾行也。"遂进至莒城下，杀二十七人而死。莒人筑尸城为京观，妻往迎丧，向之哭，土为之崩，得丧，于是公使吊葬之。葬毕，曰："妇人有三从之义，令吾外无夫以立节，内无子以见志，吾何归乎？"乃赴水而死。

又曰：梁节姑姊者，梁之妇人，其室失火，兄子与其子三人在内中，欲取兄子辄得其子。火盛不得复入，妇人将自赴火，其夫止之。妇人曰："梁国岂可户告人晓也，被不义之名，何面目以见兄弟国人哉！吾欲复投吾子，为失母之恩。吾势不可以生。"遂赴火而死。

又曰：会稽右师安妻者，同郡吕氏之女也。名军，少寡无子，守义不迁。其兄遂犯法，军匿之，知不能免，乃泣曰："少遭家不造，兄弟单少，门宗唯兄为主，而复罹此祸，我有一计，犹足免难，将诣县陈之。"兄曰："其计若何？"军曰："临时从宜，不可先言也。"乃请智者为辞，乞代兄遂之命。因自到县门，官嘉其义，乃舍遂罪。

又曰：齐义继母者，齐二子之母也。当宣王时，有人斗死于道者，吏视之被一疮，二子立其傍，吏问之。兄曰："我杀之。"弟曰："非兄也，我杀之。"期年不决。吏言之于相，相不能决，言于王，王曰："皆赦之，是纵有罪；皆杀之，是诛无辜也。其母必知其子之善恶，听所欲杀活。"相召而问之。其母泣对曰："杀少子。相曰："少子人之所爱，今欲杀之，何也？"对曰："少者，妾之子也；长者，前妻之子也。虽痛子，独谓义何？"泣下沾襟。相言之于王，王美其义，皆赦二子，号曰义母。

又曰：天水姜叙母者，同郡杨阜之姑也。阜为州史，马超杀刺史，太守叙屯历城。阜往见之，戏欷悲甚。叙曰："何为乃尔？"阜曰："守城不能完，君亡不能死，何以视息于天下乎？君拥兵专制，无讨贼之心，此赵盾所以书杀也。"叙母慨然敕叙从阜计，遂起兵于历城。超闻之，袭历城，得叙母，母骂之曰："若背父之逆子，杀君之桀贼，天地岂久容！若何不早死，敢以面目视人！"超即杀之。

杜预《女记》曰：王氏之母者，汉丞相安国侯王陵之母。汉王击项羽，陵以兵属汉王，项羽得陵母置军中，汉使至，则东向坐，陵母欲以招陵。陵母欲私送使者，为之泣曰："为老妾语陵，善事汉王。汉王长者也，无以老母故怀二心，言妾已死。"乃伏剑而死，以固勉陵。

《定命录》曰：贾直言妻，莫知姓氏。贞元中，其舅道得罪赐鸩，直言欲代父死，夺鸩饮之，不死，流于岭徼。直言妻一志事姑，鬒髻绝膏沐，自三二年，虮虱蔽其肉，厥后如枯蓬之植燥土，无复虮虱。迨十五载，直言遇赦归，妻始一沐其髻，自断绝堕于泔盆，终为秃妇。直言后历谏议大夫，出刺两郡。

《傅记》：李如璋为夏阳令，素轻其妻郑氏。如璋因醉误杀人母，其子入县将复仇。如璋与郑以床拒门。仇者推窗而入，郑急以身蔽如璋，举手乘刃，右臂既落，复举其左臂，仇复断之，犹乞以身代夫死。时方怀妊，仇者以刃铄其腹，胎出而殒，乃害如璋及其二子。州司以闻，坐死者数十人。

太平御览卷第四百二十三　人事部六十四

谦

《易·谦卦》曰：《谦》亨。君子有终。吉。彖曰："天道下济而光明，地道卑而上行，天道亏盈而益谦，地道变盈而流谦，鬼神害盈而福谦，人道恶盈而好谦。谦，尊而光，卑而不可逾，君子之终也。"《象》曰：地中有山，《谦》。君子以裒多益寡，称物平施。初六：谦谦君子，用涉大川，吉。六二：鸣谦，贞吉。九三：劳谦君子，有终，吉。六四：无不利㧑谦。上六：鸣谦，利用行师，征吉。《易》下系曰："谦，德之柄也。"

《尚书》曰：满招损，谦受益。

《左传·庄公》曰：齐侯使敬仲为卿。辞曰："羁旅之臣，敢辱高位，以速官谤，敢以死告。"

又《成上》曰：晋与齐战而胜归，范文子后入。武子曰："无为吾望尔也。"对曰："师有大功，国人喜以逆也。先入必属耳目，是代帅受名，故不敢。"武子曰："吾知免矣。"

《汉书》曰：张安世兄贺为掖庭令，而宣帝以皇曾孙收养掖庭。贺视养拊循，恩甚密焉。上追思贺恩，欲封其冢为恩德侯，置守冢户二百家。安世深辞贺封，又求损守冢户，上曰："吾自为掖庭令，非为将军。"安世乃止。

又曰：于定国为人谦恭，尤重经术，士虽卑贱，徒步，定国皆与均礼。

又曰：元帝即位，征孔霸为师，赐爵关内侯。霸为人谦退，不好权势，常爵位泰过，何德以堪之？霸让位自陈。上深知其志诚，乃弗用。

《东观汉记》曰：北海靖王睦，显宗之在东宫，尤见幸。而睦性谦恭好士，名儒宿德，莫不造门。永平中，法宪颇峻，睦乃谢绝宾客，放心音乐。岁终，遣中大夫奉璧朝贺，召而谓曰："朝廷设问寡人，大夫将何辞对？"使者曰："大王忠孝慈仁敬贤乐士，臣虽蝼蚁，敢不以实？”睦曰：“吁，子危我哉！此乃孤幼时进趋之行也。大夫其对以孤袭爵已来，志意衰惰，声色是娱，犬马是好。”使者受命而行。

又曰：李通娶宁平公主，为大司空。通性谦恭，常避权势。谢病不视事。

又曰：冯异，字公孙，为人谦退，与诸将相逢，辄引车避道。每止顿，诸将共论功伐，异常屏止树下，军中号“大树将军”。

又曰：邓骘兄常居禁中，骘谦退，不欲久在内，连求还第，太后乃许。

又曰：樊宏为人谦慎，常诫其子曰：“富贵盈溢，未有能终者。”及病困，车驾临问所欲言，宏顿首自陈：“无功享食大国，愿还寿张，食小乡亭。”上悲伤其言而不许。

又曰：梁商朝廷敬惮，其委任自前世外戚见礼过尊显所未曾有。商门无驻马请谒之宾，谦虚挹损，九命弥恭，汉兴已来，妃后之家亦无商比。

《晋书》曰：羊祜开府累年，谦让不辟士，始有所命，会卒，不得除署。

《宋书》曰：刘怀慎，武帝北伐，以为中领军，宿卫辇毂。虽名位优重，而恭恪愈至，每所之，造位任不逾己者，皆束带门外下车，其谨退类如此。

又曰：蒯恩，字道恩，以战功封新宁县男。武帝北伐，留恩侍卫世子，命朝士与之交。恩益自谦损，与人语常呼官位，自称鄙人。抚士卒，甚有恩纪。

又曰：临川王义庆，为平西将军、荆州刺史。荆州居上流之重，资实兵士居朝廷之半。义庆以宗室令美，故特有此授。性谦虚，始至及去，迎送物并不受。

又曰：彭城王义康，与王弘共辅朝政。弘既多疾，且每事推谦自省，内外众务，一断之义康。

又曰：建平王宏，为人谦俭周慎，礼贤接士，明达政事，上甚信仗之。转尚书令。

《唐书》曰：李藩以张建封在徐州，辟为从事，居幕中，谦谦未尝论细微。

《会稽典录》曰：陈瑞，字文象，世为县卒，瑞谦恭敬让。及其居二千石，九卿位，少年童竖拜者，皆正朝服与之抗礼。若疾病不能答拜，辄拊颊以谢之。

《新序》曰：晋人伐楚。楚大夫请击之。庄王曰："先君在时，晋不代楚。及孤之身，而晋伐楚，是孤之过。如何其辱诸大夫！"大夫曰："是臣之罪，请击之。"庄王俯泣，起拜诸大夫。晋人闻之曰："君臣争以过为在己，上下一心，三军同力，未可攻也。"还师而归。

袁彦伯《明谦》曰：贤人君子，推诚以存礼，非降己以应世；率心以成谦，非匿情以同物。故侯王以孤寡飨天下，江海以卑下朝百川。《易》曰："天道下济而光明，地道卑而上行。"老子曰："高以下为基，贵以贱为本。"此之谓乎。

让上

《尚书·舜典》曰：咨！四岳：有能奋庸熙帝之载，使宅百揆亮采，惠畴？佥曰："伯禹作司空。"帝曰："俞。咨！"禹：汝平水土，唯时懋哉！禹拜稽首，让于稷、契暨皋陶。帝曰："畴若予工？"工，百工也。佥曰："垂哉！"垂，臣名也。帝曰："俞，咨垂，汝作共工。"垂拜稽首，让于殳斨暨伯与。帝曰："俞。往哉！汝谐。"帝曰："畴若予上下草木鸟兽？"佥曰："益哉！"帝曰："俞。咨益，汝作朕虞。"虞，掌山泽，官名。益拜稽首，让于朱虎、熊罴。朱虎、熊罴，二臣也。帝曰："俞，往哉！汝谐。"帝曰："咨，四岳！有能典朕三礼？"佥曰："伯夷！"伯夷，臣名。帝曰："俞，咨！伯，汝作秩宗。"秩宗，举效庙之臣。伯拜稽首，让于夔、龙。

《毛诗·鱼藻角弓》曰：民之无良，相怨一方，受爵不让，至于已斯亡。

《周礼·地官上·大司徒》曰：以阳礼教让，则民不争。

《礼记·曲礼》曰：博闻强识而让，尊善行而不怠，谓之君子。

又《曲礼》曰：君子恭敬撙节，退让以明礼。

又《坊记》曰：故贵贱有等，衣服有别，朝廷有位，则民有所让。子云："君子辞贵不辞贱，辞富不辞贫，则乱益亡。"子云："觞酒豆肉，让而受恶，民犹犯齿。衽席之上，让而坐下，民犹犯贵。朝廷之位，让而就贱，民犹犯君。"子云："君子贵人而贱己，先人而后己，则民作让。"

又《祭义》曰：天子有善，让德于天。诸侯有善，归诸天子。卿大夫有善，荐于诸侯。士、庶人有善，本诸父母。

又《儒行》曰：儒有衣冠中，动作慎；其大让如慢，小让如伪，大则如威，小则如愧。

又《乡饮酒》曰：三揖至于阶，三让以宾升。月者三日则成魄，三月则成时，是礼有三让。

《左传·隐公》曰：宋穆公疾，召大司马孔父而属殇公焉，曰："先君舍与夷而立寡人，先君，穆公兄宣公也。与夷，宣公子，即所属殇公也。寡人弗敢忘。若以大夫之灵，得保首领以殁，先君若问与夷，其将何辞以对？请子奉之，以主社稷。"对曰："群臣愿奉冯也。"冯，穆公子庄公。公曰："不可。先君以寡人贤，使主社稷，若弃德不让，是废先君之举也。"

又《僖上》曰：齐侯使管夷吾平戎于王，使隰朋平戎于晋。王以上卿之礼飨管仲，管仲辞曰："臣，贱有司也，有天子之二守国、高在。若节春秋来承王命，何以礼焉？陪臣敢辞。"王曰："舅氏，余嘉乃勋，应乃懿德，谓督不忘。往践乃职，无逆朕命？"管仲卒受下卿之礼而还。君子曰："管氏之世祀也宜哉！让不忘其上。"

又曰：宋桓公疾，太子兹父固请，曰："目夷长且仁，君其立之。"兹父，襄公也。目夷，兹父庶兄子鱼也。公命子鱼，子鱼辞曰："能以国让，仁孰大焉？臣不及也。且又不顺。"立庶不顺礼。遂走而退。

又《文上》曰：穆伯如齐，始聘，礼也。凡君即位，卿出并聘，践修旧好，要结外援，好事邻国，以卫社稷，忠信卑让之道也，忠，德之正也；信，德之固也；卑让，德之基也。

又《宣上》曰：郑人立子良，辞曰："以贤则去疾不足，以顺则公子坚长。"乃立襄公。

又《成下》曰：诸侯将见子臧于王而立之，子臧辞曰："前《志》有之，曰：圣达节，次守节，下失节。为君，非无节也。虽不能圣，敢失守乎？"遂逃，奔宋。

又《襄上》曰：晋韩献子告老。公族穆子有废疾，将立之。辞曰："《诗》曰：'岂不夙夜，谓行多露。'无忌不才，让，其可乎？请立起也！"无忌，穆子名。起，无忌弟宣子也。

又《襄二》曰：晋侯使士丐将中军，辞曰："伯游长。伯游，荀偃。昔臣习于智伯，是以佐之，非能贤也。请从伯游。"使荀偃将中军，士丐佐之。使韩起将上军，辞以赵武。又使栾黡，辞曰："臣不如韩起，韩起愿上赵武。君其听之！"使赵武将上军，韩起佐之。栾黡将下军，魏绛佐之。晋国之民，是以大和，诸侯遂睦。君子曰："让，礼之主也。范宣子让，其下皆让。栾黡为汏，弗敢违也。"

又《襄二》曰：吴子诸樊既除丧，将立季札。札，诸樊少弟。季札辞曰："曹宣公之卒也，诸侯与曹人不义曹君，将立子臧。子臧去之，遂弗为也。札虽不才，愿附于子臧，以无失节。"固立之弃其室而耕。乃舍之。傅言，季札之让月明，吴兄弟相傅。

又《襄五年》曰：郑伯赏入陈之功。飨子展，赐之先辂三命之服，先八邑。赐子产次辂再命之服，先六邑。子产辞邑，曰："自上已下，降杀以两，礼也。臣之位在四，且子展之功也。臣不敢及赏，请辞邑。"公固与之，乃受三邑。公孙挥曰："子产其将知政矣！让不失礼也。"

《论语》曰：能以礼让为国乎？何有？不能以礼让为国，如礼何？

又曰：子曰："太伯其可谓至德也已矣，三以天下让，民无得而称焉。"

《孝经》曰：先之以敬让而民不争。

《国语》曰：狐毛卒，使赵衰代之。辞曰："城濮之役，先且居之佐军也善。先且居，晋大夫行轸子也。军伐有赏，善君有赏，能其官有赏。且居有三赏，不可废也。且臣之伦，箕郑、胥臣、先都在。"伦辈也，三子皆晋大夫也。乃使先且居佐上军。公曰："赵衰三让，其所让，皆社稷之卫也。废让是废德也。”以赵衰之故，搜于清原作五军，清原之蒐在鲁僖三十年也。使赵衰将新上军，箕郑佐之；胥臣将新下军，先都佐之。

又曰：君子急病让夷。

又曰：齐桓公自莒反于齐，使鲍叔牙为宰。辞曰：“臣不若夷吾者有五：宽惠爱民，臣不若也；治国家不失其柄，臣不若也；忠信可结于百姓，臣不若也；制礼义可法于四方，臣不若也；执桴鼓立于军门，使百姓皆加勇，臣不若也。”

又曰：晋悼公使张老为卿，辞曰：“臣不如魏绛。”乃使魏绛佐新军。

《家语》曰：虞、芮二国争田而讼，连年不决。相谓曰：“西伯仁人，文王。盖往质焉。入其境，则耕者让畔，行者让路；入其朝，则士让于大夫，大夫让于卿。”虞芮之君曰：“吾侪小人，不可以入君子之朝。”遂自相与成，以其所争为闲田。

《史记》曰：吴太伯，弟仲雍，皆大王之子，季历之兄也。季历贤，又生圣子曰昌，大王欲立季历以及昌，于是太伯、仲雍二人奔荆蛮，文身断发，示不可用，以避季历。

又曰：太尉周勃立代王，代王曰：“奉高帝宗庙，重事。寡人不佞，不足以称宗庙，寡人不敢当。”群臣皆伏固请。代王西向让者三，南向让者再。

又曰：鲁连既说秦军，秦军为却。平原君欲封鲁连。鲁连辞谢者三，终不肯受。平原君乃置酒，酒酣，起，前，以千金为鲁连寿。连叹曰：“所贵天下之士者，为人排难解纷而无取也。即有取者，是商贾之事，连不忍为也。”遂辞而去，终身不复见。

又曰：董偃在馆，陶主家儿戏博殿下。主伏槛观之，偃负则饶人，胜则有让，主益奇之。

又曰：伯夷、叔齐，孤竹君之子也。父欲立叔齐，乃让伯夷。伯夷曰：“父命也！”遂逃去。

《汉书》曰：文帝初立，以陈平为相。太尉勃，亲以兵诛吕氏，功多。平欲让勃位，乃谢病。文帝怪平病，问之。平曰：“高帝时，勃功不如臣，及诛诸吕，臣功亦不如勃，愿以相让勃。”

又曰：袁盎谓文帝曰：“陛下至代邸，西乡让天子者三，东让天子者再。夫许由一让，而陛下五以天下让，过许由四矣。”

又曰：龚遂为渤海太守数年。上遣使者征遂，议曹王生愿从太守会。遂引入宫，王生醉从，呼曰：“愿有所白。”遂问其故，王生曰：“天子即问君何以治渤海，君不可有所陈，宜曰皆圣主之德，非小臣之力也。”上果问以治状，遂对如王生言。天子怪其有让，叹曰：“君安得长者之言而称之？”遂因前曰：“臣非知此，乃臣议曹教臣也。”

又曰：武帝属霍光以辅少主，光让金日磾，日磾曰：“臣外国人，且使匈奴轻汉。”于是遂为光副。

又曰：韦贤薨，子玄成当为嗣。玄成心知其兄非贤，雅意欲让，即佯狂。丞相御史遂以玄成实不病，劾奏之。有诏勿劾引拜，玄成不得已受侯爵。

太平御览卷第四百二十四 人事部六十五

让下

《东观汉记》曰：承宫遭王莽篡，天下扰攘，盗贼并起，宫遂避世汉中。建武四年，将妻子之华阴山谷，耕种禾黍，临熟，人就认之，宫悉推与而去，由是显名。

又曰：光武封朱祐为鬲侯。佑自陈功薄而国大，愿受南阳五百户足矣。上不许。

又曰：窦融光武时数辞让位，不许，因上疏曰："臣融年五十三，有一子，年十五，质性顽钝，臣融朝夕教导以经艺，不得令观天文，见谶记，诚欲令恭肃畏事，恂恂循道，不愿其有才能，何况乃当传以连城广土，享诸侯国哉！"

又曰：邓骘，永初元年，封骘等以定策增封三千户。让不获，遂逃避使者，间阙上疏自陈情焉。

又曰：《欧阳尚书》博士缺，上欲用桓荣，荣叩头让曰："臣经术浅薄，不如同门生郎中彭闳、杨州从事皋弘。"帝曰："俞，往，女谐。"因拜荣为博士，引闳为议郎。车驾幸太学，会请博士论难于前，荣被服儒衣，温恭有蕴藉，明经义，每以礼义让相厌，不以辞长人，儒者莫之及，特为加赏赐。又诏诸生雅吹击磬，尽日乃罢。荣卒，子郁当袭爵，上书让于兄子汎，显宗不许。不得已受封，而悉以租入与之。帝以郁先师子，有礼让，甚见亲厚。

又曰：上欲封樊兴，置印绶于前，兴固让曰："臣未有先登陷阵之功，而一家数人并蒙爵土，令天下觖望，诚不愿。"帝嘉兴之让，不夺其志。

又曰：刘恺，字伯豫，以当袭父般爵，让与弟宪，遁逃避封。有司奏请绝国，上美其义，特优加之，恺犹不出。有司复奏之，侍中贾逵上书曰："孔子称：能以礼让为国，于从政乎何有。"和帝纳之，诏下曰："故居巢侯刘般嗣子恺，当袭父般爵，而称父遗意，致国弟宪，遁亡七年，所守弥固。盖王法崇善，成人之美。其听宪嗣爵。"乃征恺，拜为郎，稍迁侍中。恺之入朝，在位者莫不仰其风行。

又曰：淳于恭以谦俭推让为节，家有山田橡树，人有盗取之者，恭助为收拾。载之归，乃知其恭。橡盗者还橡，恭不受。人又有盗刈恭禾者，恭见之，念其愧，因伏草中，至去乃起。

《续汉书》曰：张堪让先人余财数百万与兄子。

谢承《后汉书》曰：雷义举茂才，让于陈重，刺史不听。义遂佯狂，不应命。乡里为之语曰：胶漆自谓坚，不如雷与陈。

又曰：陈嚣与乡人纪伯为邻，伯夜窃嚣藩地自益。嚣见之，伺伯去，密移其藩一丈地以益伯。伯惭惧，还所侵。又却一丈二尺相避，凡广三丈。太守高其义，名其闾为义里。

范晔《后汉书》曰：冯绲，字鸿卿，巴郡宕渠人也。长沙蛮寇益阳，荆南皆没。于是拜绲为车骑将军，军至长沙，进击武陵蛮夷，荆州平定。诏赐钱一亿，固让不受。振旅还京师，推功于从事中郎。

《魏志》曰：田畴，字子泰，右北平人。太祖北征乌丸，军次无终，夏水路不通。畴将其众为乡导，出卢龙塞，虏乃惊。太祖与战，遂大斩获。军还，论功封畴为亭侯，畴上疏陈诚以死自誓。太祖不听，欲引拜之，至于数四，畴终不受。

又曰：太祖署邴原为丞相征事，崔琰为东曹掾，记让曰："征事邴原、议郎张范，皆秉德纯壹，志行忠敏，清静足以厉事，贞固足以干事，所谓龙翰凤翼，国之重宝。举而用之，不仁者远。"

又曰：王基，字伯舆，东莱人。基拔寿春，转基为征东将军，封东武侯。基上疏固让，归功参佐。由是，长史司马等七人皆侯。

《吴志》曰：鲁肃卒，孙权以严畯代。前后固辞曰："仆素书生，不闲军事，非才而据，殃咎必至。"发言慷慨，至于流涕，权乃听焉。嘉其能以实让。

又曰：薛综为选曹尚书，固让顾谭曰："谭心精体密，贯道达微，才昭人物，德服众望，诚非愚臣所可越先。"

王隐《晋书》曰：司徒魏舒逊位。司空卫瓘与书曰："每与足下共论此事，日日未果，可谓瞻之在前，忽然在后。"于时皆有欲逊者，或先显此意不能行，或以归家申喻复还，唯舒知命，内定于怀，未尝形之于言。论者以为晋兴以来，能辞荣令终，未有如舒者焉。

又曰：杜夷，字行齐，庐江人。王敦为刺史，举方正，顾荣等各荐夷于相府。元帝曾欲省夷，夷深让。帝答曰："吾与足下虽情在忘言，然虚迟历载。正以足下羸病，故欲相省，宁论常敬。"以为国子祭酒。夷前后十余表，求解不听，明帝践祚，夷又频表。

又曰：上以羊祜为开府仪同，让表曰："今光禄李喜，秉节高亮，在公正色；光禄鲁芝，洁身寡欲，和而不同；光禄李胤，清亮简素，正身在朝，皆服事华发，以礼终始。虽历位外内之宠，不异寒贱之家，而犹未蒙此选，臣更越之，何以塞天下之望？"又封南城郡侯。祜让曰："昔张良请受留侯，汉高不夺其志。请受钜平，薨，遗令不得以南城侯入柩。"诏祜曰："固让历年，志不可夺。身没让存，遗言益厉，此夷叔所以称贤，季札所以全节，重违其志，今听复本封。"

干宝《晋纪》曰：钟会、邓艾将伐蜀，与刘实别。客谓实曰："二将当破蜀不？"实曰："必破蜀，但皆不还。"客问其故，实曰："治道在于克让。"因著《崇让论》，曰："季世不能让贤，虚谢见用之恩，莫肯让于胜已。"

《晋中兴书》曰：郗愔拜给事黄门侍郎。愔苦求外出，时吴郡缺，朝议欲用愔。愔以资轻而少年，不宜超登大郡，辞让切至。朝廷嘉之，为临海太守。在郡优游养志，不以事物萦心。

崔鸿《前赵录》曰：张实为钜鹿太守，治任威强，路不拾遗。曾欲以实为司徒、太保，皆垂涕固辞。身骑瘠马，妻乘败车。

《后魏书》曰：高肇，字首文，文昭皇太后之兄也。肇子植自中书侍郎出为济州刺史。元愉之反也，植率州军出讨破愉，别将有功。当蒙封赏，朝廷论勋，每谦让不受，云其家荷重恩，为国致效是其常节，何足以应进陟之报。恳恻发于至诚。

又曰：崔光韶为司空行参军，复请让从叔和，曰："臣诚微贱，未登让品，属逢皇朝，耻无让德。"和亦谦退，辞而不当。高祖善之，遂以和为广陵王国常侍。

《后周书》曰：苏佑，字承先，陈留圉人也。有膂力，便骑射，从征伐常溃围陷阵。还之日，诸将争功，佑终无竞。太祖叹之，常谓诸将曰："承先口不言勋，孤当代言。"其见知如此。

沈约《齐纪》曰：韩系伯，襄阳人也，事母甚谨。西土风俗，田与邻畔者，辄于畔上种桑以志之。系伯上种桑，枝条荫蔽他地，每开数尺以避焉。邻者随复侵之，系伯辄伐树更种。侵畔者惭，不敢犯也。

《齐书》曰：谢朓迁尚书吏部郎，上表三让。中书疑朓官未及让，以问国子祭酒沈约，约曰："宋嘉元中，范晔让吏部，朱循之让黄门，蔡兴宗让中书，并三表诏答，近小官不让，遂成恒俗，恐有乖让意。王蓝田、刘安西贵重，初自不让，今岂可慕此不让耶？孙兴公、孔顗并让记室，今岂可三署皆让耶？谢吏部今授超阶，让别有意，岂关官之大小？扐让之美，本出人情。若大官必让，便与诣阙章表不异。例既如此，谓都非疑。"朓又启让，优答不许。

《唐书》曰：温彦博与兄大雅共掌机密，彦博以昆季同在机务，意不自安，固请他职。高祖曰："我虚心相待，不以为疑，卿何自疑也？"彦博虽应命，然每退让，远避机权，僚列以此多之。

又曰：长孙无忌册拜司空，无忌固辞让，不许。

又曰："臣幸居外戚，恐招圣主私亲之诮，敢以死请。"太宗曰："无忌聪明鉴悟，且有武略，公等并知，所以委之台鼎。"无忌又上表切让，帝使谓之曰："昔黄帝得力牧而为五帝先，夏禹得咎繇而为三王祖，齐桓得管仲而为五伯长，朕自在藩邸，即任使公，遂得廓清宇内，君临天下，以公功绩才望允称具瞻，故授此官，无宜辞让为礼也。"

又曰：卢怀慎开元三年迁黄门监。怀慎与紫微令姚崇对掌枢密，怀慎自以为吏，道不及崇，每事皆推让之。

《周书》曰：汤放桀而归于亳。三年，诸侯大会。汤取天子之玺，置之天子之坐，再辞，从诸侯之位。汤曰："此天子之位，有道者可以处之。"三让于诸侯，诸侯莫敢即位，然后汤即天子之位。

《慎子》曰：尧让许由，舜让善卷，皆辞为天子，而退为匹夫。

《列子》曰：昔尧舜为以天下让许由、善卷，而不失天下。伯夷、叔齐实以孤竹让而终亡其国。

《晏子春秋》曰：晏子方食，景公使至，分食食之，使者不饱，婴亦不饱。公致千金以奉宾客，晏子不受。公曰："先君桓公以书社百封管仲，管仲不辞，独辞何也？"晏子曰："婴闻圣人千虑必有一失，愚人千虑必有一得，意以管仲失之，婴得之。"

又曰：景公使晏子为阿宰，三年而誉闻于国。景公悦，召而赏之，辞而不受。公问其故。对曰："昔婴之治阿，三邪毁于外，三谗毁于内。今则三邪誉于外，三谗誉于内。昔者婴之当诛者当赏，而今以当赏者当诛，是故不敢受。"景公知晏子贤，乃任以国政，三年而齐大兴。

《庄子》曰：尧以天下让许由，由曰："日月出矣，而爝火不息，其于光也，不亦难乎？时雨降矣，而犹浸灌，其于泽也，不亦劳乎？"又让于子州支父，子州支父曰："我适有幽忧之疾，方且治之，未暇治天下也。"

又曰：舜以天下让于善卷，善卷曰："余逍遥于天地之间，而心意自得，吾何以天下为哉？"遂不受。

又曰：舜以天下让其友北人无择，北人无择曰："异哉！后之为人居畎亩之中，而游于尧之门。不若是而已，又欲以其辱行污漫我，吾羞见之。"自投于清泠之渊。

又曰：汤将伐桀，因卞随而谋，卞随曰："非吾事也。"汤又因务光而谋，务光曰："非吾事也。"汤曰："伊尹何如？"曰："强力，忍诟，吾不知其他。"汤遂与伊尹谋。伐桀克之。以让卞随，卞随曰："君之伐桀谋乎我，必以我为贼也。胜桀而让乎我，必以我为贪也。吾生乎乱世，而无道之人，再来漫我，吾不忍数闻也。”乃自投于桐水而死。桐水在今颍川。又让务光曰：“智者谋之，武者遂之，仁者居之，古之道也。吾子胡不立乎？”务光辞曰：“废上非义，杀人非仁。子犯其难，我享其利，非廉也。吾闻之曰：非其义不受其禄，无道之世不践其土，况尊我乎！吾不忍见也。”乃负石自沉于卢水。卢水在辽东也。

《吕氏春秋》曰：沈尹筮游于郢五年，荆王欲以为令尹，辞曰：“期思之鄙人有孙叔敖，彼圣人也。”王于是使人以王舆迎叔敖，以为令尹而国治。

《韩子》曰：舜耕于历山，农者让畔；渔于河滨，渔者让长。

《符子》曰：禹让天下于奇子，奇子曰：“君之佐舜劳矣，凿山川，通河汉，首无发，股无毛，故舜也以劳报子。我生而逸，不能为君之劳矣。

又曰：武王以天下让歧封子。歧封子曰：“孰匆匆然以天下为事乎？君往矣，余不忍闻之。”

又曰：太伯将让其国于季历，谓其傅曰：“大王欲以一国之事而以嗣我，我其羞之。吾闻至人也，不居一世而万世以之君，不贵一代而万代以之贵。吾焉能贵乎一国，而贱乎万代哉！”

《山海经》曰：君子国，民衣冠带剑，土方千里，多薰华之草，好让，故为君子国。

《许逊别传》曰：逊年七岁无父，躬耕、负薪以养母，尽孝敬之道。与寡嫂共田桑，推让好者，取其荒者，不营利。母常随谴之：“如此，当乞食无处。”逊叹，应母曰：“但愿母老寿耳！”

《郭翻别传》曰；翻经河坠刀于水，路人有为取者，翻因与之。路人不取，至于三四。路人固辞。翻曰：“尔向不取，我岂能复得乎？”路人曰：“吾若取此物，为天地鬼神所责矣。”知其终不受，乃沉刀于向所失处。路人怅然，乃复没为取之。翻于是不逆其意，十倍刀价与之。

《魏武令》曰：里谚曰：“让礼一寸，得礼一尺。”斯合经之要矣。

《魏文杂事》曰：辞爵逃禄，不以利累名，不以位亏德之谓让。

《博物志》曰：三让：一曰礼让，二曰固让，三曰终让。

晋·刘寔《崇让论》曰：古之至王治天下所以贵让者，欲以出贤才而息争竞也。夫人情莫不皆欲已之贤以自明贤，岂假让而贤哉！故让道兴，贤能之人不求而自出矣，至公之举而自立矣。一官缺，择众官所让最多者而用之，审才之道也。在朝之人相让于上，草庐之人咸皆化之，推能让贤之风从此生矣。为一国所让，则一国士也；为天下所让，则天下才也。推让之风行，贤不肖灼然殊矣。

晋·孙盛《周泰伯三让论》曰：孔子曰："泰伯可谓至德也已矣，三以天下让，民无得而一焉。"郑玄以为：托采药而行，一让也；不奔丧，二让也；断发文身，三也。三者之美皆蔽隐不著。王肃曰："其让隐，故民无得而称焉。"盛谓：玄既失之而肃亦未为畅也。玄之所云三迹，显然天下所共见也，何得云隐而未著乎？三迹苟著，则高让知，亦复不得云其让隐也。盖泰伯之出，让迹已露，不奔丧，故一事耳。断发之与《左传》明文相背，又不经也。然则称三让者，其在古公至文王乎？周之王业显于亶父，受命于昌，泰伯玄览弃周太子之位，一让也。假托逊遁，受不赴丧之讥，潜推大美，二让也。无胤嗣而养仲雍之子，以为已后，是深思远防，令周嗣在昌，天人叶从，四海悠悠，无复纤介疑惑，三让也。凡此三者，帝王之业，故孔子曰："三以天下让。"言非直常让若礼臧之伦者。

太平御览卷第四百二十五 人事部六十六

清廉上

《释名》曰：清，青也，去浊远秽，色如青也。廉，敛也，自检敛也。

《左传·襄五》曰：季文子卒。宰庀家器为葬具，无衣帛之妾，无食粟之马，无藏金玉，无重器备。器备谓珍宝甲兵之物。君子是以知季文子之忠于公室也。相三君矣，而无私积，可不谓忠乎？

又《襄十五》曰：宋人或得玉，献诸子罕。子罕弗受。献玉者曰："以示玉人，玉人以为宝也，故敢献之。"子罕曰："我以不贪为宝，尔以玉为宝，若以与我，皆丧宝也。不若人有其宝。"

又《襄二八》曰：与晏子邶殿，其鄙六十，弗受。子尾曰："富，人之所欲也，何独弗欲？"对曰："庆氏之邑足欲，故亡。吾邑不足欲也。益之以邶殿，乃足欲。足欲，亡无日矣。且夫富如布帛之有幅焉，为之制度，使无迁也。谓之幅利。利过则为败。吾不敢贪多，所谓幅也。"与子雅邑，辞多受少。

《汉书》曰：琅琊邴汉以清行征为京兆尹。汉遂归老于乡里。汉兄子曼容亦养老自修，为官不肯过六百石，辄自免去其名过出于汉。

又曰：盖宽饶身为司隶，子常步行自戍北边。苏林曰：子自行戍不敢发也。公廉如此。

又曰：赵禹以佐吏补中都官，用廉为令史，事太尉周亚夫为丞相史，府中皆称其廉平。然亚夫弗任，曰："极知禹无害，然文深。"禹特文法深刻。

《续汉书》曰：第五伦，字伯鱼，京兆长陵人。伦修行清白，尝召见，上曰："闻卿为吏不过从弟兄饭，宁有之耶？"伦对曰："臣生遭饥馑，米石万钱，不敢妄过人饭。"

又曰：袁彭，字伯楚。祖父安，历广汉、南阳太守。顺帝初，为光禄勋，行至清，为吏粗袍粝食，终于议郎。

《东观汉记》曰：司空宋弘，尝受俸得盐，令诸生粜，诸生以贱不粜。弘怒，悉贱粜，不与民争利。

又曰：孔奋，字君鱼，右扶风人。守姑臧长。供养至谨，老母极膳，妻子但食葱菜。或嘲奋曰："置脂膏中，不能自润。"而奋不改。

又曰：杨震，字伯起，弘农人。性公廉，不受私谒，子孙常蔬食步行，故旧长者或欲令为开产业，震不肯，曰："使后世称为清白吏子孙，以此遗之，不亦厚乎！"为东莱太守，道经昌邑，邑令王密故所举茂才，夜怀金十斤以遗震。震曰："故人知君，君不知故人，何也？"密曰："夜无知者。"震曰："天知，神知，何谓无知？"范晔《后汉书》曰：天知、地知、卿知、我知也。

又曰：闵仲叔客居安邑，老病家贫，不能买肉，日买一片猪肝，屠者或不肯为断。安邑令候之，问诸子何饭，对曰："但食猪肝，屠或不肯予。"令出敕市吏，后买辄得。仲叔怪问，其子道状，乃叹曰："闵仲叔岂以口腹累安邑耶？"遂去之。

又曰：梁鸿少孤，常独止，不与人同食。比舍先炊，已，呼鸿及热釜炊。鸿曰："童子鸿不因人热者也。"灭灶更然火。

又曰：廉范，年十五，至蜀迎祖母丧。及到葭萌，船没几死。太守张穆持筒中布数箧与范，范曰："石生坚，兰生香，前后相违，不忍行也。"遂不受。

又曰：鲁恭弟丕，耽思闭门讲诵，兄弟双高。太尉赵喜，岁时遗子送米肉，辞让不受。

谢为《后汉书》曰：黄向，字文章。为性廉洁，常步行于路中，得金玑一囊，可直二百余万，募求得其主，还之。

又曰：范丹，姊病，往看之，姊设食。丹以姊婿不德，出门留二百钱，姊使人追索还之。丹不得已受之。闻里中刍藁僮仆更相怒曰："言汝清高，岂范史云辈，而云不盗我菜乎？"丹闻之曰："吾之微志，乃在僮竖之口！不可不勉。"遂投钱去。

又曰：羊茂，字季宝，豫章人。为东郡太守，冬坐白羊皮，夏处丹板榻，常食干饭，出界买盐豉。

又曰：巴祇，字敬祖，为杨州刺史。在官不迎妻子，暗坐不燃官烛。

又曰：左雄，字伯豪，为冀州刺史，不举烟火，常食干饭。

又曰：羊续，字兴祖，泰山人。为庐江太守，卧一幅布裯，穿败糊纸以补裯。为南阳太守，初之郡府，丞尝献其生鱼，续受而悬之于庭，丞后又进之，续乃出所悬者，以杜其意。

又曰：徐稚，字孺子，豫章南昌人也。少为诸生，隐处笃行。常身躬耕，非其衣不服，非其食不食，糠秕不厌。所居闾里，服其德化。

又曰：河南陶硕，乡曲饷之，硕无所受，但食枣饮水而已。

袁山松《后汉书》曰：范丹，字史云，外黄人。为县吏，年十八。弃衣物道边，家以为死，遂西入关学，为莱芜长。去官于市卖卜。妻纺绩以自给。辟公府，步行无被囊自随。常使儿捃麦得五斛。乡人遗之一斛，属儿曰："莫令尊君知。"儿归，不敢不道。丹即令并送六斛，言麦已杂，遂不取。丹弟子恺，见丹藩不完，载柴将藩之。时丹适行还，怒，敕子拔柴载还之。闾里歌之曰："甑中生尘范史云，釜中生鱼范莱芜。"自以性急，每为吏常佩韦。

范晔《后汉书》曰：张禹，字伯达，性笃厚。父歆卒于汲，令使人赠送前后数百万，悉无所受。

又曰：檀敷字文有，山阳瑕丘人。少为诸生，贫而志清，不受乡里施惠。

又曰：郑均，字仲虞，东平人。少好黄老书。兄为县吏，颇受礼遗，均数谏止，不听，即脱身为佣，岁余，得钱帛，归以与兄，曰："物尽可复得，为吏坐赃，终身捐弃。"兄感其言，遂为廉洁。

《典略》曰：程竖，字谋甫，南阳武阴人。仁孝清洁，居贫无资，磨镜自给，不受人施。诸妪共漂，更相呼食。或不食者，相谓曰："汝非程谋甫，何为不食人食？"

《魏略》曰：沐并，字德信，河间人。少孤苦。袁绍父子时，始为吏。

名有志介，尝过姊，姊为杀鸡炊黍而不留。为三府长吏，时吴使朱然、诸葛瑾攻围樊城，遣船兵于岘山东斫材，兵人作食，有先熟者呼后熟者，答言不往也！呼者曰："汝欲作沐德信耶！"其名流布播于异域如此。

又曰：旧故西征，有官厨财藉，迁转之际，无不因缘，而赵俨叉手上车。发到灞上，忘持其常所服药，雍州闻之，乃追送杂药朴数箱，俨笑曰："人言语殊不易，我偶问所服耳，何用是为？"遂不取。

《魏志》曰：卢钦著书称徐邈曰："徐公志高行洁，才博气猛。其施之也，高而不狷，洁而不介，博而守约，猛而能宽。圣人以清为难，而徐公之所易也。"或问钦："徐公当武帝之时，人以为通，向在凉州及还京师，人以为介，何也？"钦答曰："往者毛孝先、崔季珪用事，贵清洁之士，时皆变易车服以求名高，而徐公不改其常，故以为通。比来天下奢靡，转相放效，而徐公雅尚自若，不与世同，故前日之通，乃今日之介。是世人无常，而徐公有常也。"

又曰：景初二年，以满宠年老，征还为太尉。宠不治产业，家无余财。诏曰："君典兵在外，专心忧国，有行父、祭遵之风。赐田十顷，谷五百斛，钱二十万，以明清忠俭约之节。"

又曰：胡质为荆州刺史，薨，家无余财，唯有赐衣、书箧而已。

王隐《晋书》曰：魏舒为尚书，三娶妻皆亡，自表求还本郡葬。上曰："魏舒清贫，不营财产，顿举众丧，必无以自供，其赐葬地一顷，钱五十万。

邓粲《晋记》曰：王敦籍周顗家，笥簏中有故絮，故播酒五瓮，米数斛。在位者服其清。

《晋阳秋》曰：胡威，字伯虎，少有志，尚清白。历位宰牧。武帝赐见，叹其父清，因谓威曰："卿清孰与父清？"威对曰："臣不如也。"帝曰："以何为不如？"对曰："臣父清，恐人知；臣清恐人不知，是臣不如远矣。"

《晋中兴书》曰：刘驎之，字子骥，志在逸遁，居于歧阳。凡人致赠，一无所受。

又曰：龚玄之，字道玄。潜处，未曾至公门，有致饷，一无所受。

又曰：翟汤，字道渊，寻阳人。笃行纯素，仁让廉洁，不悄屑事，耕而后食。始安太守干宝与汤通家，遣船饷之，敕吏云：“翟公廉让，卿致书讫便委船还。”汤无人送致，乃更货易绢物，因寄还宝。宝本以为惠，而反烦之，益愧叹焉。

徐广《晋记》曰：中宗令曰：“太常贺循，冰清玉洁，行为俗表。孤曾造其庐，屋室服物，周身而已。赐床褥，钱二十万。”

崔鸿《前凉录》曰：氾胜，字无忌，敦煌人。举孝廉，除郎中。天下乱，去官还乡里。太守张閟造之，闭门不见，礼遗一无所受。

《北齐书》曰：辛术，字怀哲，陇西人。为淮南经略，所部郡守犯大辟，朝廷以其奴婢及资财尽赐术，术二辞不见许，术乃书送诣所司，不复闻奏。邢邵闻之，遗术书曰：“昔锺离意云孔子忍渴盗泉，珠玑委地，足下今能如此，可谓异代一时。”

沈约《宋书》曰：柳元景，南岸有数十亩菜园，人卖菜得钱三万送宅。元景怒曰：“我立此园种菜，以供家中啖之，乃复卖取钱，夺百姓之利耶！”以钱乞守园人。

又曰：郭原平，性至孝。太守蔡兴宗以私米遗之，固辞不受。许瑶之罢建安郡丞还家，以绵一斤遗原平，原平不受，送而复反者，前后数十。瑶之乃自往曰：“今岁过寒，而建安绵好，以此奉尊上下耳！”原平乃拜而受之。原平以种爪为业，大旱，瓜渎不复通船。世祖令刘僧秀下渎水与之。原平曰：“今天大旱，百姓俱困，岂可减溉田之水，以通运瓜之船。”步行从他道往钱塘货卖。

又曰：孔觊字思远，不尚矫饰，服用粗败，终不改易。时吴郡顾觊之亦尚俭素，衣裘器服，皆择其陋者。宋世言清约，称此二人。觊弟道存，从弟徽，颇营产业。二弟请假东还，辎重十余船，皆是绵绢纸席之属。觊见之，令上置岸侧，命左右取火烧之，尽乃去。道存代觊为江夏内史。时都邑米贵，道存虑觊甚乏，遣吏载五百斛米饷之。觊呼吏载米还彼。吏曰：“都下米贵，乞于此货之。”不听，吏乃载米而去。

太平御览卷第四百二十六　人事部六十七

清廉下

萧子显《齐书》曰：王秀之，字伯奋，琅琊临沂人也。为晋平太守，至郡期年，谓人曰："此郡丰壤，禄俸常盈，吾生资已足，岂可久留以妨贤路。"上表请代，时人谓"王晋平恐富求归"。

《齐春秋》曰：何敬叔为东海令，在县清廉，不受馈。夏节，忽榜门受饷，数日中得米二千余斛，他物称是，悉以代贫民输租。

《梁书》曰：范岫，每所居官，恒以廉洁著称。为长城令时，有梓材巾箱至数十年，经贵遂不改易。在晋陵，唯作牙管笔一双，犹以为费。

又曰：沈顗，字处默，吴兴武康人也。顗不治家产。值齐末兵荒，家人并日而食，或馈其粱肉者，闭门不受。

《陈书》曰：姚察，字伯审，吴兴武康人。察自居显要，甚励清节。尝有私门生送南布一端，花练一匹。察谓之曰："吾所衣着，止于麻布蒲练，幸不烦。"此人逊请，犹冀受纳，察励色驱出，自此伏事者莫敢馈也。

《隋书》曰：狄士文尝入朝，遇上赐公卿入左藏，任取多少。人极重，士文口衔绢一匹，两手各持一匹。上问其故，士文曰："臣口手俱满，余无所须。"上异之，别赏物，劳遣之。

《唐书》曰：屈突通从太宗平薛举，时珍物山积，诸将皆争取之，通独无所犯。高祖闻而谓曰："公清正奉国，著自终始，名下定不虚也。"

又曰：贾敦颐，曹州冤句人也。贞观中，历迁沧州刺史。在职清洁，每入朝，尽室而行，唯弊车一乘，羸马数匹，衔勒有缺，以绳为之，见者不知其刺史也。

又曰：袁承序，陈尚书仆射宪之子也。武德中，累转建昌令。在任清洁，士吏怀之。高宗在藩，太宗选学行之士为其僚属，谓岑文本曰：

“梁、陈名臣，有谁可称？复有子弟堪招引否？”文本言：“隋师入陈，百司奔散，唯袁宪独在其主之傍。王世充将受隋禅，群僚劝进，宪子给事中承家托疾独不署名。此之父子足称忠烈。承家弟承序，清贞雅操，实继先风。”由是召守晋王友。

又曰：苏颋性廉俭，所得俸禄，尽推与诸弟，或散亲族，家无余资。

又曰：卢怀慎清俭，不营产业，器玩服饰，无金玉绮文之丽。所得俸禄，皆随时分散，而家无余蓄，妻子匮乏。

又曰：冯履谦补河北尉，有部人张怀道任江阳尉，与谦畴旧，餉镜一面。谦集寮吏遍视之，曰：“此张公所致也，吾与之有旧。吾效官以俸禄自守，岂私受遗哉！”昌言曰：“清水见底，明镜照心，余之效官必至于此。”复书于使者，乃归之。

又曰：李怀远久居荣位，而好尚清廉，宅舍屋无所增改。尝乘款段马，左仆射豆卢钦望谓之曰：“荣贵如此，何不买骏马乘之？”答曰：“此马幸免惊蹶，无假别求。”闻者莫不叹伏。

又曰：裴玢为鄜州刺史，三年，改授山南西道节度使。玢历二镇，颇以公清苦节为政，不交权幸，不务贡献，蔬食弊衣，居处才避风雨，而廪库饶实，百姓安业。

又曰：杜暹在家孝友，扶异母弟昱甚厚。常以公清勤俭为己任，弱冠便自誓不受亲友赠遗，以终其身。初为婺州参军，秩满将归，州吏以纸万余张以赠之，暹唯受一百，余悉还之。时州寮别者见而叹曰：“昔清吏受一大钱，复何异也。”。

《家语》曰：曾子弊衣而耕于鲁，鲁君闻之而赐邑焉。曾子固辞，曰：“吾闻受人者常畏人，与人者常骄人；纵君不我骄也，吾能勿畏乎？”孔子闻之曰：“参之言，足以全其节。”《说苑同》。

又曰：子路问于孔子曰：“仁人廉士，穷则改节乎？”子曰：“改节则何以称仁廉哉！”

《孔丛子》曰：子思居贫，其友馈之粟者受三车焉，或献樽酒、束脩，子思弗当也。或曰：“子取人粟而辞吾酒，是辞少而取多也，义则无名，介则不全。”子思曰：“然，伋不幸而贫于财，至乃困乏，将绝先人之祀，夫所以受粟为周之酒脯则所饮宴也，方乏于食而乃饮宴，非义也。吾岂以为介哉！”或担其酒脯以归。

《韩诗外传》曰：鲍焦衣弊肤见，挈畚采蔬，遇子贡于道，子贡问曰：“吾子何以至于此乎？”鲍焦曰：“天下之道德教者众矣，吾何以不至于此？吾闻之，世不己知而行之不已者，是华行也；上不己用而干之不正者，是毁廉也。行华廉毁，然且弗舍，惑于利者也。”子贡曰：“吾闻之，非其世者不生其利，污其君者不食其土，非其世而采其蔬。《诗》曰：‘溥天之下，莫非王土。’此谁之有哉！”鲍焦曰：“于戏！吾闻贤者重进而轻退，廉者易愧而轻死。”则弃其蔬，而立槁于洛水之上。

《列子》曰：东方有人焉，曰爰旌目，将有适也，而饿于道。孤父之盗曰丘，见而下一餐以哺之。旌目三哺而后能视，曰：“子何为者也？”曰：“我孤父盗人。”爰旌目曰：“嘻！汝非盗耶？吾义不食也。”两手据地而欧之，不出，喀喀而死。

《孟子·万章》曰：陈仲子岂不诚廉士哉！居于陵，三日不食，耳无闻，目无见。井上有李，螬食实者过半矣，李食有虫，食之过半。匍匐往将食之，三咽然后耳有闻，目有见也。避兄离母居于陵。

又曰：伯夷、叔齐，圣人之清者也。闻伯夷叔齐之风，贪夫廉，懦夫有立志。

《晏子春秋》曰：景公以五十乘鱼赐弦章。章归，鱼车塞途，抚其御之手，曰：“昔者晏子辞赏以正君，故过失不掩。今诸臣谄谀以干利，吾若受鱼，是反晏子之义，而顺谄谀之欲。”固辞鱼不受。君子曰：“弦章之廉，晏子之遗行也。”

又曰：有工女托于晏子之家者曰：“婢子东郭之野人，愿得入身比数于下陈焉！”晏子曰：“乃今而后，自知吾不肖也。古之为政者，士农工商异居，男女有别，而士无邪行，女无淫事。今仆托国主，民而仆，必行无清也。”遂不见。

《韩子》曰：晋文公出亡，箕郑挈一壶食而从，迷而失道，与文公相失，饿而不敢食。及文公反国，伐原，以为原令。

《吕氏春秋》曰：古之人非无宝也，所宝者异。孙叔敖将死，属其子曰："我死，王必封汝，汝毋受利地。荆楚之间有寝丘，其利少而甚恶，可长有也。"其子受之，至今不失。

《淮南子》曰：曾子立廉，不饮盗泉，所谓养志者也。

又曰：君子不入市，为其挫廉。

《说苑》曰：孔子见景公，景公致廪丘以为养，孔子辞不受。出谓弟子曰："吾闻君子当功以受禄，今说景公未之行，而赐我廪丘，其不知丘亦甚矣。"遂辞而行。

又曰：子思居于卫，缊袍无里，二旬九食。田子方使人遗白裘，恐其不受，因谓之曰："吾假人遂忘之，吾予人也如弃之。"子思辞曰："伋闻忘予不如遗弃物于沟壑，伋虽贫，不忍以身为沟壑。"

杨子《法言》曰：楚两龚之洁其清矣。两龚：龚盛胜、龚舍。

《三辅决录》曰：安陵清者有顷仲山，饮马谓水，日与三钱以偿之。

《风俗通》曰：颍川黄子廉者，每饮马，投钱于水中。

又曰：鲍焦耕田而食，穿井而饮，非妻所织不衣，饿于山中食枣。或问之："此枣子所种也？"遂强呕，立枯而死。

又曰：郝子廉，饥不可得食，寒不可得衣，一分不取诸人。曾过姊家饮，留十五钱置席下，去。

《列女传》曰：河南乐羊子妻不知何氏，羊子尝行路得遗金一饼，还以与妻。妻曰："妾闻志士不饮盗泉之水，廉者不受嗟来之食，况拾遗求利以污其行乎？"羊子大惭，捐金于里，远寻师学。

又曰：凡为名者必廉，廉斯贫；为名者必让，让斯贱。

《长沙耆旧传》曰：徐伟奴善叛，知识欲为伟售之。伟曰："不得。奴往当复逃亡，岂可虚受其价。"廉平义正若此。

《广州先贤传》曰：疏源，字元流，南海人。出给郡役为户曹佐。源性廉洁，家贫，饷晏不至。同第人饷先到，呼之共食，源未尝听。

又曰：丁密，字靖公，苍梧人。少以清介为节，非家织布物不衣，非已种耕菜果不食，毫厘之馈不受于人。

《汝南先贤传》曰：周燮，字彦祖，好潜静养志，唯典籍是乐。有先人草庐，庐于东坑，其下有陵田，鱼蛤生焉。非身所耕渔则不食。

又曰：胡定，字元，颍川人也。至行绝人。在丧，雉兔游其庭，雪覆其室，县令遣户曹排雪。问定，定以绝谷。妻子皆卧在床，令遣掾以干粮就遗之，定乃受半。

《录异传》曰：汉时大雪积地丈余，洛阳令身出案行至袁安门，无行路，谓安已死，除雪入见，安僵卧。问何以不出？安曰："大雪，人皆饿，不宜干人。"令以安为贤，举为孝廉。

郭缘生《武昌先贤传》曰：郭翻，字长翔，为人非己耕不食，非妻自织不衣。

《汉皇德传》曰：盖晋，敦煌人，天性皎洁，自小不尝过人饭。贫为官书，得钱足供而已，不取其余。

《任嘏别传》曰：嘏，字绍先。幼以至性见称。遇荒乱，家贫卖鱼。官发鱼价贵数倍，嘏即取直如常。

《陈留耆旧传》曰：洛阳令董宣死，诏使视之，阑舆一乘，白马一匹。帝曰："董宣之清，死乃知之。"

《益部耆旧传》曰：朱仓，字云卿，之蜀从处士张宁受《春秋》，籴小豆十斛，屑之为粮，闭户精诵。宁矜之，敛得米二十斛，仓不受一粒。

《锺离意别传》曰：意为尚书，交阯太守张悝居官贪乱，赃逾千金。珠玑玩宝乃有石数。收赃薄入司农，诏悉以珠赐诸尚书，尚书皆拜受，意独委珠玑于地，不拜受。明帝问："委珠何也？"对曰："愚闻孔子忍渴不饮盗泉之水，曾子还车不入胜母之闾，恶其名也。陛下以赃珠赐忠臣，以故臣不拜受耳。"

《羊祜别传》曰：昔有攘羊遗叔向母，母埋之。后事发检，羊肉尽，唯舌存。遂以羊舌为氏族，祜其后也。

《华阳国志》曰：何随，字季业，除安汉令，蜀亡去官。时巴土饥荒，所在无谷，送吏行乏，辄取道侧民羊，随以绵系其处，使足所取直。民视羊见绵，相语曰："闻何安汉清廉，行过从者无粮必能尔耳。"持绵追还之，终不受。人为语曰："安汉吏取粮，令为之偿。"

范亭《燕书》曰：皇甫真，字楚季，安定朝那人也。从辅国恪讨擒冉闵，即南围拔邺石氏。旧都城内，珍玩宝货充溢，真无所取，唯存恤人物，收敛图籍。真上疏曰："臣辄以家奴婢五十口，马七匹，牛四十头以助军资。"

《物理论》曰：有吕子义，当世清贤士也。有旧人往存省，嫌其设酒食，怀干糒而往。主人荣其降已，乃盛为馔，义出怀中干糒，求一杯冷水而食之。

《语林》曰：何公为杨州，亲亲有葬者乞数万钱，而帐下无有。杨州常有槝米以赈孤寡，乃有千余万斛。虞存为治中，面见道帐下空索，求粜此米付帐下，何公曰："次道义不与其孤寡争粒。"

《世说》曰：范宣洁行廉约，韩豫章遗百匹绢，不受。稍减，遂至一匹，既终不肯受。韩后与范同载就车中，手裂二丈与范云："人宁可使妇无裤耶？"范笑而受之。

《郭子》曰：庾公为护军，属桓廷尉为索一柱吏。桓后遇见徐宁而知之，宁，字安期，东海人。致与庾而称云是海内清士。

颜延之《廷语》曰：清者人之正路。

刘弘教曰：录事巫卫，忠清厉节，衣食不充。赐单复衣各一，旦恒令厨食，给其家谷三百斛。诸吏宜见贤思齐。